汉字艺典

汉字对称艺典

编著　李京

北京燕山出版社

图书在版编目（CIP）数据

汉字对称艺典 / 李京编著. -- 北京 : 北京燕山出版社, 2019.10

ISBN 978-7-5402-5440-7

Ⅰ. ①汉… Ⅱ. ①李… Ⅲ. ①汉字—结构—研究 Ⅳ. ①H122

中国版本图书馆CIP数据核字(2019)第211945号

汉字对称艺典

编　　著：李　京
责任编辑：金贝伦
整体设计：李官霖
出版发行：北京燕山出版社有限公司
经　　销：新华书店
地　　址：北京市丰台区东铁营苇子坑路138号
邮政编码：100078
发行电话：（010）65240430
印　　刷：廊坊彩艺印刷有限公司
开　　本：787×1092　1/16
印　　张：61.5
字　　数：25千字
版　　次：2019年10月第 1 版
印　　次：2019年10月第 1 次印刷
书　　号：ISBN 978-7-5402-5440-7
定　　价：480.00元

目录

出版说明

历时五载编纂的《汉字对称艺典》终于和大家见面了，其欣慰、感激之情溢于言表。

多年来，在诸多学者、专家及热心朋友的倾情关注呵护下，我们终于揭开中国汉字平衡之美神秘的面纱，让我们看到汉字更为庄美的面庞。

艺典汉字由书法家、文化学者李京历时二十余年研究、整理、书写而成。全书纳入对称文字首文六千一百三十三个（包括三百五十二个古代对称汉字），重文约五百余字。每个对称汉字均与其篆书相对应，并在篆书下方做了标记，以区分对称汉字，其目的是为读者了解对称汉字演变途径提供参考。通过两种文体对比变换，对称文字演变的艺术路径清晰可见，魔幻般的构字演绎思路，突发奇想的时空转换，无时不在激发读者的灵感和创作欲望。

艺典中的篆书均为历代名家的临摹版本，原作者标注于其下方。

对称汉字源于甲骨文、金文，并借鉴于秦篆、汉简、汉隶、汉印等特点，在恪守审美规范及汉字构字科学基础上精琢而成。

艺典是一部集文字识别、阅读、欣赏、研究于一体的综合性汉字艺术典籍。采用偏旁部首和拼音检索查询。艺典的显著认读特点是直接将拼音标注在字页中的汉字下面，使人一目了然，便于认读。书中还设置部分一字一页艺术汉字观赏图，供读者赏析。

艺典是一部雅俗共赏、老少皆宜的书籍，是每个喜欢汉字朋友的读物，它不仅是专业从事书法，文字设计人士，高校学生、艺术研究人士的素材，更是培养启蒙教育、掌握辩证思想、训练空间思维的趣味性、休闲性书籍，一部珍贵的汉字对称艺术文图汇集。

对称汉字是中国汉字艺术的再丰富，它使人们看到中国汉字从最初的模样，脱颖而出成为更为和谐、庄美、形象、鲜活、神奇、自然、魅力的文字。它的结体特征是左右均衡，重心垂直居中，两侧相互映照包容，更具稳重感和哲理性。

对称汉字，作为汉字艺术的另一种艺术形式，它的明显特征是汉字的结构发生了变化。在总结了中国古代已有部分对称汉字对称规律的基础上，遵循汉字构字科学、人文审美习惯，丰富了汉字的多维结构，这是一次有益的尝试。我们欢迎有更多的读者朋友，参与探讨汉字艺术化的新途径，做到仁者见仁，智者见智。

自秦篆以来的两千两百多年中，由篆书繁衍开来的艺术文字有记载的约百余种，如籀文、穗书、蝌蚪文、鸟虫书、龙书、垂云篆、龟篆、鸾凤书、上方大篆、太极篆等。所有这些汉字都是在篆书结构的基础上，对组成字体的笔画进行修饰，可谓各有千秋，百花齐放。通过演绎文字结构，实现汉字结构的整体对称、均衡美，一直处在不断探索中。

我们清晰地看到，先哲们为此而求索的蛛丝马迹。金文的『雔』、『埶』字均为左右镜像对称的两个『隹』和两个相对应的甲骨文『埶』字组成。秦代石鼓文的『流』字和元代书法家赵孟頫，清代书法家吴大澂、吴让之、杨沂孙、吴昌硕等书写的『流』字，即三点水分别在『㐬』字左右的写法，平衡对称，十分俊美。清代出版的《百体千字文》『云腾致雨，露结为霜』中的『致』就写成了上下结构，变为对称汉字。

二零一八年六月，在中国嘉德国际拍卖信息中，发现陈懋治书写的一副对称文字书法楹联。题识为『幼渔先生自撰正反相同篆文：上联，论古于伯皇中央而上；下联，乡思在天童育王之西，属为之，工拙固不计也；癸未春日，中平弟陈懋治并识，潼字衍。』

陈懋治是清朝光绪二十年生人，中国近代语言学家、教育家、书法家，与胡适、吴稚晖等一同创办《国语日报》。从这副楹联上看，是他摹写了幼渔的楹联。幼渔即马裕藻先生（一八七八至一九四五），与陈懋治是好朋友，北京大学著名教授、书法家。通过这副楹联我们看到，『论、于、伯、上、乡、在、西』字都做了平衡对称处理。

这是迄今为止，所发现最为近代的，以对称文字书写的书法作品。

我们希望该艺典的出版，让更多的人喜欢汉字，热爱汉字，宣传汉字。通过对称汉字的演变，感受汉字艺术的神奇魅力。

如果能这样，那将是我们最大的欣慰。

囿于我们人力条件所限，在编辑过程中难免出现纰漏，恳请广大读者谅解，谢谢。

编者

序言

初见李京，谦和、才气、年轻。

翻阅这本艺典，其美妙、稳重、清雅之气迎面扑来。

我从事文字、考古、文化研究六十余年，深知其间枯燥与寂寞。能在古与新的曲径前行，坚守，获得具有学术意义的研究成果，谈何容易！

这部艺术典籍，是他历时二十余年书写、编辑而成的。载入对称汉字六千多个。这种文字源于甲骨文、金文、秦篆，融合汉简、汉隶等诸体风格，在总结古代已有的部分对称文字规律，恪守审美规范及汉字构字科学的基础上，形成的一种汉字对称结构艺术形式。

它的显著特征是汉字的结构发生了明显变化，中轴线左右两侧形成对称平衡结构。

我认为，对称性汉字是中国汉字的再艺术化，它是中国汉字从原始的模样，脱颖而出形成的更为隽美的文字艺术。

它融汇、传承甲骨文的图画美、对称美，金文的严谨端正美，秦篆的纯净简约美，汉简的质朴自由美，隶书的抽象顿挫美，汉印的匀称装饰美，行书的收放张弛美。

李京以动态的空间视角，去审视汉字，像堆积木一样调整安排汉字结构，像魔方一样变换汉字部件的方位空间，以寻求汉字结构的平衡对称美、三维立体空间美的黄金视点，是难能可贵的。

历代以来，人们多囿于汉字七种基本字体的局限，八种基本笔划的变形、美化，而通过变换、再组文字结构美，则一直处于渴望探索期，成为学术难题。

汉字对称艺术，即结构平衡对称化，体现了汉字对称性特征和规律，为艺术汉字的再艺术化，提供了有益的借鉴。

艺典对于了解中国艺术文字的起源、演变、生成，认识乃至普及，产业开发、传播，了解艺术文字发展史和人文思想内涵，具有重要的参考作用。对于增强中华民族文化自信，传承民族优秀文脉基因，进行爱国主义教育，弘扬传统国学的博大精深，具有积极意义。

这是一部有学术研究价值又有普及意义的好书。

二零一八年十一月十三日　于银川

编委人员名单

部首索引

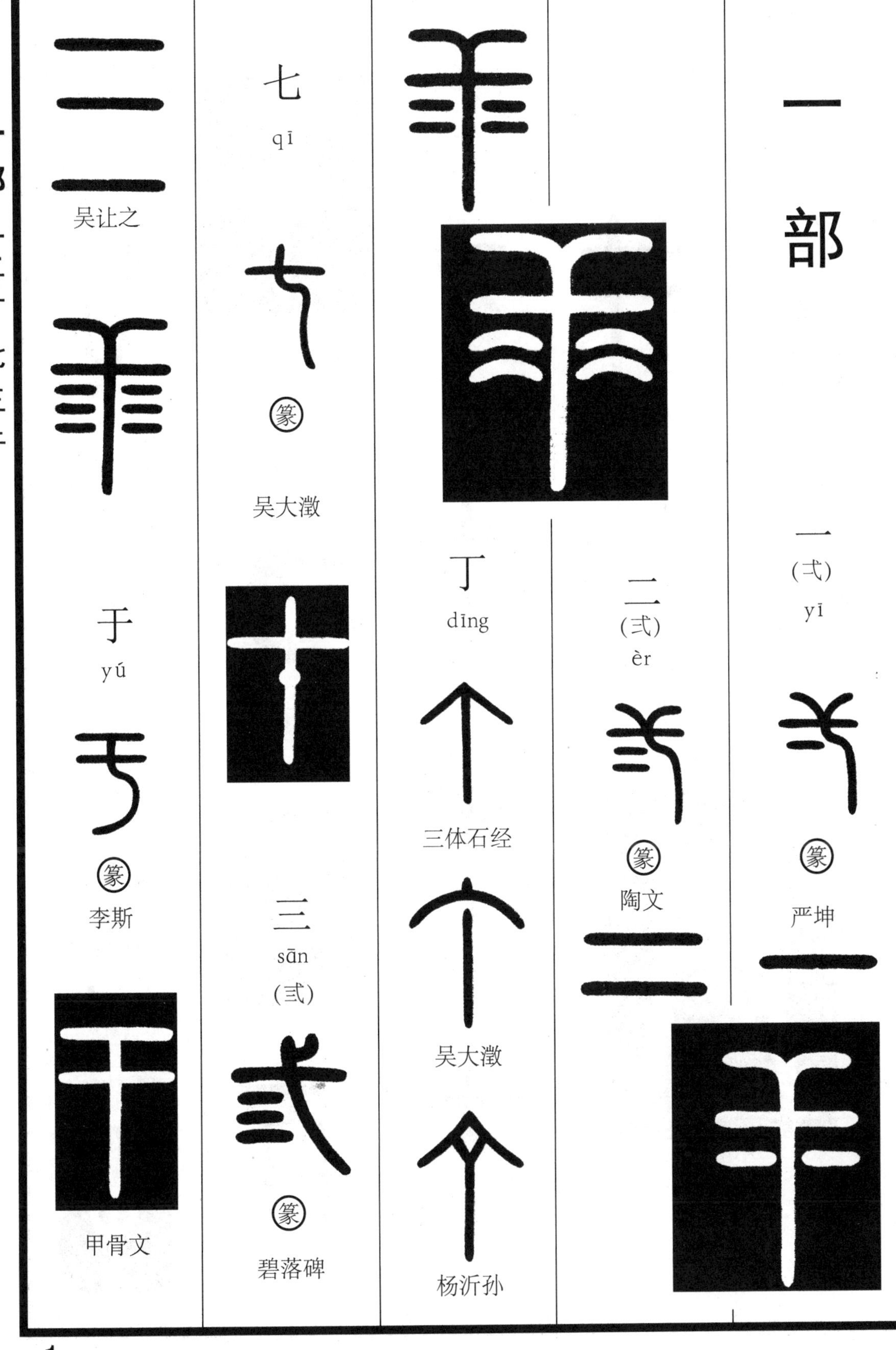
一部
一
(弌)
yī
篆
严坤
二
(弍)
èr
篆
陶文
丁
dīng
三体石经
吴大澂
杨沂孙
七
qī
篆
吴大澂
三
sān
(弎)
篆
碧落碑
吴让之
于
yú
篆
李斯
甲骨文

五
wǔ

金文

杨沂孙

王禔

井
jǐng

邓石如

邓石如

才
cái

篆

王禔

李阳冰

赵孟頫

邓石如

万
wàn

篆

陶文

廿
(卄)
niàn

李斯

金文

丈
zhàng

篆

吴让之

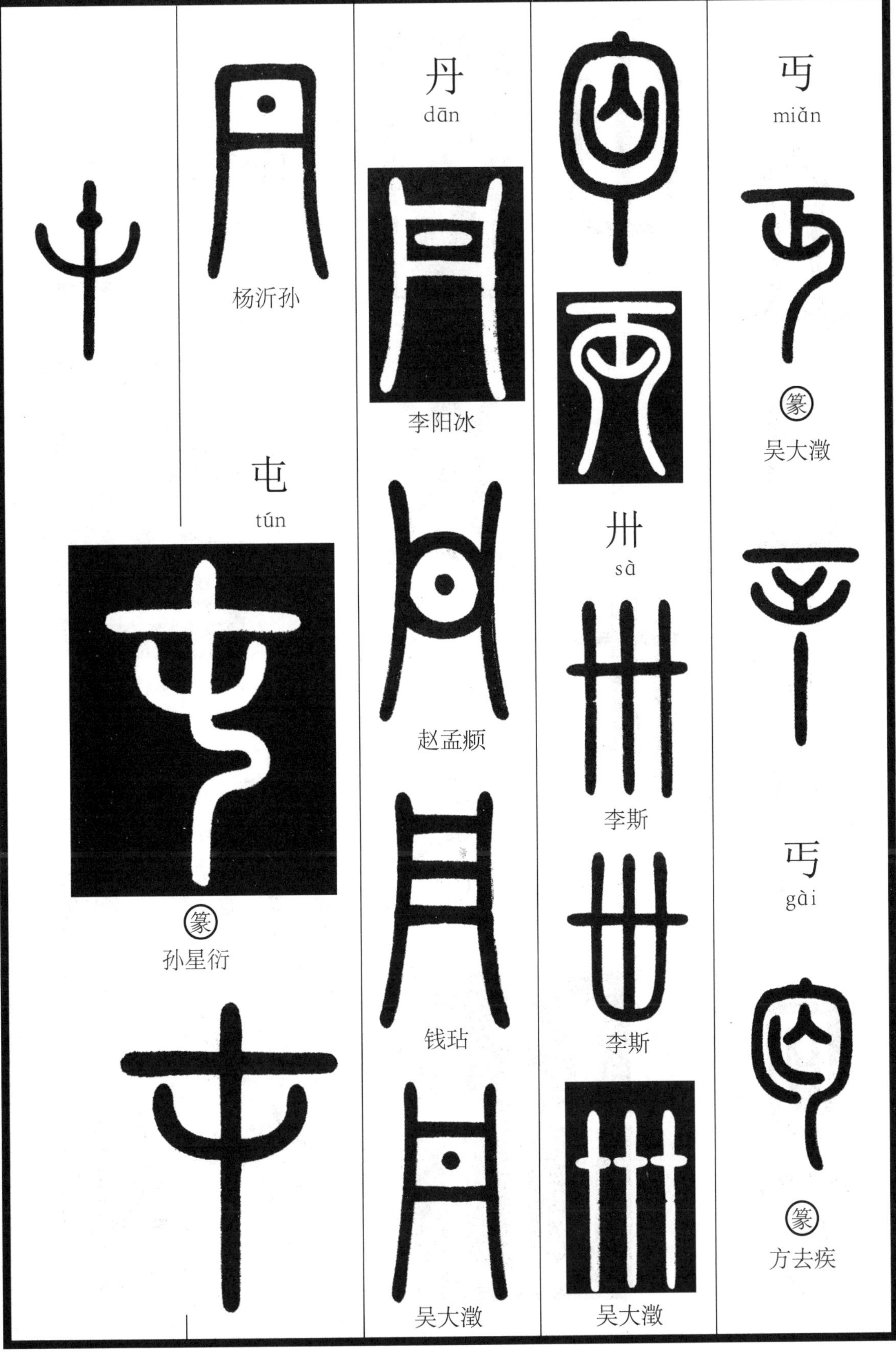
丏
miǎn
篆
吴大澂
丐
gài
篆
方去疾
卅
sà
李斯
李斯
吴大澂
丹
dān
李阳冰
赵孟頫
钱坫
吴大澂
杨沂孙
屯
tún
篆
孙星衍

互
hù

说文解字

吴让之

丑
chǒu

篆
冯桂芬

毋
wú

篆
杨沂孙

汉金文

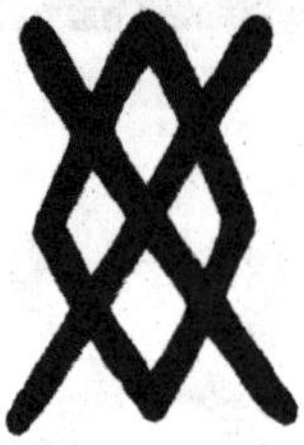

世
shì

篆
王澍

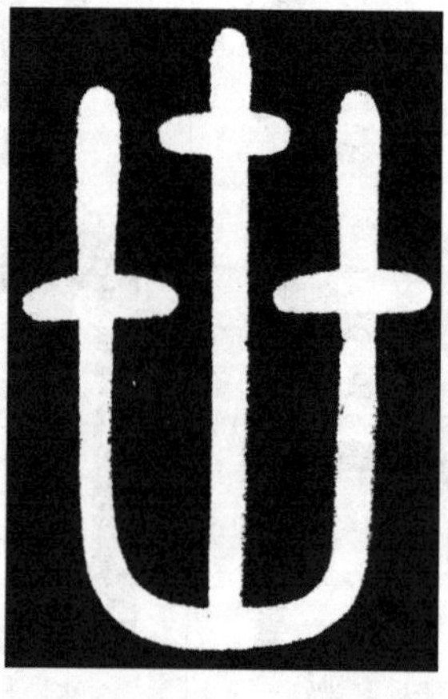

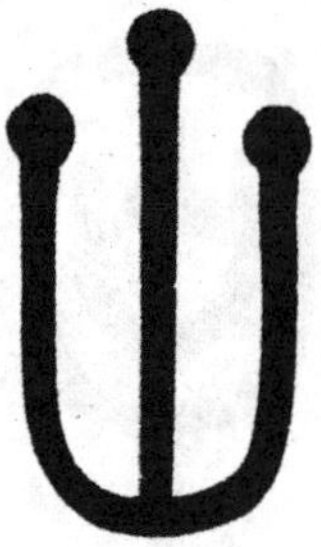

卌
xì

中山王器

且
qiě

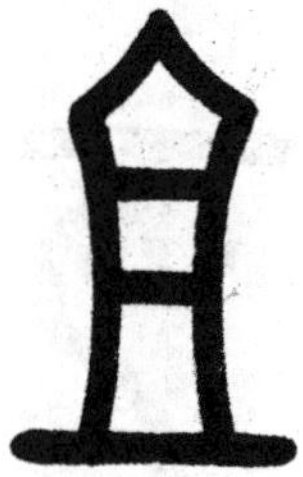

赵孟頫

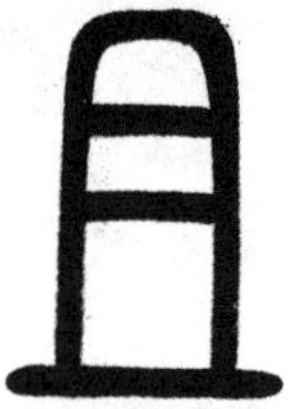

王禔

可
kě

篆
杨沂孙

一部 丙册平母亘再吏

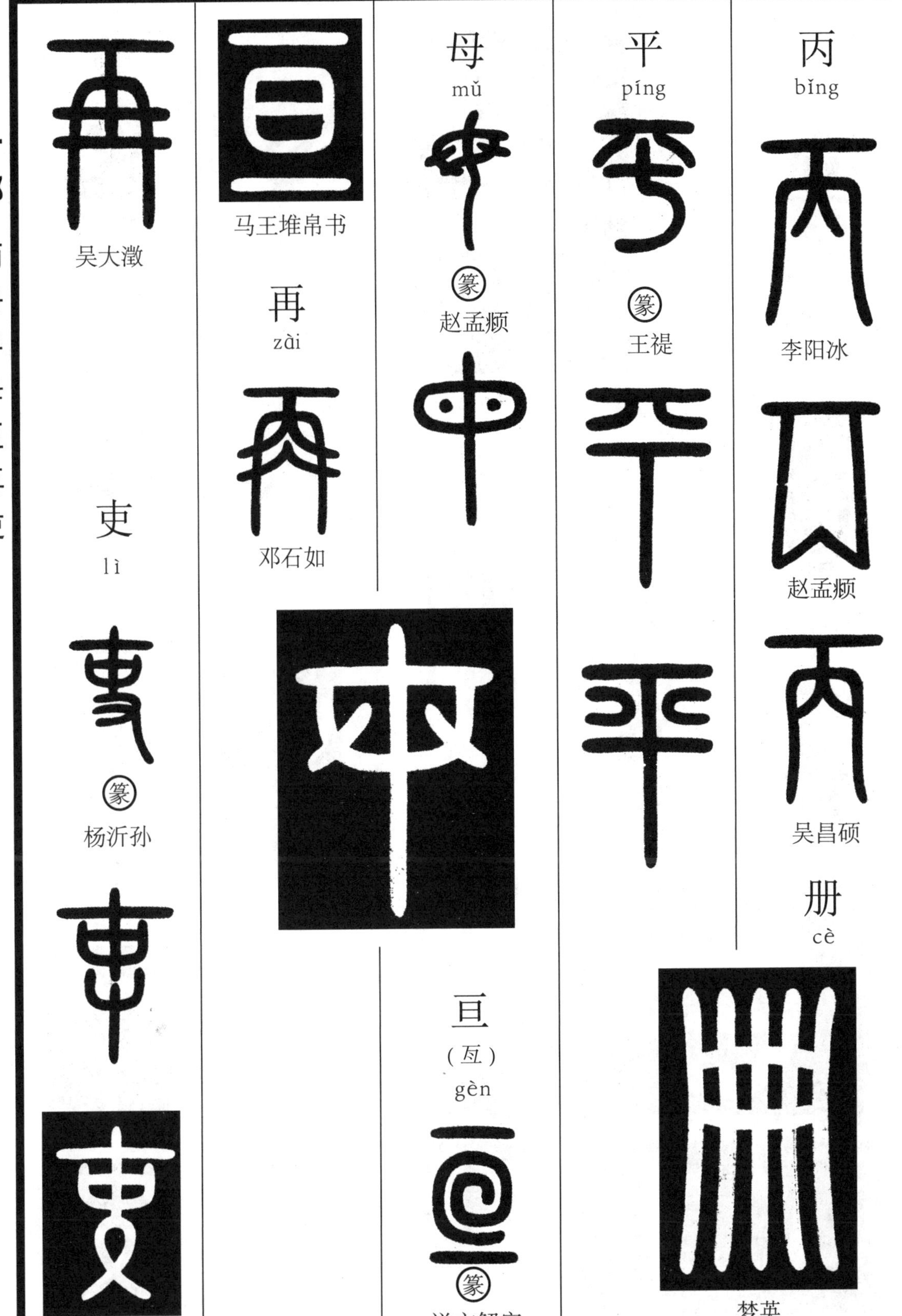
丙
bǐng
李阳冰
赵孟頫
吴昌硕
册
cè
梦英
平
píng
篆
王禔
母
mǔ
篆
赵孟頫
亘
（亙）
gèn
篆
说文解字
马王堆帛书
再
zài
邓石如
吴大澂
吏
lì
篆
杨沂孙

甫
fǔ
㊟
王禔

更
gēng
㊟
李阳冰

求
qiú
㊟
吴大澂

事
shì
㊟
邓石如

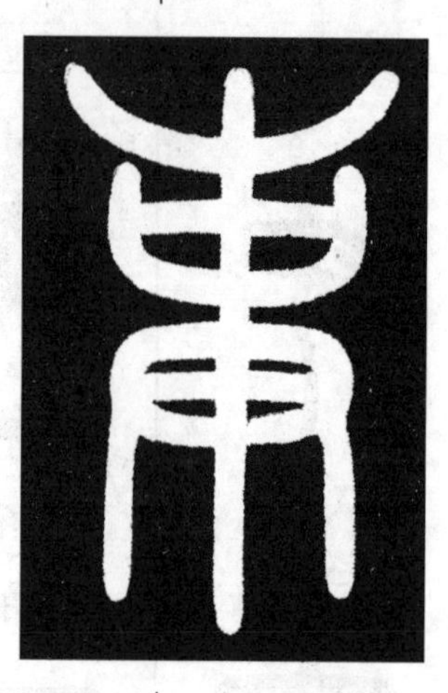

两
liǎng
梦英

赵孟頫

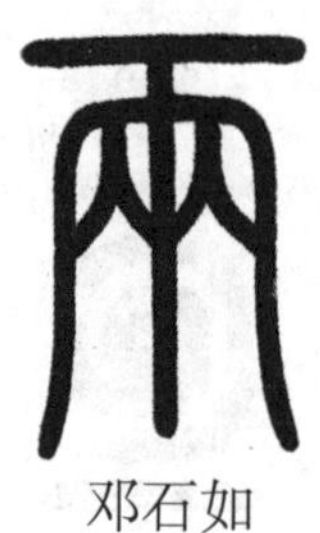

邓石如

甚
shèn
㊟
吴大澂

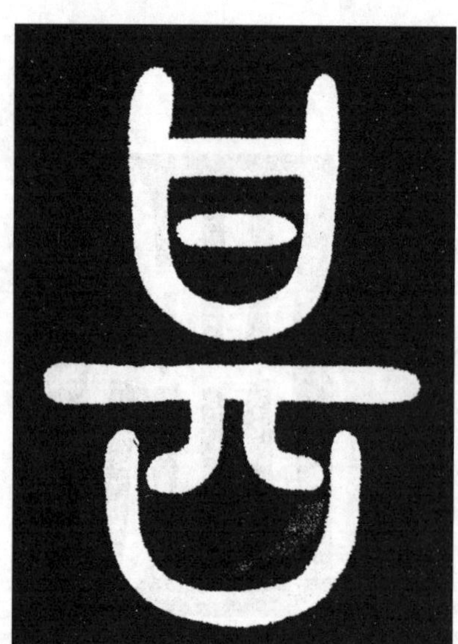

哥
gē
㊟
说文解字

爾
（尔）
ěr

邓石如

三体石经

吴大澂

囊
náng

篆
王禔

蠹
dù

篆
说文解字

丨部

半
bàn

洪亮吉

杨沂孙

丿部

九
jiǔ

篆
吴大澂

川
chuān

篆
赵孟頫

吴让之

久
jiǔ

篆
吴大澂

及

jí

篆

徐三庚

升

shēng

篆

赵孟頫

篆

左运奎

乏

fá

篆

仰嘉祥

失

shī

篆

王澍

丘

qiū

吴大澂

乎

hū

篆

莫友芝

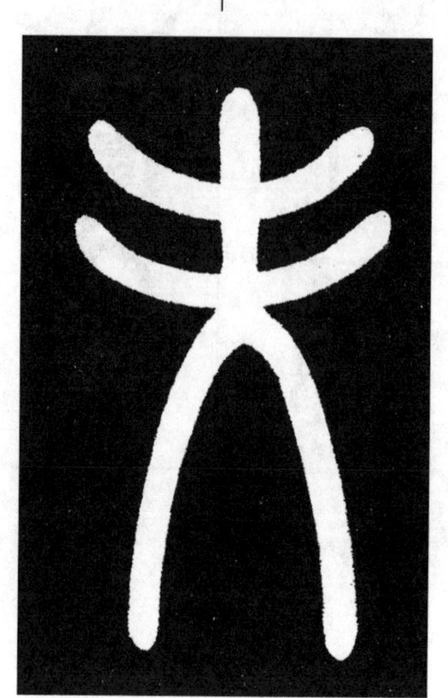

朱

zhū

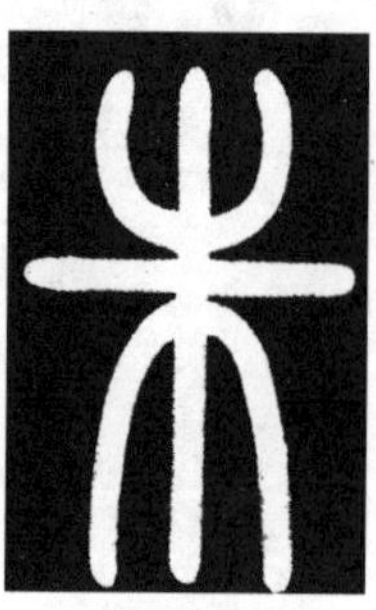

莫友芝

吴大澂

向

xiàng

吴昌硕

垂

chuí

篆

杨沂孙

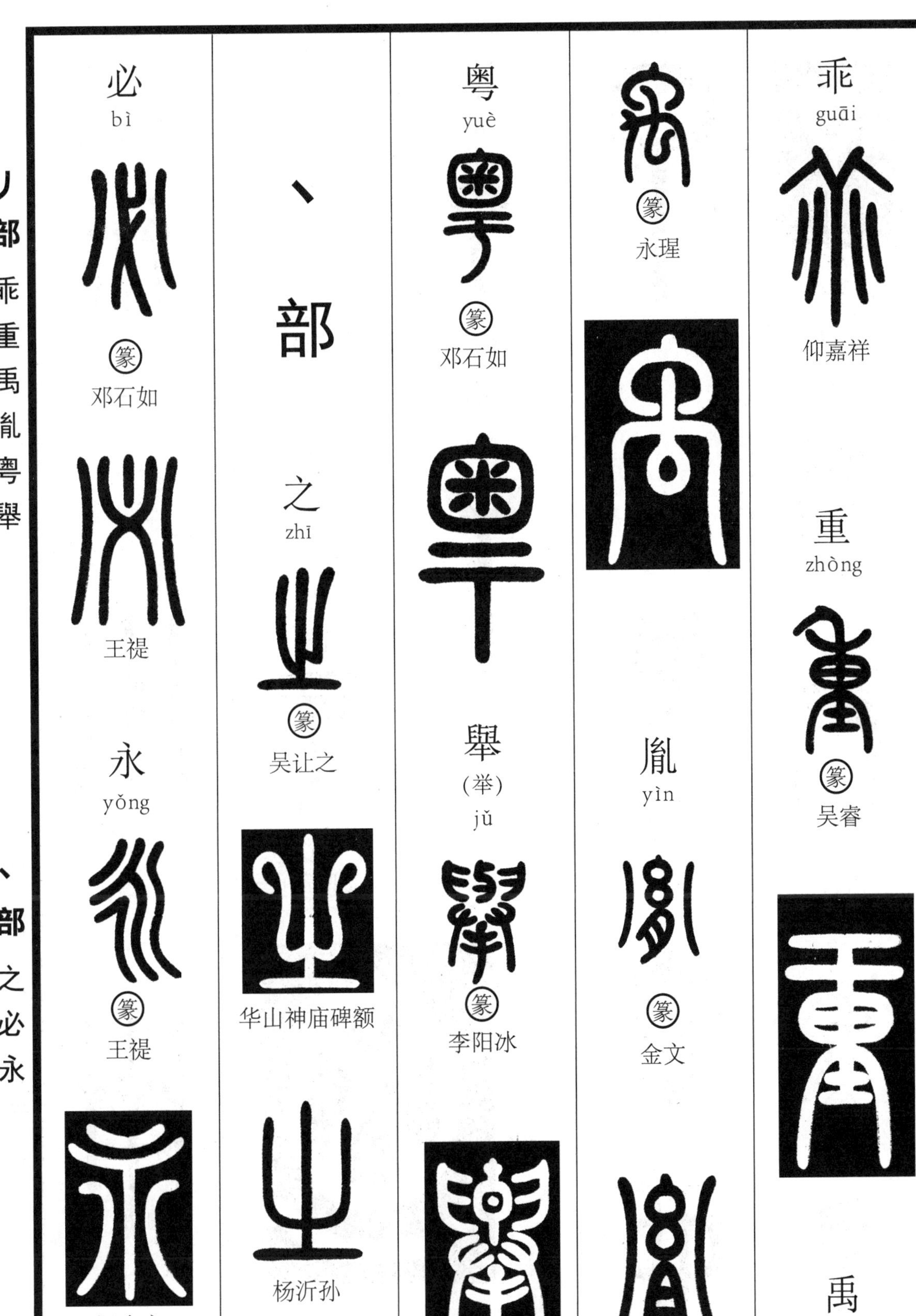
必
bì
篆
邓石如
王禔
永
yǒng
篆
王禔
汉金文
丶
部
之
zhī
篆
吴让之
华山神庙碑额
杨沂孙
粤
yuè
篆
邓石如
舉
(举)
jǔ
篆
李阳冰
篆
永琿
胤
yìn
篆
金文
乖
guāi
仰嘉祥
重
zhòng
篆
吴睿
禹
yǔ

州
zhōu 
㊉篆
李阳冰 
赵孟頫 
王禔

乛部

乃
nǎi 
㊉篆
邓石如 
令鼎

了
liǎo 
㊉篆
杨沂孙

也
yě 
㊉篆
邓石如

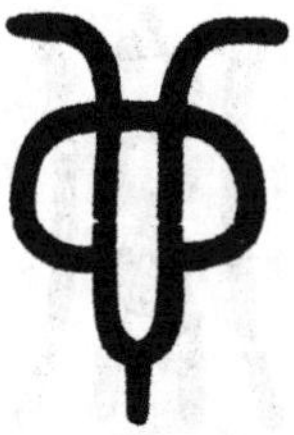

尹
yǐn 
㊉篆
吴大澂

巴
bā 
㊉篆
吴大澂

司
sī

篆
罗振玉

丞
chéng

篆
石鼓文

王禔

承
chéng

篆
伊念曾

亟
jí

篆
赵时棡

乙部

乙
yǐ

篆
吴大澂

飛
(飞)
fēi

篆
杨沂孙

汉印

乳
rǔ

篆
吴昌硕

亂
(乱)
luàn

篆
杨沂孙

十部

十

shí

邓石如

中山王器

千

qiān

篆 孙星衍

古

gǔ

邓石如

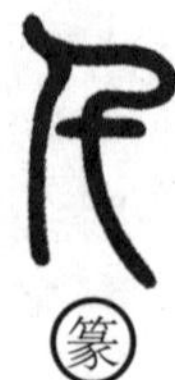

叶玉森

克

(剋)

kè

篆 吴大澂

孛

bó

篆 吴大澂

直

zhí

篆 吴让之

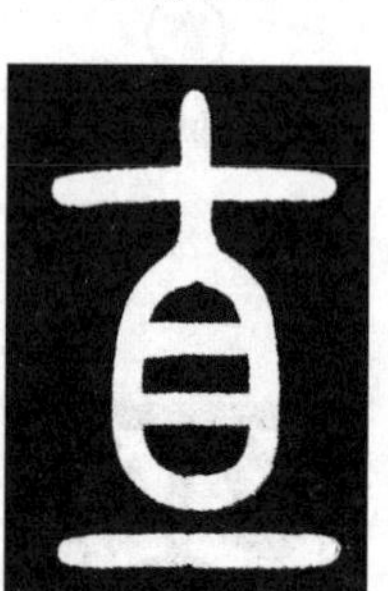

卑

bēi

篆 赵孟頫

協

(协)

xié

篆 杨沂孙

十部 南真索博桒喪嗇準兢

南
nán

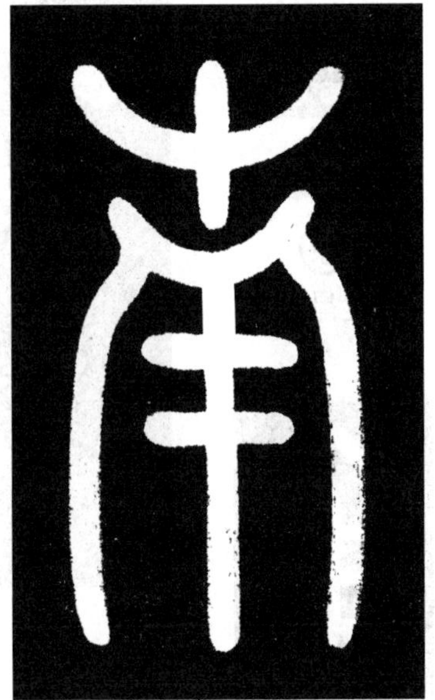
邓石如

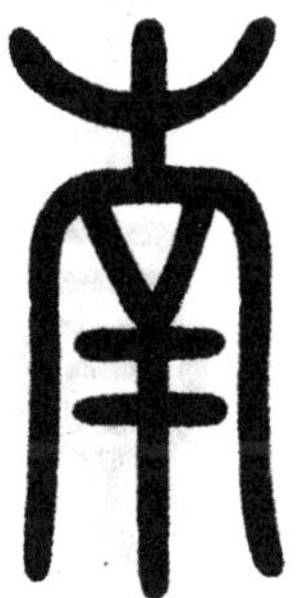
吴昌硕

真
zhēn

篆
吴大澂

索
suǒ

严坤

千文残卷

博
bó

篆
杨沂孙

桒
sāng

石鼓文

喪
(丧)
sàng

篆
金文

井人残钟

嗇
(啬)
sè

吴大澂

準
(准)
zhǔn

篆
吴让之

兢
jīng

篆
邓石如

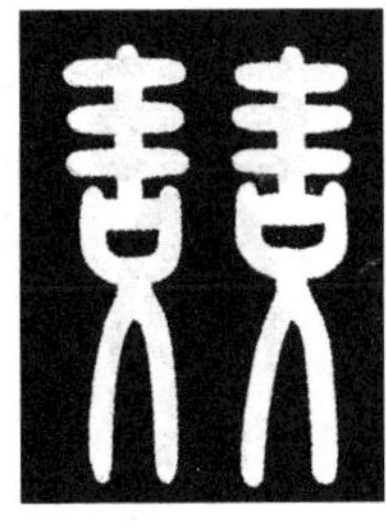

壴
zhì

篆 邓石如

顰
(顰)
pín

篆 吴睿

厂部

厂
chǎng

篆 吴大澂

厄
è

篆 方去疾

厇
(宅)
zhái

篆 古币

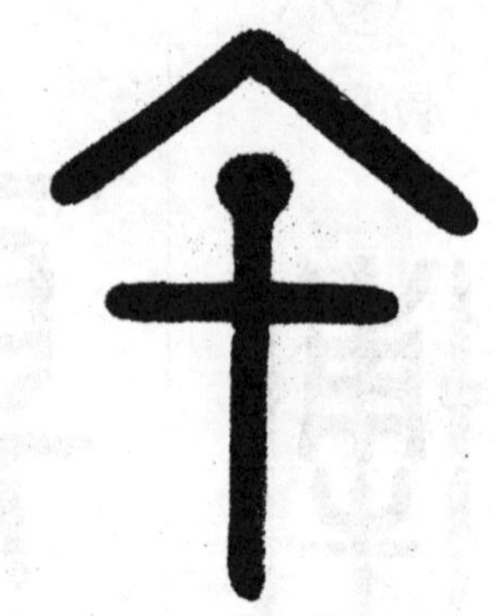

厓
yá

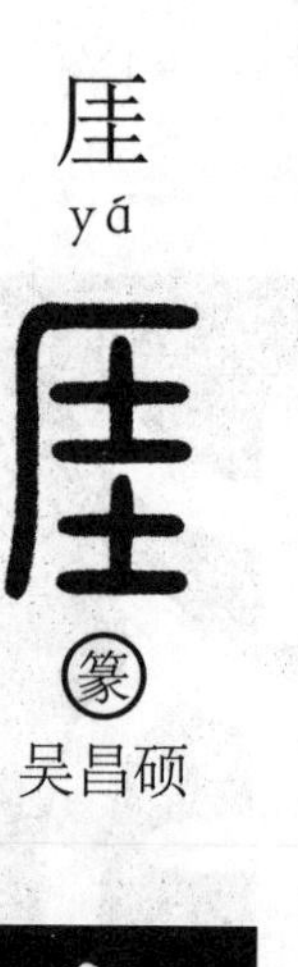

篆 吴昌硕

厚
hòu

篆 邓石如

杨沂孙

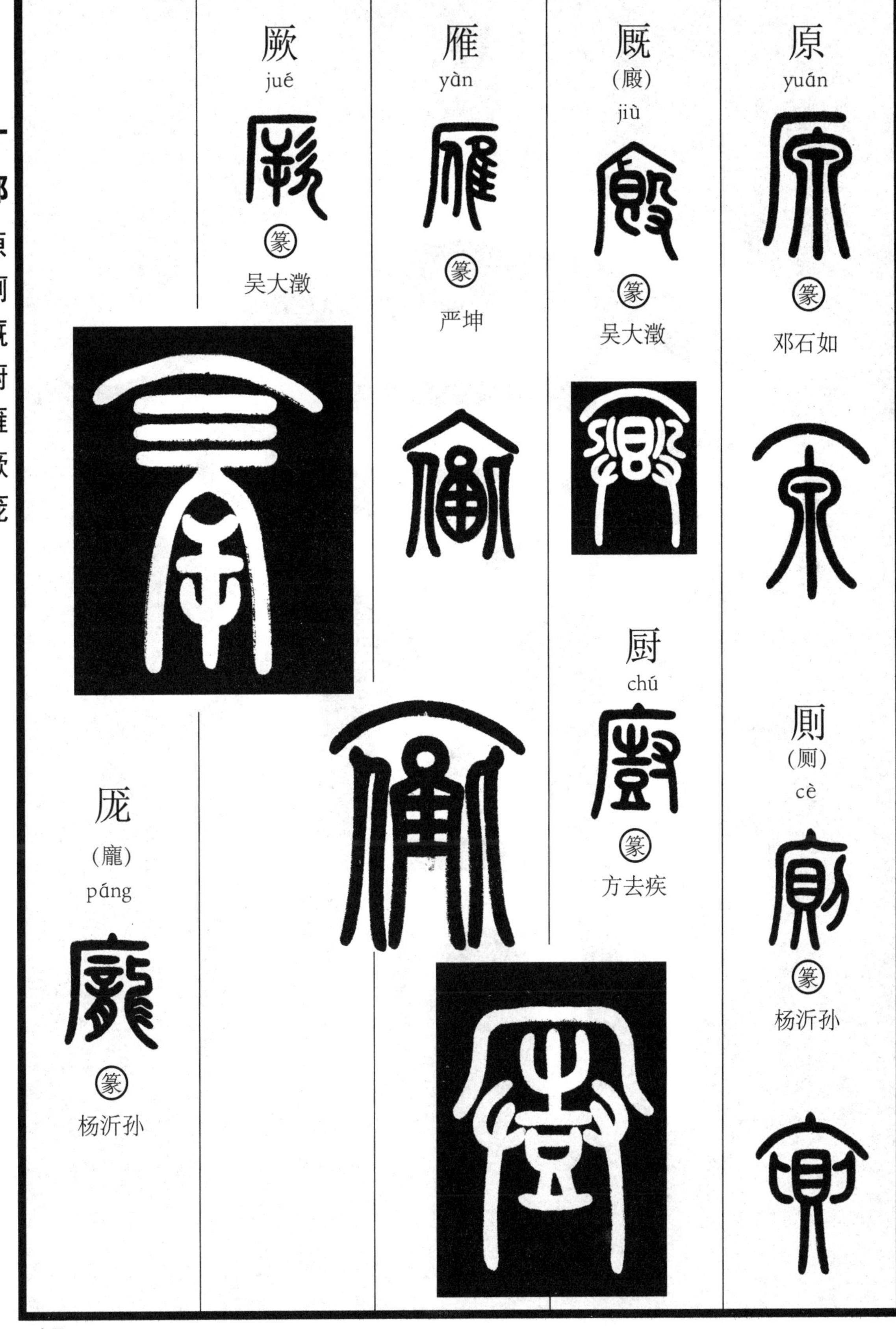

原
yuán
㊫ 邓石如

厠（厕）
cè
㊫ 杨沂孙

厩（廄）
jiù
㊫ 吴大澂

厨
chú
㊫ 方去疾

雁
yàn
㊫ 严坤

厥
jué
㊫ 吴大澂

庞（龐）
páng
㊫ 杨沂孙

厲

(厉)

lì

篆

黄士陵

厌

yàn

篆

吴睿

歷

(历)

lì

篆

孙星衍

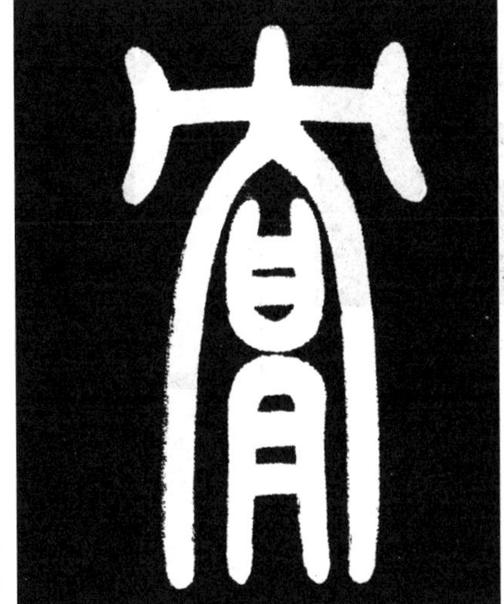

曆

lì

篆

吴大澂

壓

(压)

yā

篆

吴湖帆

ナ部

友
yǒu

篆
吴让之

汉简

左
zuǒ

篆
赵孟頫

右
yòu

篆
王澍

布
bù

篆
徐三庚

在
zài

篆
杨沂孙

甲骨文

金文

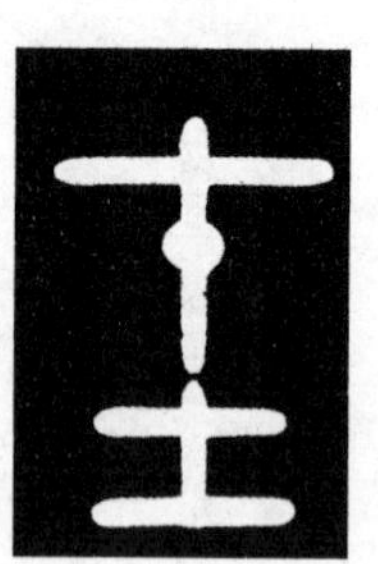

有
yǒu

篆
吴让之

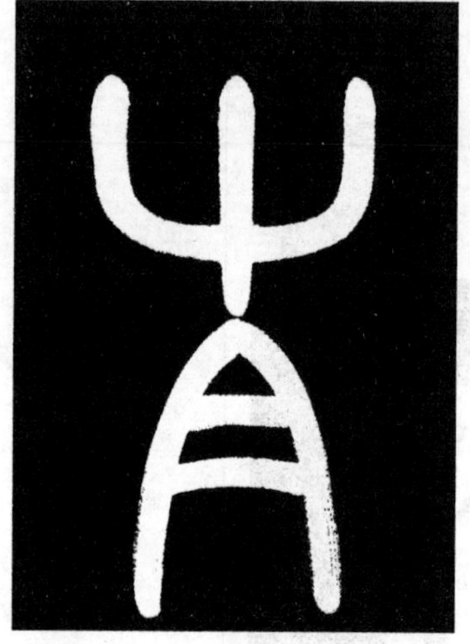

存
cún

篆
吴大澂

灰
huī

篆
徐三庚

匚部
匹
巨
匜
叵
匡
匠
匧

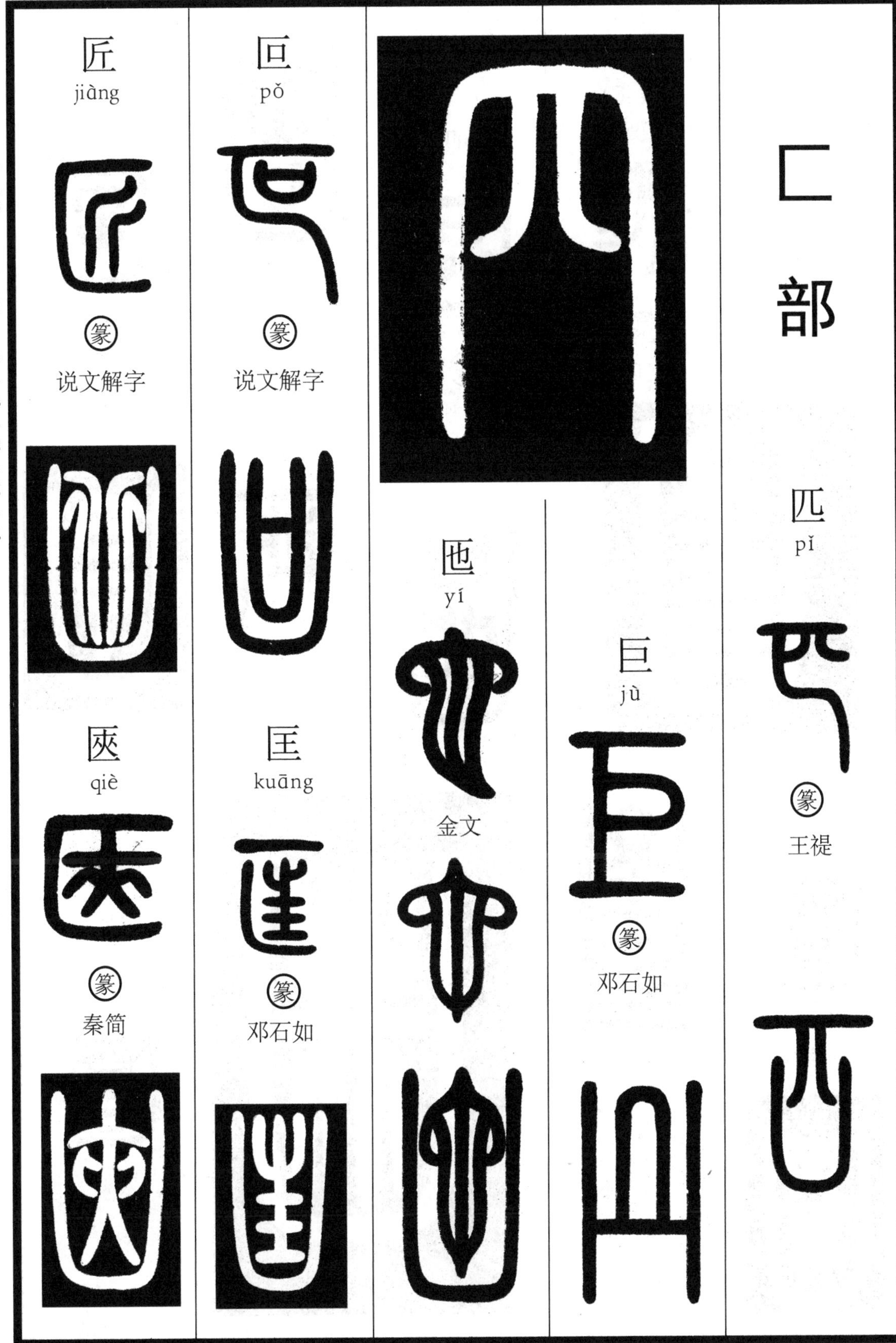

匚部
匹
pǐ
篆
王禔
巨
jù
篆
邓石如
匜
yí
金文
叵
pǒ
篆
说文解字
匡
kuāng
篆
邓石如
匠
jiàng
篆
说文解字
匧
qiè
篆
秦简

匽

yǎn

(篆) 金文

匿

nì

(篆) 吴大澂

匪

fěi

(篆) 邓石如

區

(区)

qū

(篆) 盟书

滙

(滙 汇)

huì

(篆) 何琪

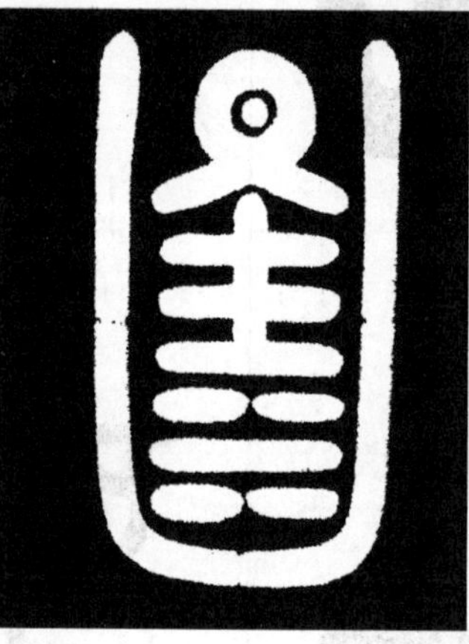

匱

(匮)

kuì

(篆) 说文解字

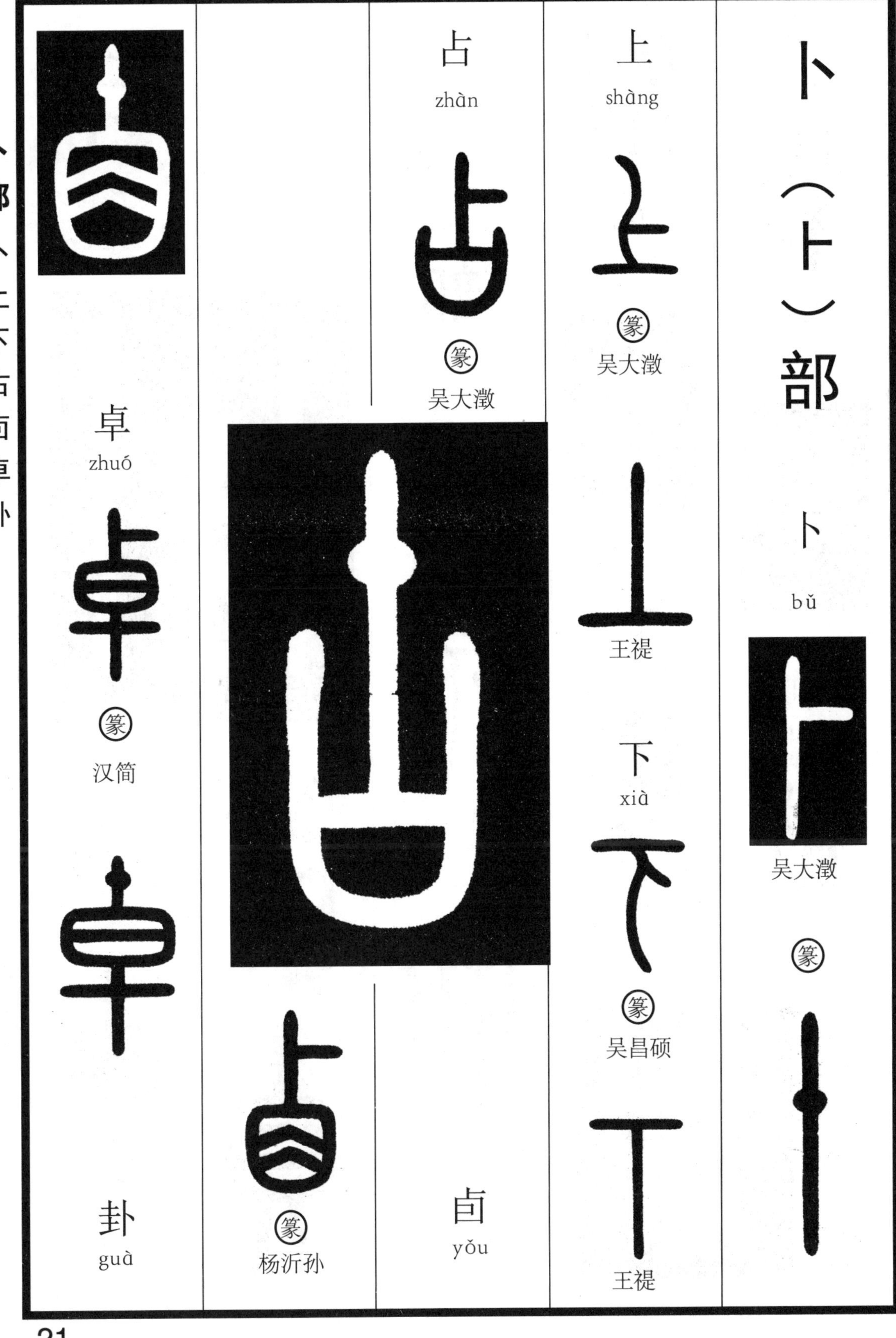
卜（⺊）部
卜
bǔ
吴大澂
篆
上
shàng
篆
吴大澂
王禔
下
xià
篆
吴昌硕
王禔
占
zhàn
篆
吴大澂
卣
yǒu
篆
杨沂孙
卓
zhuó
篆
汉简
卦
guà

㊟篆 邓石如

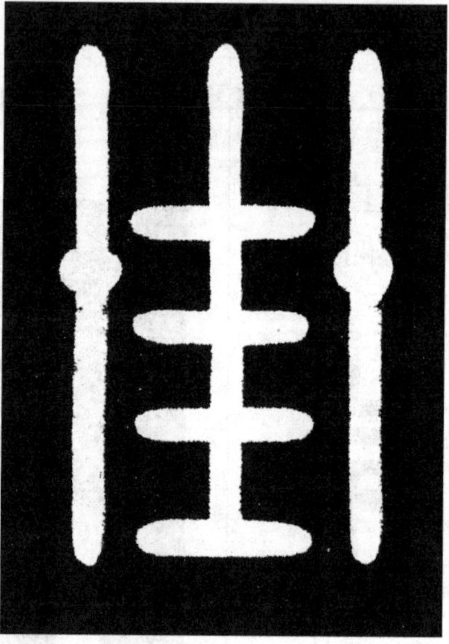

貞

(贞)

zhēn

㊟篆 王禔

罗振玉

刂部

刑

xíng

㊟篆 吴大澂

别

bié

㊟篆 邓石如

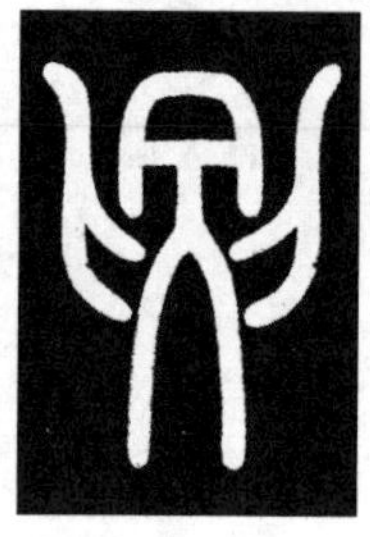

删

shān

㊟篆 邓石如

判

pàn

㊟篆 田潜

制

zhì

邓石如

剕
fú

篆
金文

刻
kè

篆
吴昌硕

刷
shuā

篆
吴昌硕

荆
jīng

篆
杨沂孙

削
xiāo

篆
吴昌硕

剡
shàn

篆
泰不华

剛
(刚)
gāng

篆
甲骨文

金文

剥
bō

篆
赵时枫

刂部 剕刻刷荆削剡剛剥

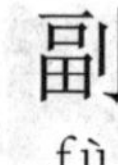
副
fù

㊣篆
吴大澂

創
(创)
chuàng

篆
碧落碑

割
gē

篆
莫友芝

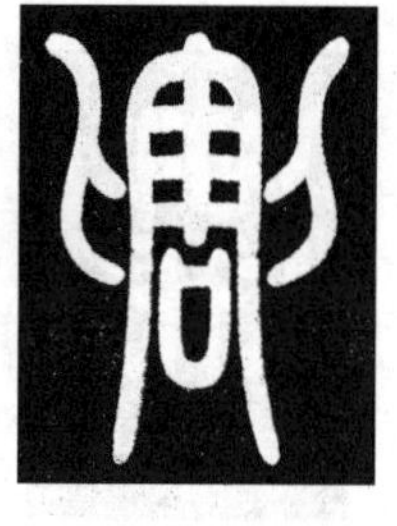

剽
piāo

说文解字

劃
(划)
huà

篆
金文

劇
(剧)
jù

说文解字

劌
(刿)
guì

篆
说文解字

劍
(剑)
jiàn

李阳冰

劉

(刘)

liú

篆

杨沂孙

劚

zhú

篆

邓石如

劘

mó

篆

学山堂

冂部

内

nèi

李斯

冉

rǎn

吴大澂

用

yòng

篆

吴大澂

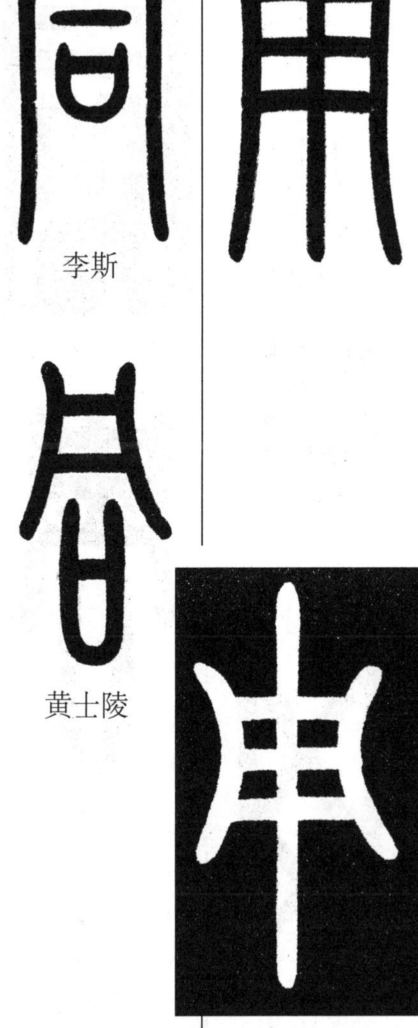

同

tóng

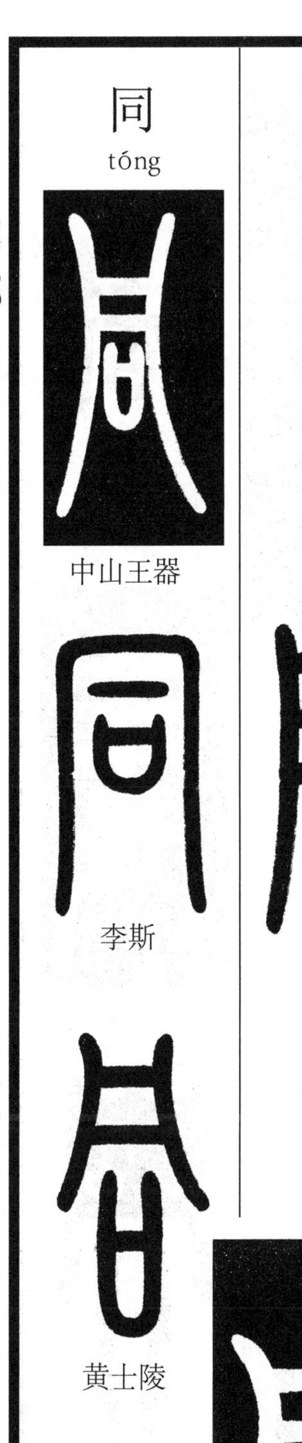

中山王器

李斯

黄士陵

冂部 周岡罔

𠂉部 乞午乍

周
zhōu

篆 吴大澂

金文

吴大澂

岡
(冈)
gāng

梦英

罔
(网)
wǎng

篆 李阳冰

甲骨文

𠂉部

乞
qǐ

篆 说文解字

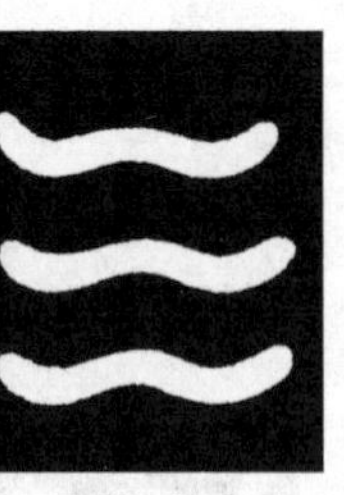

甲骨文

午
wǔ

梦英

何绍基

乍
zhà

篆 吴大澂

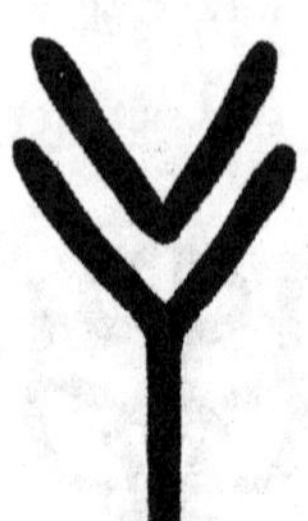

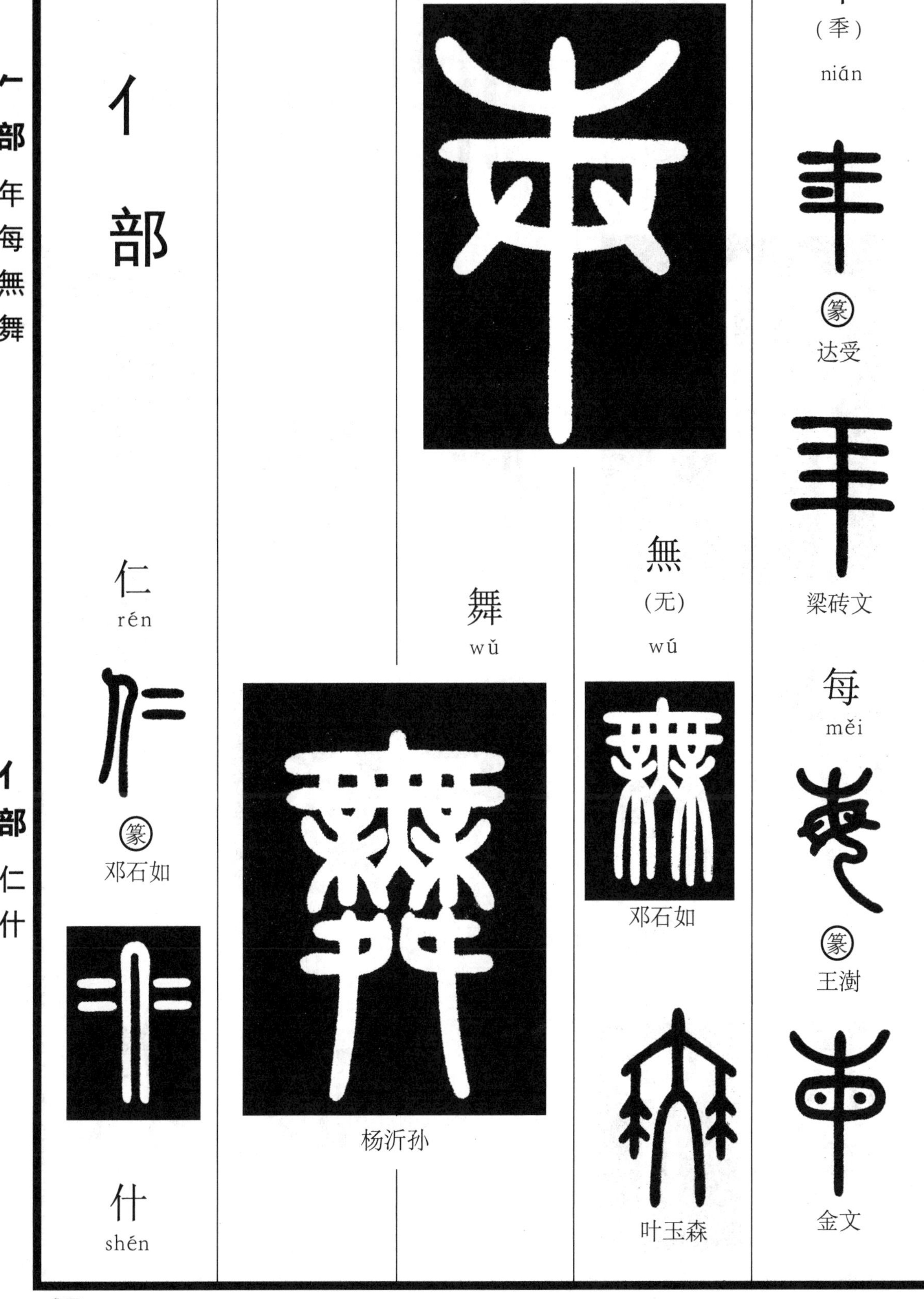

年
(秊)
niǎn

㊣ 达受

梁砖文

每
měi

㊣ 王澍

金文

無
(无)
wú

邓石如

叶玉森

舞
wǔ

杨沂孙

亻部

仁
rén

㊣ 邓石如

什
shén

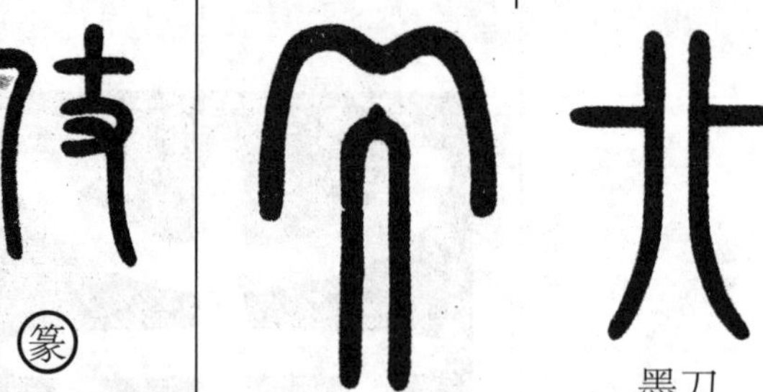

方去疾

化
huà

邓石如

墨刀

仇
chóu

篆
黄葆戉

仍
réng

篆
吴昌硕

仕
shì

篆
徐三庚

仗
zhàng

篆
方去疾

付
fù

篆
吴让之

代
dài

篆
邓石如

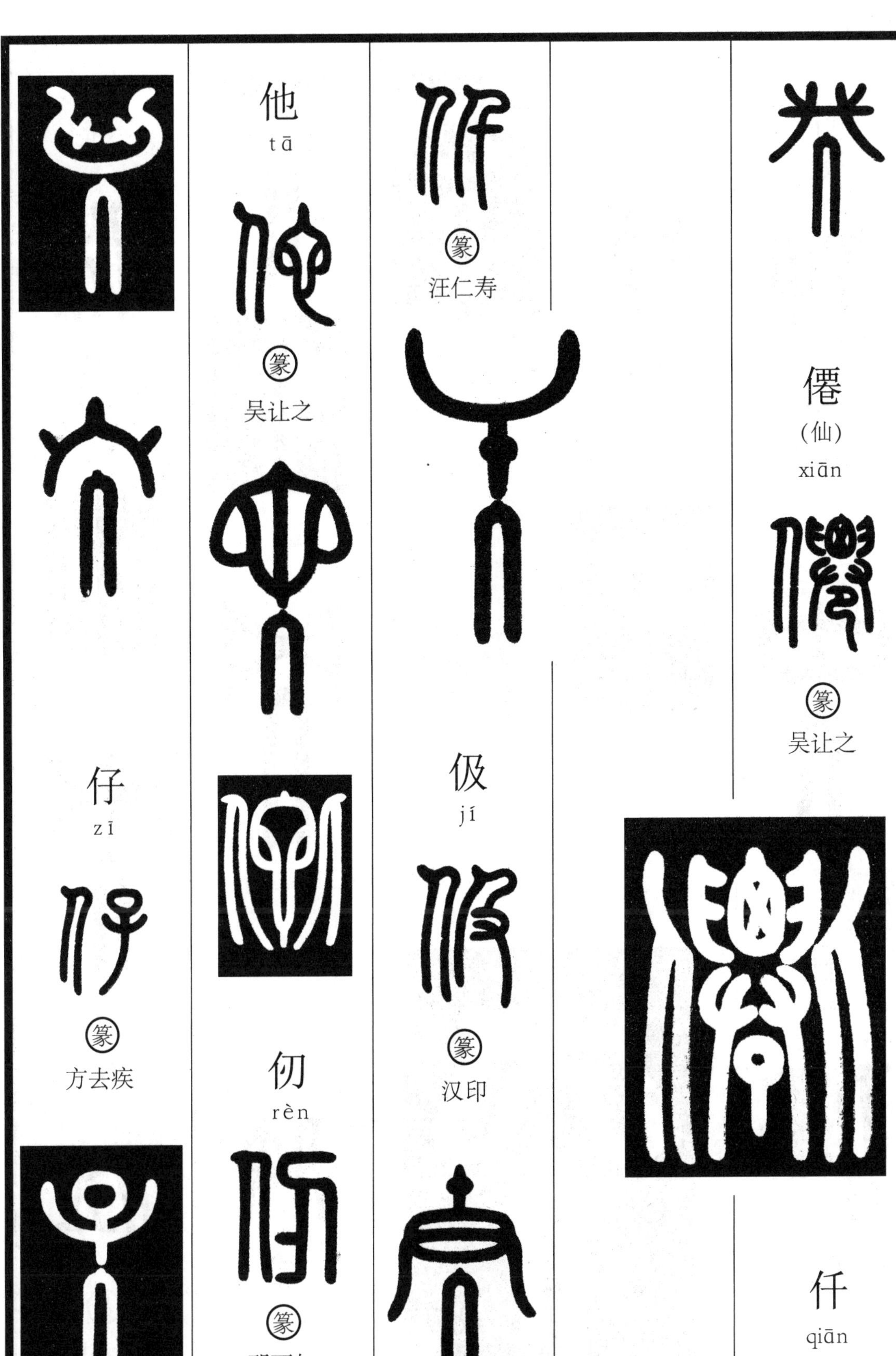

僊
(仙)
xiān

篆
吴让之

仟
qiān

篆
汪仁寿

伋
jí

篆
汉印

他
tā

篆
吴让之

仞
rèn

篆
邓石如

仔
zī

篆
方去疾

休

xiū

篆

李斯

伍

wǔ

篆

赵之谦

伎

jì

篆

莫友芝

伏

fú

篆

莫友芝

伐

fá

篆

赵时枫

仲

zhòng

篆

李阳冰

任

rèn

篆

吴昌硕

亻部　仰份件仿伉伊似佞

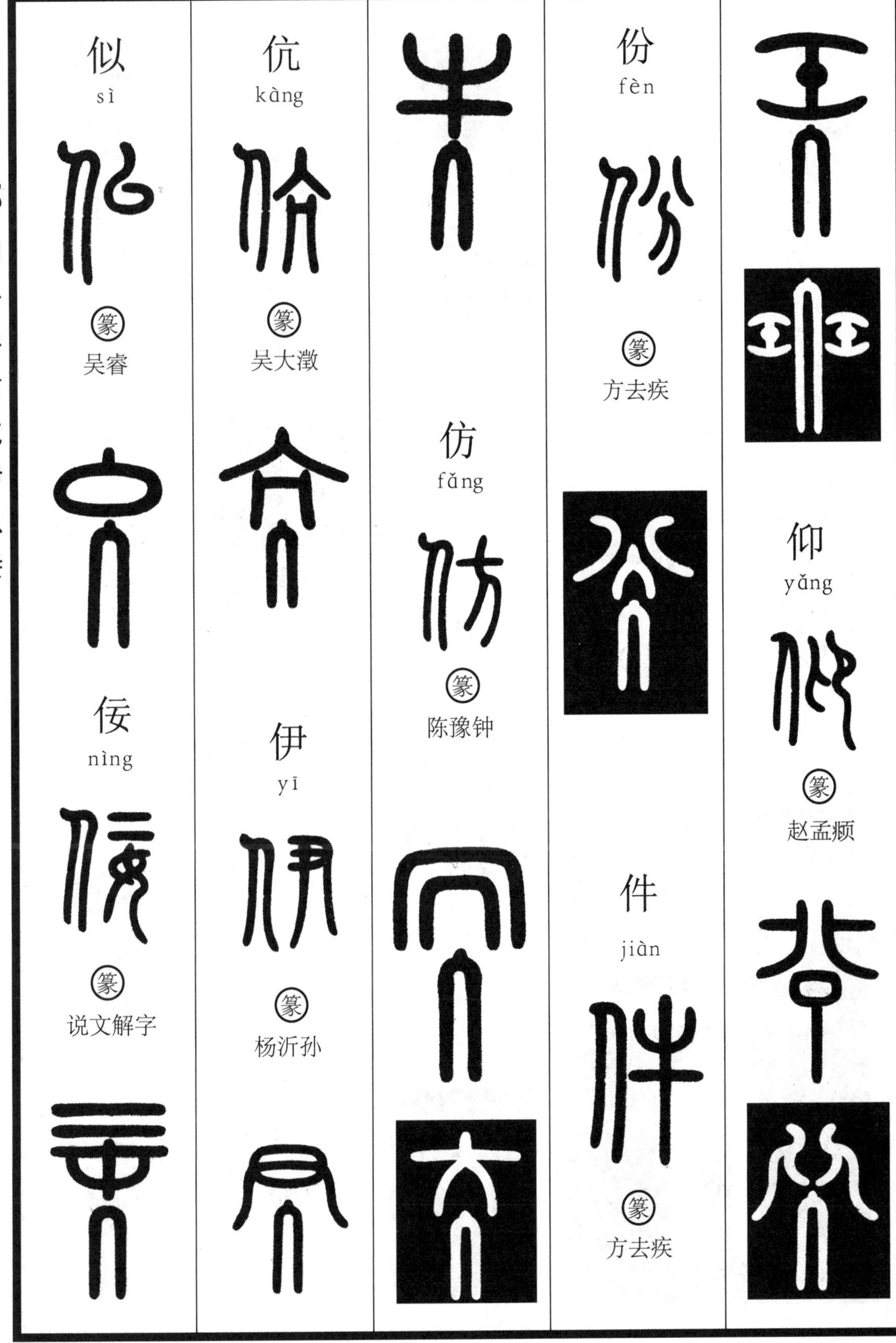

似 sì

篆 吴睿

佞 nìng

篆 说文解字

伉 kàng

篆 吴大澂

伊 yī

篆 杨沂孙

仿 fǎng

篆 陈豫钟

份 fèn

篆 方去疾

件 jiàn

篆 方去疾

仰 yǎng

篆 赵孟頫

何
(荷)
hé

篆

吴让之

佐
zuǒ

篆

吴睿

佑
yòu

篆

吴大澂

攸
yōu

篆

邓石如

但
dàn

篆

杨沂孙

伹
qū

篆

说文解字

伸

shēn

邓石如

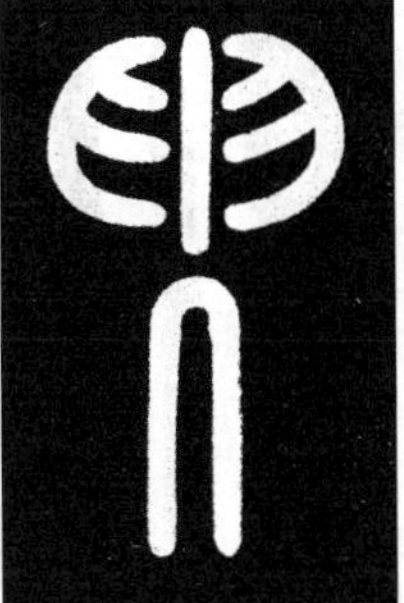

佃

diàn

方去疾

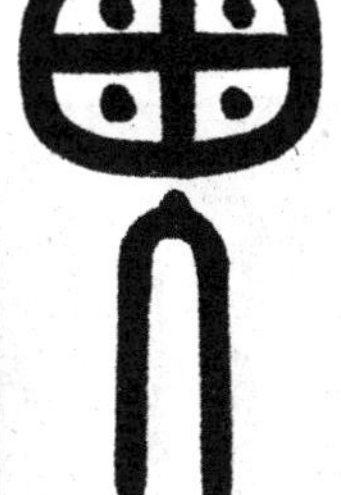

佚

yì

杨沂孙

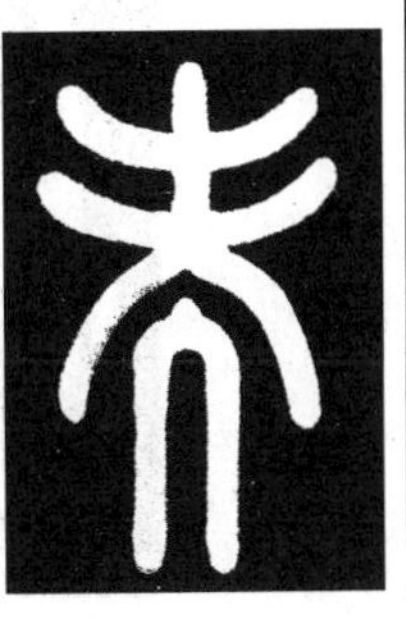

作

zuò

篆

吴让之

伯

bó

篆

杨沂孙

伶

líng

篆

方去疾

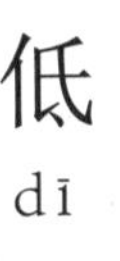

低

dī

篆

吴让之

位

wèi

篆

吴昌硕

住

zhù

篆

吴让之

佗

tuó

篆

仰嘉祥

佛

fó

篆

李叔同

佋

zhāo

篆

说文解字

佴

èr

篆

方去疾

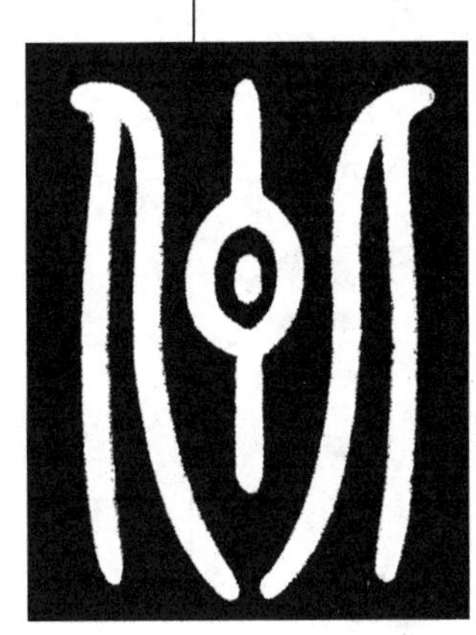

佳
jiā

篆 王禔

伺
sì

篆 方去疾

侍
shì

篆 崔浚

供
gōng

篆 徐三庚

使
shǐ

篆 邓石如

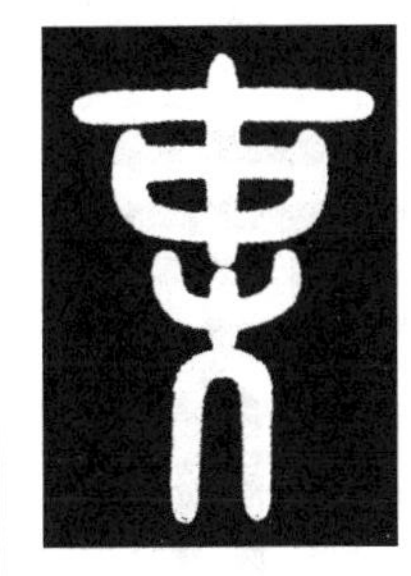

佰
bǎi

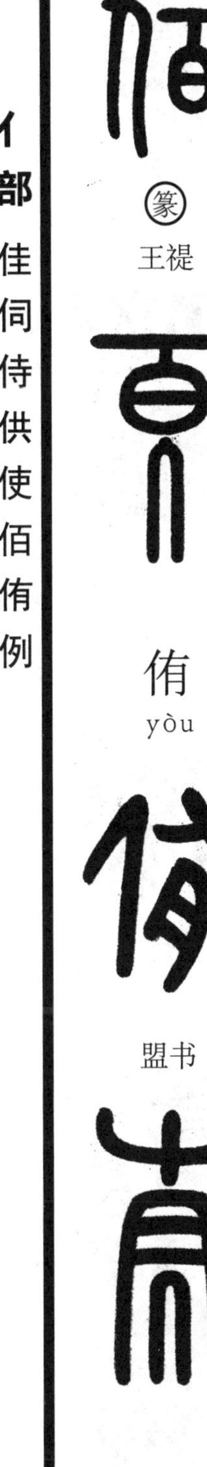

篆 王禔

侑
yòu

盟书

例
lì

篆

徐三庚

侗

dòng

篆

吴大澂

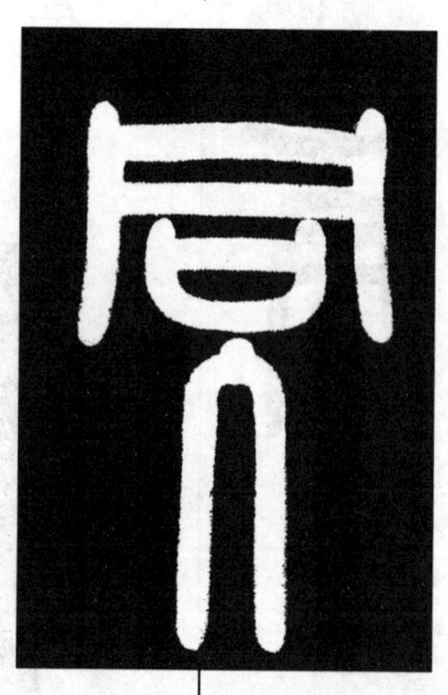

侣

lǚ

篆

杨法

侃

kǎn

篆

方去疾

侐

xù

篆

李阳冰

佩

pèi

篆

吴让之

佺

quán

篆

赵之谦

侈

chǐ

篆

黄士陵

亻部 依便侠侲修保促俄侮

依
yī

篆
赵时枫

便
biàn

篆
仰嘉祥

侠
(俠)
xiá

篆
王禔

侲
zhèn

篆
说文解字

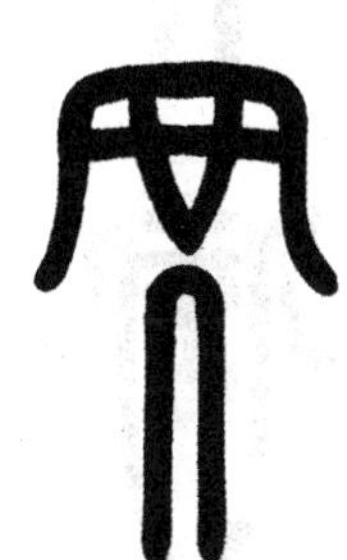

修
xiū
(脩)

篆
王禔

保
bǎo

篆
邓石如

促
cù

篆
瞿令问

俄
é

篆
吴大澂

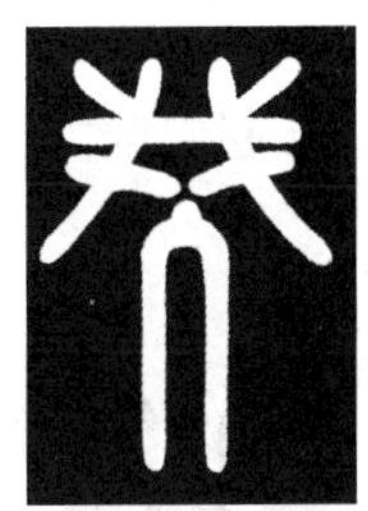

侮
wǔ

篆 吴大澂

俗

sú

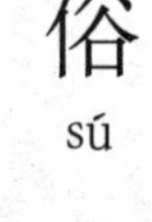

篆 赵之谦

俘

fú

篆 说文解字

係

xì

篆 吴昌硕

倗

péng

篆 金文

信

xìn

篆 王褆

侵

qīn

篆 黄士陵

侯

hóu

篆 赵之谦

俟

sì

篆 吴让之

俊

jùn

篆 吴大澂

倩

qiàn

篆 方去疾

借

jiè

篆 杨沂孙

值

zhí

篆 何绍基

倚

yǐ

篆 吴大澂

僅

(仅)

jǐn

篆 方去疾

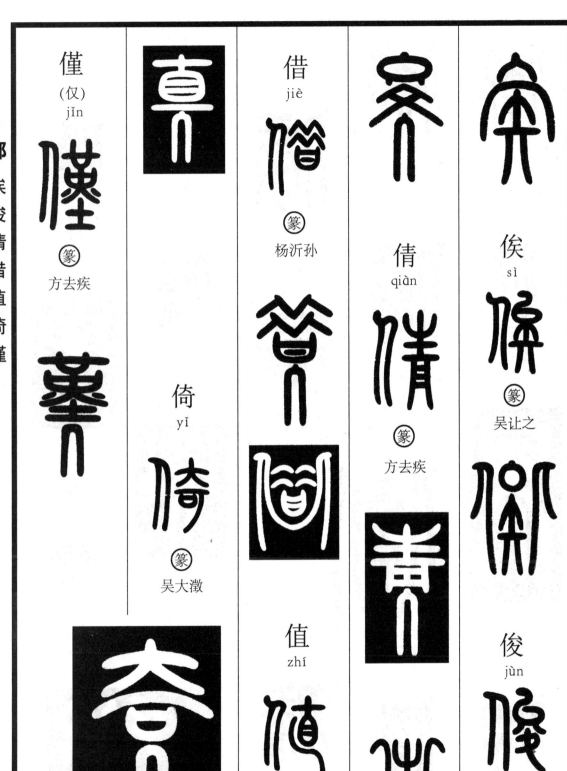

倒

dǎo

篆 邓石如

俶

chù

篆 吴睿

條

（条）

tiáo

篆 吴睿

傍

bàng

篆 钱君匋

候

hòu

篆 杨沂孙

倬

zhuō

篆 说文解字

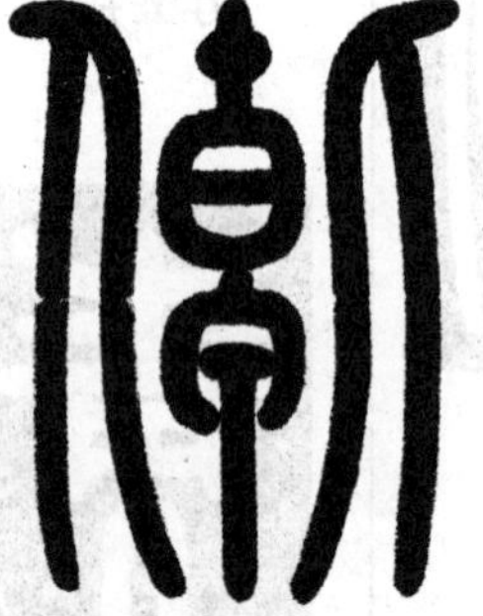

倭

wō

篆 方去疾

倪

ní

篆 黄葆戉

俾

bǐ

篆 杨沂孙

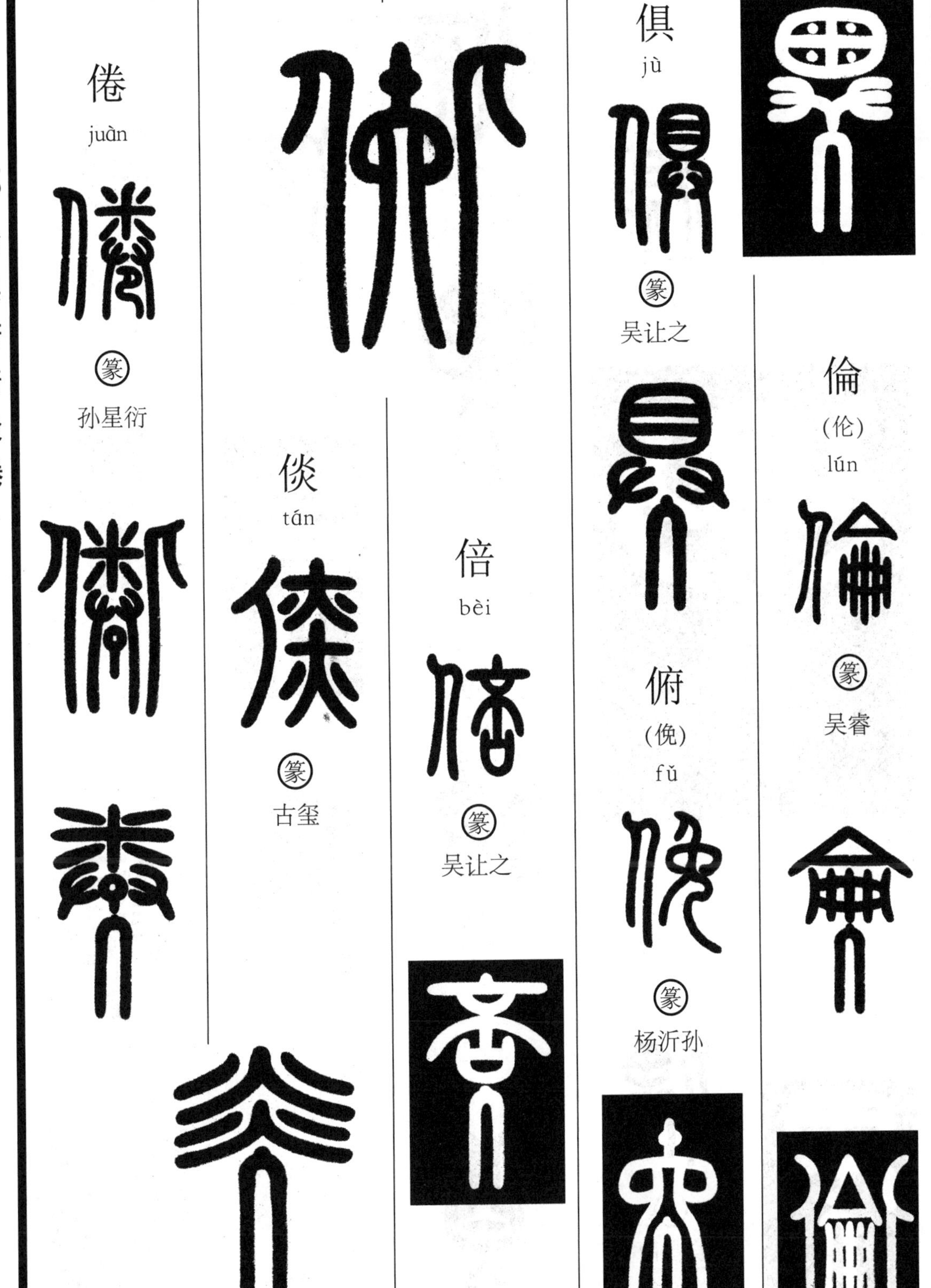
倫
(伦)
lún
篆
吴睿
俱
jù
篆
吴让之
俯
(俛)
fǔ
篆
杨沂孙
倍
bèi
篆
吴让之
倓
tán
篆
古玺
倦
juàn
篆
孙星衍

健

jiàn

篆

杨沂孙

倨

jù

篆

秦简

倡

chàng

篆

徐三庚

偃

yǎn

篆

吴大澂

偕

xié

篆

徐三庚

側

（侧）

cè

篆

胡澍

偶

ǒu

篆

吴昌硕

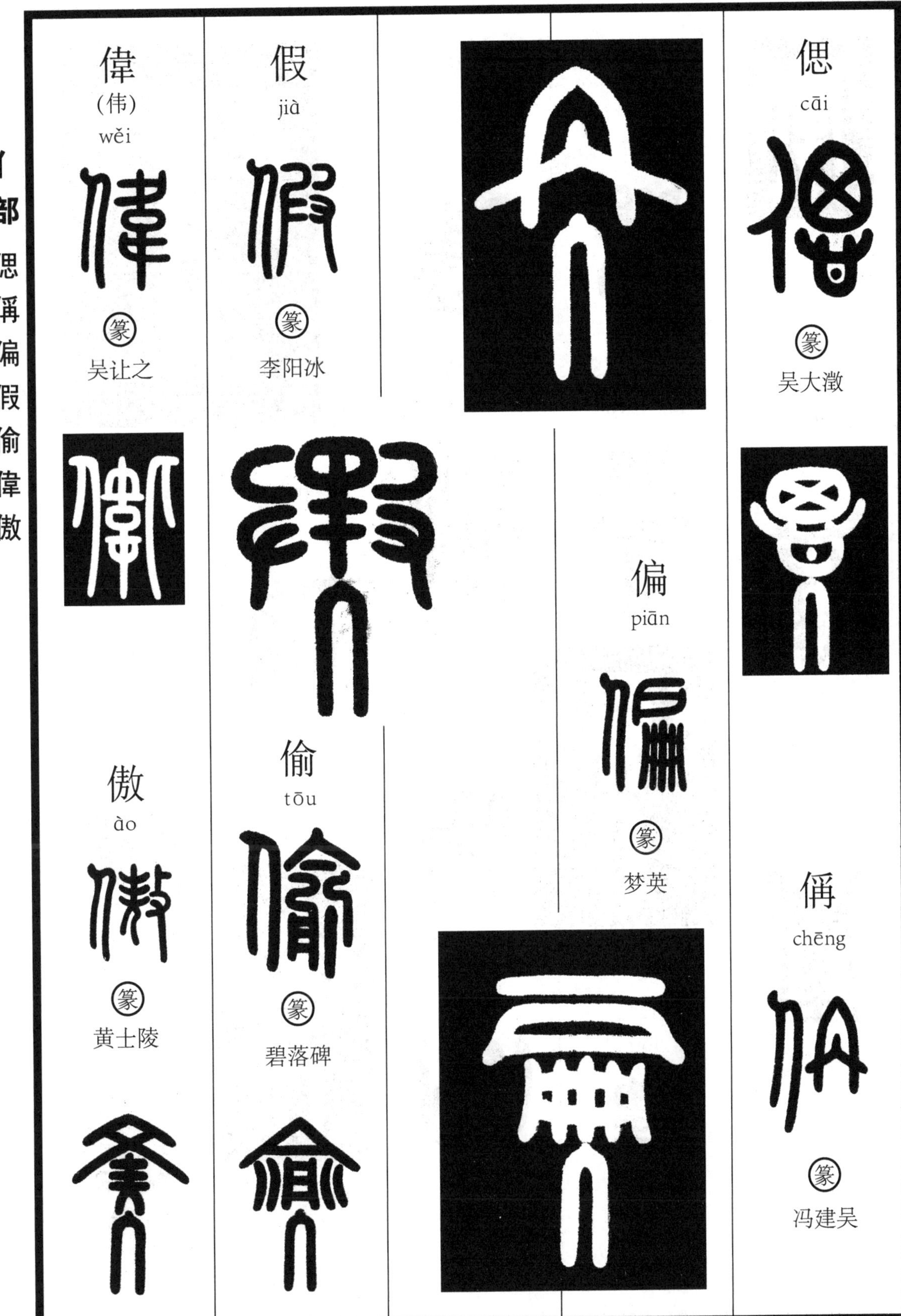
偲
cāi
篆
吴大澂
偁
chēng
篆
冯建吴
偏
piān
篆
梦英
假
jià
篆
李阳冰
偷
tōu
篆
碧落碑
偉
(伟)
wěi
篆
吴让之
傲
ào
篆
黄士陵

備

(备)

bèi

篆

杨沂孙

傅

fù

篆

吴睿

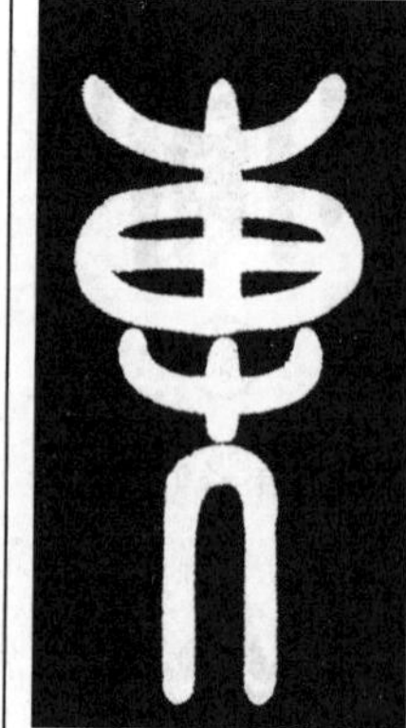

傳

(传)

chuán

篆

王禔

傴

(伛)

yǔ

篆

邓石如

傾

(倾)

qīng

篆

吴睿

僂

(偻)

lóu

篆

说文解字

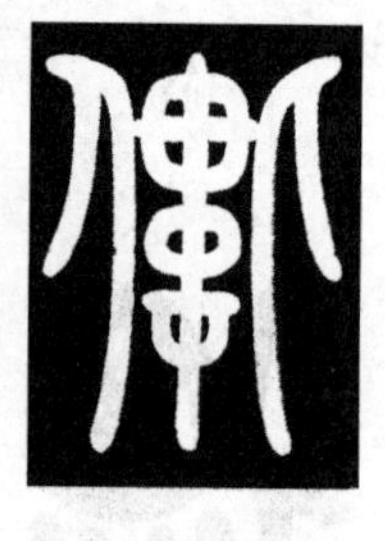

催

cuī

篆

吴睿

傷
(伤)
shāng

篆
杨沂孙

僇
lù

篆
杨沂孙

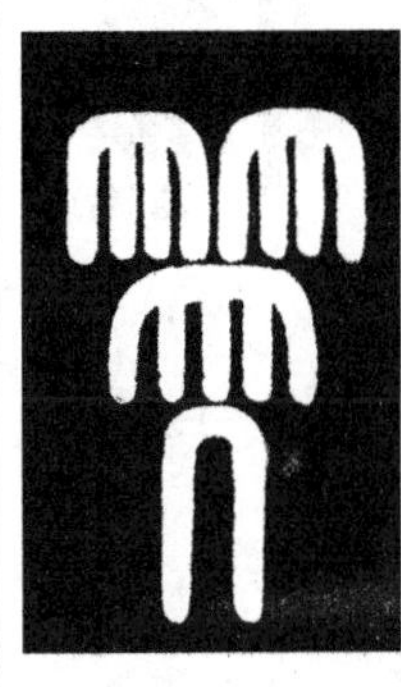

像
xiàng

篆
吴大澂

儆
jǐng

篆
杨沂孙

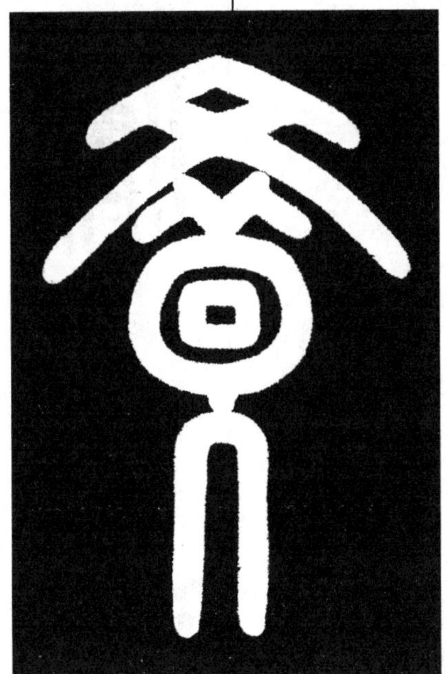

僭
jiàn

篆
杨沂孙

僚
liáo

篆
方去疾

僕
(仆)
pú

篆
吴大澂

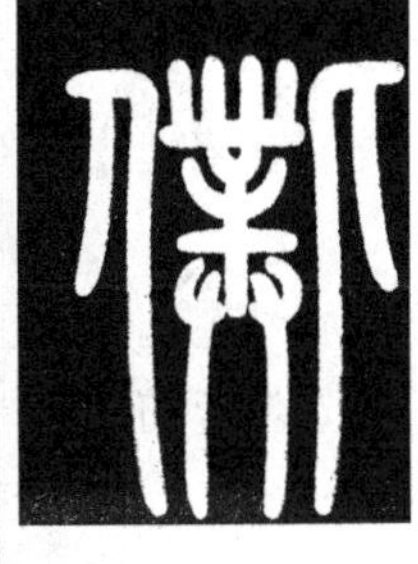

僑

(侨)

qiáo

篆 邓石如

僮

tóng

邓延桢

儂

(侬)

nóng

篆 方去疾

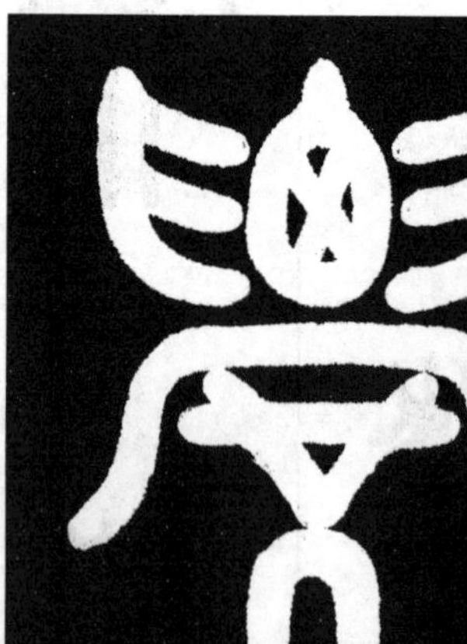

僧

sēng

邓石如

傑

(杰)

jié

说文解字

儉

(俭)

jiǎn

篆 方去疾

亻部
儉

儋
dān

篆
曾纪泽

億
(亿)
yì

篆
罗振玉

儀
(仪)
yí

篆
杨沂孙

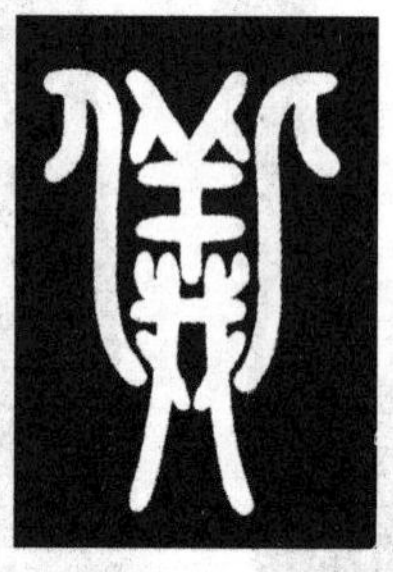

僻
pì

篆
吴大澂

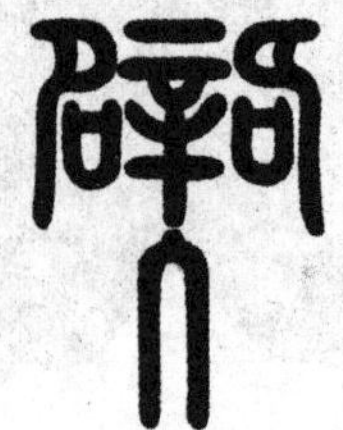

儔
(俦)
chóu

篆
李阳冰

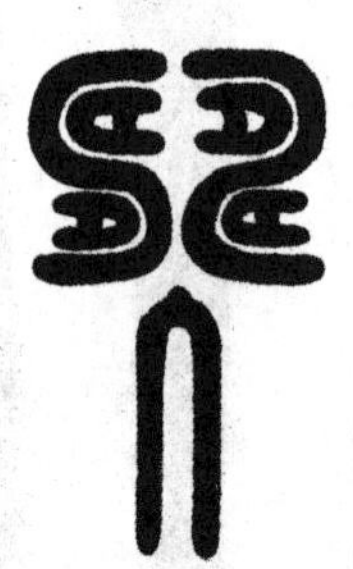

儒
rú

篆
翁同龢

儗
(拟)
nǐ

篆
吴大澂

儕
(侪)
chái

篆
吴大澂

儥
yù

篆
说文解字

鵂
(鸺)
xiū

篆
徐三庚

儐

(傧)

bīn

篆

杨沂孙

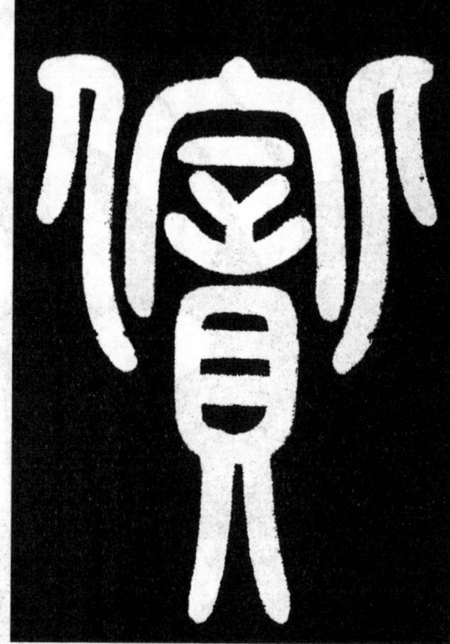

優

(优)

yōu

篆

吴大澂

償

(偿)

cháng

篆

说文解字

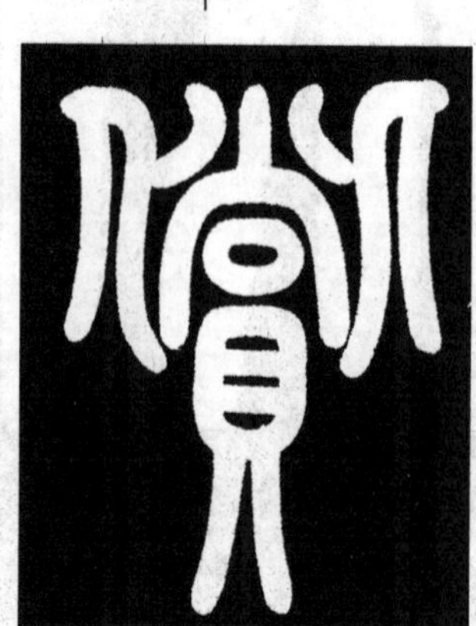

儲

(储)

chǔ

篆

黄葆戉

儺

(傩)

nuó

篆

吴大澂

儷

(俪)

lì

篆

方去疾

儼

(俨)

yǎn

篆

方去疾

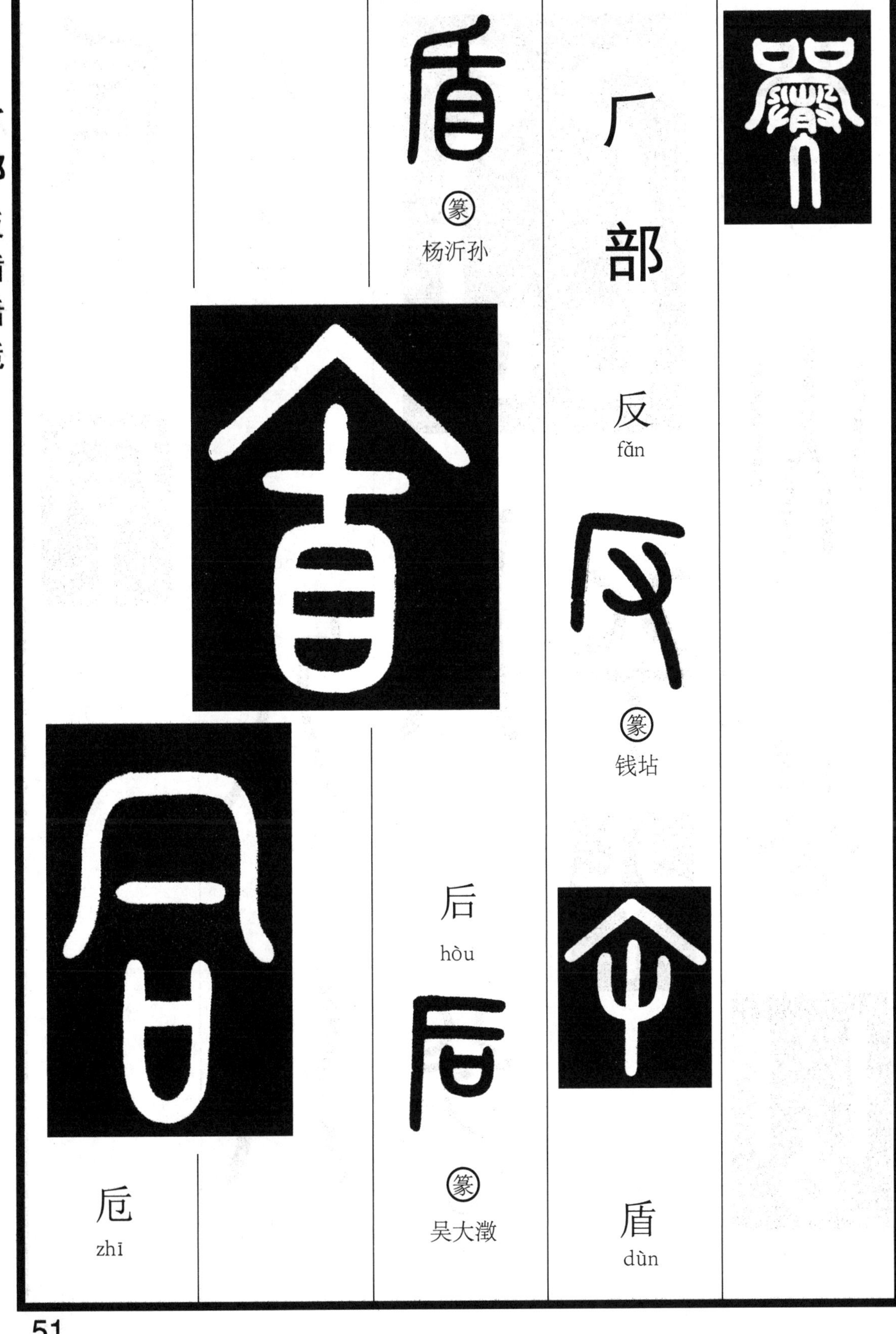

厂
部
反
fǎn
篆
钱坫
盾
dùn
篆
杨沂孙
后
hòu
篆
吴大澂
卮
zhī

篆 杨沂孙

八（丷）部

八 bā

吴让之

王澍

王禔

兮 xī

篆 梦英

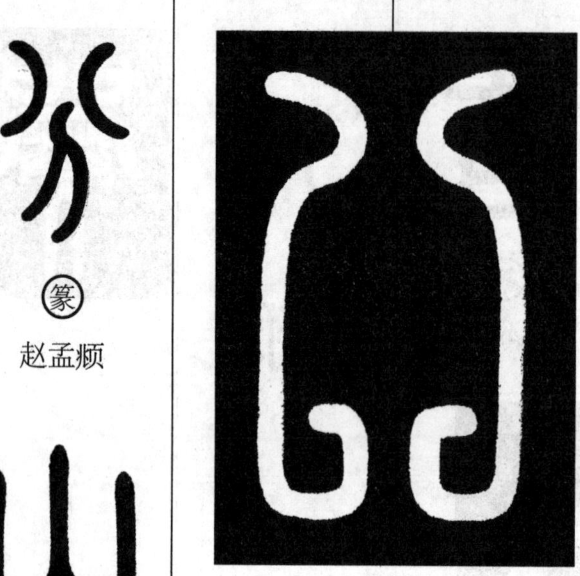

陶文

分 fēn

篆 赵孟頫

公 gōng

邓石如

黄葆戉

并

(竝)

bìng

篆

王禔

徐三庚

兑

duì

吴大澂

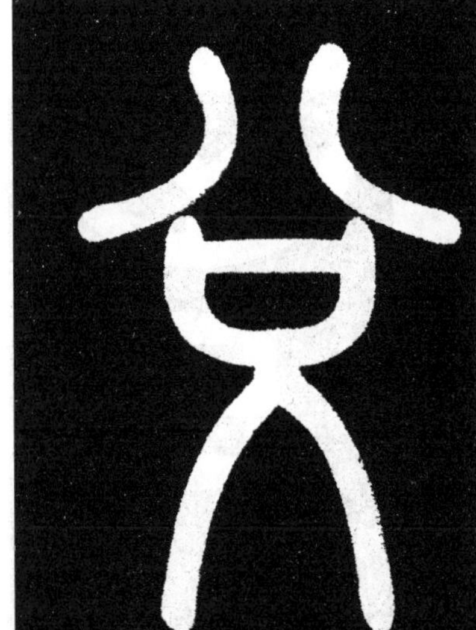

兵

bīng

篆

徐三庚

弟

dì

杨沂孙

其

qí

李阳冰

吴让之

张廷济

吴大澂

具

jù

李阳冰

典

diǎn

赵孟頫

岔

fèn

吴大澂

篆

酋

qiú

吴大澂

前

qián

篆

吴昌硕

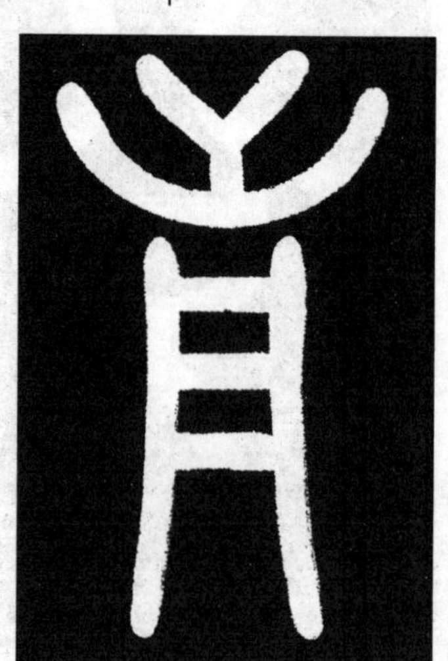

兹

zī

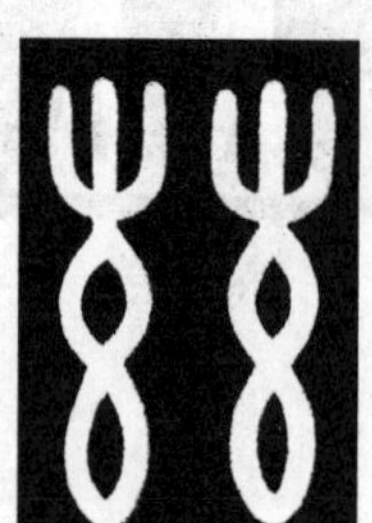

邓石如

赵孟頫

盆

pén

篆

方去疾

兼

jiān

篆

诅楚文

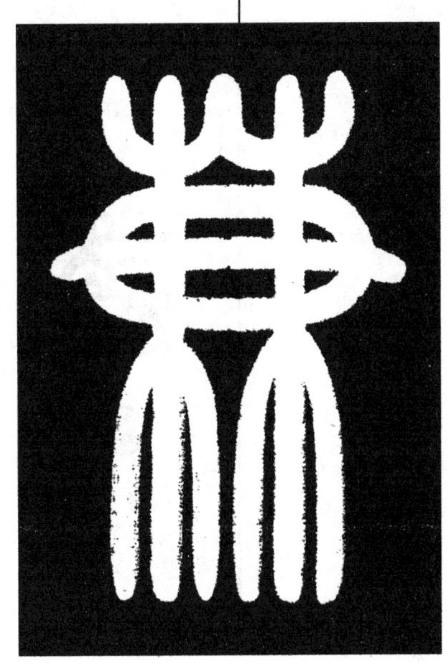

翁

wēng

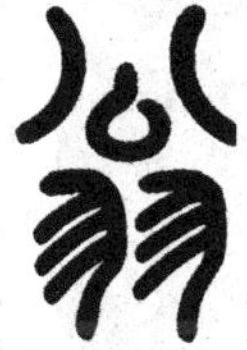

篆

李阳冰

貧

(贫)

pín

篆

莫友之

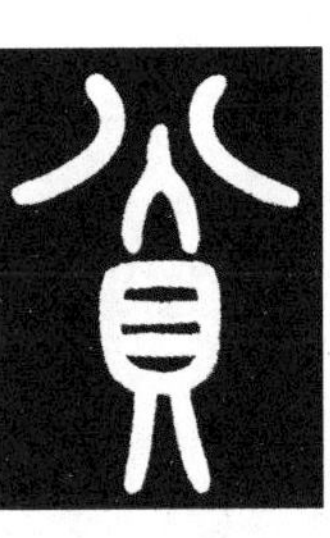

曾

zēng

篆

萧蜕

吴大澂

巽

xùn

篆

仰嘉祥

與

(与)

yǔ

篆

吴让之

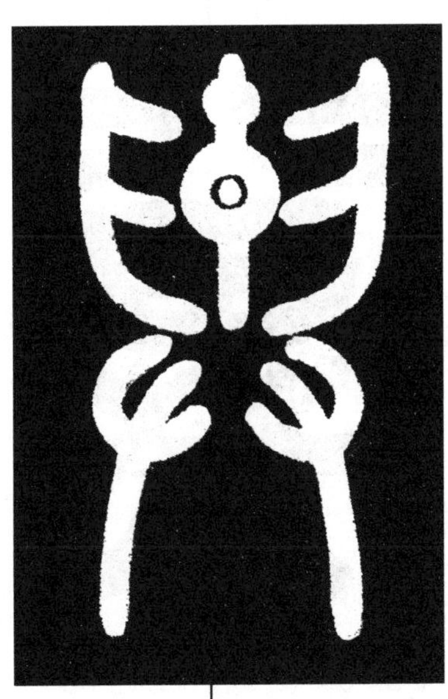

叶玉森

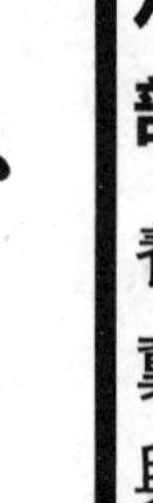

養

(养)

yǎng

篆

吴大澂

冀

jì

邓石如

邓石如

興

(兴)

xīng

陶文

赵孟頫

輿

(舆)

yú

吴大澂

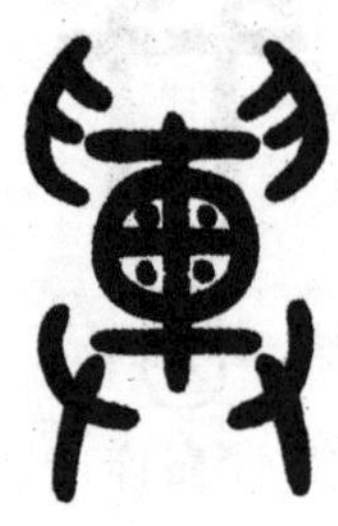

蠲

juān

篆

金文

人（入）部

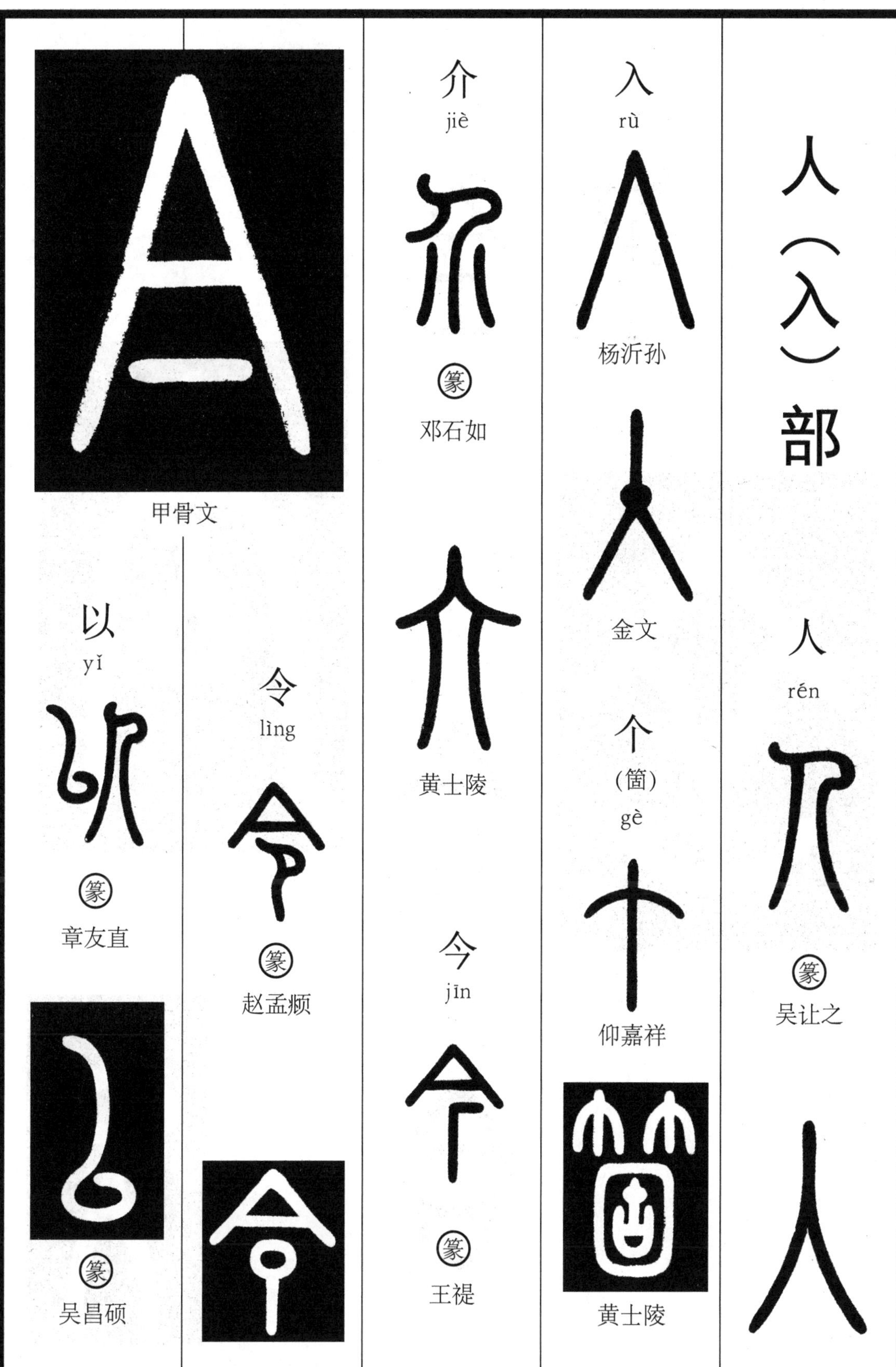
人
rén
篆
吴让之
入
rù
杨沂孙
金文
个
（箇）
gè
仰嘉祥
黄士陵
介
jiè
篆
邓石如
黄士陵
今
jīn
篆
王禔
甲骨文
令
lìng
篆
赵孟頫
以
yǐ
篆
章友直
篆
吴昌硕

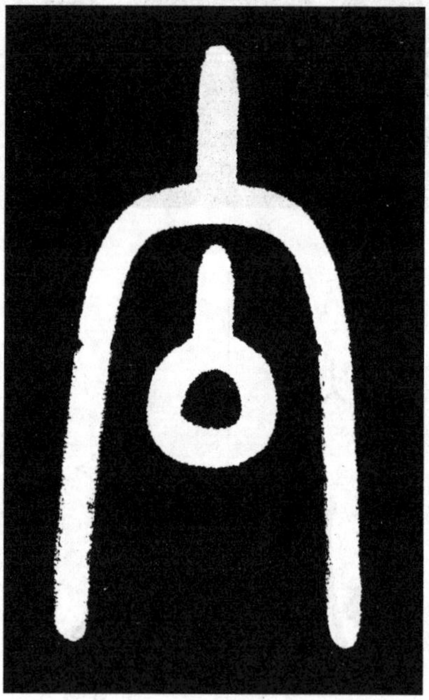

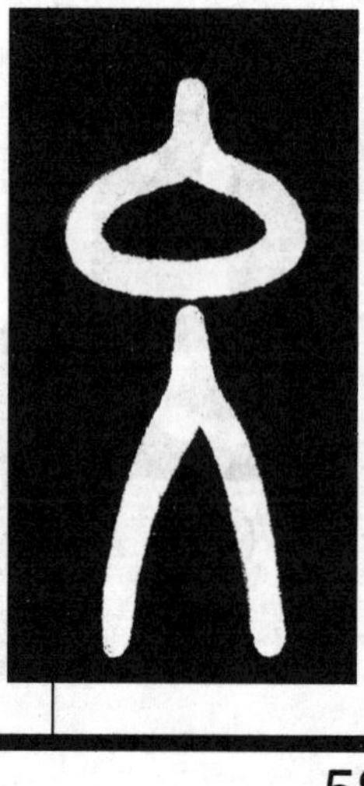

企
qǐ
篆
吴大澂

全
quán
杨沂孙 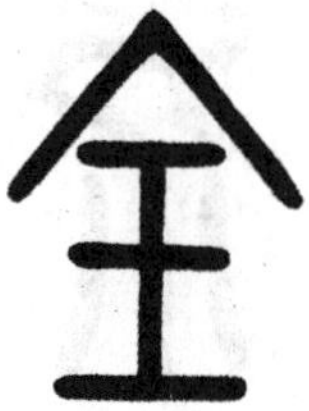

合
hé 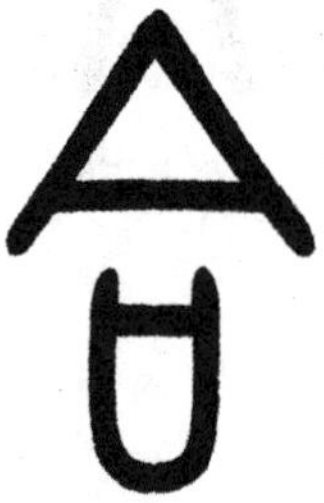
邓石如

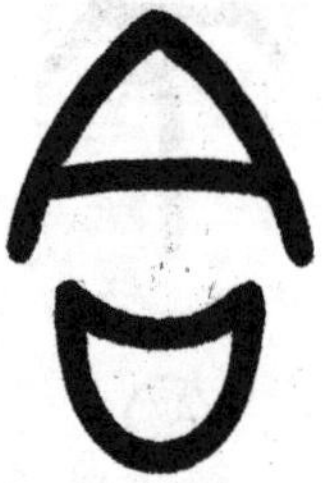

吴大澂

佘

shé

汉印

余

yú

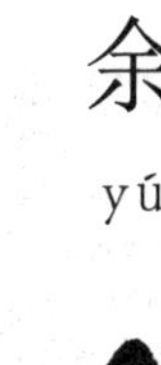

吴昌硕

含

hán

(篆)

吴让之

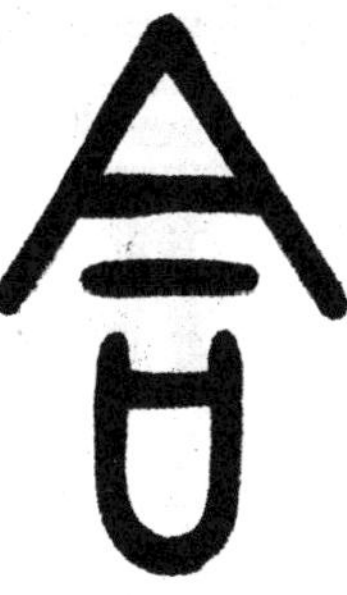

命

mìng

(篆)

李阳冰

侖

(仑)

lún

说文解字

舍

shě

吴大澂

念

niàn

(篆)

吴大澂

俞

yú

㊫

杨沂孙

俎

zǔ

㊫

仰嘉祥

弇

yǎn

说文解字

倉

(仓)

cāng

㊫

吴大澂

衾

qīn

㊫

徐三庚

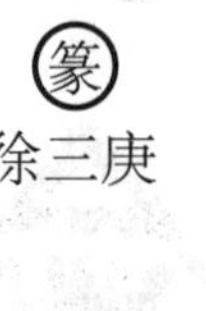

貪

(贪)

tān

㊫

李斯

悆

yù

陶文

畬

yǎn

㊫

金文

畬

yú

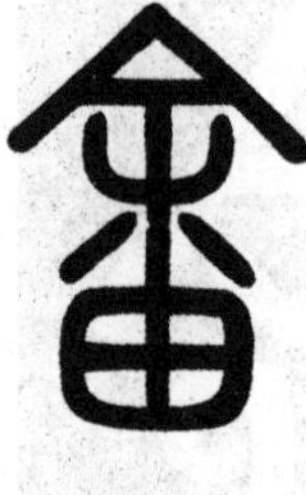

㊫

徐三庚

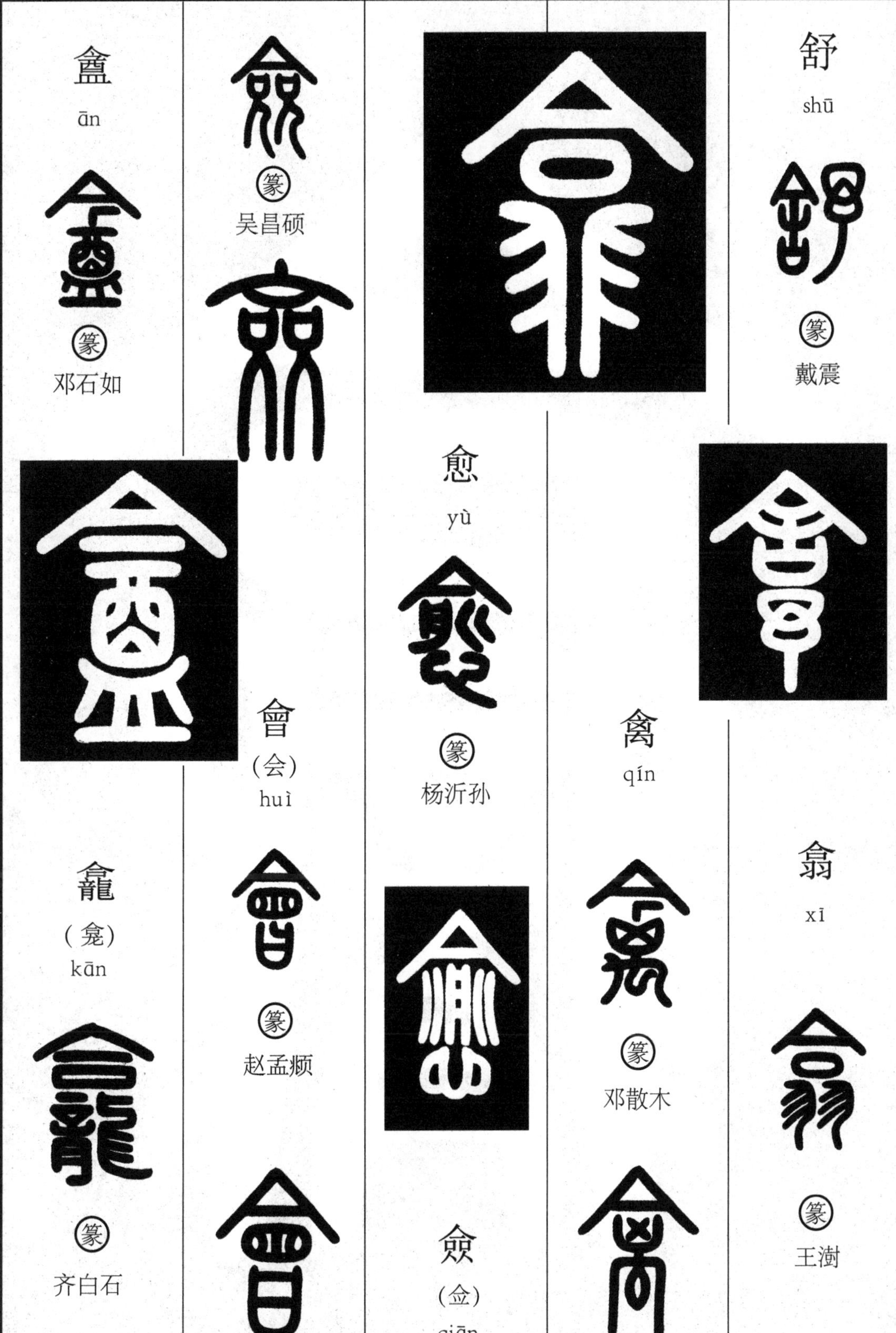
盦
ān
篆
邓石如
龕
(龛)
kān
篆
齐白石
篆
吴昌硕
會
(会)
huì
篆
赵孟頫
愈
yù
篆
杨沂孙
僉
(佥)
qiān
禽
qín
篆
邓散木
舒
shū
篆
戴震
翕
xī
篆
王澍

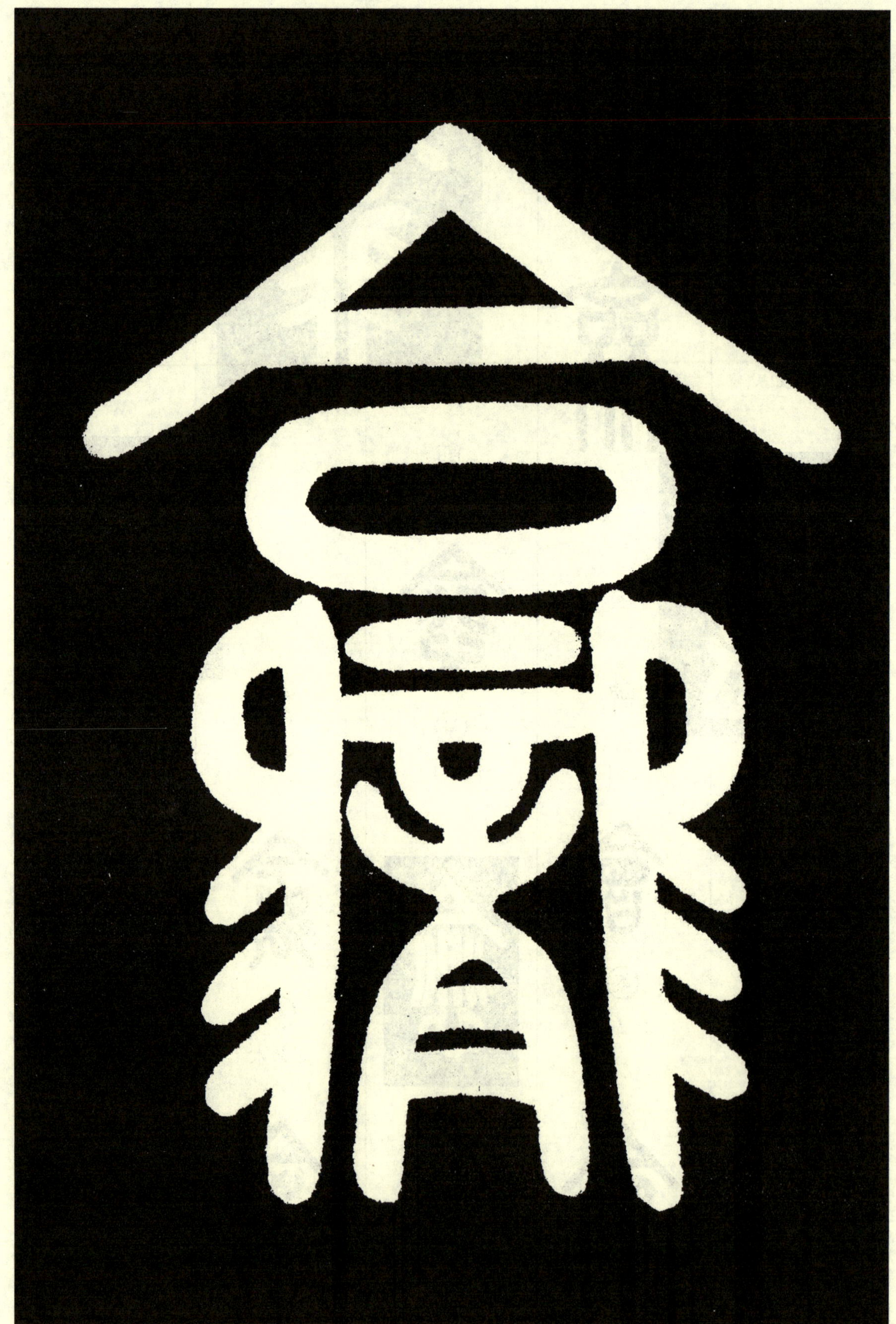

乂部

乂

yì

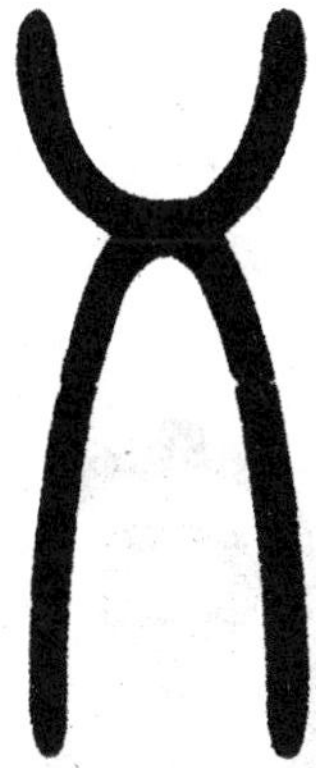

李阳冰

爻

yáo

梦英

希

xī

杨沂孙

肴

yáo

篆

吴大澂

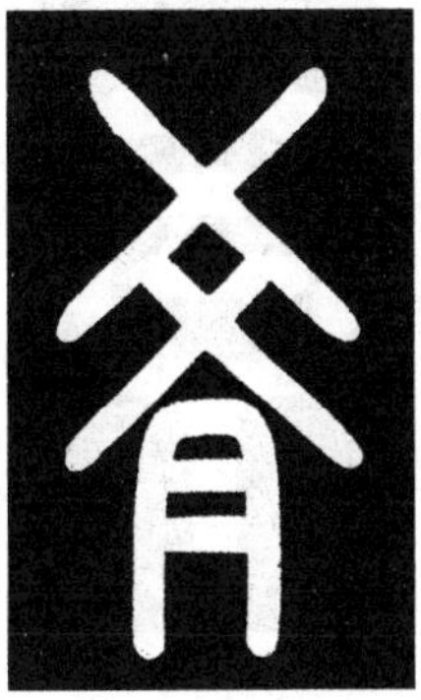

勹部

勺

sháo

篆

杨沂孙

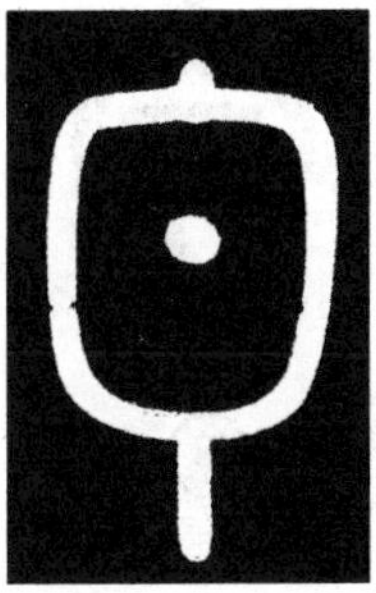

勿

wù

篆

汉简

勾

gōu

篆　方去疾

句

jù

篆　杨沂孙

匀

yún

篆　吴昌硕

悤

（匆）

cōng

篆　说文解字

匃

gài

篆　吴大澂

包

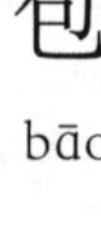

bāo

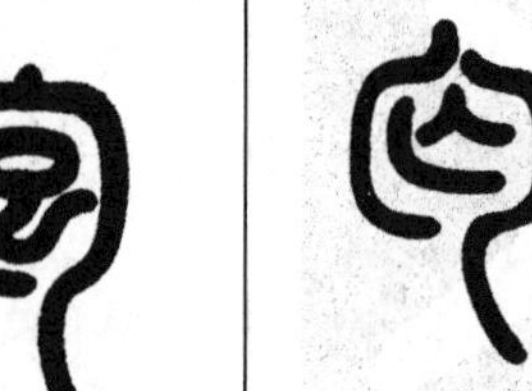

篆　杨沂孙

勹部　旬匈甸匋匍

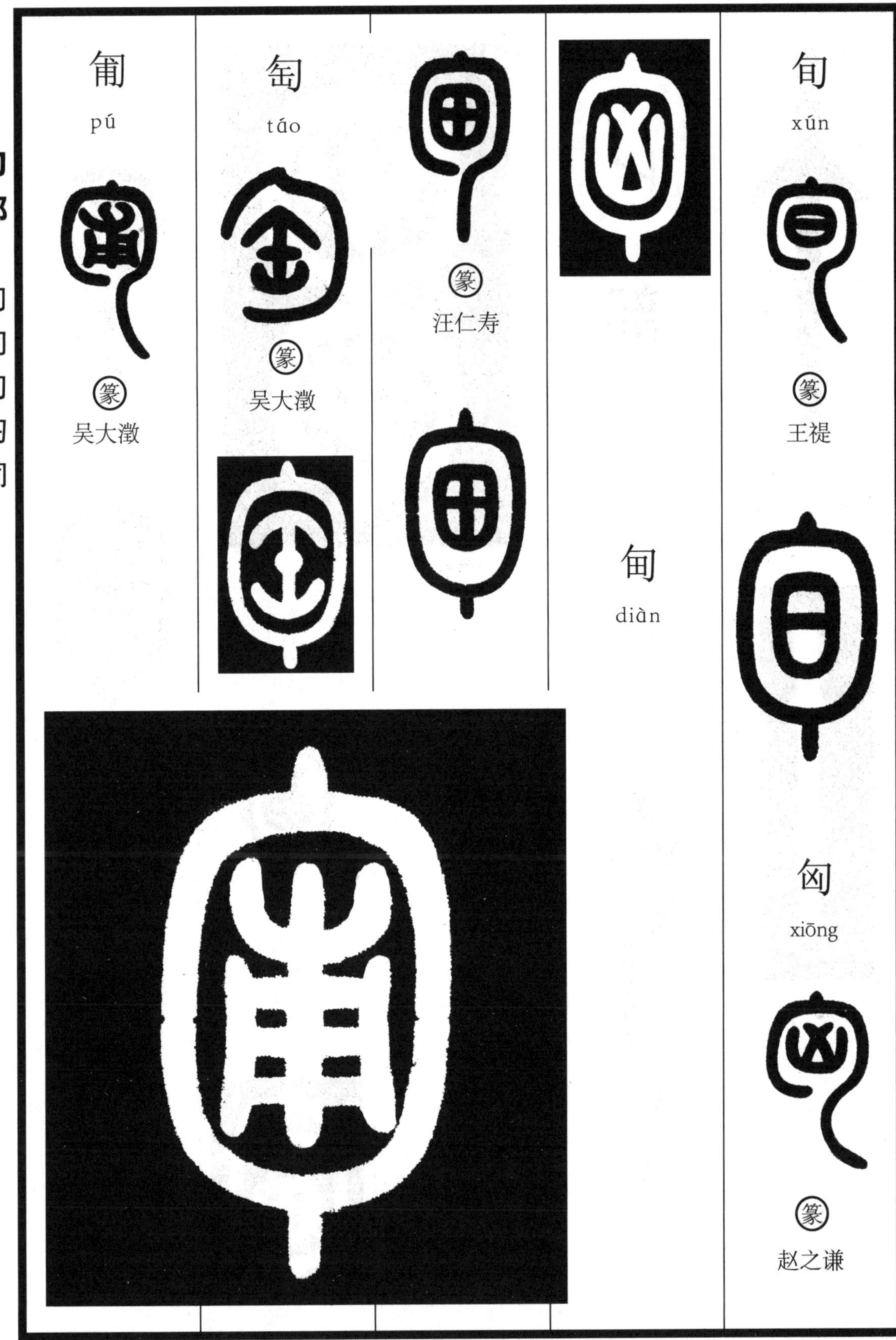

旬

xún

篆

王禔

匈

xiōng

篆

赵之谦

篆

汪仁寿

甸

diàn

匋

táo

篆

吴大澂

匍

pú

篆

吴大澂

匊

jū

篆 说文解字

㔨

(刍)

chú

篆 汉铜鼎

匐

fú

篆 吴大澂

匕部

匕

bǐ

篆 甲骨文

北

běi

兆
zhào
篆
秦简
儿
部
先
xiān
篆
莫友芝
疑
yí
篆
李阳冰
頃
(顷)
qǐng
篆
吴大澂
赵宧光
杨沂孙
孙星衍
旨
zhǐ
篆
邓石如

兕

sì

篆

赵时棡

兜

dōu

篆

方去疾

几（几）部

几

jī

邓石如

凡

fán

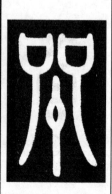

篆

邓石如

甲骨文

夙

sù

篆

杨沂孙

咒

zhòu

篆

邓石如

鳧

(凫)

fú

篆

金文

凱

(凯)

kǎi

篆

封泥

鳳

(凤)

fèng

篆

烛盘

篆

吴让之

亠部

六

liù

吴昌硕

杨沂孙

王禔

黄士陵

亢

kàng

李阳冰

吴大澂

市

shì

梦英

交

jiāo

王禔

亥

hài

篆

吴大澂

充

chōng

篆

仰嘉祥

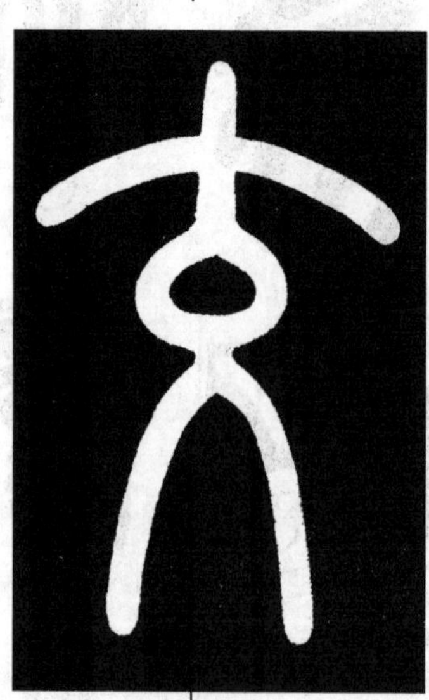

亦

yì

吴让之

吴大澂

亨

hēng

梦英

享
(亨享同源)
xiǎng

吴大澂

京
jīng

王禔

夜
yè

篆
吴大澂

卒
zú

篆
邓石如

秦简

育
(毓)
yù

篆
李阳冰

毓
(育)
yù

篆
田潜

哀
āi

篆
严坤

亭
tíng

赵孟頫

吴大澂

邓石如

亮

liàng

篆

方去疾

帝

dì

邓石如

衰

shuāi

篆

杨沂孙

畝

(晦亩)

mǔ

篆

李阳冰

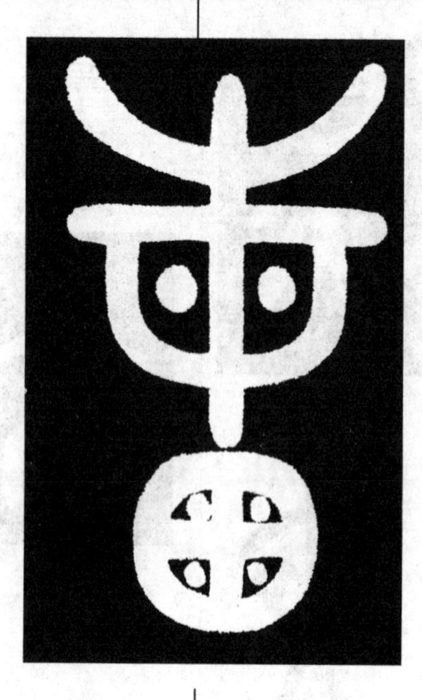

衷

zhōng

篆

汉简

袞

gǔn

篆

章炳麟

金文

金文

亳

bó

(篆)
李阳冰

旁

páng

(篆)
赵之谦

商

shāng

吴昌硕

金文

袤

mào

(篆)
秦简

率

lǜ

(篆)
李斯

吴大澂

吴大澂

牵

(牽)

qiān

杨沂孙

就

jiù

篆 伊念曾

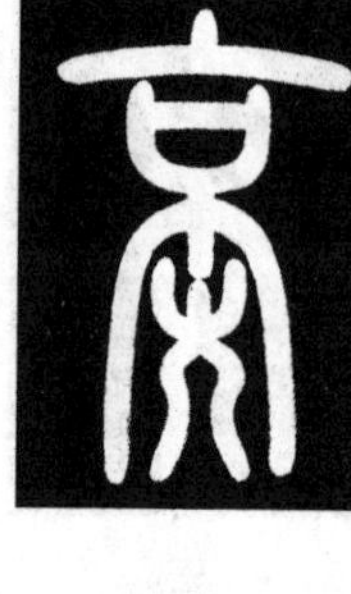

啻

chì

黄士陵

裏（里）

lǐ

莫友芝

黄士陵

裹

guǒ

方去疾

禀

bǐng

说文解字

亶

dǎn

杨沂孙

棄（弃）

qì

杨沂孙

雍

yōng

篆 吴大澂

豪

háo

篆 邓石如

褎

（袖）

xiù

篆 吴昌硕

篆 仰嘉祥

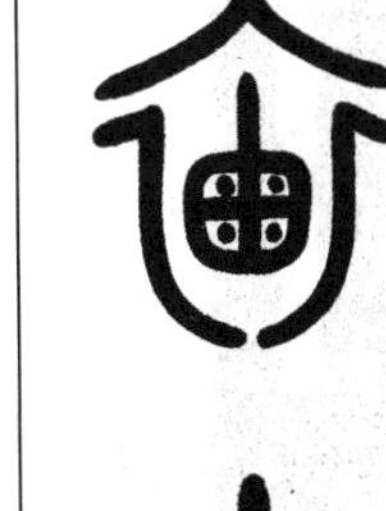

褒

bāo

褻

（亵）

xiè

篆 杨沂孙

襄

xiāng

篆 吴大澂

饔

yōng

篆 邓石如

冫部

次 cì

篆 杨沂孙

冲 chōng

篆 邓石如

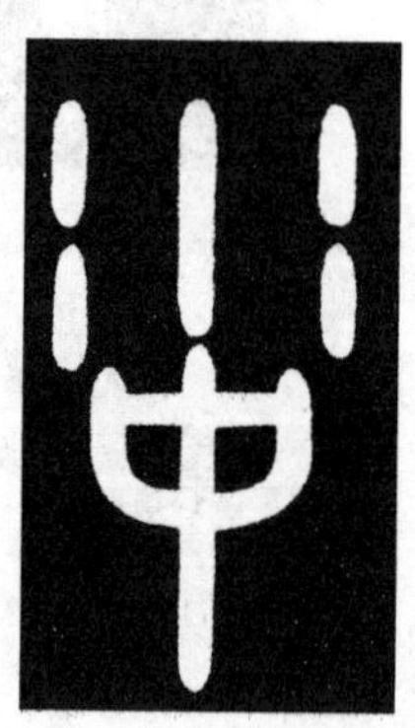

冰 bīng

篆 杨沂孙

金文

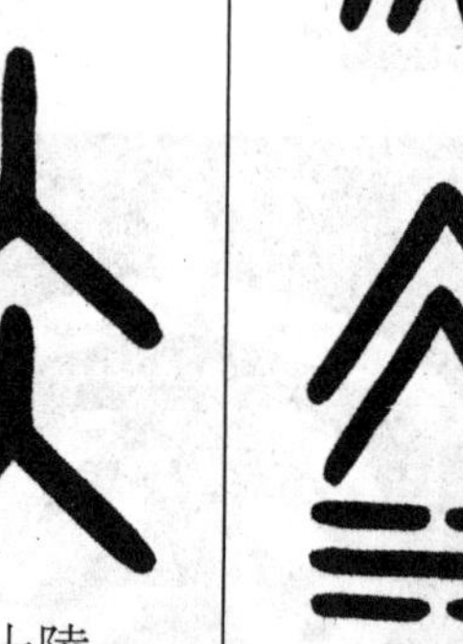

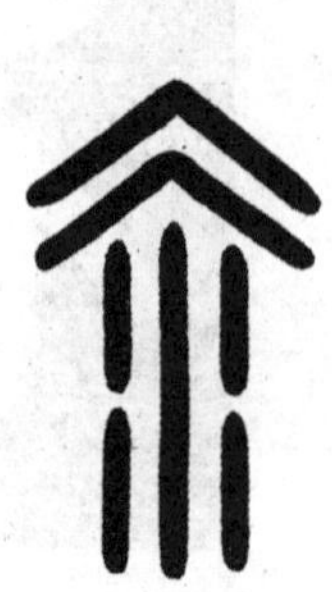

凝 níng

篆 邓石如

黄士陵

况 kuàng

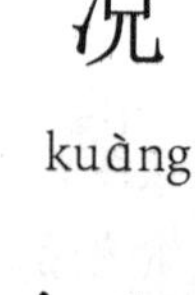

篆 碧落碑

冷
lěng

篆
黄葆戊

凋
diāo

篆
李阳冰

凌
líng

邓石如

清
qìng

篆
王禔

凍
(冻)
dòng

篆
吴大澂

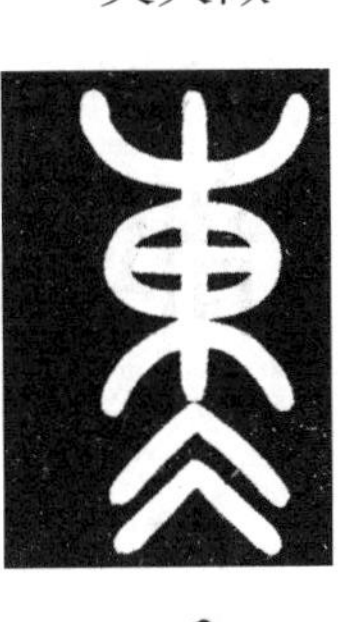

馮
(冯)
féng

篆
吴昌硕

凜
lǐn

篆
莫友芝

冶
yě

篆
吴大澂

泼

fā

篆 赵时枫

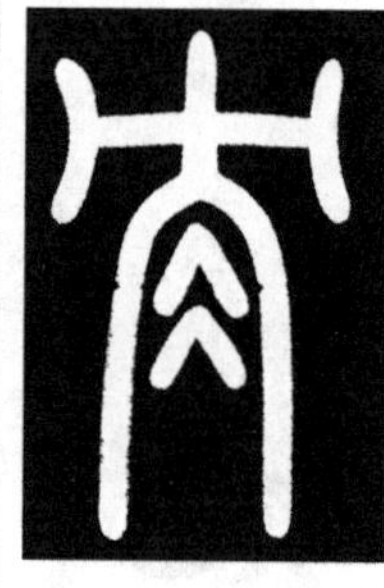

冖部

罕

hǎn

吴大澂

冠

guān

篆 赵孟頫

軍

(军)

jūn

吴大澂

冢

zhǒng

篆 陶文

冥

míng

曾纪泽

冤

yuān

篆 汉印

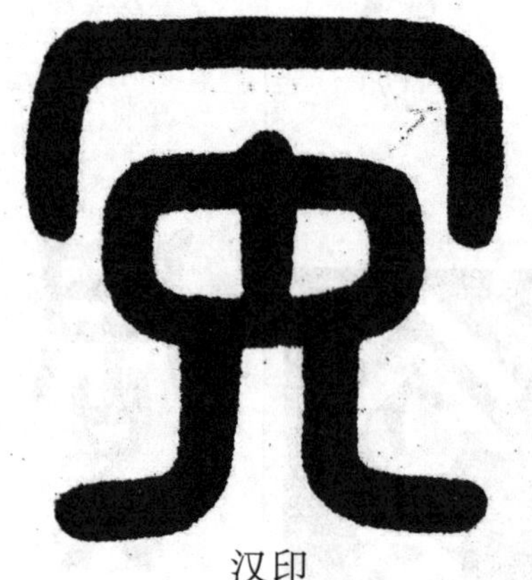

汉印

凵部

凶

(兇)

xiōng

邓石如

杨沂孙

函

hán

篆

莫友芝

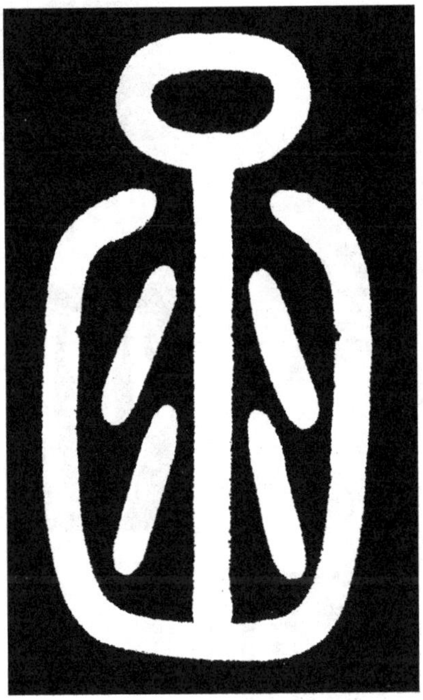

卩部

卬

yǎng

篆

杨沂孙

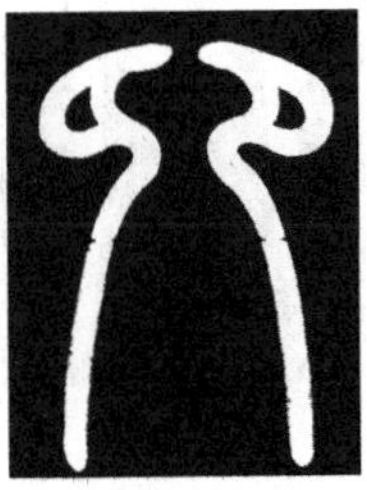

印

yìn

篆

杨沂孙

卯

mǎo

吴大澂

吴大澂

卲

shào

篆

吴大澂

即

jí

篆

吴昌硕

卿

qīng

吴大澂

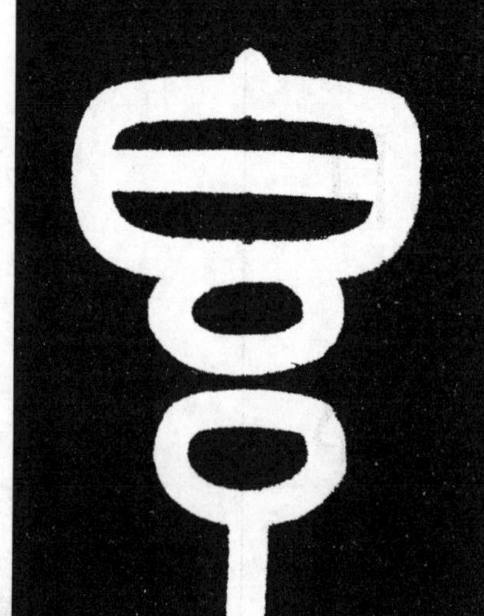

阝（左）部

陀

tuó

李叔同

篆

阞

lè

篆

李阳冰

阱

jǐng

陶文

篆

阝部 阮 阯 阪 防 阿 阻 阼

阮

ruǎn

篆

李阳冰

阯

zhǐ

篆

王禔

阪

bǎn

王澍

篆

防

fáng

篆

黄士陵

阿

ā

篆

吴让之

阻

zǔ

篆

邓石如

阼

zuò

篆

吴大澂

附

fù

(篆)

吴昌硕

陋

lòu

(篆)

赵孟頫

陌

mò

(篆)

吴让之

降

jiàng

(篆)

吴昌硕

限

xiàn

(篆)

吴昌硕

陔

gāi

(篆)

邓石如

陣

(阵)

zhèn

(篆)

金文

阝部

陣

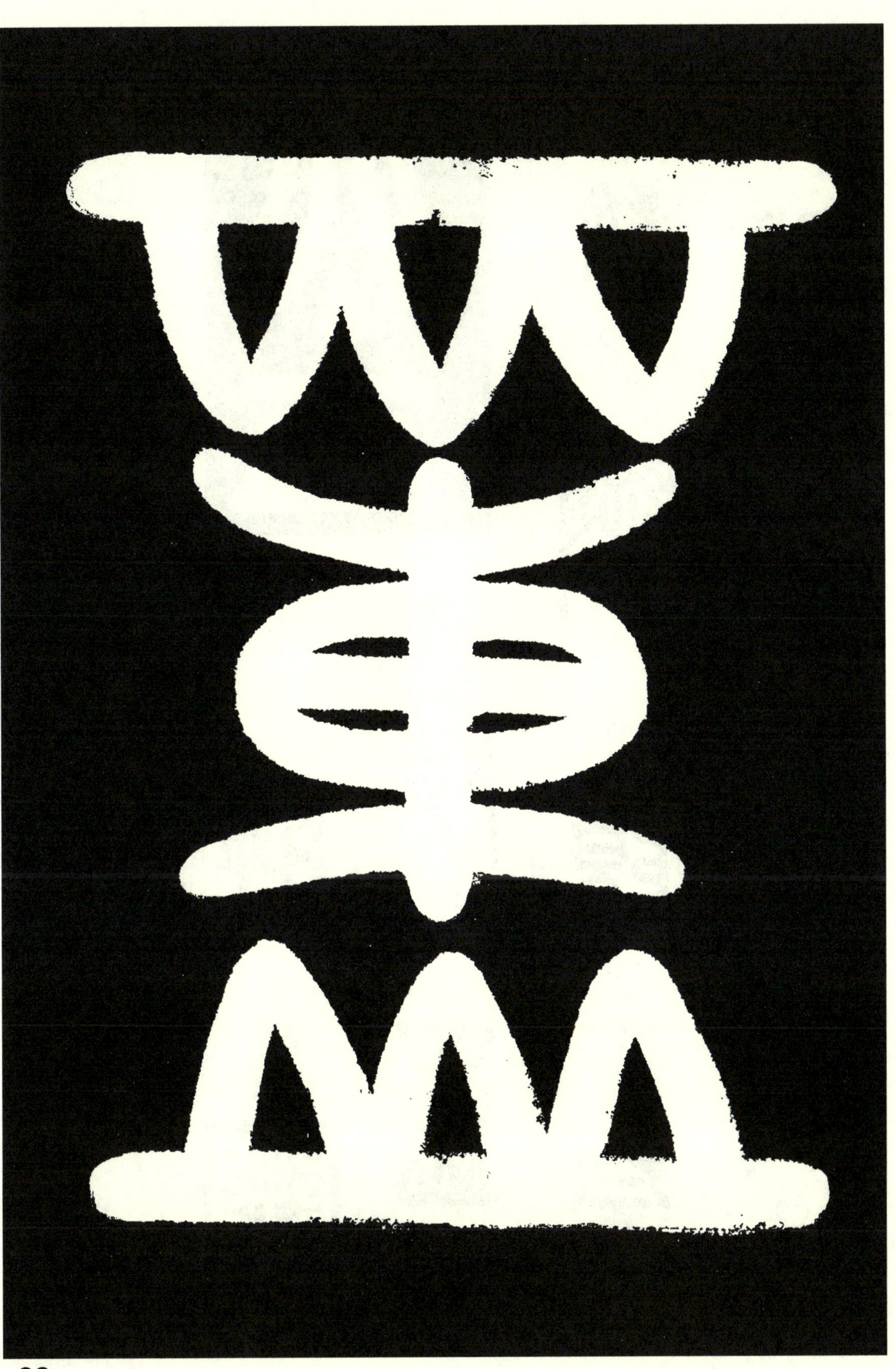

阝部

陕陛陘陟除院陗陬

陕

(陝)

shǎn

篆

王禔

陛

bì

篆

李阳冰

陘

(陉)

xíng

篆

秦简

陟

zhì

篆

金文

除

chú

篆

王禔

院

yuàn

篆

赵孟頫

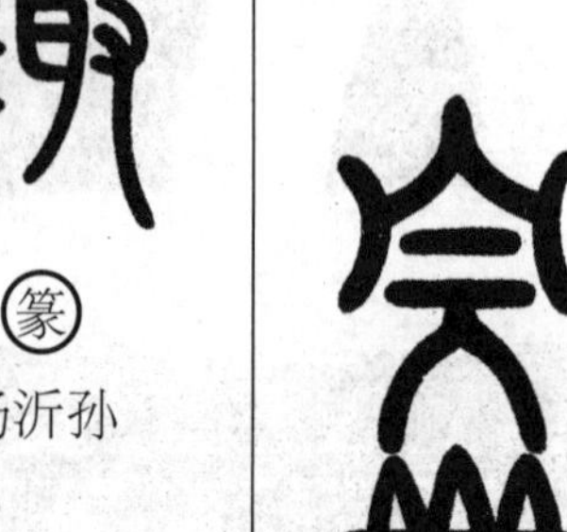

陗

qiào

篆

瞿令问

陬

zōu

篆

杨沂孙

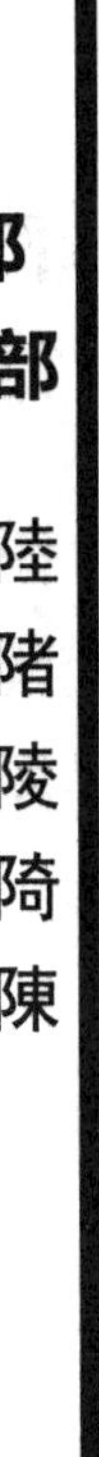

陸
(陆)
lù
篆
邓石如

陼
zhǔ
篆
邓石如

陵
líng
篆
萧蜕

陭
qí
篆
金文

陳
(陈)
chén
篆
王禔

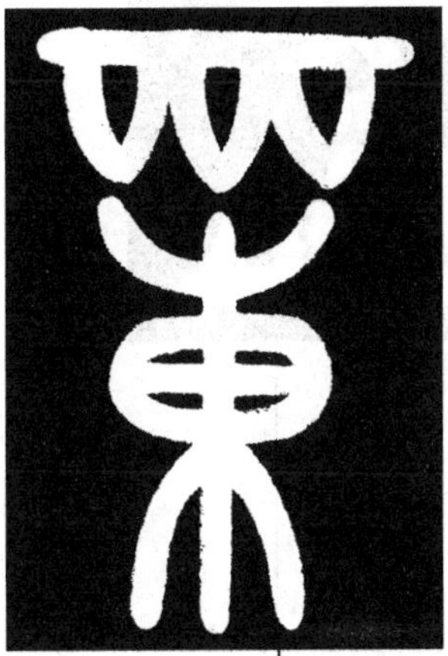

陰

(阴)

yīn

赵孟頫

陲

chuí

金文

陶

táo

赵之谦

陶

阝部 陪 隋 階 陷 陽

陪

péi

永瑆

隋

suí

秦简

階

(阶)

jiē

篆

赵孟頫

陷

xiàn

吴昌硕

陽

(阳)

yáng

篆

黄士陵

隅

yú

篆

邓石如

隍

huáng

篆

李阳冰

隃

yú

篆

汉印

隗

wěi

篆

黄葆戉

隆

lóng

篆

永瑆

隊

(队)

duì

篆

杨沂孙

隘

ài

篆

萧蜕

隔

gé

篆

吴让之

隕

（陨）

yǔn

篆

赵时㭎

際

（际）

jì

仰嘉祥

杨沂孙

障

zhàng

篆

吴昌硕

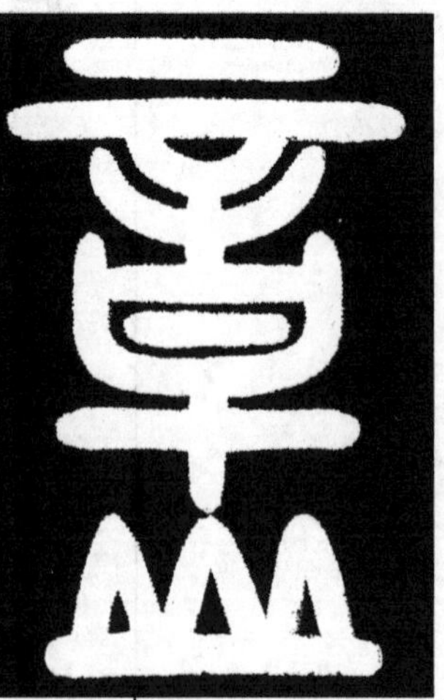

隤

tuí

篆

王禔

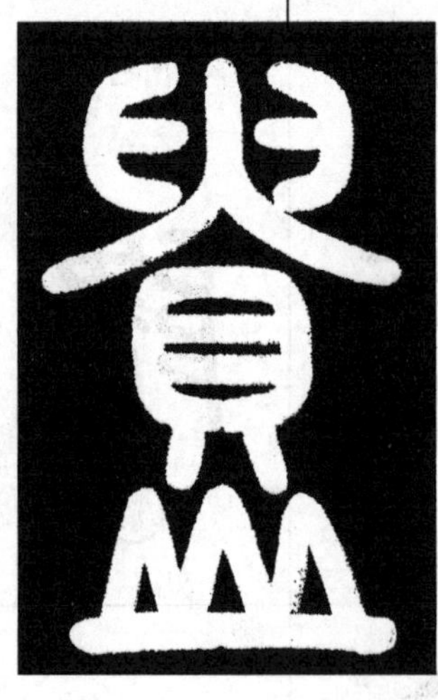

隨

（随）

suí

篆

赵之谦

(险)
xiǎn

篆
邓石如

隧
suì

篆
李阳冰

隰
xí

篆
永理

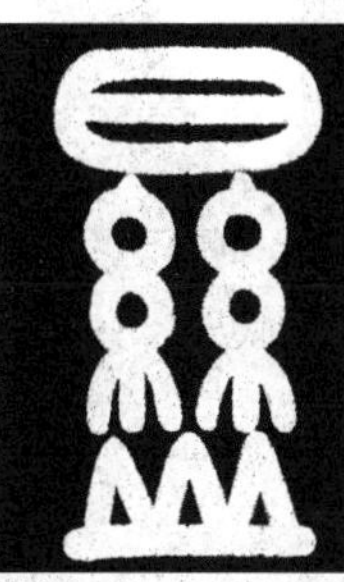

(隐)
yǐn

篆
吴大澂

隴
(陇)
lǒng

篆
杨沂孙

阝(右)部

邦

bāng

㊣篆 永瑆

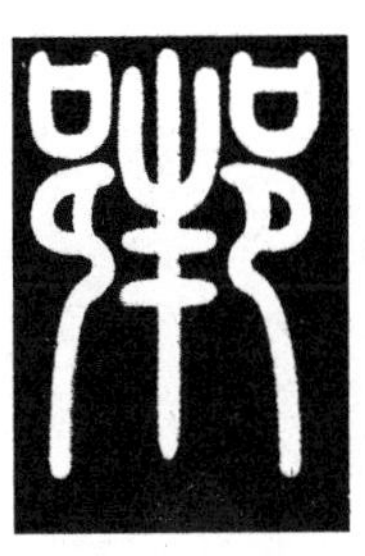

邢

xíng

㊣篆 方去疾

邠

bīn

㊣篆 徐三庚

那

nà

㊣篆 黄葆戉

邨

(村)

cūn

㊣篆 吴大澂

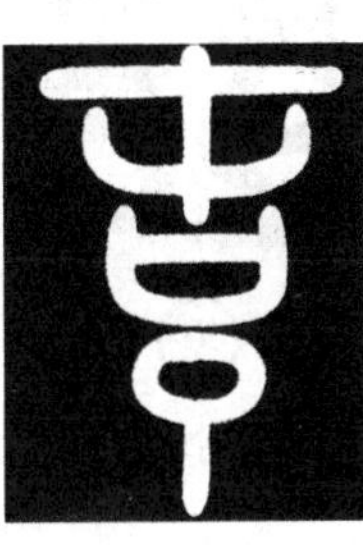

邴

bǐng

㊣篆 吴大澂

邳
pī

篆
汪仁寿

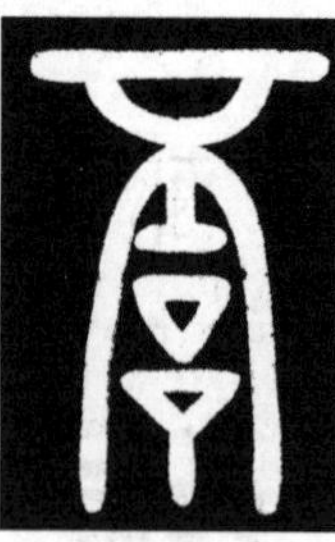

邶
bèi

金文

邱
qiū

篆
方去疾

邸
dǐ

篆
汉金文

邵
shào

篆
邓石如

鄣
zhāng

篆
汪仁寿

郝

shī

篆

说文解字

邰

tāi

篆

黄葆戉

郁

yù

篆

吴大澂

邾

zhū

篆

邾戈文

郇

huán

篆

黄葆戉

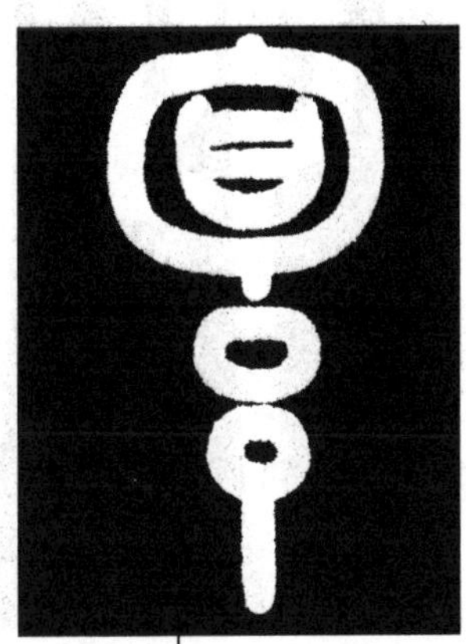

郊

jiāo

篆

曾纪泽

郎

lǎng

篆

徐秉义

郃

hé

篆

封泥

郢

yǐng

篆

汉简

郜

gào

篆

陈曦明

郗

xī

篆

黄葆戉

郐

tú

篆

秦简

郛

fú

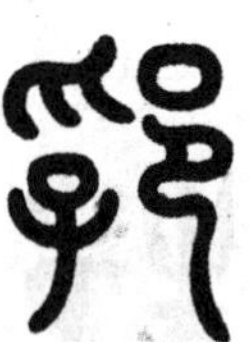

篆

说文解字

郡

jùn

篆

吴睿

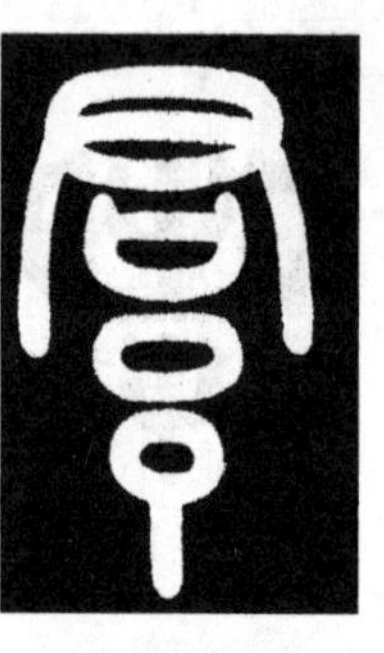

都

dōu

篆

吴大澂

阝部

鄀鄿鄗郵郳郫郭

鄀

ruò

金文

鄿

qī

篆

说文解字

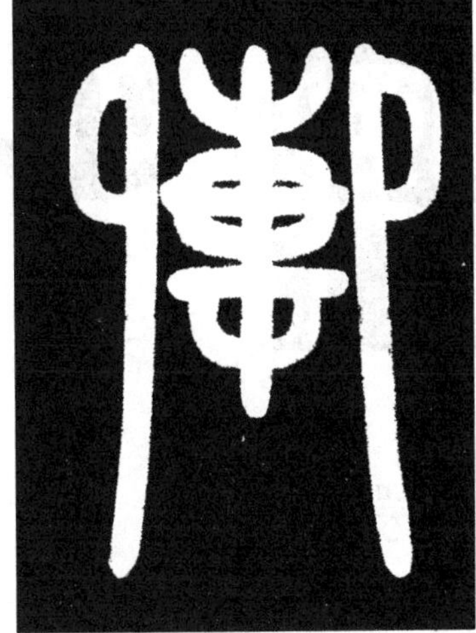

鄗

dǎng

篆

吴大澂

郵

(邮)

yóu

篆

说文解字

郳

ní

篆

金文

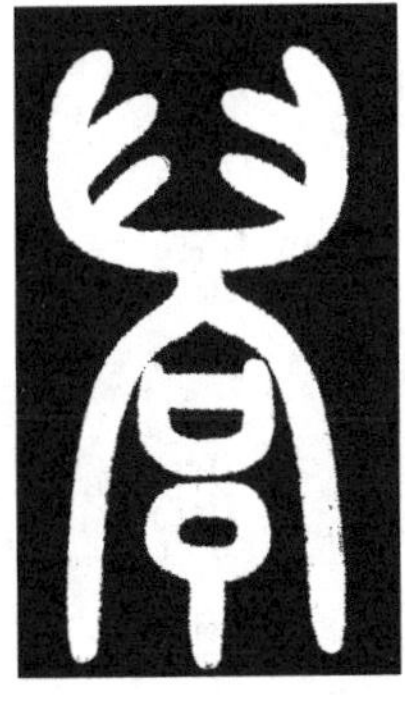

郫

pí

篆

说文解字

郭

guō

篆

徐三庚

吴大澂

部

bù

篆

吴大澂

郯

tān

金文

郾

yǎn

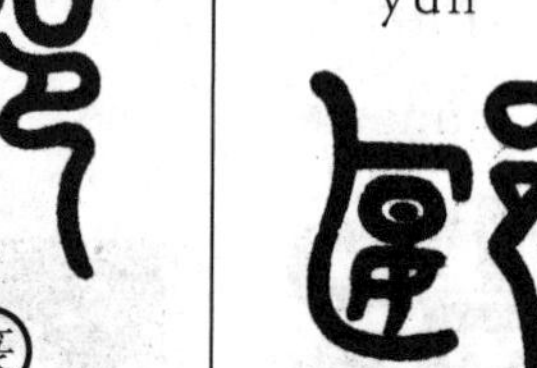

中山王器

鄄

juàn

说文解字

鄂

è

篆

王澍

鄫

zēng

篆

说文解字

鄙

bǐ

(篆)

吴让之

鄲

(郸)

dān

(篆)

杨沂孙

鄢

yān

(篆)

方去疾

鄒

(邹)

zōu

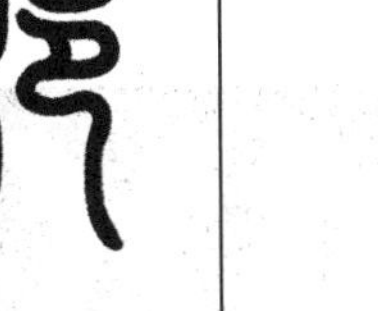

(篆)

黄葆戉

鄉

(乡)

xiāng

吴大澂

吴大澂

鄔

(邬)

wū

(篆)

黄葆戉

鄆

(郓)

yùn

(篆)

说文解字

郿

méi

(篆)

吴大澂

鄦

xǔ

赵之谦

鄱

pó

篆

方去疾

鄰

(邻)

lín

篆

吴昌硕

鄭

(郑)

zhèng

篆

黄葆戊

鄧

(邓)

dèng

篆

邓石如

鄴

(邺)

yè

篆

洪亮吉

鄶

(郐)

kuài

篆

说文解字

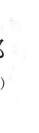

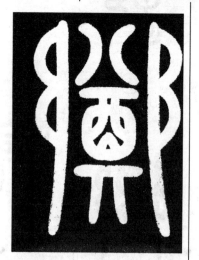

鄺
(邝)
kuàng

篆
方去疾

酆
fēng

篆
方去疾

酈
(郦)
lì

篆
黄葆戉

刀部

刀
dāo

篆
杨沂孙

刃
rèn

篆
杨沂孙

召
zhào

篆
赵之谦

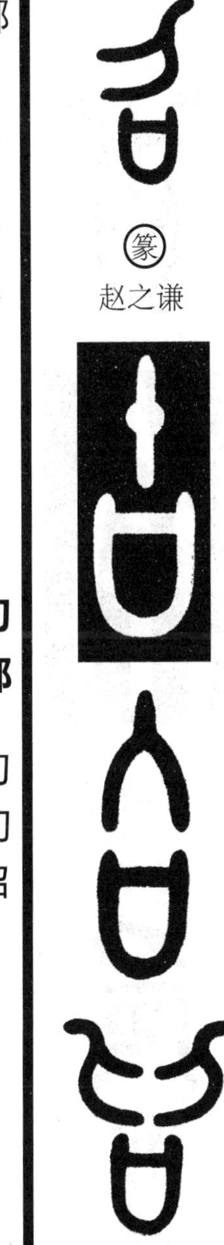

切

qiē

篆

赵孟頫

危

wēi

篆

永瑆

奂

huàn

篆

说文解字

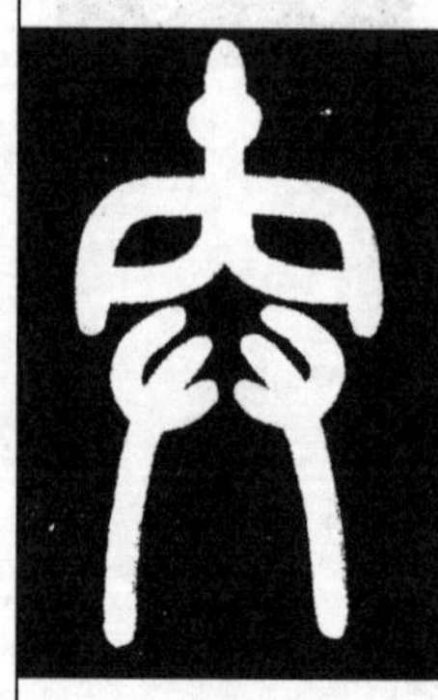

兔

tù

篆

吴大澂

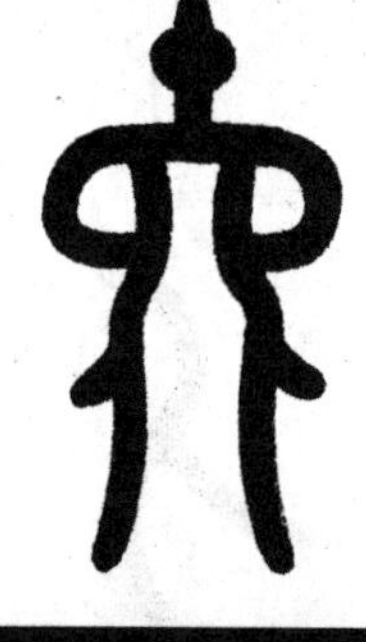

免

miǎn

篆

吴大澂

負

(负)

fù

篆

李斯

急

jí

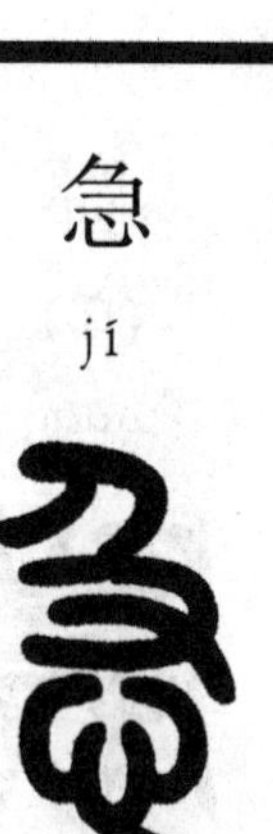

篆

杨沂孙

象

xiàng

篆

杨沂孙

刀部

象

詹

zhān

篆

黄葆戉

釁

(衅)

xìn

篆

赵之谦

力部

力

lì

篆

莫友芝

加

jiā

篆

陈鸿寿

助

zhù

篆

王禔

劭

shào

篆

说文解字

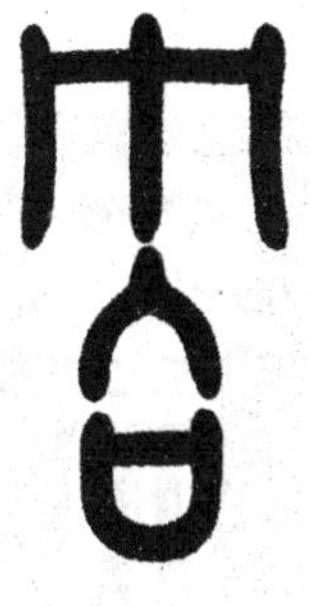

劼

jié

篆

说文解字

劾

hé

篆

杨沂孙

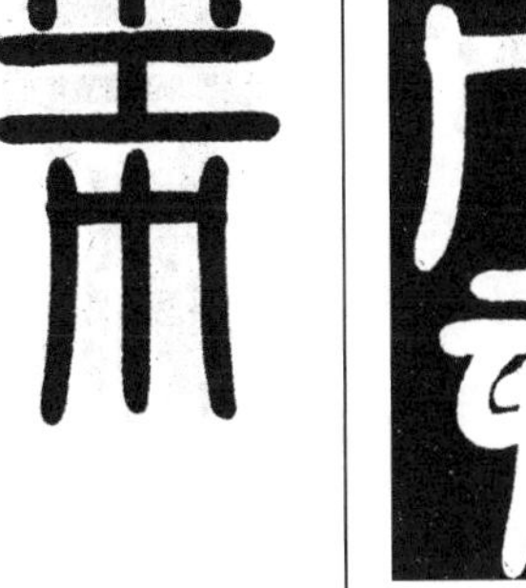

勃

bó

篆

吴大澂

勁

(劲)

jìn

篆

陈豫钟

勉

miǎn

篆

王禔

脅

(胁)

xié

篆

黄士陵

努

nǔ

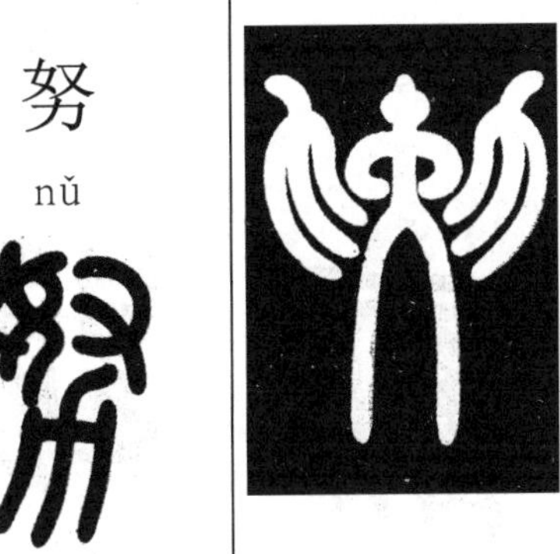

篆

吴让之

力部 勘勖動勢勛勵勮勰勸勤

勘

kān

篆

吴大澂

勖

(朂)

xù

篆

说文解字

動

(动)

dòng

篆

吴让之

勢

(势)

shì

篆

说文解字

勛

(勋)

xūn

篆

吴育

勵

(励)

lì

篆

吴让之

勮

jù

篆

汉简

勰

xié

篆

邓石如

勸

(劝)

quàn

篆

黄士陵

吴大澂

勤

qín

篆

说文解字

マ部

予

yú

篆 杨沂孙

马王堆帛书

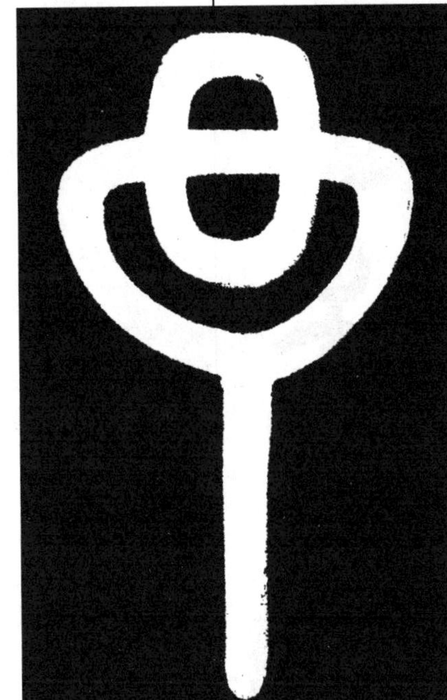

汉简

甬

yǒng

篆 吴大澂

勇

yǒng

篆 田潜

篆 邓石如

恿

yǒng

篆 秦简

豫

yù

篆 曾纪泽

厶部

允

yǔn

篆

吴让之

云

yún

篆

吴大澂

弁

biàn

赵孟頫

牟

móu

篆

吴大澂

矣

yǐ

篆

吴大澂

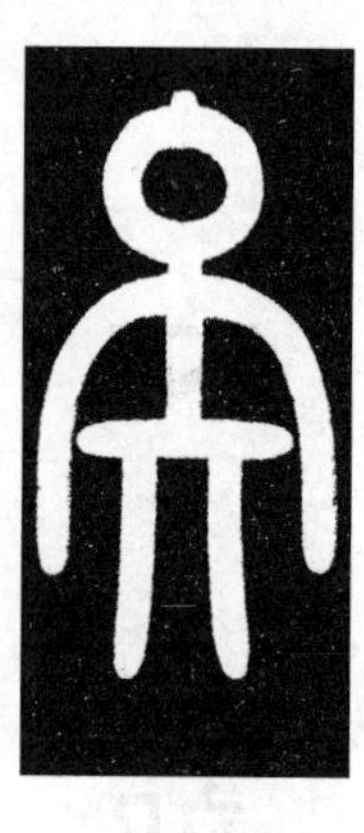

怠

dài

篆

邓石如

能

néng

(篆) 梦英

参

(参)

cān

(篆) 汉简

汉简

又部

又

yòu

(篆) 吴大澂

叉

chā

(篆) 吴大澂

叔

shū

(篆) 吴大澂

叕

zhuó

邓石如

杨沂孙

叟
sǒu

(篆) 杨沂孙

叙
(敘)
xù

(篆) 杨沂孙

溆
xù

(篆) 崔浚

桑
sāng

(篆) 永瑆

汉简

胡唐

叠
(疊)
dié

(篆) 吴大澂

燮
xiè

(篆) 说文解字

雙
(双)
shuāng

(篆) 王禔

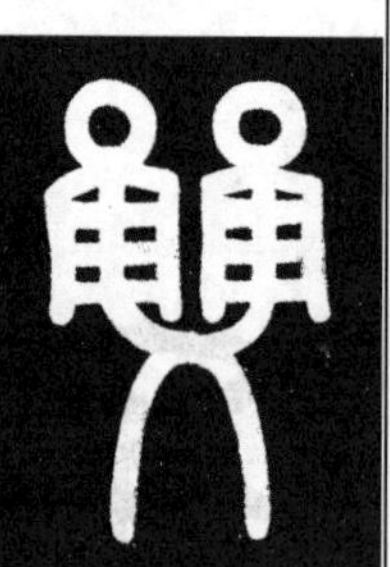

廴部

延

yán

杨沂孙

篆

建

jiàn

篆

吴大澂

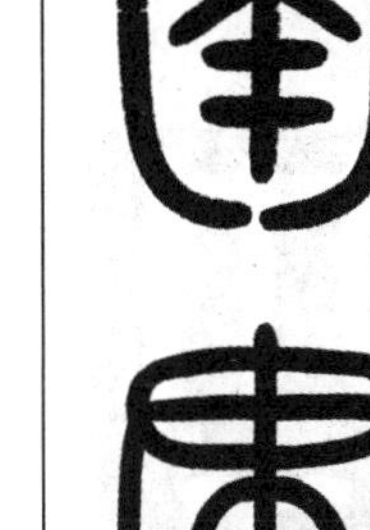

廷

tíng

篆

邓石如

干部

干

gàn

篆

梦英

刊

kān

篆

碧落碑

邗

hán

篆

说文解字

工部

工
gōng
赵孟頫

巧
qiǎo
篆
赵孟頫

邛
qióng
篆
金文

功
gōng
篆
赵之谦

攻
gōng
篆
吴大澂

巫
wū
吴大澂

汞
gǒng
篆
古玺

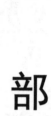

貢
(贡)
gòng

赵孟頫

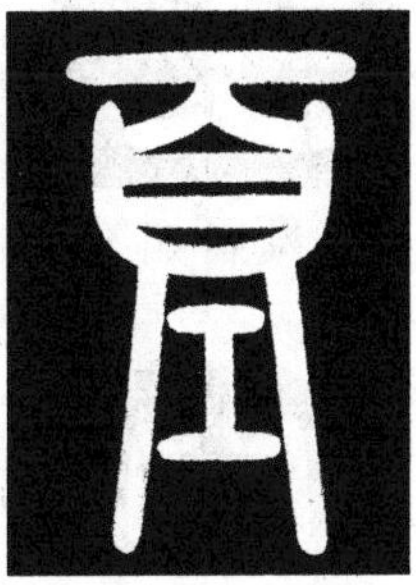

項
(项)
xiàng

(篆)
黄葆戉

土(土)部

土
tǔ

叶玉森

赵孟頫

士
shì

邓石如

吴睿

壬
rén

金文

吴大澂

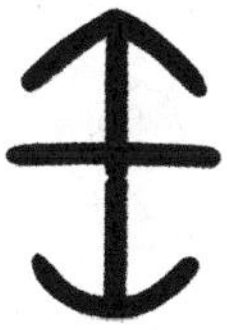

吴昌硕

圩
wéi

(篆)
吴昌硕

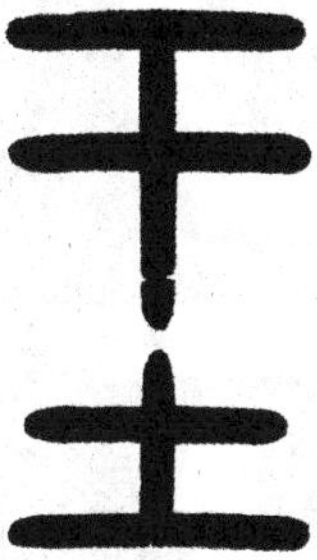

圭
guī

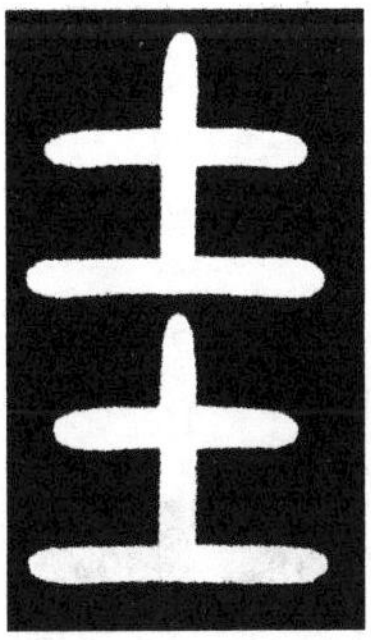

吴大澂

寺
sì

篆　赵孟頫

吉

jí

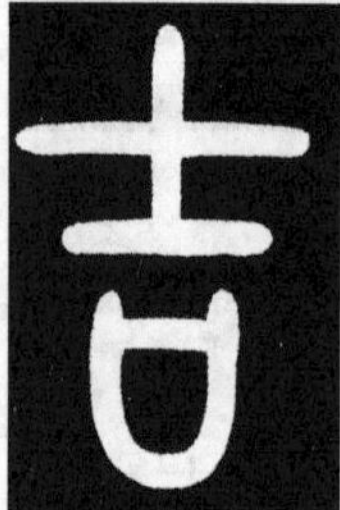
赵孟頫

地

dì

篆　邓石如

篆　吴让之

址

zhǐ

篆　吴大澂

坐

zuò

邓石如

邓石如

卫闻远

汉简

圻

qí

篆　赖古堂

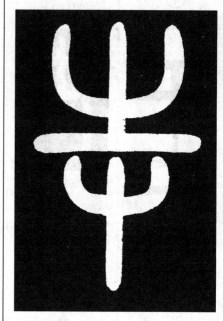

土部　坎坍均坊志坪坦坤

坎
kǎn
篆
方去疾

坍
tān
篆
吴昌硕

均
jūn
篆
吴让之

坊
fāng
篆
吴大澂

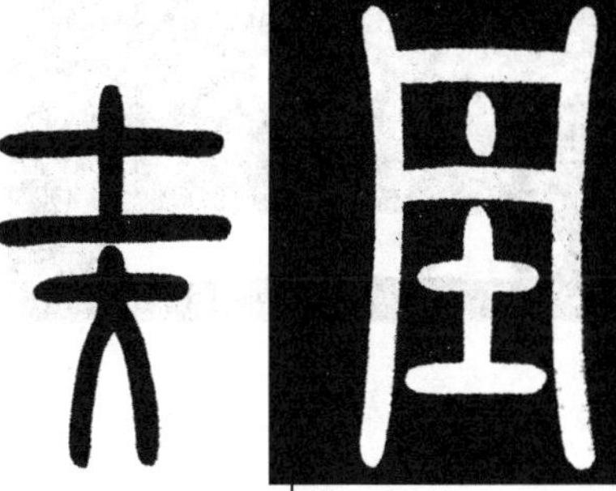

志
zhì
篆
邓石如

黄士陵

坪
píng
篆
方去疾

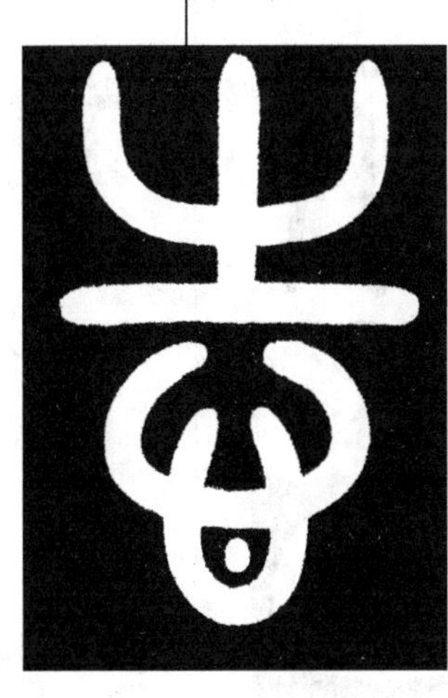

坦
tǎn
篆
吴昌硕

坤
kūn

（篆）莫友芝

幸

xìng

吴大澂

坡

pō

（篆）洪亮吉

坳

ào

（篆）吴昌硕

型

xíng

（篆）说文解字

垣

yuán

（篆）吴睿

城

chéng

篆

吴昌硕

垤

dié

篆

邓石如

垢

gòu

篆

邓石如

埋

mái

篆

陶文

袁

yuán

篆

黄葆戉

埃

āi

篆

吴大澂

堵

dǔ

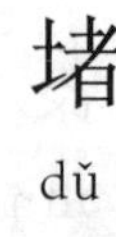

篆 黄葆戉

基

jī

金文

域

yù

篆 李斯

堅

(坚)

jiān

篆 王禔

堆

duī

篆 楚简

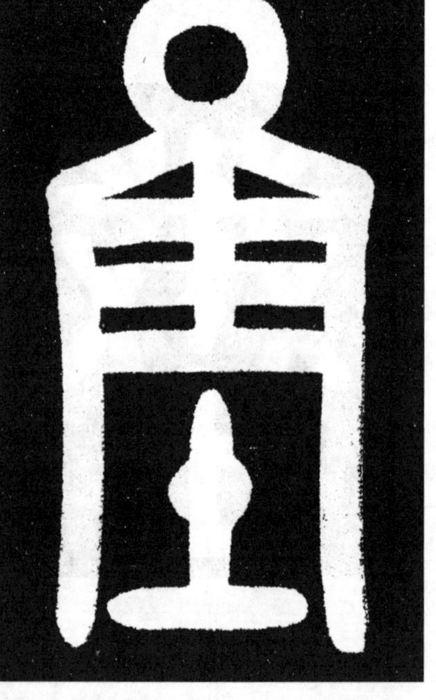

堋

péng

篆

金文

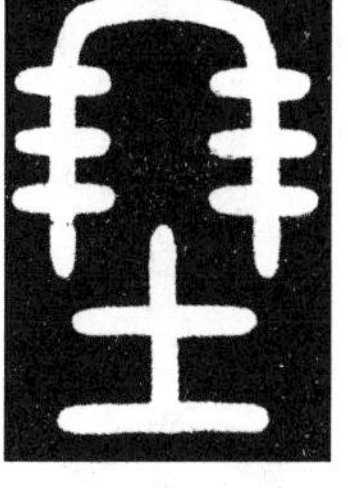

培

péi

篆

邓石如

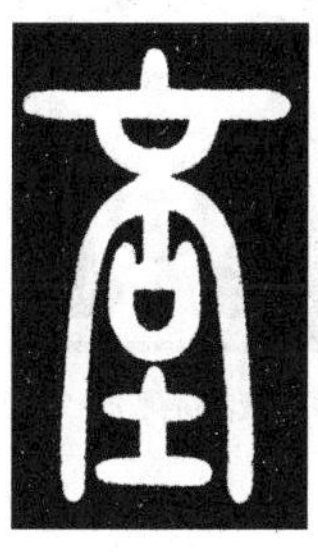

埴

zhí

篆

永珵

埽

sǎo

篆

吴让之

堯

(尧)

yáo

篆

方去疾

堪

kān

篆

吴让之

塔

tǎ

篆

吴昌硕

堤

dī

篆

方去疾

場

(场)

chǎng

篆

吴睿

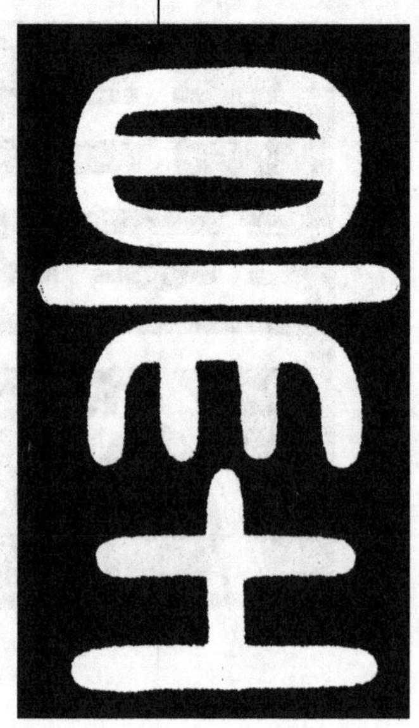

堀

kū

仰嘉祥

喜

xǐ

杨沂孙

塊

(块)

kuài

篆

说文解字

報

(报)

bào

篆

杨沂孙

墺

ào

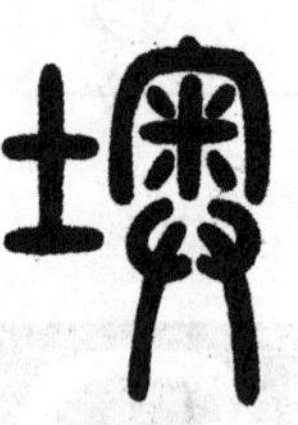

篆

永瑆

壹

(一)

yī

杨沂孙

土部 壹 吴大澂

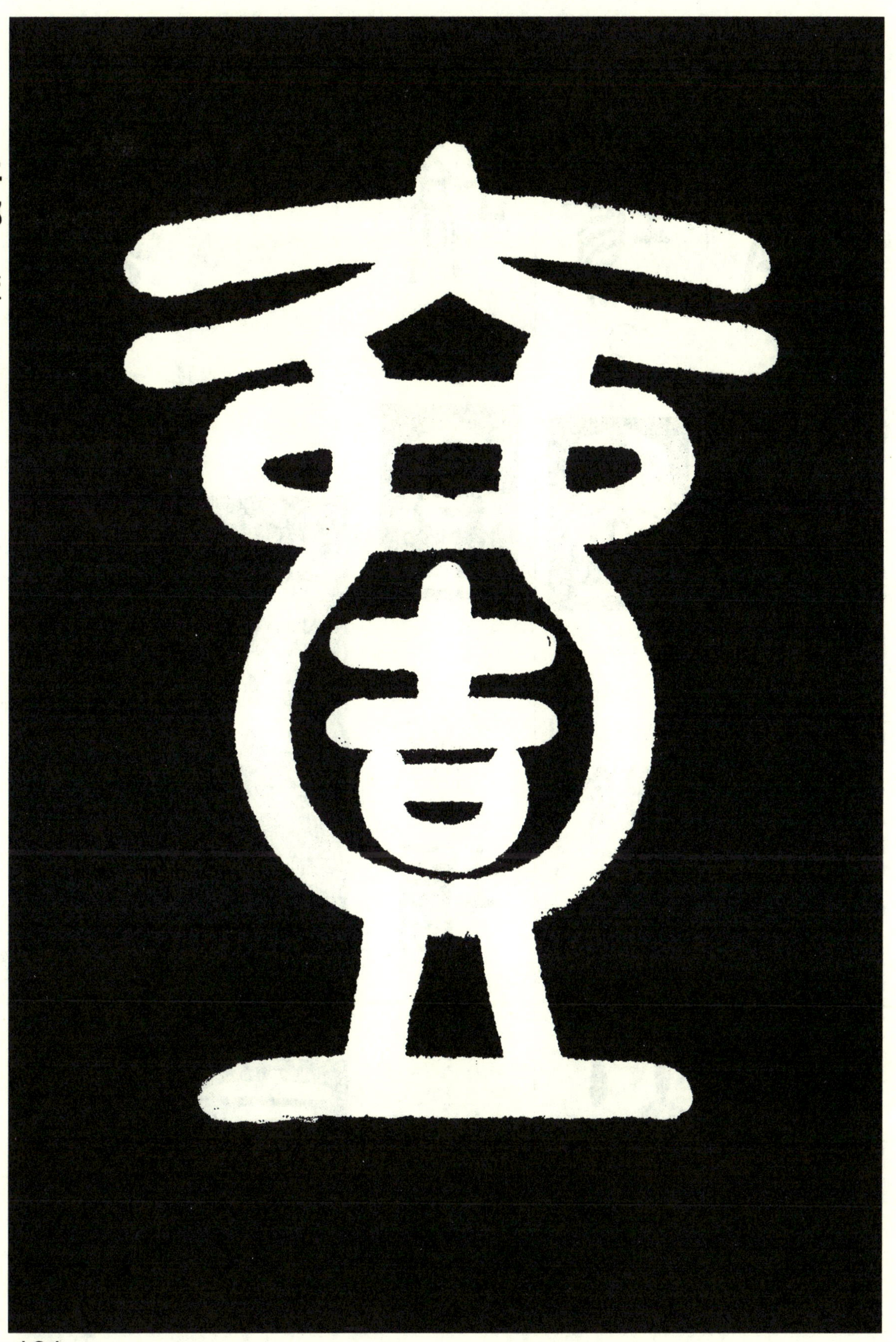

壶
(壸)
hú

吴大澂

填
tiǎn

篆
杨沂孙

塙
què

篆
吴大澂

塘
táng

篆
吴大澂

塢
(坞)
wù

篆
陈豫钟

塗
(涂)
tú

篆
永理

塾
shú

篆
吴大澂

塾
(垫)
diàn

篆
方去疾

墐
jìn

篆
赵时棡

墅
shù

篆
篆字辨识

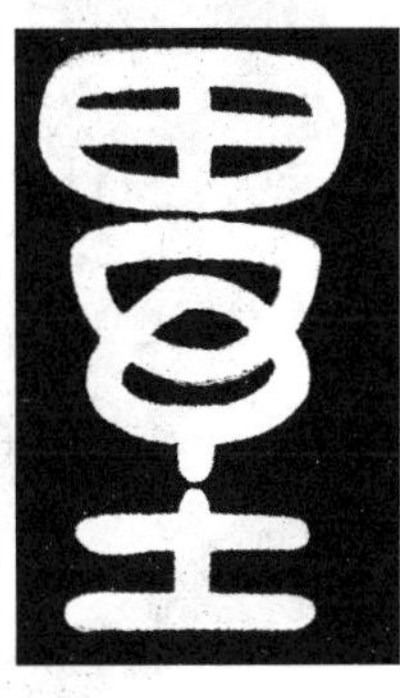

嘉
jiā

篆
吴睿

臺
(台)
tái

吴大澂

伊念曾

墉
yōng

篆
方去疾

境
jìng

篆
方去疾

壽
(寿)
shòu

篆
吴大澂

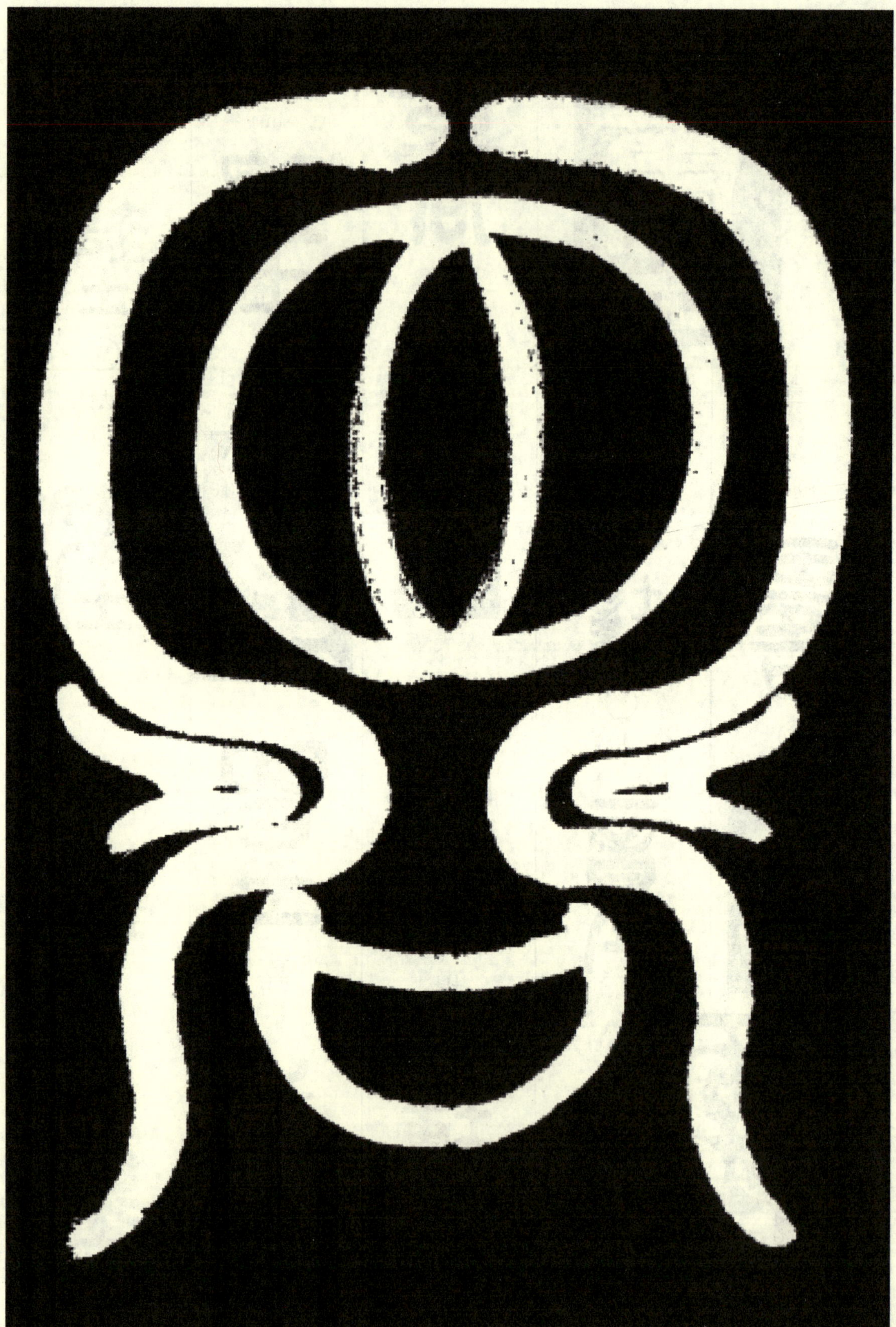

土部 壽

壑
hè
篆
吴昌硕
壄
(野)
yě
王褆
王澍
賣
(卖)
mài
汉印
墜
(坠)
zhuì
篆
吴大澂
壁
bì
篆
孙星衍
纛
(焘)
dào
篆
说文解字
增
zēng
篆
赵孟頫
墳
(坟)
fén
篆
李阳冰

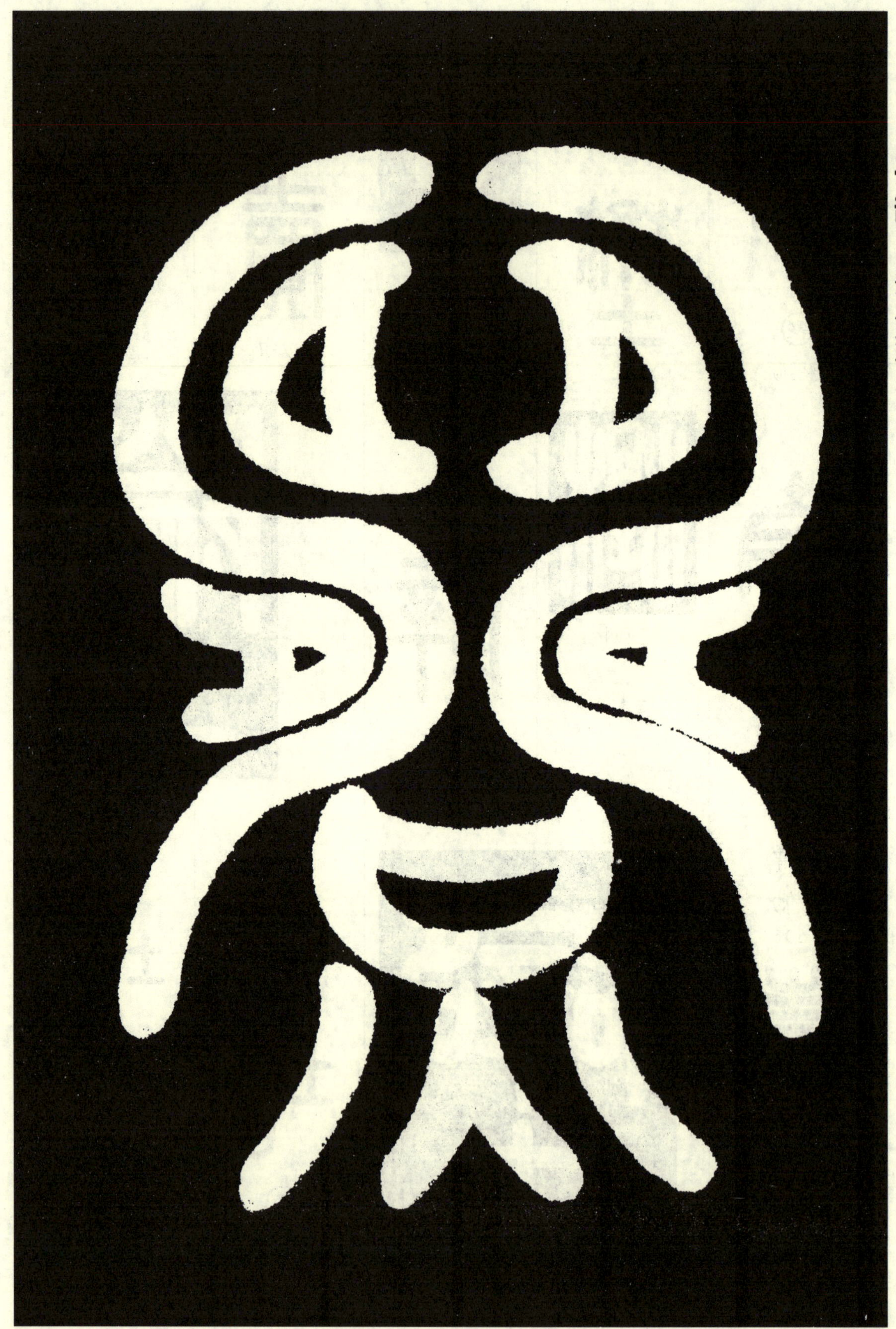

壽（寿）

壙
(圹)
kuàng

篆
说文解字

壞
(坏)
huài

篆
说文解字

壤
rǎng

永瑆

懿

yì

篆

杨沂孙

艹部

艾

aì

黄葆戉

芀

tiǎo

篆

说文解字

艻

lè

篆

汉简

艿

nǎi

篆

金文

芋

yù

篆

方去疾

芊

qiān

篆

开母石阙

芍

sháo

(篆)

汉简

芒

máng

(篆)

吴育

芝

zhī

(篆)

莫友芝

汉石阙

芑

qǐ

(篆)

汉金文

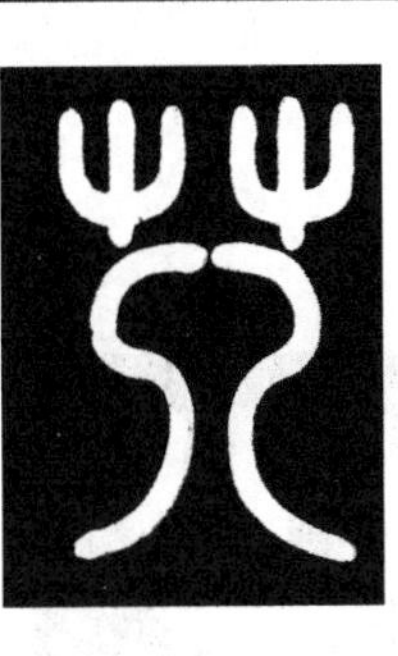

芙

fú

楚简

芸

yún

(篆)

吴大澂

芰

jì

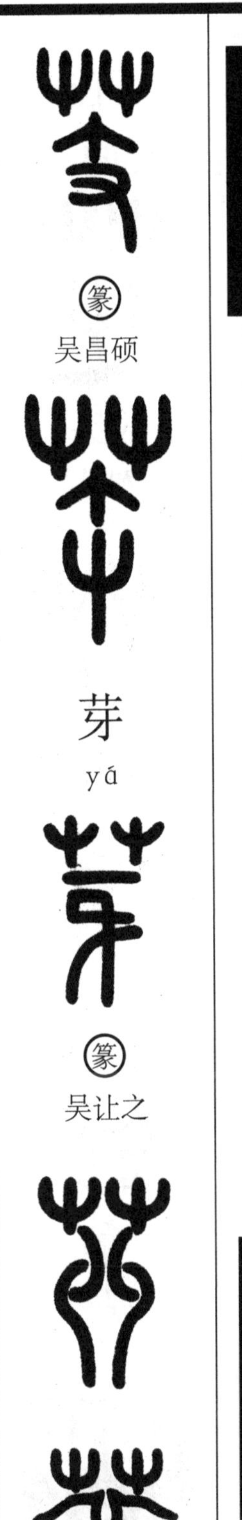

(篆)

吴昌硕

芽

yá

(篆)

吴让之

芷

zhǐ

篆

胡澍

苣

jù

篆

方去疾

芮

ruì

黄葆戉

芼

mào

篆

王澍

花

huā

篆

王禔

芹

qín

篆

方去疾

芥

jiè

篆

钱君匋

芩

qín

篆

王澍

芬

fēn

篆

吴大澂

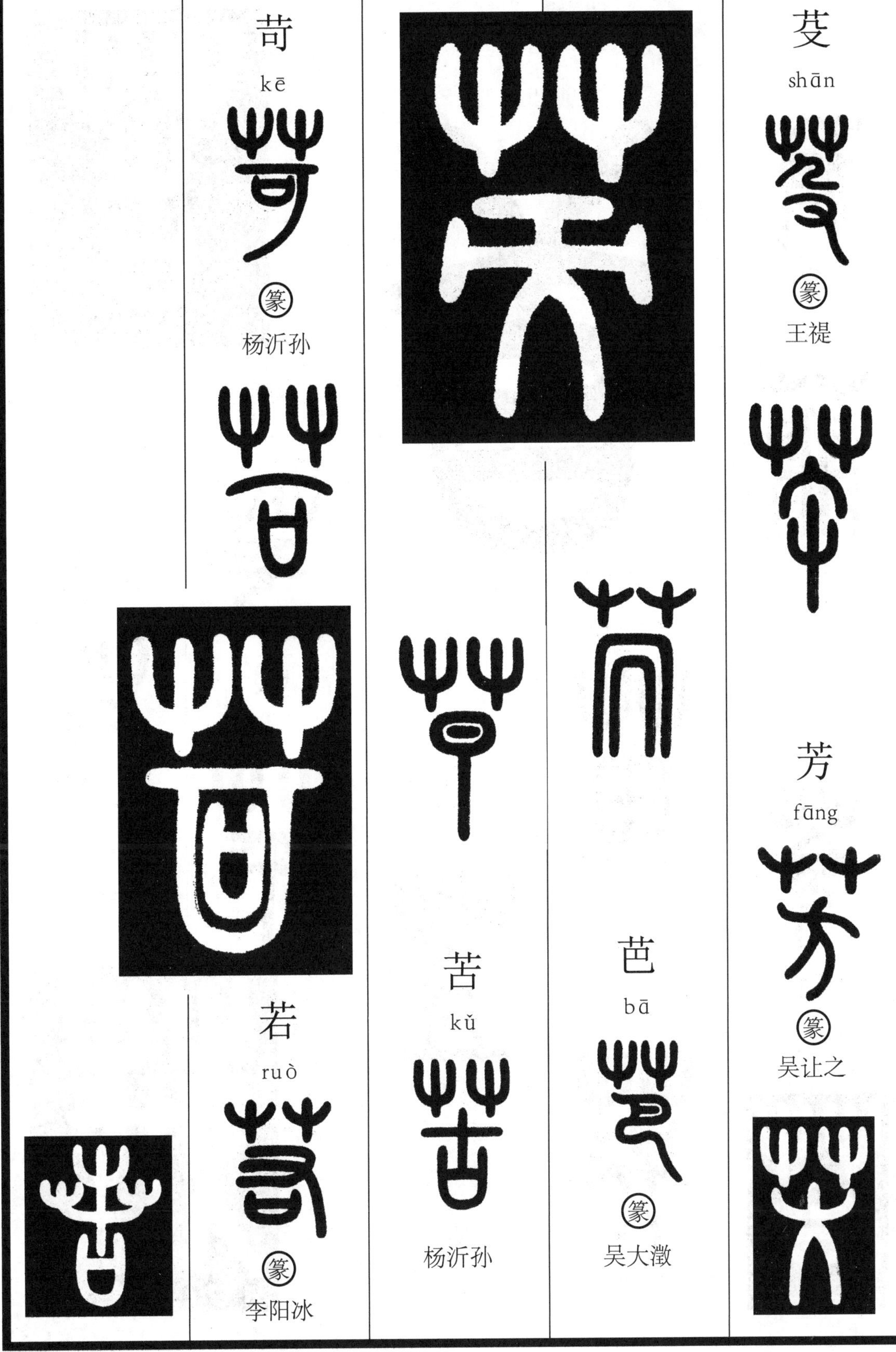
芟
shān
篆
王禔
芳
fāng
篆
吴让之
芭
bā
篆
吴大澂
苦
kǔ
杨沂孙
苛
kē
篆
杨沂孙
若
ruò
篆
李阳冰

茂

mào

篆

邓石如

苹

píng

篆

王澍

苜

mù

王禔

苴

jū

赵时棡

苗

miáo

吴大澂

英

yīng

李阳冰

苻

fú

篆

米芾

苓

líng

篆

邓石如

苟

gǒu

篆

杨沂孙

茆

máo

陈曦明

苑

yuàn

篆

吴昌硕

范

fàn

篆

黄葆戉

苞

bāo

篆

汪仁寿

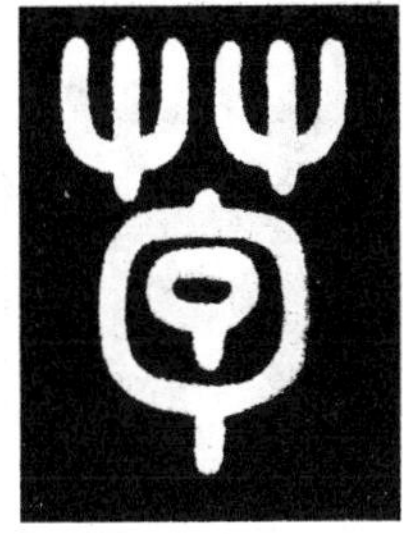

苔

tái

篆

孙坤

苕

sháo

篆

吴昌硕

茀

fú

篆

汉简

茅

máo

篆

永瑆

秦简

茬
chá

篆
叶原

茸
róng

篆
方去疾

荑
yí

篆
汉金文

草
cǎo

金文

赵孟頫

莫友芝

莒
jǔ

说文解字

茵
yīn

吴昌硕

茱
zhū

严坤

莛
tíng

篆
吴让之

茯
fú

篆 邓石如

茬

rěn

篆 杨沂孙

荇

xìng

王澍

荃

quán

说文解字

茶

chá

方去疾

荅

(答)

dá

李阳冰

荀

xún

篆 说文解字

茗

míng

篆 方去疾

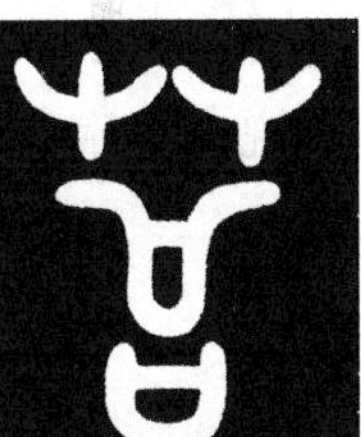

茖

gè

篆 汉印

茭

jiāo

说文解字

荒

huāng

篆 瞿令问

荄

gāi

篆 赵之谦

茨

cí

篆 汪仁寿

茹

rú

篆 黄葆戉

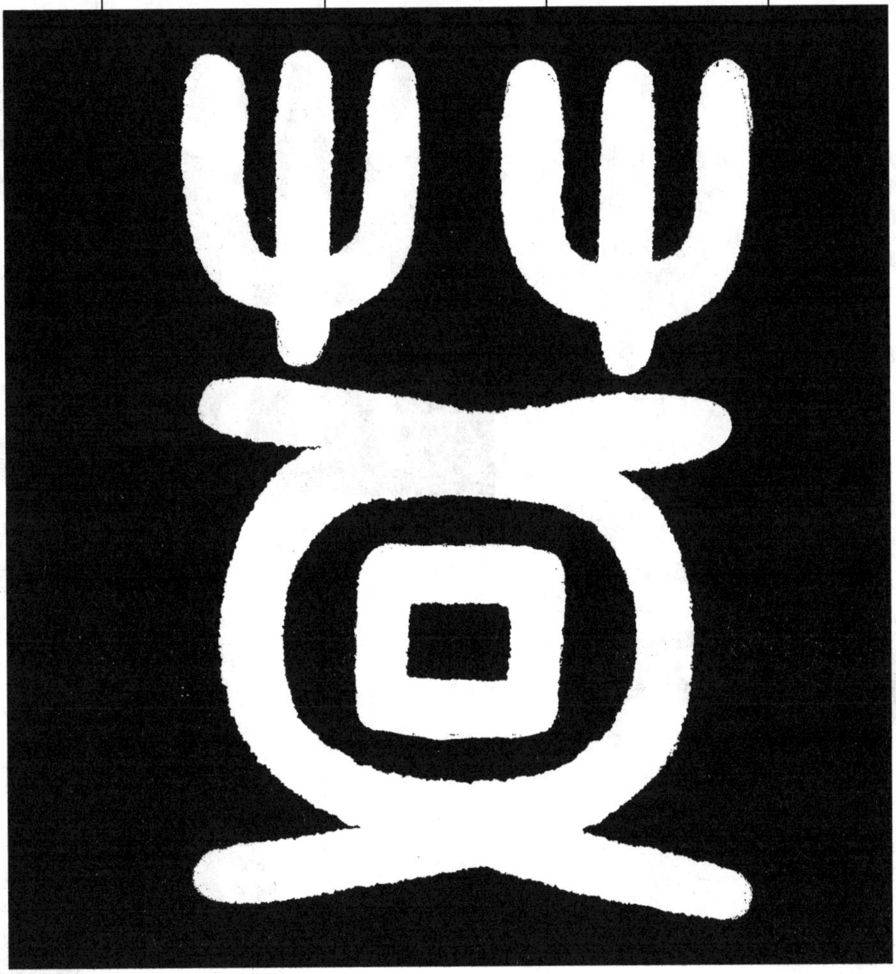

荔

lì

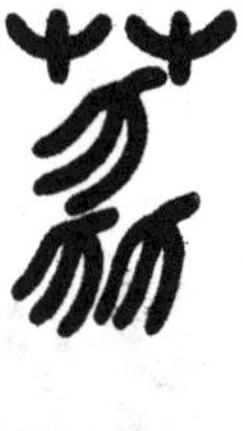

篆

吴大澂

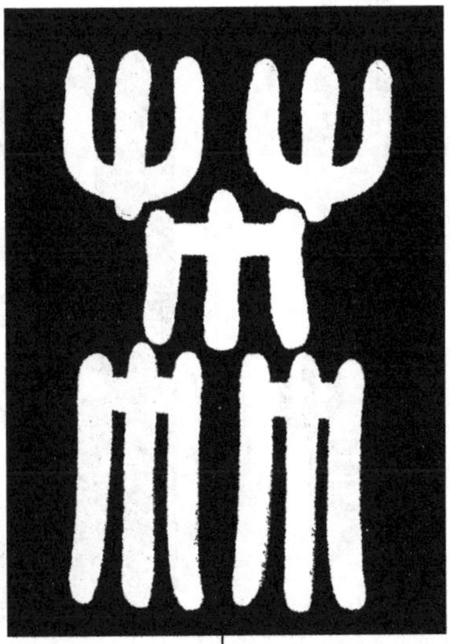

兹

(兹)

zī

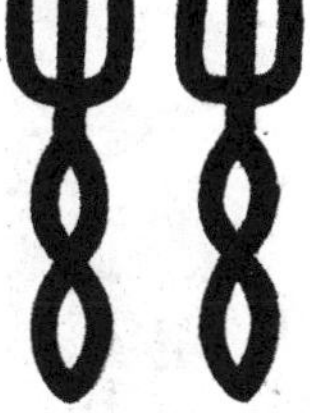

赵孟頫

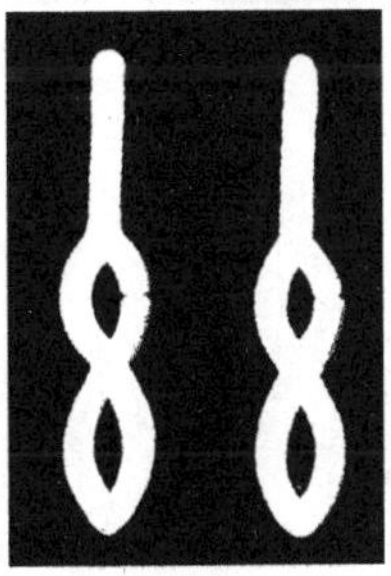

赵孟頫

華

(华)

huá

篆

黄葆戉

莆

pú

篆

盟书

莽

mǎng

篆

王禔

莫

mò

吴大澂

何绍基

莧

(苋)

xiàn

说文解字

篆

莠

yǒu

篆

吴大澂

莪

é

篆

说文解字

荷

hé

篆

王禔

莅

lì

篆

李阳冰

荼

tú

陈豫钟

莘

xīn

黄葆戉

荻

dí

篆

吴昌硕

莝

cuò

汉简

莎

shā

篆

邓石如

莐

chén

篆

金文

莞

wǎn

篆

方去疾

莊

(庄)

zhuāng

千文残卷

菁

jīng

说文解字

菆

zōu

篆

少室石阙

著

zhù

篆

吴昌硕

菱

líng

篆

何琪

萁

qí

说文解字

萅

(春)

chūn

篆

徐三庚

菫
jǐn

汉简

菴
(庵)
ān

篆
陈豫钟

萊
(莱)
lái

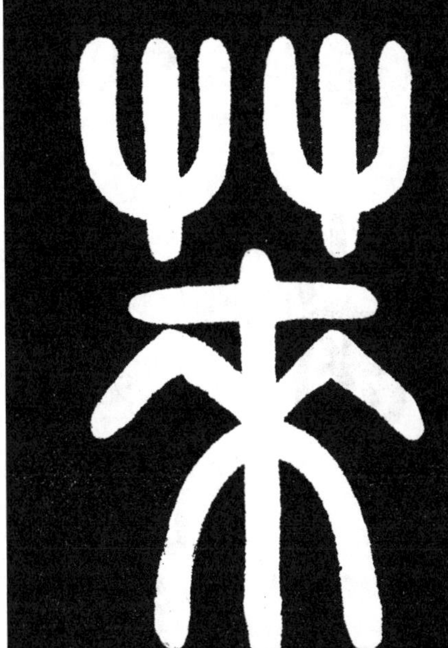

赵之谦

萋
qī

篆
吴昌硕

萇
(苌)
cháng

篆
汉印

菽
shū

篆
莫友芝

菲

fēi

徐三庚

菖

chāng

陶文

萌

méng

篆 吴大澂

篆 严坤

萸

yú

菜

cài

篆 吴睿

菟

tù

篆 汉印

菊

jú

篆 方去疾

萃

cuì

篆 杨沂孙

菩

pú

邓石如

菏

hé

篆 永理

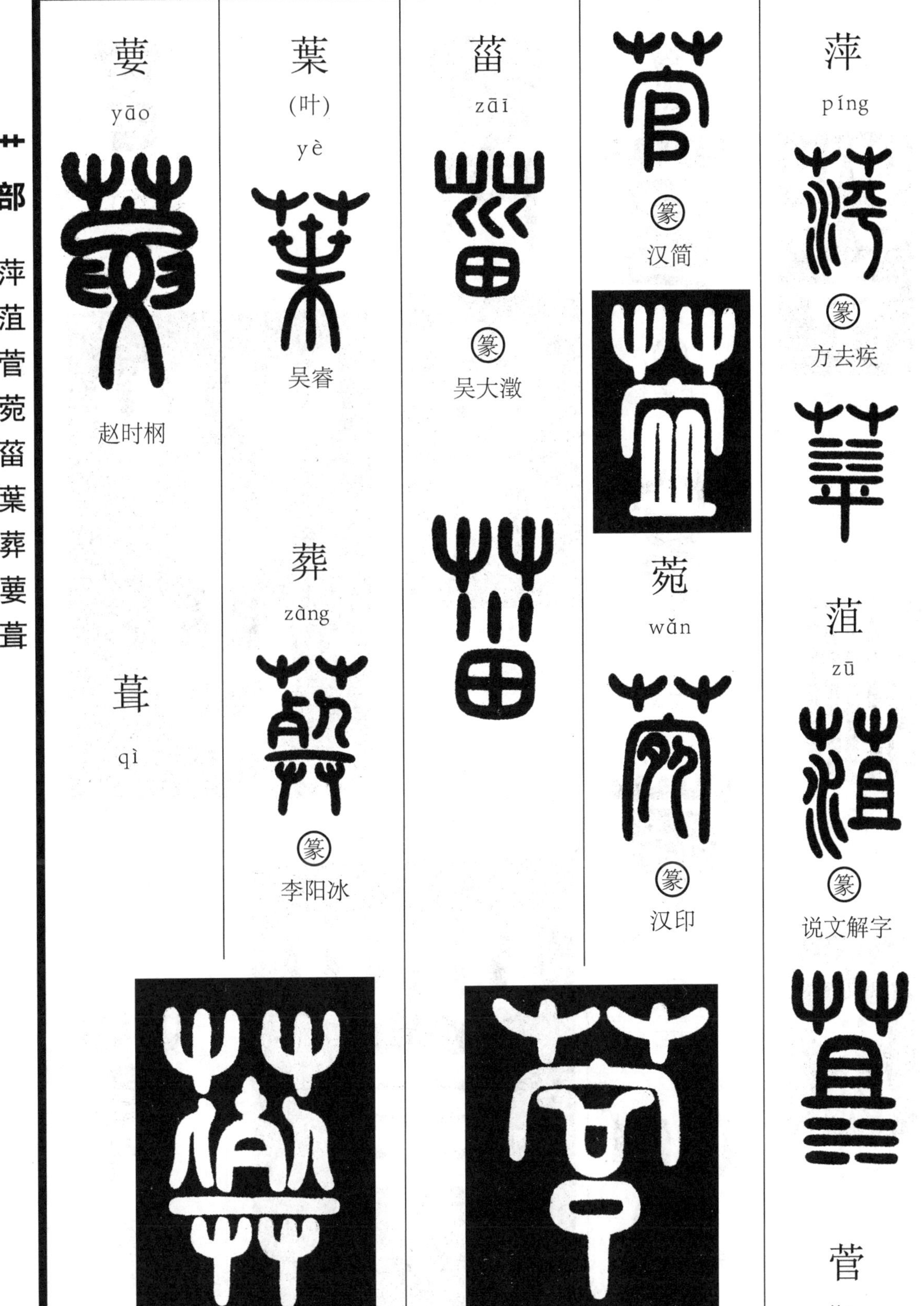

萍

píng

篆

方去疾

菹

zū

篆

说文解字

菅

jiān

篆

汉简

菀

wǎn

篆

汉印

菑

zāi

篆

吴大澂

葉

(叶)

yè

吴睿

葬

zàng

篆

李阳冰

葽

yāo

赵时棡

葺

qì

(篆)

林时九

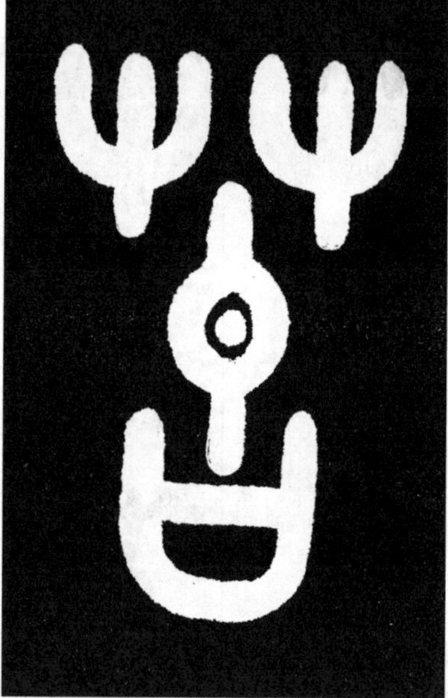

萬

(万)

wàn

(篆)

孙星衍

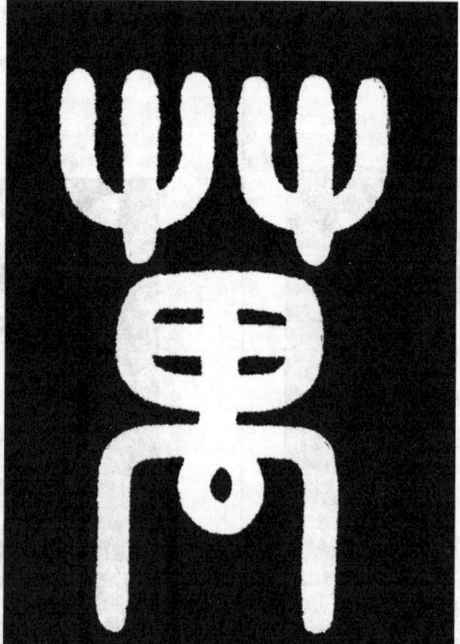

葛

gé

(篆)

三体石经

蒠

xǐ

(篆)

汉简

萼

è

陈鸿寿

萩

qiū

(篆)

汉印

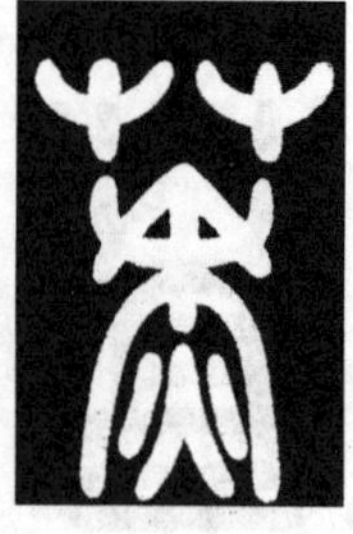

董

dǒng

黄葆戉

葆

bǎo

篆 说文解字

葩

pā

篆 汉印

萯

fù

篆 吴大澂

葱

cōng

篆 丁佛言

落

luò

吴让之

萱

xuān

赵之琛

葦

（苇）

wěi

篆 吴大澂

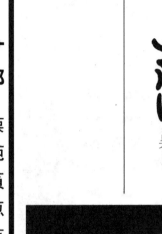

艹部 葵蓐蒜蓍蓋蓮墓幕夢

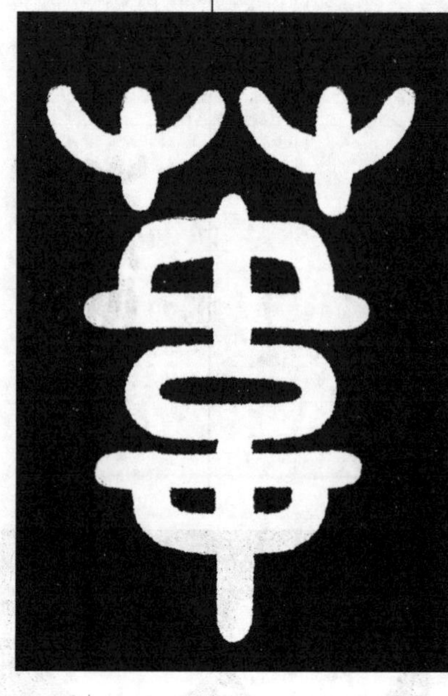

葵

kuí

赵时㭎

蓐

rù

杨沂孙

蒜

suàn

吴大澂

蓍

shī

篆

说文解字

汉简

蓋

（盖）

gài

瞿令问

蓮

（莲）

lián

篆

严坤

墓

mù

赵孟頫

幕

mù

说文解字

夢

（梦）

mèng

篆

汉印

艹部 蒨 蒼 蓬 蒿 蓄 蒙

蒨

qiàn

篆

陈豫钟

蒼

（苍）

cāng

篆

杨沂孙

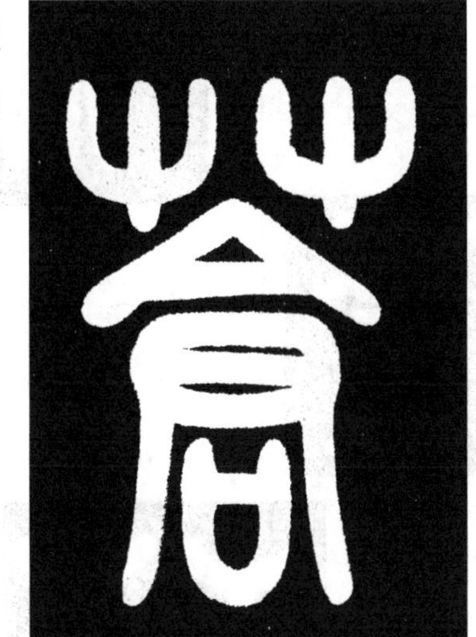

蓬

péng

篆

吴让之

蒿

hāo

吴让之

蓄

xù

吴大澂

蒙

měng

篆

黄葆戉

蒹

jiān

汉印

蒲

pú

篆

吴让之

蓉

róng

方去疾

荫

(蔭)

yīn

篆

赵之谦

荪

（蓀）

sūn

篆

说文解字

蒸

zhēng

篆

赵孟頫

蓴
(莼)
chún

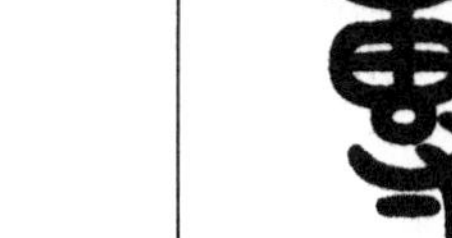

篆
说文解字

摹
mó

篆
杨沂孙

暮
mù

方去疾

慕
mù

李阳冰

蔓
màn

篆
邓石如

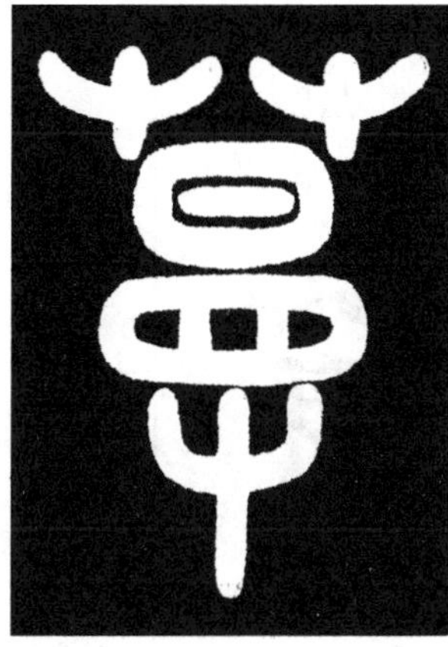

蔞
(蒌)
lóu

说文解字

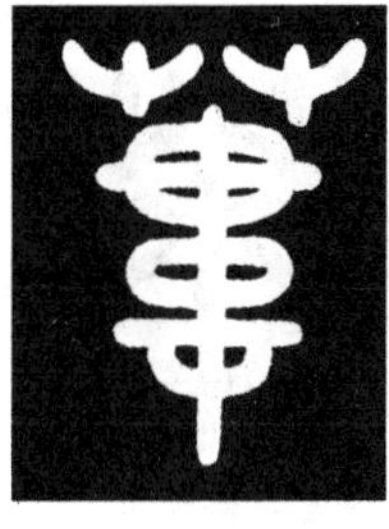

蔑
miè

篆
杨沂孙

蓰
xǐ

黄士陵

蓯
(苁)
cōng

篆 汉简

蔡
cài

篆 王禔

蔟
cù

篆 汉金文

蔽
bì

篆 杨沂孙

蔗
zhè

篆 吴昌硕

蔚
wèi

篆 李阳冰

蒋
jiǎng

篆 说文解字

蓼

liǎo

篆

说文解字

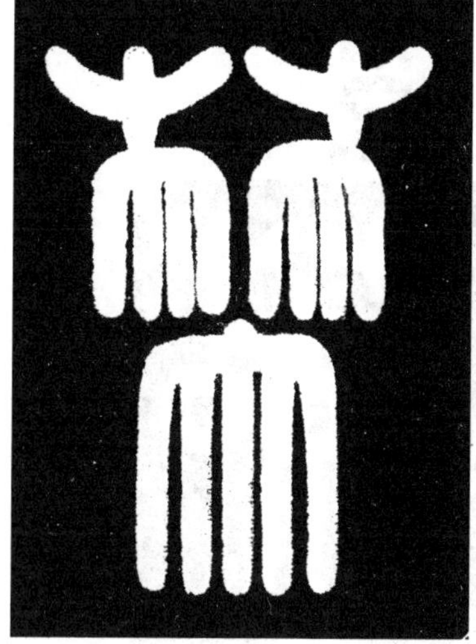

薌

(芗)

xiāng

篆

汉简

蕘

(荛)

ráo

篆

说文解字

蕡

fén

汉简

蕙

huì

篆

吴昌硕

蕤

ruí

篆

说文解字

蕢

(蒉)

kuì

吴大澂

蕪

(芜)

wú

方去疾

艹部 薁蕃蕉蕩薀蔬薔

薁

yù

赵时枫

蕃

fán

(篆)

邓石如

蕉

jiāo

(篆)

吴大澂

蕩

(荡)

dàng

(篆)

吴昌硕

薀

yùn

(篆)

吴昌硕

蔬

shū

(篆)

高翔

薔

(蔷)

qiáng

赵之琛

薑

(姜)

jiāng

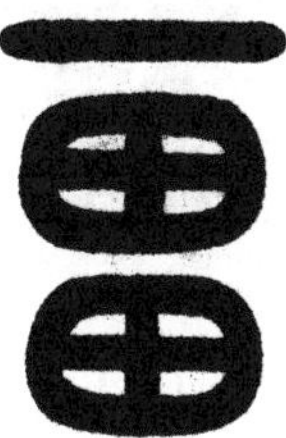

赵孟頫

薨

hōng

篆

吴大澂

薛

xuē

篆

吴昌硕

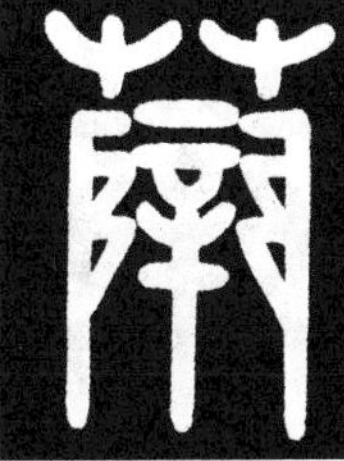

薇

wēi

篆

康熙

薈

(荟)

huì

草书韵会

藕

(藕)

ǒu

篆

孙星衍

薊

(蓟)

jì

篆

汉印

薦

(荐)

jiàn

篆 赵之谦

薪

xīn

篆 孙星衍

薏

yì

何绍基

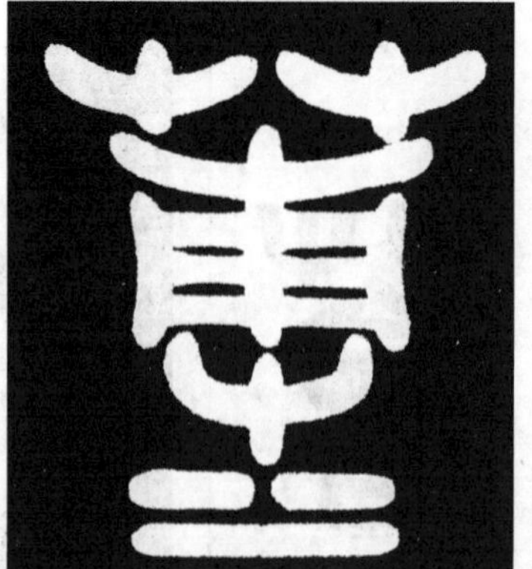

薄

bó

篆 莫友芝

蕭

(萧)

xiāo

篆 吴让之

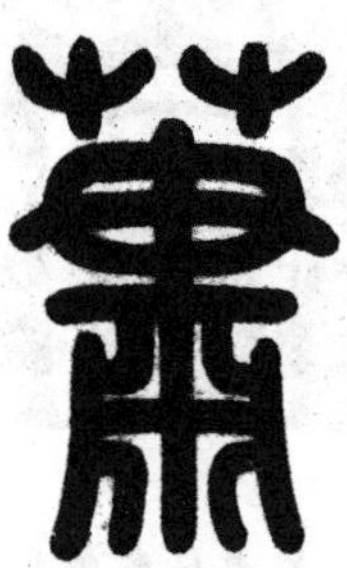

薜

bì

篆 何绍基

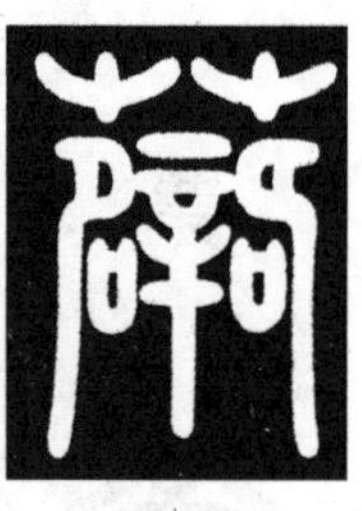

薩

(萨)

sà

篆 邓石如

藉

（借）

jiè

篆

李阳冰

藍

（蓝）

lán

黄葆戉

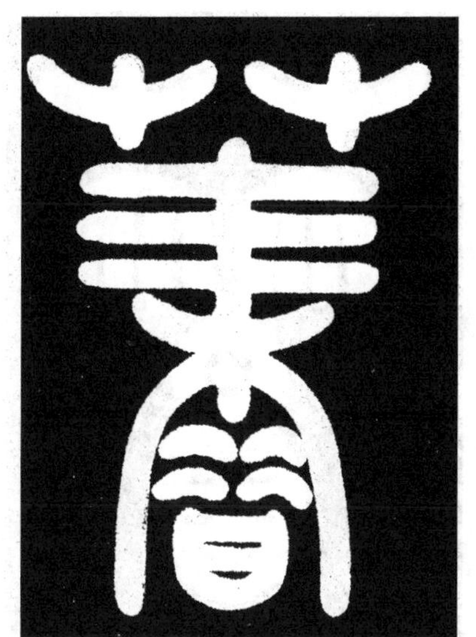

藏

cáng

篆

邓石如

薰

（熏）

xūn

篆

陈师曾

舊

（旧）

jiù

篆

萧蜕

薶

mái

杨沂孙

藐

miǎo

篆 杨沂孙

藕

ǒu

篆 许容

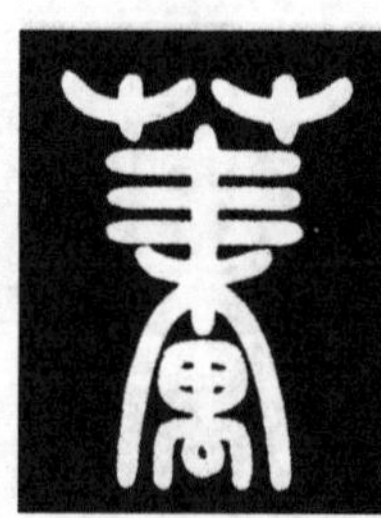

槀

gǎo

秦简

薺

(荠)

qí

古玺

藿

guàn

篆 吴大澂

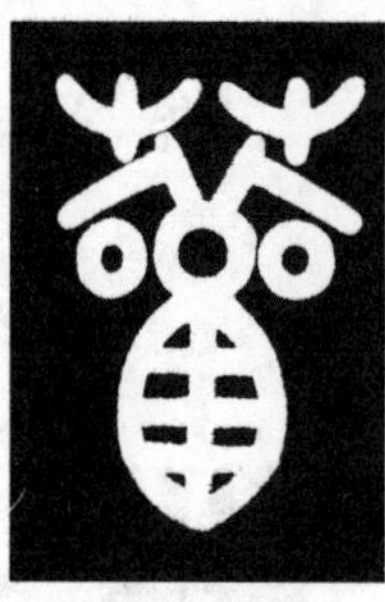

藋

diào

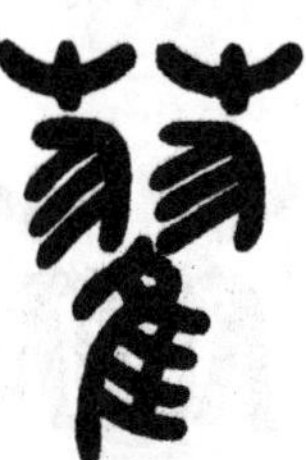

篆 王禔

藝

(艺)

yì

篆 永瑆

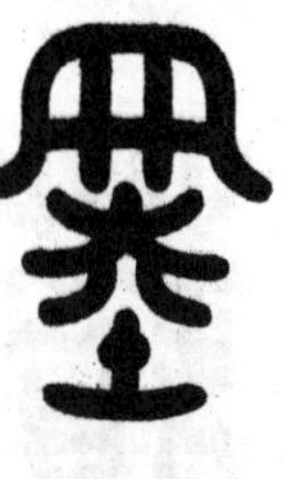

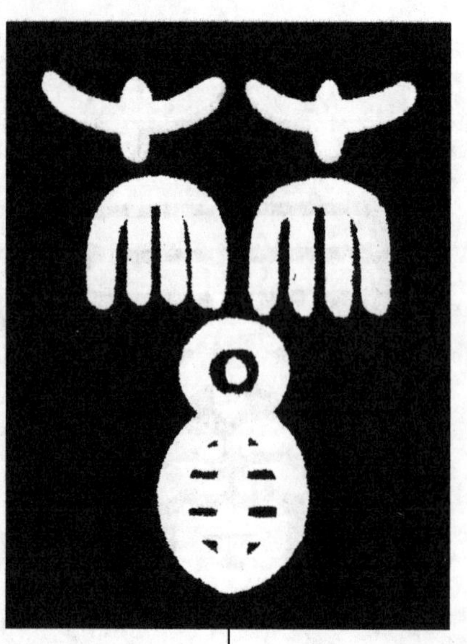

藪
(薮)
sǒu

篆
吴昌硕

藺
(茧)
jiǎn

篆
黄易

蠆
(虿)
chài

篆
金文

藜
lí

篆
徐三庚

藥
(药)
yào

篆
吴大澂

藤
téng

篆
齐白石

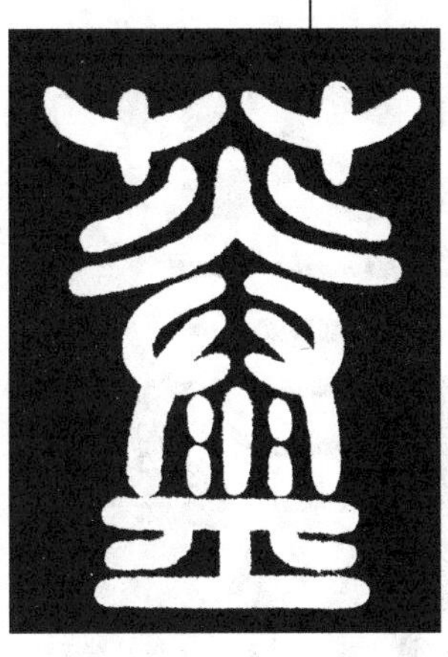

藩
fān

篆
杨沂孙

藨
biāo

篆
吴让之

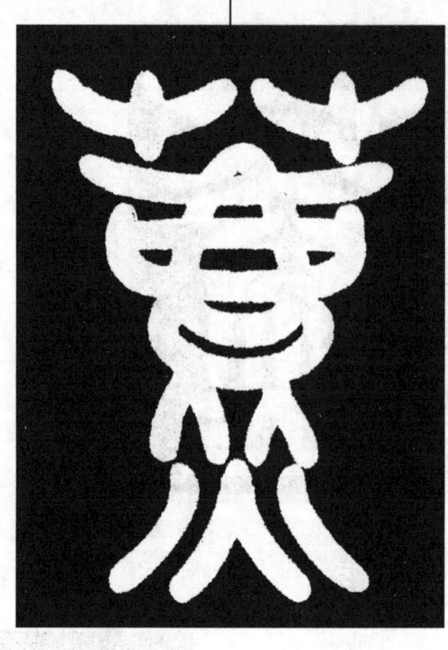

藿

huò

篆 古玺

蘧

qú

篆 吴昌硕

蘀

(萚)

tuò

赵时枫

篆

蘋

pín

篆 吴让之

蘆

(芦)

lú

篆 杨沂孙

蘄

(蕲)

qí

篆 说文解字

蘅

héng

苏宣

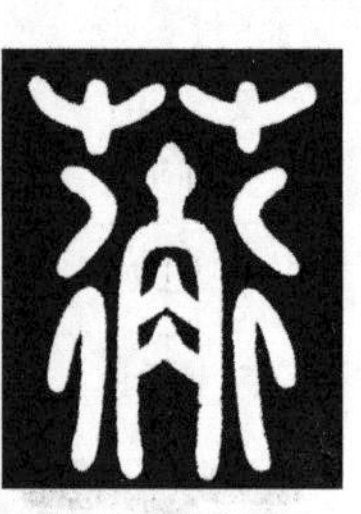

蘇

(苏)

sū

篆 何绍基

艹部 藹藻藺蘩蘚蘞蘘蘭

藹
(蔼)
ǎi
篆
汉印

藻
(藻)
zǎo
篆
吴让之

藺
(蔺)
lìn
篆
秦简

蘩
fán
篆
吴大澂

蘚
(藓)
xiǎn
篆
秦简

蘞
(蔹)
liǎn

篆
汉简

蘘
ráng
篆
说文解字

蘭
(兰)
lán

㊢ 王禔

蘿
(萝)
luó

篆 邓石如

蘺
(蓠)
lí

篆 杨法

廾部

弊
(獘)
bì

篆 赵孟頫

大部

大
dà

杨沂孙

莫友芝

邓石如

夫
fū

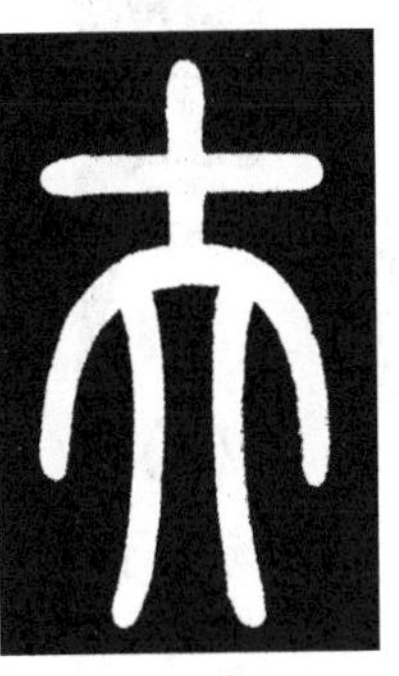

邓石如

太
tài

篆 邓石如

永瑆

夬
guài

(篆)
杨沂孙

央
yāng

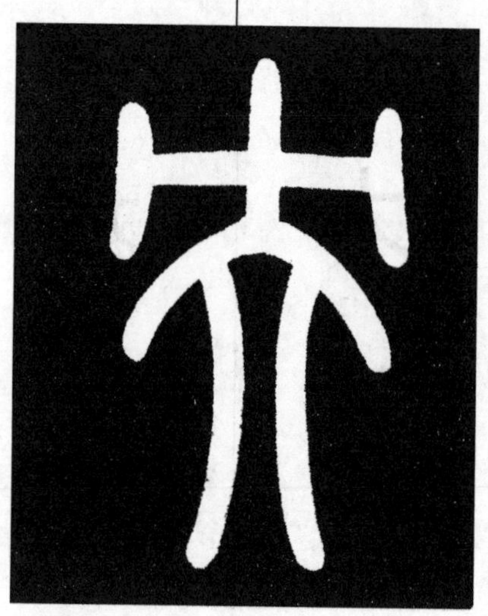

吴大澂

泉文

夸
kuā

(篆)
王禔

夷
yí

(篆)
吴大澂

夾
(夹)
jiā

邓石如

奈
nài

林泉

奔
bēn

范永琪

奓
zhà

(篆)
吴大澂

奇

qí

篆

吴让之

奄

yǎn

篆

邓石如

秦简

奕

yì

杨沂孙

契

qì

篆

杨沂孙

奎

kuí

吴大澂

汉简

奘

zàng

篆

邓石如

奢

shē

吴大澂

爽

shuǎng

吴大澂

匏

páo

(篆)

吴大澂

奠

diàn

仰嘉祥

奥

ào

王禔

奪

(夺)

duó

(篆)

石鼓文

獎

(奖)

jiǎng

(篆)

杨沂孙

奭

shì

三体石经

樊

fán

说文解字

奮

（奋）

fèn

篆

吴让之

兀部

兀

wù

篆

甲骨文

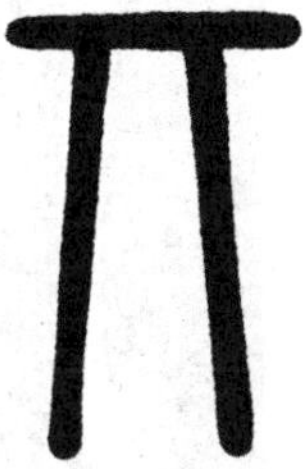

杨沂孙

元

yuán

篆

李阳冰

达受

尢部

尤

yóu

篆

莫友芝

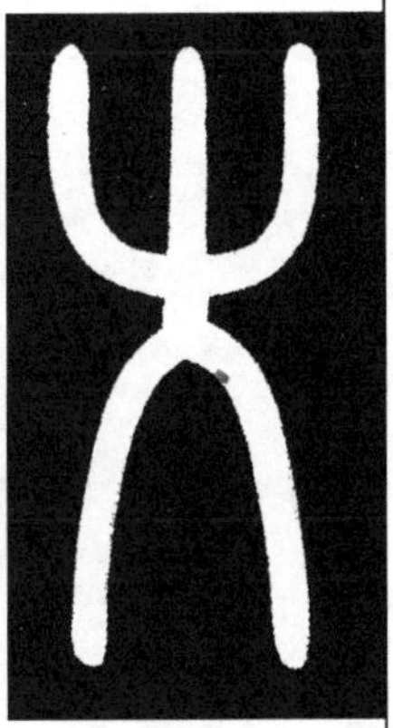

尨

máng

篆 古人

扌部

扎

zhā

篆 方去疾

打

dǎ

篆 容庚

扔

rēng

篆 田潜

扞

hàn

篆 吴大澂

扜

yū

篆

甲骨文

扶

fú

篆

黄葆戉

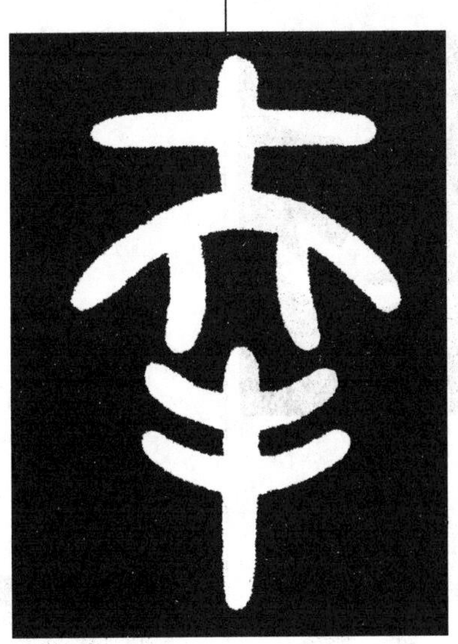

投

tóu

篆

李阳冰

技

jì

篆

杨沂孙

折

zhé

篆

邓石如

扼

è

篆

秦简

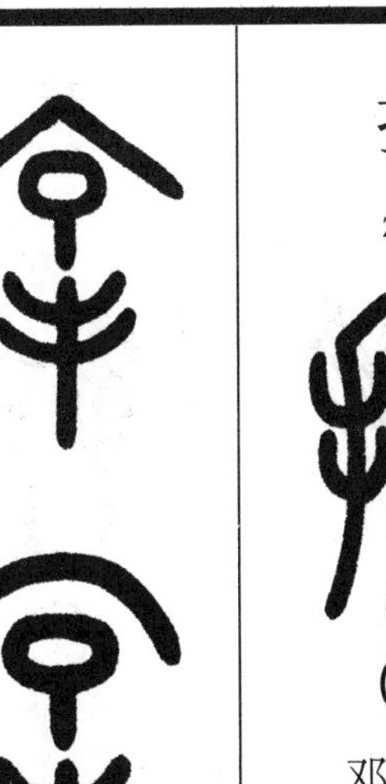

抄

chāo

篆

沈近光

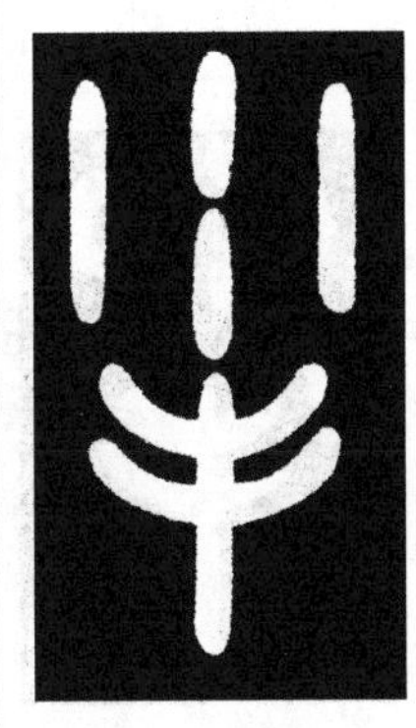

抗

kàng

篆

吴睿

抑

yì

篆

杨沂孙

抛

pāo

篆

方去疾

抉

jué

篆

方去疾

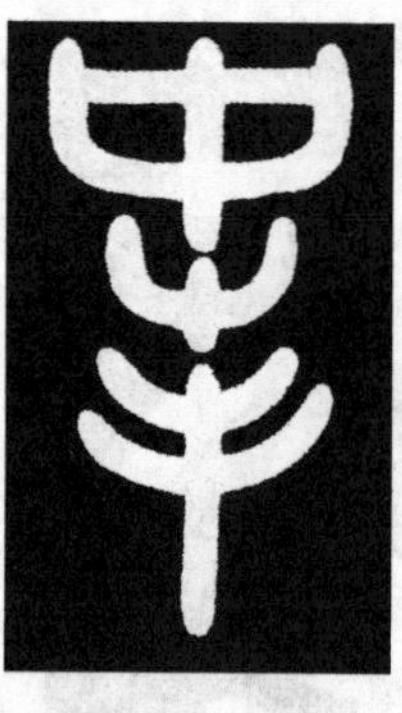

把

bǎ

篆

吴让之

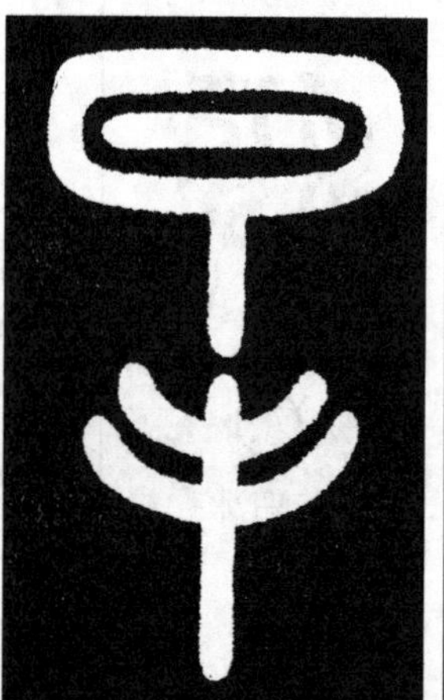

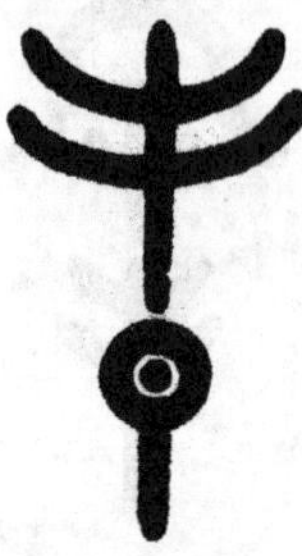

捋

luō

篆

说文解字

抒

shū

篆 吴大澂

拓

tuò

篆 陈豫钟

拔

bá

篆 吴让之

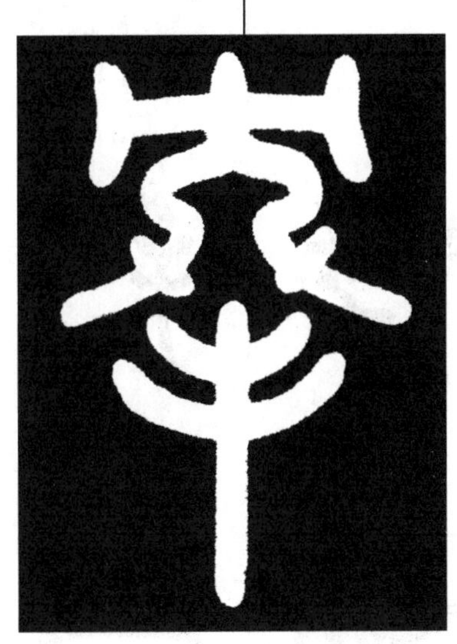

捬

pū

篆 吴睿

抽

chōu

篆 赵孟頫

拈

niān

篆 说文解字

拖

tuō

篆
吴大澂

拊
fǔ

篆
吴让之

拍
pāi

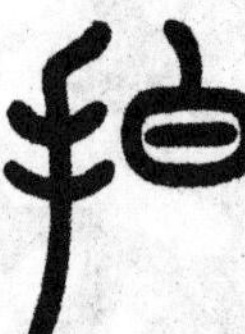

篆
吴大澂

拘
jū

篆
吴大澂

抵
dǐ

篆
邓石如

扻
zǐ

篆
王禔

抱
(裒)
bào

篆
杨沂孙

篆
杨沂孙

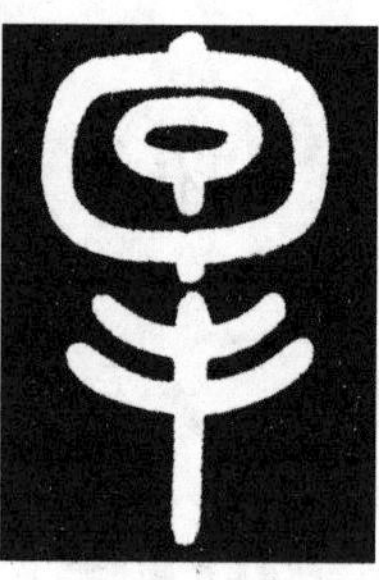

拂
fú

篆 邓石如

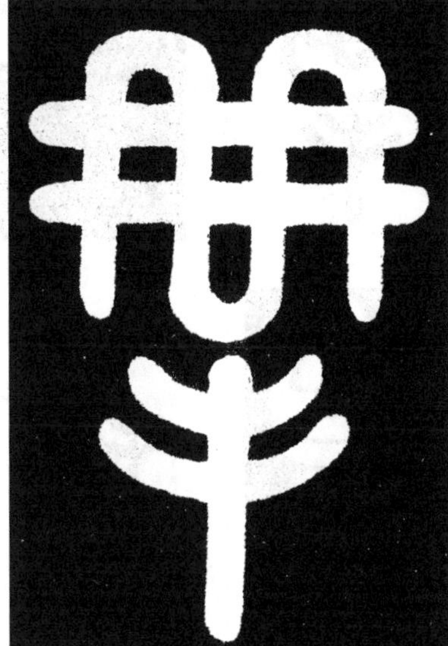

拙

zhuō

篆 杨沂孙

招

zhāo

篆 吴昌硕

披

pī

篆 说文解字

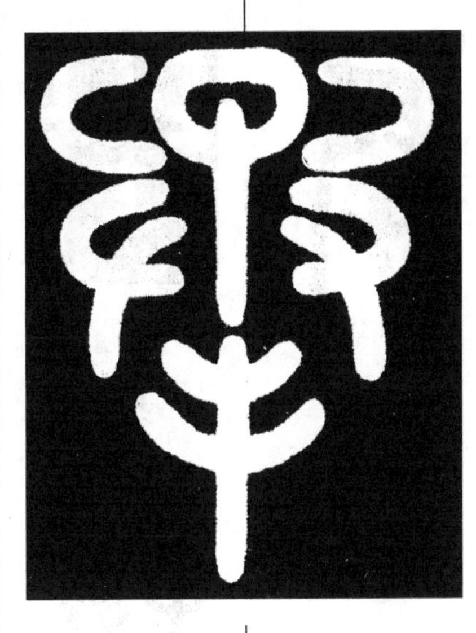

持

chí

篆 杨沂孙

挂

guà

篆 方去疾

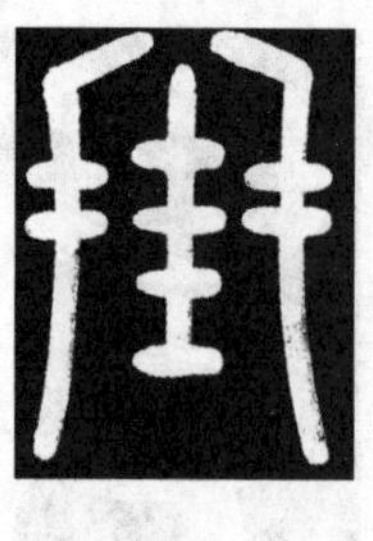

拱

gǒng

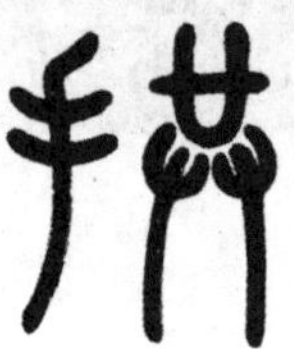

篆

李阳冰

赵孟頫

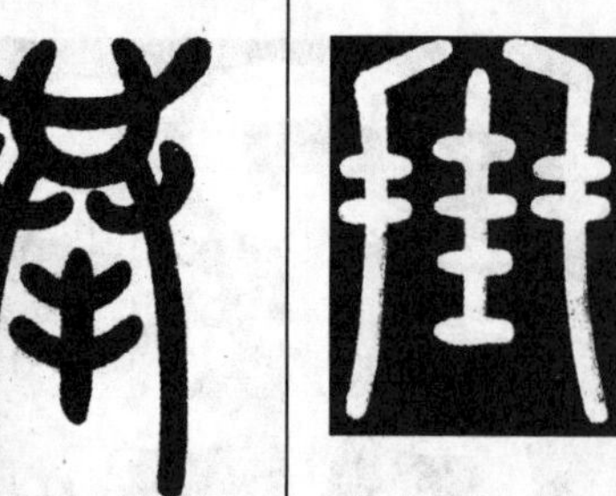

挏

dòng

篆

汉印

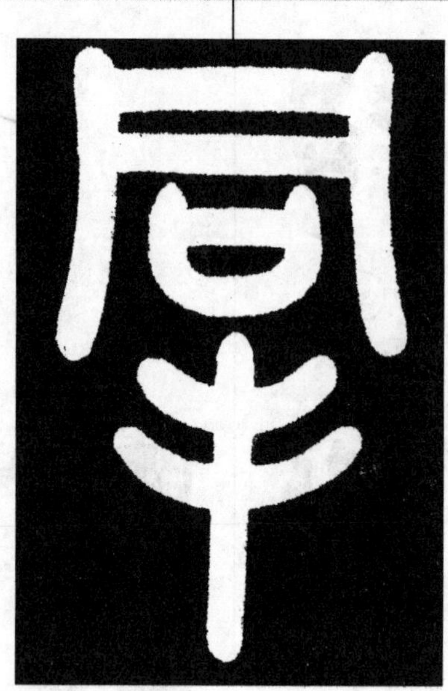

挺

tǐng

篆

杨沂孙

拾

shí

拾

篆

沙神芝

指

zhǐ

指

篆

李阳冰

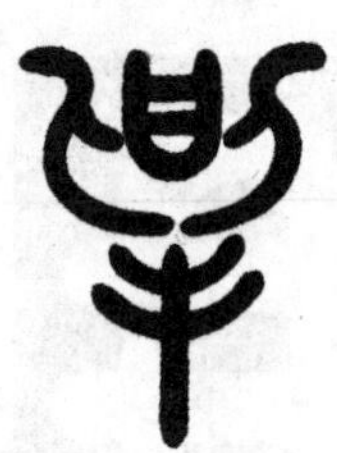

挑

tiāo

篆

杨沂孙

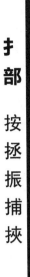

扌部

按拯振捕挟

按

àn

篆

说文解字

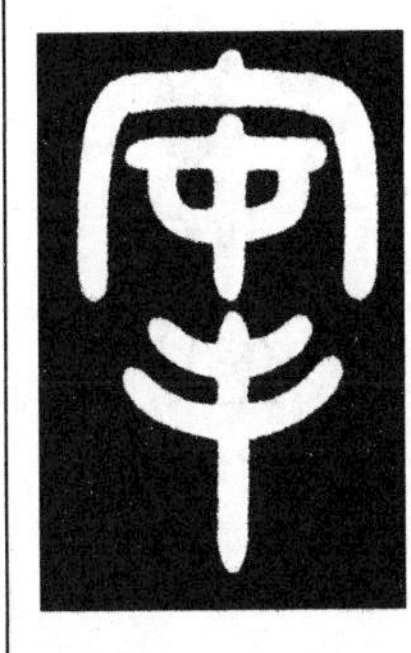

拯

zhěng

篆

封泥

振

zhèn

篆

李阳冰

捕

bǔ

篆

李阳冰

挟

(挾)

xié

篆

吴大澂

捍

hàn

篆

徐三庚

挹

yì

篆

吴让之

捐

juān

篆

邓石如

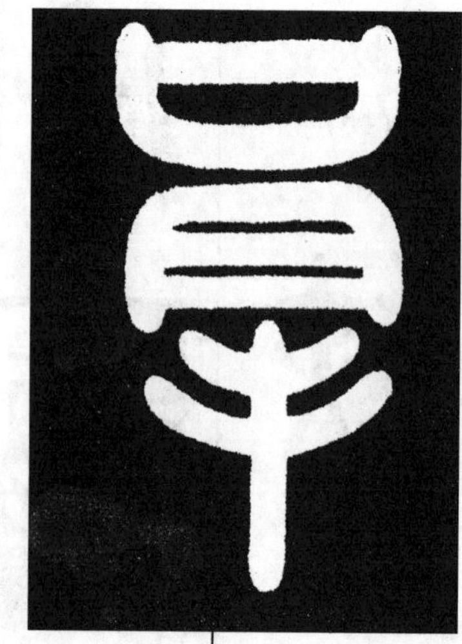

挫

cuò

篆

田潜

换

huàn

篆

方去疾

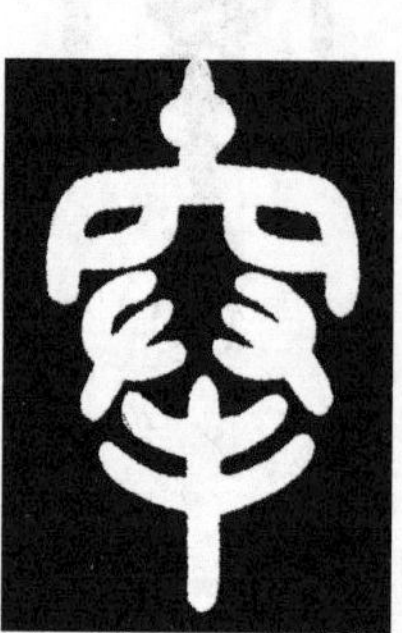

挽

wǎn

篆

黄士陵

挩

tuō

篆

说文解字

措

cuò

(篆)

吴昌硕

掩

yǎn

(篆)

吴让之

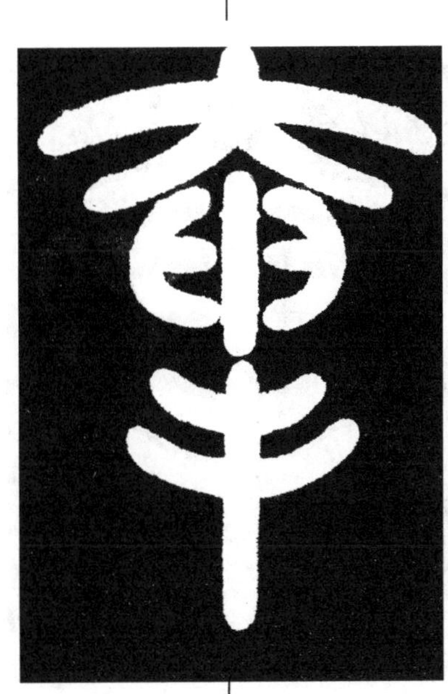

捷

jié

(篆)

吴大澂

掍

hùn

(篆)

田潜

掛

guà

(篆)

飞鸿堂

挼

ruó

篆 王禔

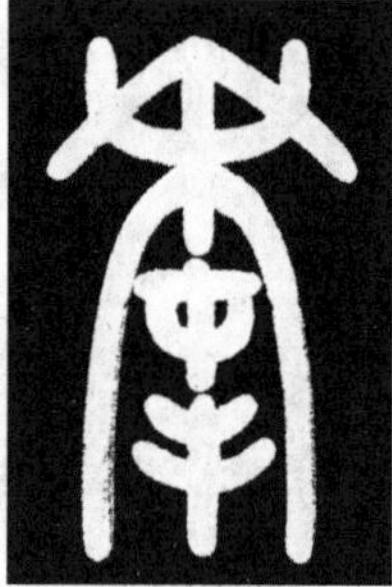

排

pái

篆 邓石如

推

tuī

篆 吴睿

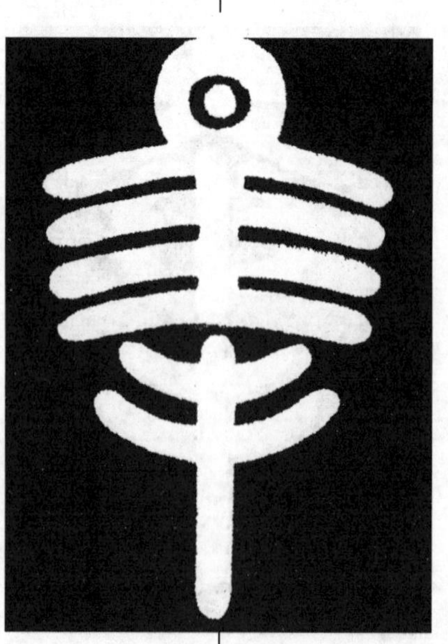

捭

bǎi

篆 说文解字

捨

（舍）

shě

说文解字

掄

（抡）

lūn

篆

说文解字

授

shòu

篆

徐三庚

掖

yè

方去疾

採

cǎi

篆

李嘉福

捾

wò

篆

汉简

接

jiē

篆

王禔

捽

zuó

篆

汉简

控

kòng

篆

方去疾

探

tàn

篆

莫友芝

捫

(扪)

mén

篆

杨沂孙

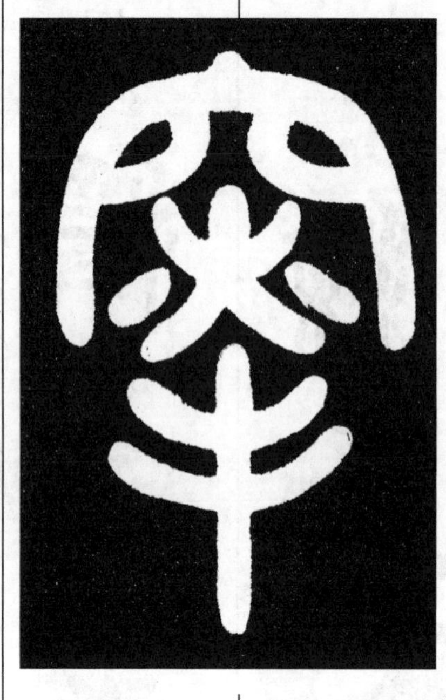

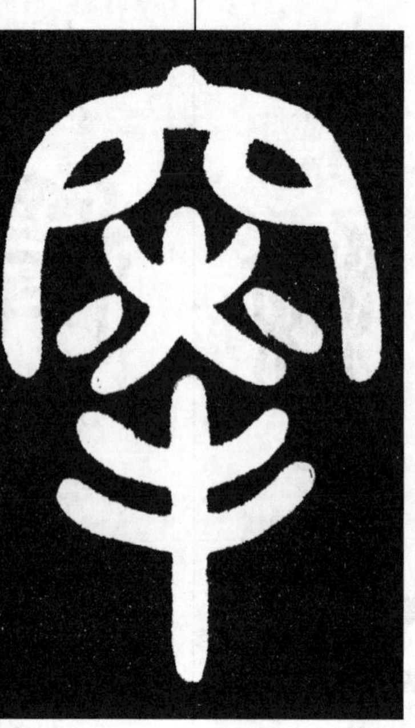

掃

(扫)

sǎo

篆

邓石如

掇

duō

篆

秦简

掘

jué

篆 吴大澂

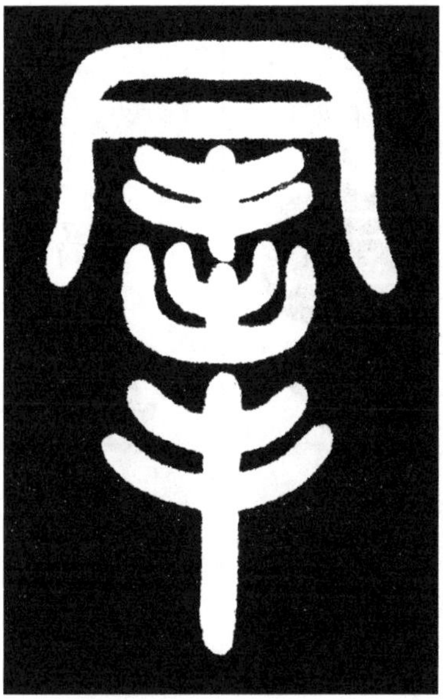

揲

dié

篆 邓石如

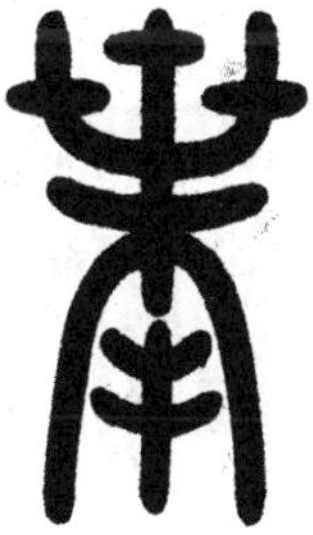

揚

(扬)

yáng

篆 永理

提

tí

篆 金文

揖

yī

篆 伊念曾

揭

jiē

篆 吴昌硕

搜

sōu

篆

邓石如

插

chā

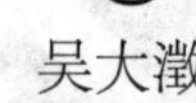

吴大澂

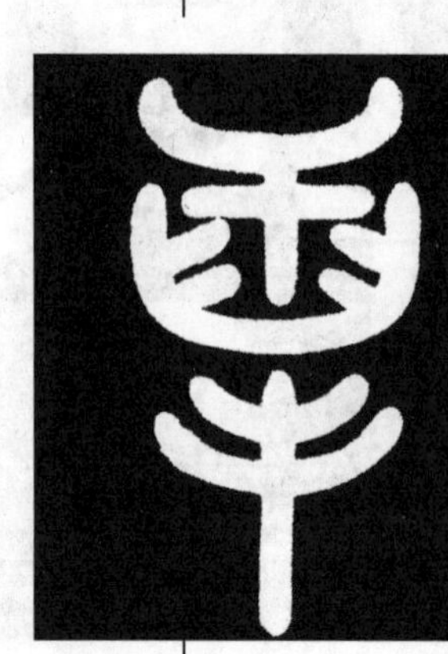

揄

yú

篆

方去疾

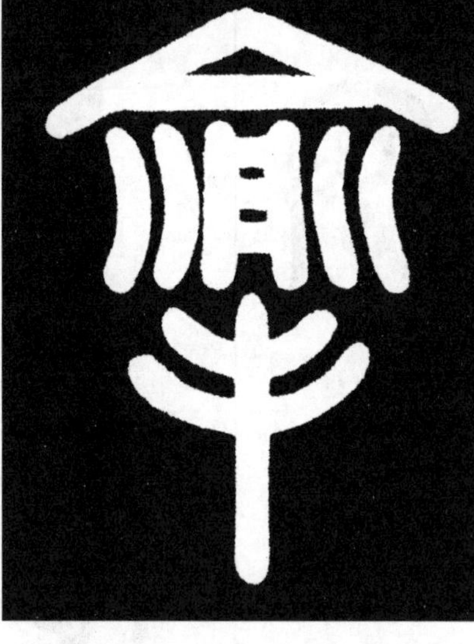

援

yuán

篆

方去疾

撝

huī

杨沂孙

揮

(挥)

huī

篆

邓石如

握

wò

邓石如

揆

kuí

篆

仰嘉祥

搔

sāo

篆

方去疾

掾

yuàn

篆

开母石阙

摸

mō

篆

巴慰祖

搏

bó

篆

王禔

損

(损)

sǔn

篆

方去疾

攜
(携)
xié

篆
吴大澂

摛
chī

篆
碧落碑

摇
yáo

篆
王禔

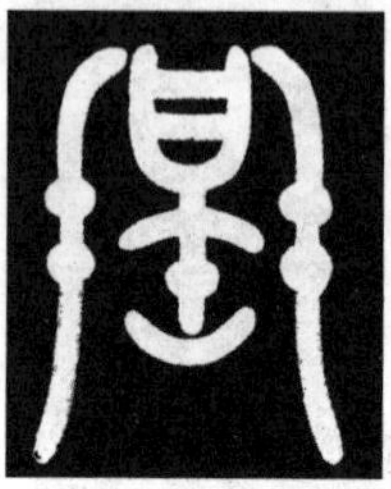

摶
(抟)
tuán

篆
仰嘉祥

摳
(抠)
kōu

篆
邓石如

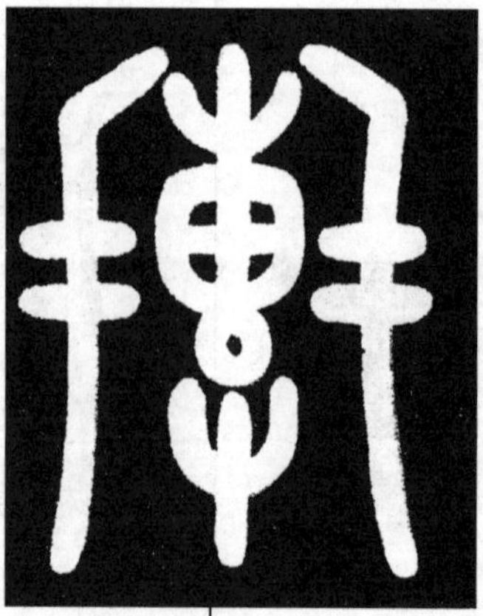

摽
biāo

篆
吴昌硕

摺
(折)
zhé

篆
吴大澂

摜

(掼)

guàn

篆

仰嘉祥

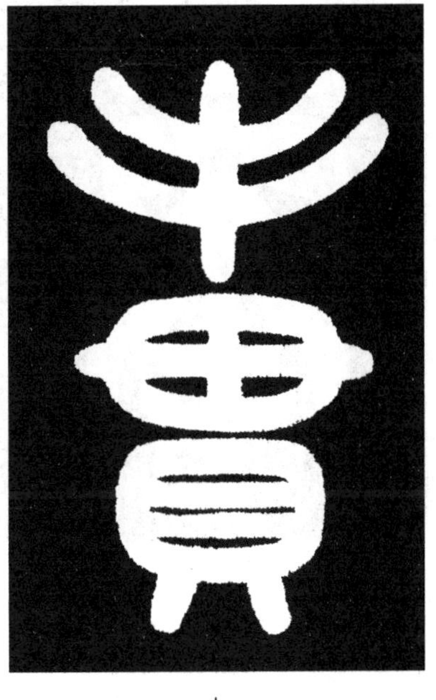

撓

(挠)

náo

篆

说文解字

撻

(挞)

tà

篆

学山堂

撢

dǎn

篆

汉印

撣

(掸)

dǎn

篆

甲骨文

撫

(抚)

fǔ

篆

吴大澂

撟

(挢)

jiǎo

篆

黄士陵

播

bō

篆

吴大澂

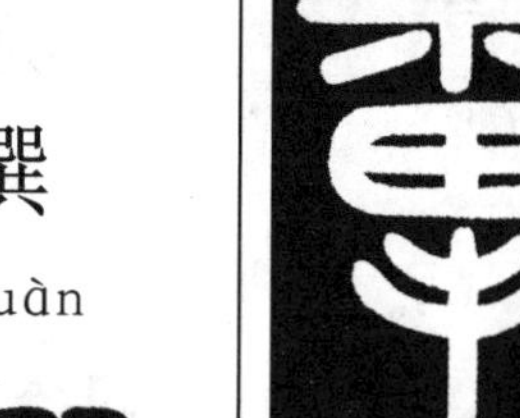

撞

zhuàng

篆

吴让之

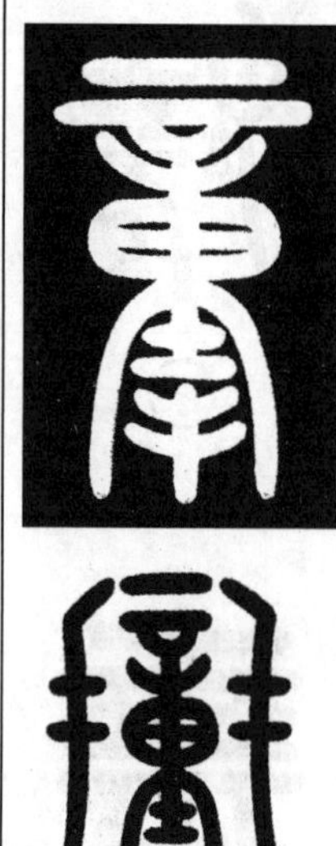

撰

zhuàn

篆

唐 · 峿台铭

撙

zǔn

篆

汪鸣銮

撥

(拨)

bō

篆

吴昌硕

據

(据)

jù

篆

嘉量

操

cāo

篆

王禔

擇

(择)

zé

篆

吴让之

擅

shàn

篆

孙星衍

擬

(拟)

nǐ

篆

徐三庚

擁

(拥)

yōng

篆

方去疾

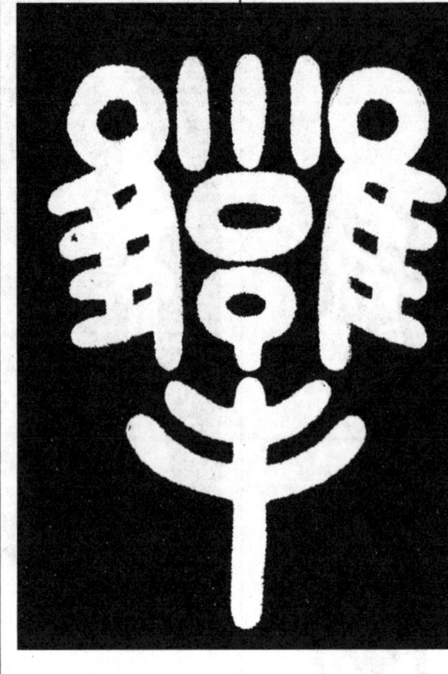

擣

(捣)

dǎo

篆

说文解字

擴

(扩)

kuò

篆

邓石如

擲

(掷)

zhì

篆

齐白石

擿

zhì

篆

莫友芝

擾

(扰)

rǎo

篆

吴大澂

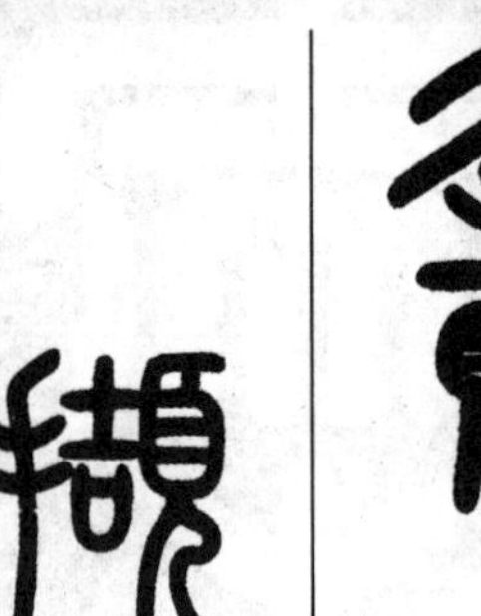

擷

(撷)

xié

篆

邓石如

扌部 攖 攘 攝 攫 攬

攖 (撄)

yīng

篆

吴昌硕

攘

rǎng

篆

吴让之

攝 (摄)

shè

篆

杨沂孙

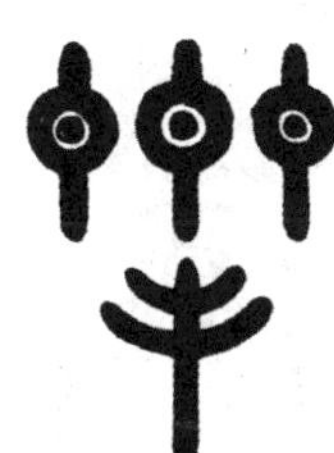

攫

jué

篆

田潜

攬 (揽)

lǎn

篆

邓石如

寸部

寸

cùn

篆

王禔

封

fēng

篆

李阳冰

專

(专)

zhuān

篆

吴让之

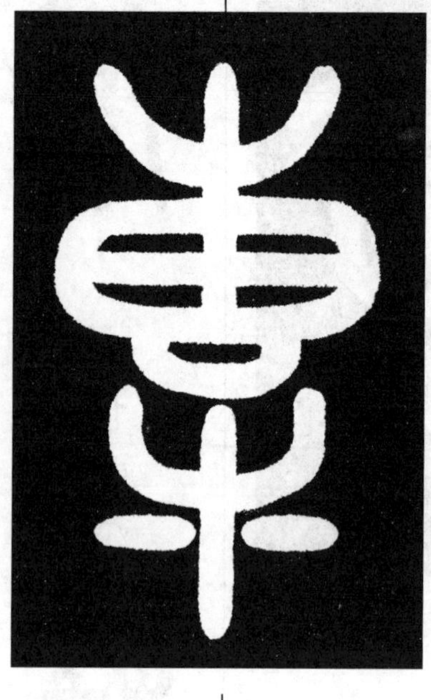

尉

wèi

篆

李阳冰

尊

zūn

邓石如

吴大澂

對

(对)

duì

篆

吴大澂

導

(导)

dǎo

篆

邓散木

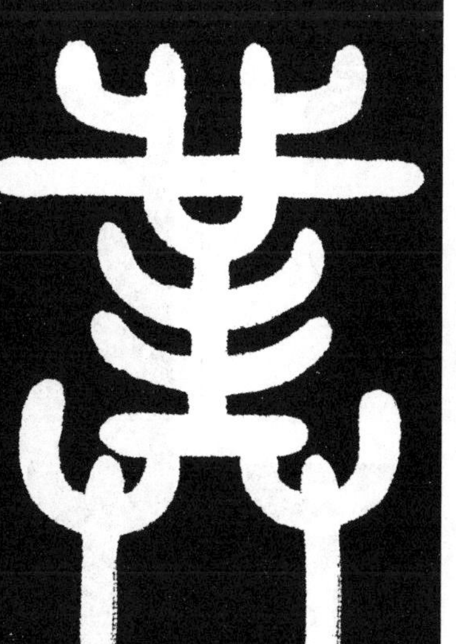

弋部

弋

yì

篆

吴大澂

式

shì

篆

杨沂孙

弎

tè

吴让之

貣

dài

篆

金文

貳

(贰)

èr

篆

杨沂孙

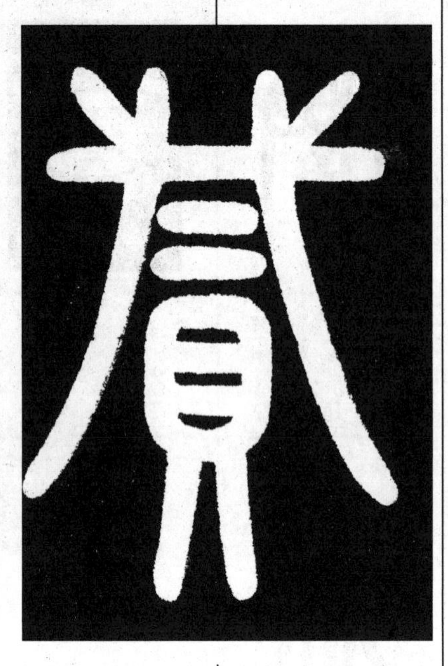

鳶

(鸢)

yuān

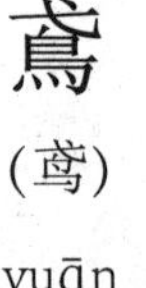

篆

方去疾

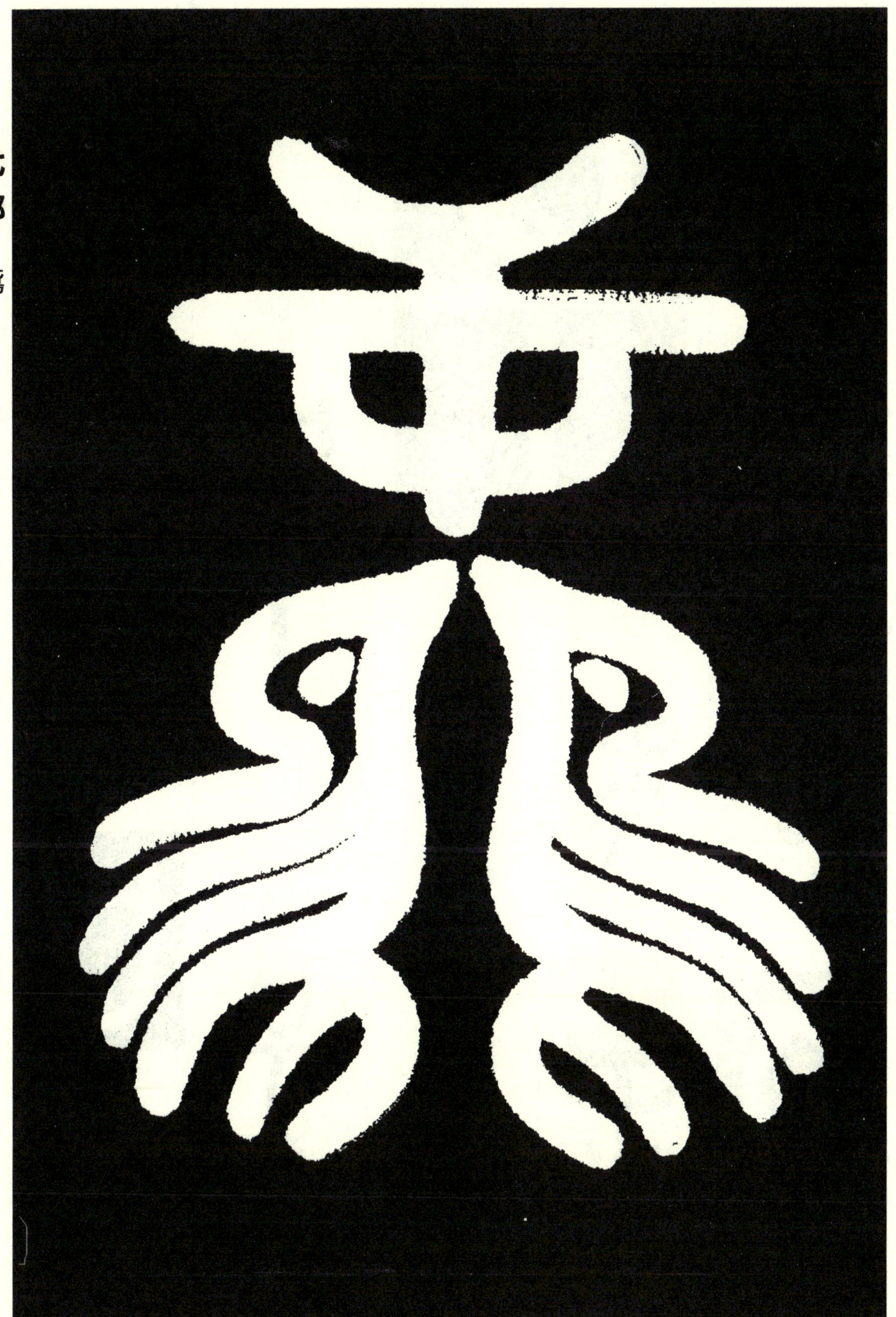

口部

口
kǒu

邓石如

叶
yè

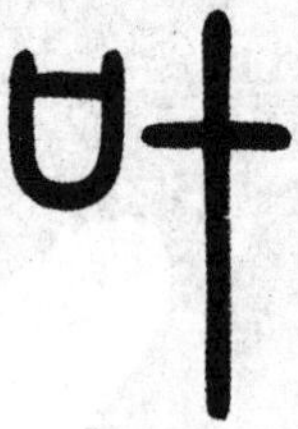

篆
李阳冰

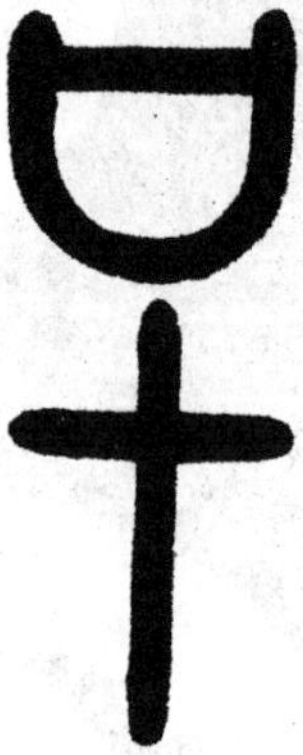

号
hào

篆
王禔

只
zhǐ

邓石如

史
shǐ

篆
吴大澂

台
tāi

篆
张廷济

兄

xiōng

篆

邓石如

吴大澂

吐

tù

篆

王禔

吕

lǚ

金文

赵孟頫

吁

yù

篆

吴昌硕

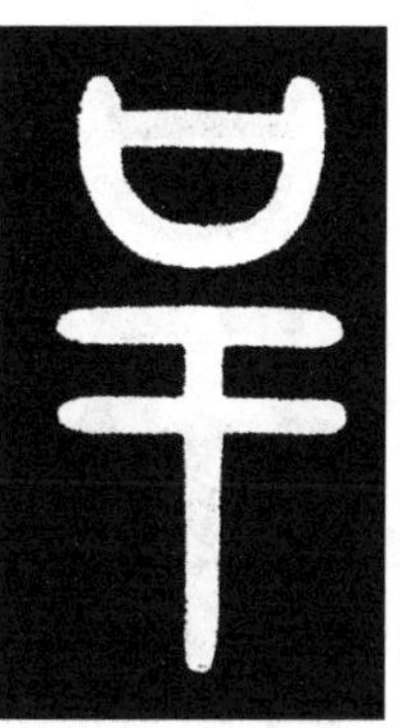

吊

(弔)

diào

篆

吴大澂

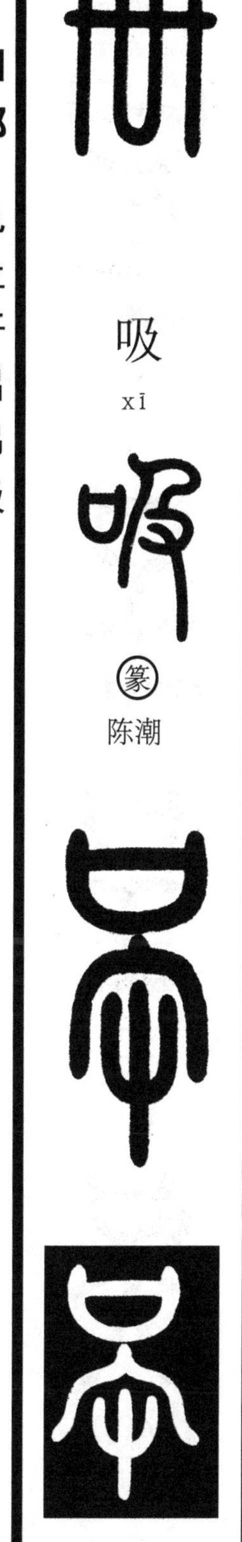

吸

xī

篆

陈潮

呈
chéng

篆 吴大澂

盟书

吴
wú

篆 吴睿

吾
wú

吴大澂

吴让之

吠
fèi

篆 方去疾

告
gào

吴大澂

吟
yín

篆 吴大澂

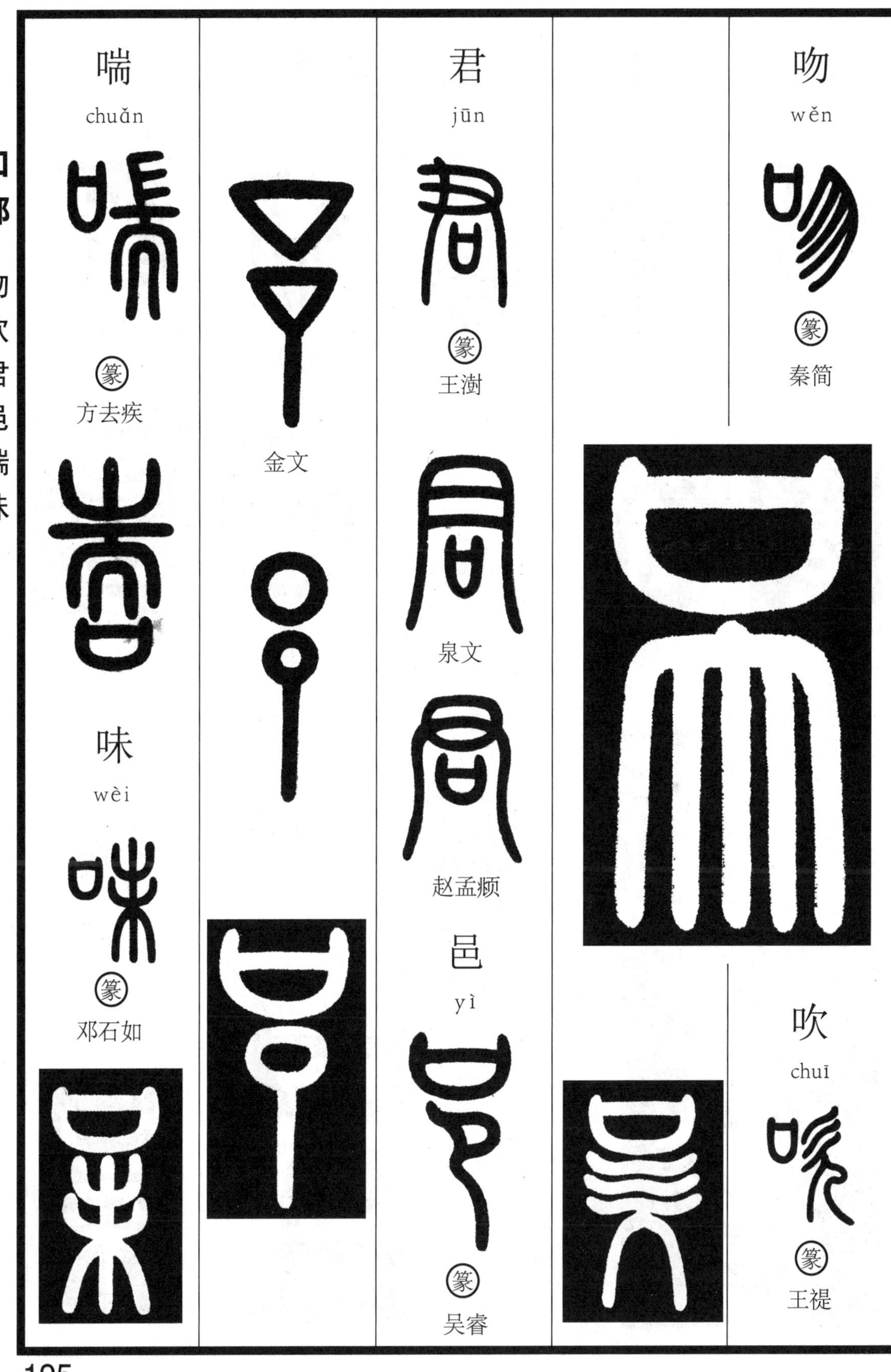
吻
wěn
篆
秦简
吹
chuī
篆
王禔
君
jūn
篆
王澍
泉文
赵孟頫
邑
yì
篆
吴睿
金文
喘
chuǎn
篆
方去疾
味
wèi
篆
邓石如

呵

hē

(篆) 方去疾

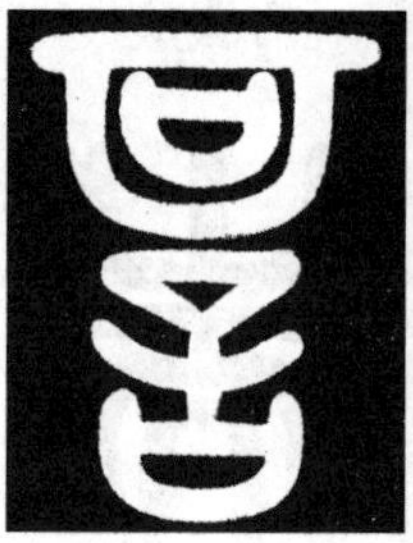

呼

hū

(篆) 陈潮

咎

jiù

(篆) 吴让之

咀

jǔ

(篆) 段玉裁

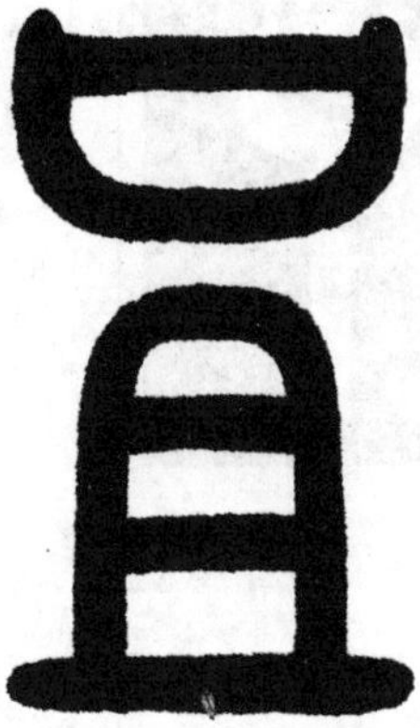

嗌

aì

(篆) 方去疾

泉文

咏

(詠)

yǒng

(篆) 吴睿

(篆) 金文

呦

yōu

(篆) 王澍

品
pǐn

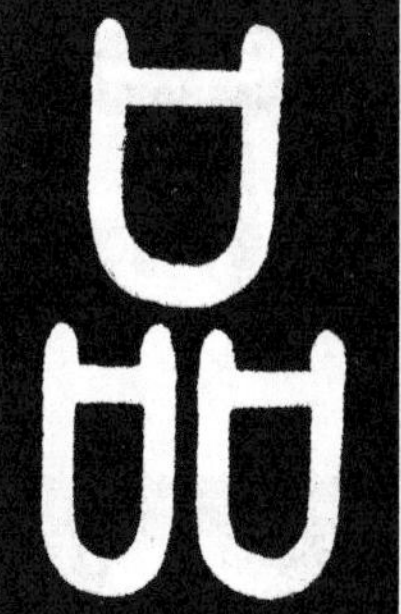
杨沂孙

金文

吴昌硕

咳
ké

篆
田潜

咢
è

说文解字

咨
zī

篆
徐三庚

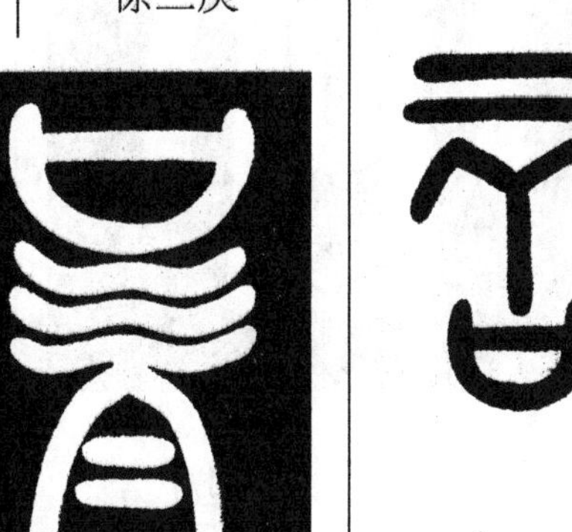

哈
hā

篆
吴昌硕

咱
zán

篆
方去疾

哺

bǔ

篆

邓石如

唉

āi

篆

泰不华

哲

zhé

篆

王澍

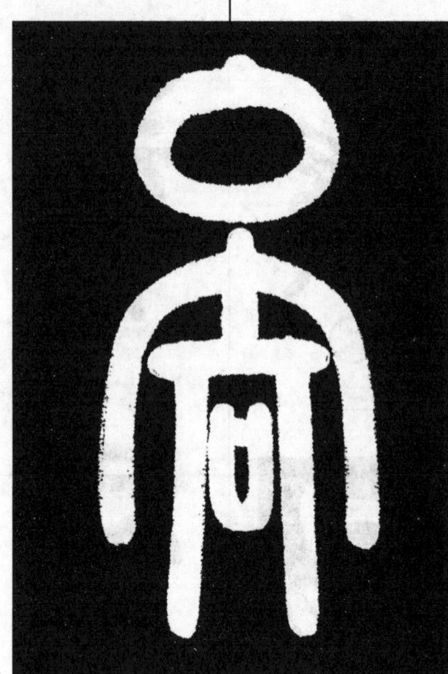

杨沂孙

喆

zhé

杨沂孙

啞

(哑)

yǎ

篆

方去疾

員

(员)

yuán

莫友芝

金文

赵孟頫

喚

huàn

(篆)

方去疾

啚

bǐ

杨沂孙

田潜

唱

chàng

(篆)

王禔

啄

zhuó

(篆)

方去疾

唬

hǔ

(篆)

汉简

唯

wéi

(篆)

孙星衍

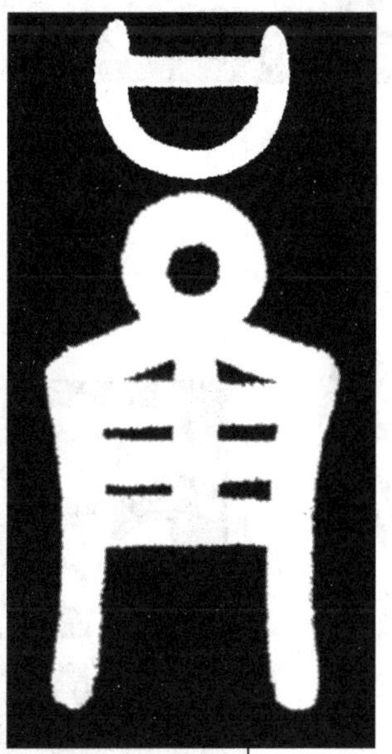

(篆)

陶文

唾

tuò

㊊

说文解字

啗

dàn

㊊

说文解字

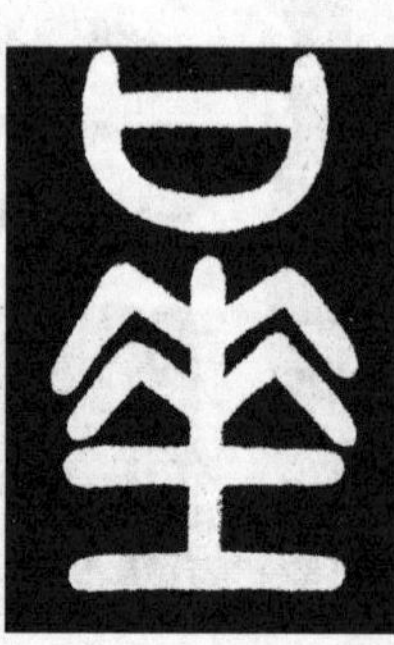

啖

dàn

㊊

说文解字

啓

（启）

qǐ

㊊

王禔

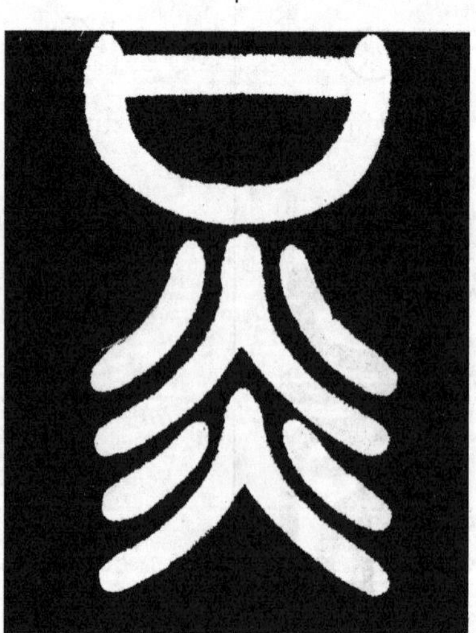

唫

（吟）

yín

㊊

汉简

喫

（吃）

chī

㊊

吴让之

口部 唾啗啖啓唫喫

喈

jiē

篆

杨沂孙

喁

yóng

篆

杨沂孙

喟

kuì

篆

吴大澂

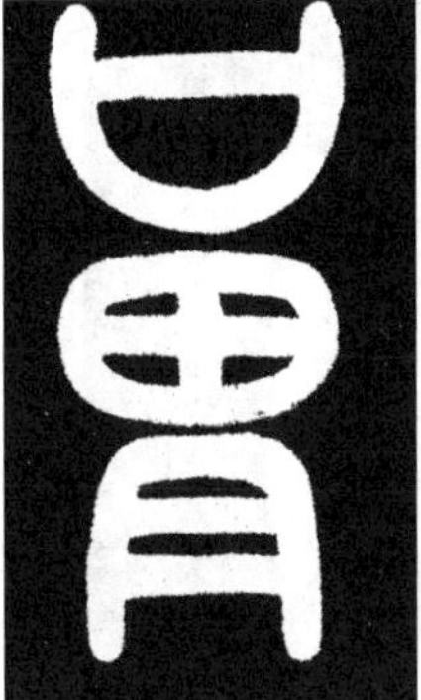

單（单）

dān

钱镠

金文

嵒（岩）

yán

朱桴

喻

yù

篆

杨沂孙

嗁（啼）

tí

篆

仰嘉祥

嗟

jiē

篆

胡澍

嗞

zī

篆

王禔

嘅

kǎi

王禔

喙

huì

篆

王禔

篆

方去疾

嗷

áo

篆

林时九

嗜

shì

篆

方去疾

嗣

sì

篆

王禔

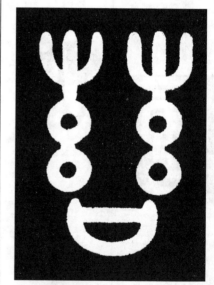

口部 嗚 嗛 嗤 嘖 嘑 鳴

嗚

(呜)

wū

篆 说文解字

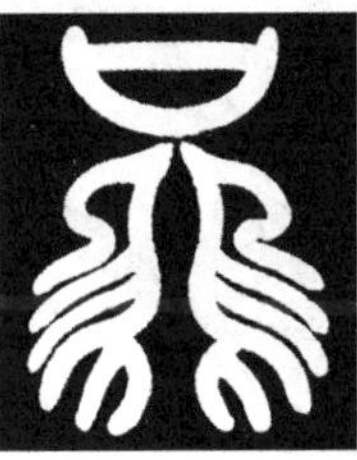

嗛

qiàn

篆 邓石如

篆 邓石如

嗤

chī

篆 黄士陵

嘖

(啧)

zé

篆 赵之谦

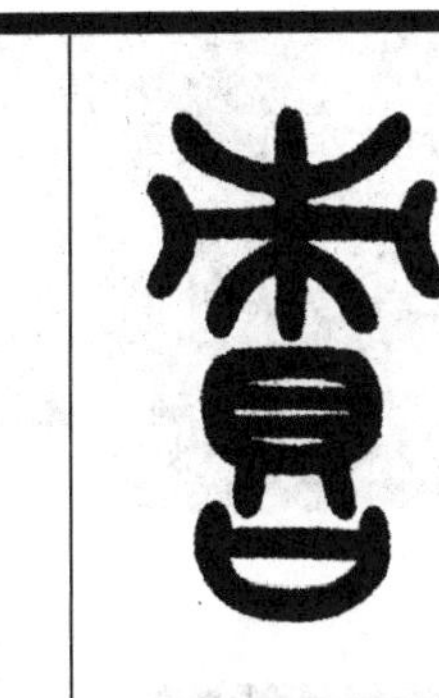

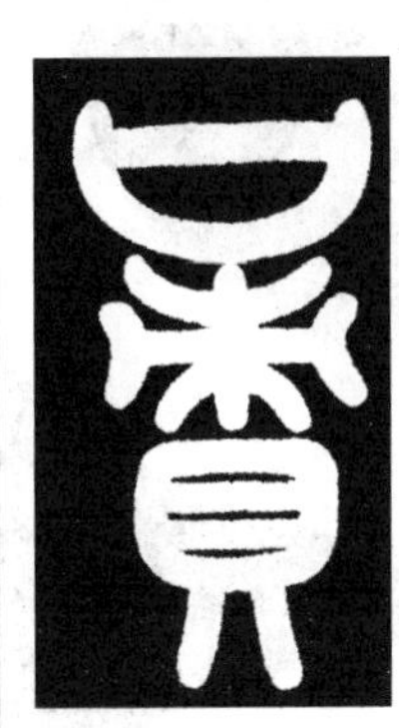

嘑

hū

篆 吴大澂

鳴

(鸣)

míng

篆 吴让之

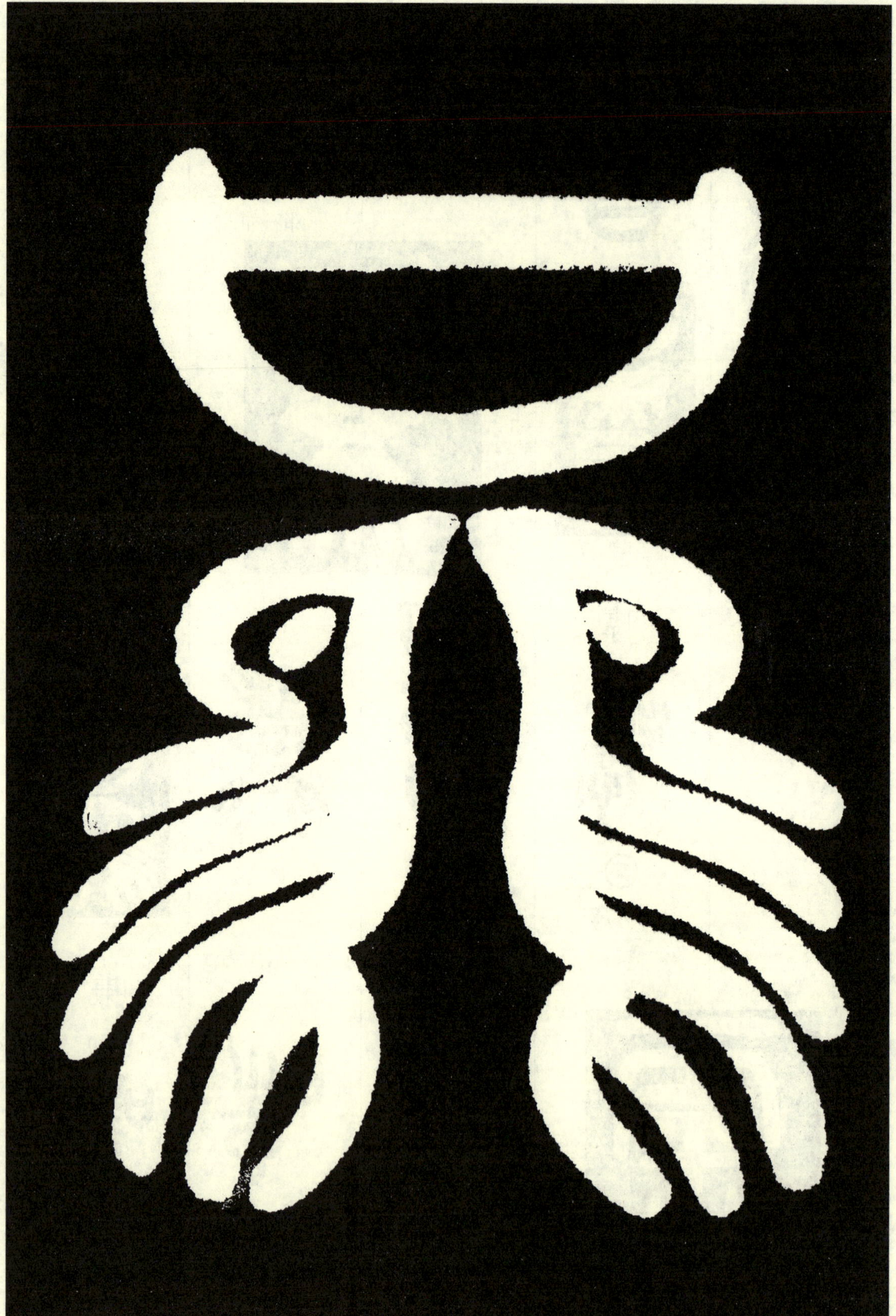

噴

（喷）

pēn

篆

汉简

嘆

（叹）

tàn

篆

方去疾

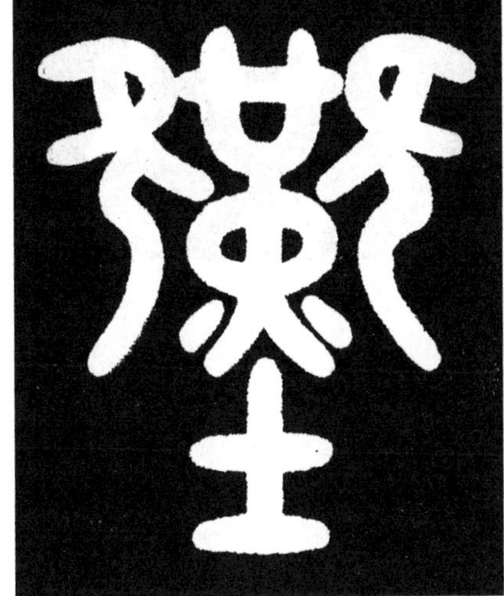

嘲

cháo

篆

方去疾

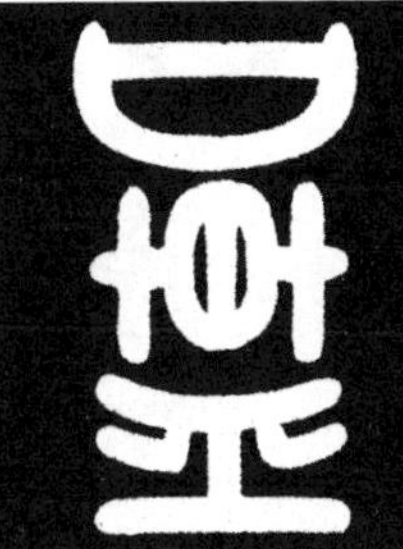

嘽

（啴）

tān

篆

王禔

嘫

rán

篆

邓石如

器

qì

汉金文

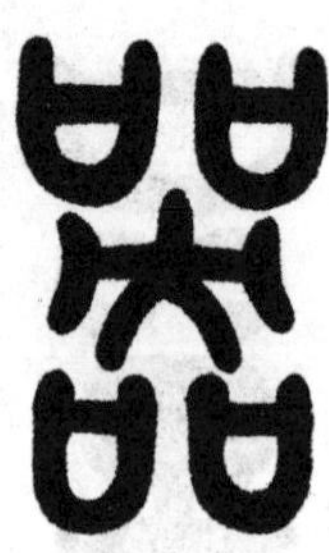

兽

shòu

篆

吴大澂

金文

噬

shì

篆

邓石如

嗷

jiào

篆

王禔

噲

(哙)

kuài

篆

说文解字

噫

yī

篆

说文解字

嘯

(啸)

xiào

篆 邓石如

嚅

rú

篆 邓石如

嚌

(哜)

jì

篆 清人

嚬

pín

篆 李阳冰

嚴

(严)

yán

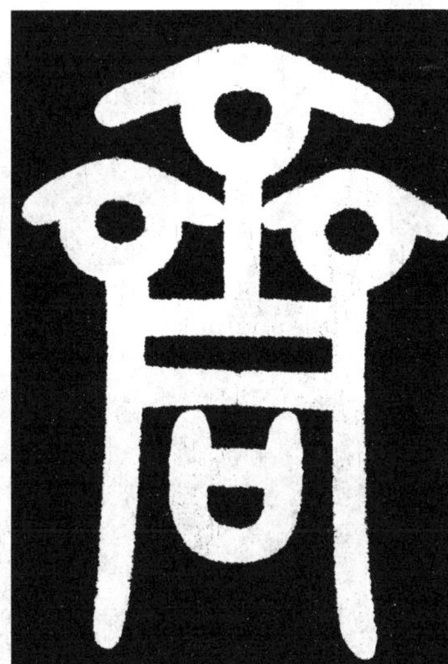

篆 赵孟頫

嚶

(嘤)

yīng

篆 王禔

嚼

jué

篆 吴咨

囀

(啭)

zhuàn

篆 吴让之

囂

(嚣)

xiāo

汉简

轡

(辔)

pèi

嚳

吴大澄

口部
囚
qiú
篆
泰不华
四
sì
邓石如
杨沂孙
吴让之
因
yīn
吴大澂
回
huí
吴大澂
困
kùn
吴大澂
囱
cōng
邓散木
固
gù
莫友芝
中山王器
囷
qūn
篆
陶文
囿
yòu
篆
金文
邓散木
圃
pǔ
篆
邓石如

圂
hùn

篆
秦简

圉
yǔ

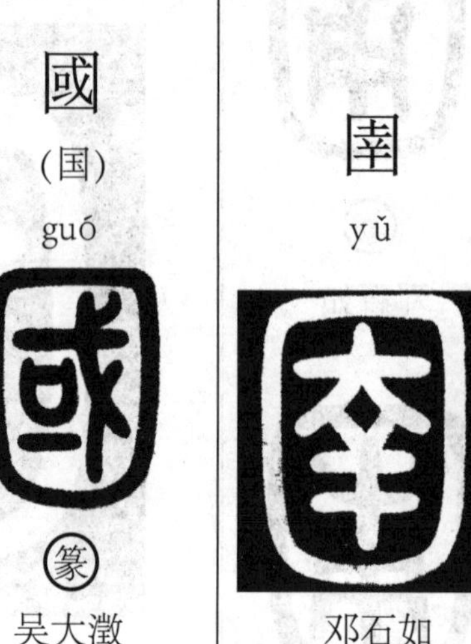

邓石如

國
(国)
guó

篆
吴大澂

卷
quān

篆
秦简

圍
(围)
wéi

篆
邓石如

圓
(圆)
yuán

篆
王褆

園

(园)

yuán

俞樾

圖

(图)

tú

吴让之

團

(团)

tuán

篆

金文

圜

yuán

汉金文

吴大澂

吴睿

巾部

巾

jīn

赵孟頫

帆

(颿)

fān

篆

邓石如

帖

tiě

篆

钱玷

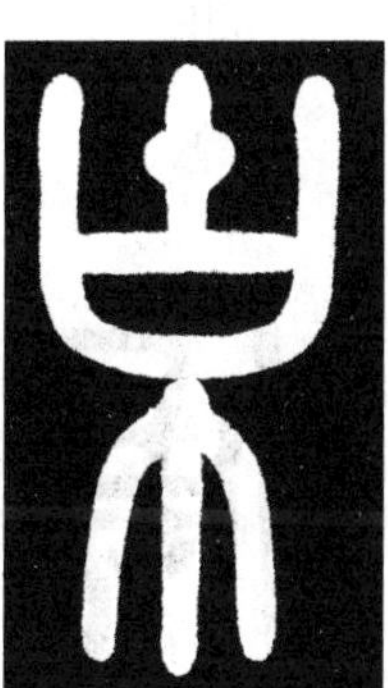

帑

tǎng

篆

王禔

带
dài

邓石如

帳
(帐)
zhàng

篆
李阳冰

帷
wéi

篆
王禔

幅
fú

篆
秦简

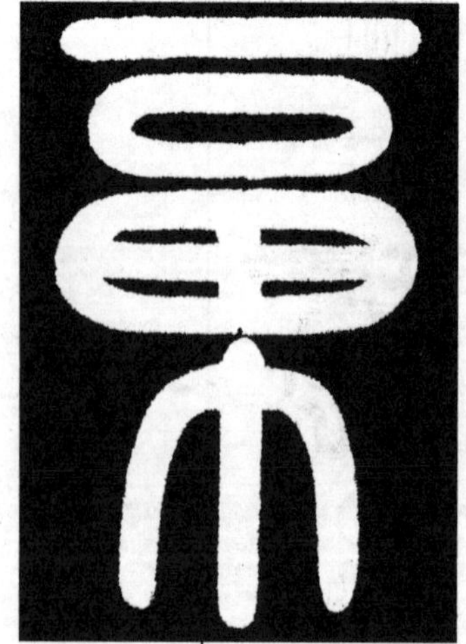

幃
(帏)
wéi

篆
吴让之

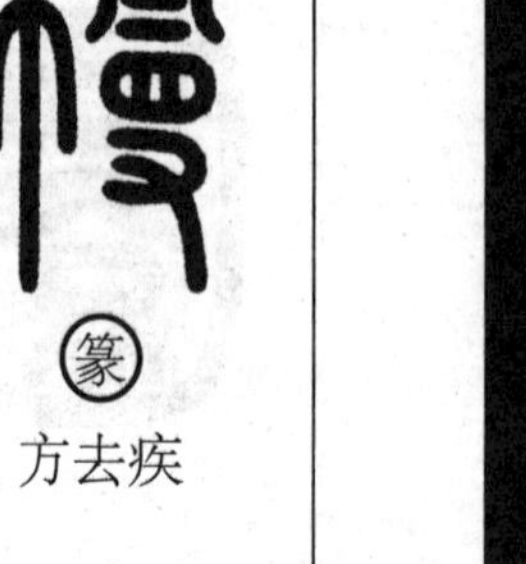

幘
(帻)
zé

篆
说文解字

幔
màn

篆
方去疾

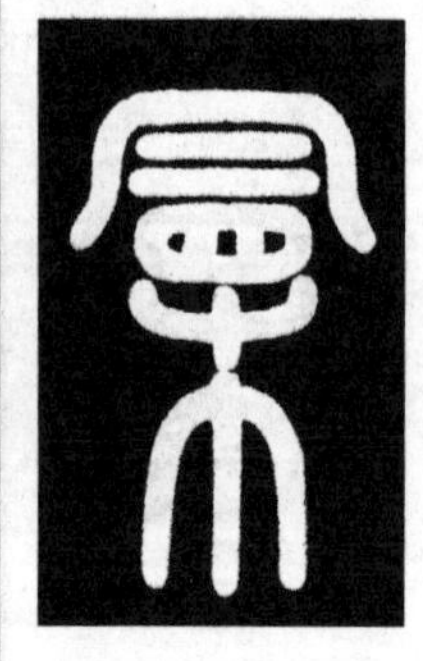

幡

fān

篆

左运奎

幩

fén

篆

说文解字

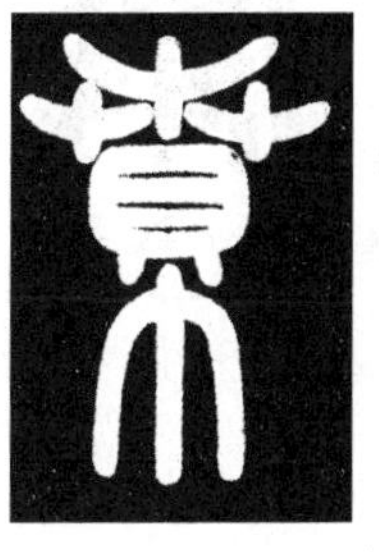

幢

zhuàng

篆

方去疾

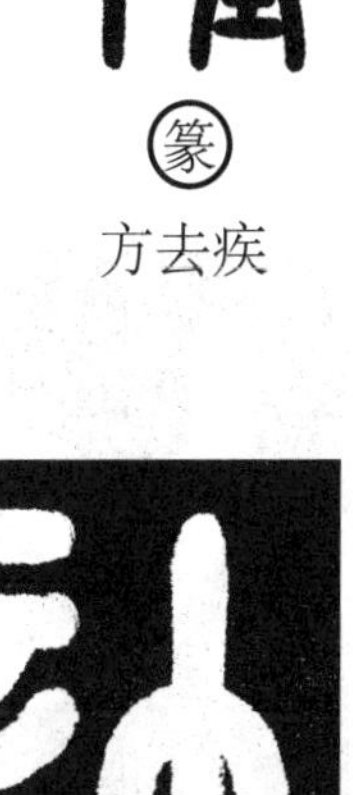

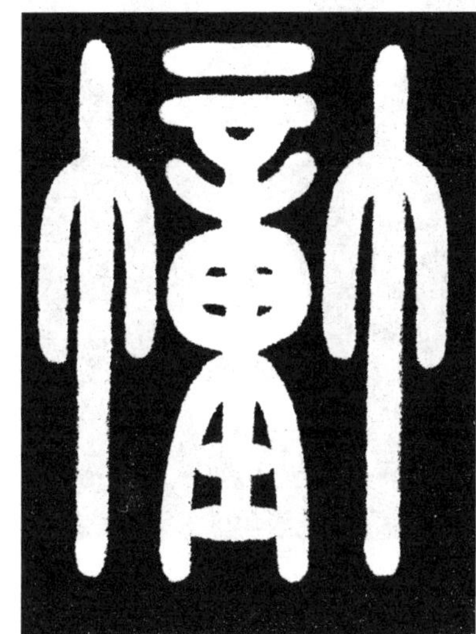

幟

(帜)

zhì

篆

方去疾

幬

(帱)

chóu

篆

说文解字

帮

bāng

篆

古人

山部

山

shān

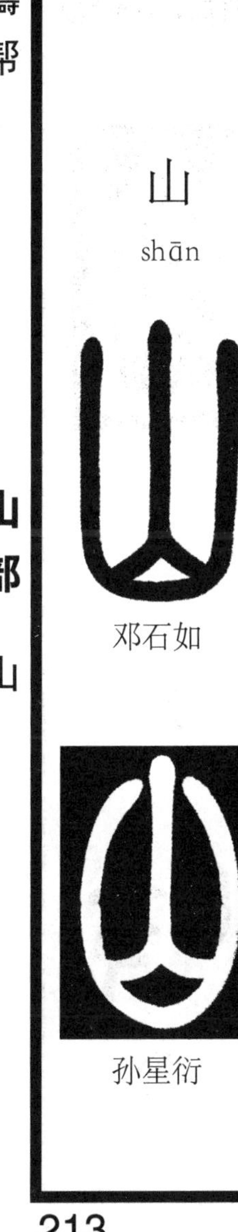

邓石如

孙星衍

吴大澂

吴大澂

齐白石

岐

qí

篆 永理

屺

qǐ

篆 齐白石

岑

cén

篆 王禔

岸

àn

篆 吴让之

岢

kě

篆 古玺

巖

(岩)

yán

篆 王禔

岫

xiù

篆

王禔

嶽

(岳)

yuè

篆

赵之谦

赵孟頫

李阳冰

赵孟頫

杨沂孙

dài

篆

吴睿

岪

fú

篆

说文解字

峙

zhì

杨沂孙

耑

duān

篆

杨沂孙

炭

tàn

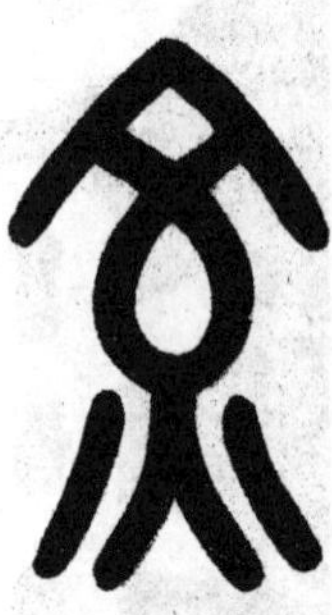

篆

信阳楚简

峒

dòng

篆

碧落碑

幽

yōu

瞿令问

容庚

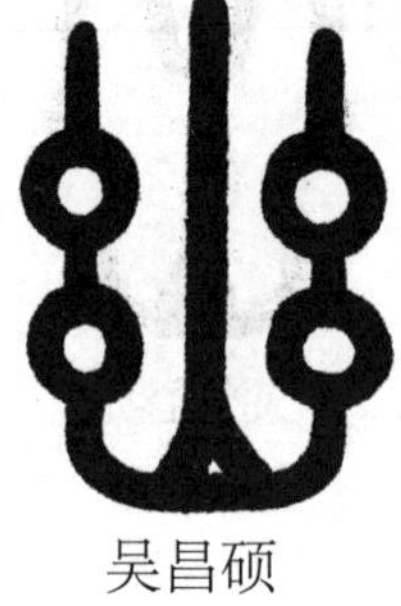

吴昌硕

峿

yǔ

篆

瞿令问

豈

（岂）

qǐ

篆

邓石如

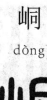

峭

qiào

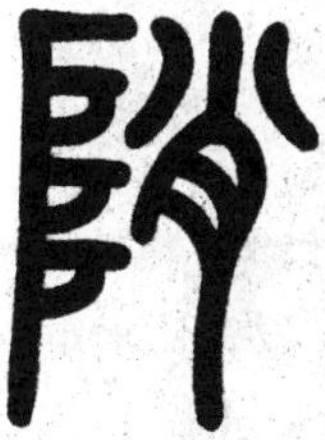

篆

汪仁寿

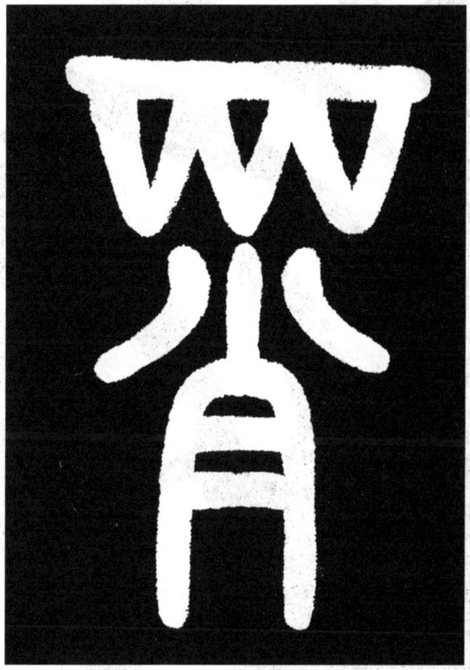

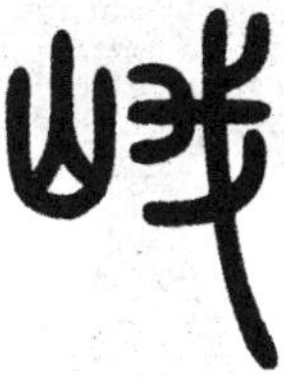

篆

杨沂孙

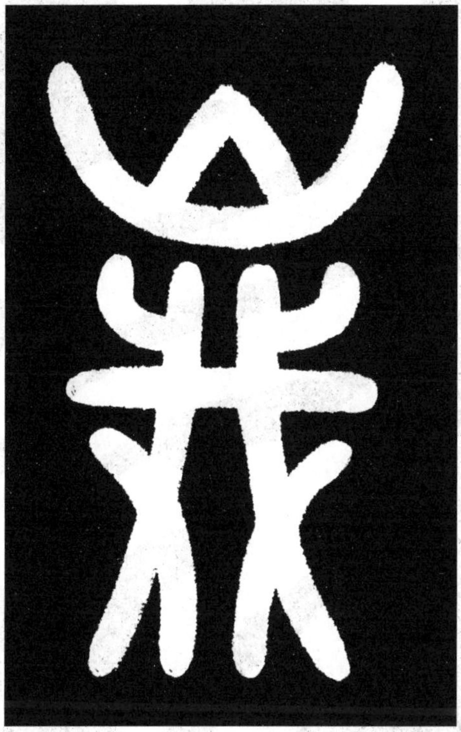

峨

é

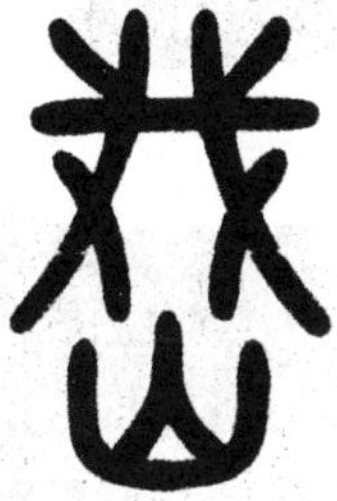

島

(岛)

dǎo

篆

方去疾

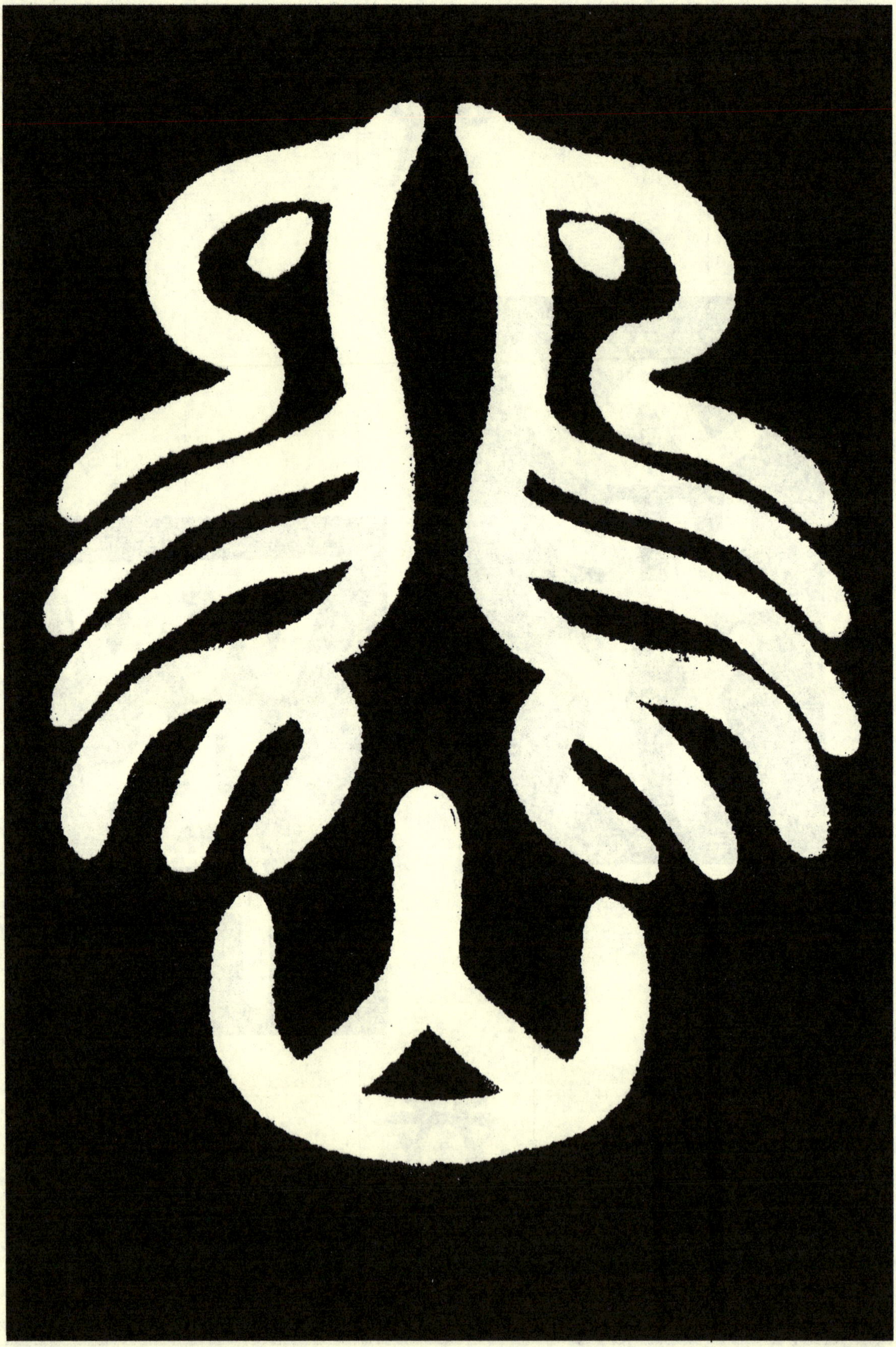

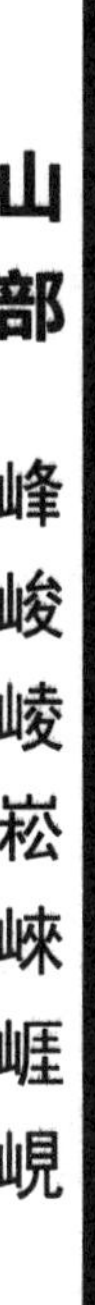

峰

(峯)

fēng

篆 莫友芝

篆 吴让之

峻

jùn

篆 吴让之

崚

líng

篆 邓石如

崧

sōng

篆 陈鸿寿

崍

(崃)

lái

篆 汪关

崕

(崖)

yá

篆 邓石如

峴

(岘)

xiàn

篆 杨沂孙

崦

yān

篆

王大炘

崑

(崐)

kūn

篆

赵孟頫

崒

zú

篆

吴让之

崔

cuī

篆

吴让之

崙

（侖仑）

lún

永理

崩

bēng

篆

徐三庚

汉简

崇
chóng

邓石如

吴让之

崛
jué

篆
方去疾

嵌
qiàn

篆
邓石如

嵬
wéi

篆
杨沂孙

嵐
（岚）
lán

篆
胡唐

嵩
sōng

邓石如

嶇
（岖）
qū

篆
吴昌硕

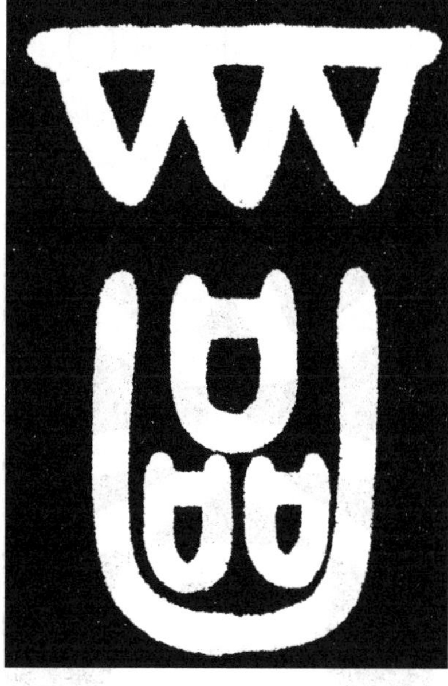

嶂
zhàng

篆
吴让之

嶠
(峤)
jiào

篆
邓石如

嶓
bō

篆
邓石如

嶒
cēng

篆
邓石如

嶼
(屿)
yǔ

篆
吴昌硕

嶧
(峄)
yì

篆
永瑆

豳
bīn

篆
齐白石

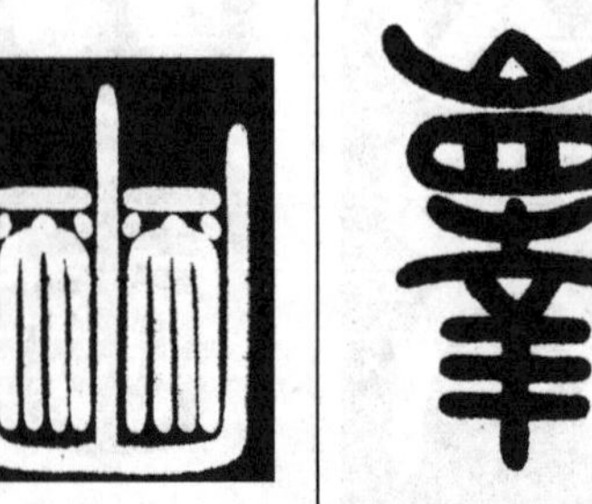

嶺

（岭）

lǐng

篆

莫友芝

巂

guī

篆

说文解字

巃

lóng

篆

汉印

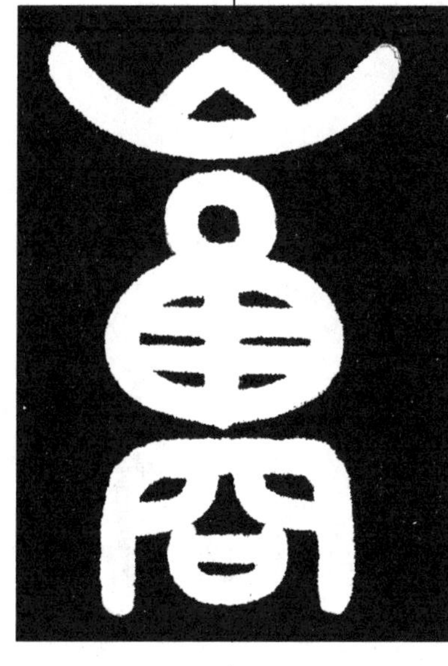

巍

wēi

篆

黄葆戉

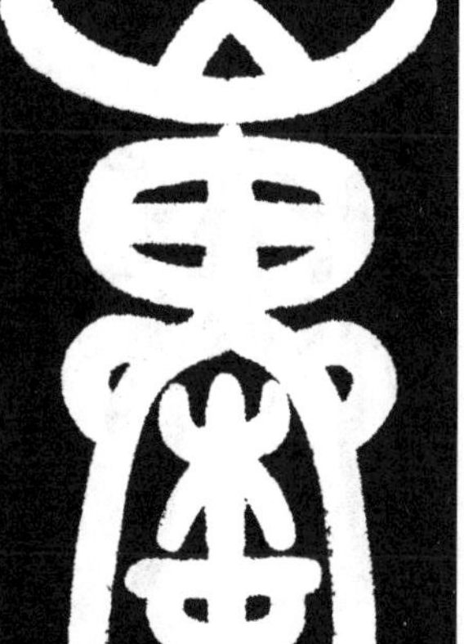

巔

（巅）

diān

篆

李阳冰

巉

chán

篆

瞿令问

彳部

行
xíng

吴让之

王澍

莫友芝

彶
jí

篆
金文

役
yì

篆
吴昌硕

彷
fǎng

篆
中山王器

征

zhēng

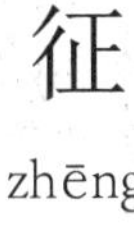

徐三庚

徂

cú

杨沂孙

往

wǎng

篆

赵孟頫

彼

bǐ

篆

邓石如

待

dài

篆

邓石如

徒

tú

篆

吴让之

徑

(径)

jìng

篆

吴大澂

後

(后)

hòu

篆

赵孟頫

律

lǜ

篆

汉匜

衍

yǎn

篆

吴大澂

徊

huái

篆

瞿令问

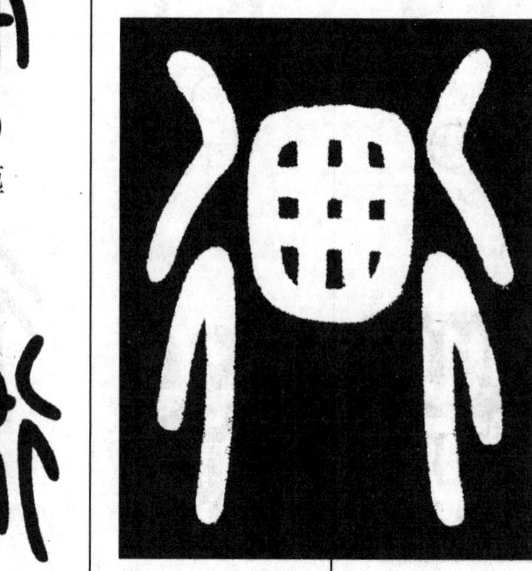

徐

xú

篆

杨沂孙

衒

xuàn

篆

黄士陵

術

(术)

shù

篆

秦简

徠

(徕)

lái

篆

徐三庚

徙

xǐ

篆

杨沂孙

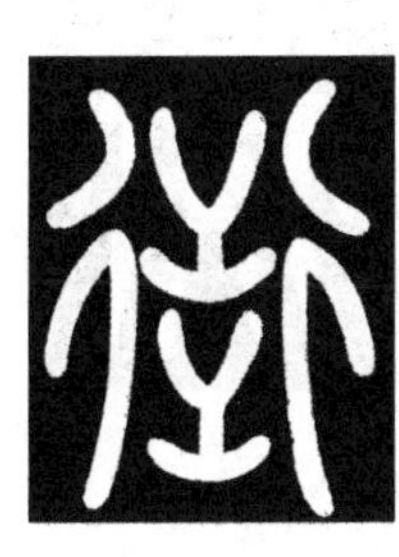

徘

pái

赵孟頫

得

dé

篆

吴让之

吴大澂

從

（从）

cōng

篆

邓石如

吴睿

街

jiē

杨沂孙

衕

tòng

碧落碑

御

yù

篆

赵孟頫

復

（复）

fù

篆

杨沂孙

循

xún

篆

吴让之

偏

biàn

篆

吴大澂

衙

yá

方去疾

微

wēi

篆

邓石如

徯

xī

篆

王禔

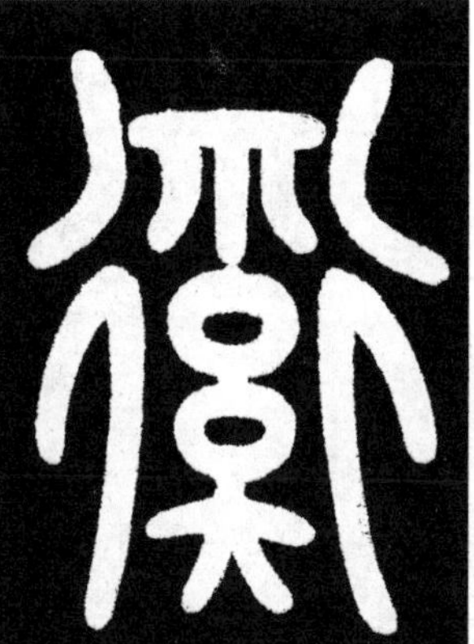

衔

(銜)

xián

碧落碑

德

dé

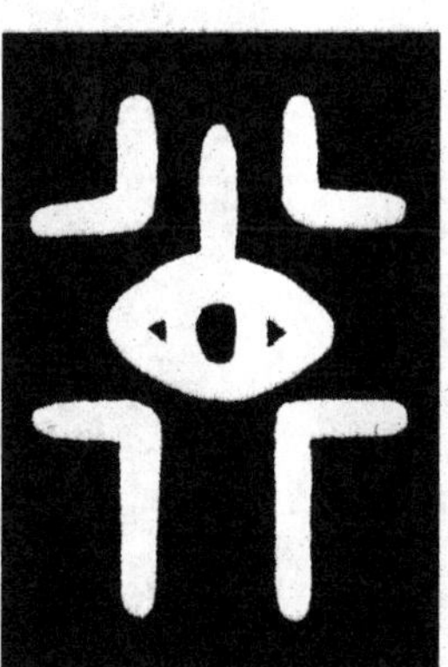

篆

甲骨文

篆

永瑆

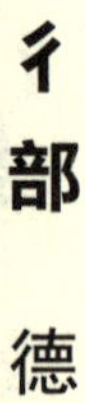

彳部

德

篆

陶文

衡

héng

篆

何绍基

吴大澂

徼

jiǎo

篆

吴大澂

禬

huì

衛

(卫)

wèi

篆

吴昌硕

汉简

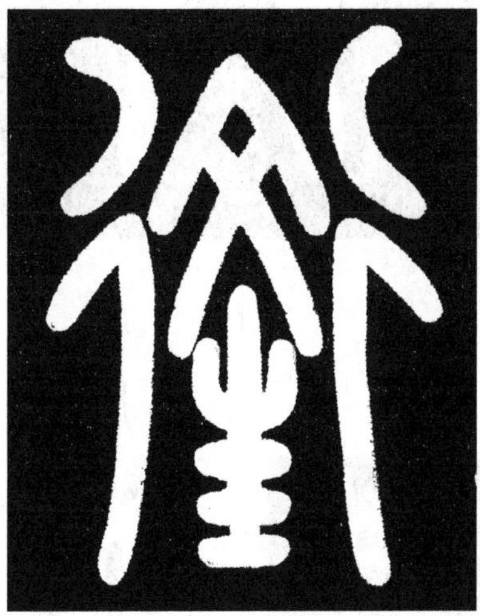

徹

(彻)

chè

篆

吴大澂

徵

(征)

zhēng

篆

杨沂孙

衝

(冲)

chōng

秦简

徽

huī

篆

米芾

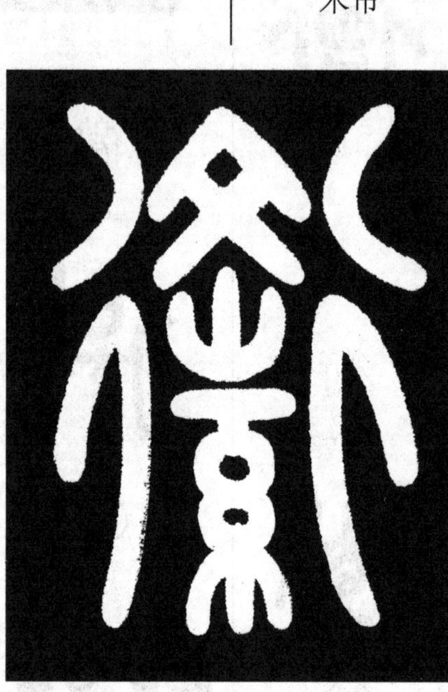

衢

qú

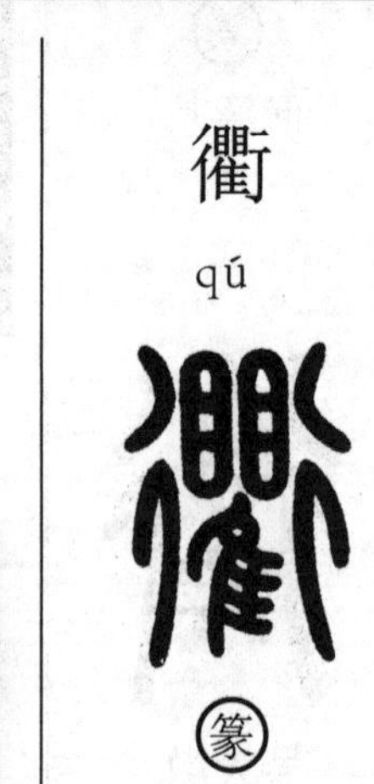

篆

说文解字

彡部

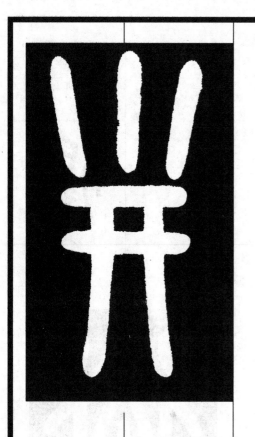

形

xíng

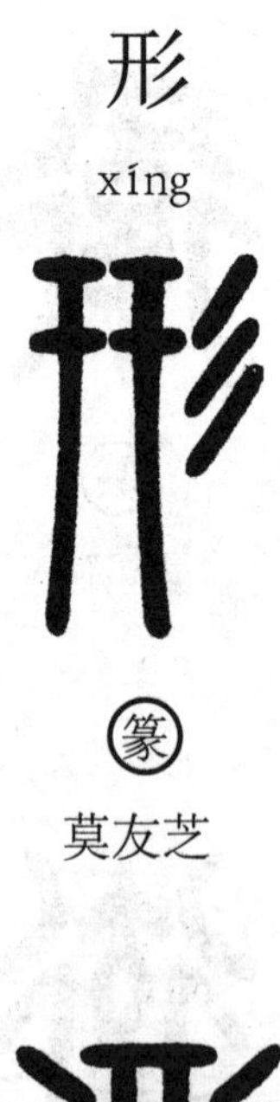

篆

莫友芝

彤

tóng

田潜

篆

彩

cǎi

影
yǐng
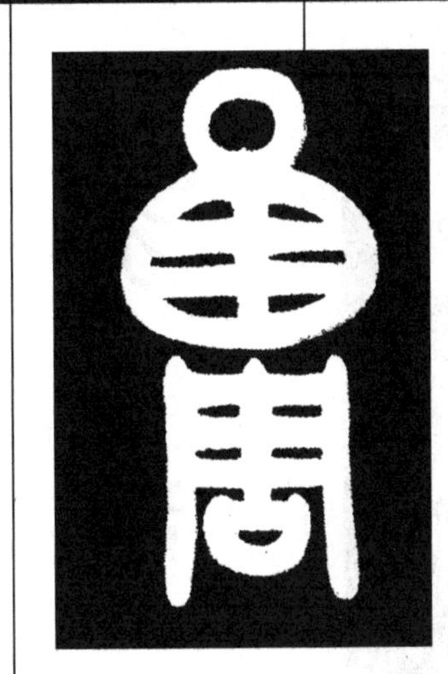

篆
庞元晖

彰
zhāng

篆
吴让之

須
(须)
xū

篆
吴大澂

彫
(雕)
diāo

篆
陶文

篆
仰嘉祥

彭
péng

篆
吴大澂

邓石如

犭部

犯

fàn

篆

徐三庚

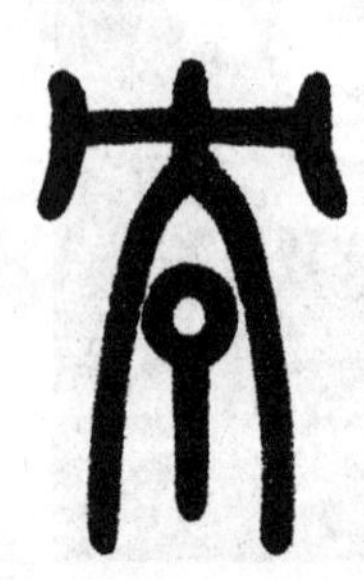

狂

kuáng

篆

三体石经

犺

kàng

篆

说文解字

狄

dí

篆

黄葆戉

狐
hú
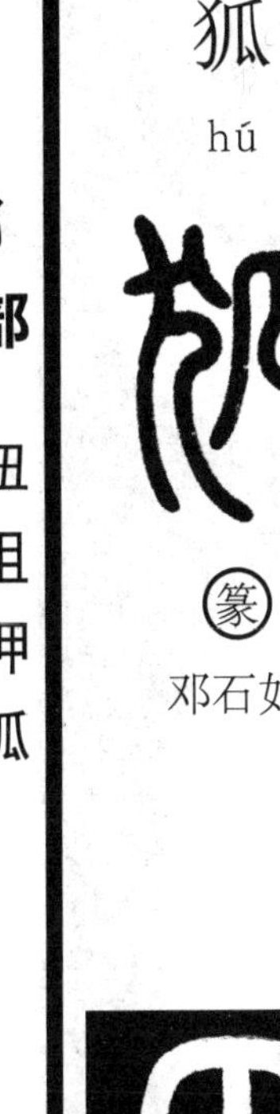
篆
邓石如

狎
xiá

篆
王禔

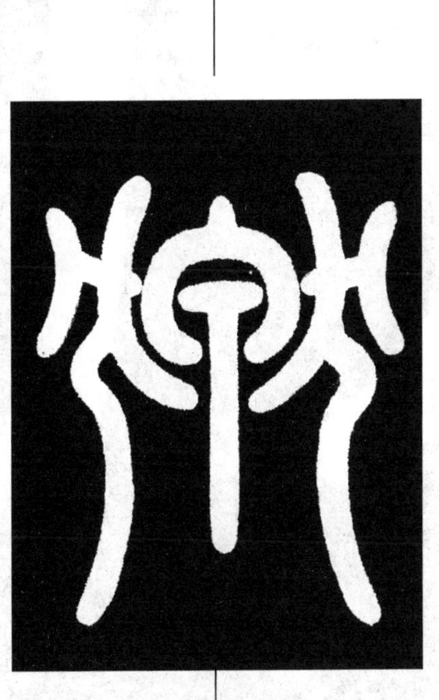

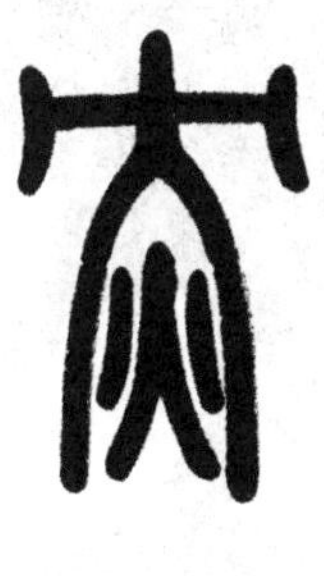

狃
niǔ

篆
古人

狙
jū

篆
说文解字

犭部

狐

狗

gǒu

篆

曾纪泽

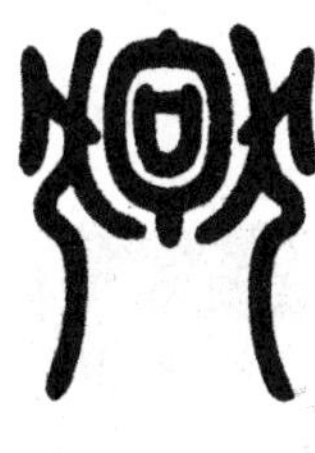

狡

jiǎo

篆

吴昌硕

狩

shòu

篆

吴大澂

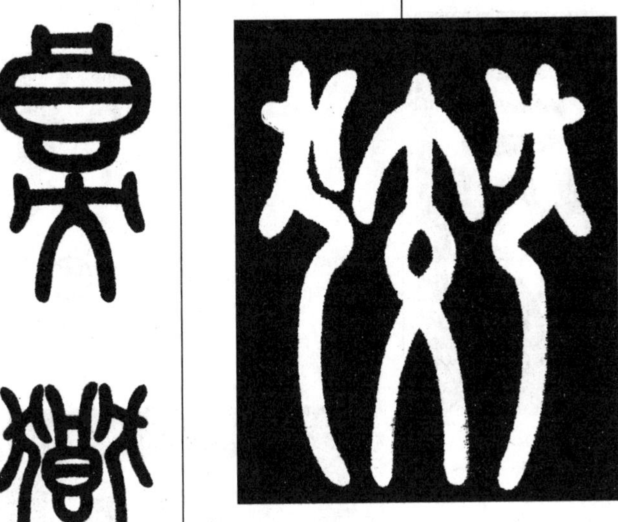

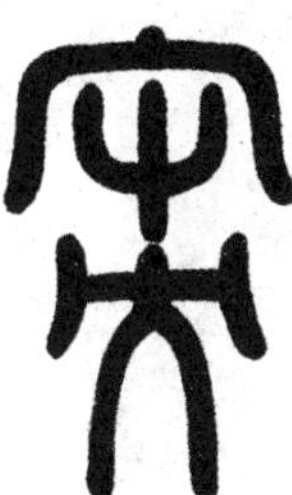

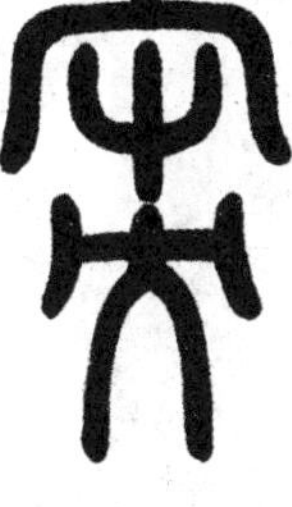

狼

lǎng

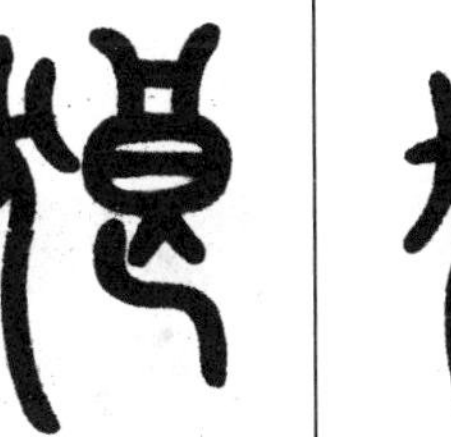

篆

曾纪泽

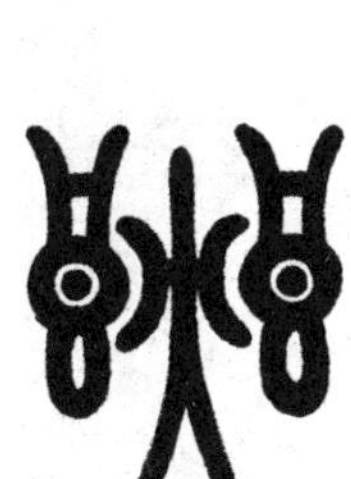

猏

(獧)

juàn

吴大澂

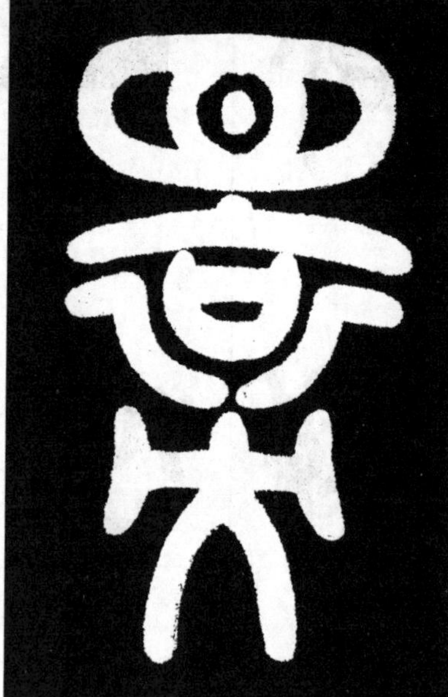

狈
(狽)
bèi

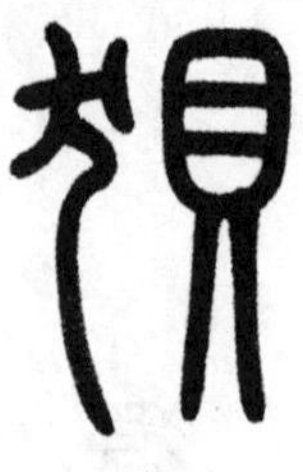

㊟篆
方去疾

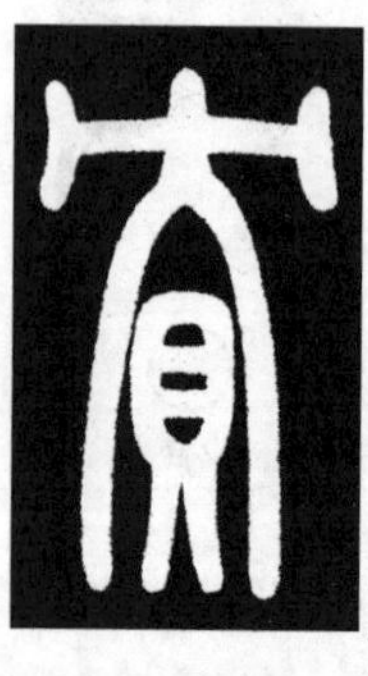

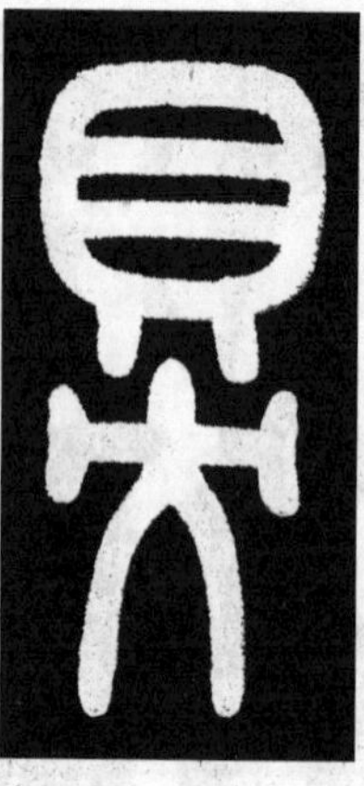

狸
lí

㊟篆
吴大澂

狭
(狹)
xiá

㊟篆
王禔

猜
cāi

㊟篆
方去疾

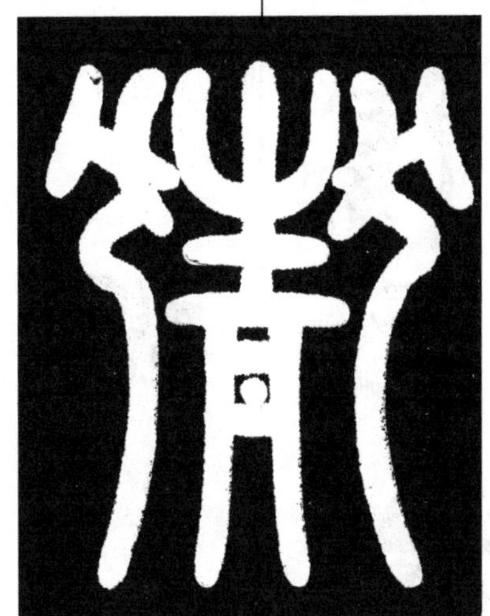

猗

yī

(篆)

徐三庚

猛

měng

(篆)

李斯

猥

wěi

(篆)

杨沂孙

猾

huá

(篆)

李阳冰

猴

hóu

(篆)

方去疾

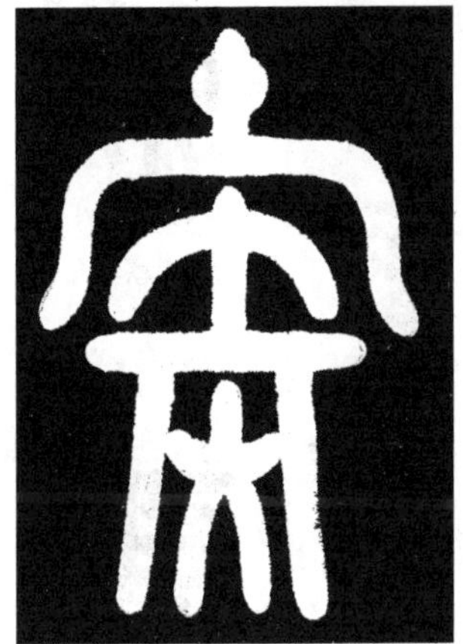

猶

(犹)

yóu

(篆)

李阳冰

猿

(蝯)

yuán

篆

仰嘉祥

獄

(狱)

yù

杨沂孙

獐

zhāng

篆

邓石如

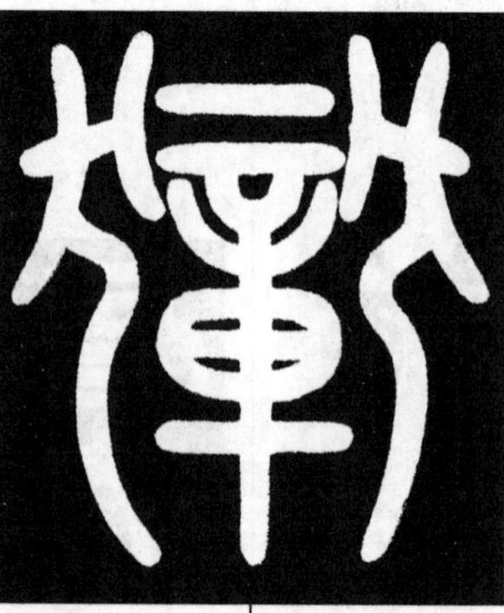

獲

(获)

huò

篆

杨沂孙

獨

(独)

dú

篆

邓石如

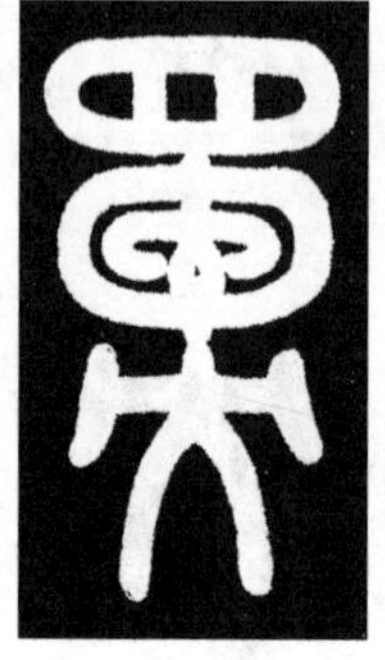

獪

(狯)

kuài

篆

吴昌硕

獵

(猎)

liè

篆

邓石如

獭
(獺)
tǎ

㊥篆
吴大澂

獮
(狝)
xiǎn

㊥篆
徐三庚

夕部

夕
xī

㊥篆
杨沂孙

外
wài

㊥篆
吴大澂

舛
chuǎn

杨沂孙

名
míng

㊥篆
邓石如

多
duō

篆
赵孟頫

夤
yín

篆
汉印

夂部

冬
dōng

吴大澂

三体石经

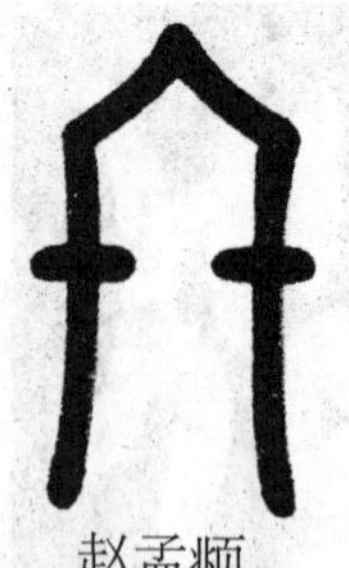

赵孟頫

吴睿

各
gè

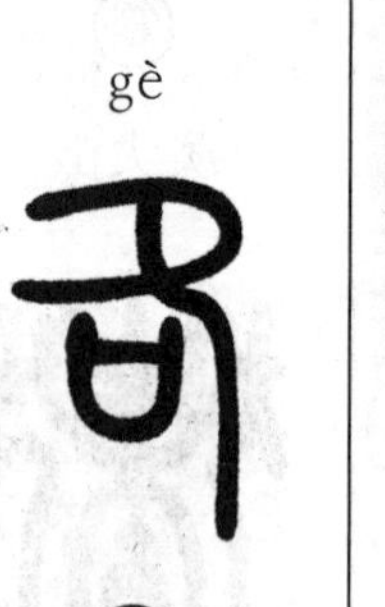

篆
吴大澂

夆

féng

篆

说文解字

陶文

夏

xià

篆

吴大澂

憂

(忧)

yōu

篆

吴让之

螽

zhōng

篆

赵时㭎

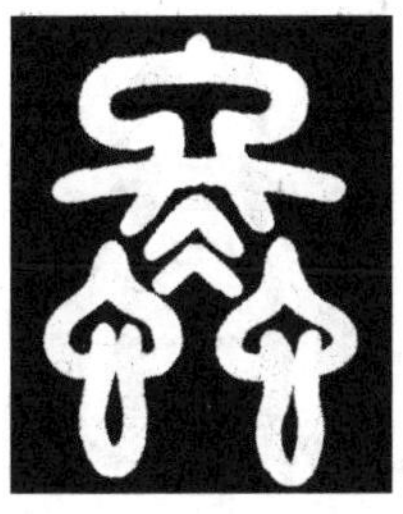

夔

kuí

篆

吴昌硕

丸部

丸

wán

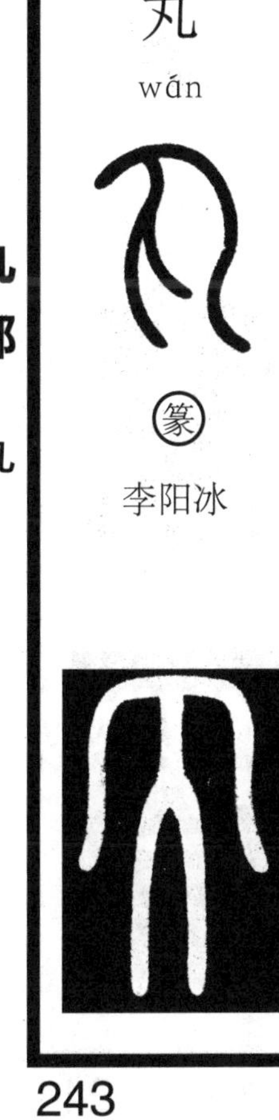

篆

李阳冰

埶

yì

篆

胡澍

金文

執

(执)

zhí

篆

胡澍

孰

shú

篆

李阳冰

广部

庀

pǐ

篆

汉印

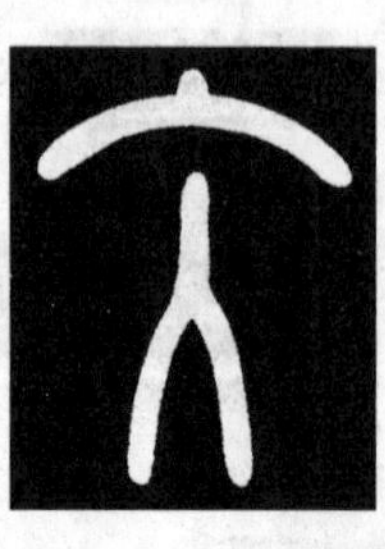

序

xù

篆

邓石如

床

(牀)

chuáng

篆

李阳冰

府 fǔ

篆 吴睿

底 dǐ

篆 吴昌硕

庖 páo

篆 杨沂孙

庚 gēng

杨沂孙

杨沂孙

度 dù

篆 陈豫钟

庭 tíng

篆 王禔

庣 tiāo

篆 清人

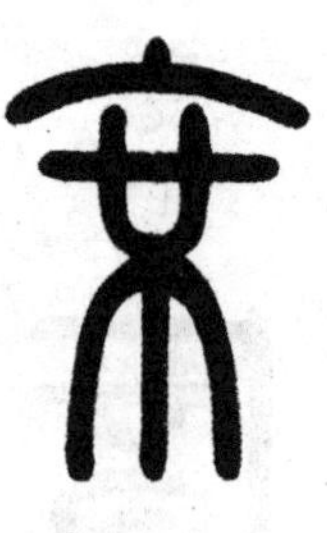

庠

xiáng

篆 杨沂孙

席

xí

篆 邓石如

唐

táng

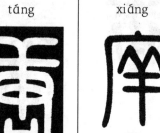

吴睿

吴让之

唐英

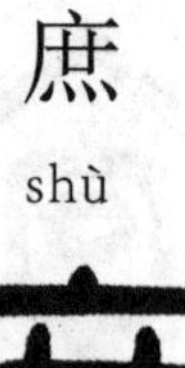

庶

shù

篆 李阳冰

庵

ān

篆 王禔

庾

yǔ

篆 邓石如

廊

láng

篆 赵孟頫

庸

yōng

古人

康

kāng

诅楚文

邓石如

邓石如

庫

（库）

kù

篆

方去疾

座

zuò

篆

方去疾

廓

kuò

井侯簋

廉

lián

篆

隋礼氏墓志盖

廌

zhì

篆

吴大澂

廣

（广）

guǎng

篆

李阳冰

多友鼎

廑

jǐn

篆

说文解字

腐

fǔ

篆

吴大澂

廎

(庼)

qǐng

篆

吴昌硕

廙

yì

篆

金文

廖

liào

篆

方去疾

廟

(庙)

miào

金文

篆

廛

chán

篆 碧落碑

廡
（庑）
wǔ

篆 杨沂孙

賡
（赓）
gēng

吴昌硕

廢
（废）
fèi

篆 杨沂孙

慶
（庆）
qìng

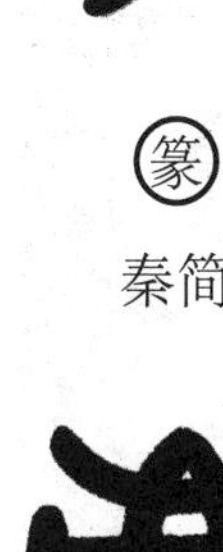

篆 秦简

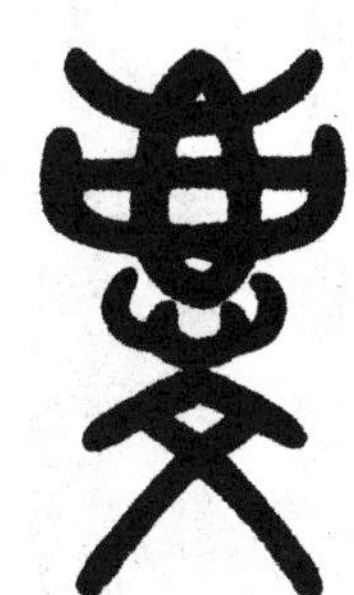

廥
kuài

篆 秦简

廩
lǐn

篆 汉印

膺
yīng

篆 吴昌硕

應

（应）

yìng

篆

邓石如

盧

（庐）

lú

苏唐卿

龐

（庞）

páng

篆

杨沂孙

廱

yōng

篆

说文解字

鷹

（鹰）

yīng

篆

吴大澂

鹰

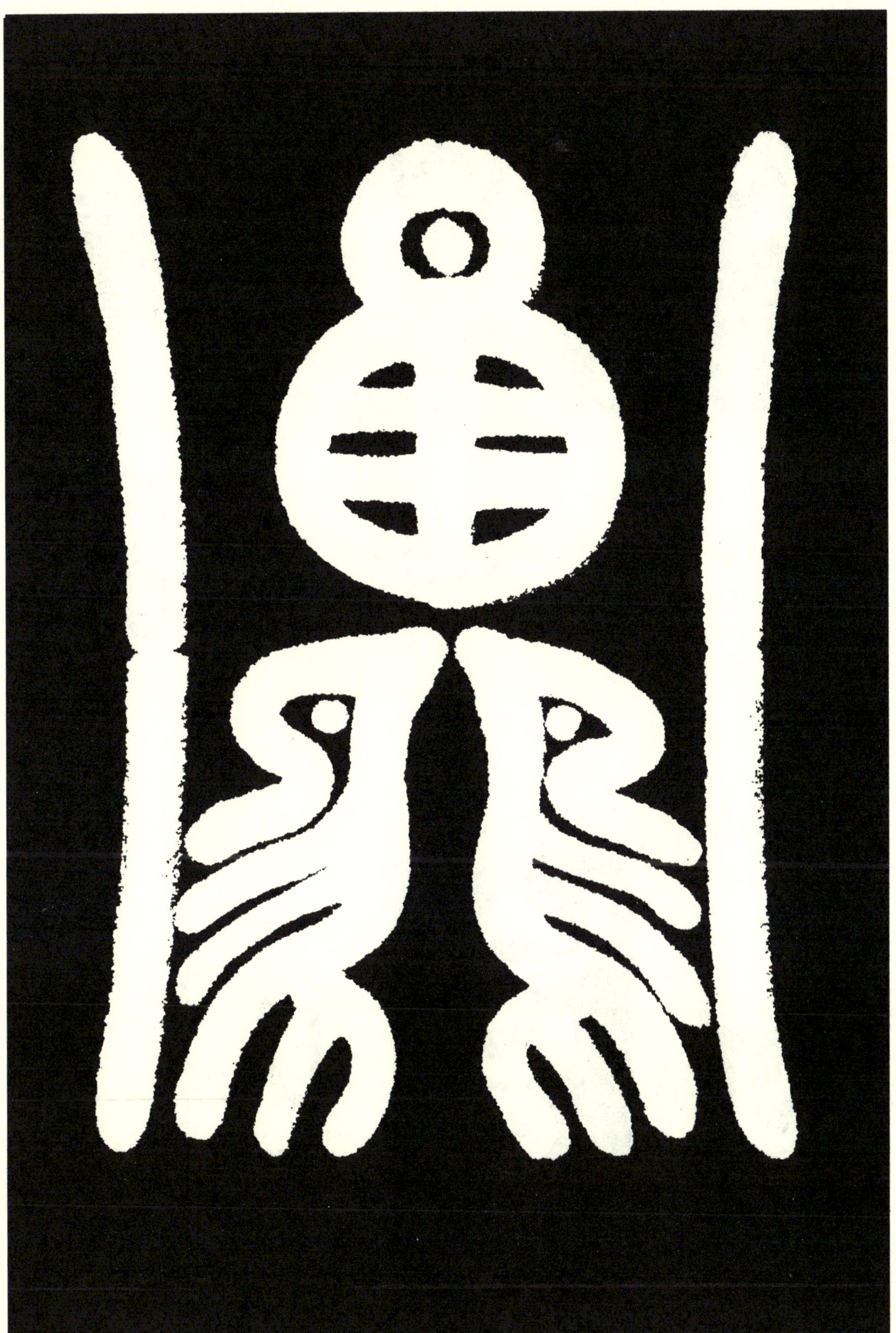

廳

（厅）

tīng

篆

飞鸿堂

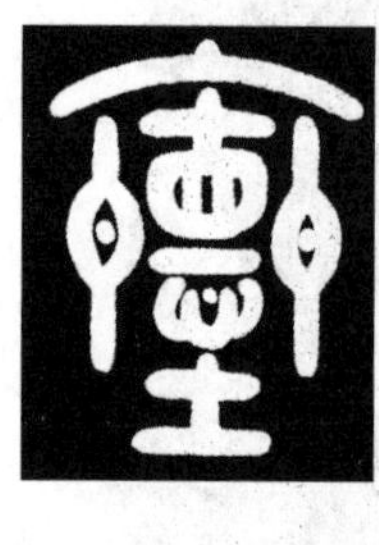

亡部

亡

wáng

篆

邓石如

邙

máng

篆

赵孟頫

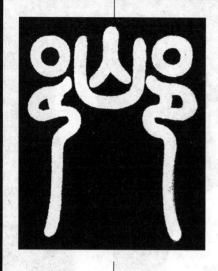

妄

wàng

篆

曾纪泽

忘
wàng
篆
吴让之
盲
máng
篆
吴大澂
羸
léi
篆
秦简
嬴
yíng
篆
方去疾
蠃
luǒ
篆
汉简
赢
（贏）
yíng
篆
秦简

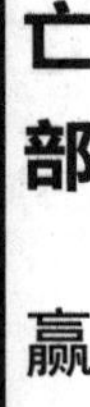
亡部 嬴

忄部

忉

dāo

㊣篆

王禔

忤

wǔ

㊣篆

邓石如

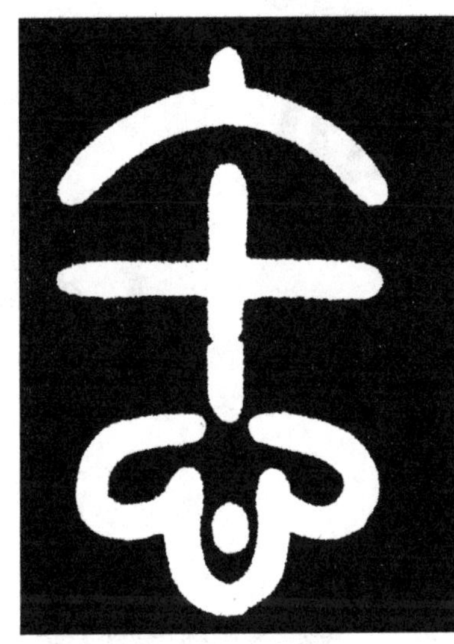

忱

chén

㊣篆

杨沂孙

快

kuài

㊣篆

邓石如

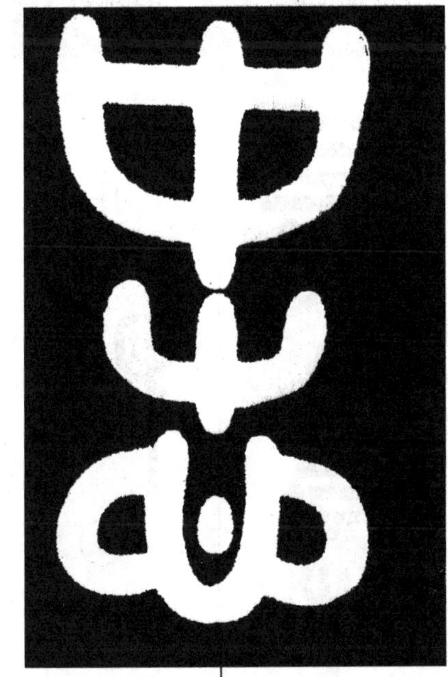

忄部

怙怛怖性怍

怙

hù

㊣篆

方去疾

㊣篆

王禔

怛

dá

㊣篆

黄士陵

怖

bù

㊣篆

吴昌硕

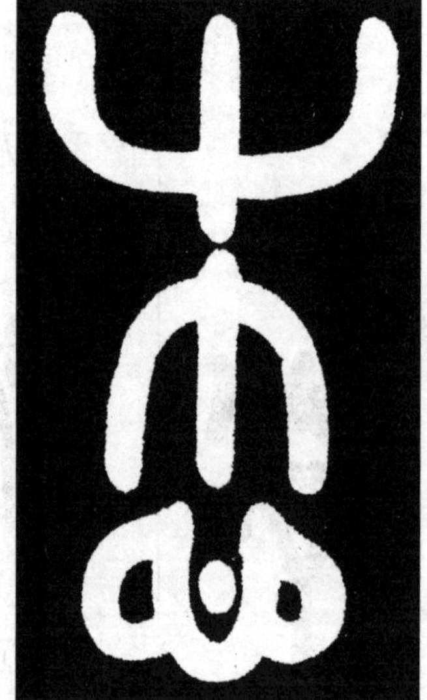

性

xìng

㊣篆

李阳冰

赵孟頫

怍

zuò

㊣篆

邓石如

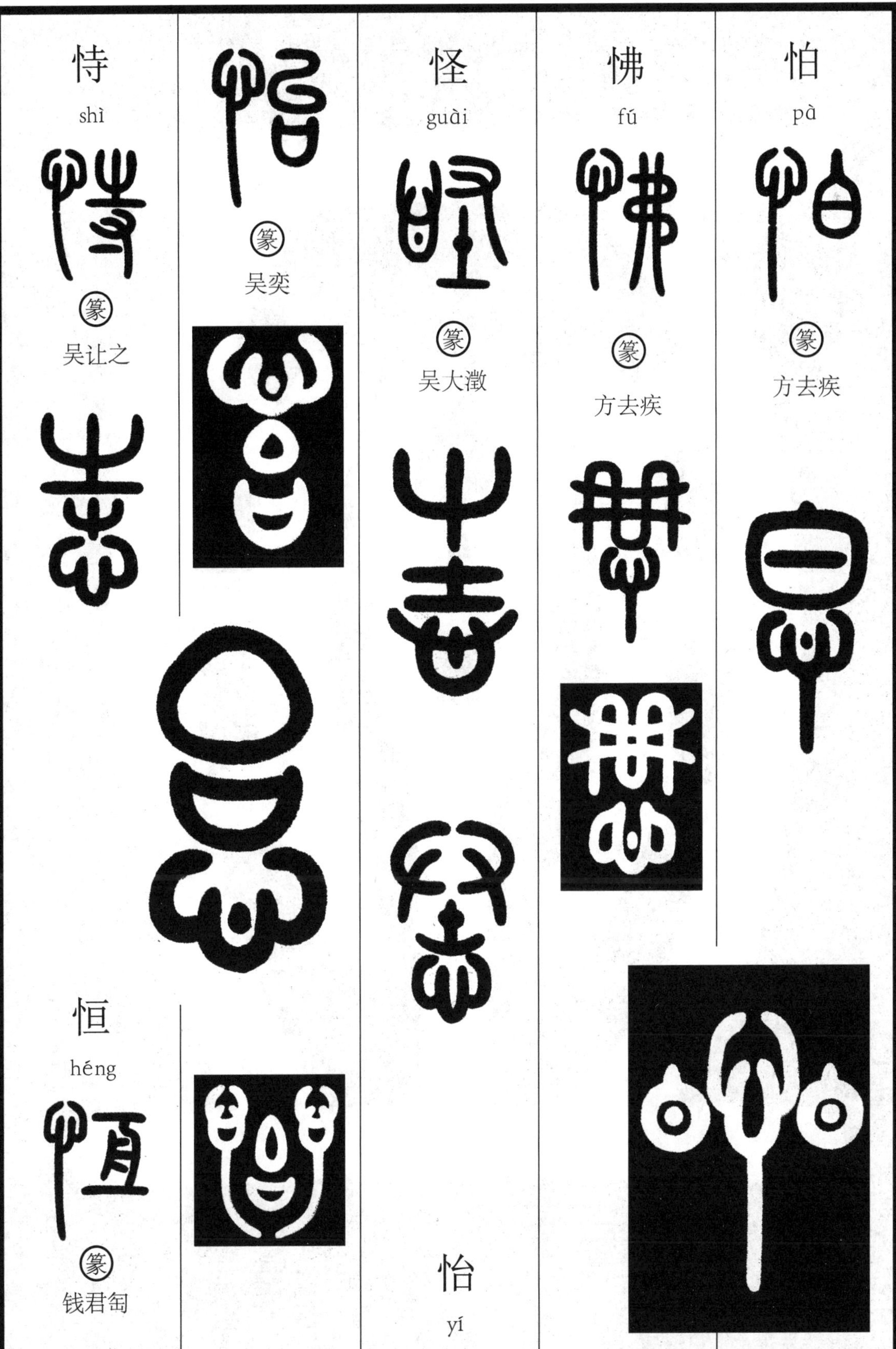
恃
shì
篆
吴让之
篆
吴奕
怪
guài
篆
吴大澂
佛
fú
篆
方去疾
怕
pà
篆
方去疾
恒
héng
篆
钱君匋
怡
yí

忄部

恒

恢
huī

篆
徐三庚

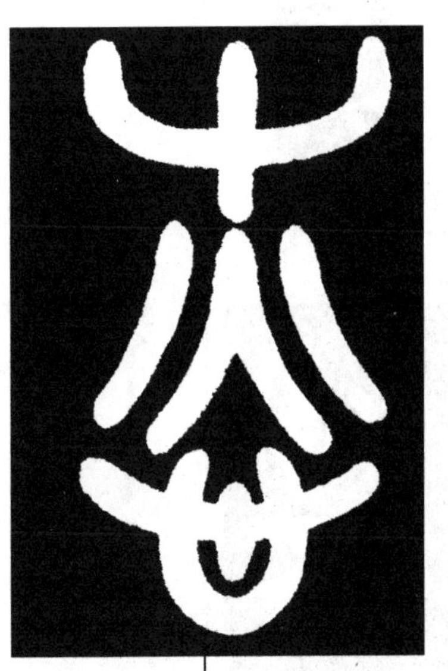

恬
tián
篆
田潜

恤
xù
篆
碧落碑

恉
zhǐ
篆
杨沂孙

恰
qià
篆
说文解字

恂

xún

篆 徐三庚

恨

hèn

篆 孙星衍

悖

bèi

篆 邓石如

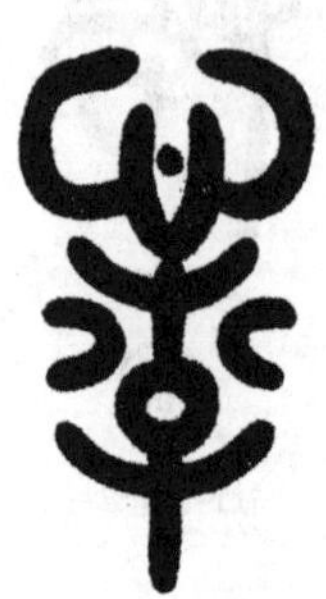

恪

kè

篆 邓石如

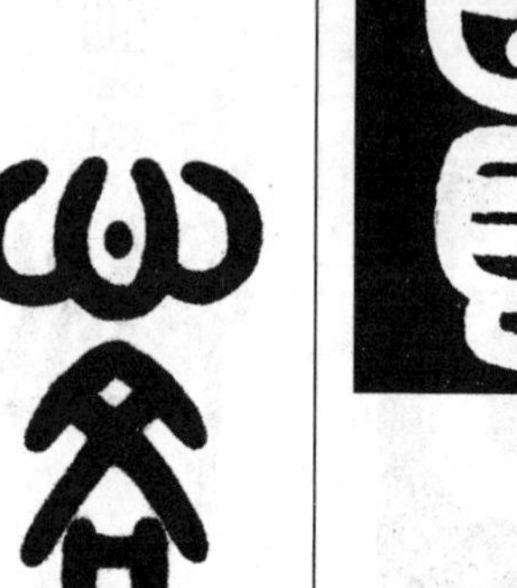

悚

sǒng

篆 李阳冰

悟

wù

篆 吴让之

悄

qiāo

篆 王禔

悍

hàn

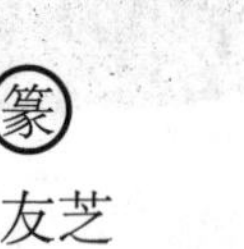

篆 吴大澂

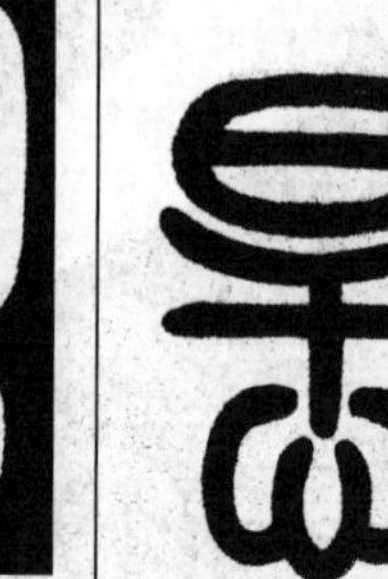

悝

kuī

篆 说文解字

悃

kǔn

篆 莫友芝

悁

yuān

篆 清人

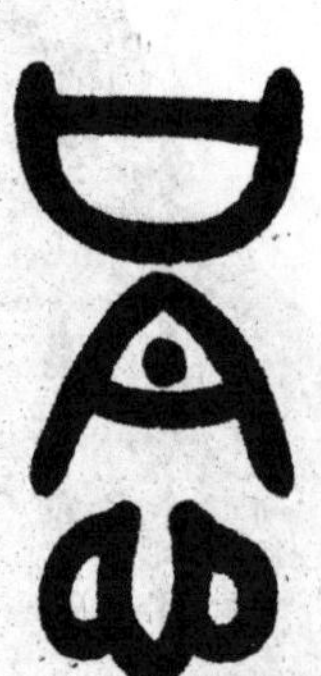

悔

huǐ

篆 王禔

悦

yuè

篆

千文残卷

篆

吴让之

悌

tì

篆

说文解字

情

qíng

篆

李斯

惜

xī

篆

杨沂孙

悽

(凄)

qī

篆

说文解字

悼

dào

篆
吴大澂

惕
tì

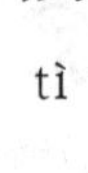

篆
王禔

惟
wéi

篆
杨沂孙

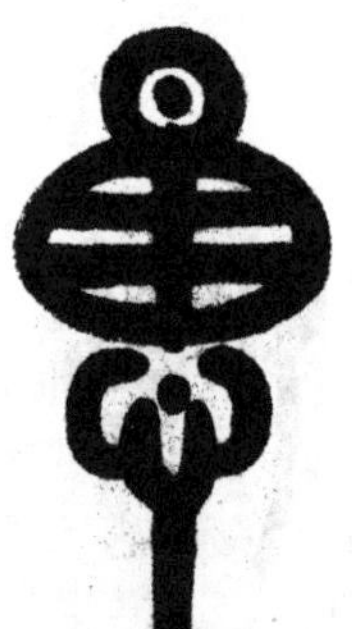

惇
dūn

篆
黄士陵

悴
cuì

篆
邓石如

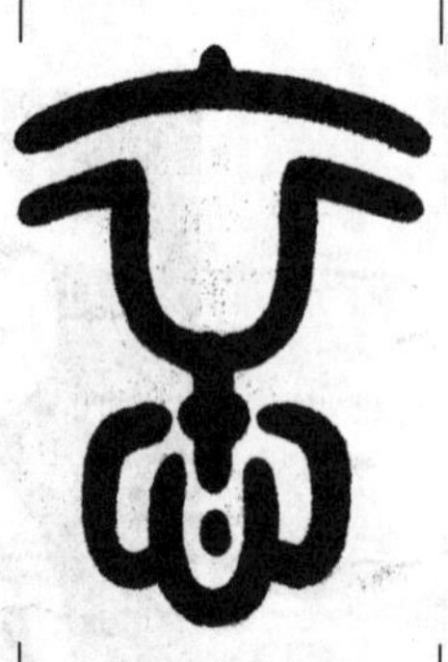

愊
bì

篆
莫友芝

惰

duò

篆 说文解字

恻（惻）

cè

篆 李阳冰

愐

miǎn

篆 说文解字

愠

yùn

篆 说文解字

惺

xīng

篆 杨瀚

惴

zhuì

篆 吴大澂

惶

huáng

篆

王禔

愧

kuì

篆

邓石如

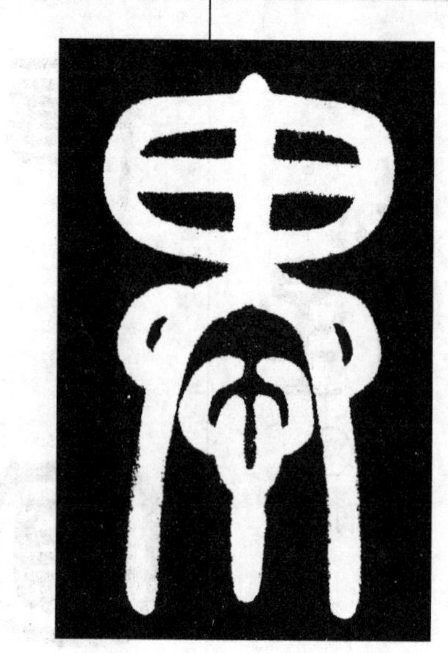

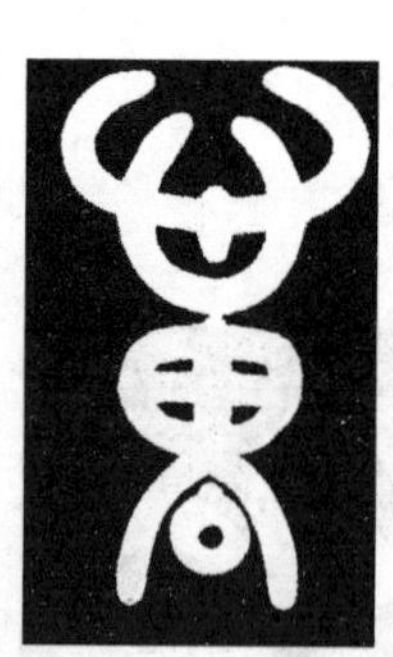

愉

yú

篆

吴大澂

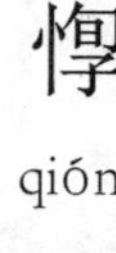

惸

qióng

篆

邓石如

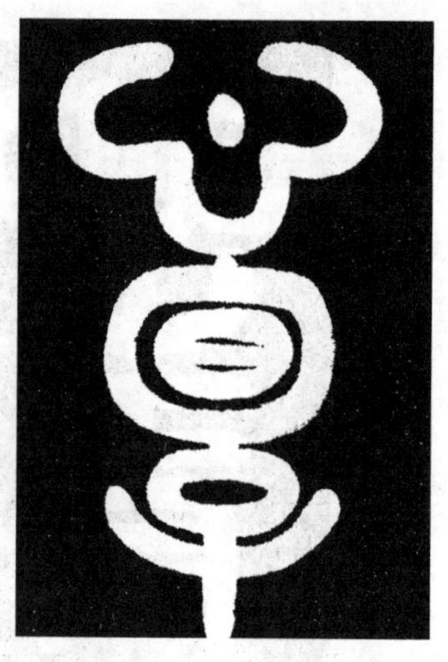

愔

yīn

篆

齐白石

惲

(恽)

yùn

㊣篆 说文解字

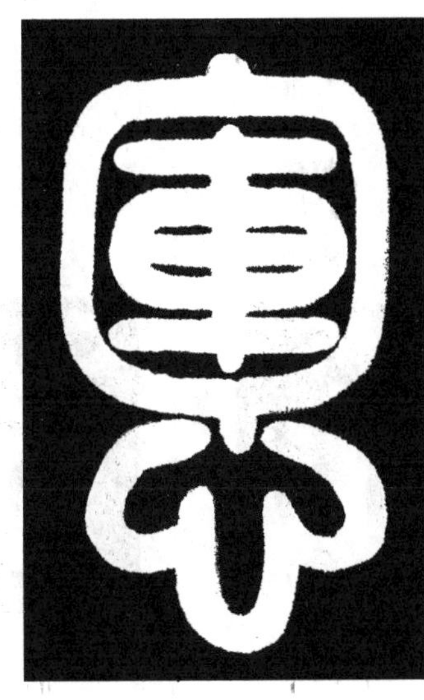

慨

kǎi

篆 黄士陵

慠

（傲）

ào

篆 李斯

愫

sù

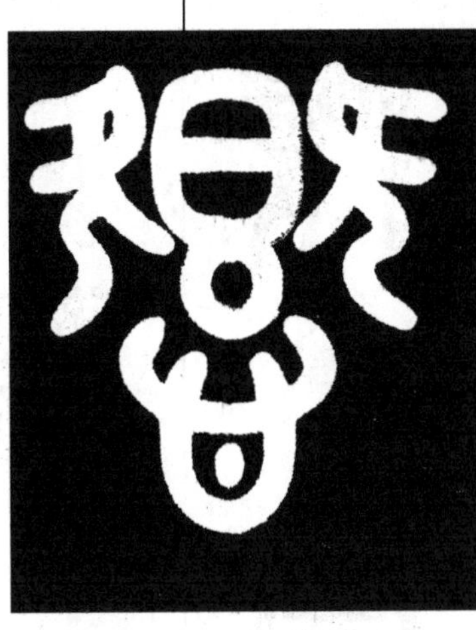

篆 陈师曾

慎

shèn

篆 李阳冰

愷

（恺）

kǎi

篆 说文解字

愴

（怆）

chuàng

忄部

篆

方去疾

慚

（惭）

cán

篆

齐白石

慽

（戚）

qī

篆

王禔

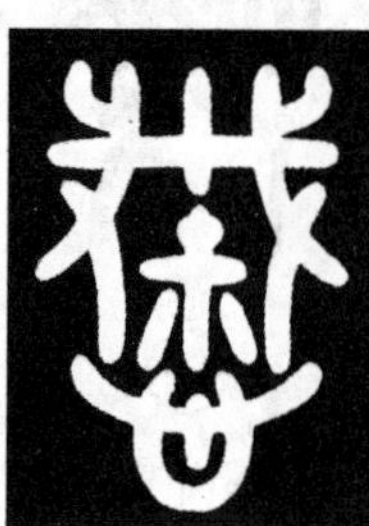

慢

màn

篆

钱松

慯

（伤）

shāng

篆

黄士陵

慵

yōng

篆

说文解字

慘

（惨）

cǎn

篆

何绍基

慷

kāng

篆

黄士陵

憤

（愤）

fèn

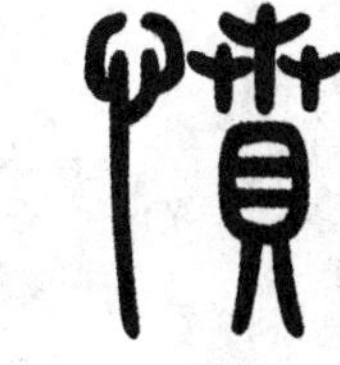

(篆)
杨沂孙

憚
(惮)
dàn

(篆)
方去疾

憮
(怃)
wǔ

(篆)
方去疾

憔
qiáo

(篆)
王禔

憧
chōng

(篆)
方去疾

憎
zēng

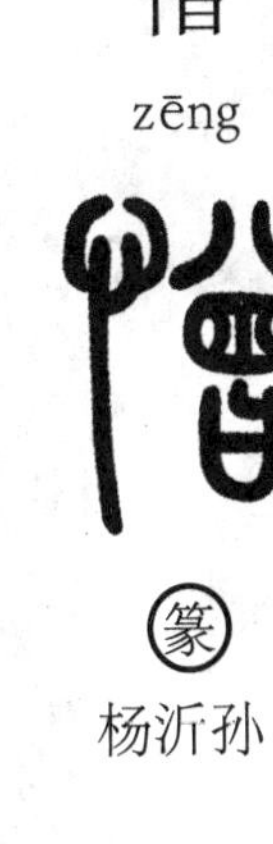

(篆)
杨沂孙

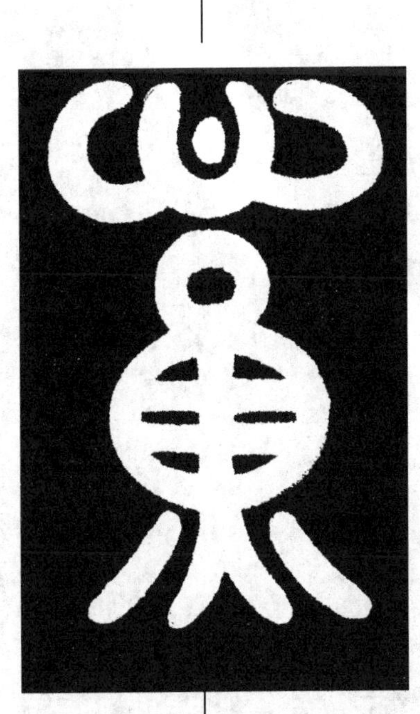

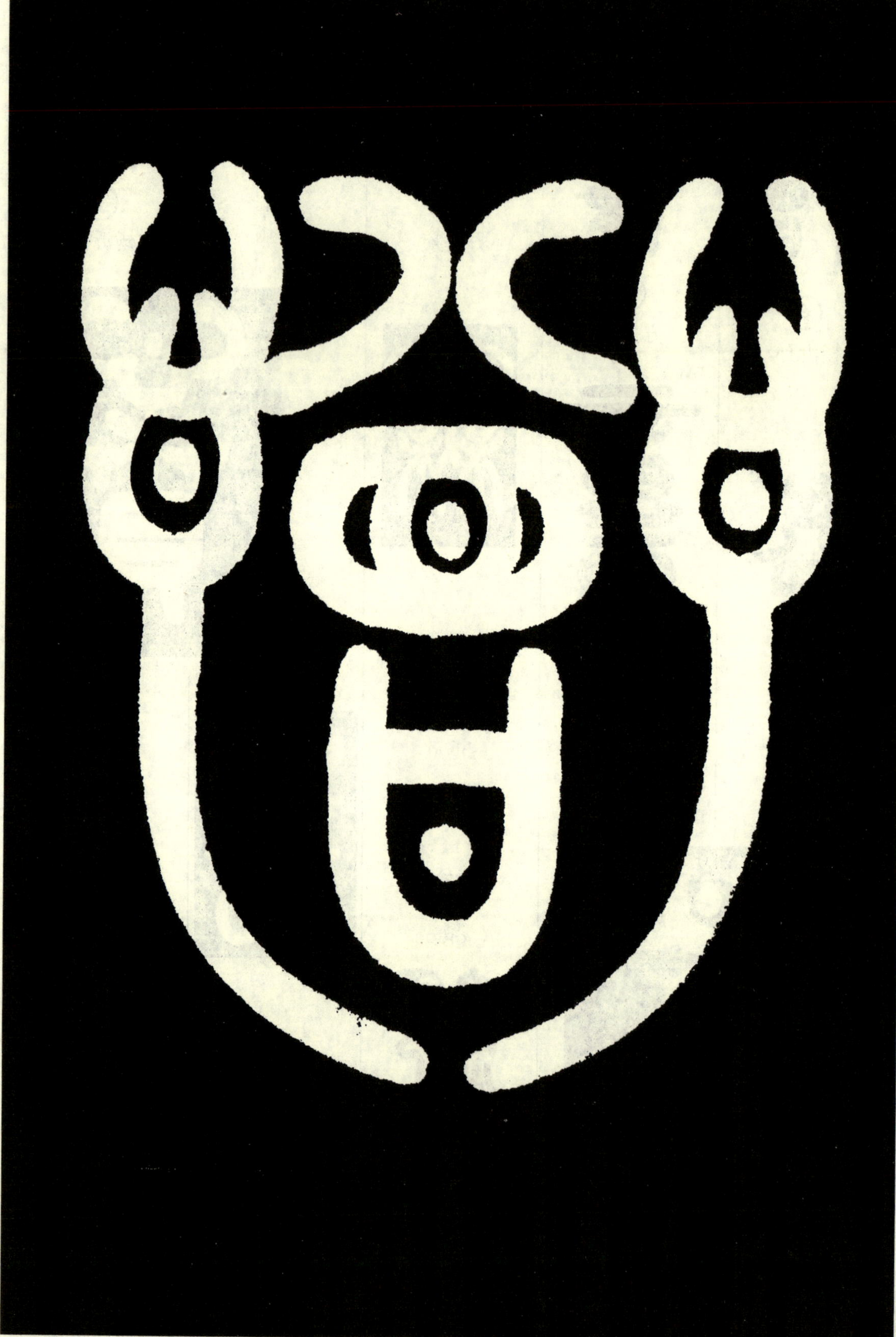

忄部

憎

憐
(怜)
lián

篆
吴昌硕

王禔

懈
xiè

篆
邓石如

懶
(懒)
lǎn

篆
吴让之

懷
(怀)
huái

篆
赵孟頫

金文

懽
(欢)
huān

篆
胡澍

懼
(惧 惧)
jù

篆
马王堆帛书

赵孟頫

吴大澂

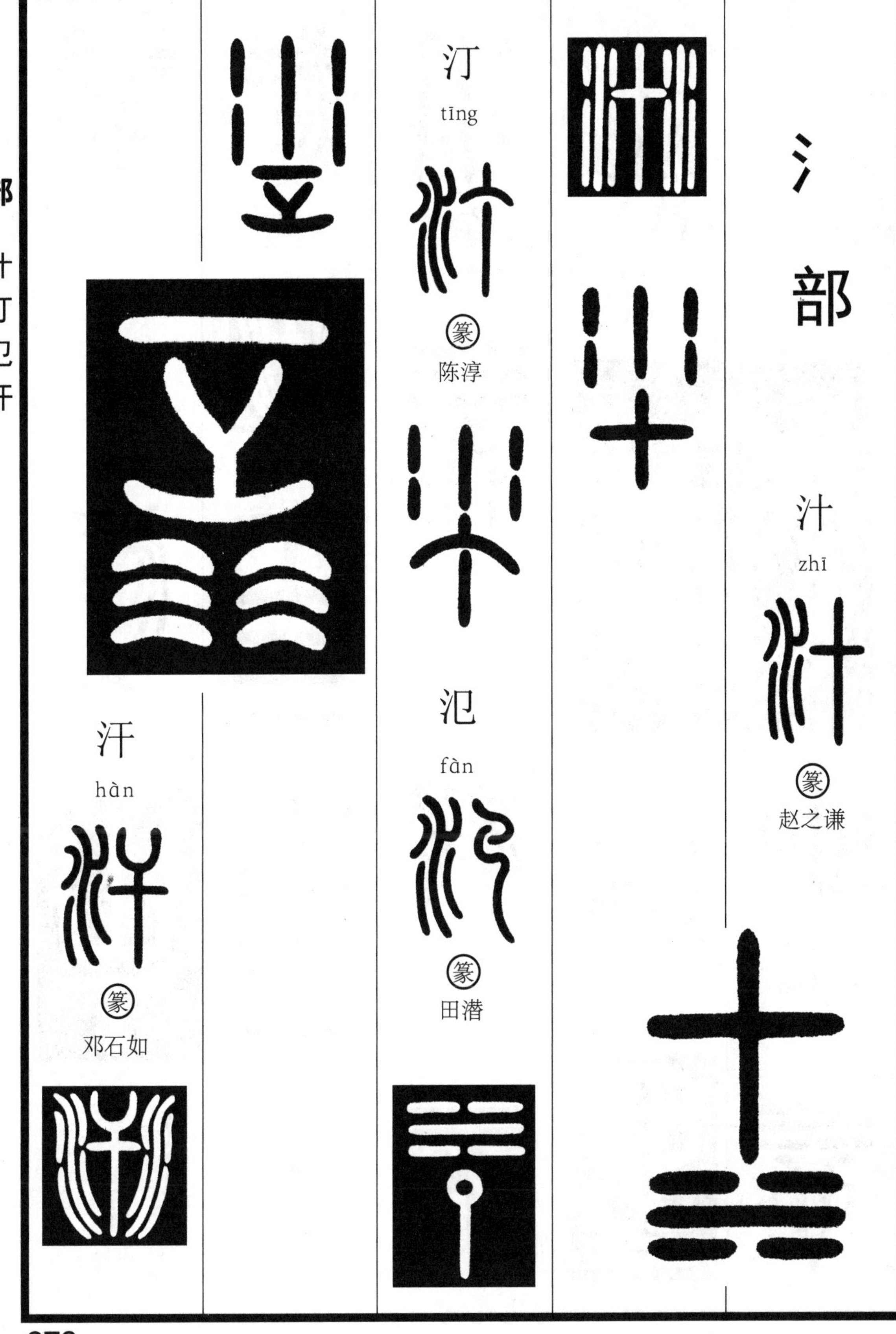

氵部

汁

zhī

篆 赵之谦

汀

tīng

篆 陈淳

氾

fàn

篆 田潜

汗

hàn

篆 邓石如

汙（污）
wū 
篆 泰不华

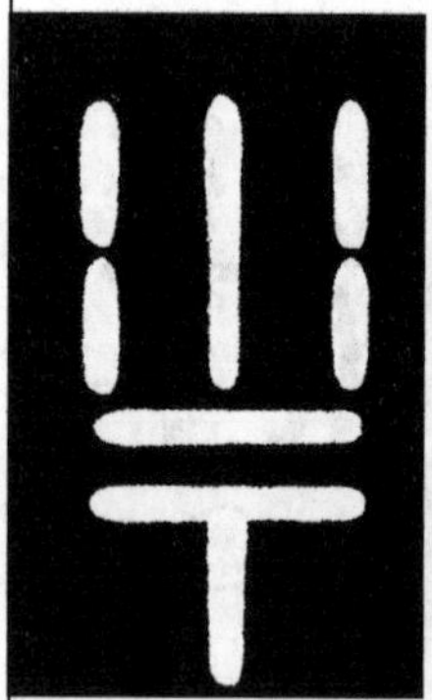

江
jiāng 
篆 吴让之

汎（泛）
fàn 
篆 金文

汲
jí 
篆 黄葆戉

池
chí 
篆 永瑆

汝
rǔ
篆
杨沂孙
汪
wāng
汧
qiān
篆
邓石如
篆
邓散木
沅
yuán
篆
方去疾
淌
tǎng
篆
篆辨
沐
mù

㊕
王禔

沛
pèi

㊕
吴大澂

汭
ruì

㊕
永瑆

沔
miǎn

㊕
李阳冰

汰
tài

㊕
黄士陵

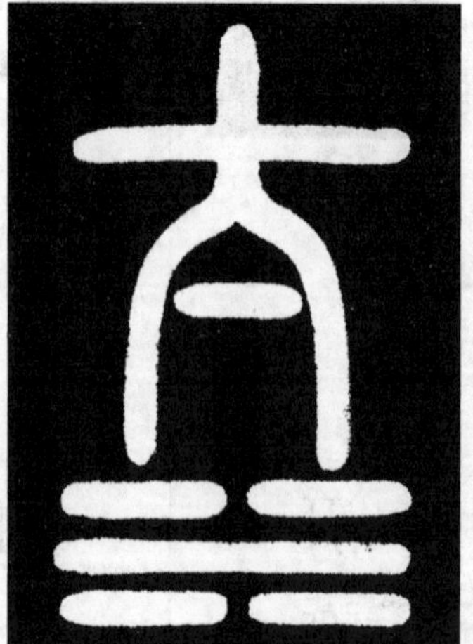

沚
zhǐ

㊕
徐三庚

沙
shā

㊕
赵孟頫

決
（决）
jué

氵部 沇汩冲沂泛没沃

篆
徐三庚
沇
yǎn
篆
永理
汩
gǔ
篆
邓石如
冲
chōng
篆
邓石如
沂
yí
篆
杨沂孙
泛
fàn
篆
说文解字
没
méi
篆
邓石如
沃
wò
篆
黄葆戉

汾

fēn

篆

吴大澂

沕

mì

篆

汉简

汶

wèn

篆

永理

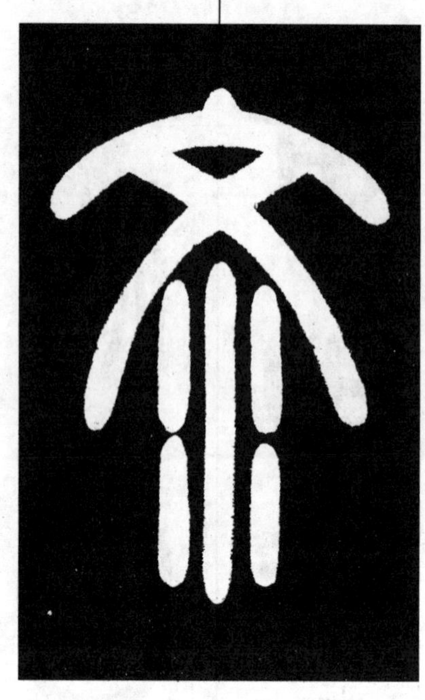

沆

hàng

篆

杨沂孙

沈

(沉)

shěn

篆

赵孟頫

千文残卷

灋

(法)

fǎ

篆

徐三庚

泄

xiè

篆

说文解字

沽

gū

篆

说文解字

古匋

河

hé

篆

孙星衍

油

yóu

篆

邓石如

沾

zhān

篆

仰嘉祥

沮

jū

篆

永瑆

况
kuàng

篆
王澍

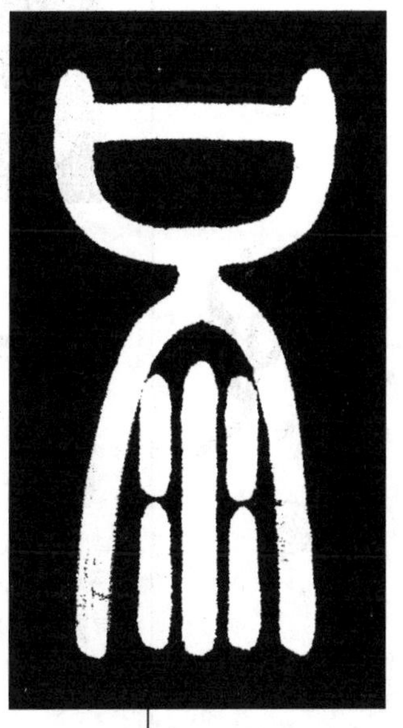

泗
sì

篆
永瑆

泊
bó

篆
黄士陵

楚简

泠
líng

篆
汉简

沿
yán

篆
永瑆

泖
mǎo

篆
钱玷

泡

pào

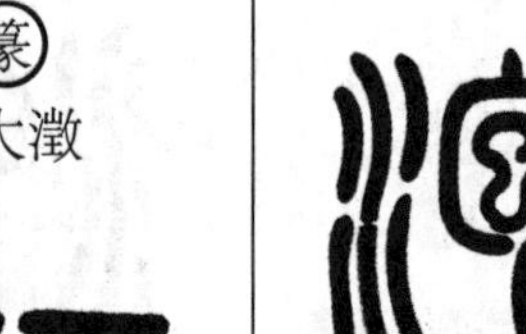

㊣篆 方去疾

注

zhù

篆 吴大澂

泣

qì

篆 吴大澂

泫

xuàn

篆 说文解字

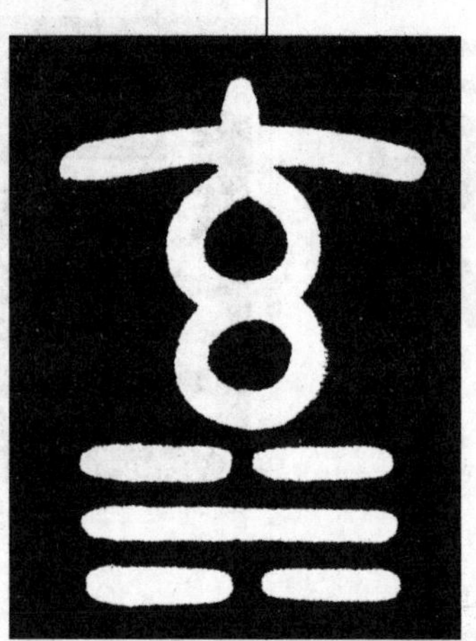

沱

tuó

篆 清人

泮

pàn

篆 汪仁寿

洦

pò

篆 林霪

泌

mì

篆 吴大澂

泳

yǒng

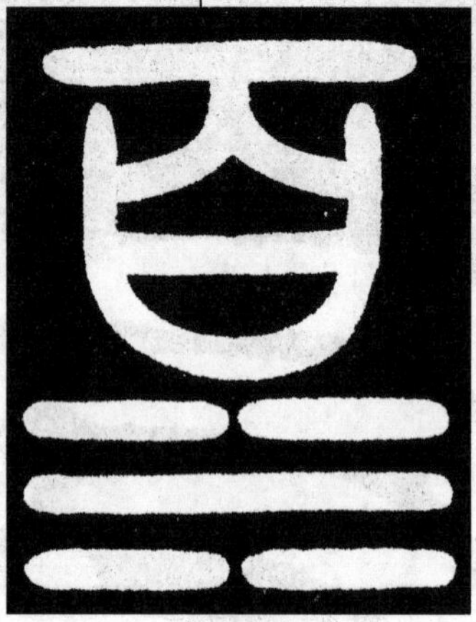

篆 吴昌硕

泥

ní

篆 吴昌硕

沸

fèi

篆 李阳冰

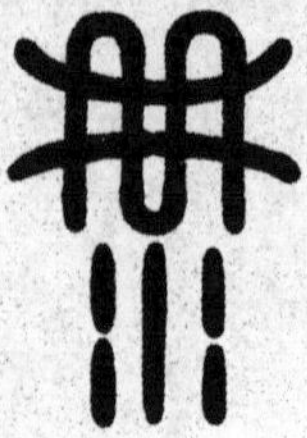

沼

zhǎo

篆 方去疾

波
bō
篆
邓石如

泓
hóng
篆
吴昌硕

治
zhì
篆
陈鸿寿

泯
mǐn

篆
林时久

汓
(泅)
qiú
篆
说文解字

洪

hóng

篆

方去疾

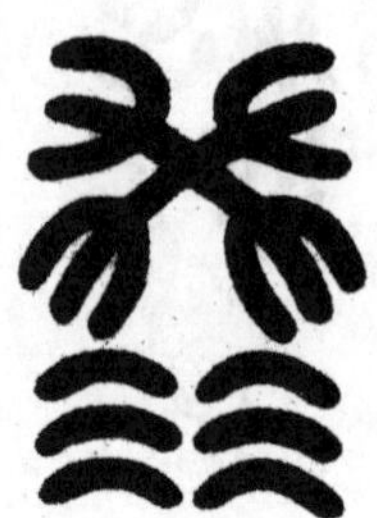

汗简

洹

huán

篆

金文

洒

sǎ

篆

吴大澂

洞

dòng

篆

李阳冰

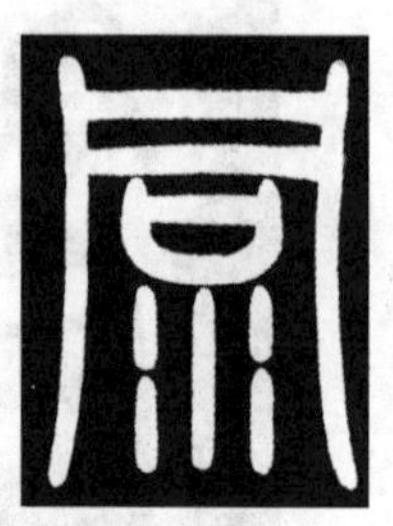

瞿令问

洄

huí

篆

瞿令问

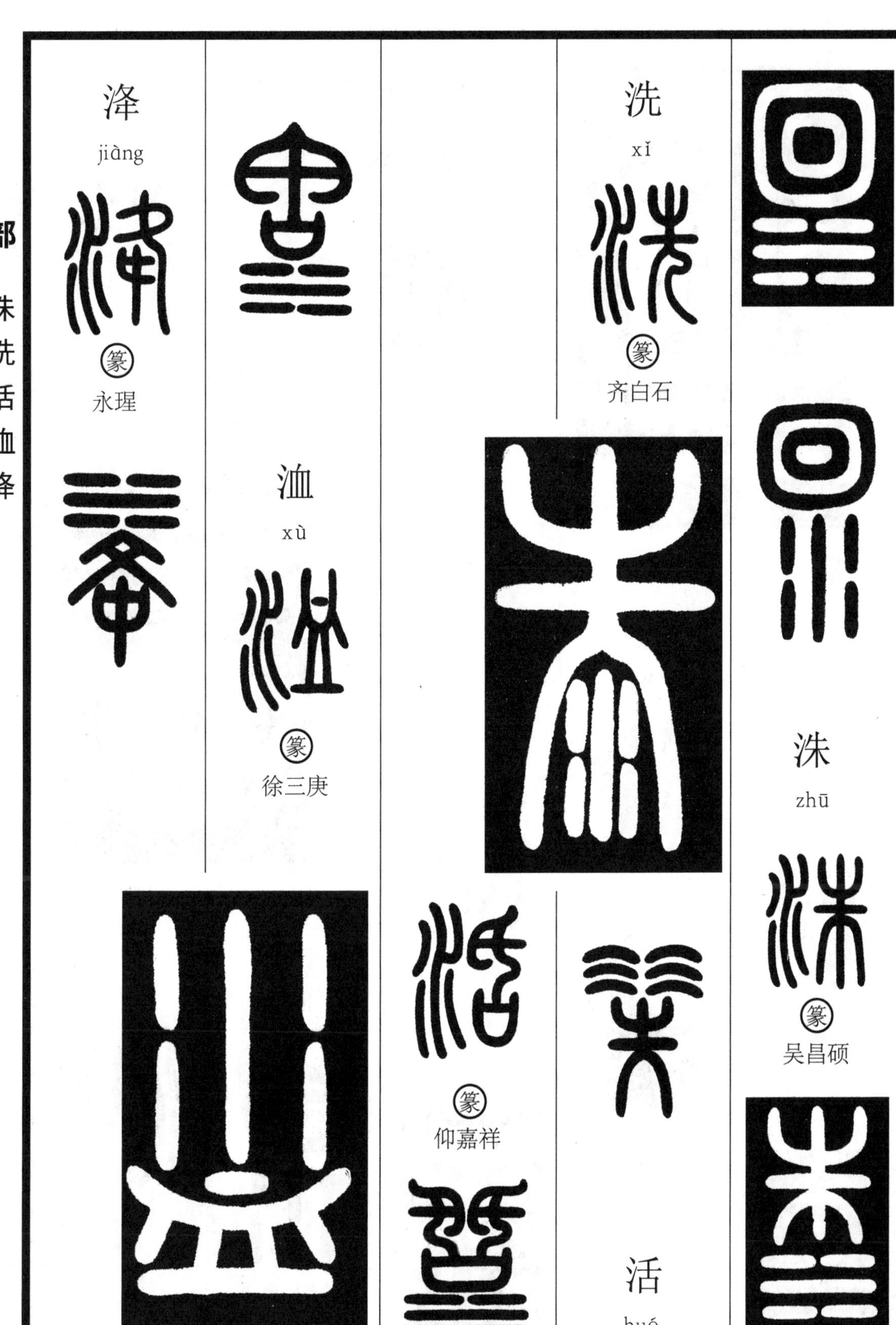
洙
zhū
篆
吴昌硕
洗
xǐ
篆
齐白石
活
huó
篆
仰嘉祥
洫
xù
篆
徐三庚
洚
jiàng
篆
永瑆

洛
luò

篆 王禔

洎
jì

篆 李阳冰

李阳冰

派
pài

篆 董洵

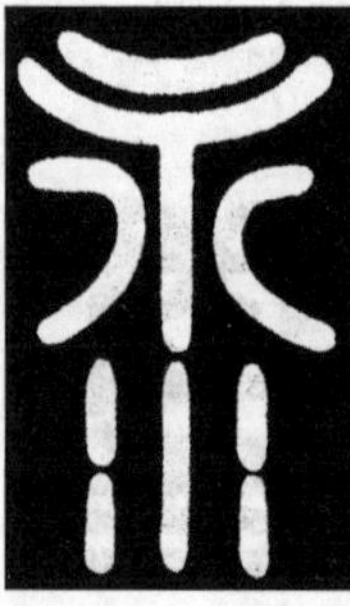

潢
huáng

篆 说文解字

洽
qià

篆 杨沂孙

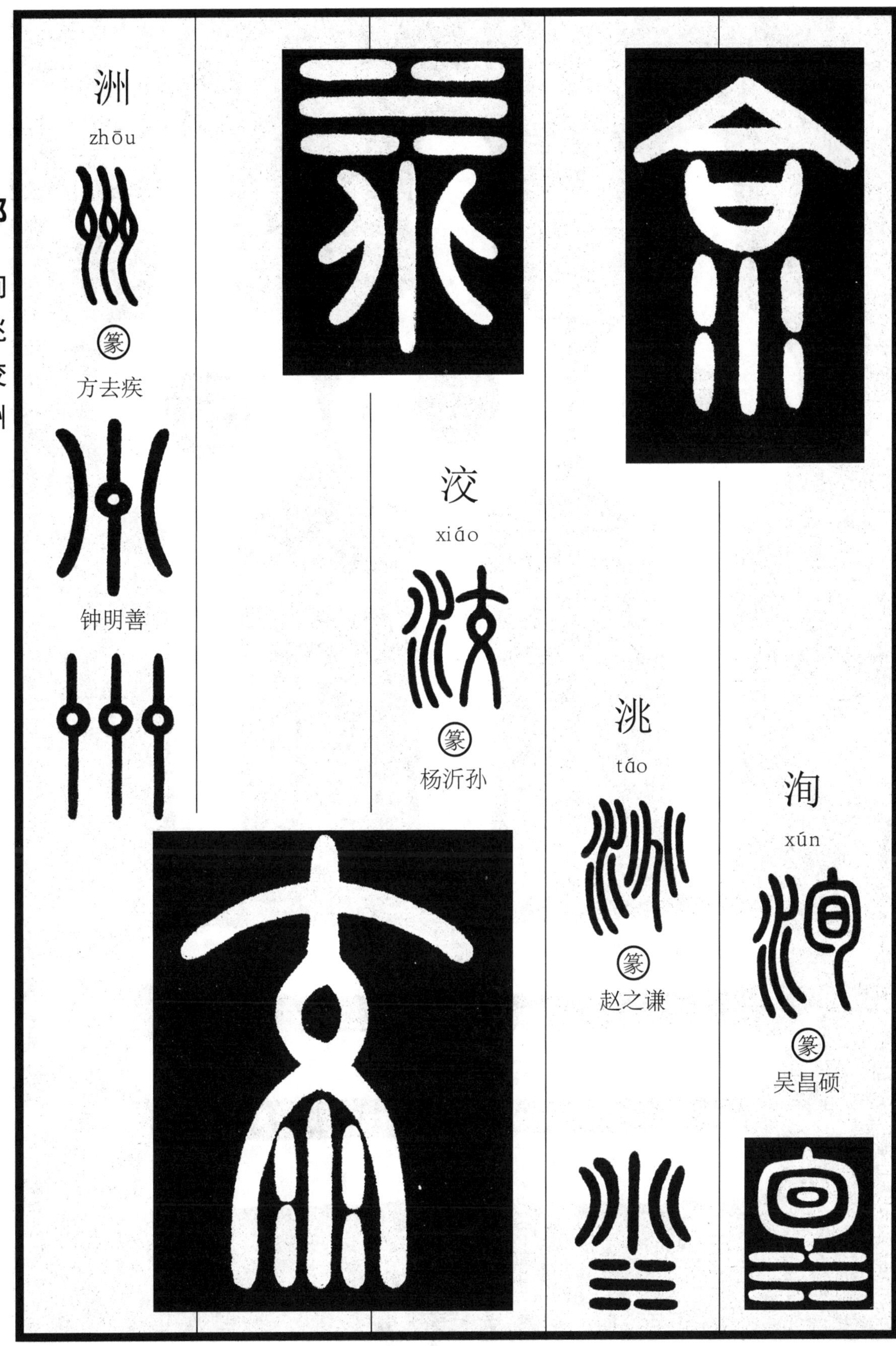

洲
zhōu
篆
方去疾
钟明善
洨
xiáo
篆
杨沂孙
洮
táo
篆
赵之谦
洵
xún
篆
吴昌硕

洋

yáng

篆

方去疾

津

jīn

篆

吴大澂

浦

pǔ

篆

方去疾

浯

wú

篆

瞿令问

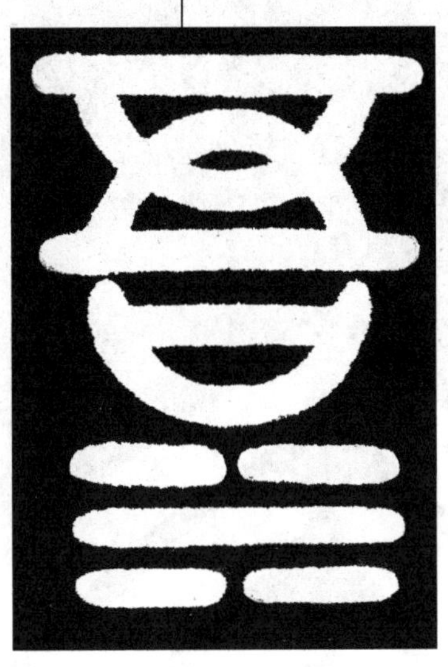

浭

gēng

篆

齐白石

涑

sù

篆

莫友芝

酒

jiǔ

篆

赵孟頫

金文

孙星衍

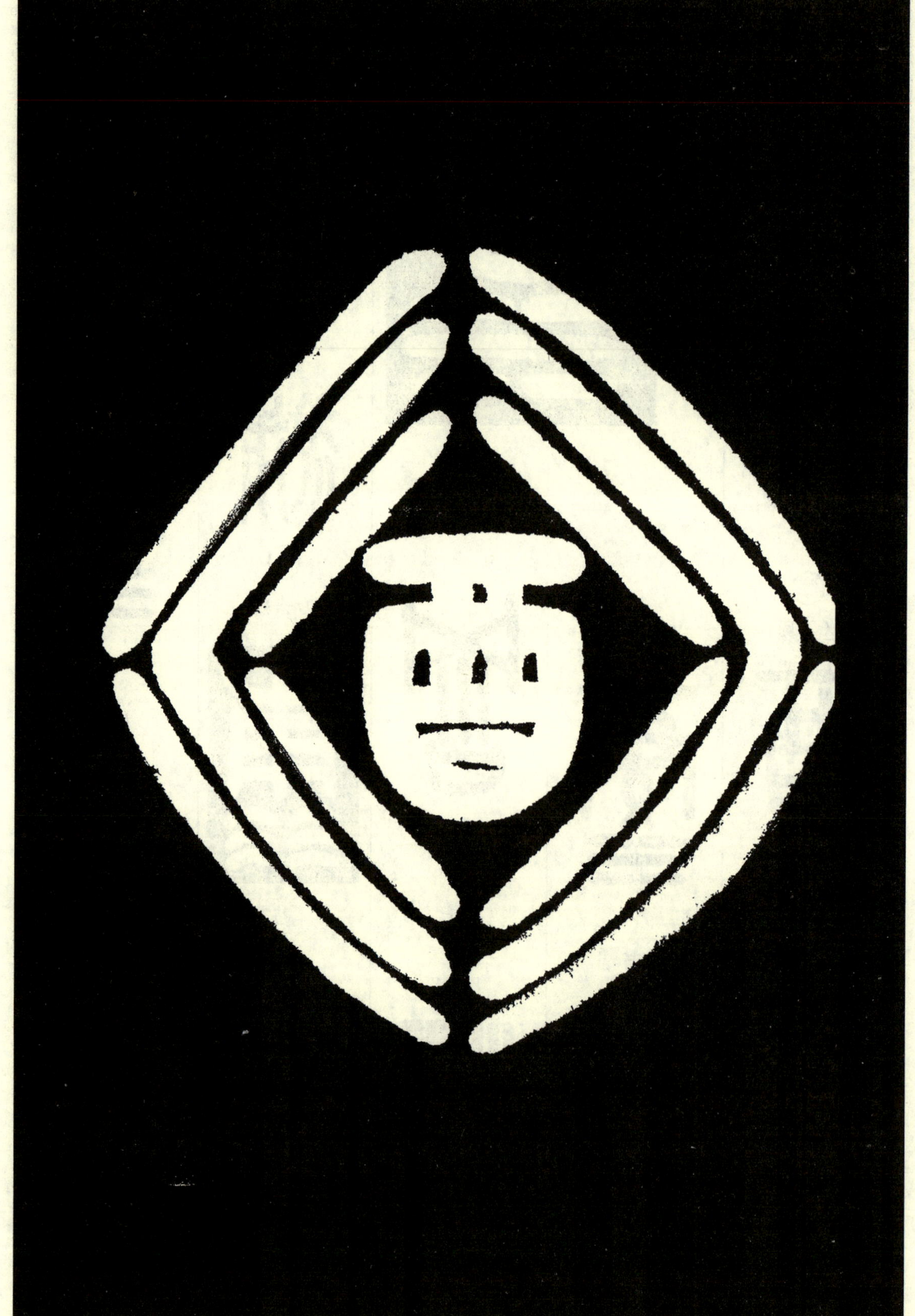

浙

zhè

吴昌硕

涇

(泾)

jīng

篆

吴昌硕

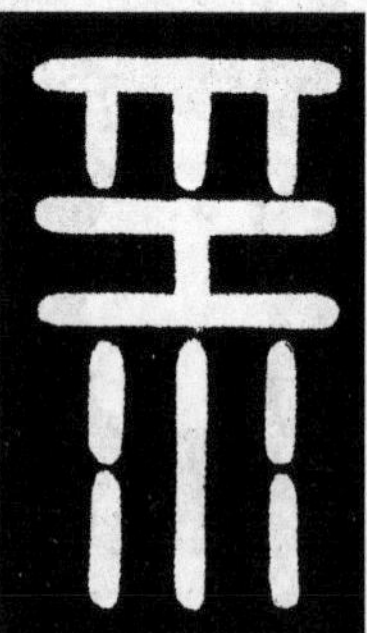

涉

shè

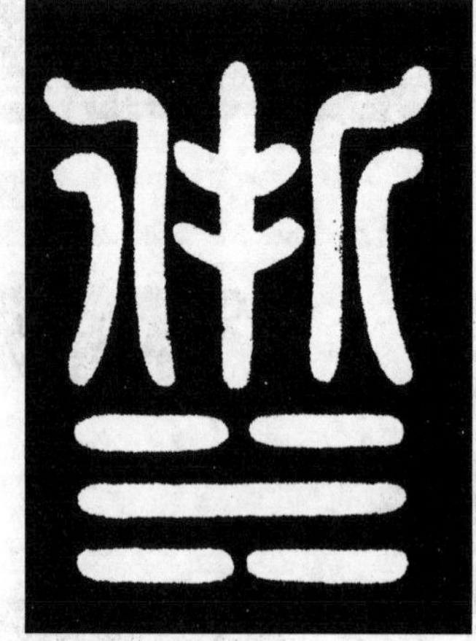

篆

邓散木

消

xiāo

吴大澂

涅

niè

篆

吴昌硕

涓

juān

篆 汪仁寿

浩

hào

篆 吴大澂

涔

cén

篆 吴大澂

海

hǎi

篆 李阳冰

赵孟頫

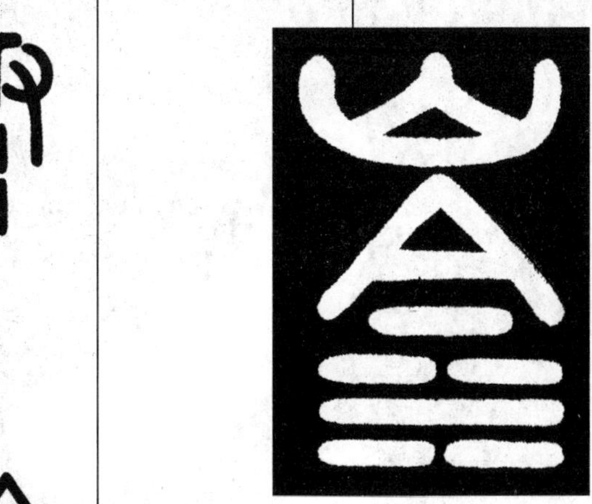

浜

bāng

吴昌硕

涂

tú

篆 吴大澂

浴

yù

篆 王禔

浮

fú

赵孟頫

涣

huàn

篆

田潜

流

liú

篆

吴睿

尹元凯

赵孟頫

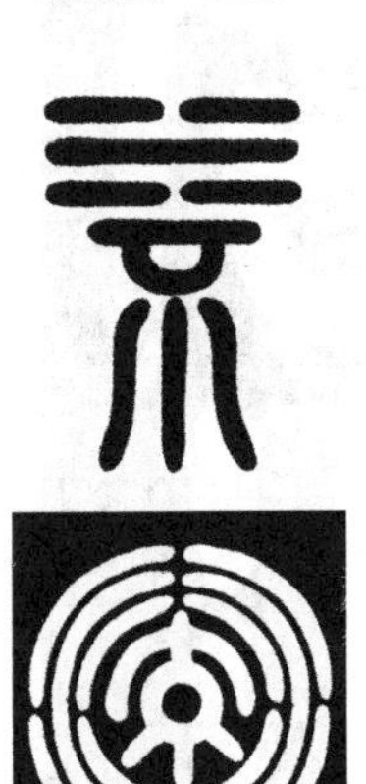

涕

tì

篆

王禔

浪

làng

篆

邓石如

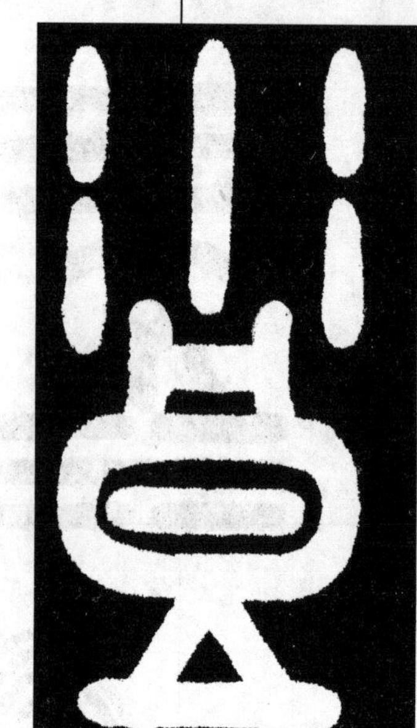

浛

hán

篆

金文

浸

jìn

篆

文徵明

涒

tūn

篆

钱镠

涌

yǒng

篆

黄葆戉

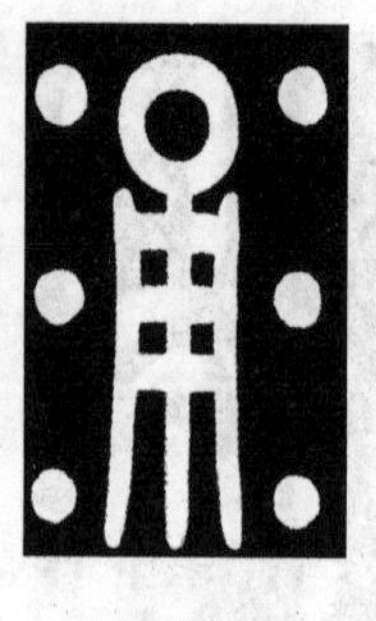

涘

sì

篆

邓石如

浚

jùn

篆

汪仁寿

氵部 清凌淇淞

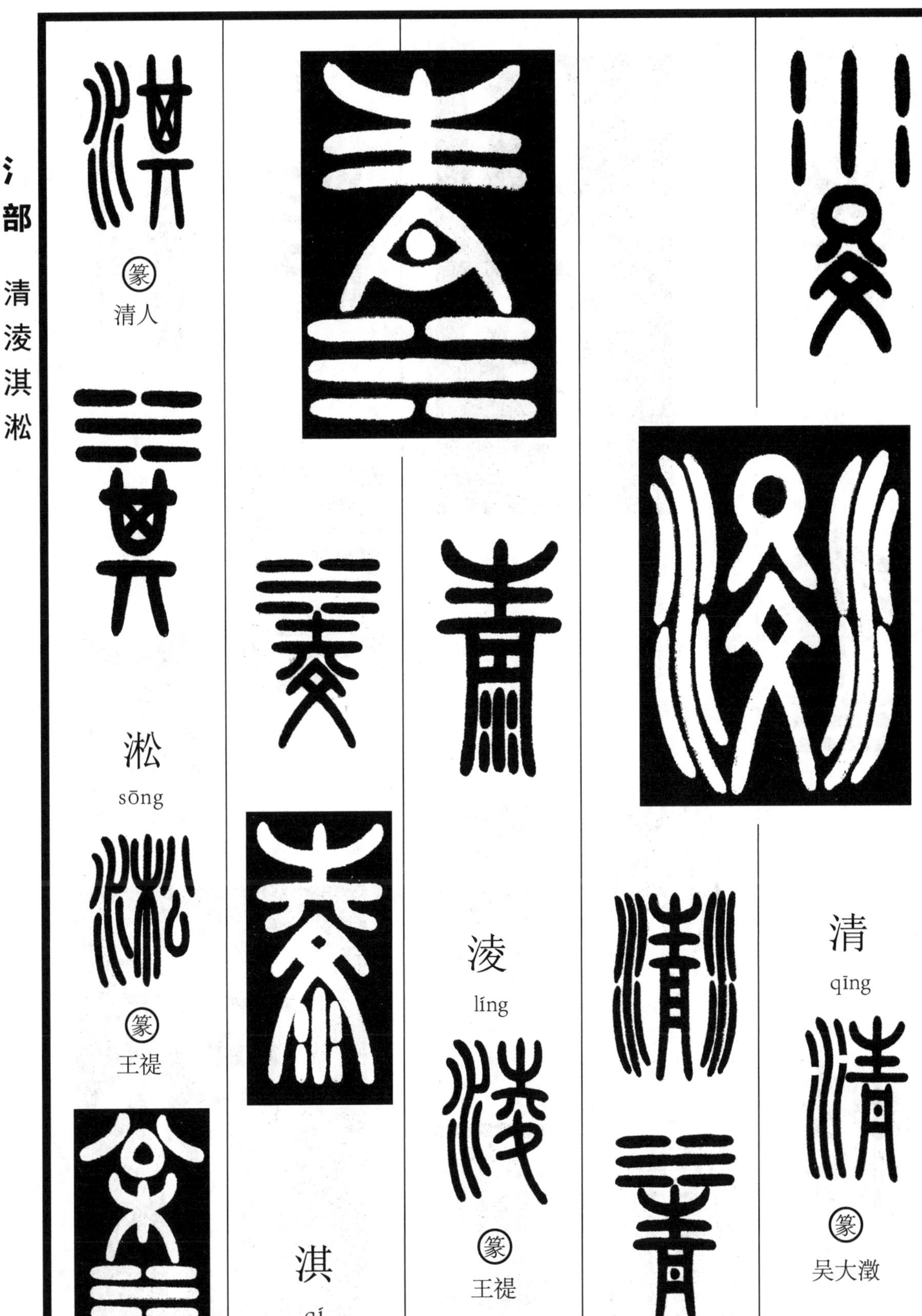

清
qīng

吴大澂

凌
líng

王褆

淇
qí

淞
sōng

王褆

淢

yù

㊣篆 清人

涯

yá

㊣篆 瞿令问

涿

zhuō

㊣篆 清人

凄

(淒)

qī

㊣篆 清人

淹

yān

㊣篆 吴昌硕

渚

zhǔ

㊣篆 黄易

淺
(浅)
qiǎn

㊫
永瑆

淑
shū

㊫
王澍

淖
nào

㊫
王禔

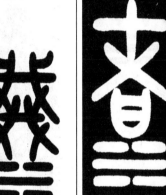

混
hùn

㊫
碧落碑

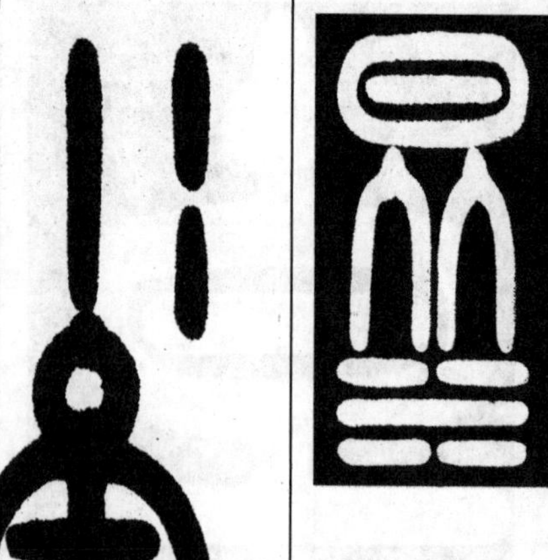

淮

huái

篆

曾纪泽

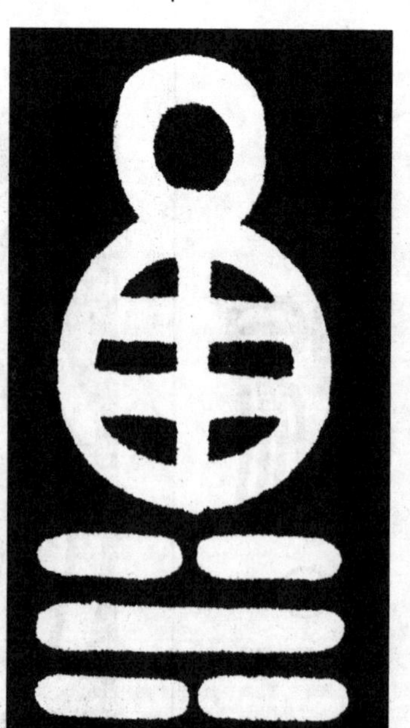

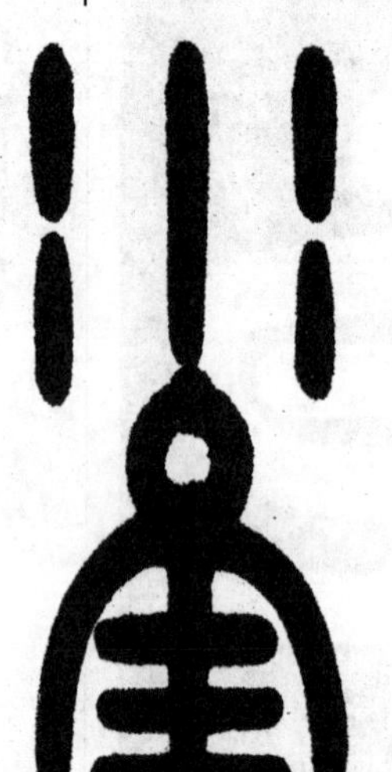

涸

hé

篆

吴大澂

浣

huàn

篆

说文解字

淦

gàn

篆

汪仁寿

氵部 淦

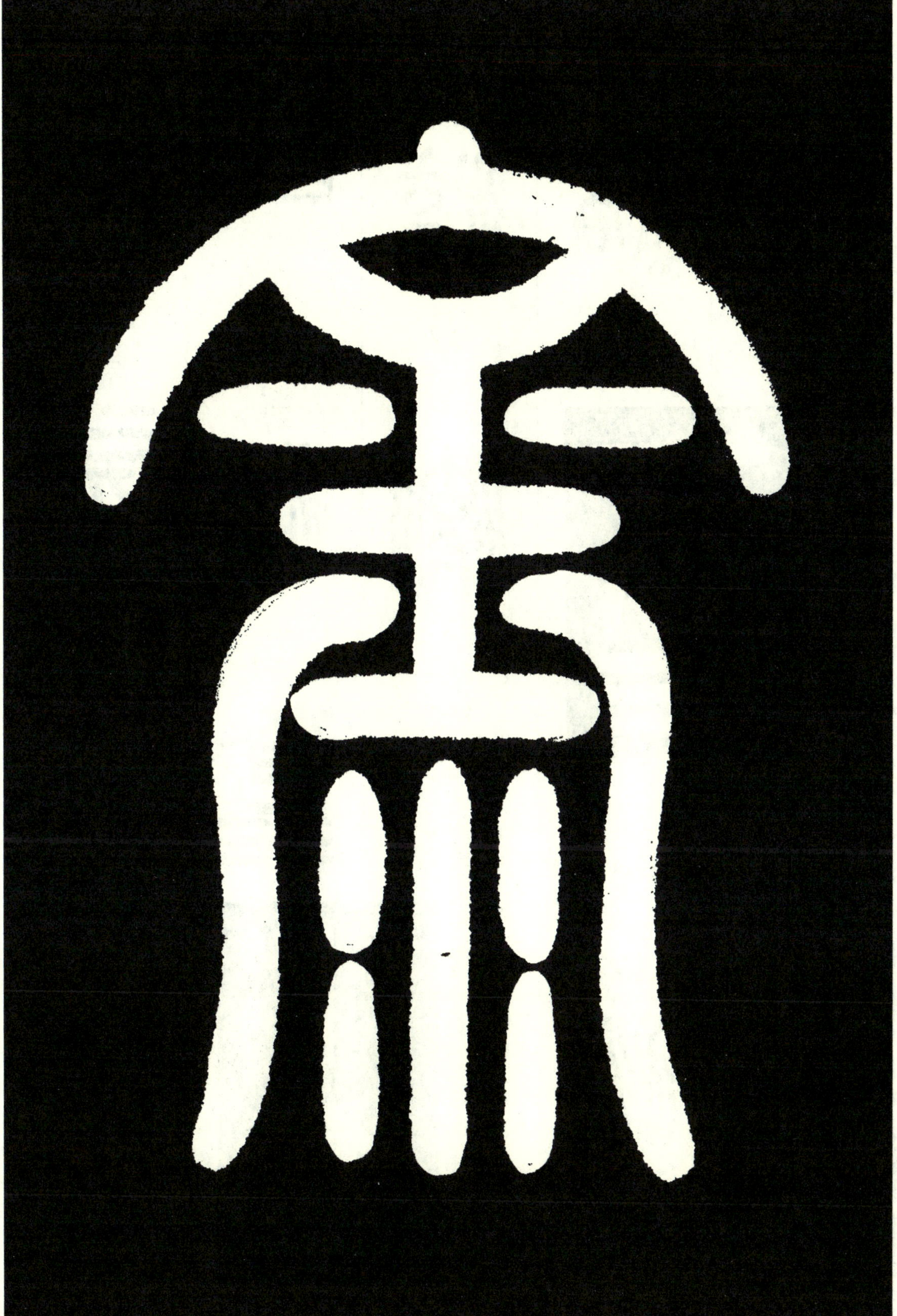

淫

yín

篆

赵孟頫

淪

（沦）

lún

篆

吴昌硕

淳

chún

篆

吴大澂

淯

yù

篆

吴昌硕

涪

fú

篆

汉印

淡

（澹）

dàn

篆

赵孟頫

深

shēn

篆

吴让之

中山王器

渌

lù

篆

吴让之

涵

hán

篆

吴让之

淚

(泪)

lèi

篆

吴大澂

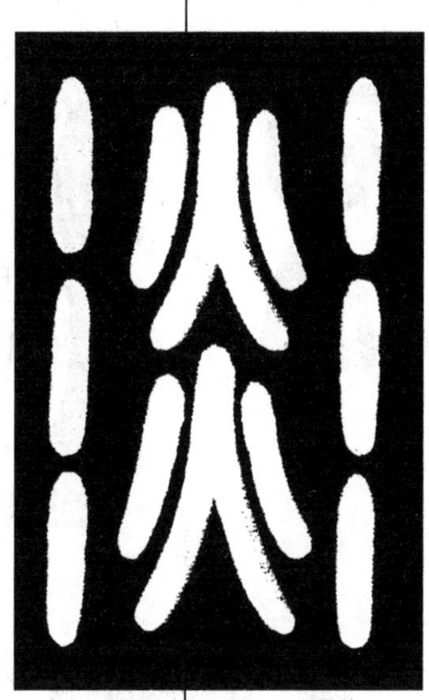

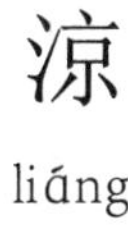

凉

liáng

篆

吴昌硕

淙

cóng

篆

方去疾

淄

zī

篆

吴让之

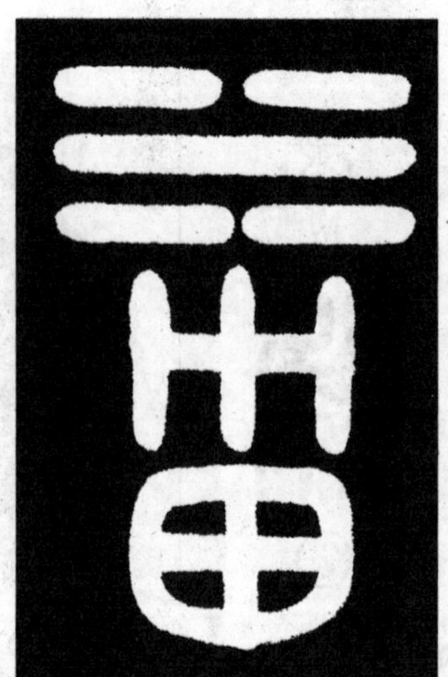

渫

xiè

篆

吴大澂

湛

zhàn

杨沂孙

湖

hú

王禔

湖

湘
xiāng

篆
瞿令问

渤
bó

篆
吴让之

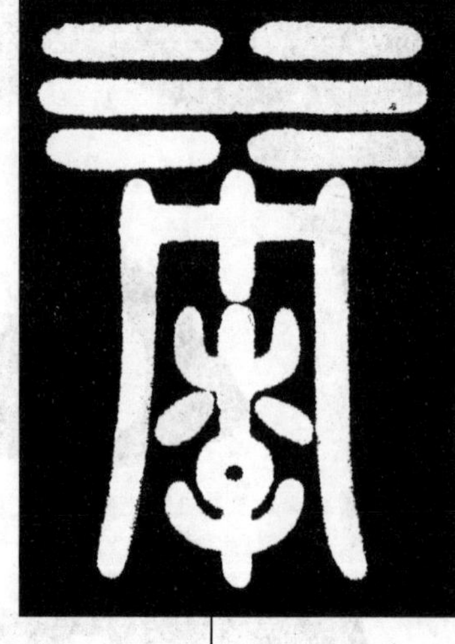

湮
yān

篆
莫友芝

減
（减）
jiǎn

篆
邓石如

湎
miǎn

篆
说文解字

湞
（浈）
zhēn

篆
吴昌硕

渻
shěng

篆
吴大澂

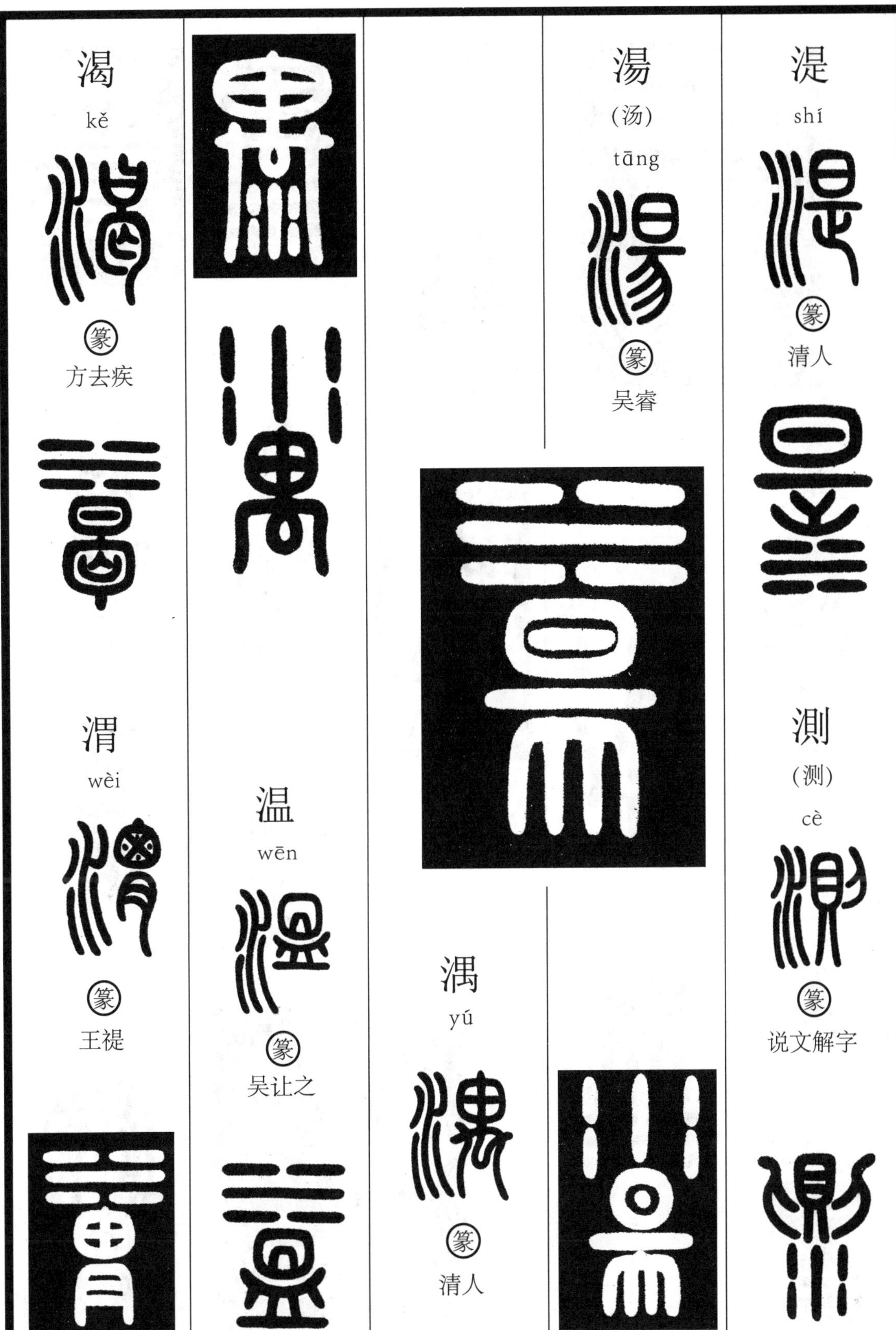
湜
shí
篆
清人
測
(测)
cè
篆
说文解字
湯
(汤)
tāng
篆
吴睿
湡
yú
篆
清人
温
wēn
篆
吴让之
渴
kě
篆
方去疾
渭
wèi
篆
王禔

湍

tuān

篆

吴让之

滑

huá

篆

方去疾

湫

jiǎo

篆

吴大澂

淵

（渊）

yuān

篆

吴让之

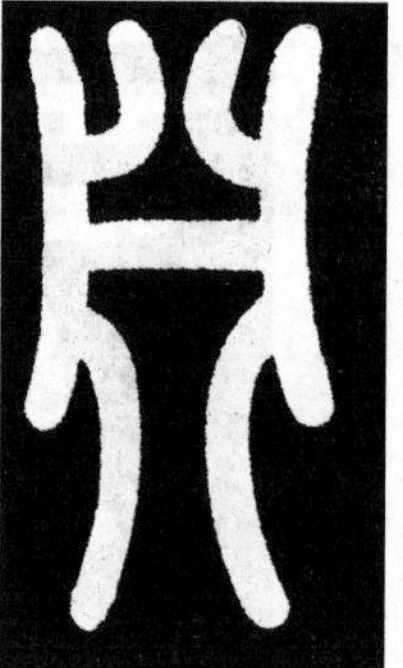

杨沂孙

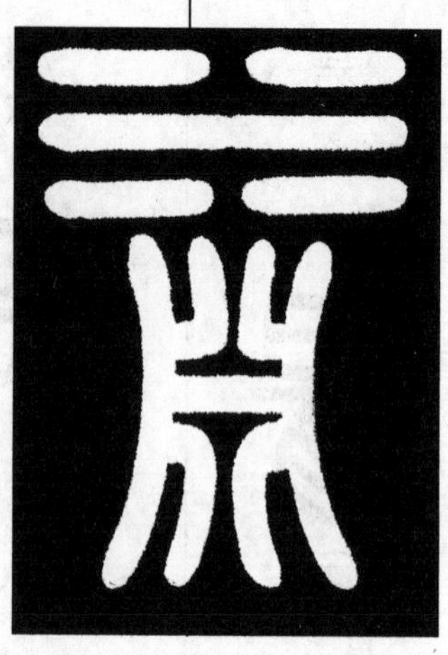

湩

dòng

篆

说文解字

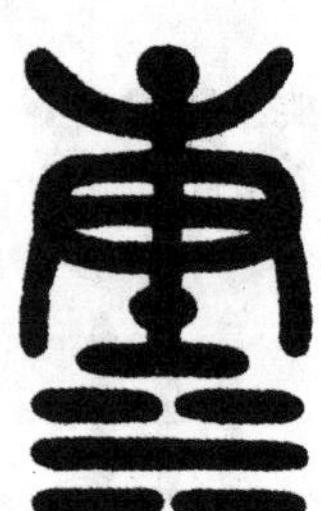

渝

yú

篆

汪仁寿

渡

dù

篆

邓石如

游

yóu

篆

莫友芝

湌

cān

篆

吴睿

滋

zī

篆

邓石如

氵部 湔漑渾渥湄湑溝滿

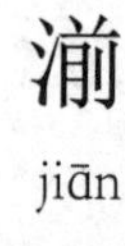
湔
jiān

篆 汉简

漑
gài

篆 吴大澂

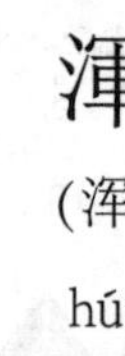
渾
(浑)
hún

篆 邓石如

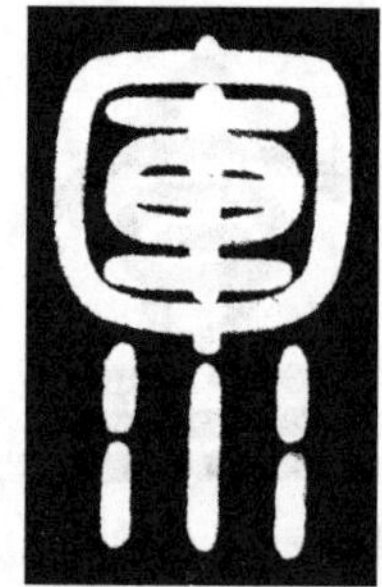

渥
wò

篆 杨沂孙

湄
méi

篆 方去疾

湑
xǔ

篆 杨沂孙

溝
(沟)
gōu

篆 徐三庚

滿
(满)
mǎn

篆 李阳冰

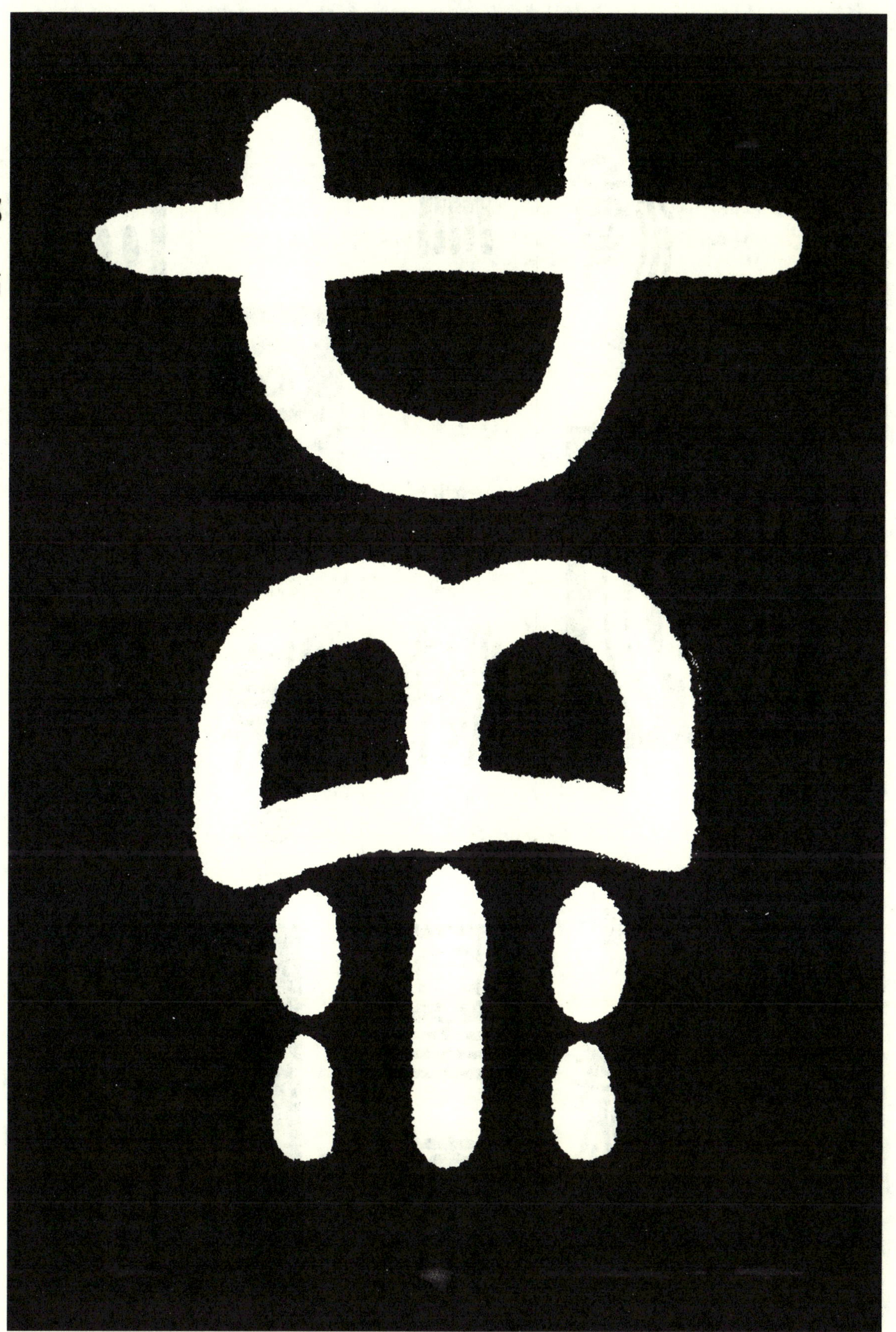

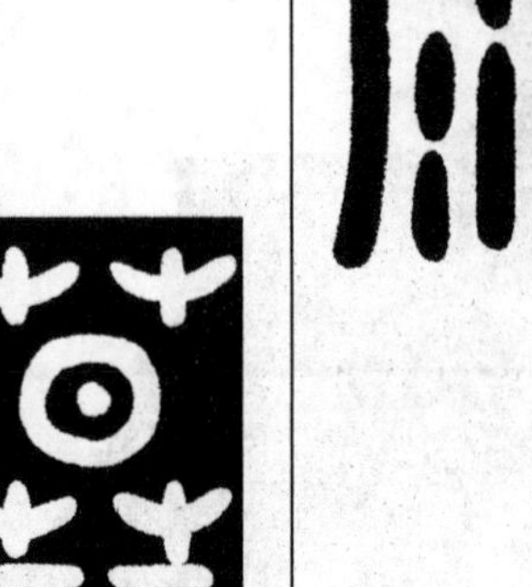

漠

mò

篆

李阳冰

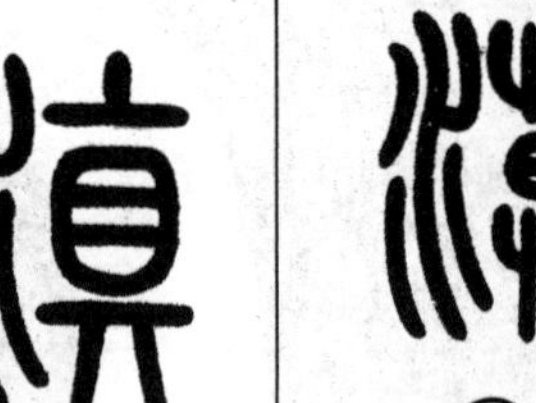

滇

diān

篆

汉印

漣

(涟)

lián

篆

吴让之

溥

pǔ

篆

吴大澂

滅

(灭)

miè

篆

李斯

源

yuán

滌（涤）dí

篆 邓石如

篆 吴让之

滔 tāo

篆 王禔

溪 xī

篆 赵孟頫

溷 hùn

篆 杨沂孙

滄（沧）cāng

篆 永瑆

溜 liū

篆 汉金文

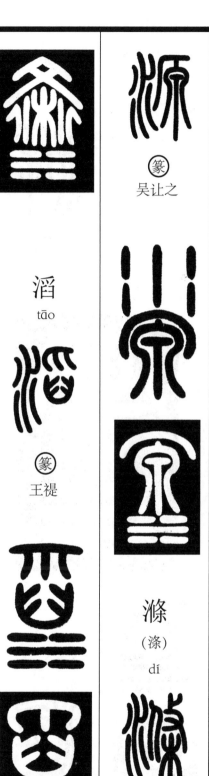

漓

lí

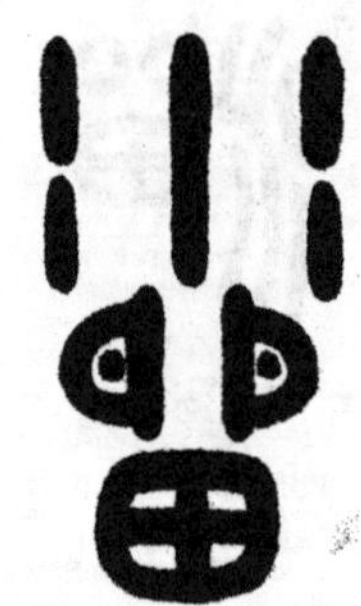

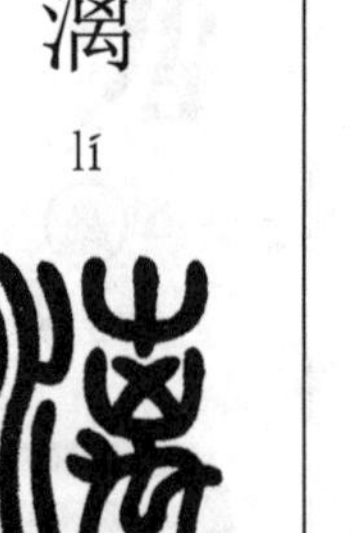

篆

吴大澂

滂

pāng

篆

汉简

溯

sù

篆

吴大澂

溢

yì

篆

赵之谦

溓
lián
篆
说文解字
渺
miǎo
篆
方去疾
溶
róng
篆
说文解字

溶

溟

míng

篆

李阳冰

滓

zǐ

篆

汉简

漬

(渍)

zì

篆

汉简

漢

(汉)

hàn

篆

李阳冰

溺

nì

篆

方去疾

溎

zhì

篆

吴让之

滞

(滞)

zhì

吴大澂

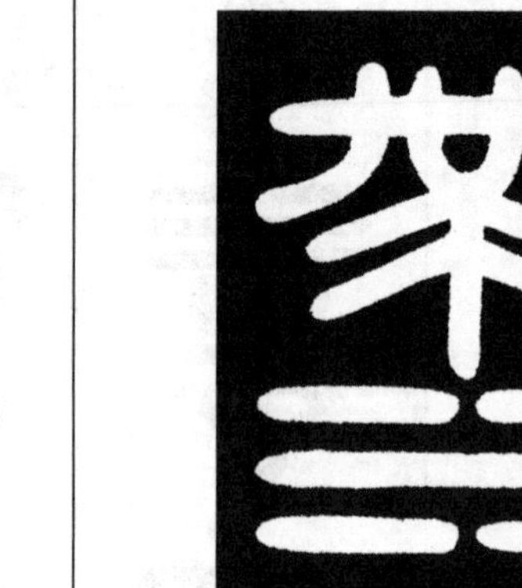

漆

qī

篆

吴大澂

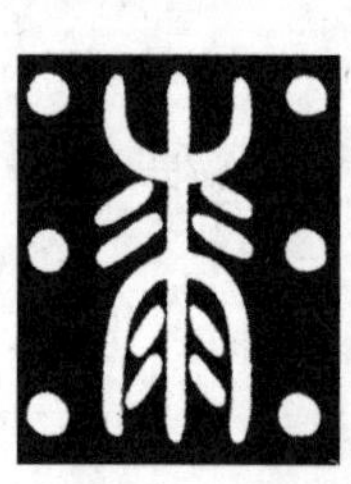

漸

(渐)

jiàn

篆

何绍基

漕

cáo

篆

古玺

漱

shù

篆

邓石如

漚

(沤)

òu

篆

方去疾

漂

piāo

篆

吴昌硕

漁

(渔)

yú

篆

孙星衍

漫

màn

(篆)

邓石如

漪

yī

(篆)

方去疾

漳

zhāng

(篆)

永瑆

滻

(浐)

chǎn

(篆)

李阳冰

滰

jiàng

(篆)

说文解字

滴

dī

(篆)

魏植

漧

gān

(篆)

李阳冰

漉

(渌)

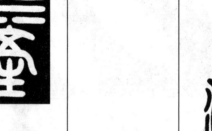

lù

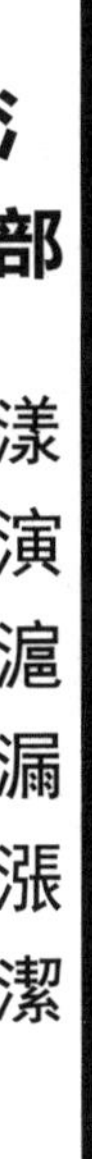

篆
说文解字

漾
yàng 
篆
何琪

演
yǎn 
篆
杨沂孙

滬
(沪)
hù 
篆
王禔

漏
lòu 
篆
邓石如

漲
(涨)
zhǎng 
篆
吴昌硕

潔
(洁)
jié
篆 
邓石如

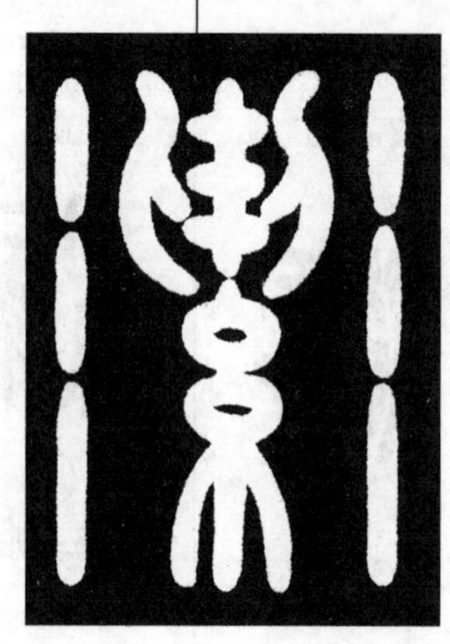

潜

qián

篆

李阳冰

澆

(浇)

jiāo

篆

方去疾

澍

shù

篆

黄士陵

潮

cháo

篆

吴昌硕

潭

tán

篆

邓石如

潦

liáo

篆

吴大澂

潰

(溃)

kuì

篆

邓石如

潘

pān

篆

陈豫钟

潼

tóng

篆

汉简

潯

(浔)

xún

篆

吴昌硕

潤

(润)

rùn

篆

吴让之

澂

chéng

篆

吴昌硕

澈

chè

篆

尹元凯

潣

（泯）

mǐn

篆

秦不华

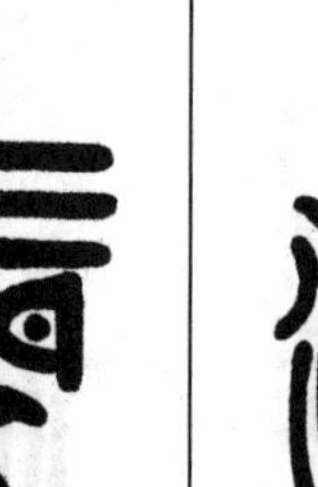

澗

（涧）

jiàn

篆

永琿

潺

chǎn

篆

方去疾

澄

chéng

篆

李阳冰

澫
(漫)
màn

篆
黄士陵

潑
(泼)
pō

篆
邓石如

濛
méng

篆
尹元凯

濊
huì

篆
邓石如

潞
lù

篆
说文解字

澡
zǎo

篆

徐真木

濃

（浓）

nóng

篆

说文解字

澧

lǐ

篆

永理

澤

（泽）

zé

篆

吴昌硕

濁

（浊）

zhuó

篆

田潜

溢

shì

篆

永理

氵部　激澹濂鴻

激

jī

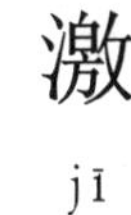

篆 邓石如

澹

（淡）

dàn

篆 钱侗

濂

liān

篆 陈豫钟

鴻

（鸿）

hóng

篆 杨沂孙

濫
(滥)
làn

篆
吴让之

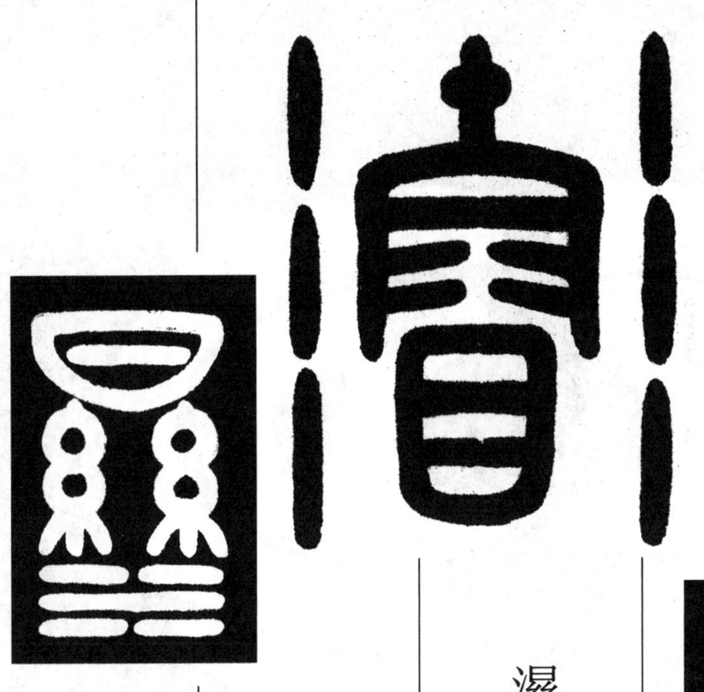

濬
(浚)
jùn

篆
徐三庚

濕
(湿)
shī

篆
永瑆

濤
(涛)
tāo

篆
吴昌硕

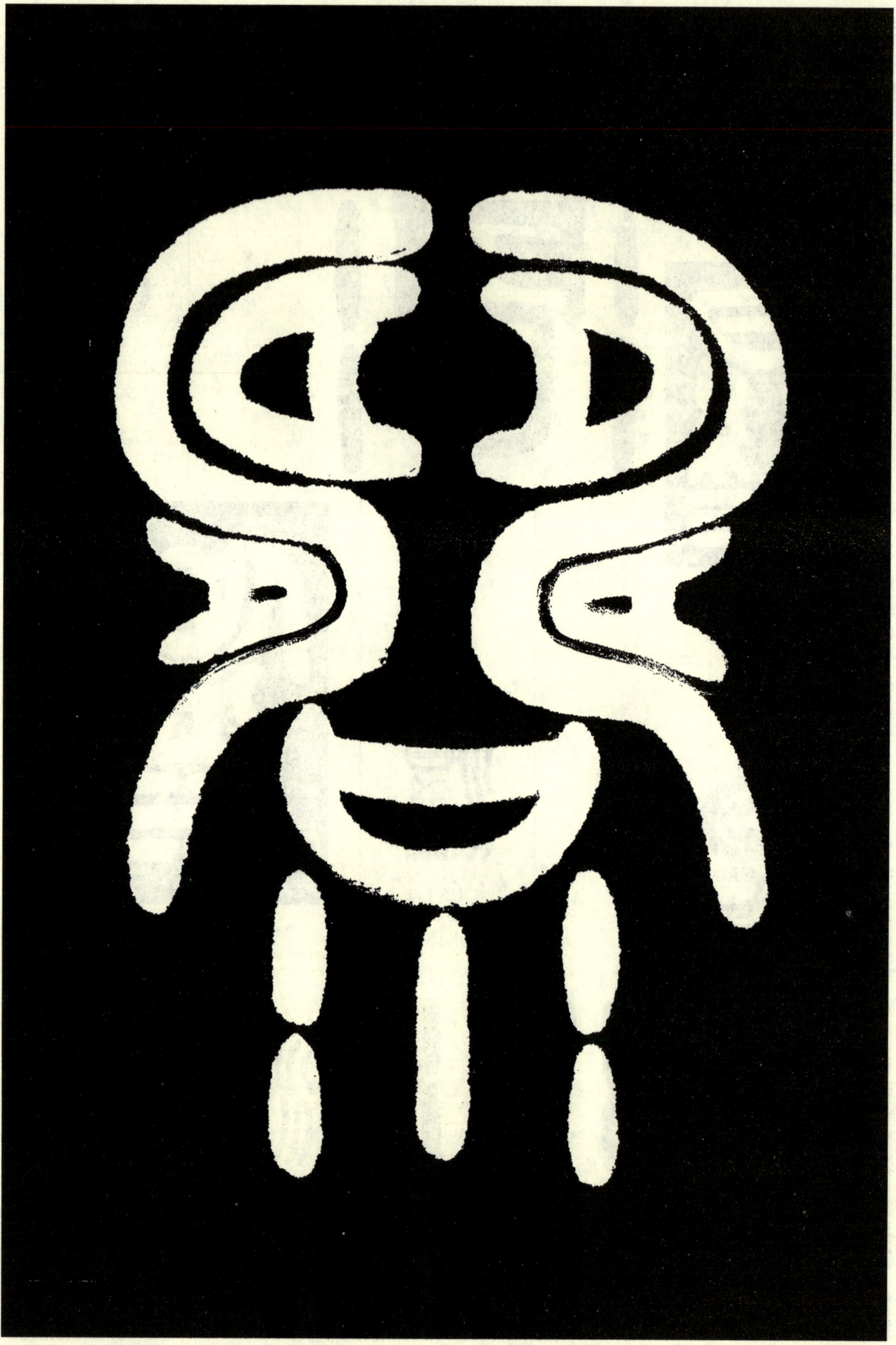

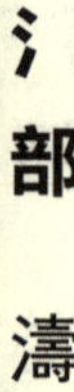

濟

(济)

jì

篆

吴睿

濠

háo

篆

尹元凯

濞

bì

篆

汉印

濮

pú

篆

黄葆戉

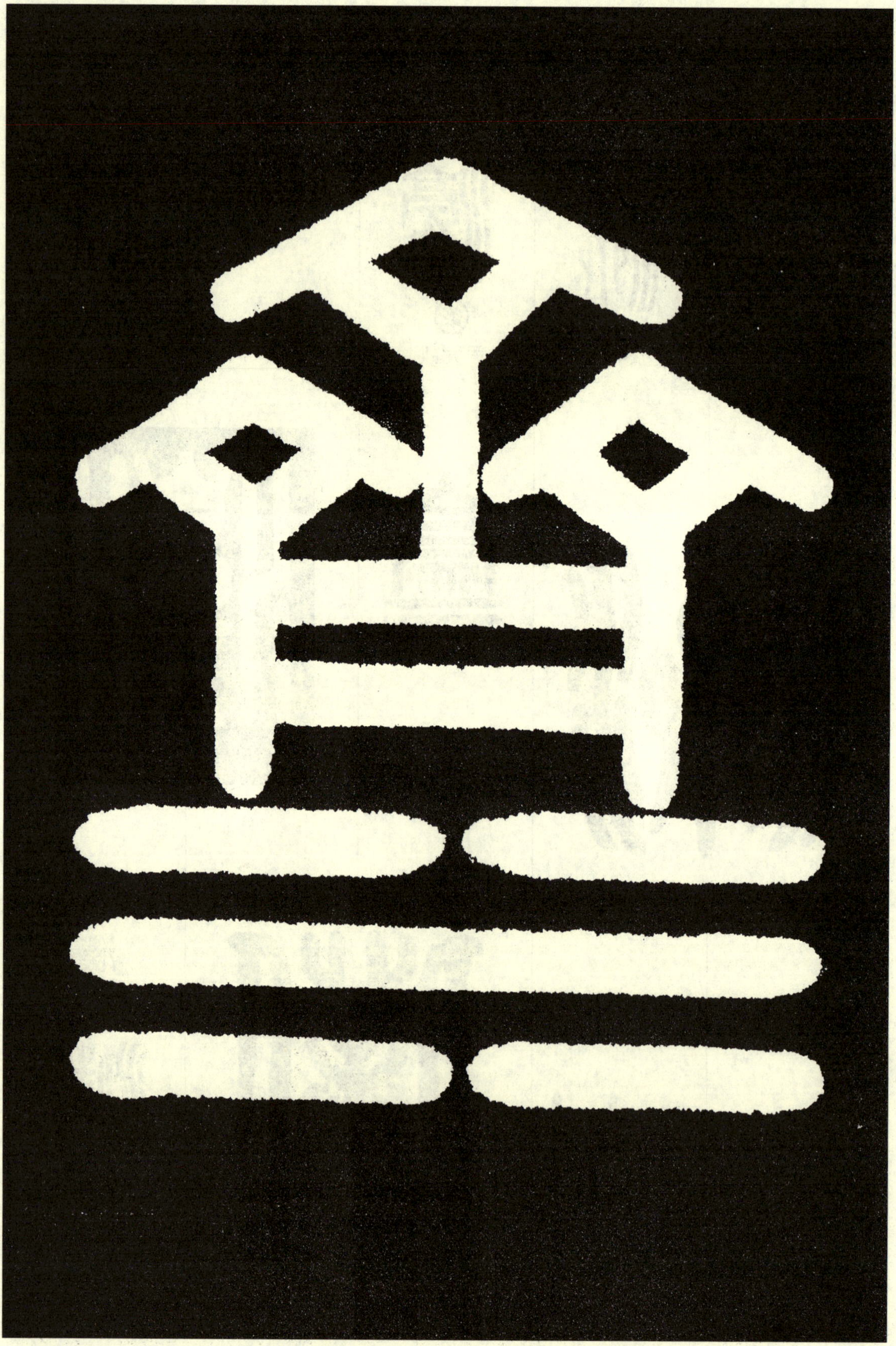

氵部
濟

濱

(滨)

bīn

篆 永珵

濯

zhuó

篆 徐真木

濰

(潍)

wéi

篆 永珵

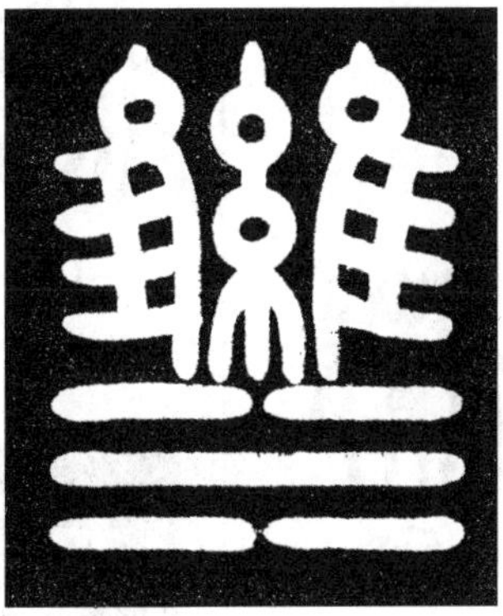

灉

yōng

篆 永珵

瀆

(渎)

dú

篆 汉印

瀑

pù

篆

说文解字

濼

（泺）

luò

篆

说文解字

瀞

（净）

jìng

篆

邓石如

瀕

（濒）

bīn

篆

王禔

瀟

（潇）

xiāo

篆

方去疾

瀣

xiè

篆

杨沂孙

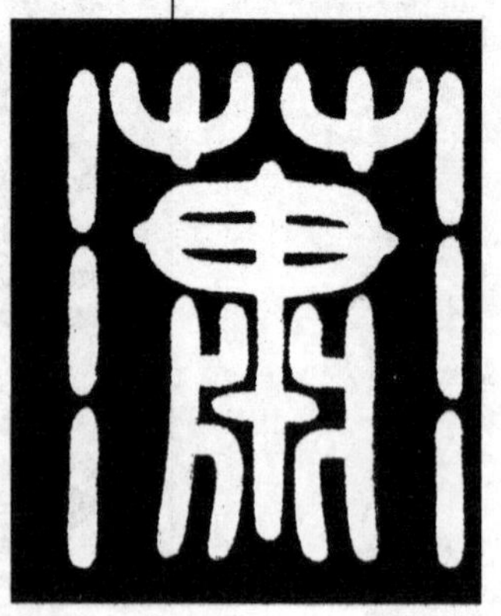

瀘

（泸）

lú

篆

徐三庚

瀧

（泷）

lóng

篆

楚帛书

瀧

瀛

yíng

篆

吴昌硕

灌

guàn

篆

吴大澂

潐

jiào

篆

吴大澂

瀾

(澜)

lǎn

篆

林时九

灃

(沣)

fēng

篆

永瑆

瀚

hàn

篆

方去疾

灘

(滩)

tān

篆

吴让之

灑

(洒)

sǎ

篆

邓石如

氵部 灑

灞

bà

篆

齐白石

灝

(灏)

hào

说文解字

灊

qián

篆

吴昌硕

灣

(湾)

wān

篆

吴昌硕

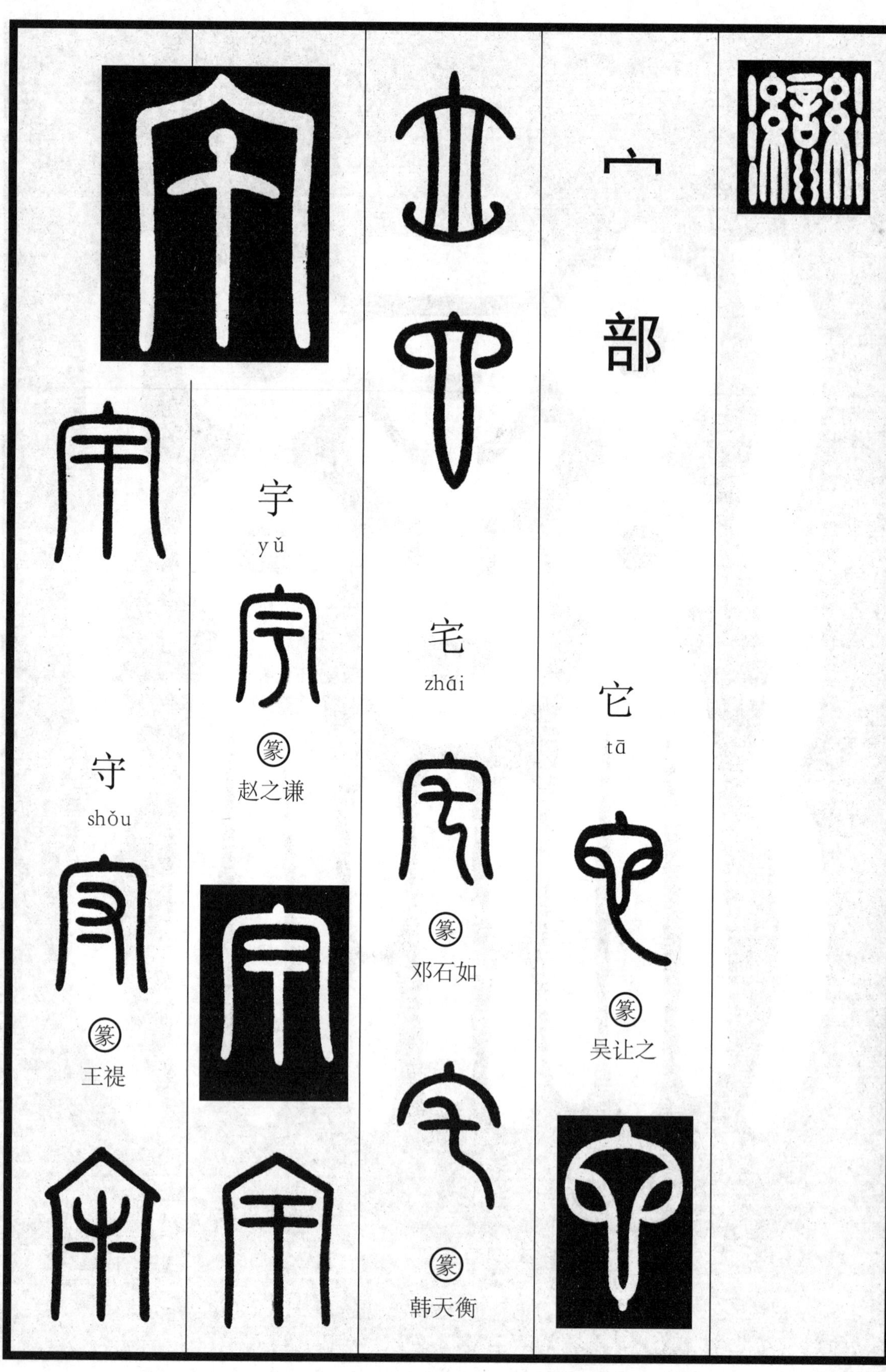
宀部
它
tā
篆
吴让之
宅
zhái
篆
邓石如
篆
韩天衡
宇
yǔ
篆
赵之谦
守
shǒu
篆
王禔

宀部 宄安字完宋宏牢

宏
hóng
篆
吴让之

牢
láo
田潜

完
wǎn
篆
王禔

宋
sòng
吴大澂
吴大澂

字
篆
吴让之

字
zì

宄
guǐ
篆
汪仁寿

安
ān
篆
胡澍

灾
(災)
zāi

楚帛书

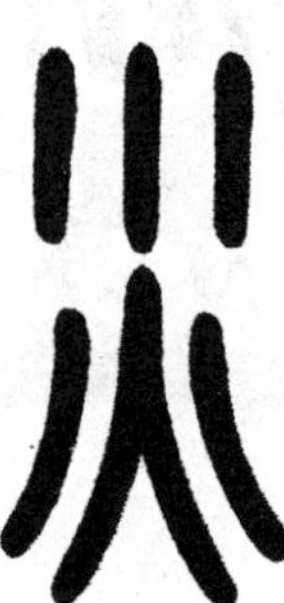

宗
zōng

赵孟頫

邓石如

米芾

定
dìng

(篆)
吴让之

宕
dàng

(篆)
说文解字

宜
yí

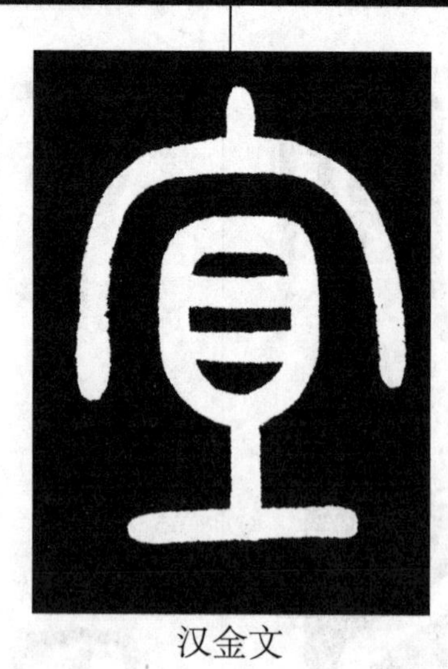

汉金文

齐白石

宙
zhòu

吴昌硕

官
guān

(篆)
赵孟頫

百体千字文

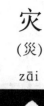

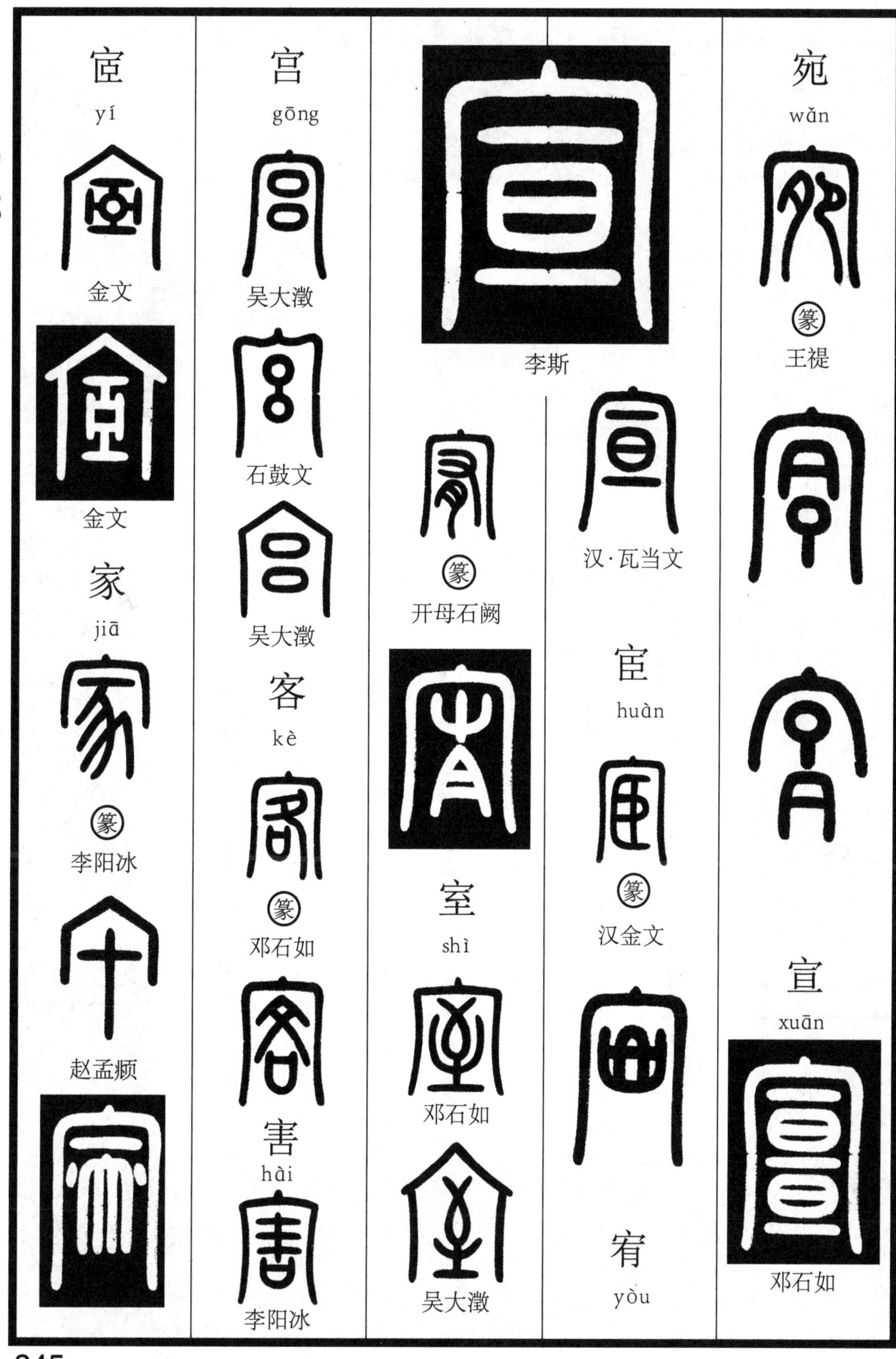

宧
yí
金文
金文
家
jiā
篆
李阳冰
赵孟頫
宫
gōng
吴大澂
石鼓文
吴大澂
客
kè
篆
邓石如
害
hài
李阳冰
李斯
篆
开母石阙
室
shì
邓石如
吴大澂
汉·瓦当文
宦
huàn
篆
汉金文
宥
yòu
宛
wǎn
篆
王禔
宣
xuān
邓石如

赵孟頫
宸
chén
篆
胡曰从
宵
xiāo
篆
赵时枫
宴
yàn
篆
方去疾
宰
zǎi
篆
吴大澂
吴睿
吴让之
案
àn
篆
吴大澂

宀部 寇寅寄寂宿密

寇

kòu

篆

黄葆戉

寅

yín

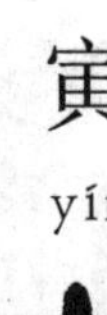

吴大澂

吴昌硕

寄

jì

篆

邓石如

寂

jì

篆

邓仲贤

宿

sù

篆

吴大澂

密

mì

篆

邓石如

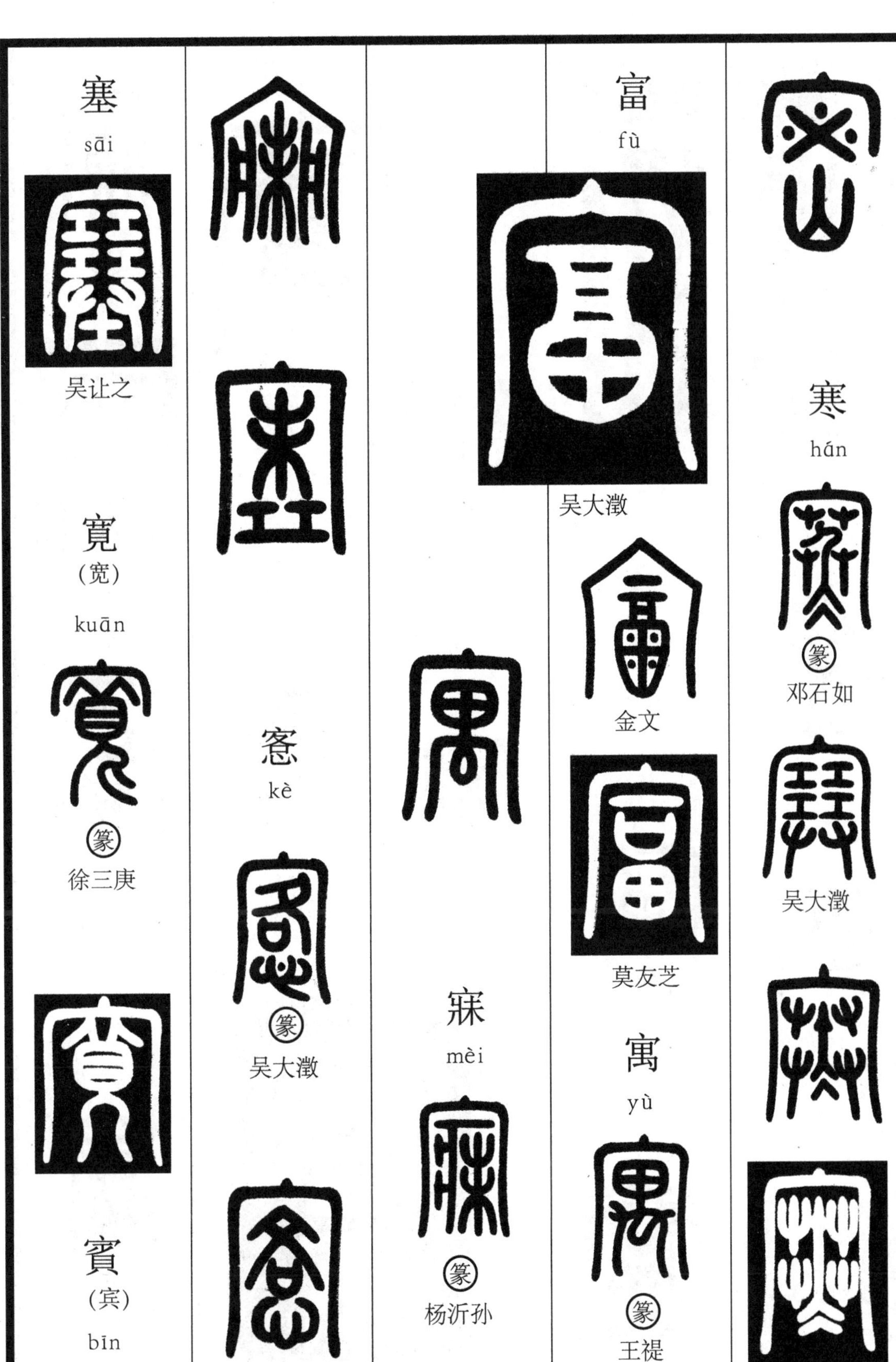
寒
hán
篆
邓石如
吴大澂
富
fù
吴大澂
金文
莫友芝
寓
yù
篆
王禔
寐
mèi
篆
杨沂孙
窓
kè
篆
吴大澂
塞
sāi
吴让之
寬
(宽)
kuān
篆
徐三庚
賓
(宾)
bīn

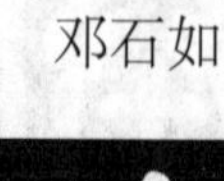
邓石如

寡

guǎ

吴睿

察

chá

篆
徐秉义

蜜

mì

篆
邓石如

寧

（宁）

níng

邓石如

王禔

王澍

寤

wù

篆

王澍

寑

(寢)

qǐn

篆

吴昌硕

實

(实寔)

shí

篆

赵孟頫

吴睿

杨沂孙

寥

liáo

篆

李阳冰

寮

liáo

吴大澂

寫

(写)

xiě

篆

李阳冰

赵孟頫

審

(审)

shěn

王禔

赵孟頫

憲

(宪)

xiàn

篆

江标

杨沂孙

賽

(赛)

sài

篆

汉印

寰

huán

篆

方去疾

蹇

jiǎn

篆

吴大澂

親

(亲)

qīn

篆

李斯

寶

(宝)

bǎo

篆

邓石如

赵孟頫

吴让之

寵
(宠)
chǒng

㊧篆 李阳冰

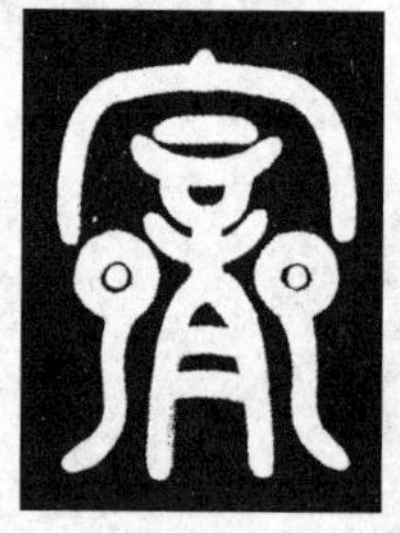

騫
(骞)
qiān

㊧篆 吴大澂

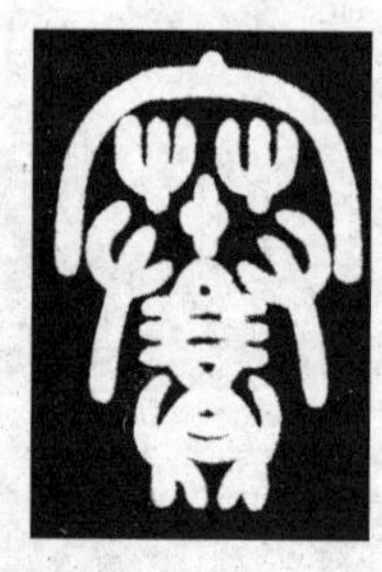

辶部

迂
yū

㊧篆 吴大澂

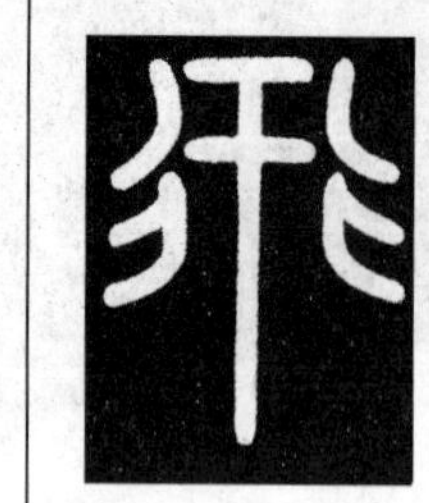

迅
xùn

㊧篆 邓石如

迄
qì

㊧篆 吴昌硕

巡
xún

㊧篆 汪鸣銮

迥
jiǒng
篆
吴让之
篆
李阳冰
迭
dié
篆
方去疾
迪
dí
篆
吴大澂
迎
yíng
篆
吴让之
述
shù
返
fǎn
篆
邓石如
讶
yà
篆
陶文
近
jìn
篆
杨沂孙

迫

pò

篆

吴大澂

迤

(迆)

yǐ

篆

永瑆

迢

tiáo

篆

清人

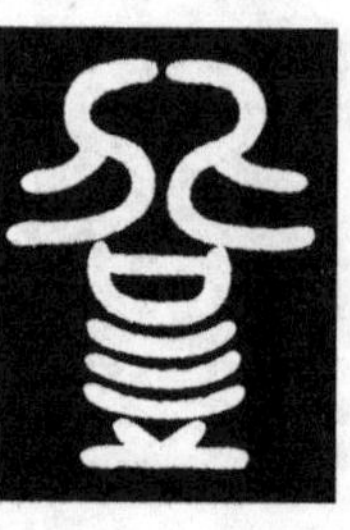

迦

jiā

篆

林时九

迺

(乃)

nǎi

篆

吴昌硕

迴

(回)

huí

篆

赵孟頫

追

zhuī

篆

杨沂孙

逃

táo

篆

李斯

迹

jì

篆

杨沂孙

送

sòng

篆

汉简

迸

bèng

篆

方去疾

迷

mí

篆

王禔

逆

nì

篆

吴大澂

退

tuì

篆

寅簋

連
(连)
lián

篆
王禔

逋
bū

篆
秦简

速
sù

篆
杨沂孙

逗
dòu

篆
说文解字

逐
zhú

篆
邓石如

逌
yōu

篆
王禔

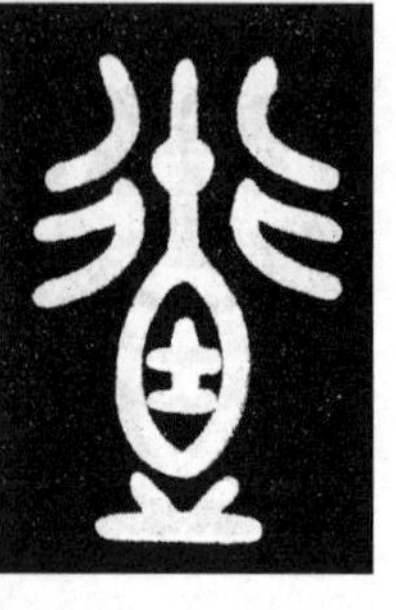

逝

shì

篆

杨沂孙

逑

qiú

篆

吴大澂

逍

xiāo

篆

李阳冰

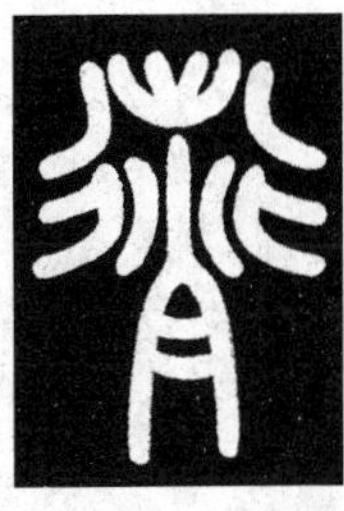

逞

chěng

篆

吴大澂

造

zào

篆

吴让之

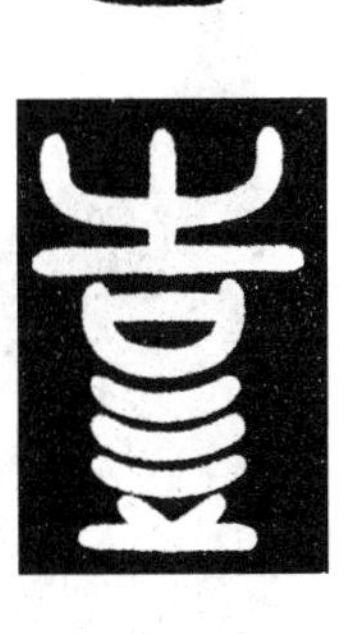

途

tú

篆

方去疾

逢

féng

篆

吴让之

通

tōng

篆

吴大澂

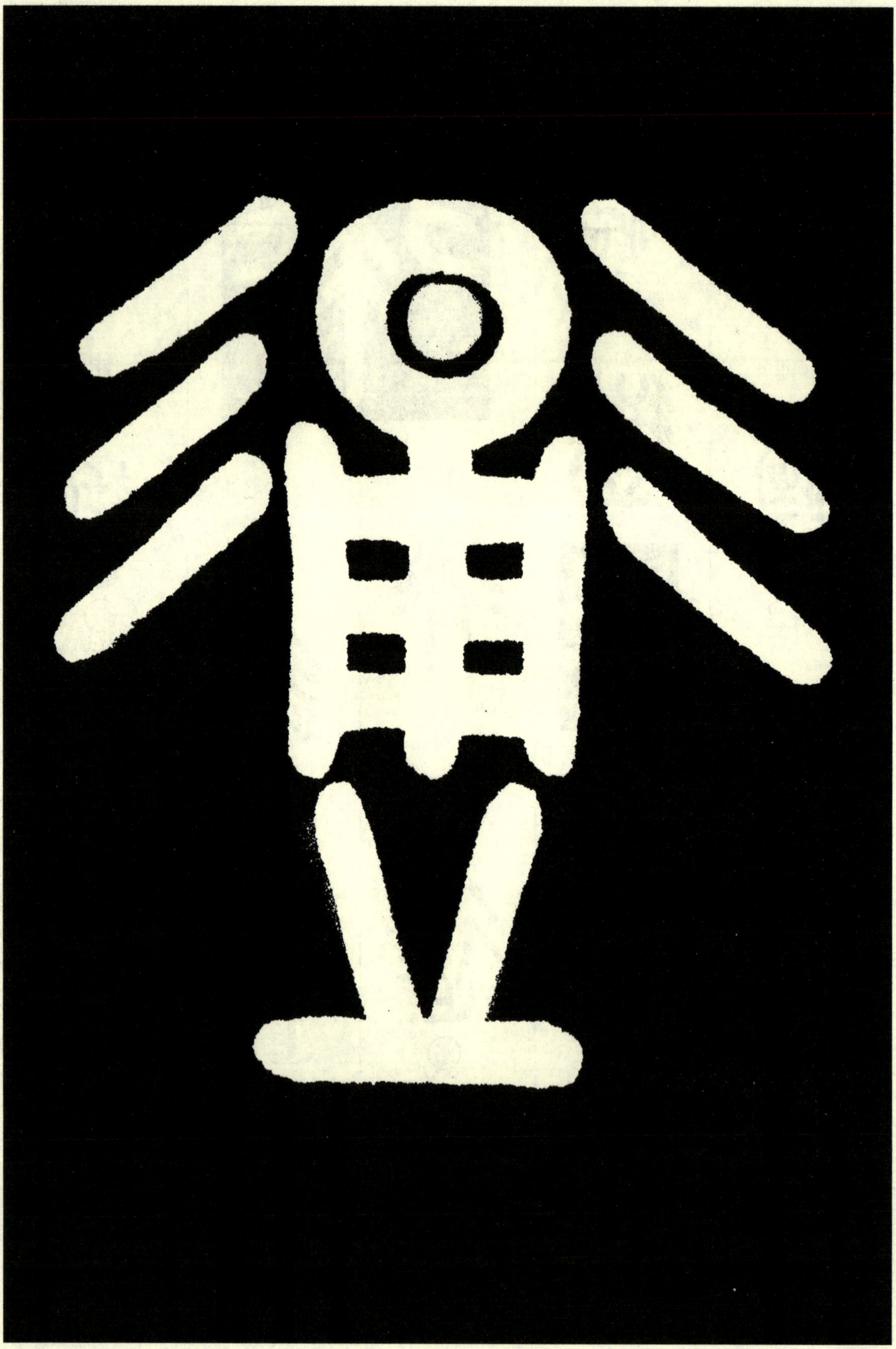

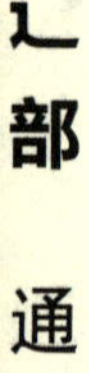

逖

tì

篆

清人

逵

kuí

篆

杨沂孙

過

(过)

guò

篆

碧落碑

逶

wēi

篆

王褆

進

(进)

jìn

篆

邓石如

逸

yì

篆

赵孟頫

逮

dài

篆

中山王器

逴

chuō

篆

王禔

逯

lù

篆

黄葆戉

達

(达)

dá

篆

邓延桢

逼

bī

篆

王禔

遇

yù

篆

邓石如

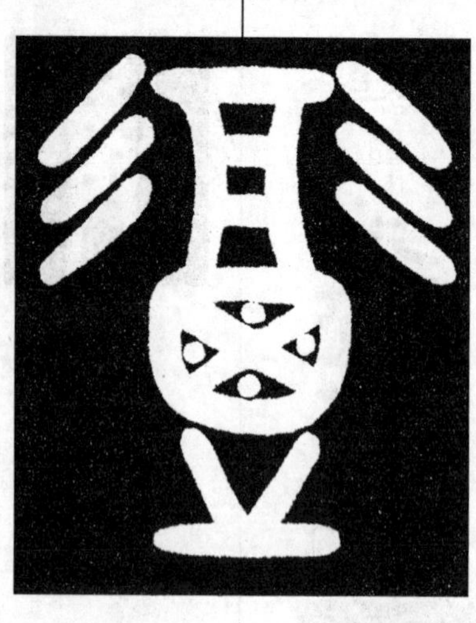

遄

chuǎn

篆

说文解字

遑

huáng

篆

王禔

遁
dùn
篆
汪仁寿
逾
yú
篆
吴让之
遉
(侦)
zhēn
篆
金文
遊
(游)
yóu
篆
吴睿
遒
qiú
篆
汉简
道
dào
篆
永珵

辶部
道

遂

suì

篆 吴让之

運

（运）

yùn

篆 李阳冰

遍

biàn

篆 李立

遐

xiá

篆 李阳冰

違

（违）

wéi

篆 邓石如

遘

gòu

篆 汪仁寿

遠

（远）

yuǎn

篆 赵孟頫

遣

qiǎn

篆

邓石如

遝

tà

篆

汪仁寿

遞

(递)

dì

篆

邓石如

遥

yáo

赵孟頫

遜

(逊)

xùn

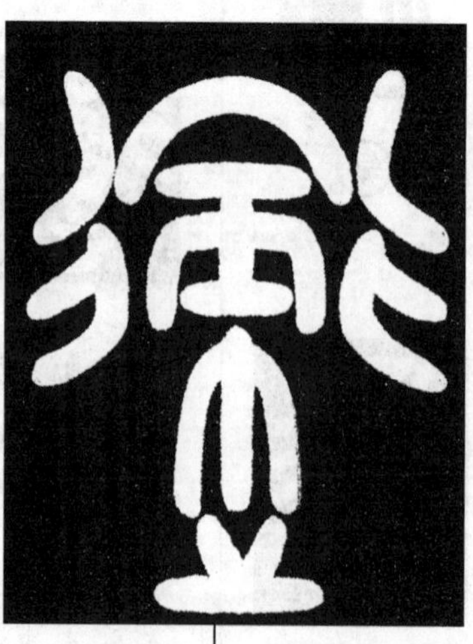

篆

方去疾

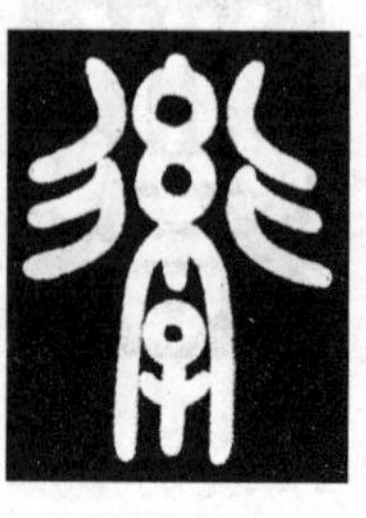

遭

zāo

篆

何绍基

遯

(遁)

dùn

篆 吴大澂

適

(适)

shì

篆 李阳冰

遰

dì

篆 吴大澂

遬

sù

篆 杨沂孙

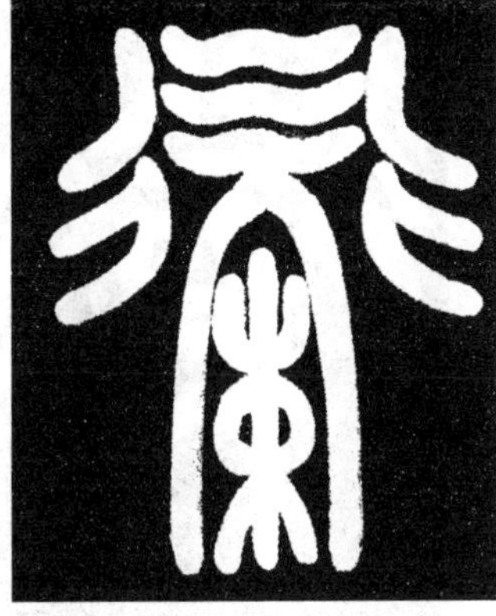

邁

(迈)

mài

篆 莫友芝

遷

(迁)

qiān

篆 汉印

遨

áo

篆 方去疾

遼

(辽)

liáo

篆 王褆

遺
(遗)
yí

篆
吴大澂

遵
zūn

邓石如

遲
(迟)
chí

篆
吴让之

選
(选)
xuǎn

篆
杨沂孙

遹
yù

篆
墙盘

遽
jù

篆
秦简

還
(还)
huán

篆

邓石如

邀

yāo

篆

杨沂孙

避

bì

篆

王禔

邇

(迩)

ěr

篆

梦英

邈

miǎo

篆

吴让之

邊

(边)

biān

篆

李斯

邃

suì

篆

方去疾

遺

dú

篆

王禔

辶部 邋邐遏

彐部 帚录尋

邋

lā

(篆)

王禔

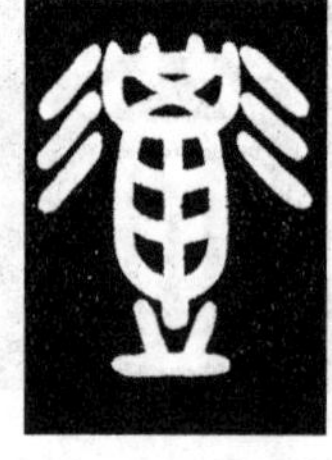

邐

(逦)

lǐ

(篆)

清人

遏

è

(篆)

方去疾

彐部

帚

zhǒu

(篆)

吴大澂

录

lù

金文

尋

(寻)

xún

(篆)

赵孟頫

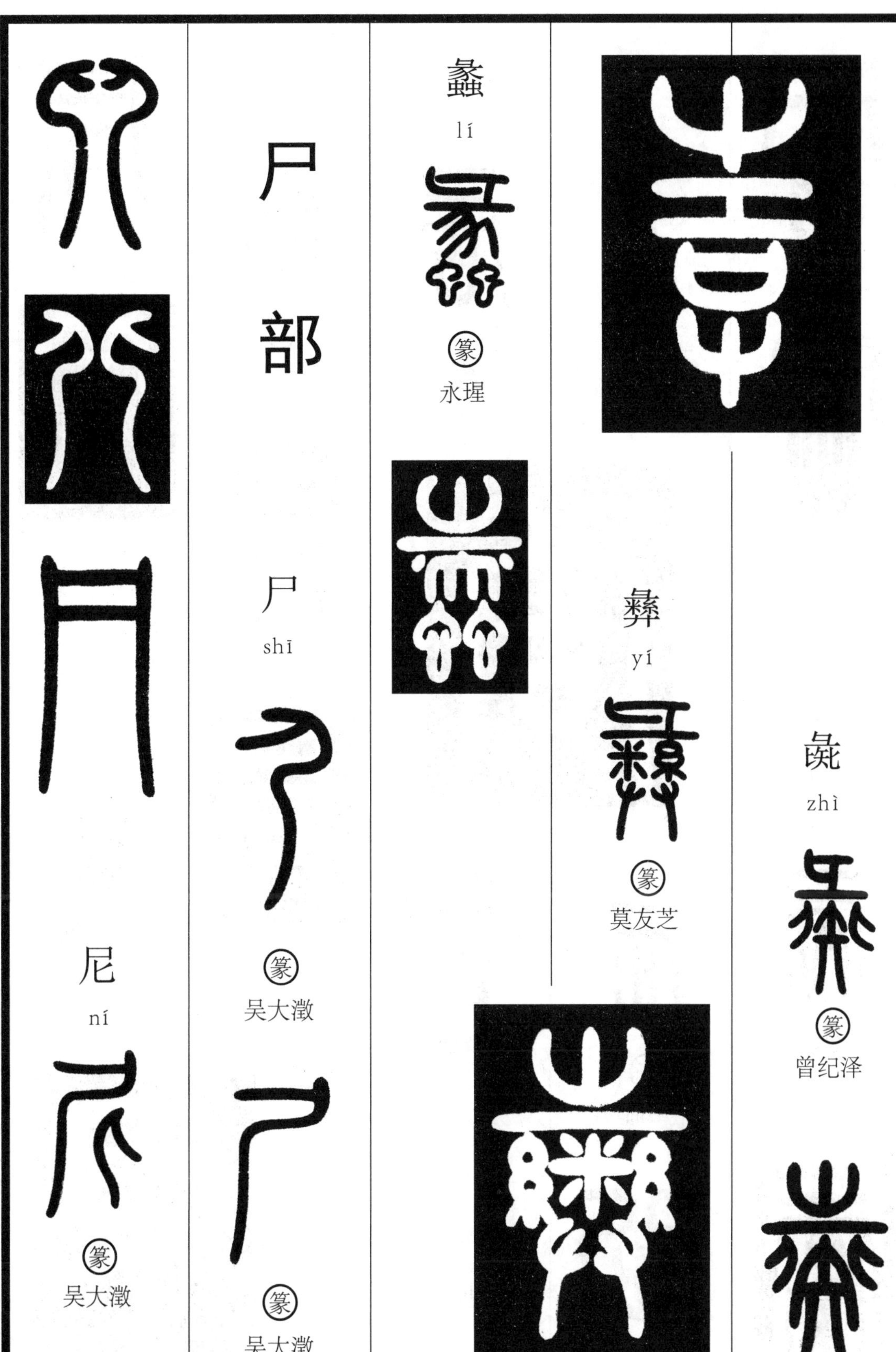

彘
zhì
篆
曾纪泽

彝
yí
篆
莫友芝

蠡
lí
篆
永瑆

尸部

尸
shī
篆
吴大澂

篆
吴大澂

尼
ní
篆
吴大澂

尾

wěi

篆

永理

局

jú

篆

邓石如

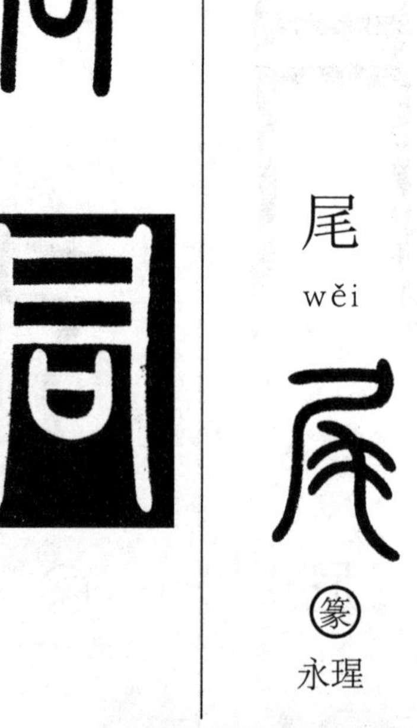

居

jū

篆

邓石如

篆

秦简

屈

qū

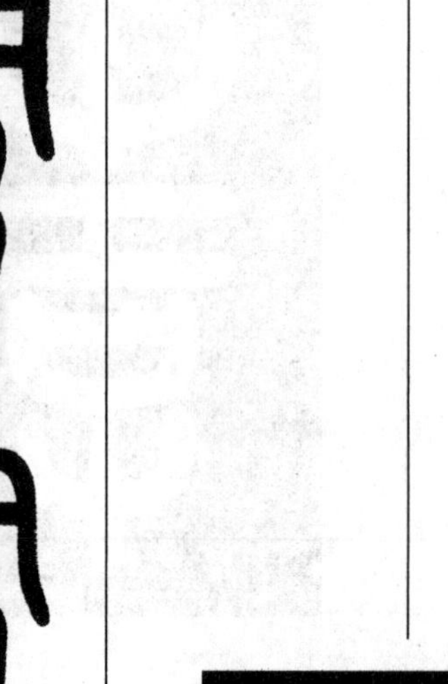

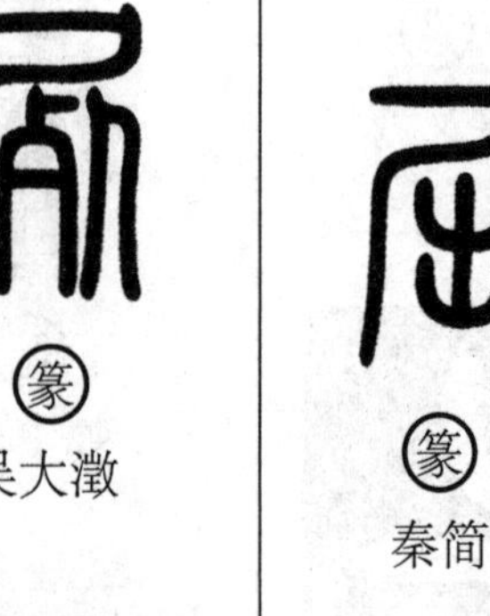

屍

(尸)

shī

篆

吴大澂

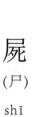

屋

wū

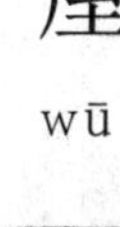

篆

邓石如

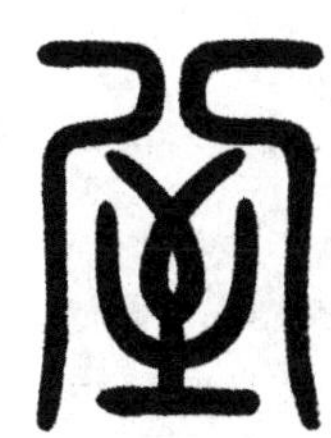

屏

píng

篆

吴昌硕

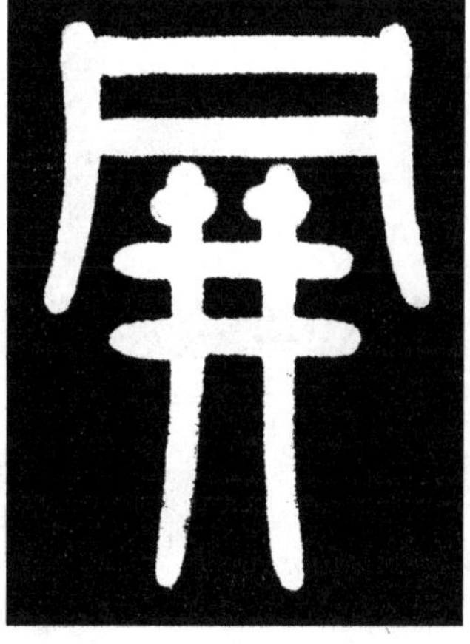

展

zhǎn

篆

仰嘉祥

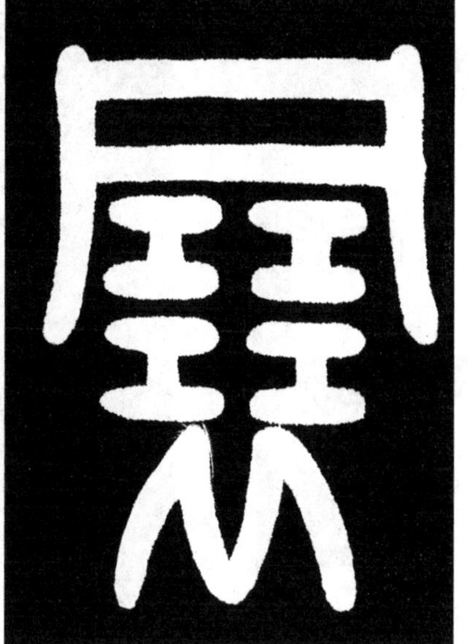

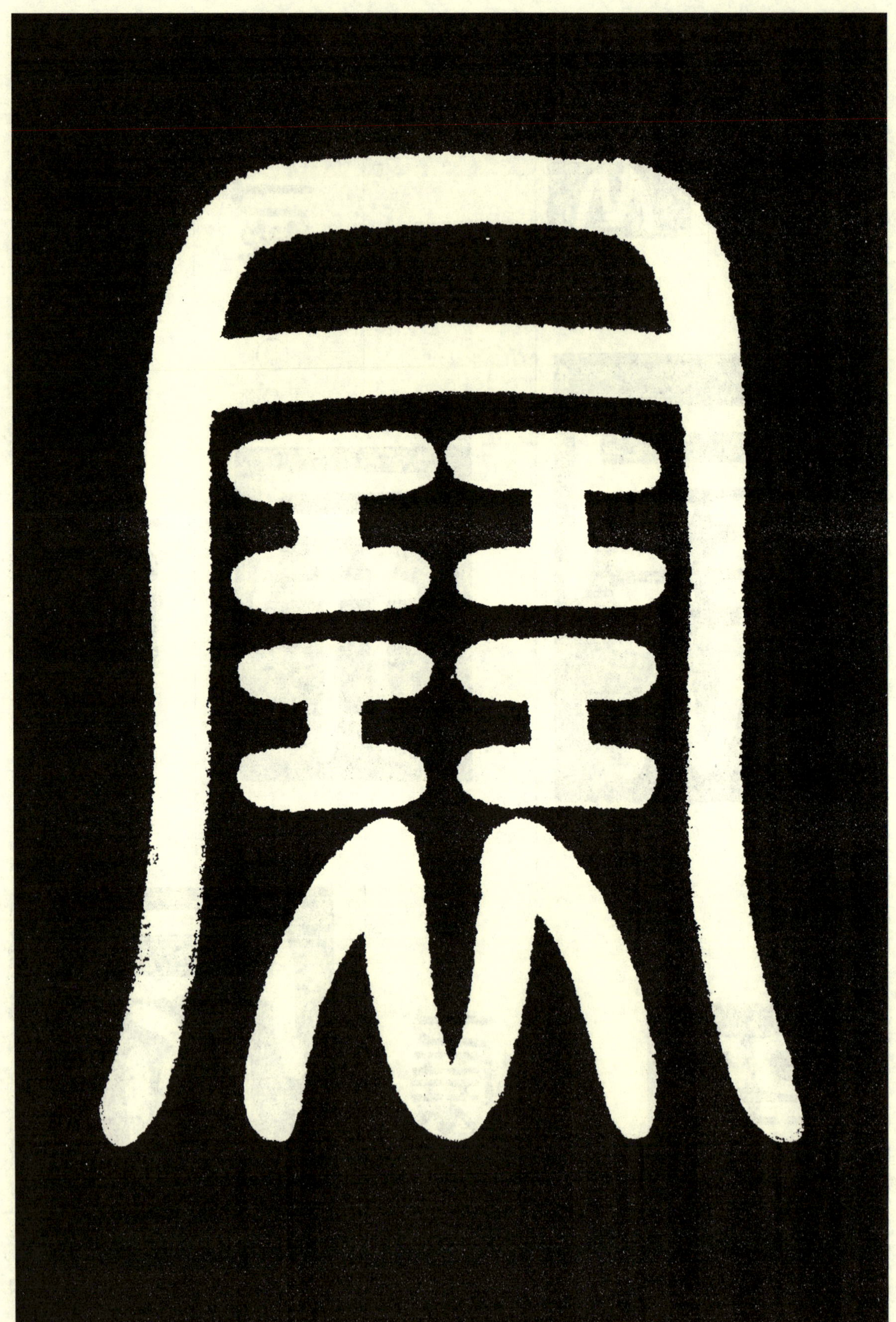

尸部 展

屑

xiè

篆

吴昌硕

屐

jī

篆

吴大澂

屖

xī

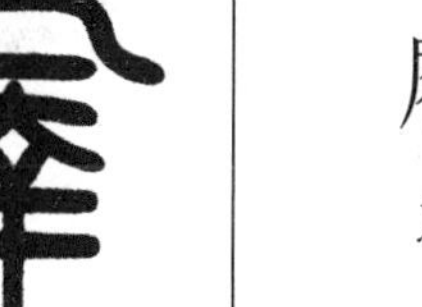

篆

墙盘

屠

tú

篆

黄葆戉

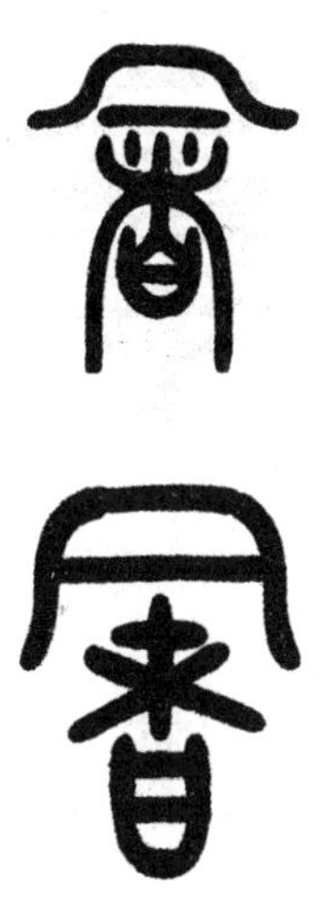

屚

lòu

篆

杨沂孙

犀

xī

篆

吴昌硕

孱

chǎn

㊣篆

说文解字

屢

(屡)

lǚ

㊣篆

邓石如

履

lǚ

㊣篆

赵孟頫

屨

(屦)

jù

㊣篆

黄士陵

屬

(属)

zhǔ

㊣篆

李阳冰

層

(层)

céng

㊣篆

邓石如

己部

己
jǐ

篆
邓石如

己
yǐ

篆
金文

巳
sì

篆
金文

篆
汉金文

忌
jì

篆
杨沂孙

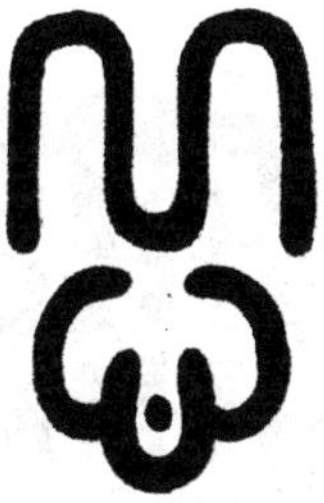

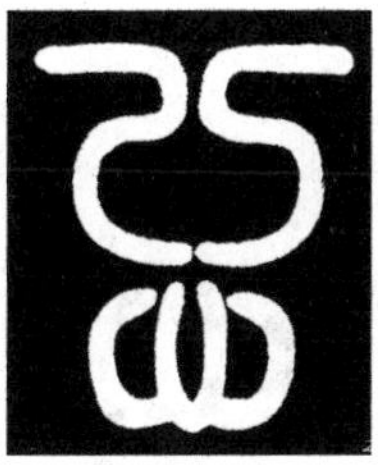

弓部

弓
gōng

篆
金文

篆
吴让之

己部 己已巳忌

弓部 弓

引
yǐn
篆
杨沂孙

弗
fú
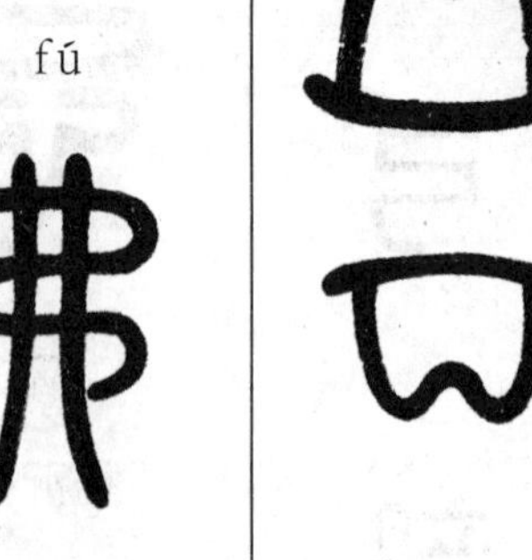
篆
李阳冰

弘
hóng
篆
吴大澂

弛
chí
篆
徐三庚
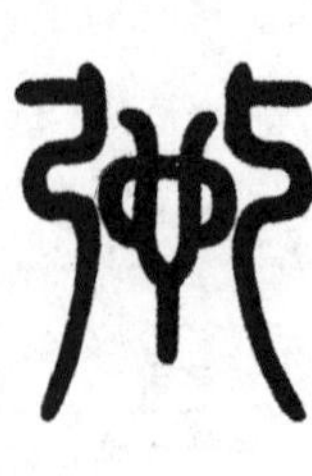

弢
tāo
篆
徐三庚

弧
hú
篆
清人

弦
xián
篆
邓石如

弩

nǔ

篆

方去疾

弱

ruò

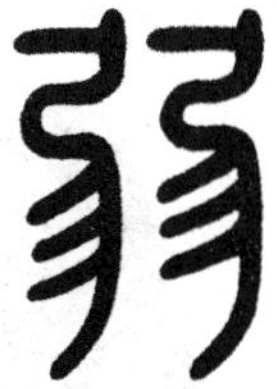

篆

赵孟頫

弭

mǐ

篆

黄士陵

張

(张)

zhāng

篆

吴大澂

張

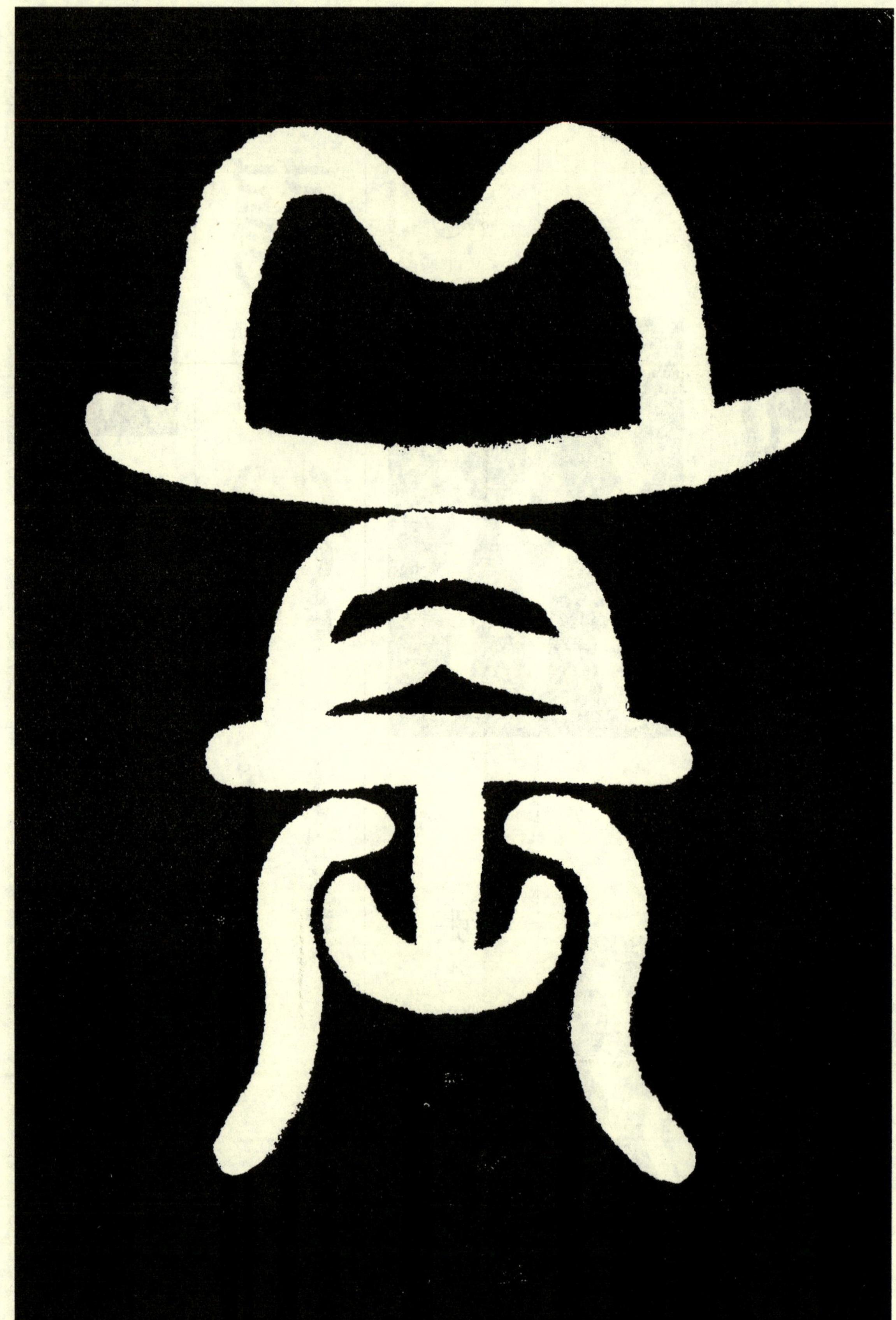

强
qiǎng
(篆)
钱厓

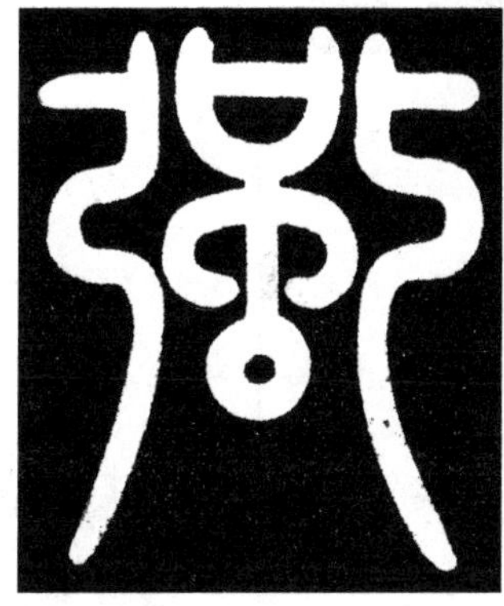

弼
bì

(篆)
杨沂孙

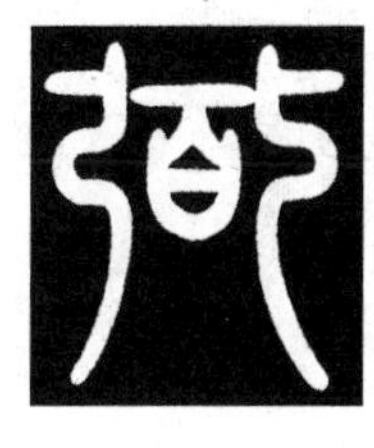

粥
zhōu
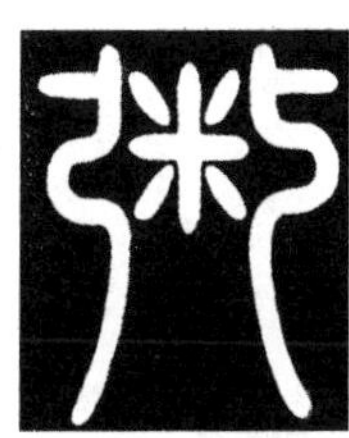
古玺

说文解字

彊
(強)
qiáng

(篆)
王禔

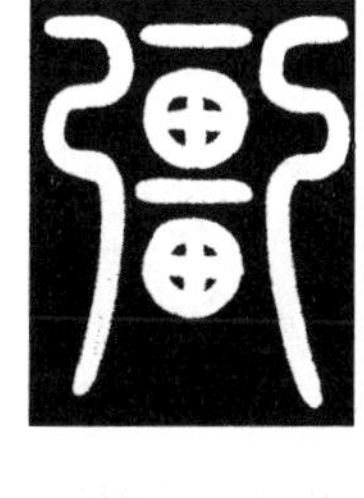

彌
(弥)
mí
(篆)
吴昌硕

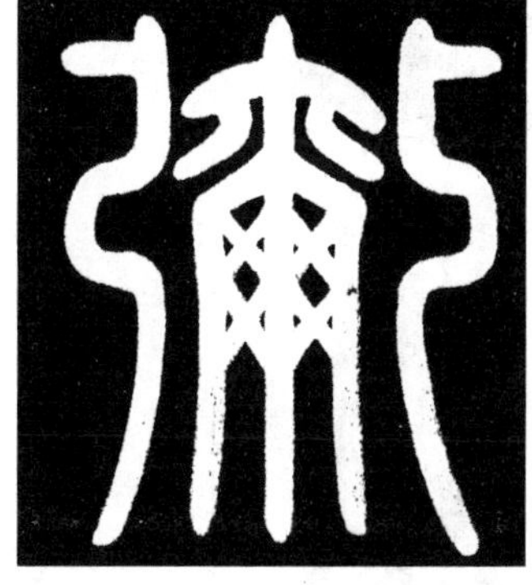

疆
jiāng

(篆)
赵时㭎

彈
(弹)
dàn

(篆)
王禔

屮(屮)部

出
chū

篆 王禔

齐白石

蚩
chī

清人

女部

女
nǚ

篆 赵孟頫

篆 杨沂孙

奴
nú

篆 仰嘉祥

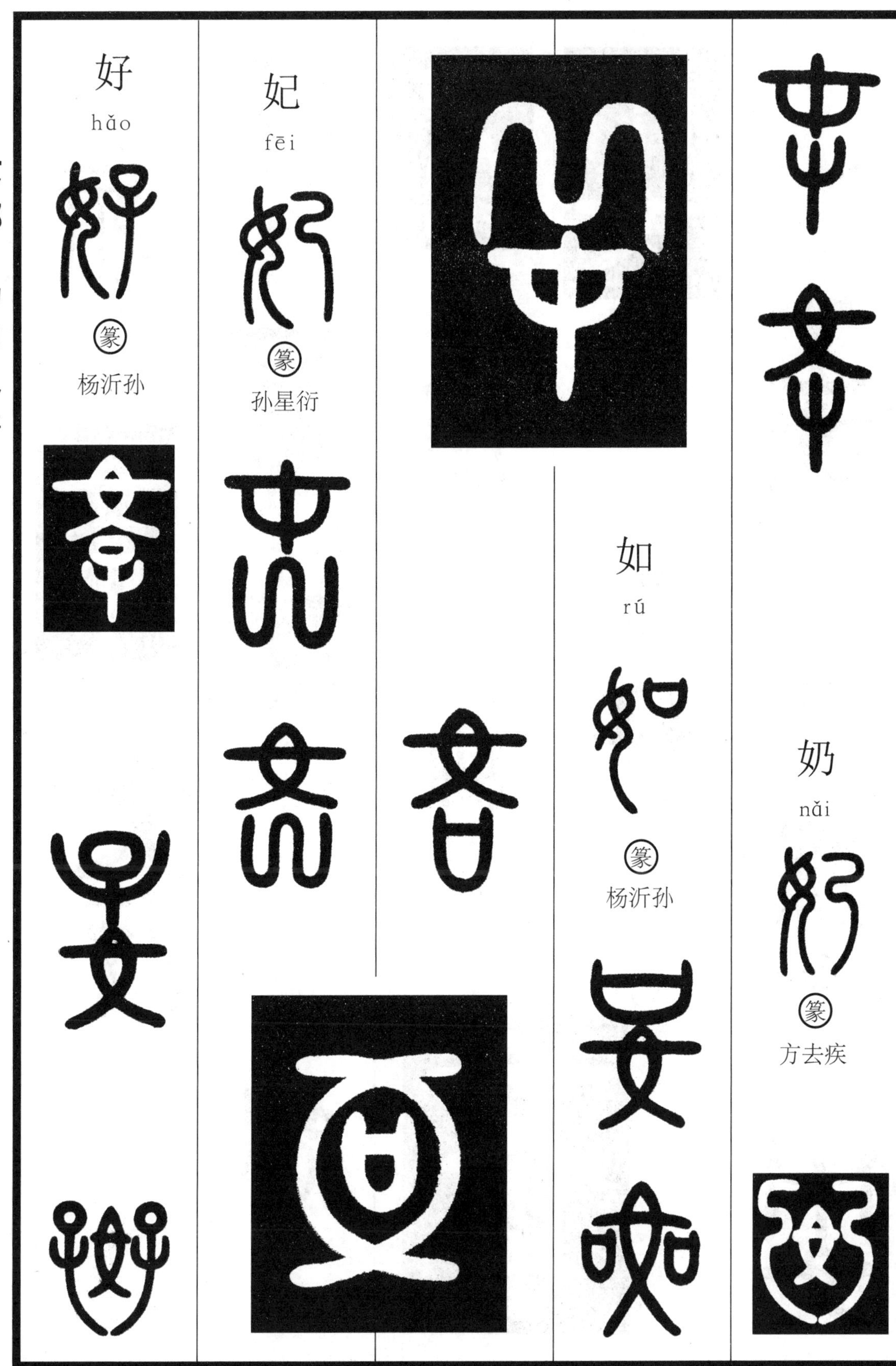
好
hǎo
篆
杨沂孙
妃
fēi
篆
孙星衍
如
rú
篆
杨沂孙
奶
nǎi
篆
方去疾

妍

yán

篆

邓石如

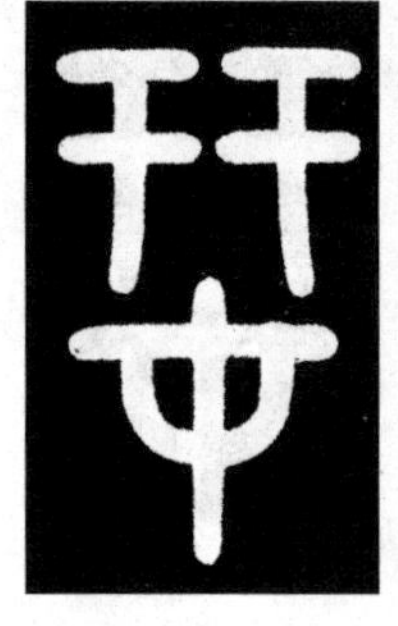

妘

yún

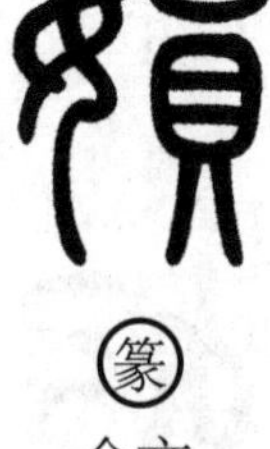

篆

金文

妣

bǐ

篆

清人

妙

miào

篆

赵孟頫

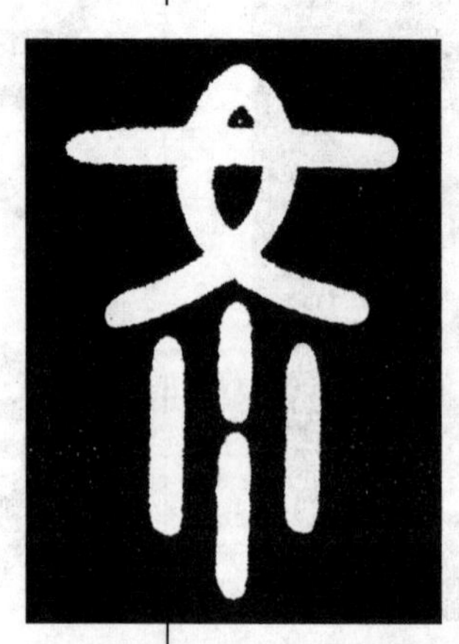

妊

rèn

篆

金文

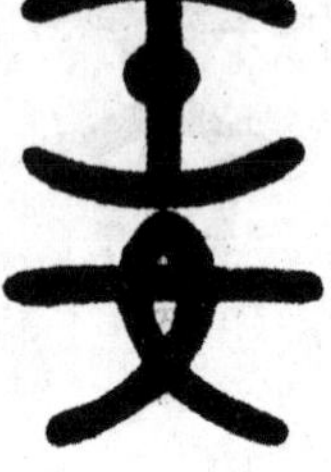

姊

(姉)

zǐ

篆

说文解字

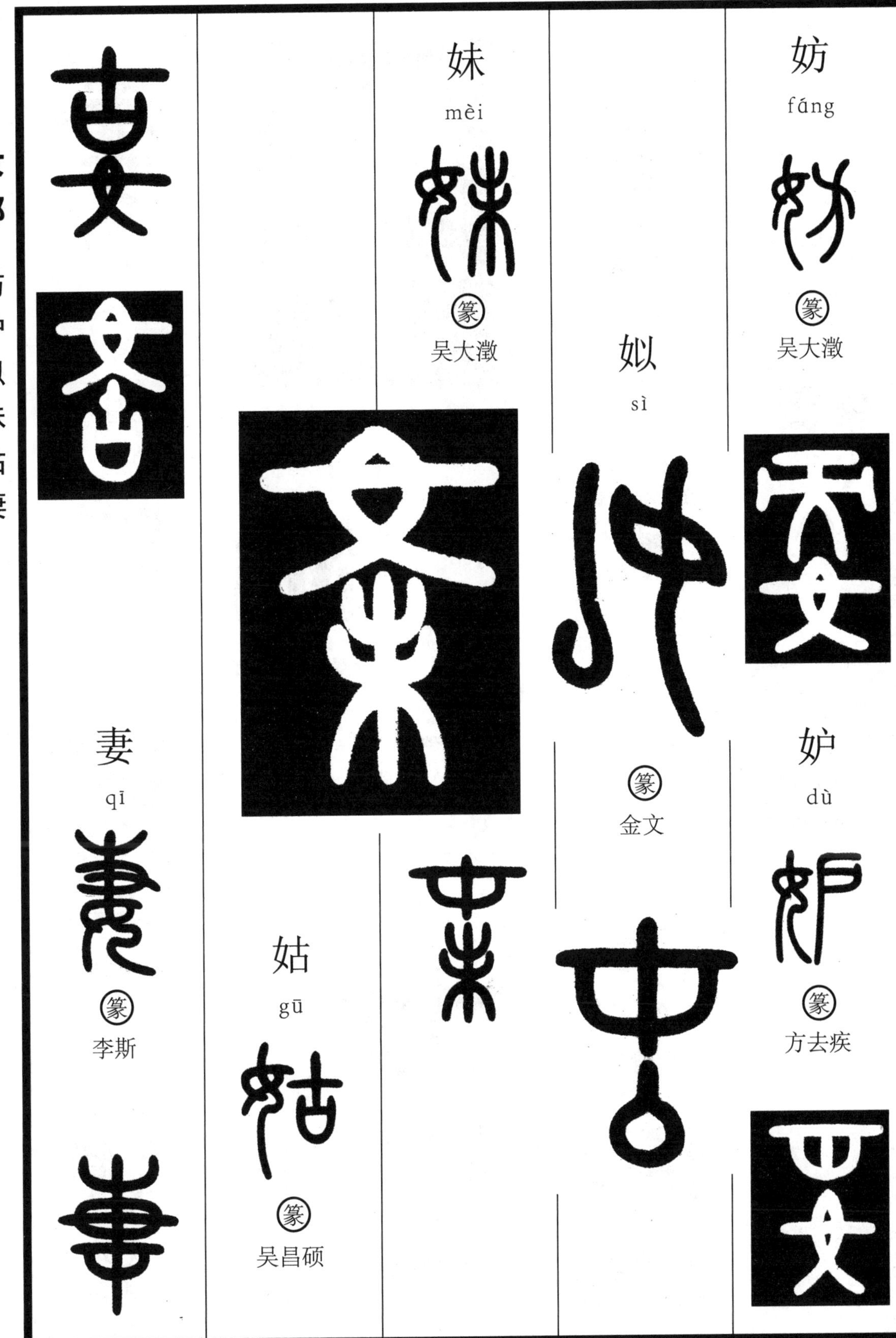
妨
fáng
篆
吴大澂
妒
dù
篆
方去疾
姒
sì
篆
金文
妹
mèi
篆
吴大澂
姑
gū
篆
吴昌硕
妻
qī
篆
李斯

姐

jiě

㊣篆 方去疾

姗

shān

㊣篆 清人

姓

xìng

㊣篆 吴让之

始

shǐ

㊣篆 邓石如

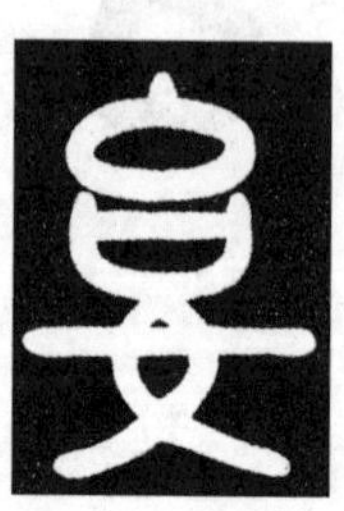

姑

jí

㊣篆 说文解字

姪
(侄)
zhí

篆 清人

姻
yīn

篆 说文解字

姚
yáo

篆 黄葆戉

姿
zī

篆 王禔

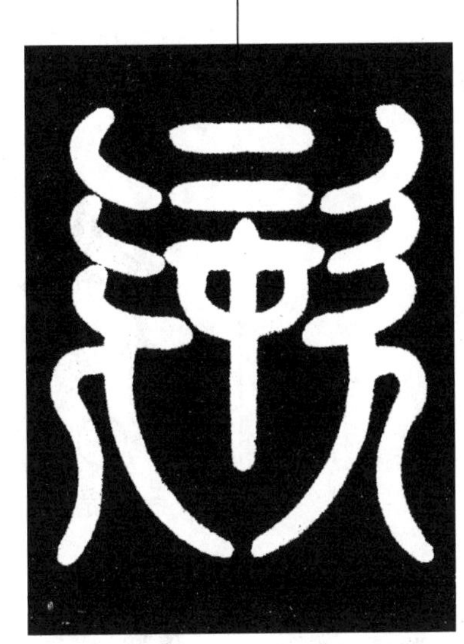

姦
(奸)
jiān

篆 邓石如

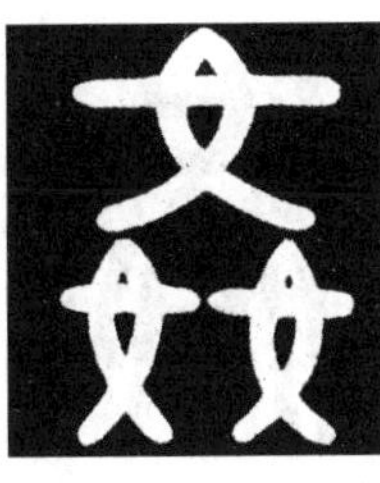

姬
jī

篆 黄葆戉

娱

yú

篆

王禔

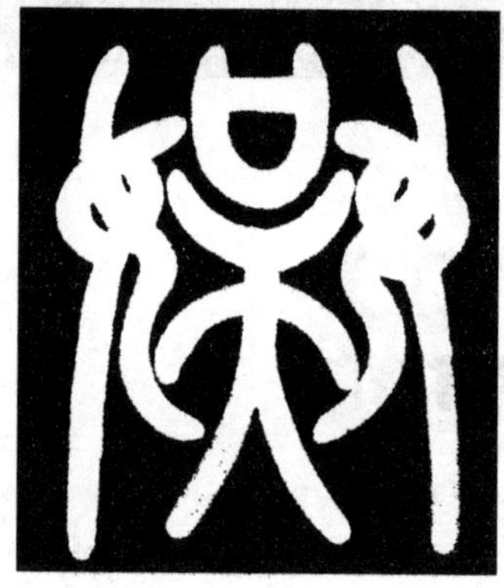

娟

juān

篆

林时九

娣

dì

篆

齐白石

娘

(孃)

niáng

篆

仰嘉祥

娓

wěi

篆

徐三庚

婢

bì

篆

方去疾

婁

(娄)

lóu

篆

吴大澂

婦

(妇)

fù

篆

李阳冰

婚

hūn

篆

方去疾

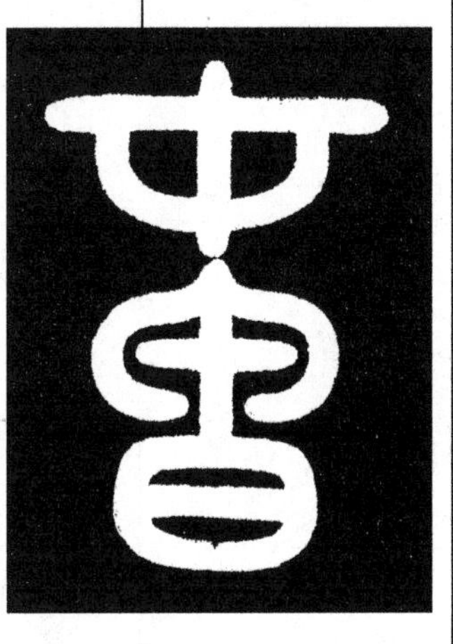

婆

pó

篆

邓石如

婉

wǎn

篆

王禔

媞

tí

篆

清人

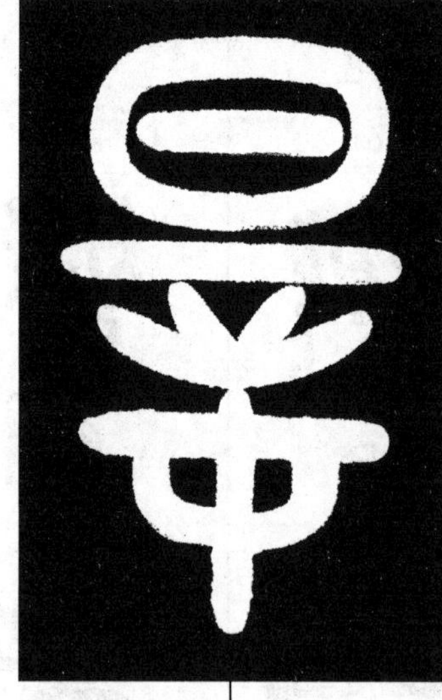

嫂

sǎo

篆

仰嘉祥

媛

yuàn

泰不华

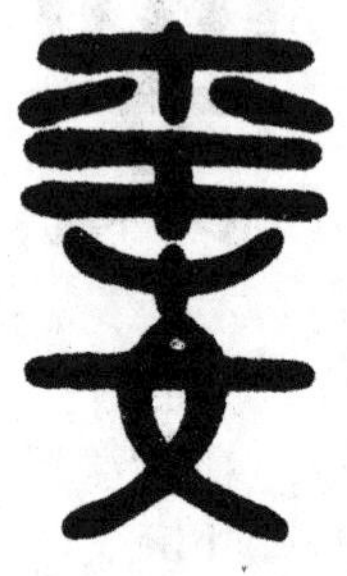

媿

(愧)

kuì

杨沂孙

媮

(偷)

tōu

篆

方去疾

嫣

(妫)

guī

说文解字

媚

mèi

篆

杨沂孙

婺

wù

篆

秦简

媻

pán

篆

邓石如

嫌

xián

篆

黄士陵

媰

zòu

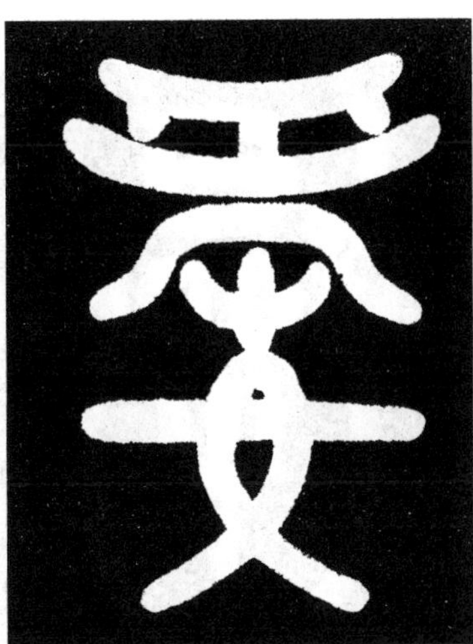

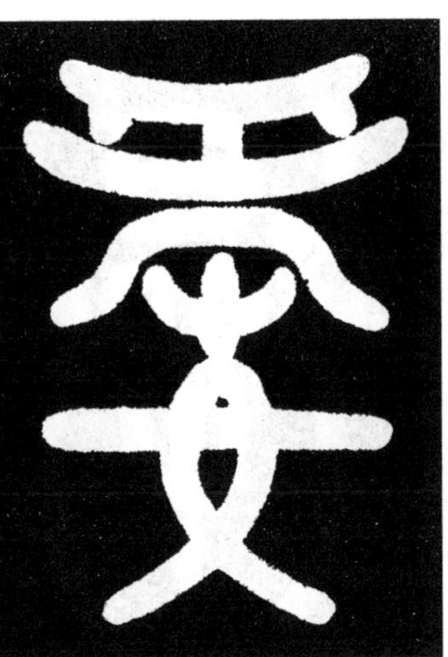

篆

说文解字

嫁

jià

篆

李斯

媸

chī

篆

邓石如

嫛

yī

篆

说文解字

嫚

màn

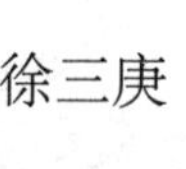

篆

徐三庚

金文

嫋

（裊）

niǎo

篆

说文解字

嫡

dí

篆

赵孟頫

嫵

（妩）

wǔ

篆

说文解字

嬌

（娇）

jiāo

篆 方去疾

嫽

liáo

篆 说文解字

嫺

(娴)

xián

篆 赵石

嬛

huán

篆 汪仁寿

嬰

(婴)

yīng

篆 吴昌硕

嬪

(嫔)

pín

篆 泰不华

嬾

(懒)

lǎn

篆 仰嘉祥

嬿

yàn

篆 吴昌硕

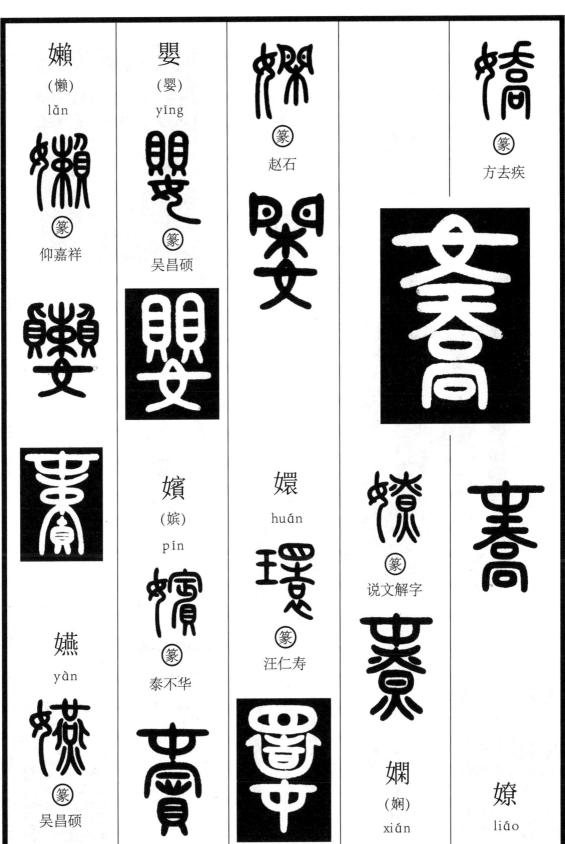

嬠

yuè

篆

说文解字

姝

shū

篆

说文解字

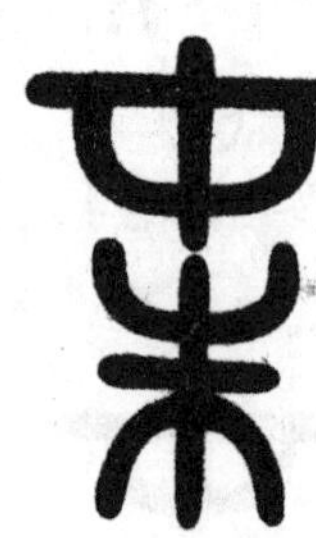

部

小

xiǎo

吴让之

吴大澂

shǎo

赵孟頫

李鹤年

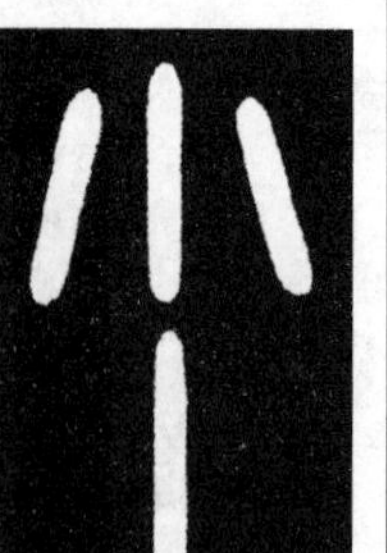

尖
jiān
邓散木
劣
liè
篆
徐三庚
肖
xiào
篆
邓石如
尚
shàng
吴让之
吴昌硕
省
shěng
篆
汉金文
雀
què
篆
王禔

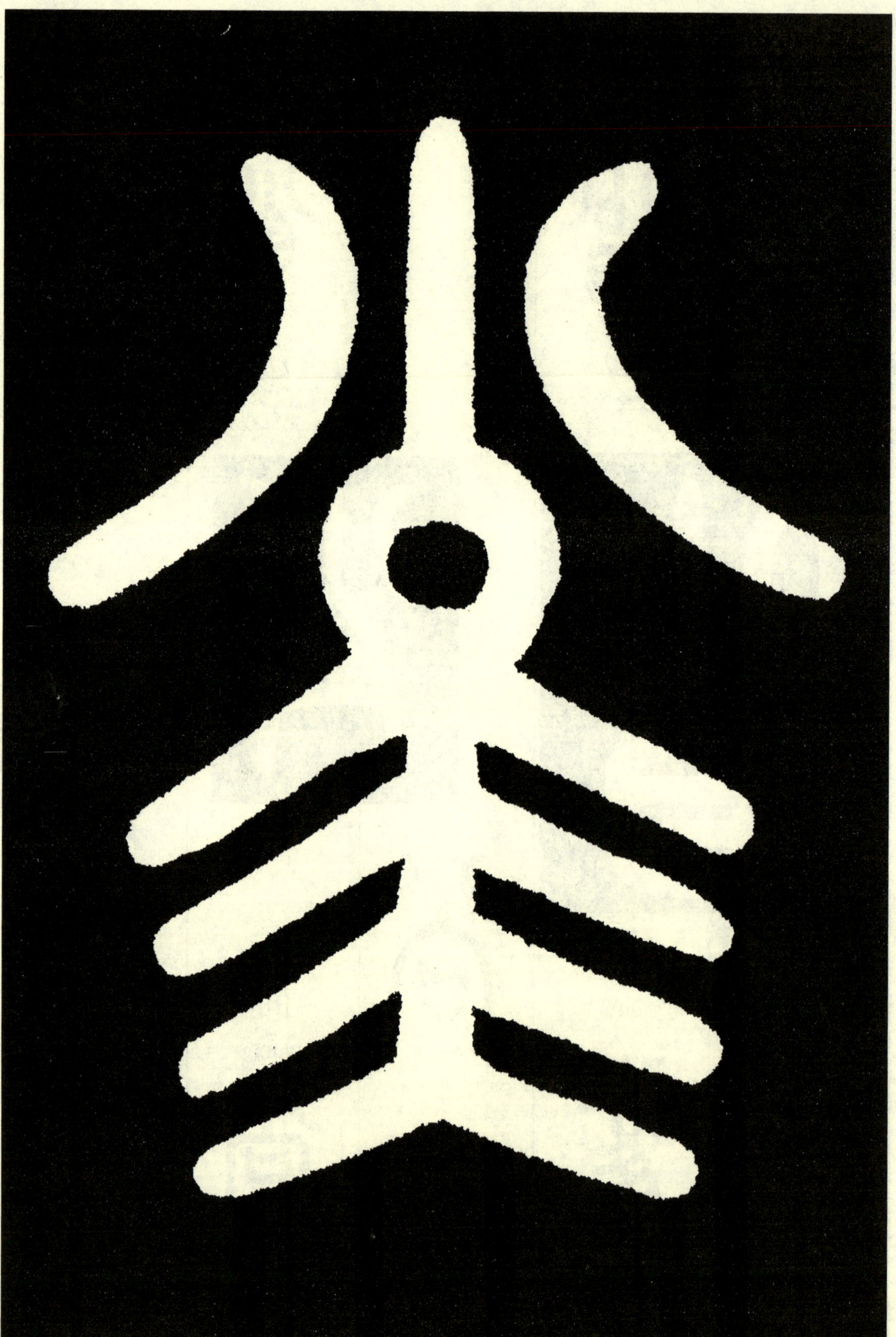

雀

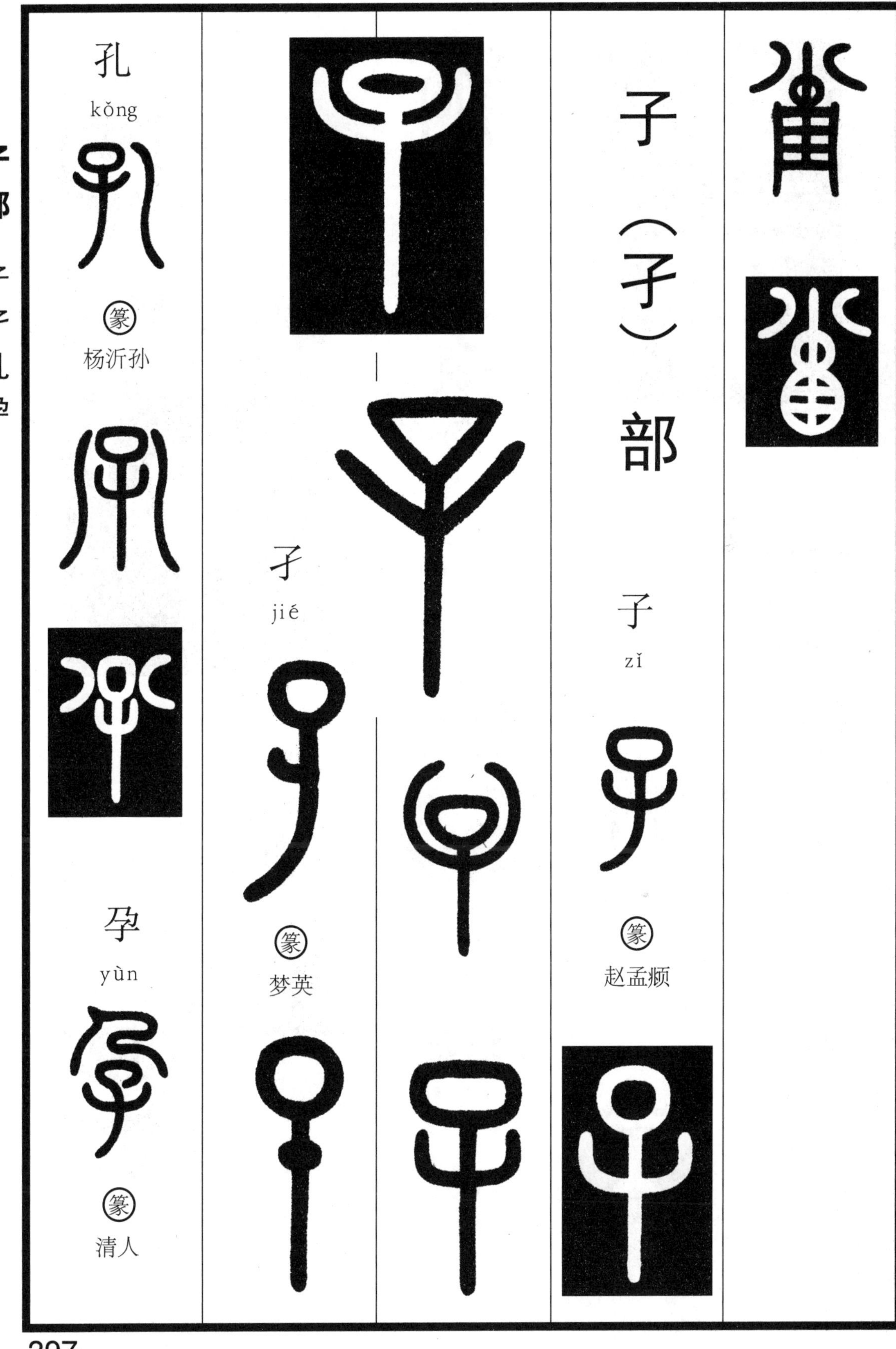
子（孑）部
子
zǐ
篆
赵孟頫
孑
jié
篆
梦英
孔
kǒng
篆
杨沂孙
孕
yùn
篆
清人

孟

mèng

篆

吴大澂

孤

gū

篆

邓石如

篆

千文残卷

孩

hái

篆

单晓天

孫

(孙)

sūn

篆

莫友芝

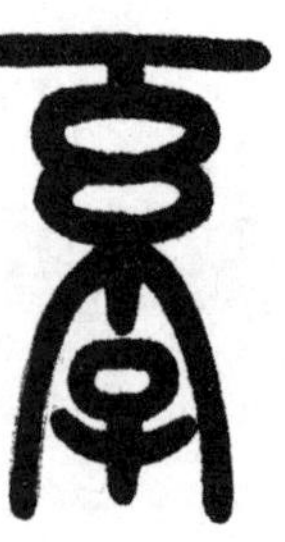

學

(学)

xué

篆

吴让之

赵孟頫

孺

rú

(篆)

吴大澂

幺部

幺

yāo

杨沂孙

幼

yòu

(篆)

邓石如

(篆)

秦简

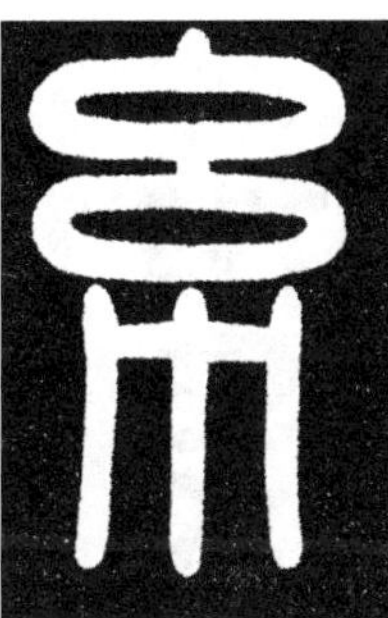

幾

（几）

jǐ

(篆)

杨沂孙

幾

jī

(篆)

徐三庚

巛部

邕

yōng

(篆)

杨沂孙

巢

cháo

(篆)

杨沂孙

雝

(雍)

yōng

(篆)

黄葆戉

王部

王

wáng

吴让之

主

zhǔ

邓石如

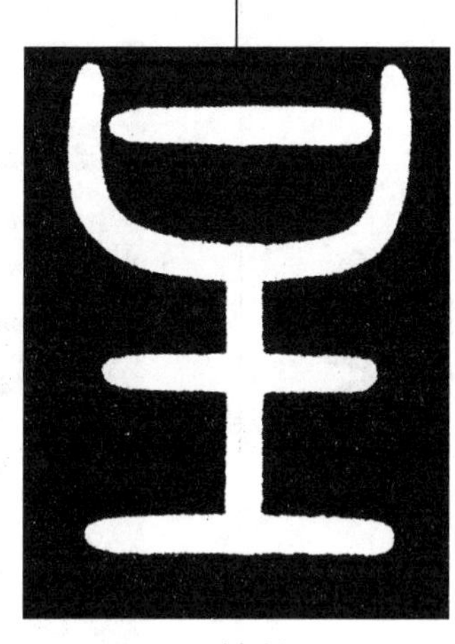
冯桂林

玉

yù

吴让之

赵宧光

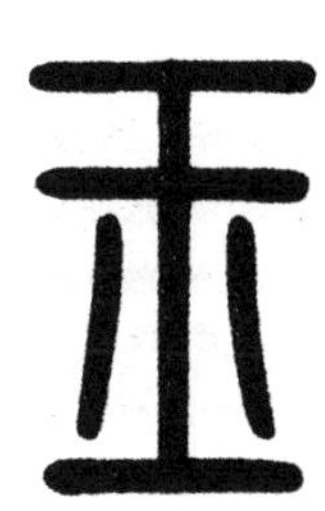
李阳冰

章炳麟

弄

nòng

吴让之

玩

wán

篆

方去疾

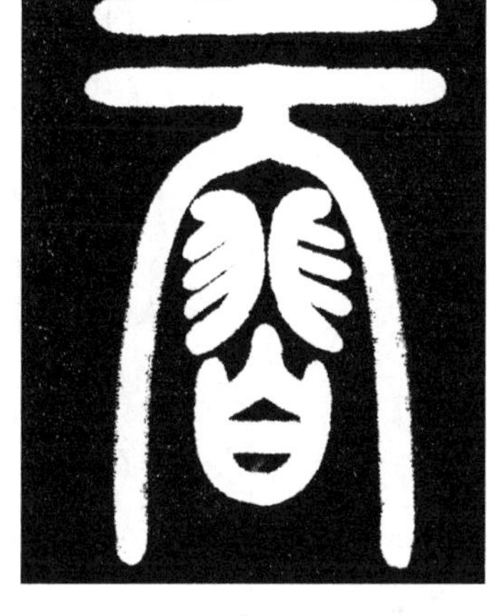

玫

méi

篆

金文

玓

dì

篆

吴睿

玨

jué

杨沂孙

珂

kē

篆

汪仁寿

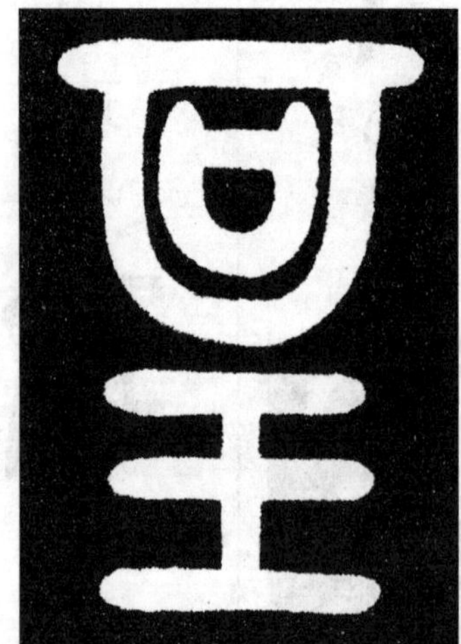

玷

diàn

篆

杨沂孙

珊

shān

篆

许容

珍

zhēn

篆

赵孟頫

玲

líng

篆

严坤

珉

mín

篆

峿台铭

珈

jiā

篆

说文解字

珥

ěr

篆

清人

珙

gǒng

篆

说文解字

琊

yá

篆

程邃

珽

tǐng

篆

说文解字

珠

zhū

篆

邓石如

珮

pèi

篆

汉印

王部 珩班球現理望

珩

héng

篆 说文解字

班

bān

篆 杨沂孙

球

qiú

篆 永瑆

理

lǐ

篆 吴让之

現

(现)

xiàn

篆 方去疾

望

(朢)

wàng

篆 吴让之

琅

láng

篆

严坤

璇

xuán

篆

王禔

琫

běng

篆

说文解字

琴

qín

胡唐

王澍

焦循

琪

qí

篆

丁敬

珷

wǔ

篆

金文

琳

lín

篆

碧落碑

琢

zhuó

篆

吴大澂

琦

qí

篆

林时九

琨

kūn

篆

汉印

琱

diāo

篆

说文解字

金文

琰

yǎn

篆

汪仁寿

斑

bān

沙神芝

琛

chēn

篆

碧落碑

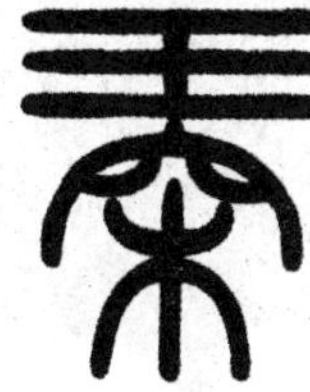

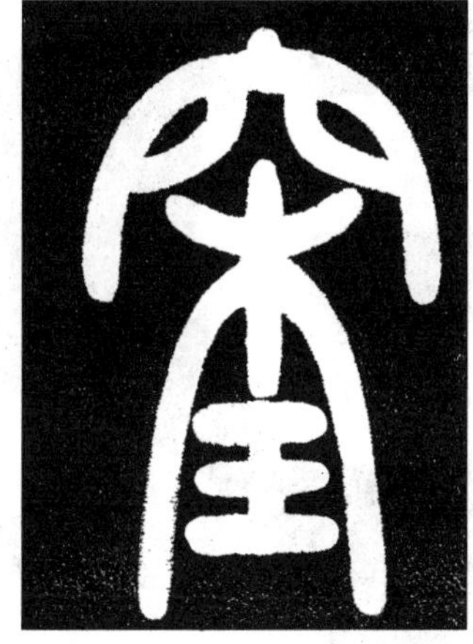

瑟

sè

篆

杨沂孙

王澍

聖

（圣）

shèng

篆

邓石如

瑚

hú

篆

徐同柏

瑞

ruì

篆

杨沂孙

瑜

yú

篆

吴让之

瑗

yuàn

篆

杨沂孙

瑕

xiá

篆

邓石如

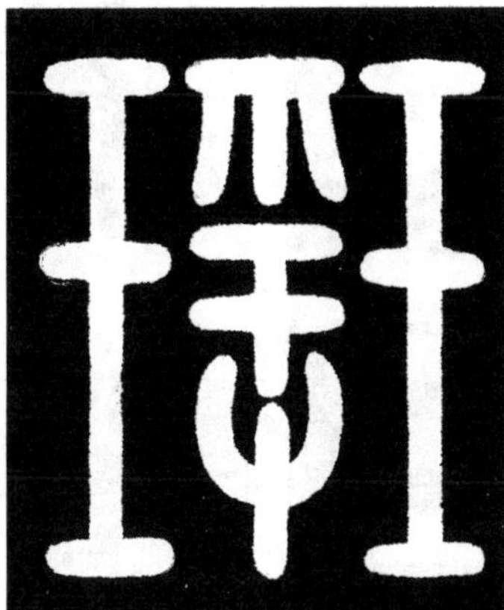

瑋

(玮)

wěi

篆

汉印

璉

(琏)

liǎn

篆
邓散木

瑣
(琐)
suǒ

篆
说文解字

瑶
yáo

篆
永瑆

瑾
jǐn

篆
方去疾

璜
huáng

篆
汪仁寿

璋
zhāng

篆
吴大澂

璞

pú

徐三庚

噩

è

说文解字

璭

kūn

篆

永理

璠

fán

篆

说文解字

璆

qiú

篆

永理

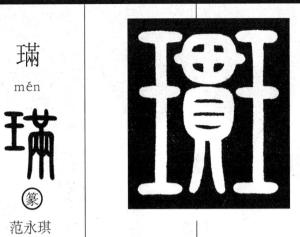

璊

mén

篆

范永琪

璣

(玑)

jī

篆

王禔

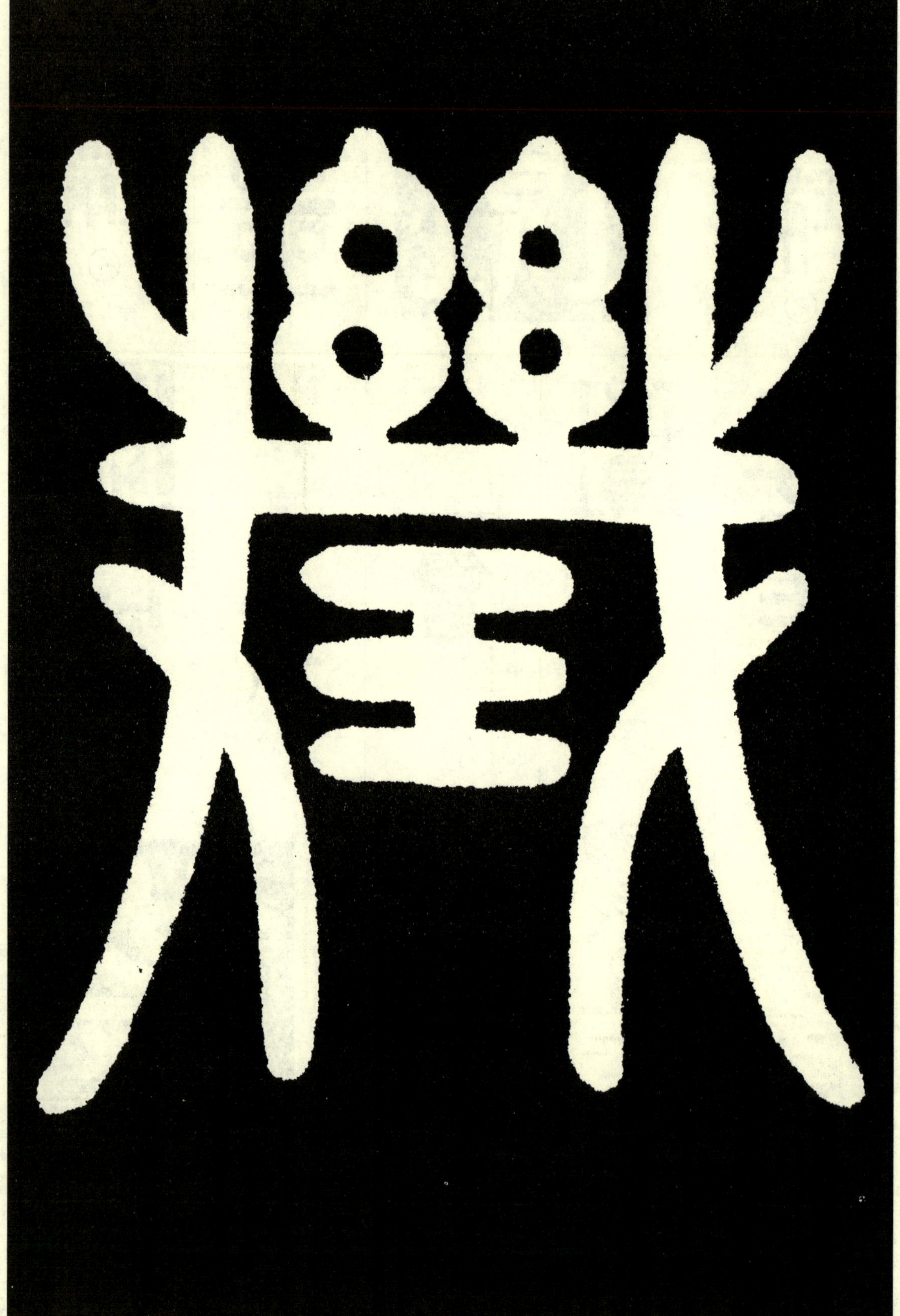

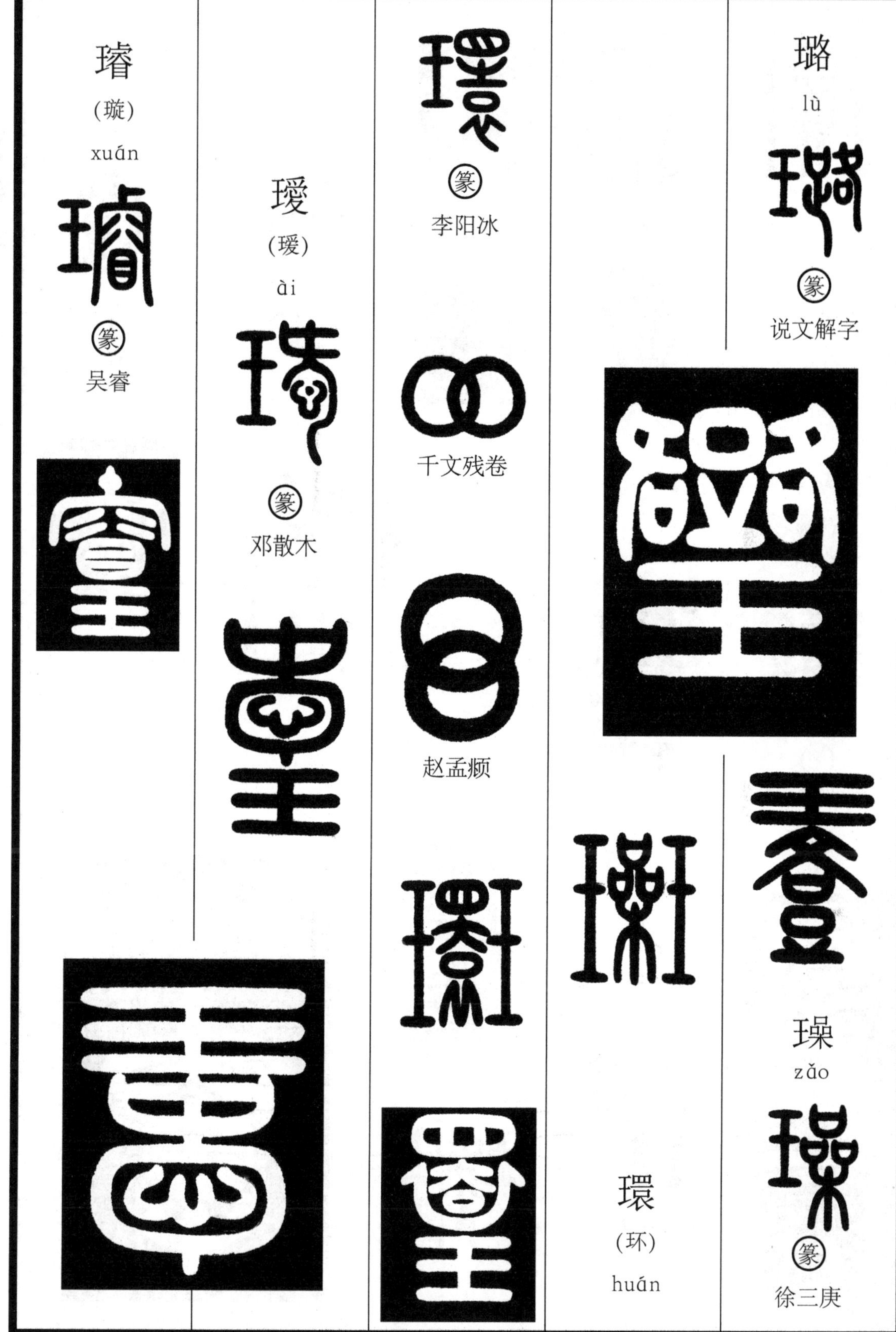

璐
lù
篆
说文解字
環
篆
李阳冰
千文残卷
赵孟頫
環
(环)
huán
璪
zǎo
篆
徐三庚
璦
(瑷)
ài
篆
邓散木
璿
(璇)
xuán
篆
吴睿

瓊
(琼)
qióng

篆
吴让之

瓅
lì

篆
吴睿

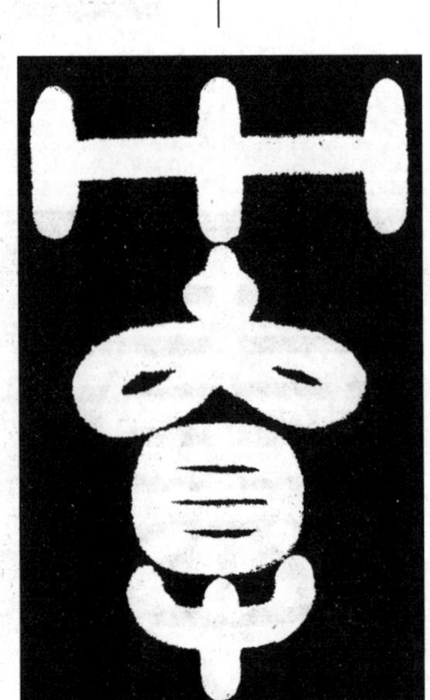

瓌
(瑰)
guī

篆
汉印

瓚
(瓒)
zàn

篆
汉印

瓏
(珑)
lóng

篆
严坤

主部

表

biǎo

篆 杨沂孙

毒

dú

篆 王禔

素

sù

篆 吴大澂

責

(责)

zé

徐三庚

天（天）部

天

tiān

王澍

碧落碑

邓石如

天部 天吞忝喬

耂部 老孝

吴大澂

夭

yāo

篆

王禔

吞

tūn

伊念曾

忝

tiǎn

吴大澂

喬

(乔)

qiáo

篆

王澍

盟书

耂部

老

lǎo

吴让之

孝

xiào

篆

赵孟頫

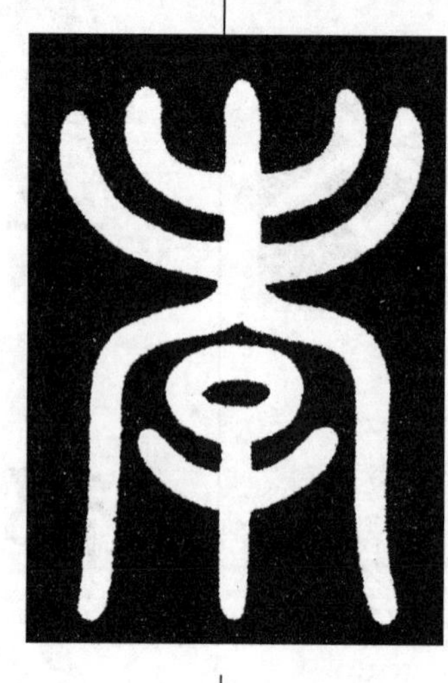

考

kǎo

篆 陶文

者

zhě

篆 吴睿

诅楚文

邓石如

吴大澂

耇

gǒu

篆 清人

耆

qí

篆 徐三庚

廿（卄）部

共

gòng

吴让之

甲骨文

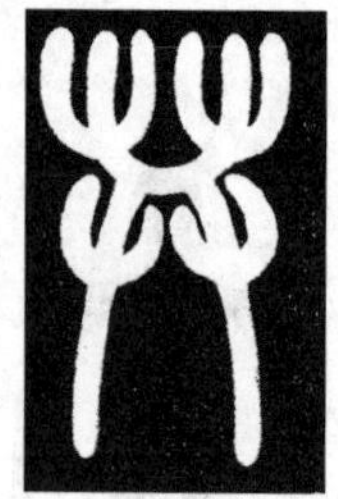

吴让之

昔

xī

吴大澂

吴昌硕

吴大澂

巷

xiàng

篆

吴大澂

汉简

吴大澂

仰嘉祥

恭

gōng

篆

吴大澂

萳

mán

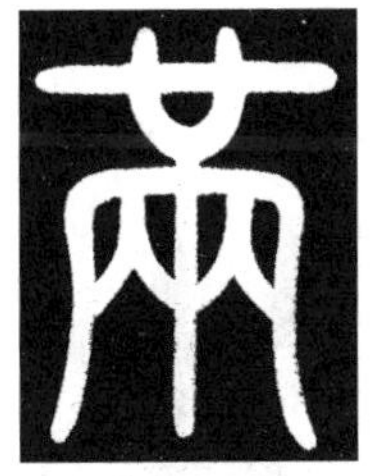

说文解字

黄土陵

燕

yàn

邓石如

王禔

木部

木

mù

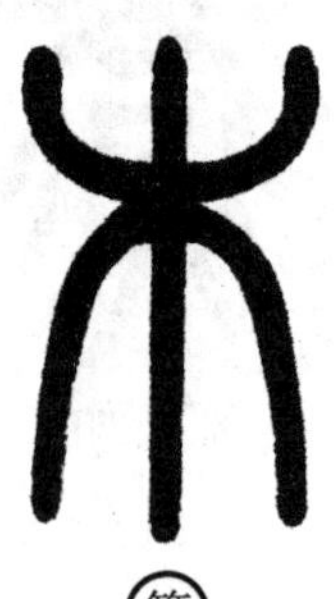

㊣篆

李阳冰

吴大澂

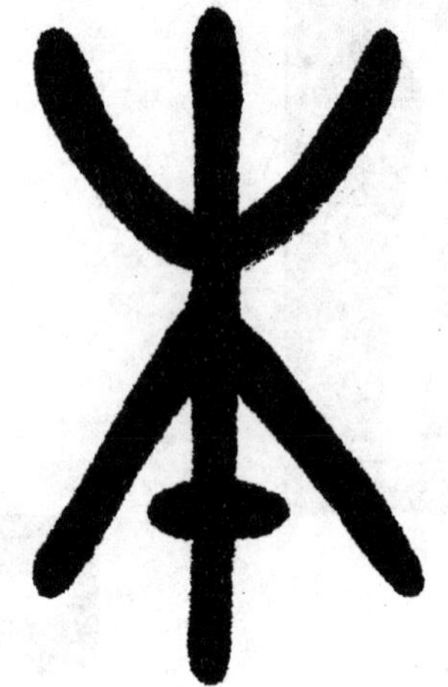

赵孟頫

本

běn

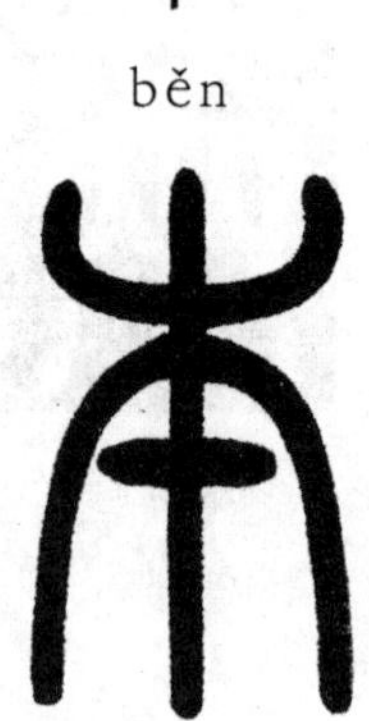

李斯

杨沂孙

末

wèi

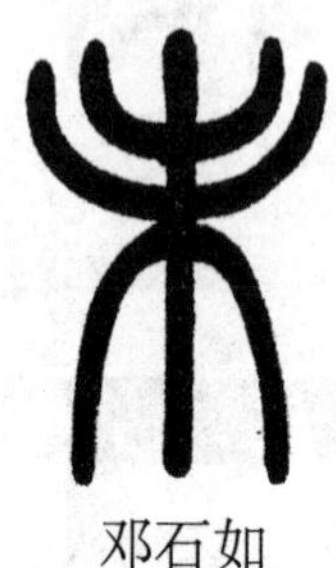

邓石如

札

zhá

篆

吴大澂

杠

gàng

篆

方去疾

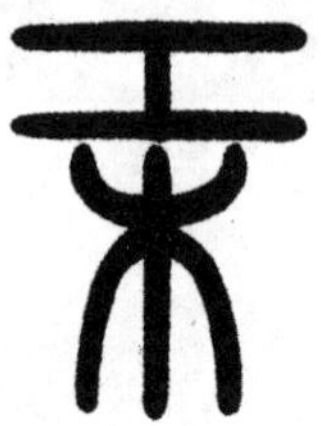

朽

xiǔ

篆
说文解字

杜
dù

篆
孙星衍

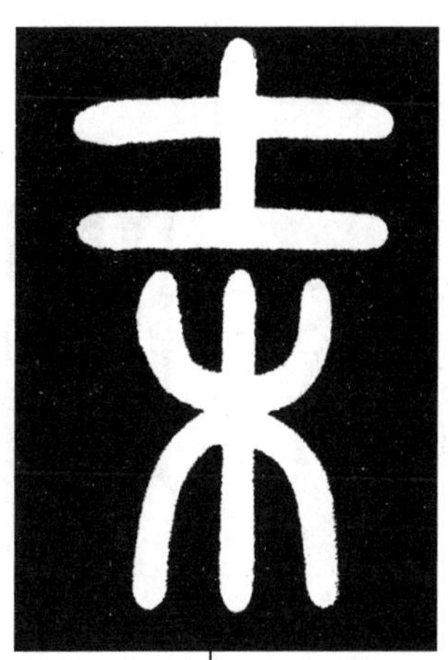

杓
biāo

篆
莫友芝

材
cái

篆
吴大澂

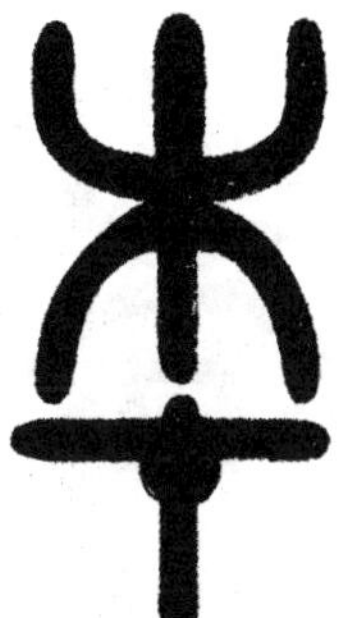

村
(邨)
cūn

篆
吴昌硕

杏
xìng

吴大澂

陶文

杞
qǐ

篆
开母石阙

篆
吴大澂

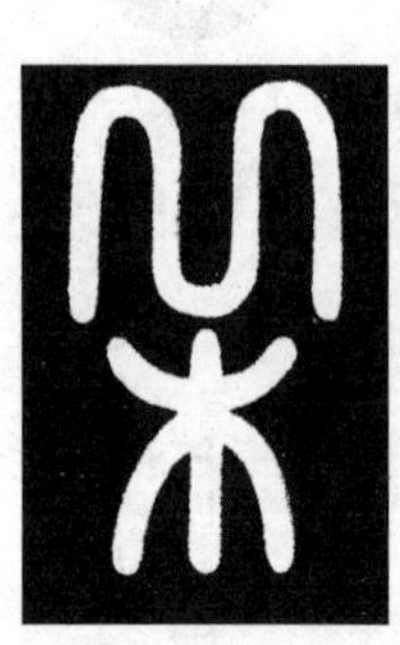

杉
shān

篆
方去疾

杝
yí

篆
吴大澂

朵
duǒ

篆
方去疾

李
lǐ

篆
徐秉义

枉
wǎng

篆
汉简

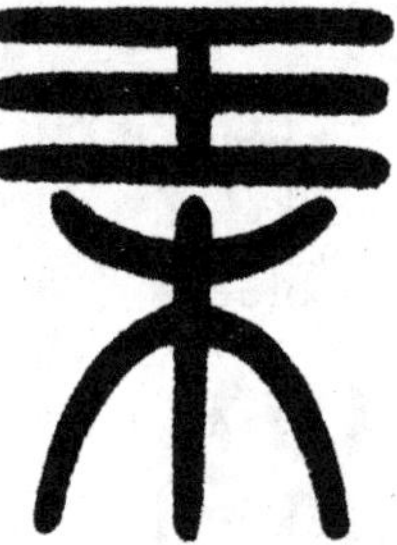

林
lín

吴让之

秦简

末
mò

吴大澂

枝
zhī

篆
仰嘉祥

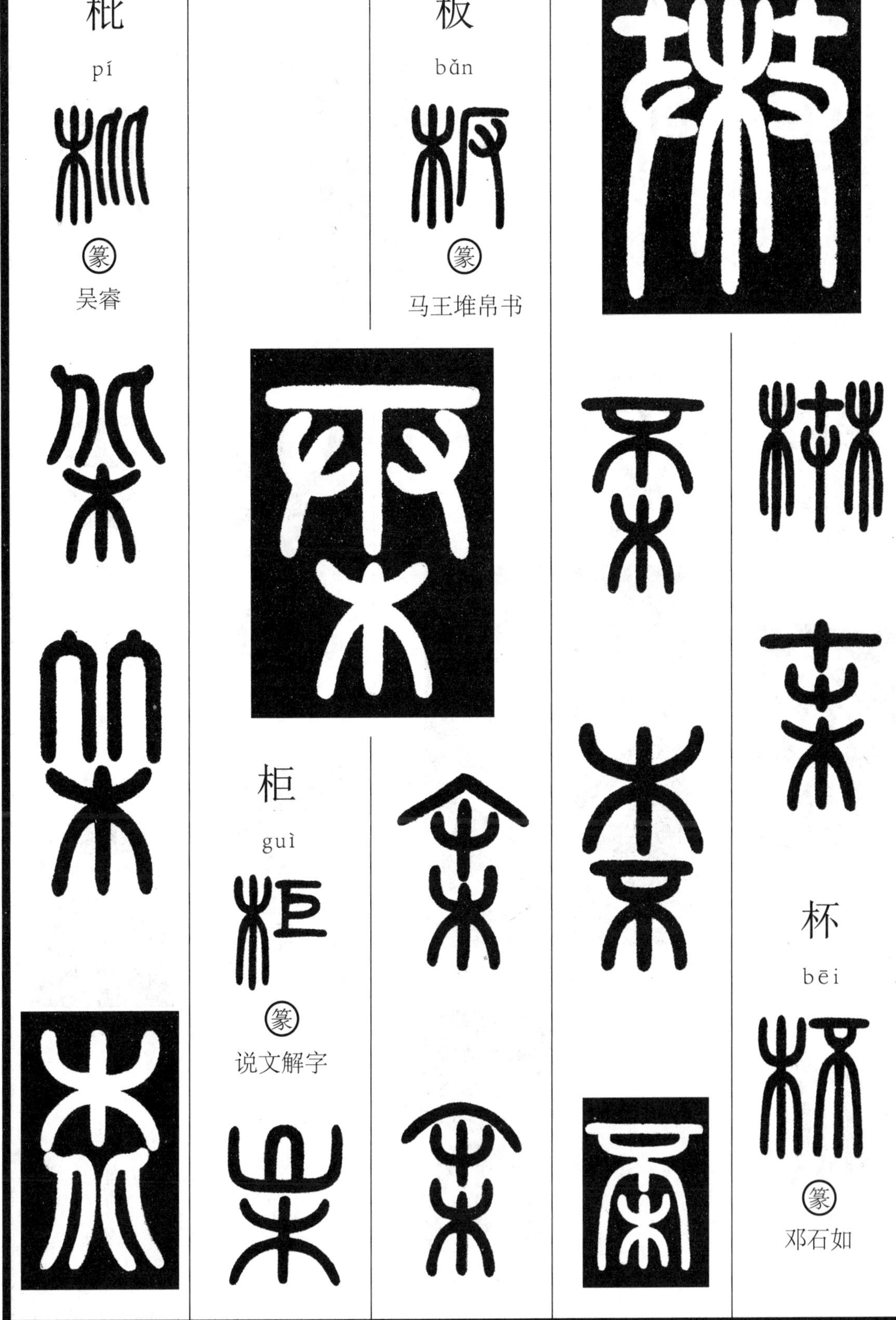
枇
pí
篆
吴睿
板
bǎn
篆
马王堆帛书
柜
guì
篆
说文解字
杯
bēi
篆
邓石如

杶

chūn

篆

永瑆

杳

yǎo

李阳冰

東

(东)

dōng

颜真卿

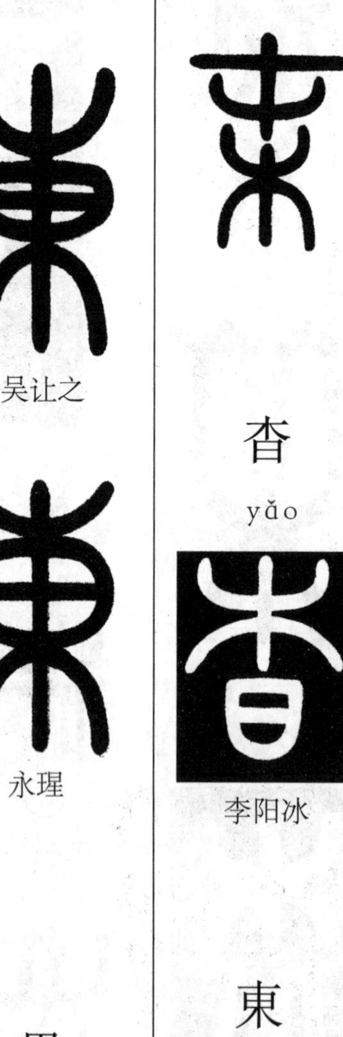

吴让之

永瑆

果

guǒ

金文

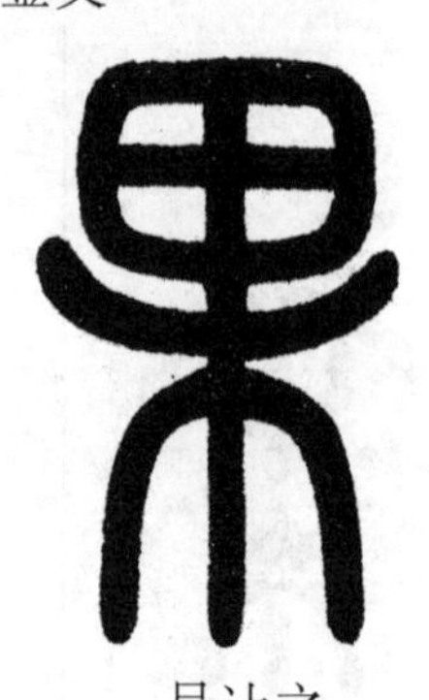

吴让之

杵

chǔ

篆

吴昌硕

枚

méi

篆

方去疾

析

xī

篆

秦简

來

(来)

lái

吴大澂

邓石如

枌

fén

篆

吴昌硕

松

sōng

篆

吴奕

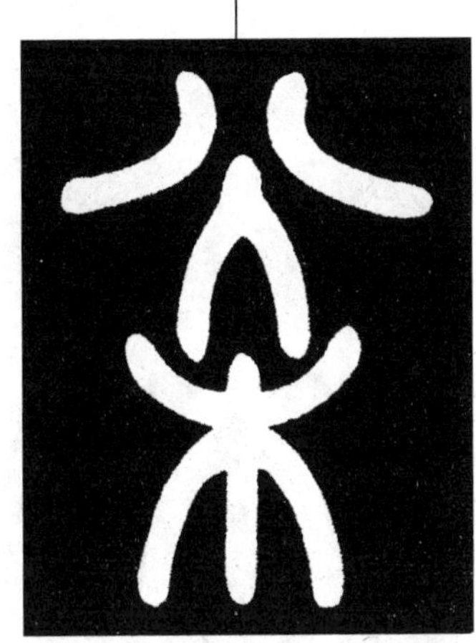

杭

háng

篆

黄葆戉

枋

fāng

篆

说文解字

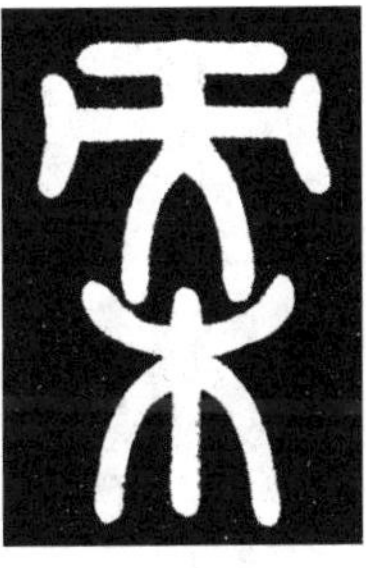

杰

jié

篆

说文解字

枕

zhěn

篆

王禔

杷

pá

篆

李阳冰

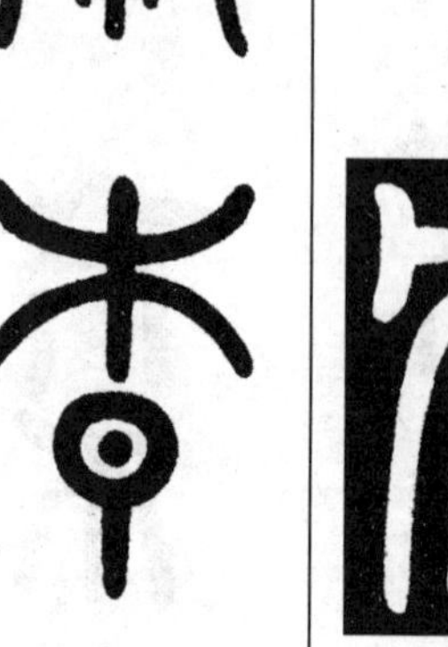

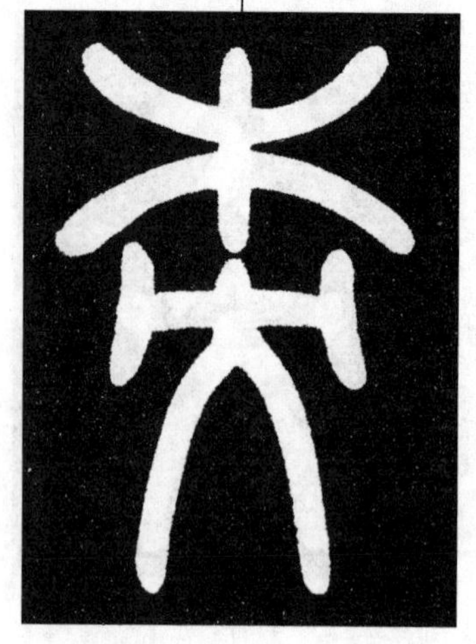

杼

zhù

篆

清人

柰

nài

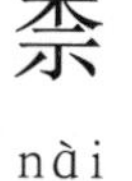

梦英

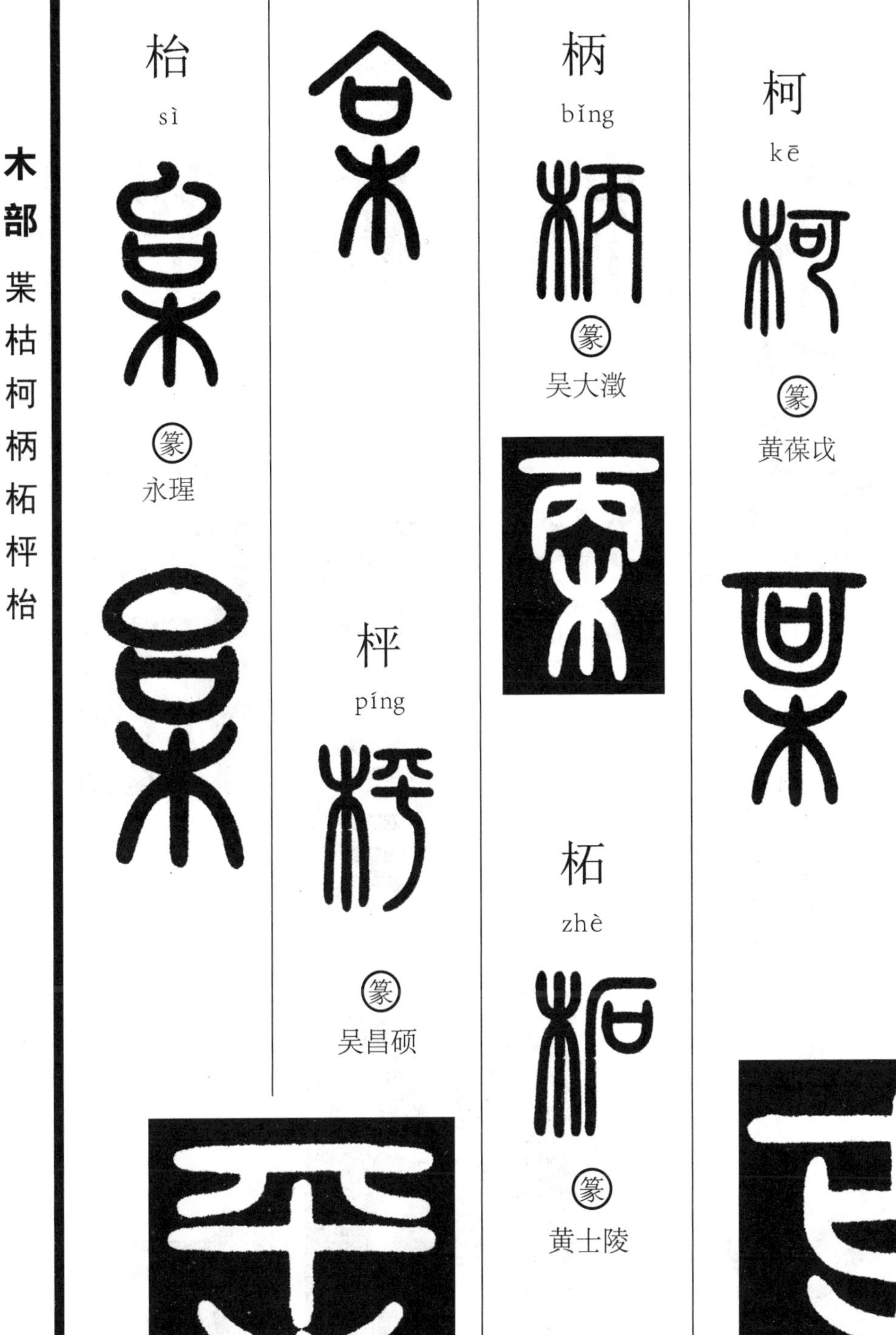
枼
(叶)
yè
金文
枯
kū
篆
田潜
柯
kē
篆
黄葆戉
柄
bǐng
篆
吴大澂
柘
zhè
篆
黄士陵
枰
píng
篆
吴昌硕
枱
sì
篆
永瑆

柚
yóu

篆

永瑆

查
chá

方去疾

相
xiāng

篆

邓石如

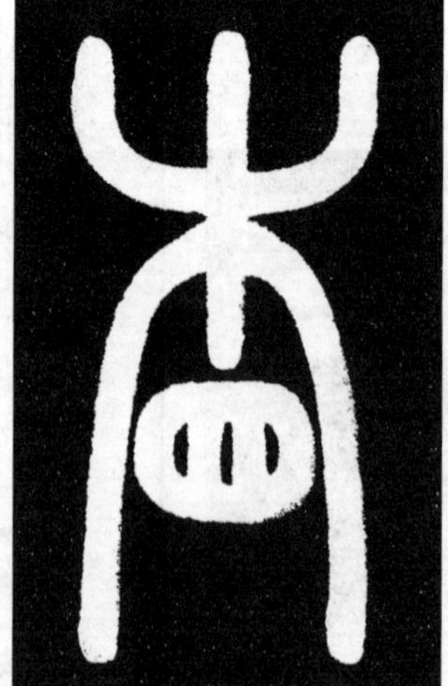

邓石如

枳
zhǐ

篆

说文解字

柬
jiǎn

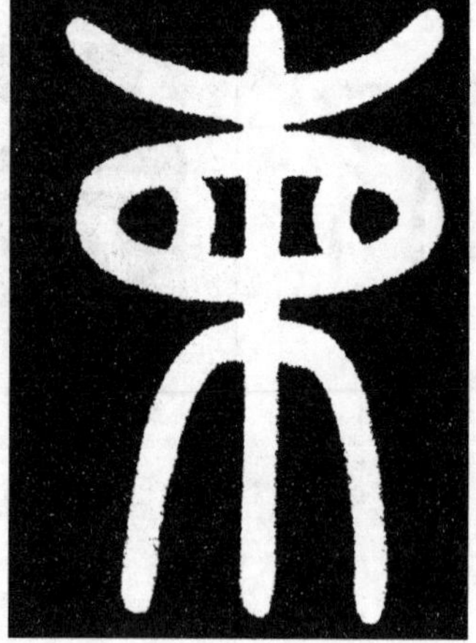

方去疾

柞
zuò

篆

吴昌硕

柎
fù

篆

清人

柏

bǎi

篆

黄葆戉

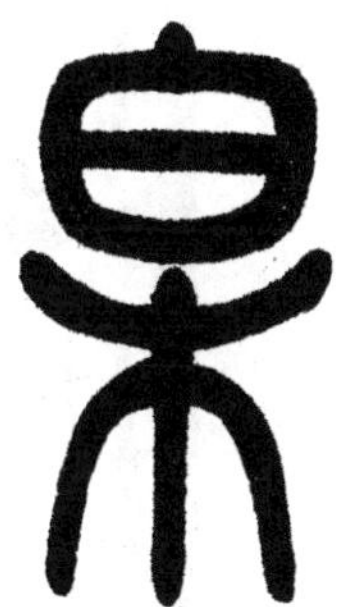

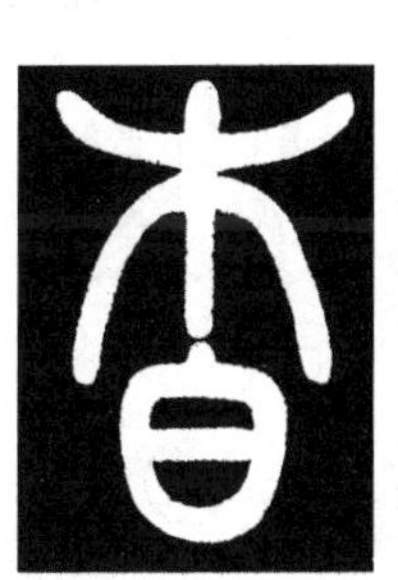

柢

dǐ

篆

莫友芝

柝

tuò

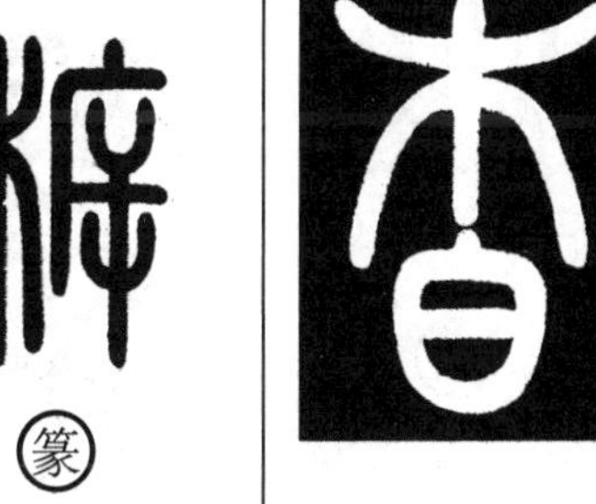

篆

仰嘉祥

柳

liǔ

篆

吴大澂

甲骨文

吴大澂

枸

gǒu

篆

清人

柱

zhù

篆

吴让之

枹

fú

篆

清人

染

rǎn

篆

杨沂孙

桂

guì

篆

杨沂孙

桓

huán

篆

吴睿

桎

zhì

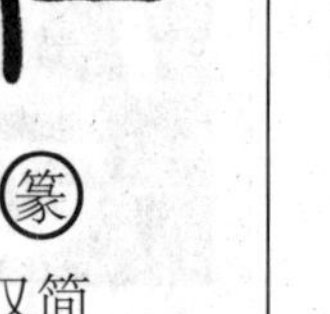

篆

汉简

桔

jú

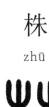

(篆)

清人

桌

zhuō

(篆)

楚简

株

zhū

(篆)

杨沂孙

桐

tóng

(篆)

吴让之

柴

chái

(篆)

黄葆戉

梃

tǐng

篆

莫友芝

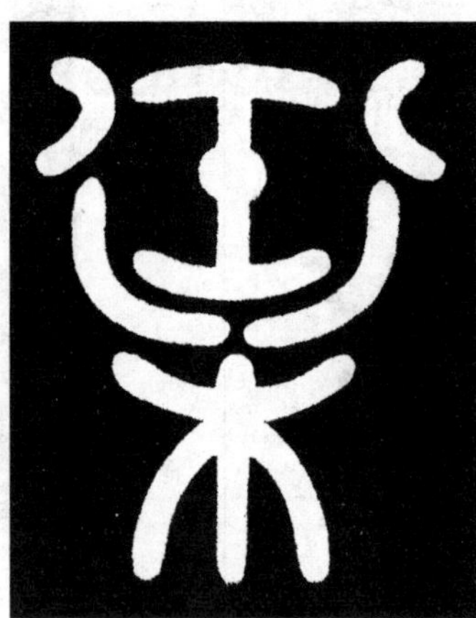

栝

kuò

篆

清人

桀

jié

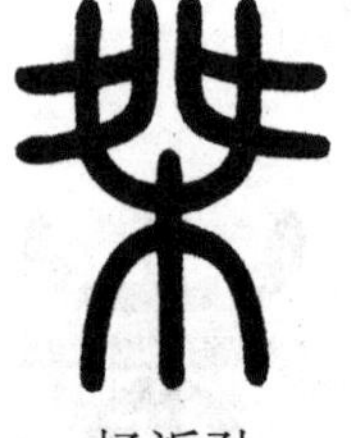

杨沂孙

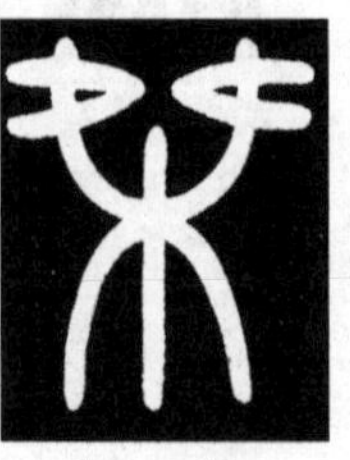

吴大澂

格

gé

篆

吴大澂

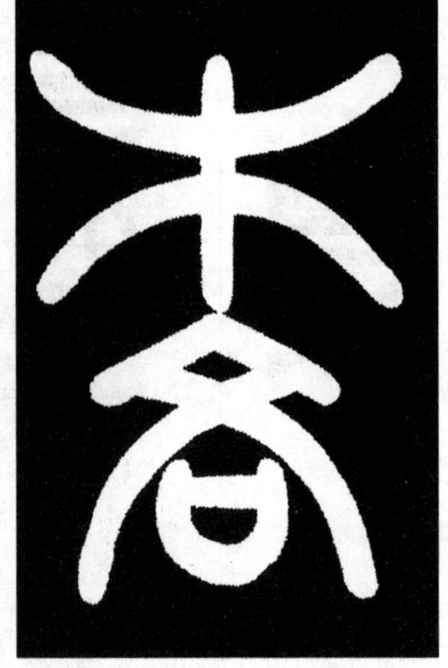

桃

táo

篆

秦简

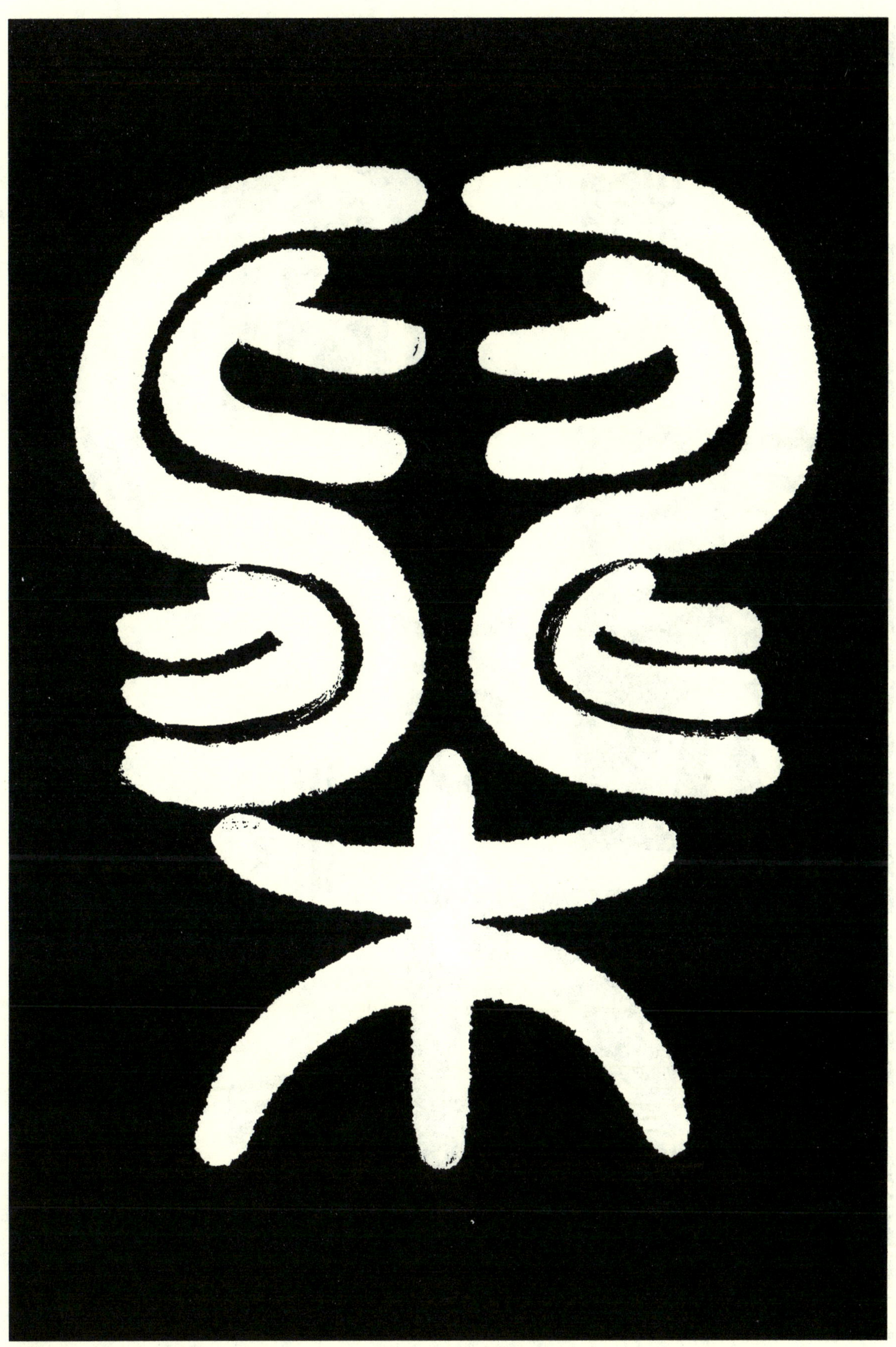

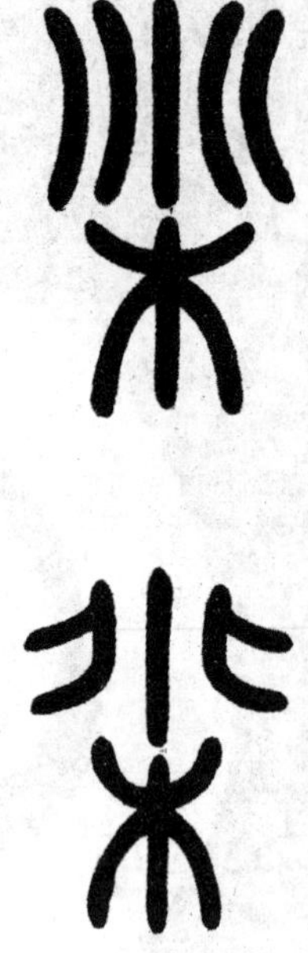

校

xiào

篆

杨沂孙

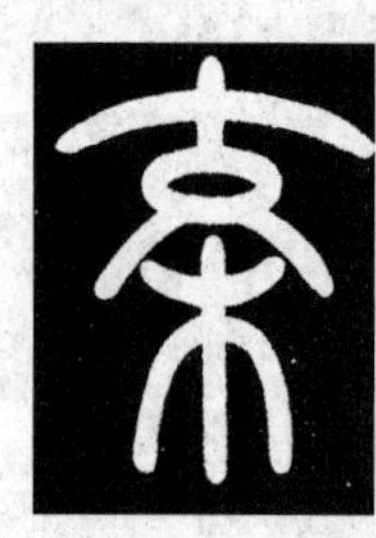

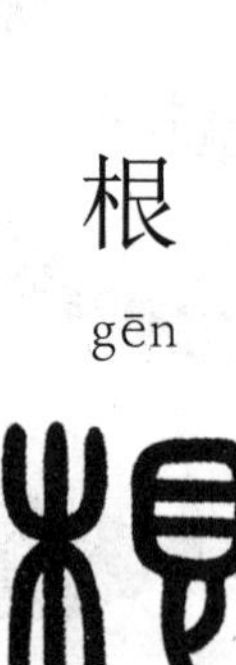

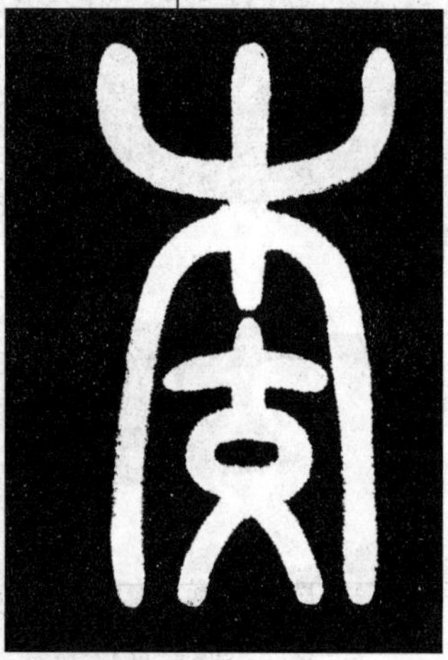

根

gēn

篆

李阳冰

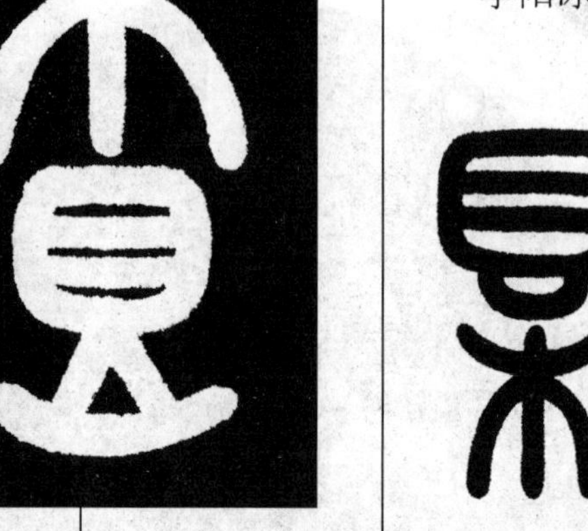

栩

xǔ

篆

说文解字

彬

bīn

篆

吴大澂

梗

gěng

篆

方去疾

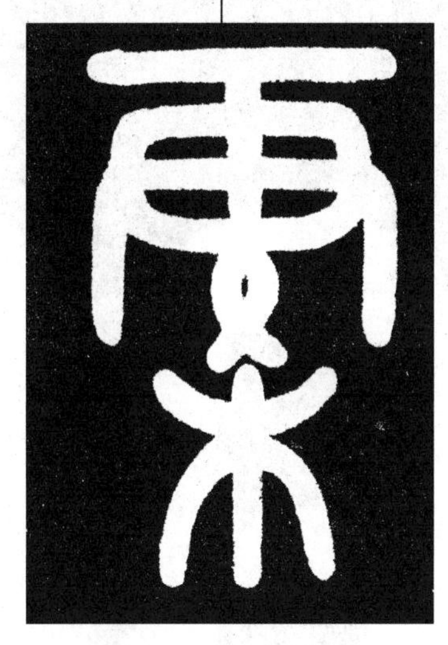

梧

wú

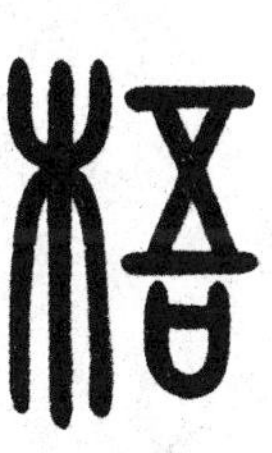

钱侗

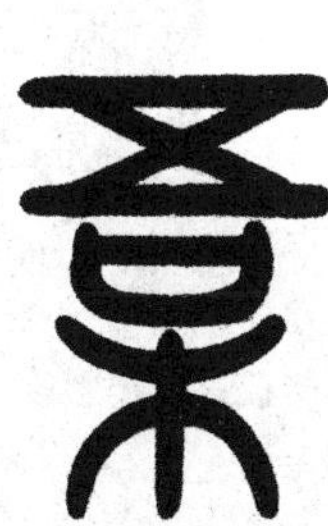

梯

tī

篆

吴大澂

木部

梯

梢

shāo

篆

邓石如

梨

lí

篆

说文解字

梅

méi

篆

邓石如

桴

fú

篆

说文解字

桼

(漆)

qī

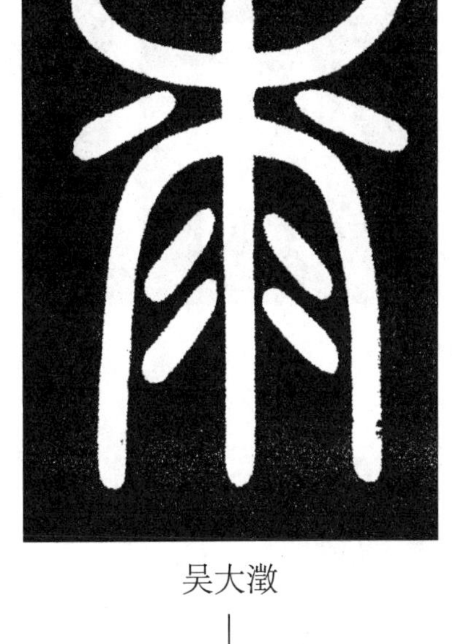

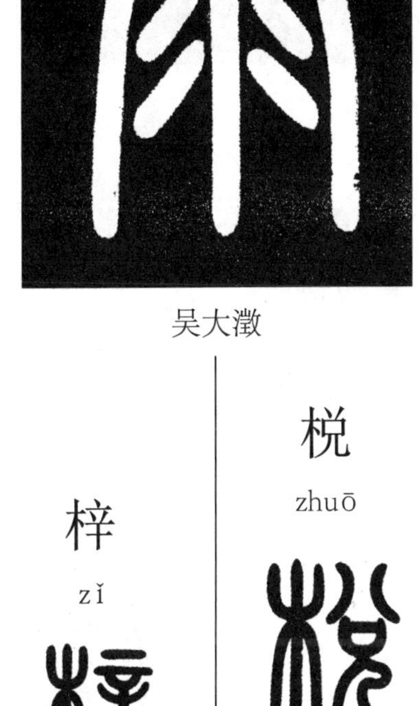

吴大澂

棁

zhuō

篆

说文解字

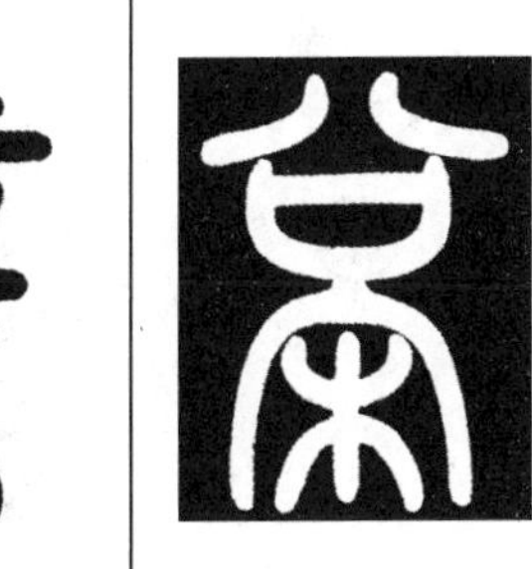

梓

zǐ

篆

李阳冰

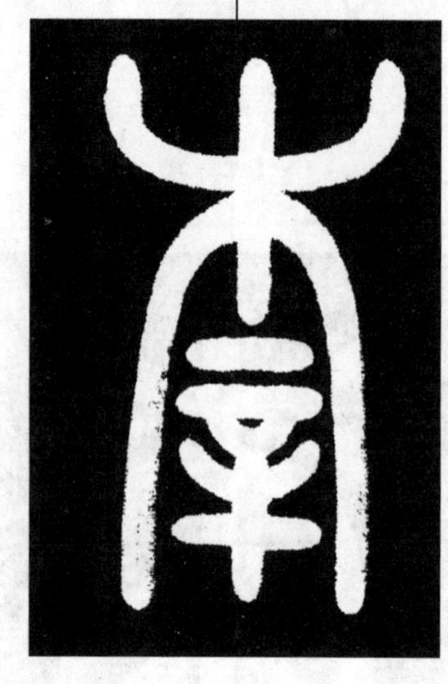

渠

qú

篆

赵孟頫

梁

liǎng

篆

永瑆

棱

lēng

篆

说文解字

楮

chǔ

篆

秦简

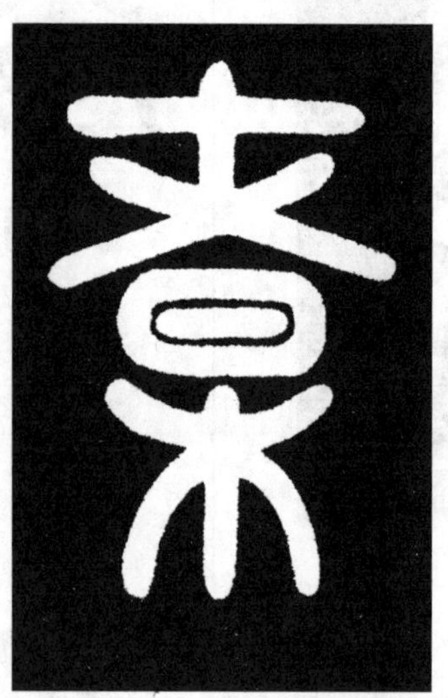

森

sēn

篆

吴让之

木部

森

邓石如

方去疾

棋

qí

杨沂孙

楛

kǔ

篆

永理

植

zhí

篆

李阳冰

棫

yù

篆

邓散木

棟

(栋)

dòng

篆

邓石如

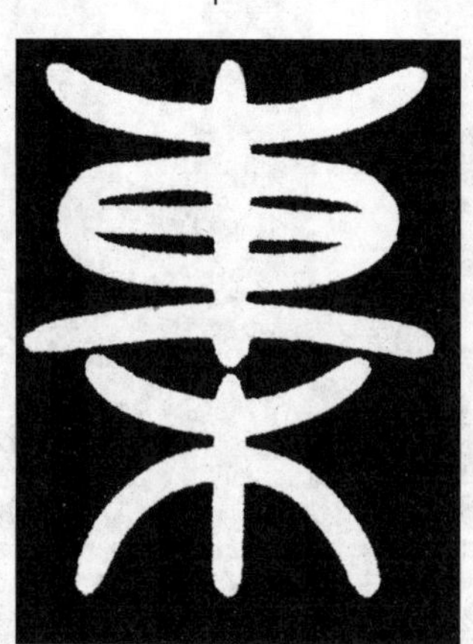

棲

(栖)

qī

篆

碧落碑

椅

yǐ

篆

方去疾

棧

(栈)

zhàn

篆

吴大澂

木部 棧

棖
(枨)
chéng

篆
说文解字

椒
jiāo

篆
杨沂孙

棰
chuí

秦简

椎
zhuī

篆
杨沂孙

椑
pí

篆
汉简

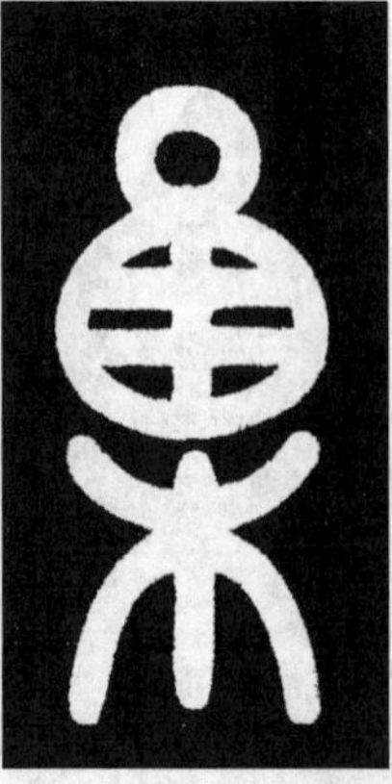

木部 椋 棚 棓 椁 椄 棕 棺 楗

椋

liáng

篆 说文解字

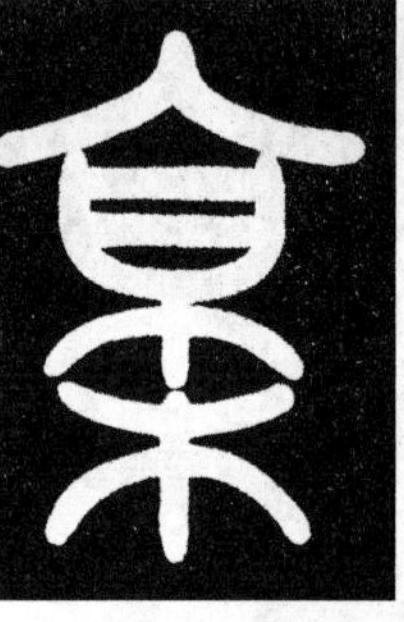

棚

péng

篆 徐三庚

棓

bàng

篆 仰嘉祥

椁

guǒ

篆 吴大澂

椄

jiē

篆 说文解字

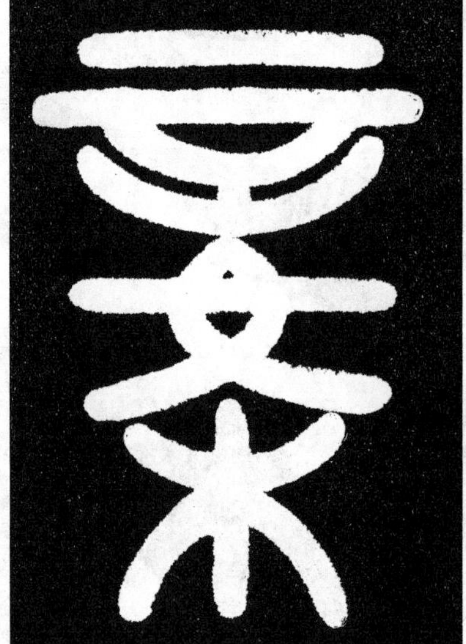

棕

(椶)

zōng

篆 说文解字

棺

guān

篆 吴大澂

楗

jiàn

篆 田潜

木部 棣 極 椿 楪 楠 楊 楬

棣

dì

篆

王澍

極

(极)

jí

篆

李斯

椿

chūn

篆

赵时枫

楪

yè

篆

诅楚文

楠

nán

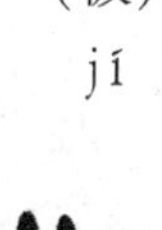

篆

说文解字

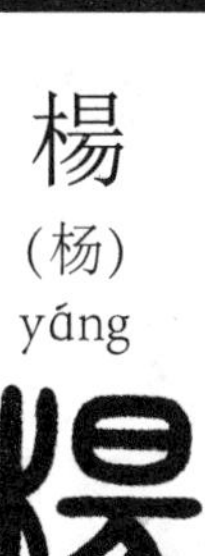

楊

(杨)

yáng

篆

邓石如

楬

jié

篆

说文解字

棨

qǐ

篆

汉简

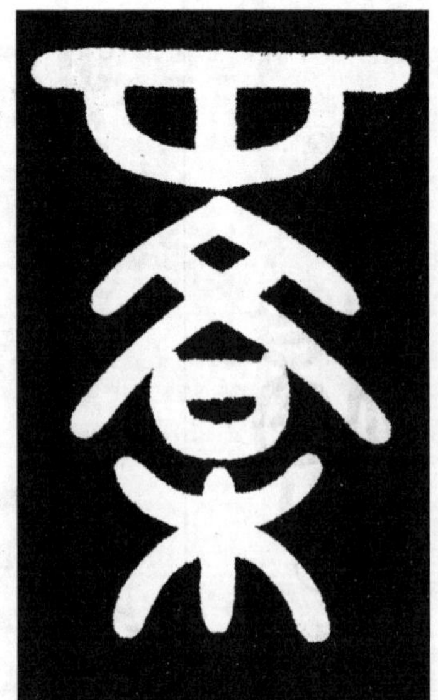

楷

kǎi

篆

方去疾

楨

(桢)

zhēn

篆

说文解字

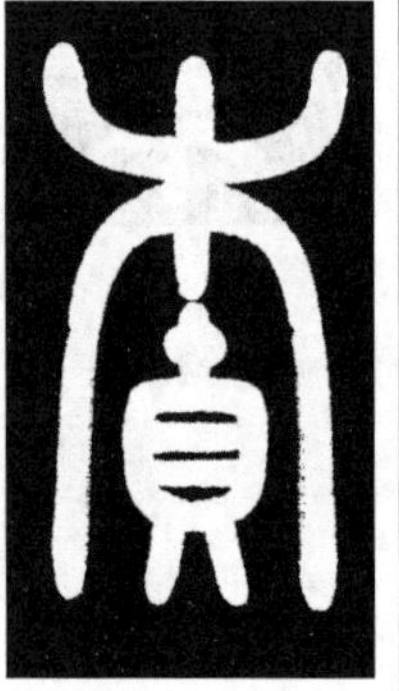

楫

jí

篆

吴昌硕

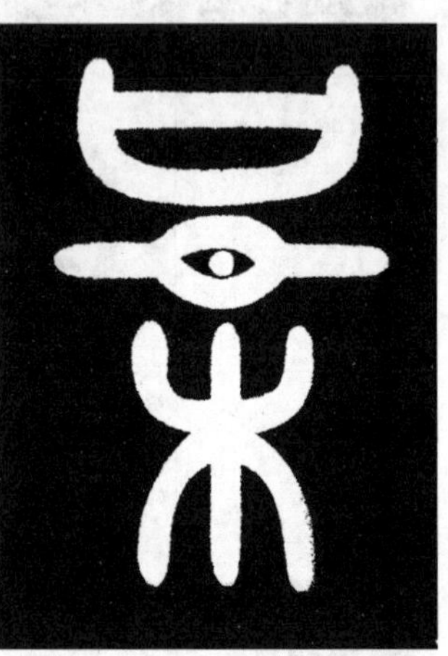

榘

jǔ

篆

吴让之

槐

huái

篆

李阳冰

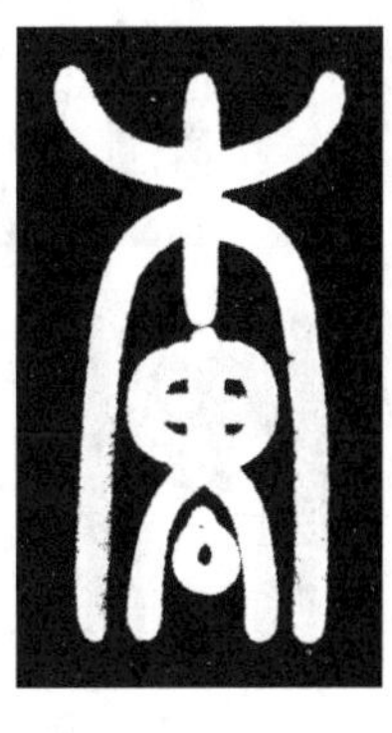

榆

yú

篆

汉简

楓

(枫)

fēng

篆

吴让之

楹

yíng

篆

吴睿

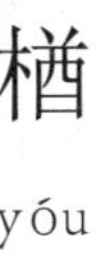

yóu

篆

清人

槎

chá

篆

何绍基

楎

(挥)

huī

篆

清人

概

gài

篆

吴昌硕

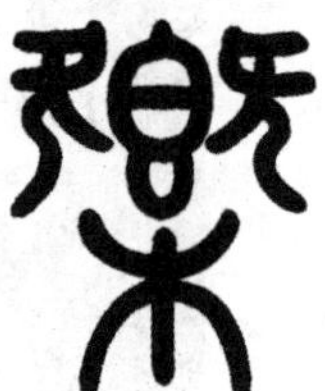

楃

wò

篆

仰嘉祥

楣

méi

篆

吴昌硕

楙

mào

篆

金文

楘

mù

篆 汉简

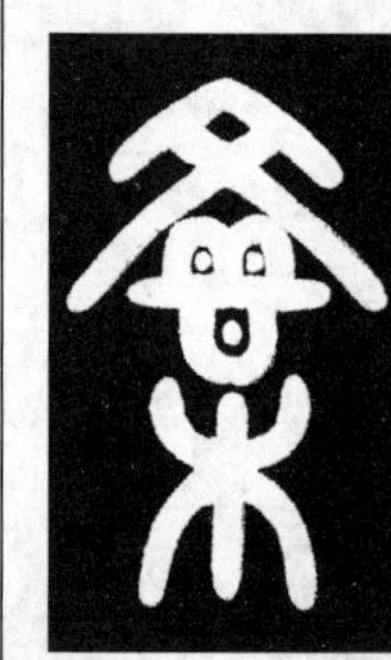

椽

chuán

篆 李阳冰

榛

zhēn

篆 清人

構

(构)

gòu

篆 邓石如

榼

kē

篆 清人

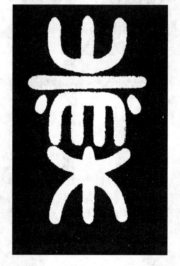

模

mó

篆 吴咨

榑

fú

篆

古玺

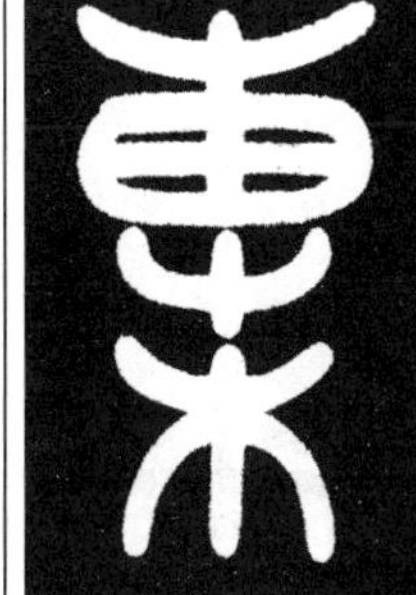

榻

tà

篆

张弘牧

榭

xiè

篆

孙星衍

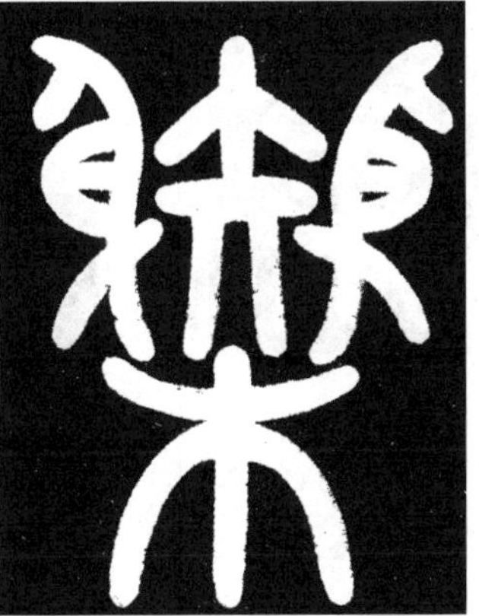

槃

pán

篆

邓石如

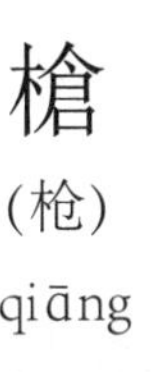

(枪)

qiāng

篆

方去疾

槁

gǎo

吴大澂

榜

bǎng

篆 林时九

榕

róng

篆 黄士陵

横

héng

篆 邓石如

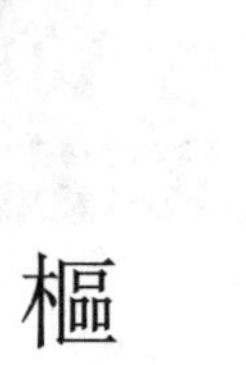

樞

(枢)

shū

篆 邓石如

標

(标)

biāo

篆 李阳冰

槧

(椠)

qiàn

篆 黄士陵

樗

chū

篆 仰嘉祥

樘

táng

篆 仰嘉祥

槽

cǎo

篆

吴昌硕

樓

(楼)

lóu

篆

吴大澂

樂

(乐)

lè

杨沂孙

樟

zhāng

篆

吴昌硕

樣

(样)

yàng

篆

吴让之

樛

jiū

篆

清人

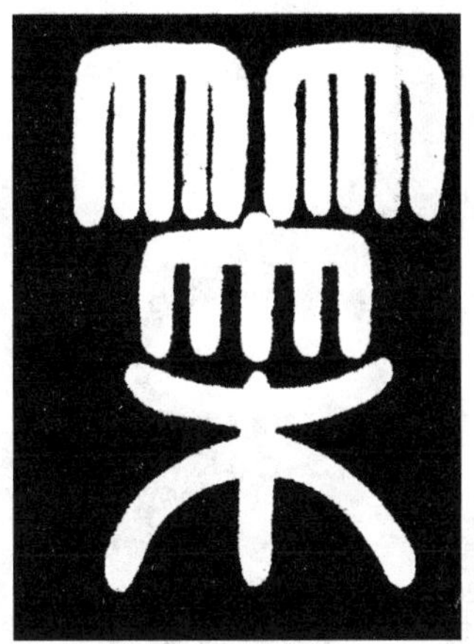

樾

yuè

篆

吴昌硕

樹

(树)

shù

篆

吴睿

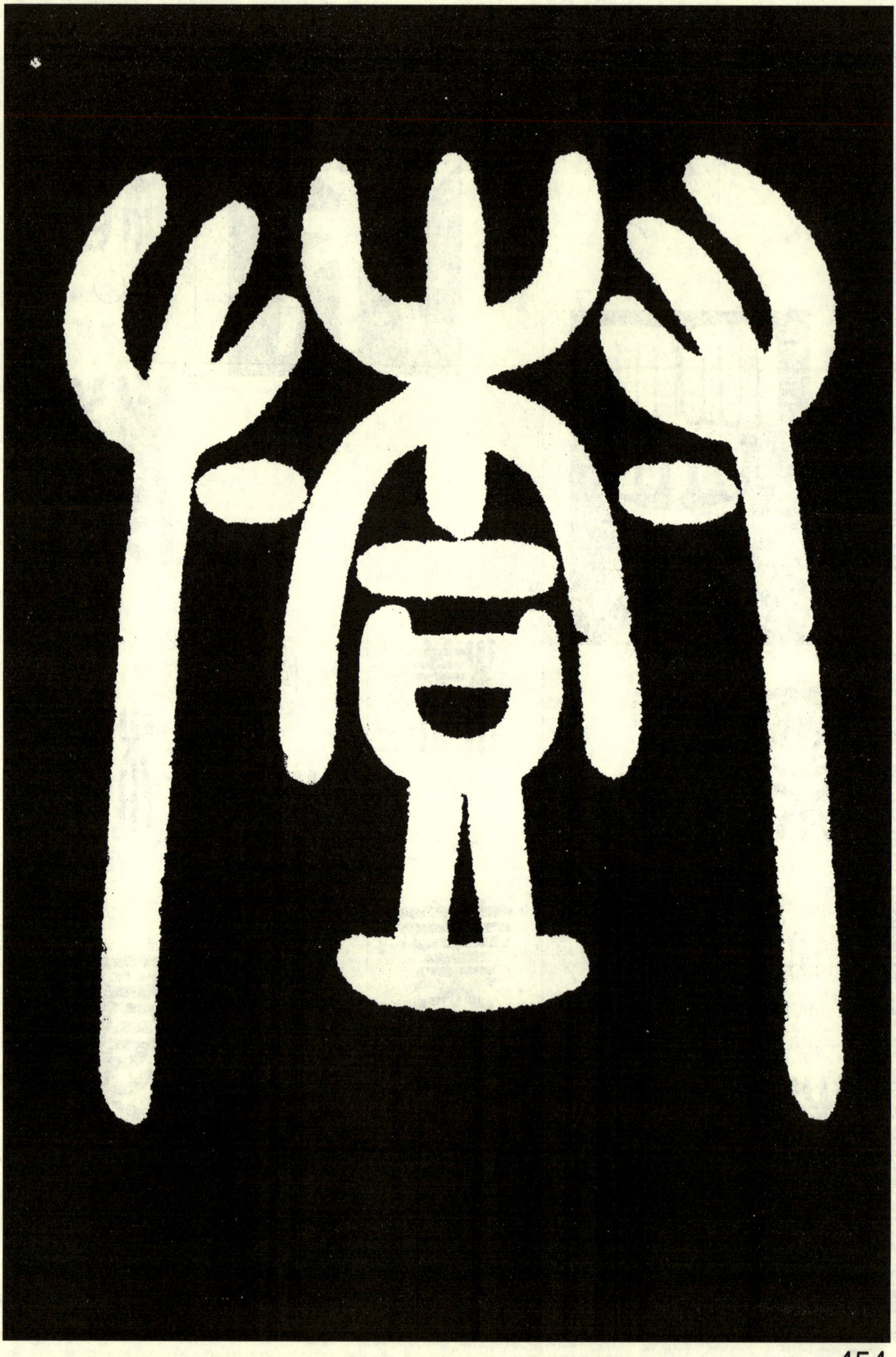

木部

樹

樸

(朴)

pǔ

篆

吴大澂

mó

篆

吴让之

橋

(桥)

qiáo

篆

吴大澂

機

(机)

jī

篆

王禔

樵

qiáo

篆

方去疾

橦

tóng

篆

说文解字

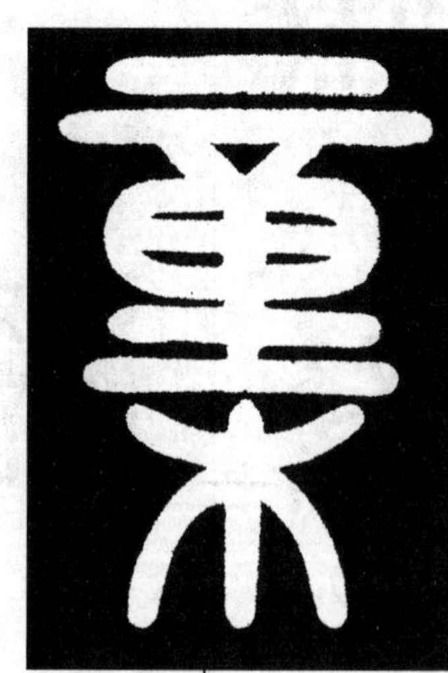

橘

jú

篆

方去疾

橐

tuó

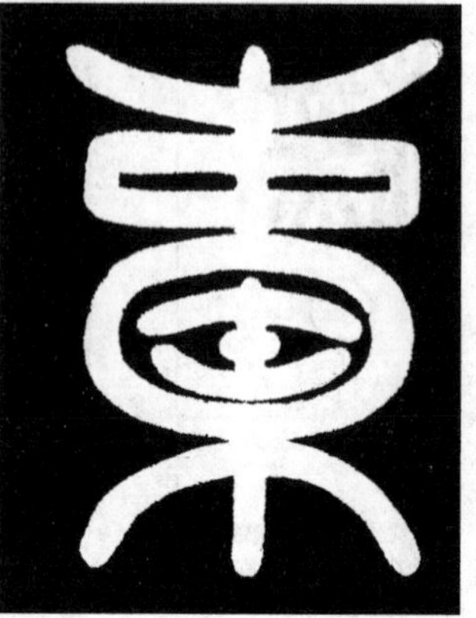

邓散木

櫅

jī

金文

櫛

(栉)

zhì

篆

邓石如

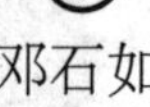

檢

(检)

jiǎn

篆

邓石如

檐

yán

篆

仰嘉祥

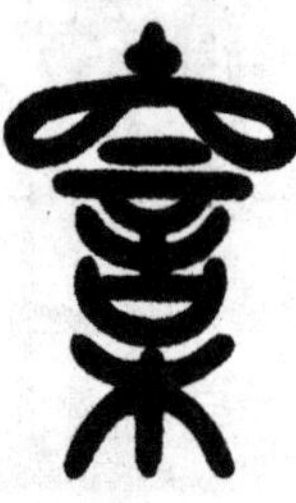

檣
(樯)
qiáng

篆
千文残卷

檀
tán

篆
汉印

檗
bò

篆
汉印

櫂
(棹)
zhào

篆
赵之谦

檿
yǎn

篆
永瑆

檻
(槛)
jiàn

篆
范冰祺

檮
(梼)
táo

篆
清人

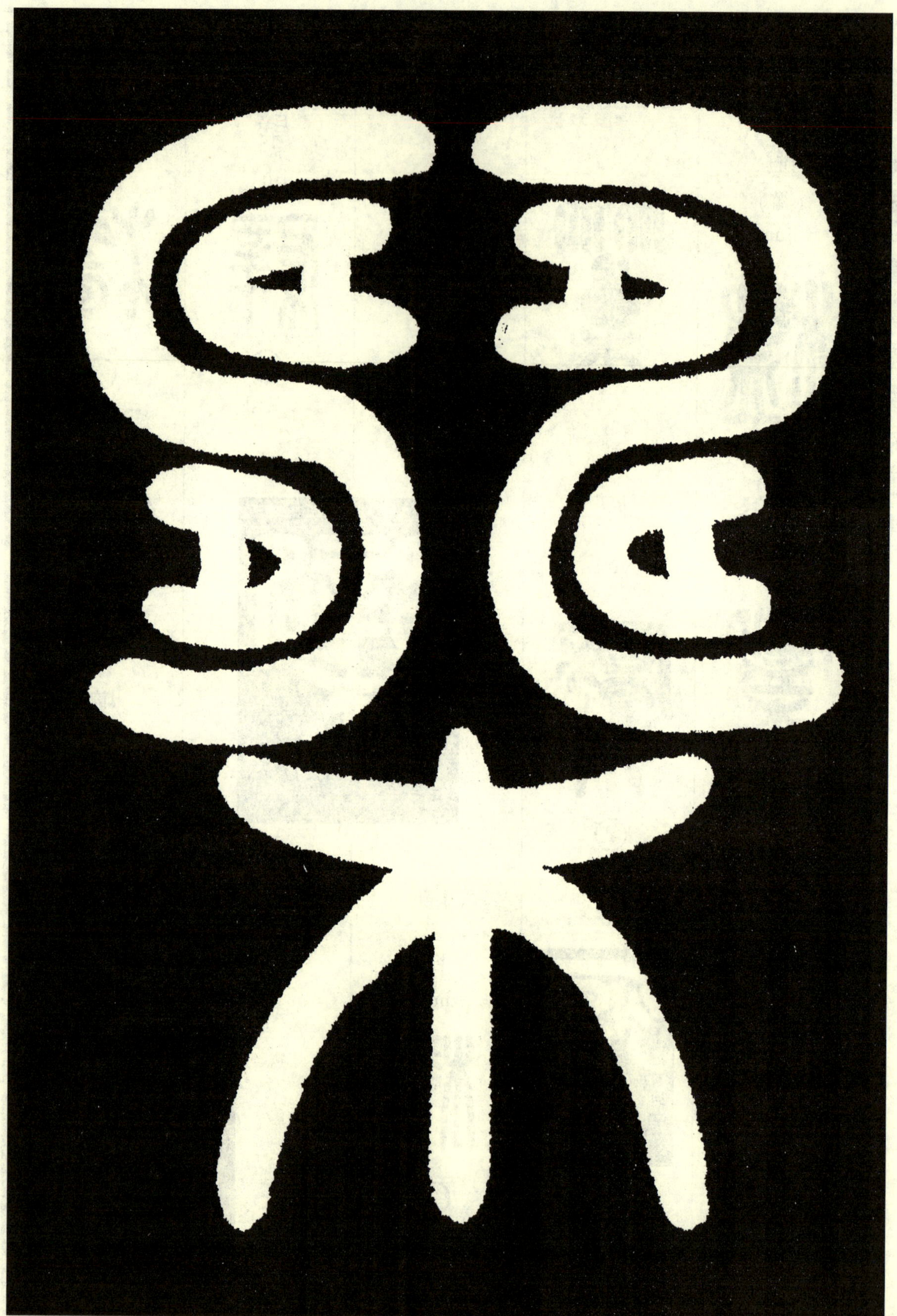

木部 檮

櫝

(椟)

dú

篆

诅楚文

櫟

(栎)

lì

篆

王禔

櫓

(橹)

lǔ

篆

邓散木

櫪

(枥)

lì

篆

说文解字

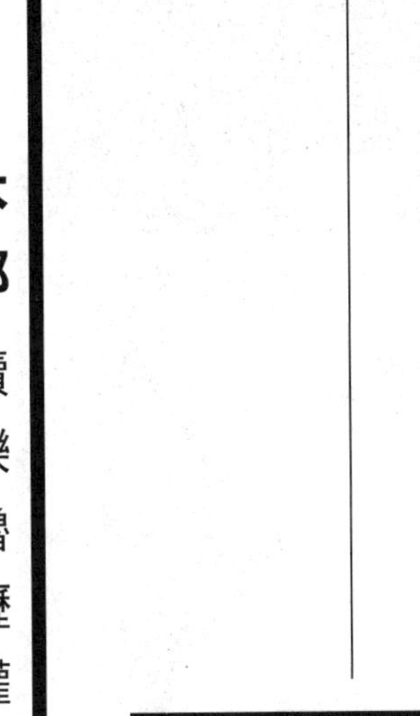

權

(权)

quán

篆

李阳冰

欒

(栾)

luán

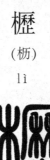

木部 欒

黄葆戉

欙

léi

篆 秦简

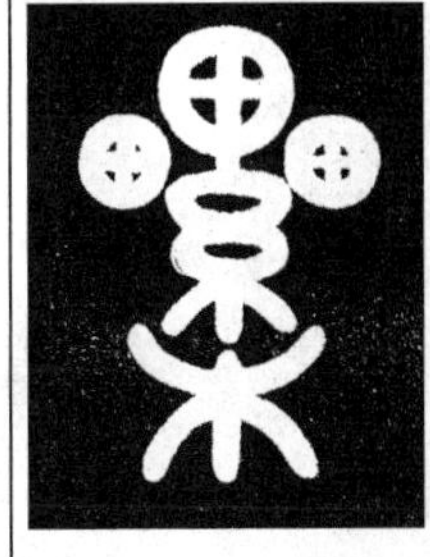

鬱

（郁）

yù

篆 吴大澂

支部

支

zhī

篆 永瑆

翅

chì

篆 黄葆戉

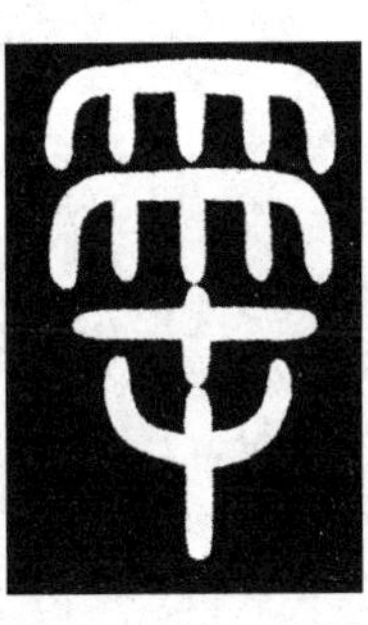

翅

攲

qī

(篆)

吴昌硕

敧

jī

(篆)

吴让之

不部

不

bù

吴大澂

钱坫

丕

pī

江标

陶文

邓石如

否

fǒu

吴大澂

吴大澂

邓石如

犬部

犬

quǎn

篆

杨沂孙

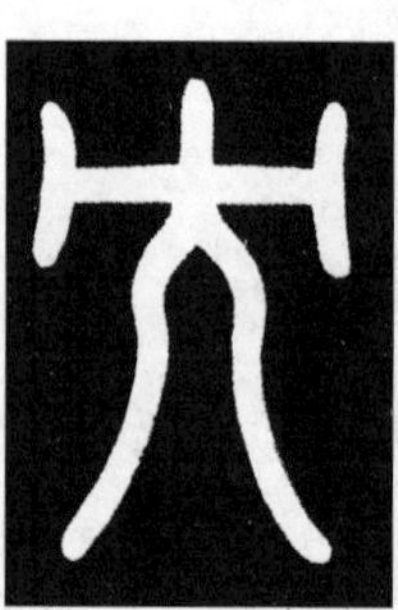

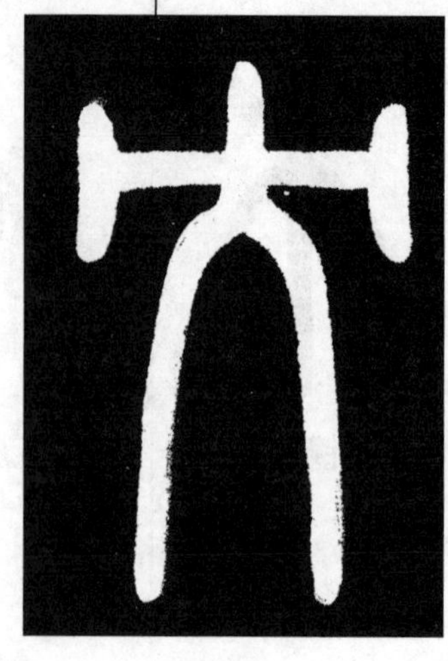

哭

kū

篆

吴大澂

猋

biāo

篆

仰嘉祥

猒

yàn

篆

清人

猷

yóu

篆

吴昌硕

獘

(獙)

bì

篆

吴大澂

獸

(兽)

shòu

篆

吴昌硕

獻

(献)

xiàn

篆

杨沂孙

歹部

歹

dǎi

篆

杨沂孙

列

liè

篆

邓石如

死

sǐ

篆

杨沂孙

殁

mò

篆

吴大澂

殂

cú

篆

徐三庚

殁
mò
篆
杨沂孙
殃
yāng
篆
田潜
殄
tiǎn
篆
李斯
殆
dài
篆
吴让之
殉
xùn
篆
□祎墓志
殊
shū
篆
杨沂孙
殖
zhí

篆
吴大澂

殘
(残)
cán

篆
邓石如

殞
(殒)
yǔn

篆
碧落碑

殤
(殇)
shāng

篆
说文解字

殯
(殡)
bìn

篆
说文解字

戈部

戈
gē

篆
杨沂孙

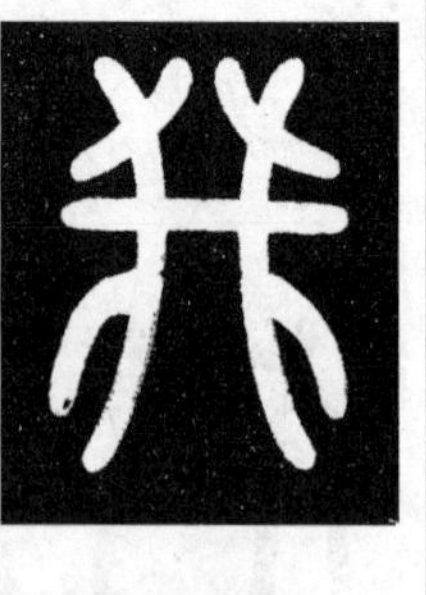

戉
yuè

篆
吴大澂

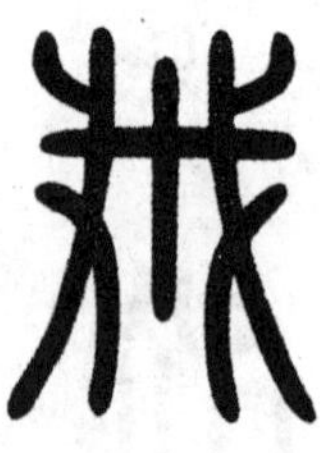

戎
róng

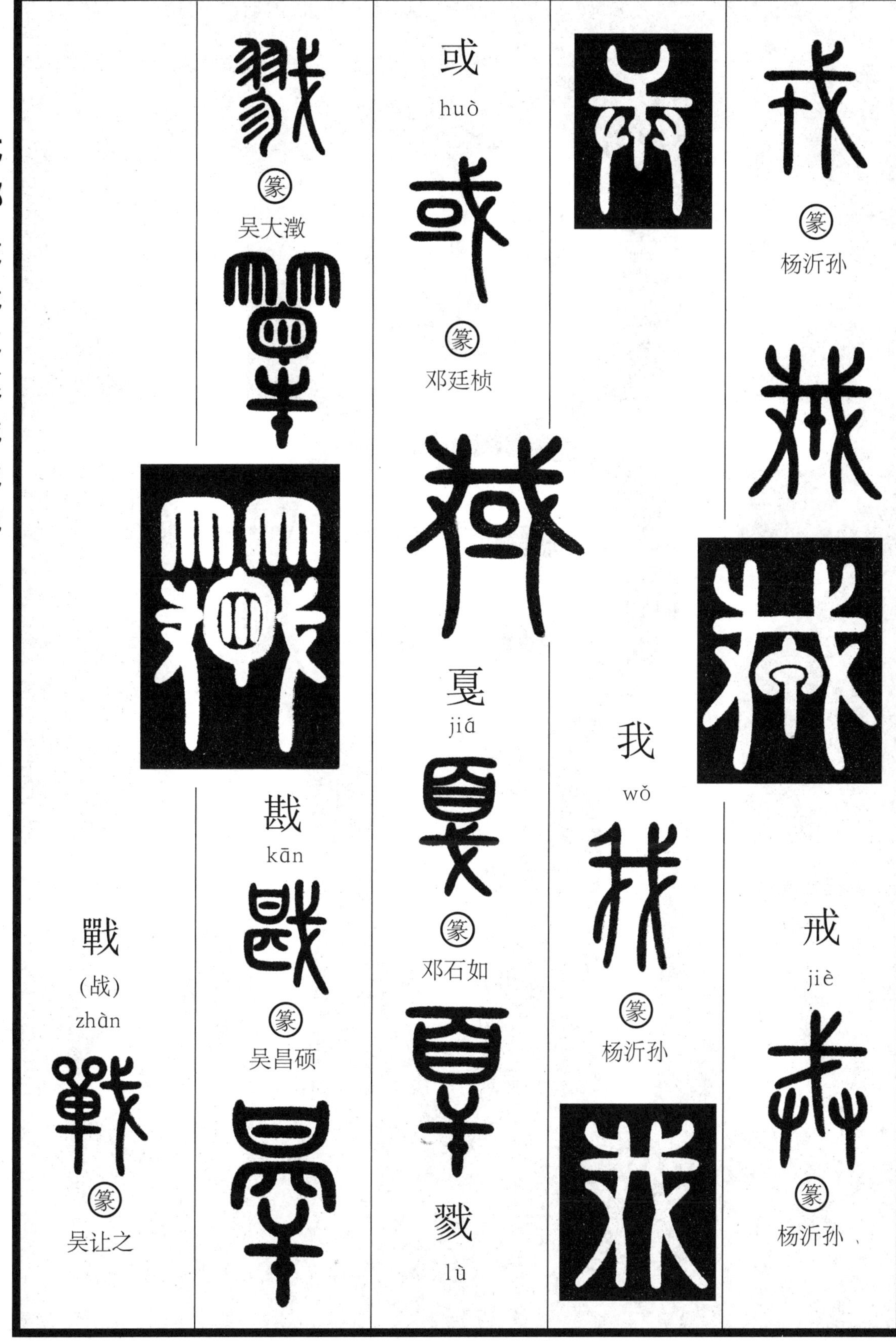
篆
杨沂孙
戒
jiè
篆
杨沂孙
我
wǒ
篆
杨沂孙
或
huò
篆
邓廷桢
戛
jiá
篆
邓石如
戮
lù
篆
吴大澂
戡
kān
篆
吴昌硕
戰
(战)
zhàn
篆
吴让之

戰

戲
(戏)
xì

篆 马王堆帛书

比部

比
bǐ

篆 李阳冰

皆
jiē

篆 邓石如

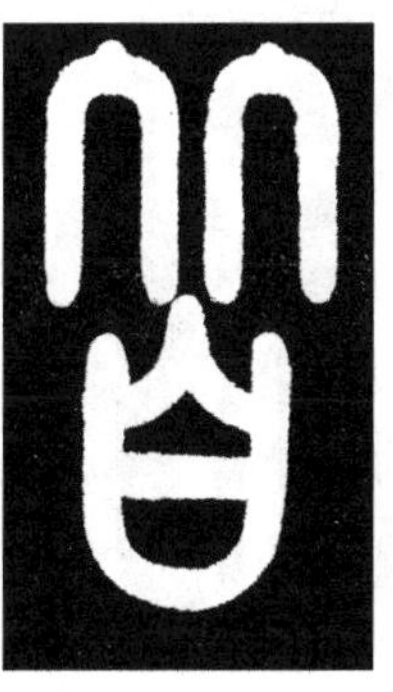

毖
bì

篆 三体石经

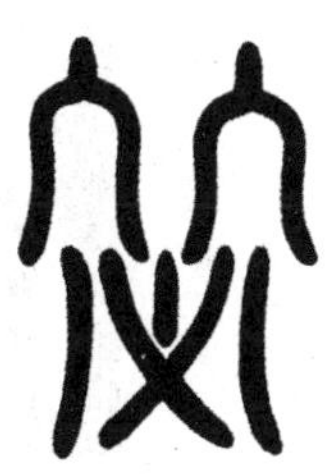

无部

既
jì

篆 杨沂孙

蠶
(蚕)
cán

篆 赵时㭎

牙部

牙

yá

篆 金文

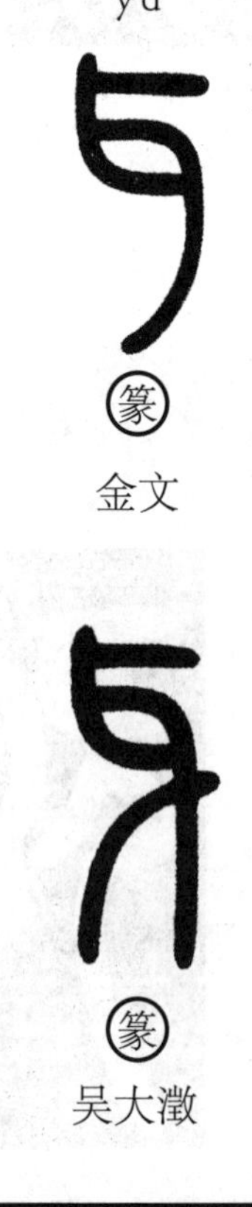

篆 吴大澂

邪

xié

篆 泰不华

雅

yǎ

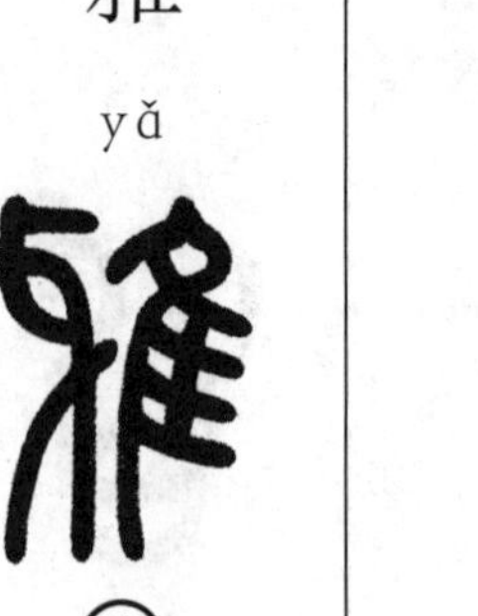

篆 王禔

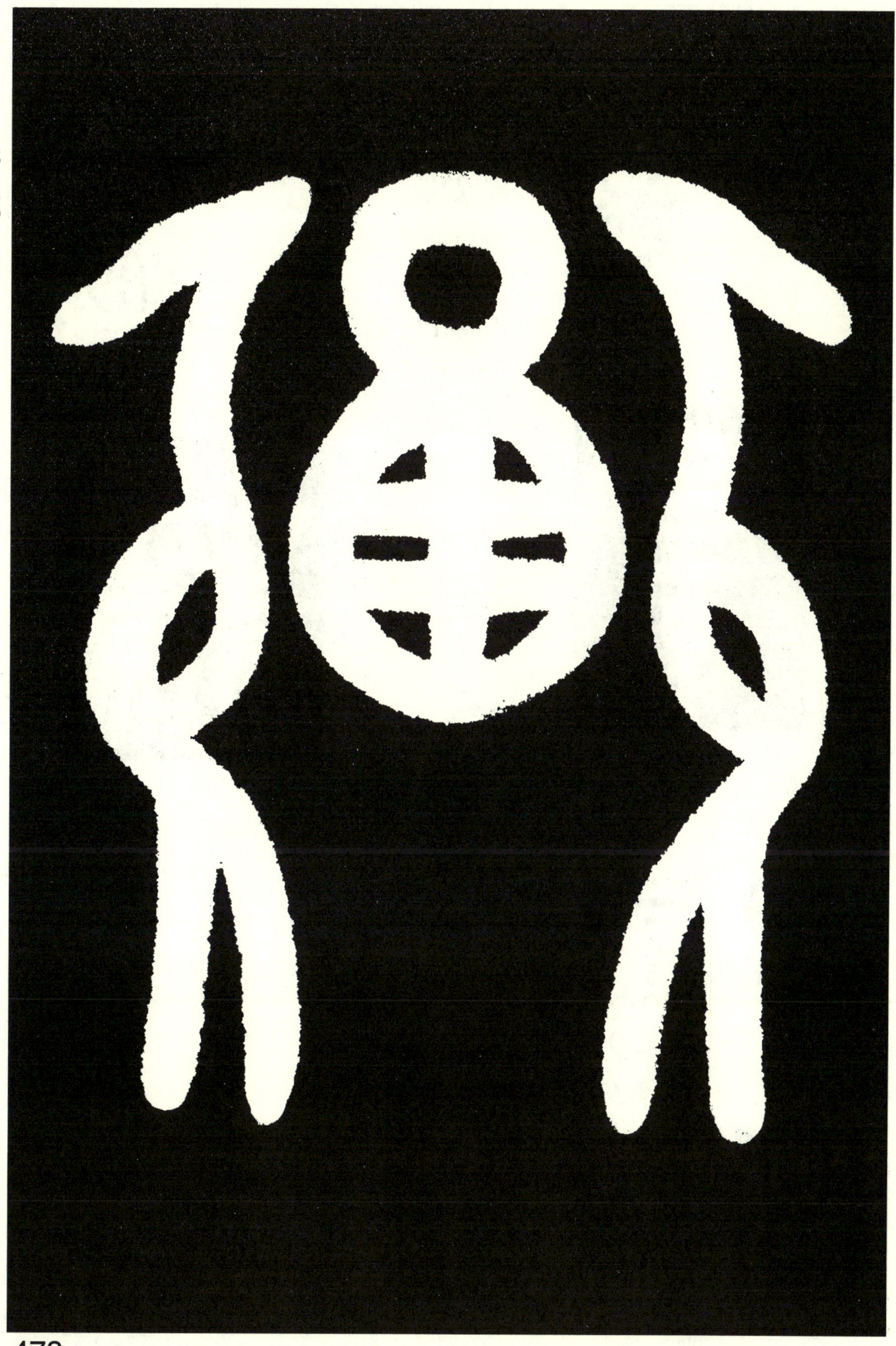

（鸦）

yā

㊞篆 吴让之

 部

瓦

wǎ

㊞篆 杨沂孙

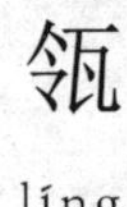

líng

㊞篆 吴昌硕

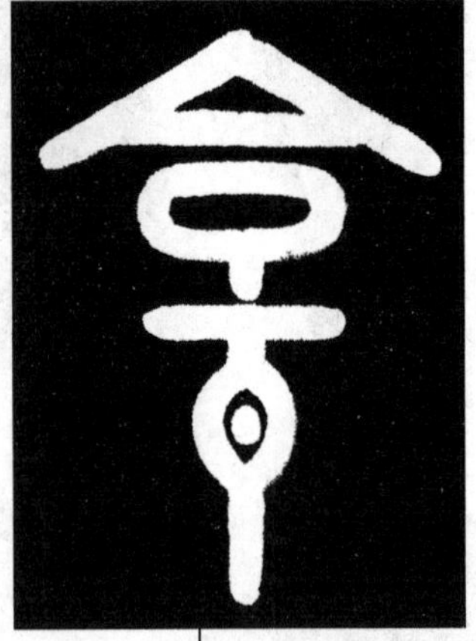

瓷

cí

㊞篆 清人

甄

zhēn

㊞篆 吴大澂

甌
(瓯)
ōu

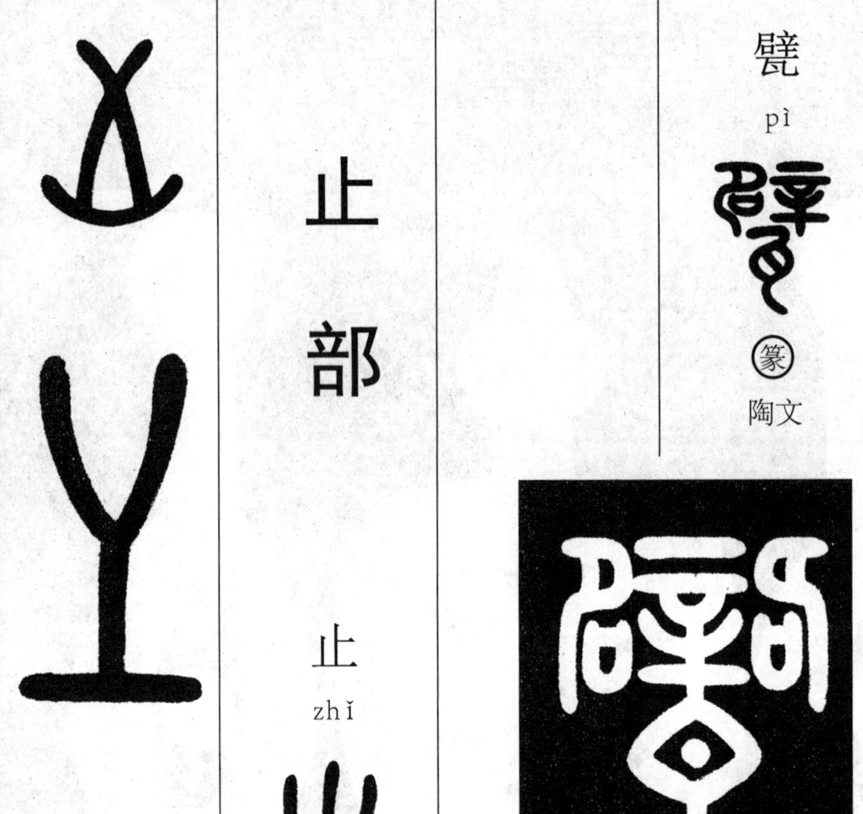

篆
林时九

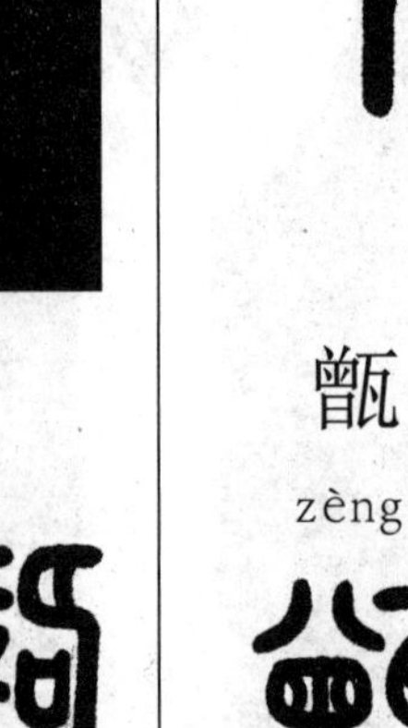

甑
zèng

篆
清人

甓
pì

篆
陶文

甗
yǎn

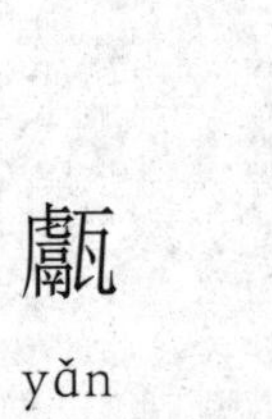

篆
汉简

止部

止
zhǐ

篆
邓石如

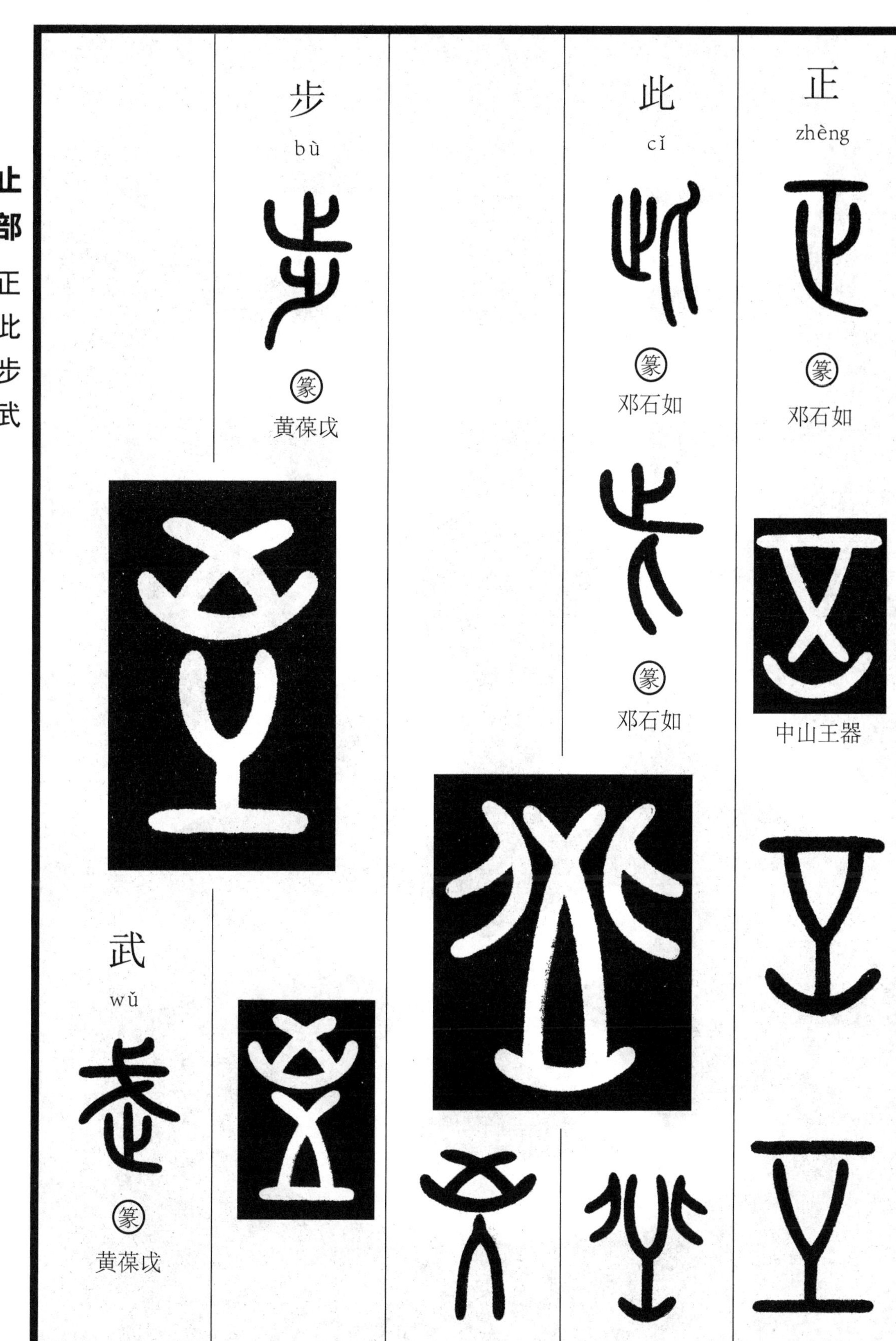

正
zhèng
篆
邓石如
中山王器
此
cǐ
篆
邓石如
篆
邓石如
步
bù
篆
黄葆戉
武
wǔ
篆
黄葆戉

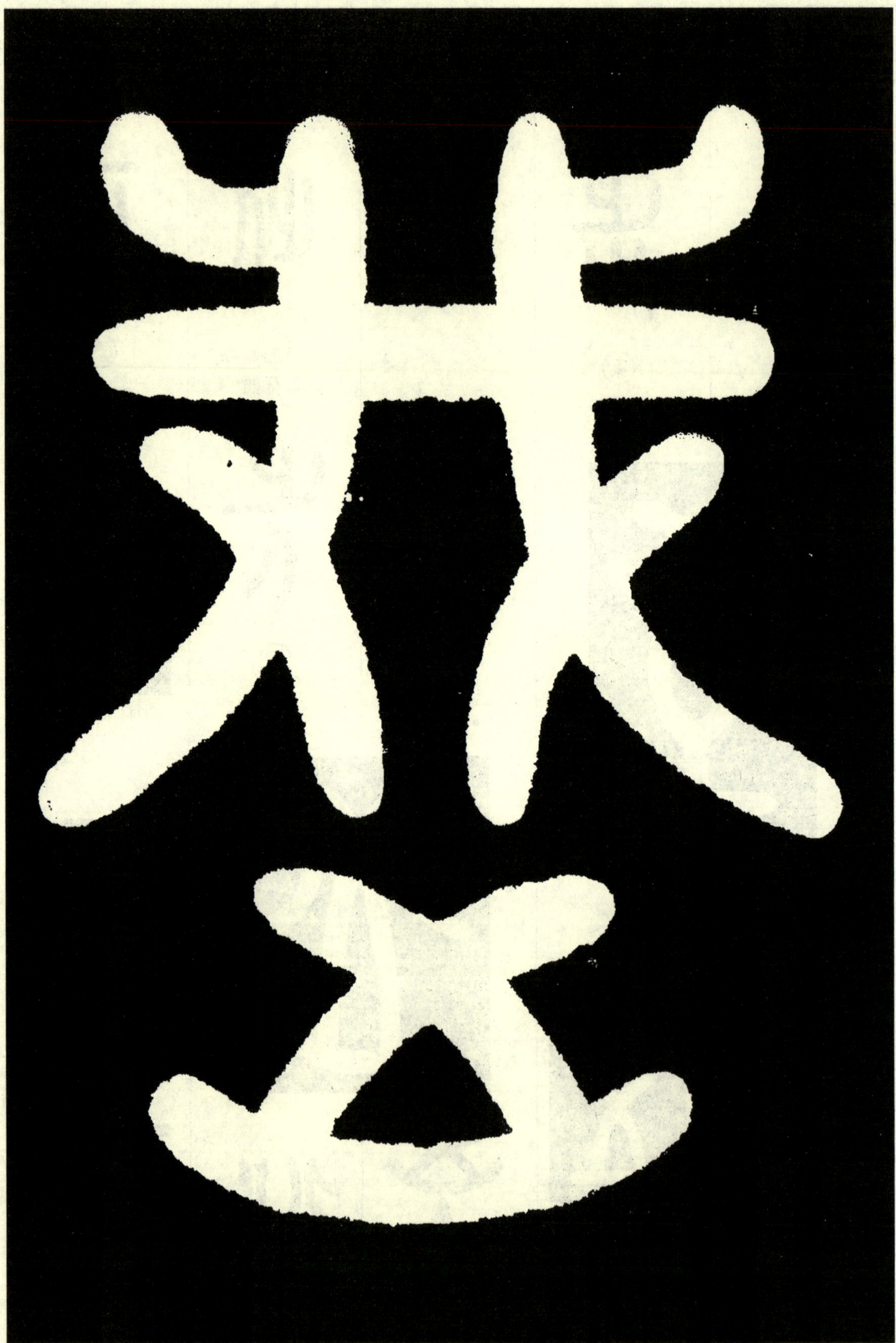

吴大澂

岠
（拒）
jù

篆
吴大澂

肯
kěn

篆
吴昌硕

歲
（岁）
suì

篆
吴睿

日（曰）部

日
rì

瞿令问

黄士陵

曰
yuē

篆
王禔

甲骨文

吴大澂

旦

dàn

梦英

赵孟頫

早

zǎo

㊫

邓散木

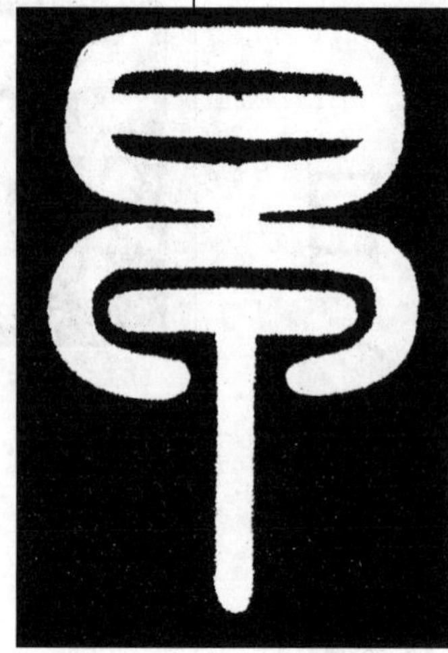
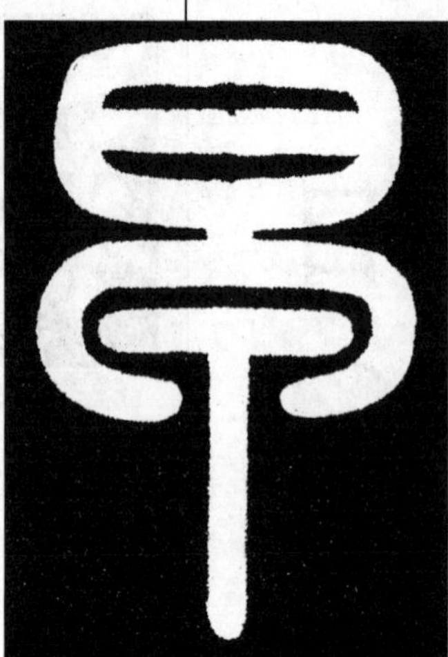

邓石如

曲

qǔ

梦英

旭

xù

㊫

王禔

曳

yè

㊫

邓石如

旱

hàn

李阳冰

盱

xū

㊫

徐三庚

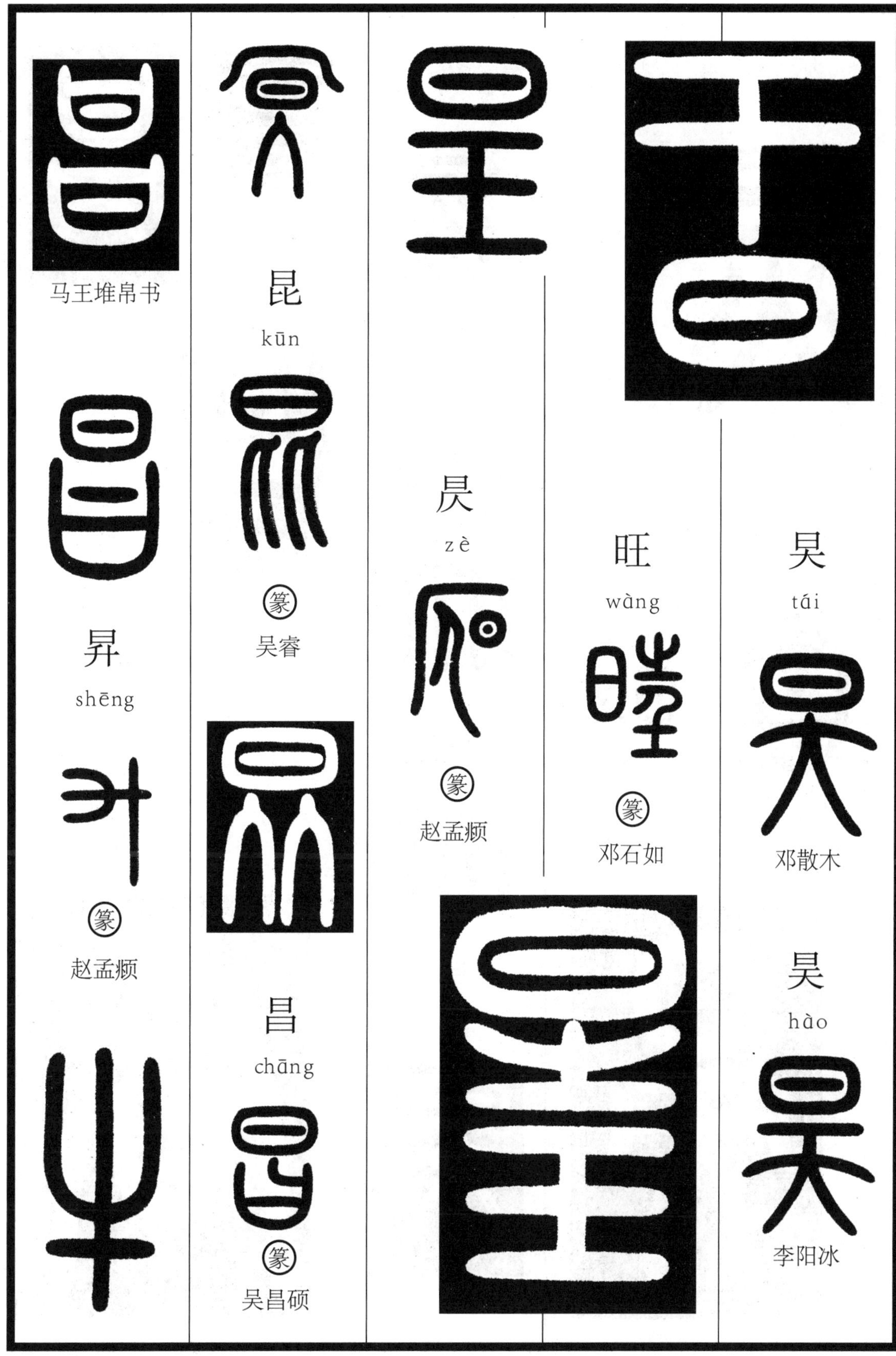

昊
tái
篆
邓散木
昊
hào
李阳冰
旺
wàng
篆
邓石如
昃
zè
篆
赵孟頫
昆
kūn
篆
吴睿
昌
chāng
篆
吴昌硕
马王堆帛书
昇
shēng
篆
赵孟頫

明
míng
篆
吴睿

易
yì 
篆
邓石如

旻
mín
汉印 

昉
fǎng 
篆
说文解字

炅
guì 
说文解字

曶
hū 
篆
克钟

昂

áng

篆

方去疾

昧

mèi

篆

杨沂孙

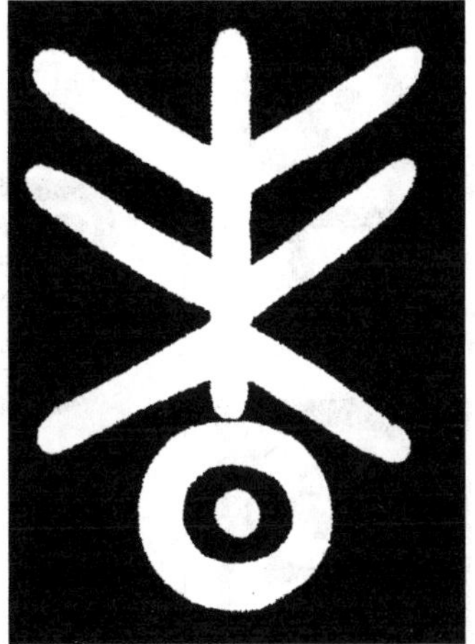

田潜

昜

(阳)

yáng

篆

钱玷

映

(暎)

yìng

篆

吴让之

星

xīng

篆

吴大澂

钱玷

碧落碑

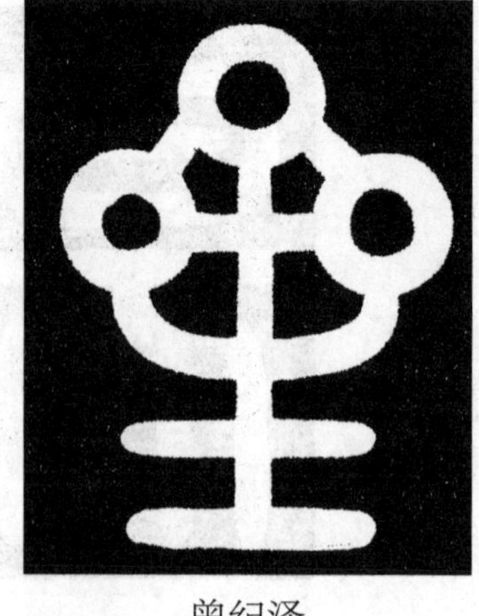

曾纪泽

昨

zuó

吴大澂

昫

xù

篆

说文解字

曷

hé

吴昌硕

昱

yù

说文解字

昭

zhāo

杨沂孙

昶

chǎng

金文

昏

（昬）

hūn

孙过庭

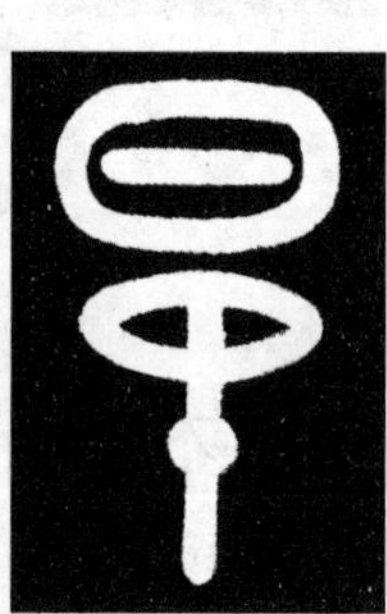

昴

mǎo

吴大澂

時

(时)

shí

(篆)

赵孟頫

(篆)

邓石如

邓石如

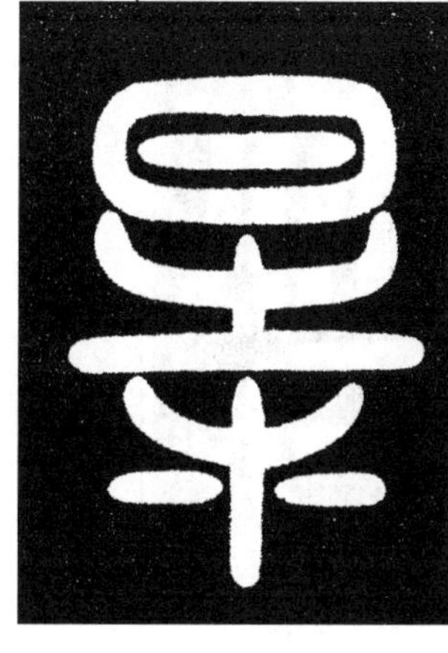

晟

shèng

(篆)

李阳冰

晉

(晋)

jìn

李阳冰

三体石经

晏

yàn

黄士陵

晨

chén

王禔

中山王器

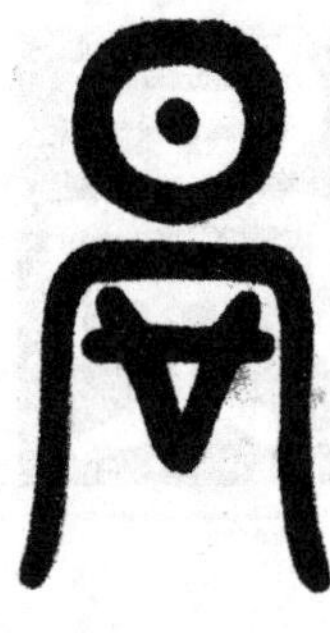

曹

cáo

三体石经

古人

晤

wù

(篆)

王禔

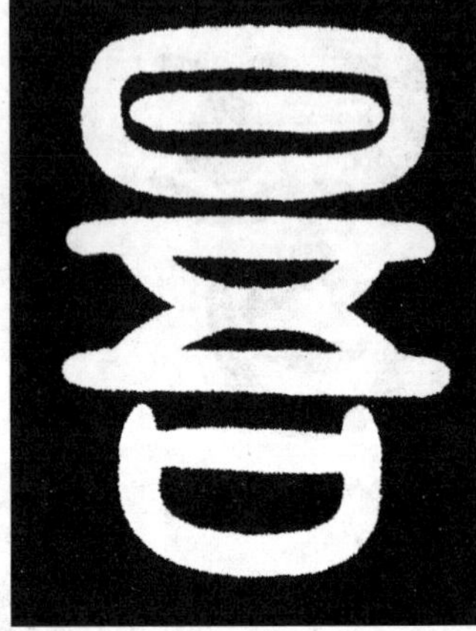

皙

xī

(篆)

吴大澂

曼

màn

(篆)

仰嘉祥

皓

hào

(篆)

徐真木

晦

huì

(篆)

吴大澂

晚

wǎn

篆 王寿卿

晴

(姓)

qíng

篆 邓石如

暑

shǔ

赵孟頫

吴睿

最

zuì

篆 杨沂孙

量

liàng

李阳冰

晶

jīng

梦英

杨沂孙

智

zhì

篆 吴让之

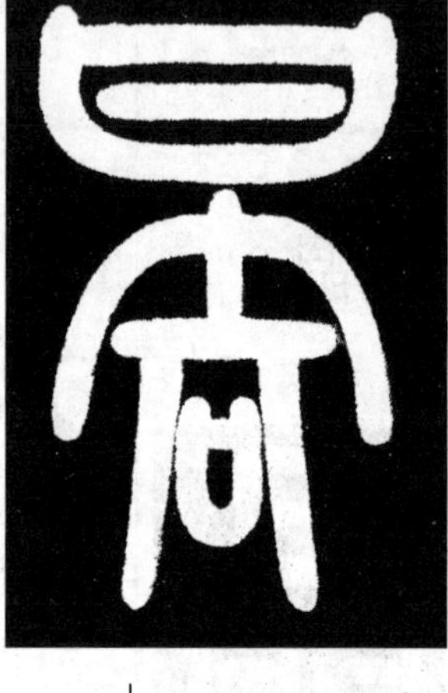

景

jǐng

景君碑额

碧落碑

普

pǔ

仰嘉祥

赵孟頫

暖

nuǎn

陈师曾

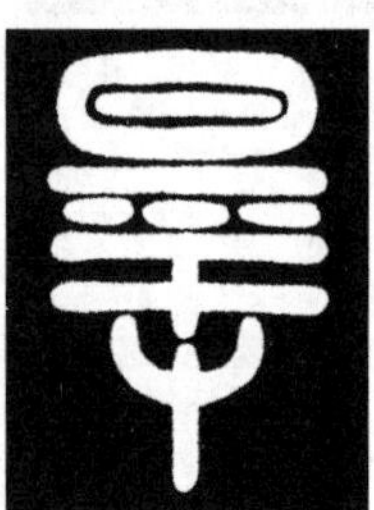

暗

àn

篆

吴让之

暉

(晖)

huī

篆

邓石如

暇

xiá

篆
杨沂孙

曄
(晔)
yè

篆
清人

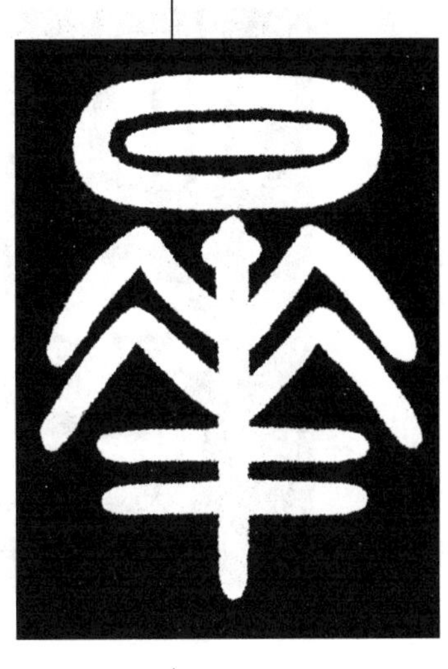

暨
jì

篆
方去疾

暴
bào

吴让之

暫
(暂)
zàn

篆
吴昌硕

曉
(晓)
xiǎo

篆
杨沂孙

曇
(昙)
tán

林时九

曙
shǔ

篆
说文解字

曖
（暧）
ài
篆
黄士陵

曠
（旷）
kuàng
篆
吴睿

曜
yào
篆
赵孟頫

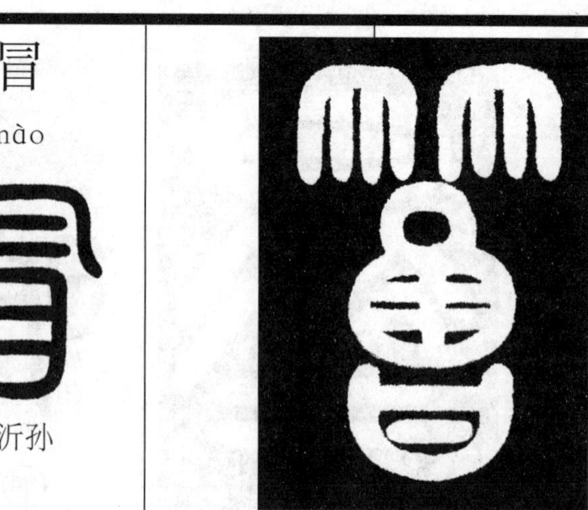

曨
（眬）
lóng
篆
清人

曦
xī

篆
方去疾

冒
mào
杨沂孙

冕
miǎn
篆
仰嘉祥

中部

中
zhōng

邓石如

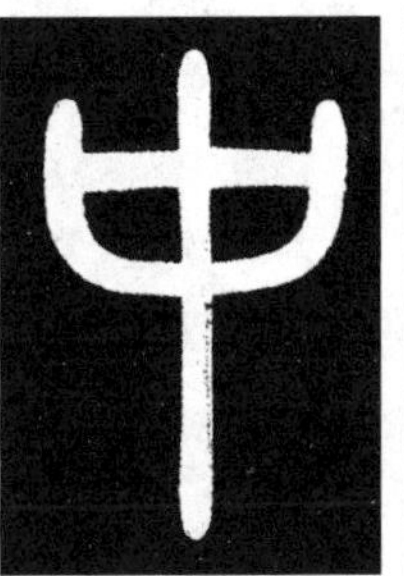
孙星衍

忠
zhōng

篆
吴睿

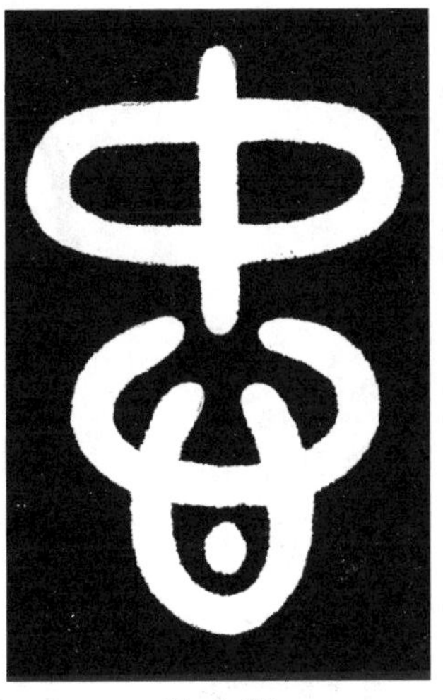
吴大澂

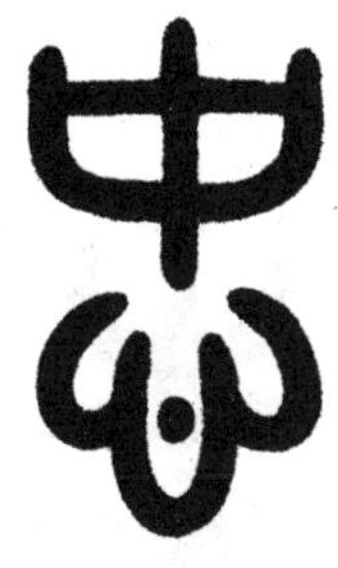
吴大澂

盅
zhōng

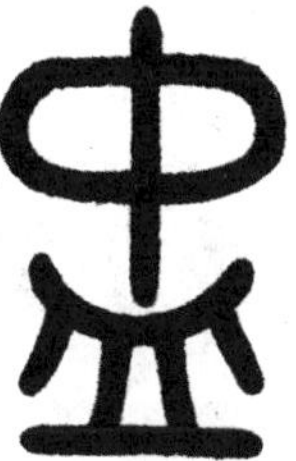
田潜

貴
(贵)
guì

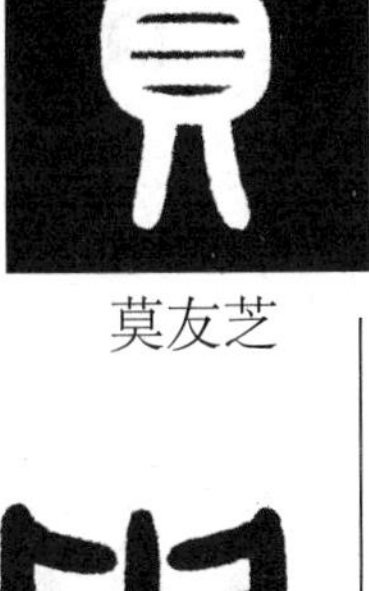
莫友芝

吴大澂

牛部

牛

niú

吴大澂

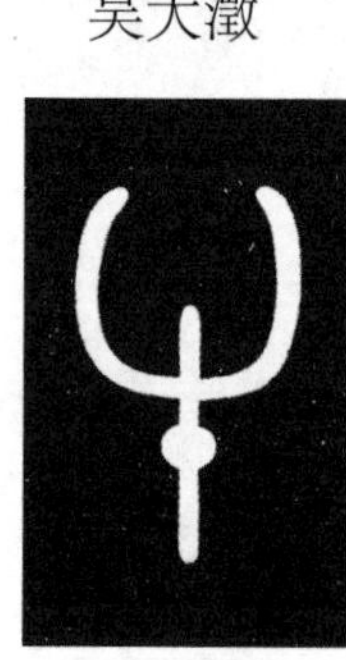

牝

pìn

篆

莫友芝

牡

mǔ

篆

吴昌硕

牧

mù

篆

王禔

物

wù

篆

杨沂孙

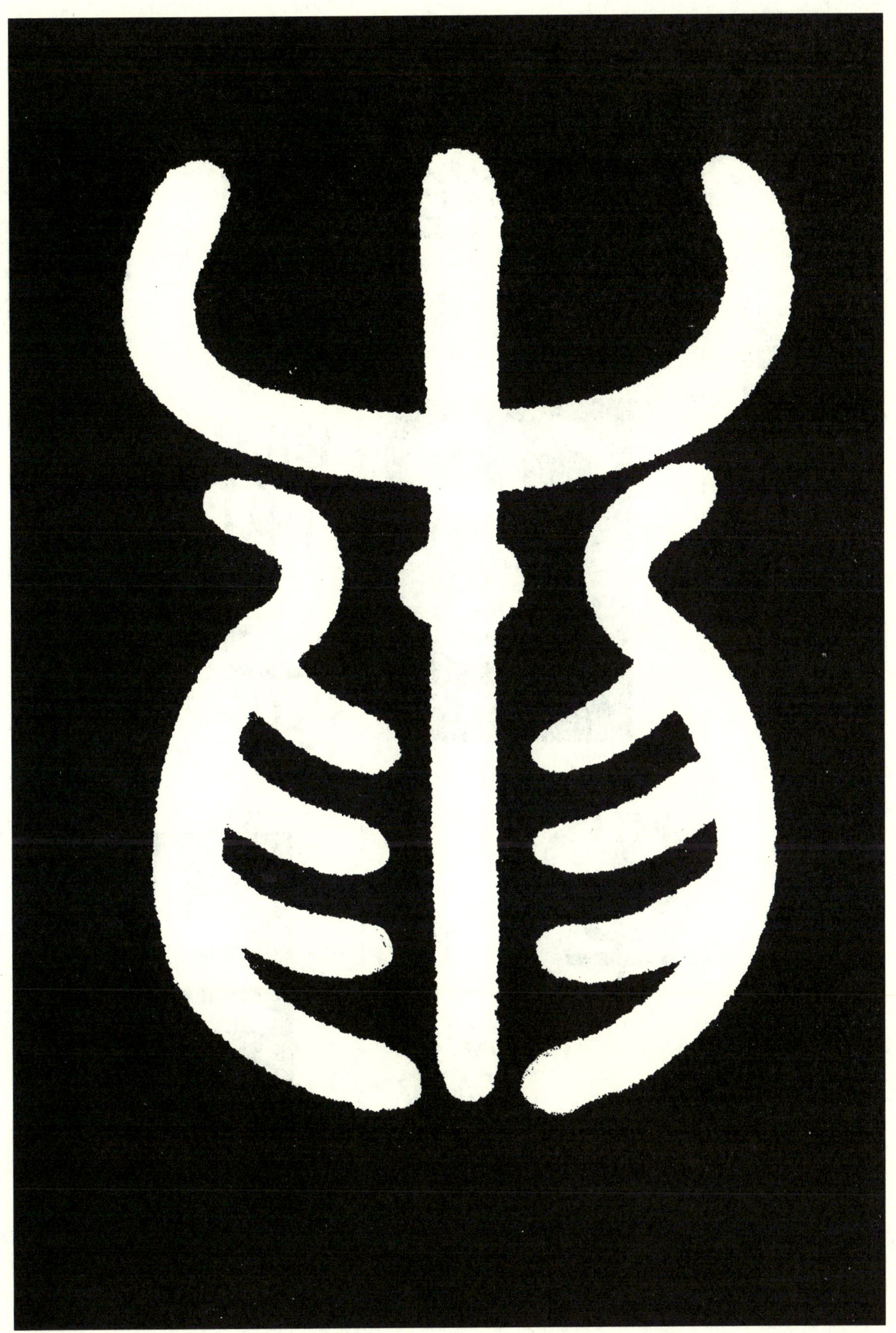

牲

shēng

篆

吴大澂

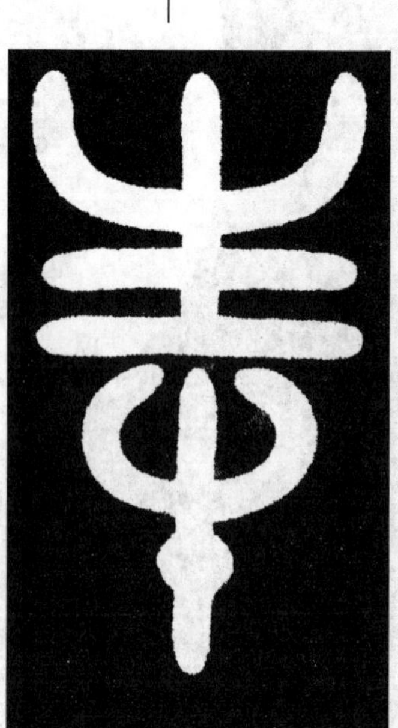

特

tè

篆

赵孟頫

牴

dǐ

篆

清人

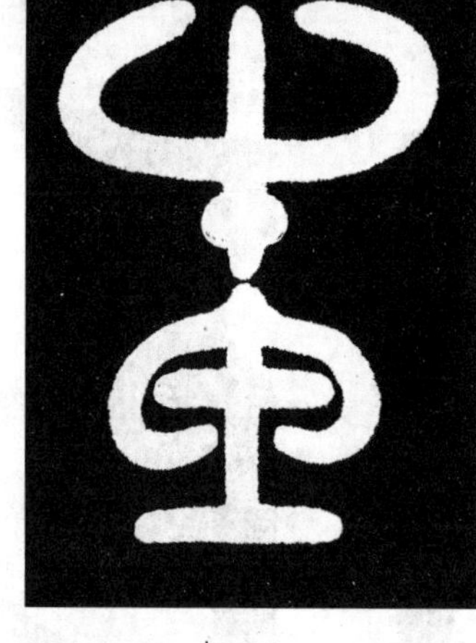

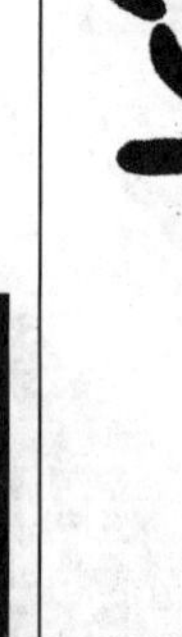

犁

lí

篆

方去疾

犢

(犊)

dú

篆

汉印

犧

(牺)

xī

篆

杨沂孙

手部

手

shǒu

篆

赵孟頫

拜

bài

篆

李阳冰

摯

(挚)

zhì

篆

吴大澂

擎

qíng

篆
六书通

擊
(击)
jī

篆
赵之谦

攀
pān

碧落碑

毛部

毛
máo

篆
杨沂孙

毳
cuì

篆
杨沂孙

氈
(毡)
zhān

陈曦明

气部

气
qì 
篆
邓石如

氣
(气)
qì
邓石如 

片部

片
piān 
篆
吴大澂

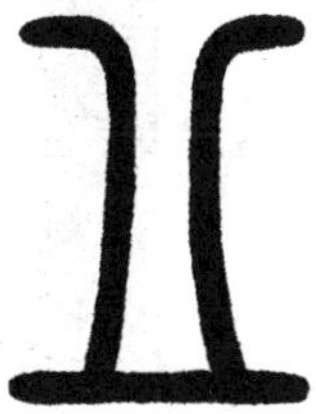

版
bǎn 
篆
邓石如

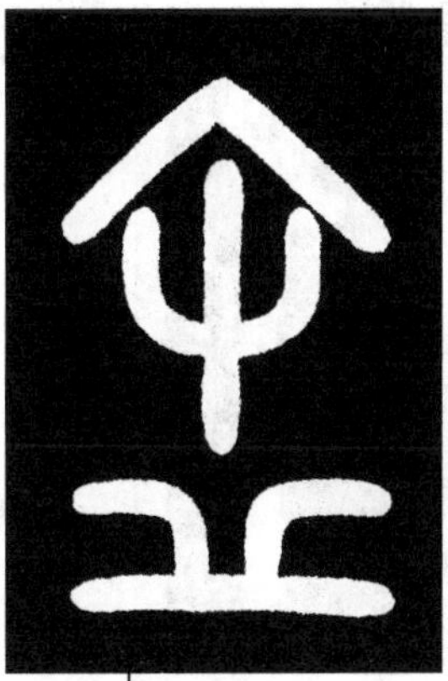

牒
dié 
篆
赵孟頫

牖
yǒu
篆 
赵之谦

牘
(牍)
dú

篆
汉印

攵部

收
shōu

赵孟頫

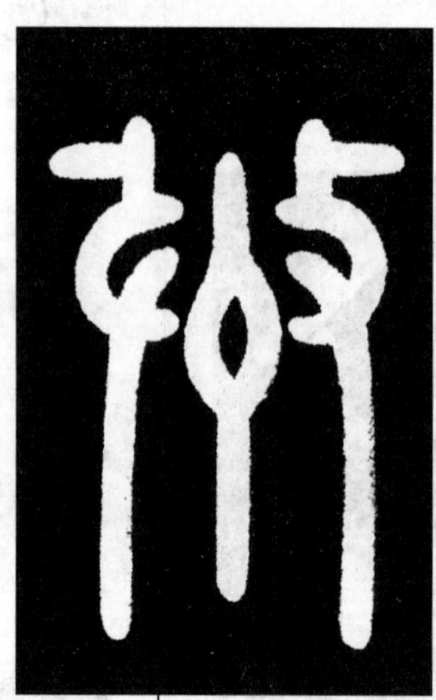

攷
(考)
kǎo

吴昌硕

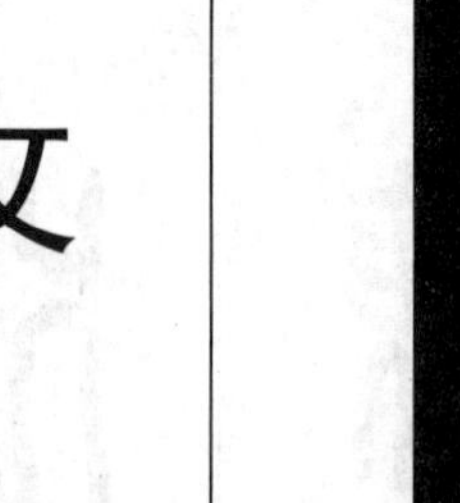

改
gǎi

篆
吴睿

政
zhèng
篆
吴睿
故
gù
篆
邓石如
敖
áo
篆
王澍
效
xiào
篆
王禔

攲

hé

篆

碧落碑

教

jiào

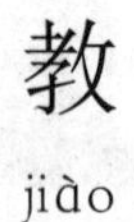

篆

杨沂孙

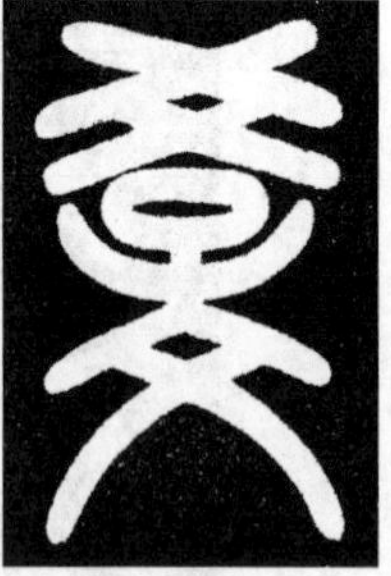

敔

yǔ

篆

王禔

救

jiù

篆

诅楚文

敞

chǎng

篆

杨沂孙

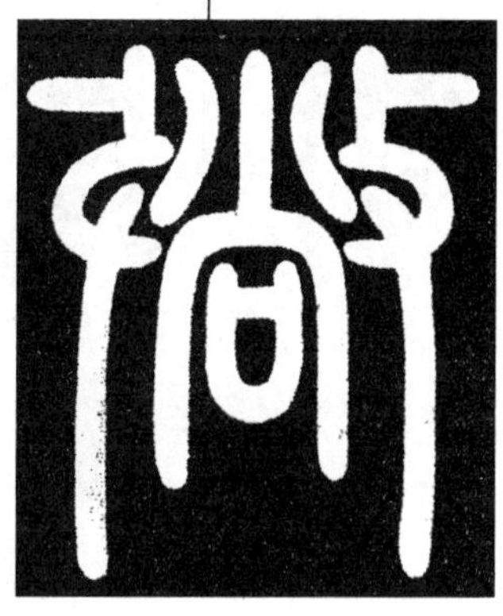

啟

(启)

qǐ

篆

杨沂孙

敏

mǐn

篆

方去疾

敝

bì

篆

杨沂孙

敢

gǎn

篆

范永琪

散

sǎn

篆

王禔

敬

jìng

篆 王禔

敦

dūn

篆 吴睿

敷

fū

篆 杨沂孙

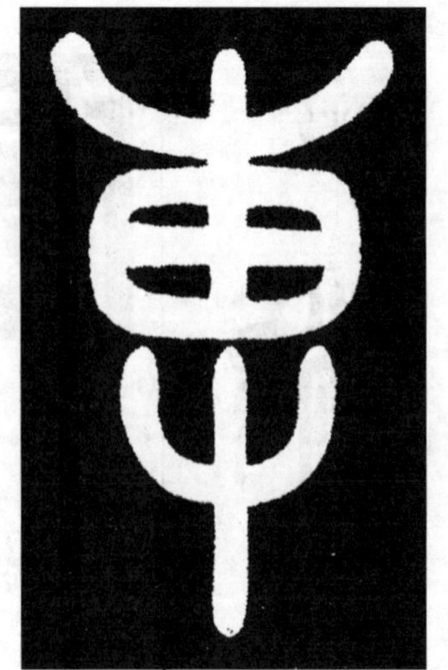

數

(数)

shù

篆 吴大澂

敵

(敌)

dí

篆 田潜

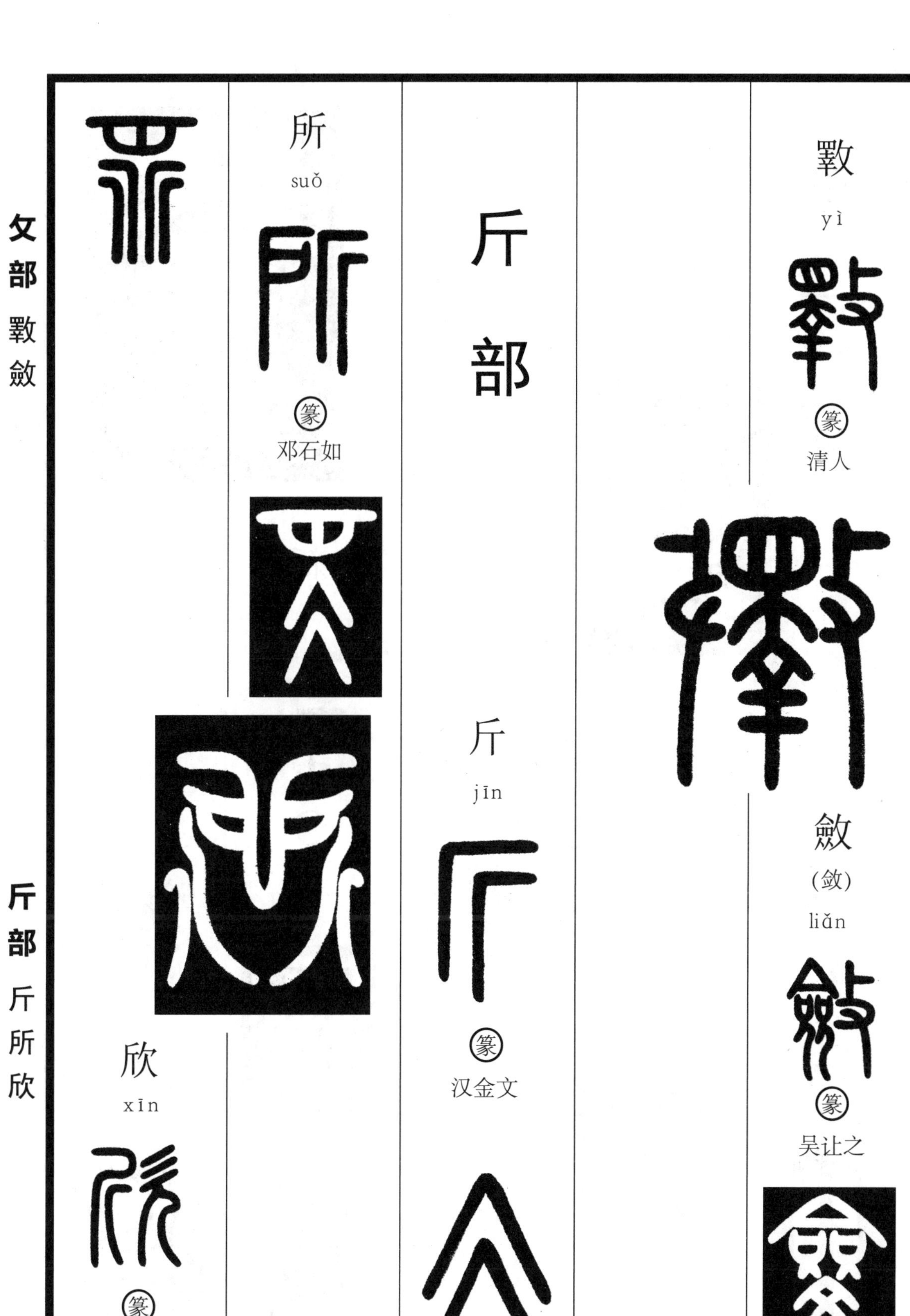

斁

yì

篆 清人

斂(敛)

liǎn

篆 吴让之

斤部

斤

jīn

篆 汉金文

所

suǒ

篆 邓石如

欣

xīn

篆 吴大澂

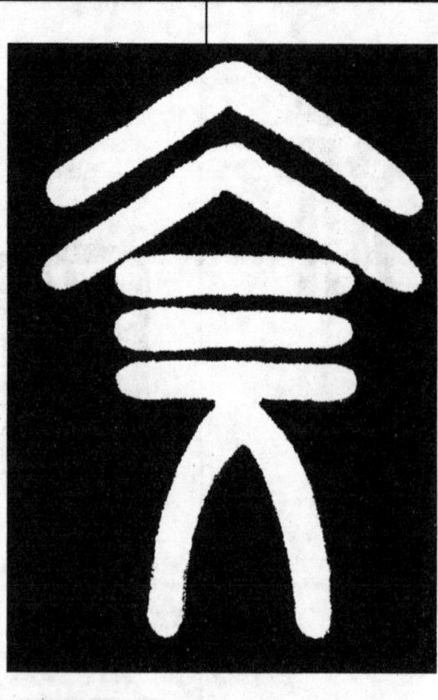

斯

sī

㊦篆 吴大澂

新

xīn

㊦篆 吴昌硕

斷

(断)

duàn

㊦篆 吴让之

爪（爫）部

爪

zhuǎ

㊦篆 杨沂孙

爪部 寽妥孚采受爭

寽

lüè

篆

金文

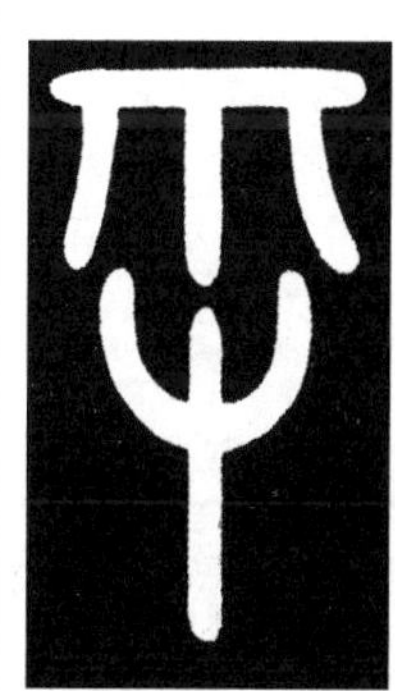

妥

tuǒ

篆

吴大澂

孚

fú

篆

吴大澂

采

cǎi

篆

吴大澂

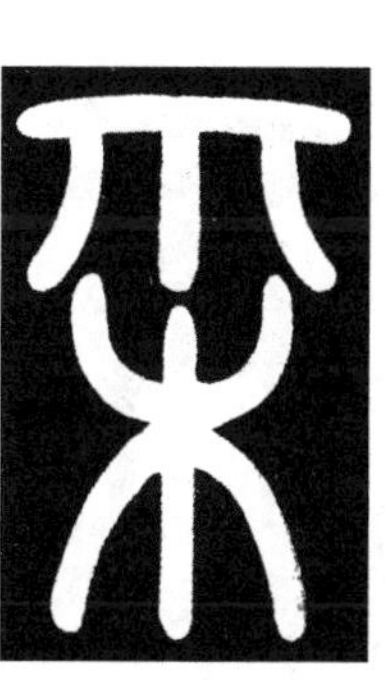

受

shòu

篆

邓石如

爭

(争)

zhēng

篆

吴让之

爰

yuán

篆

吴大澂

舀

yǎo

篆

仰嘉祥

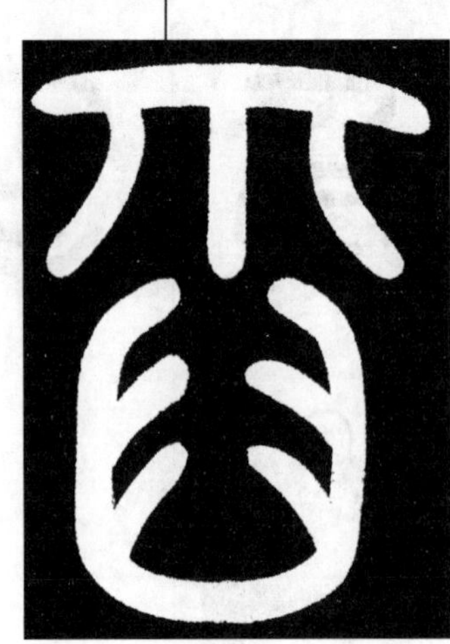

奚

xī

篆

杨沂孙

再

chēng

篆

金文

舜

shùn

篆

梦英

愛

(爱)

ài

篆

吴让之

爵

jué

篆

汉印

爪部 爵

赵孟頫

繇
yáo

篆
王禔

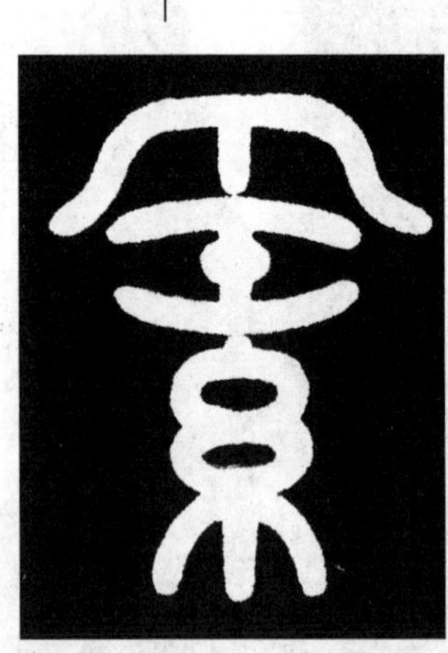

父部

父
fù

篆
王禔

爷
yé

篆
方去疾

斧
fǔ

篆
赵时枫

釜
fǔ

篆
吴大澂

月部

月
yuè

篆
吴昌硕

篆
吴大澂

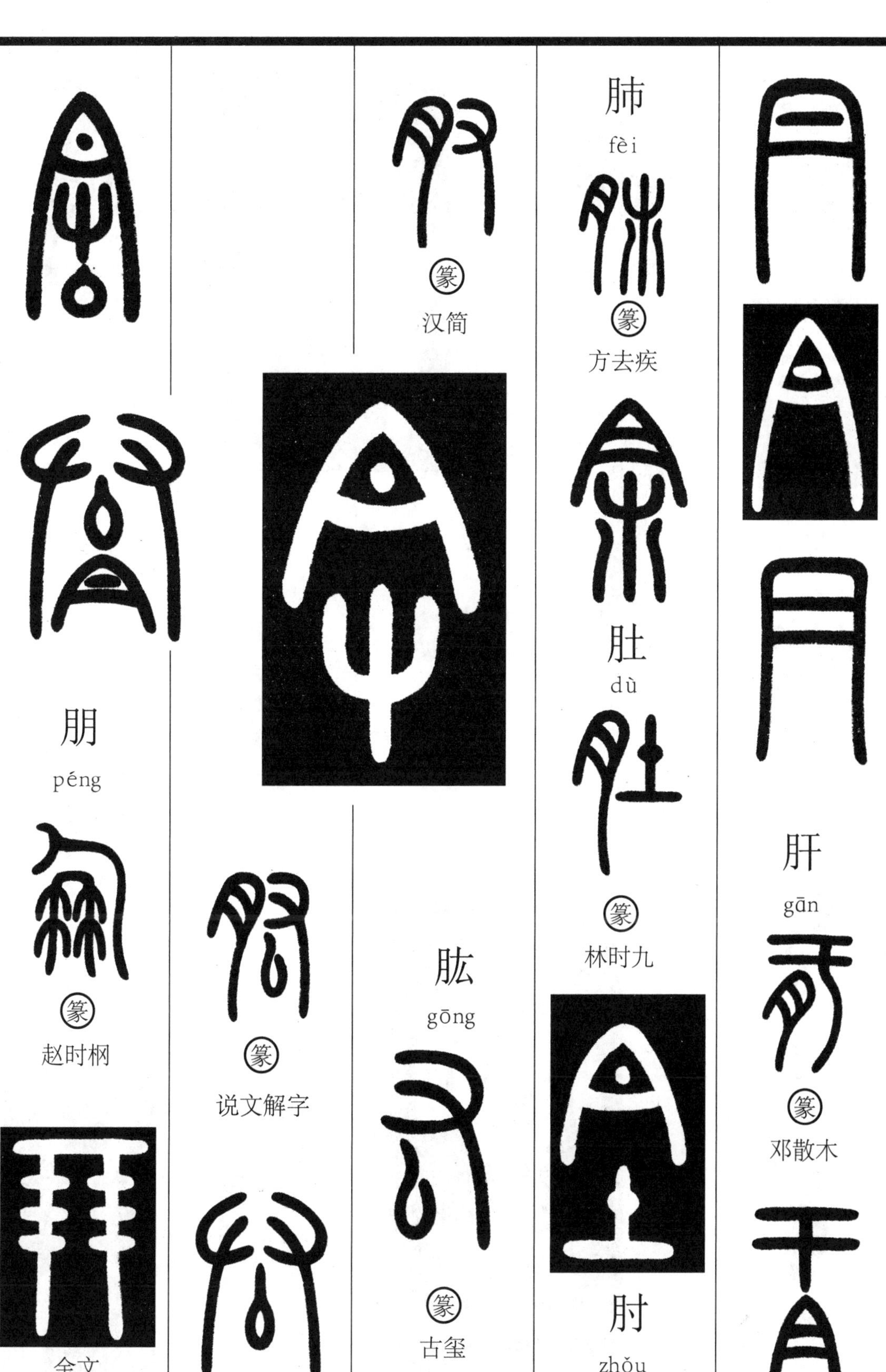

肝
gān
篆
邓散木
肺
fèi
篆
方去疾
肚
dù
篆
林时九
肘
zhǒu
篆
汉简
肱
gōng
篆
古玺
篆
说文解字
朋
péng
篆
赵时棡
金文

肥

féi

篆

吴大澂

服

fú

篆

赵孟頫

胡

hú

篆

黄葆戉

股

gǔ

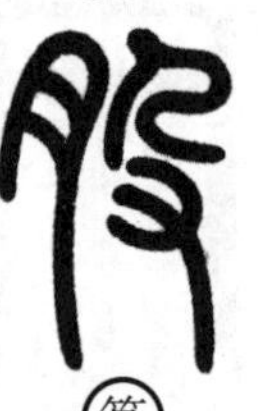

篆

李阳冰

背

bèi

篆

邓石如

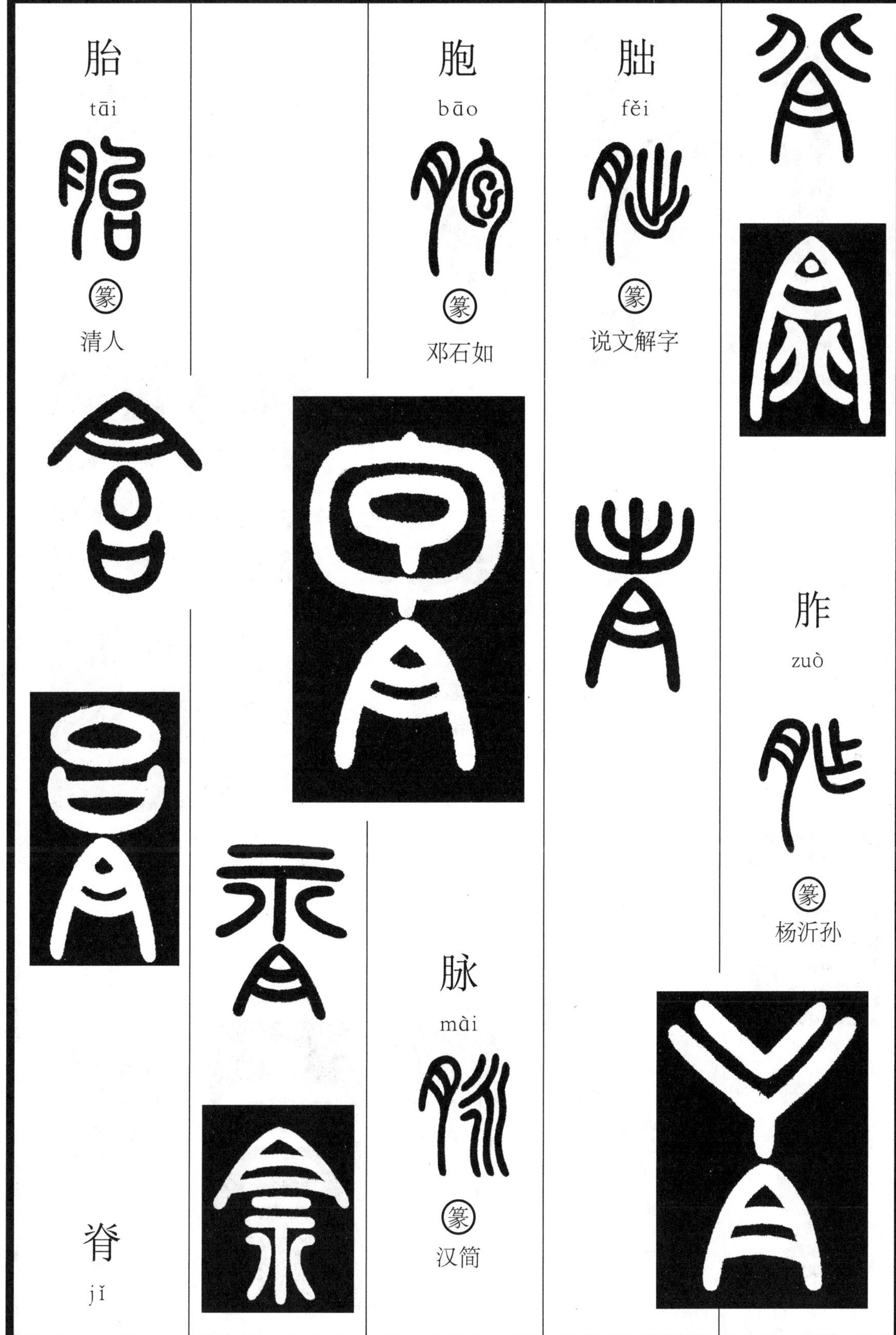

胎
tāi
篆
清人

胞
bāo
篆
邓石如

朏
fěi
篆
说文解字

胙
zuò
篆
杨沂孙

脉
mài
篆
汉简

脊
jǐ

篆
王澍

脂
zhī

清人

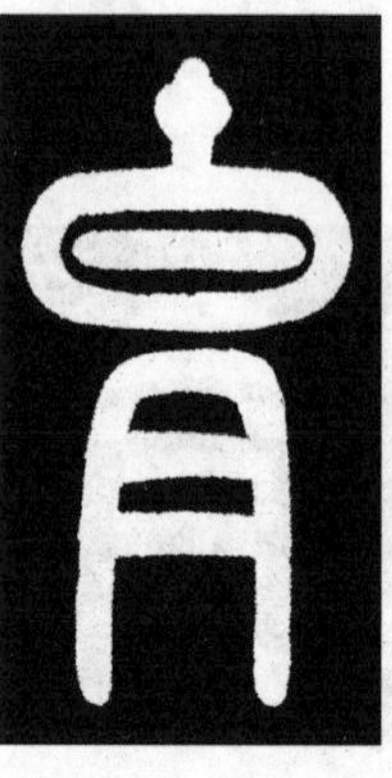

胸
xiōng

篆
萧蜕

朕
zhèn

仰嘉祥

朔
shuò

赵之谦

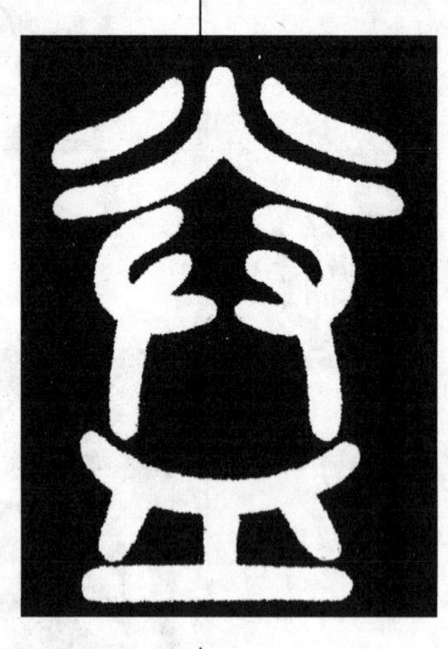

朗
lǎng

篆
黄士陵

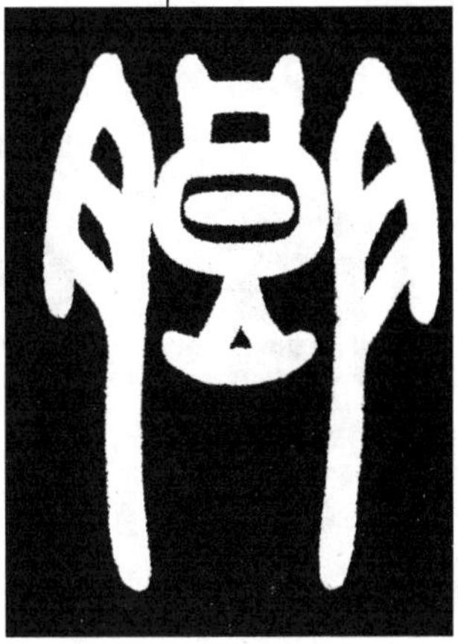

豚

tún

篆

赵时棡

脯

fǔ

篆

吴大澂

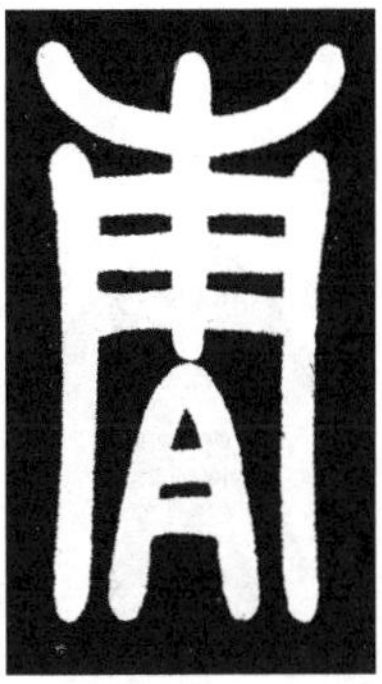

脛

（胫）

jìng

篆

吴大澂

脰

dòu

篆

说文解字

脱

tuō

篆

方去疾

期

qī

篆 李阳冰

胥

(肾)

shèn

篆 方去疾

腴

yú

篆 李阳冰

脾

pí

篆 汉简

腫

(肿)

zhǒng

篆 方去疾

腑

fǔ

篆 吴大澂

勝

(胜)

shèng

篆 王禔

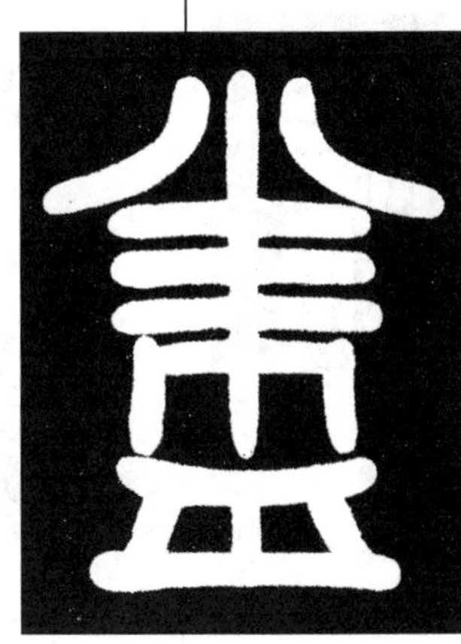

腔

qiāng

篆 秦简

腱

jiàn

篆 严坤

腰

yāo

赵之谦

腸

(肠)

cháng

篆 李阳冰

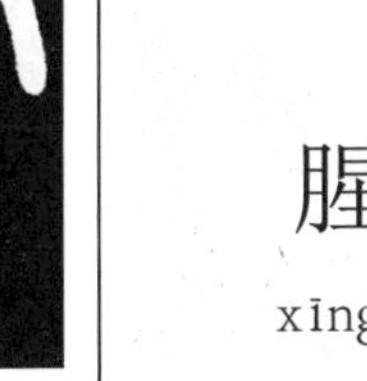

腥

xīng

篆 吴大澂

腹

fù

篆 杨沂孙

脚

jiǎo

篆 吴让之

塍

chéng

㊣篆

徐三庚

膝

xī

㊣篆

邓石如

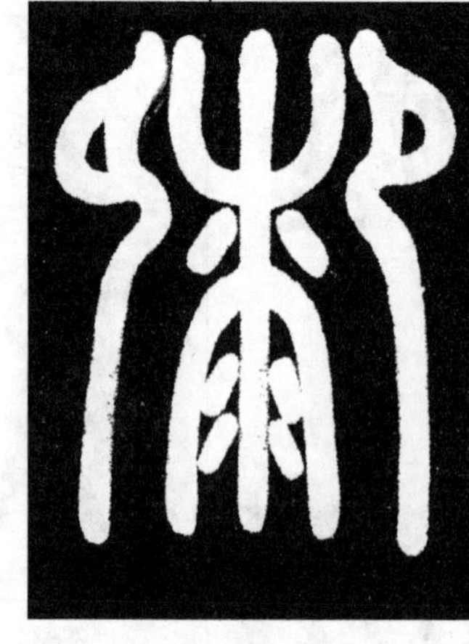

膂

lǚ

㊣篆

汉简

滕

téng

㊣篆

黄葆戉

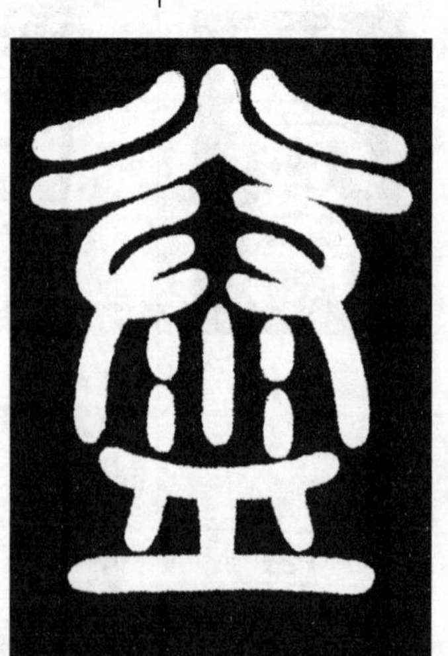

膠

(胶)

jiāo

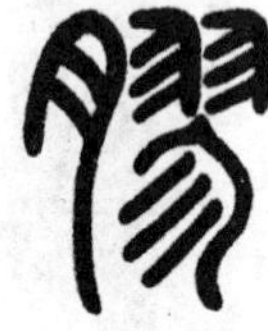

㊣篆

仰嘉祥

腸

(肠)

cháng

㊣篆

赵孟頫

膳
shàn

篆 王褆

膽
(胆)
dǎn

篆 何绍基

膾
(脍)
kuài

篆 说文解字

膻
shān

篆 林时九

臆
yì

篆 吴让之

臀
tún

篆 三体石经

臂
bì

篆 汪仁寿

賸
(剩)
shèng

篆 赵之谦

鵬
(鹏)
péng

篆 金一甫

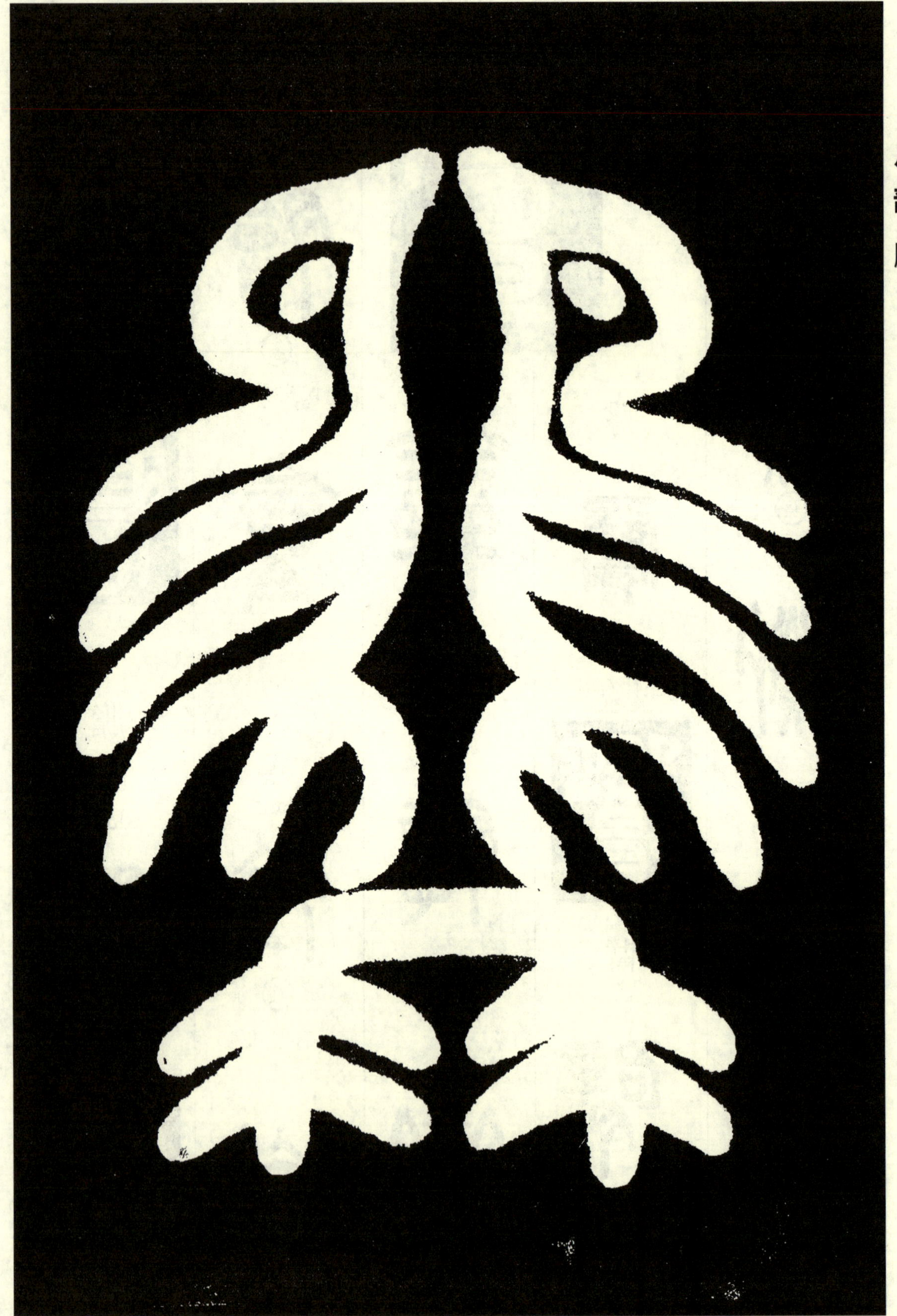

臘
（腊）
là

篆
清人

臚
（胪）
lú

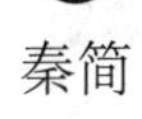
秦简

騰
（腾）
téng

篆
吴让之

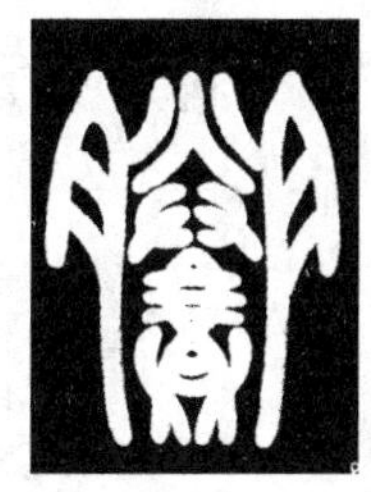

朧
（胧）
lóng

篆
方去疾

臞
qú

说文解字

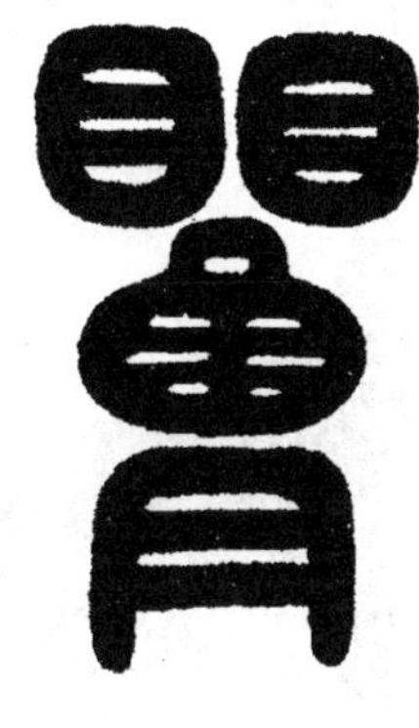

氏部

氏
shì

篆
李阳冰

篆
中山王器

氏

氐部 氐昏

氐

dǐ

篆

吴昌硕

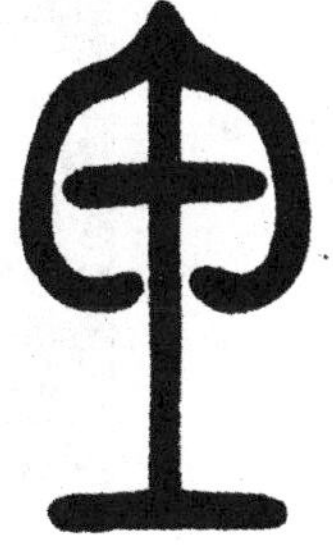

昏

hūn

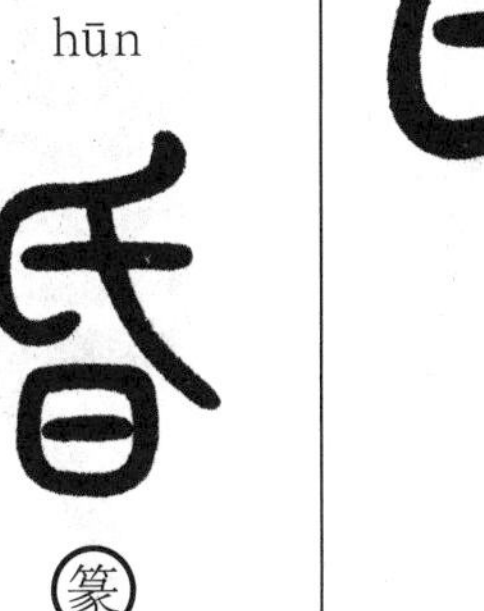

篆

吴大澂

欠部

欠

qiàn

篆

杨沂孙

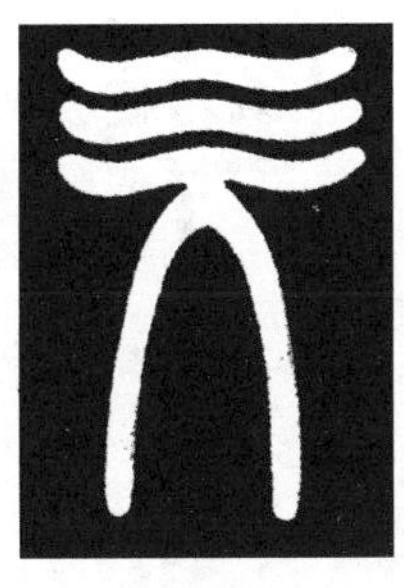

款

kuǎn

篆

吴大澂

欺

qī

篆

汪仁寿

欠部 欠款欺

歇

xiē

篆

方去疾

歍

guā

篆

徐三庚

歌

gē

篆

吴让之

歎

(叹)

tàn

篆

杨沂孙

歐

(欧)

ōu

篆

黄葆戉

歔

xū

篆

田潜

歙

xī

篆

邓石如

歡

(欢)

huān

篆

王禔

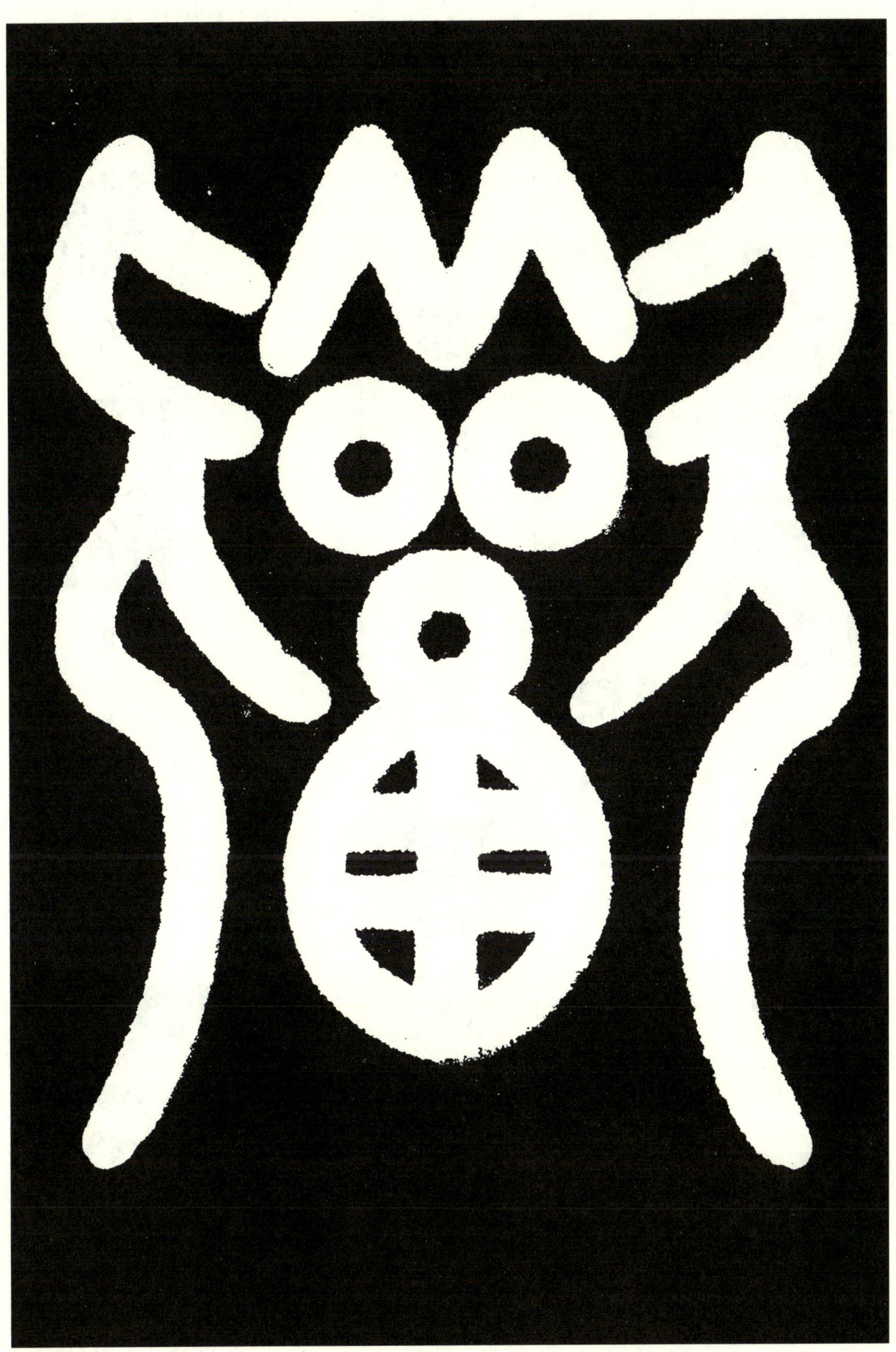

歉

qiàn

(篆) 说文解字

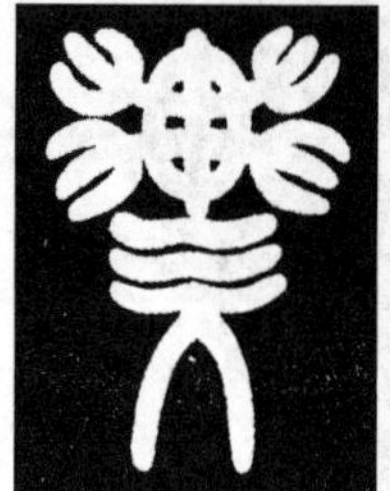

歟

(欤)

yú

(篆) 方去疾

殳部

殳

shū

(篆) 杨沂孙

段

duàn

(篆) 仰嘉祥

殷

yīn

(篆) 赵孟頫

殺

(杀)

shā

(篆) 吴大澂

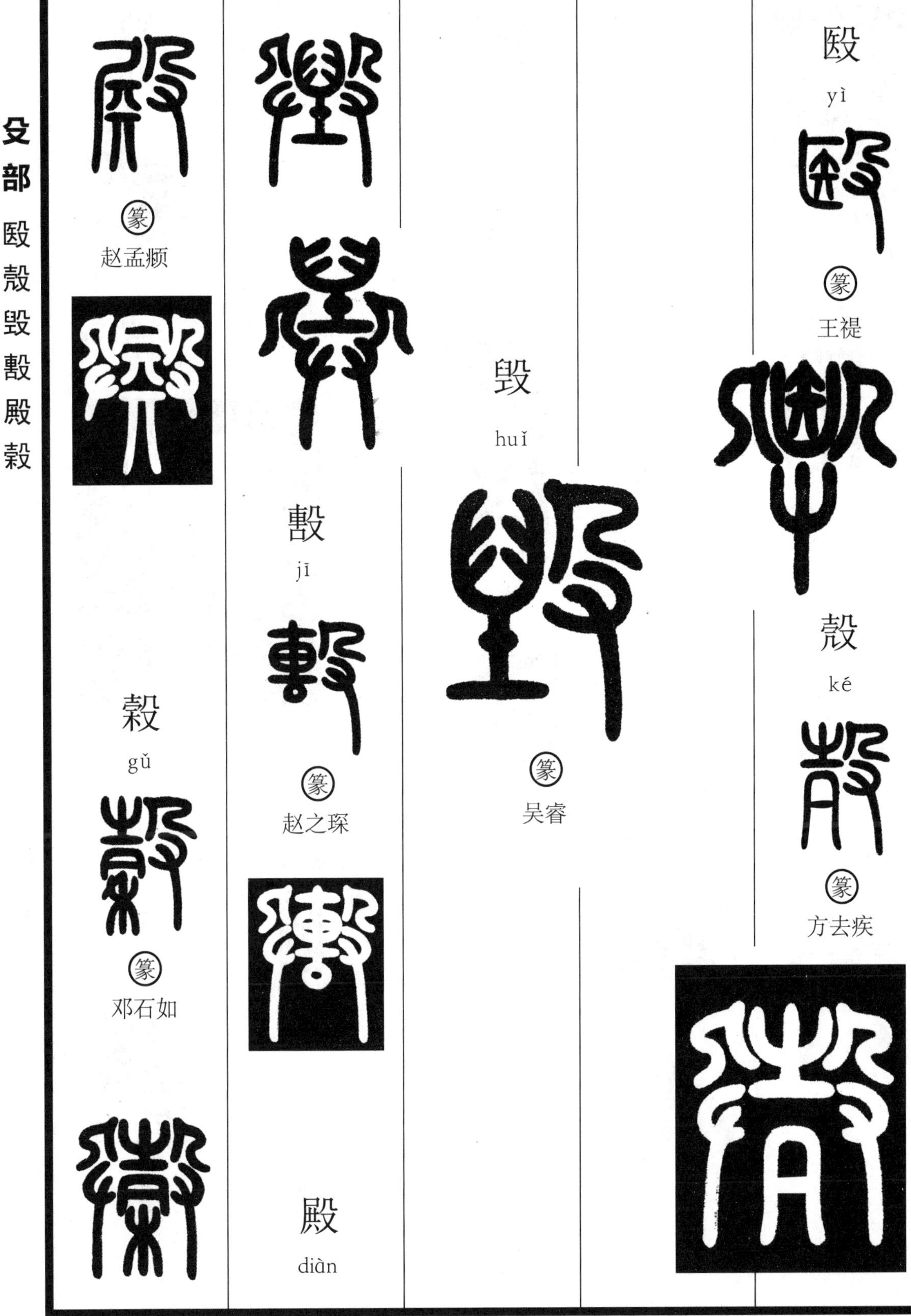

殹

yì

篆

王禔

殼

kē

篆

方去疾

毁

huǐ

篆

吴睿

毄

jī

篆

赵之琛

殿

diàn

篆

赵孟頫

穀

gǔ

篆

邓石如

毆

(殴)

ōu

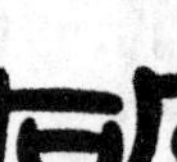

篆 说文解字

毅

yì

篆 说文解字

觳

(觳)

gǔ

篆 吴昌硕

赵孟頫

文

部

文

wén

金文

黄士陵

杨沂孙

达受

吴大澂

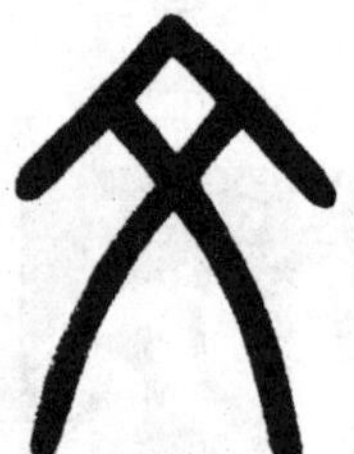

吝

lìn

吴大澂

紊
wěn

篆
黄士陵

斌
bīn

篆
齐白石

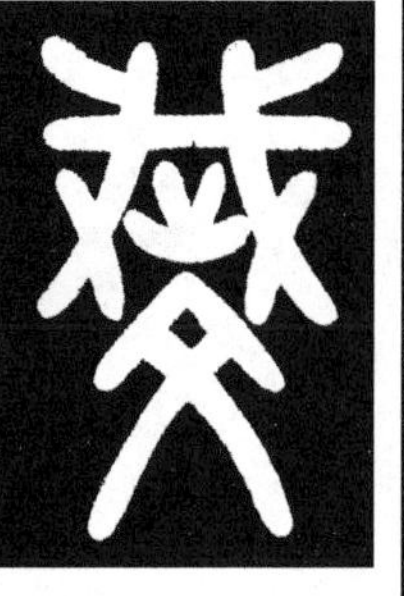

方部

方
fāng

篆
金文

篆
王澍

邡
fāng

篆
金文

放
fàng

篆
杨沂孙

於
(于)
yú

篆
赵孟頫

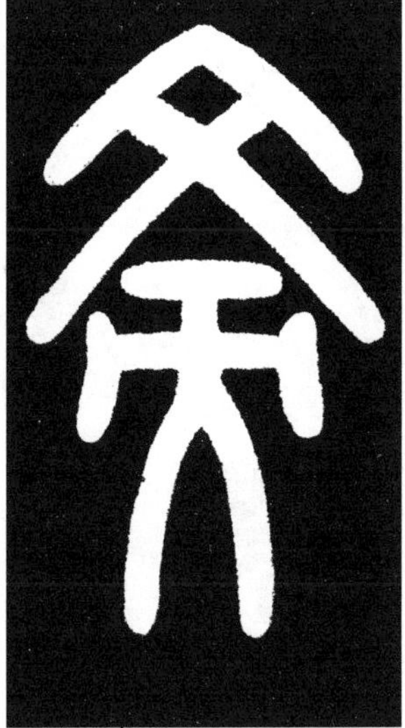

施

shī

篆

赵孟頫

斿

yóu

篆

王禔

旄

máo

篆

清人

旂

qí

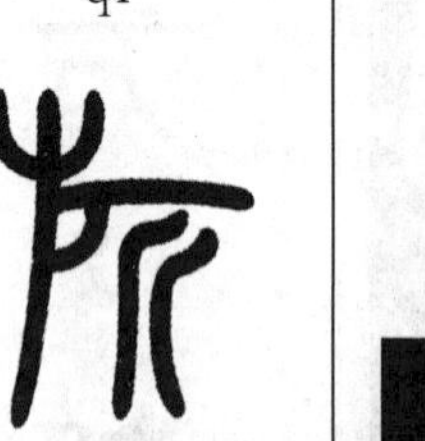

篆

金文

旅

lǚ

篆

永瑆

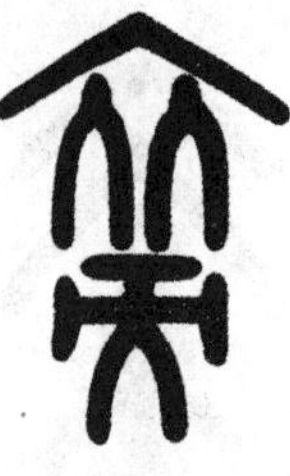

旌

jīng

篆

吴大澂

族

zú

篆

方去疾

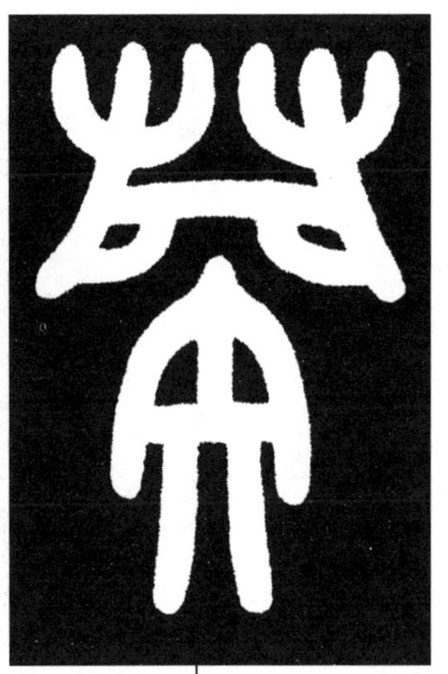

旋

xuán

篆

吴大澂

旗

qí

篆

邓石如

旛

fān

篆

说文解字

火部

火

huǒ

汉简

邓石如

吴大澂

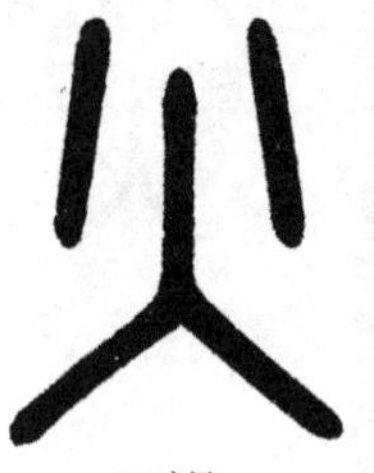
王禔

吴大澂

吴昌硕

灼

zhuó

篆
吴大澂

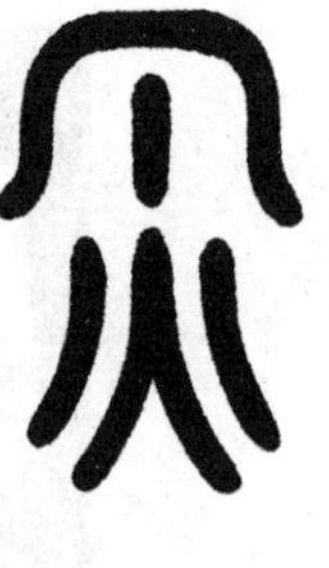

炎

yán

杨沂孙

吴大澂

赵之谦

炊

chuī

篆
方去疾

炆

pū

甲骨文

灸

jiǔ

篆
吴大澂

火部 炳炮烜烟焕烺焚

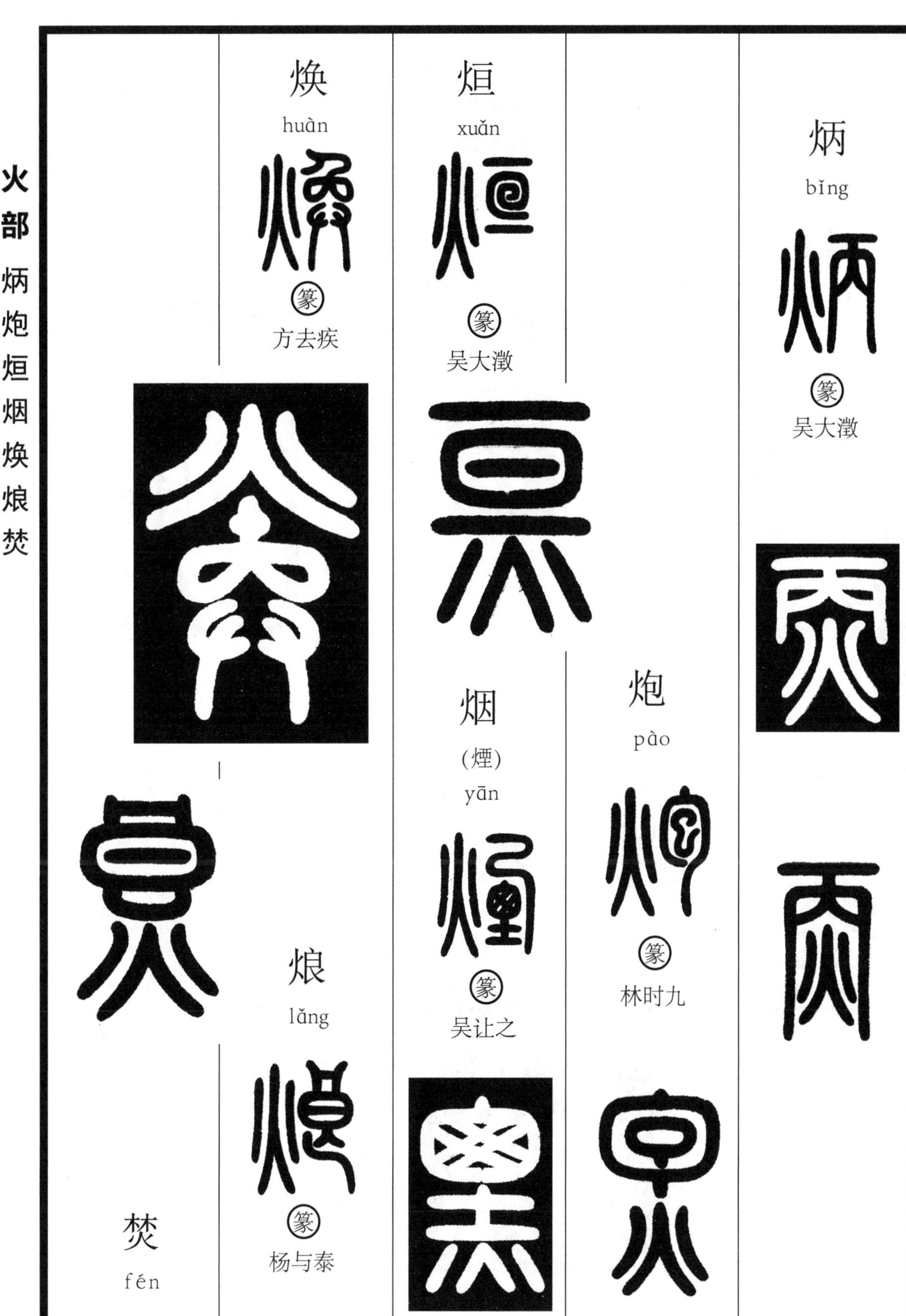
炳
bǐng
篆
吴大澂
烜
xuǎn
篆
吴大澂
焕
huàn
篆
方去疾
炮
pào
篆
林时九
烟
(煙)
yān
篆
吴让之
烺
lǎng
篆
杨与泰
焚
fén

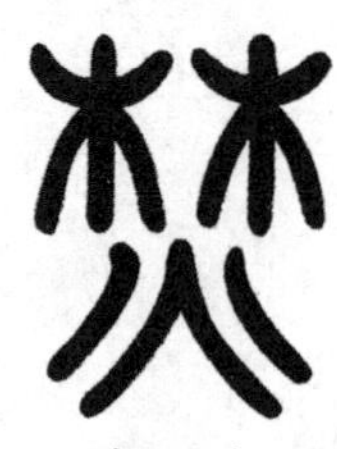
李阳冰

邓石如

焯

chāo

张燕昌

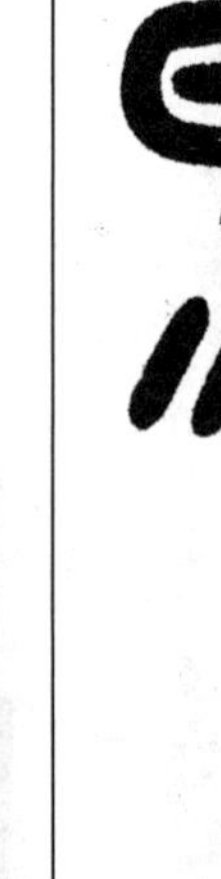
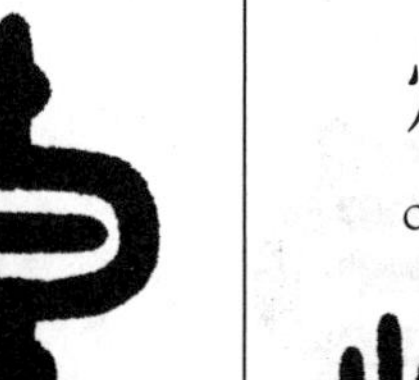

焜

kūn

说文解字

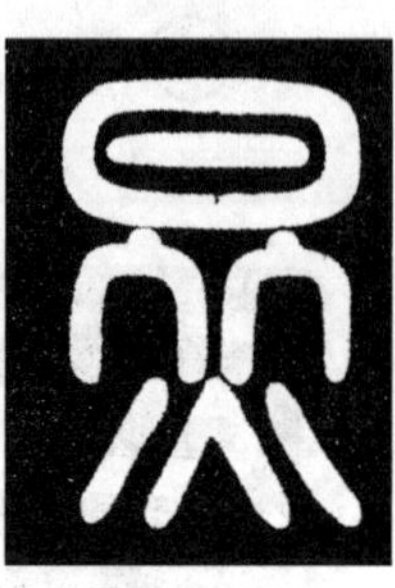

焱

yàn

梦英

吴大澂

煩

(烦)

fán

王禔

煨

wēi

篆

清人

煌

huáng

铭勋钟

煖
(暖)
nuǎn

篆
仰嘉祥

煒
(炜)
wěi

篆
吴睿

煜
yù

篆
邓散木

煇
(辉)
huī

篆
邓石如

熄
xī

篆
邓石如

燒
(烧)
shāo

篆
吴大澂

燋
jiāo

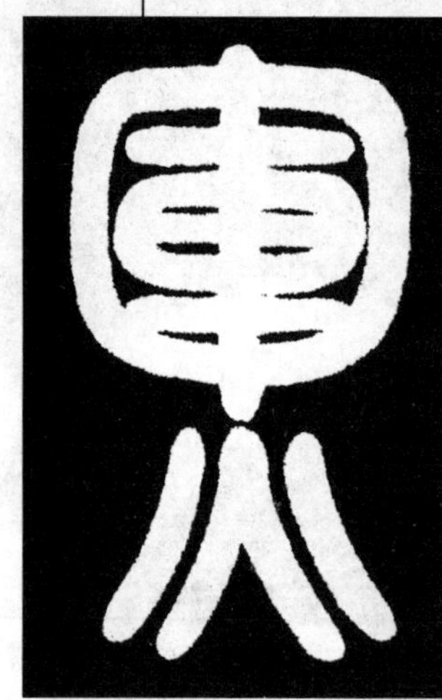

篆
马王堆帛书

燎
liáo

火部 燔熾燧燈燦燥燭

清人

燔

fán

杨沂孙

熾

(炽)

chì

篆

吴大澂

燧

suì

篆

汪关

燈

(灯)

dēng

篆

陶文

燦

(灿)

càn

篆

杨锐

燥

zào

篆

田潜

燭

(烛)

zhú

篆

李阳冰

燹

xiǎn

徐三庚

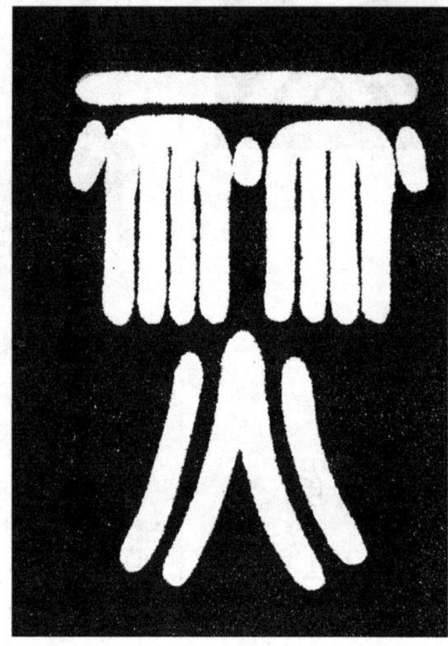

燿

(耀)

yào

篆

杨沂孙

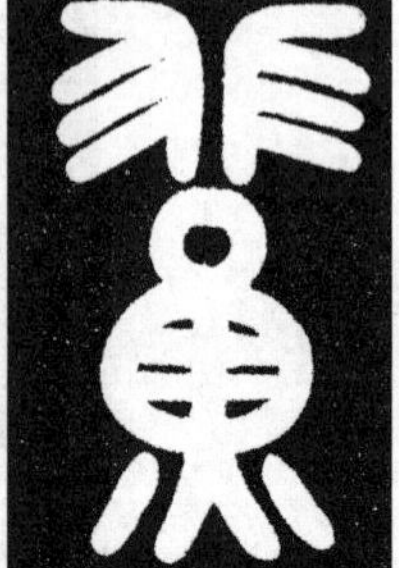

爕

(燮)

xiè

篆

说文解字

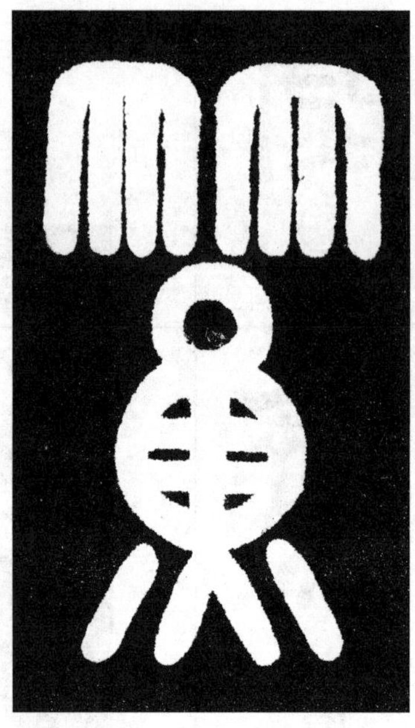

爐

(炉)

lú

篆 汉金文

爛

(烂)

làn

篆 杨锐

爨

cuàn

杨沂孙

爫部

爲

(为)

wéi

篆 赵宧光

篆 吴睿

篆 邓石如

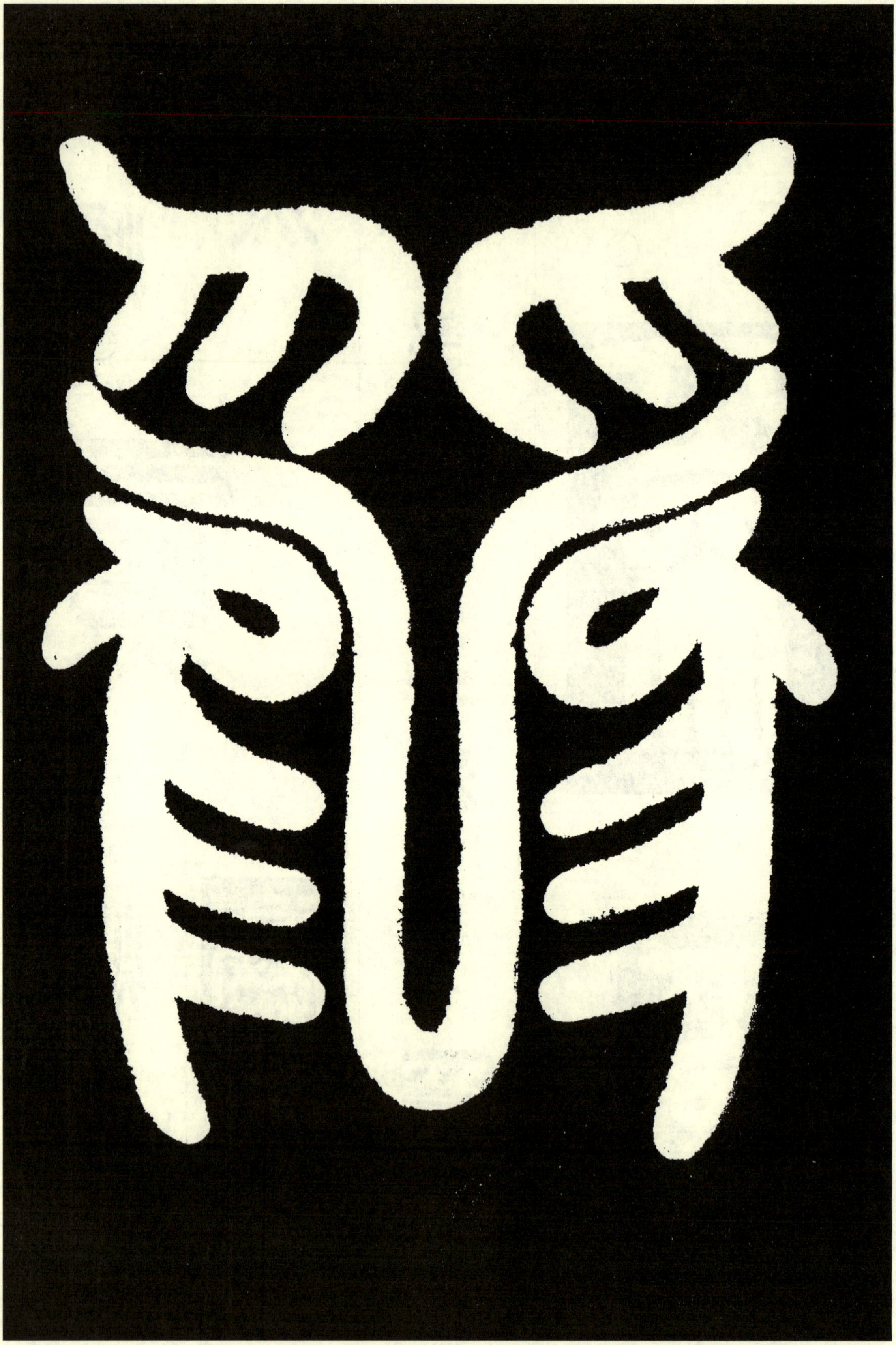

烈

liè

篆

莫友芝

烏

(乌)

wū

篆

黄葆戉

烝

zhēng

篆

赵孟頫

焉

yān

篆

吴让之

然

rán

篆

王禔

煮

zhǔ

马王堆帛书

照

zhào

篆

李斯

昫

xù

篆

方去疾

灬部 煎熬熙熏熊熟熱燾

煎
jiān

篆
方去疾

熬
áo

篆
金文

熙
xī

篆
杨沂孙

熏
xūn

金文

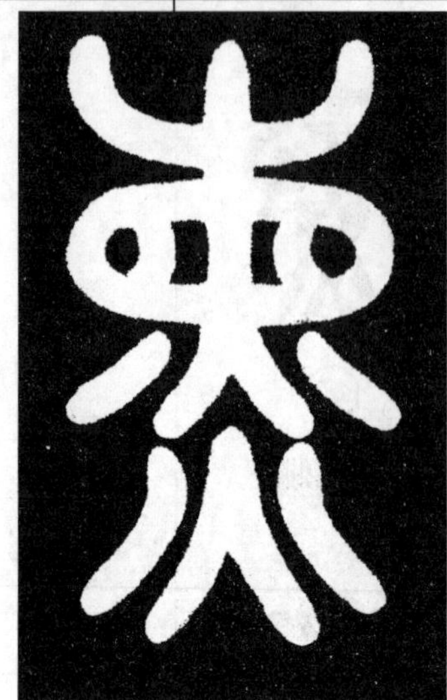

仰嘉祥

熊
xióng

篆
仰嘉祥

熟
shú

篆
赵孟頫

熱
(热)
rè

篆
李阳冰

燾
(焘)
dào

篆
赵穆

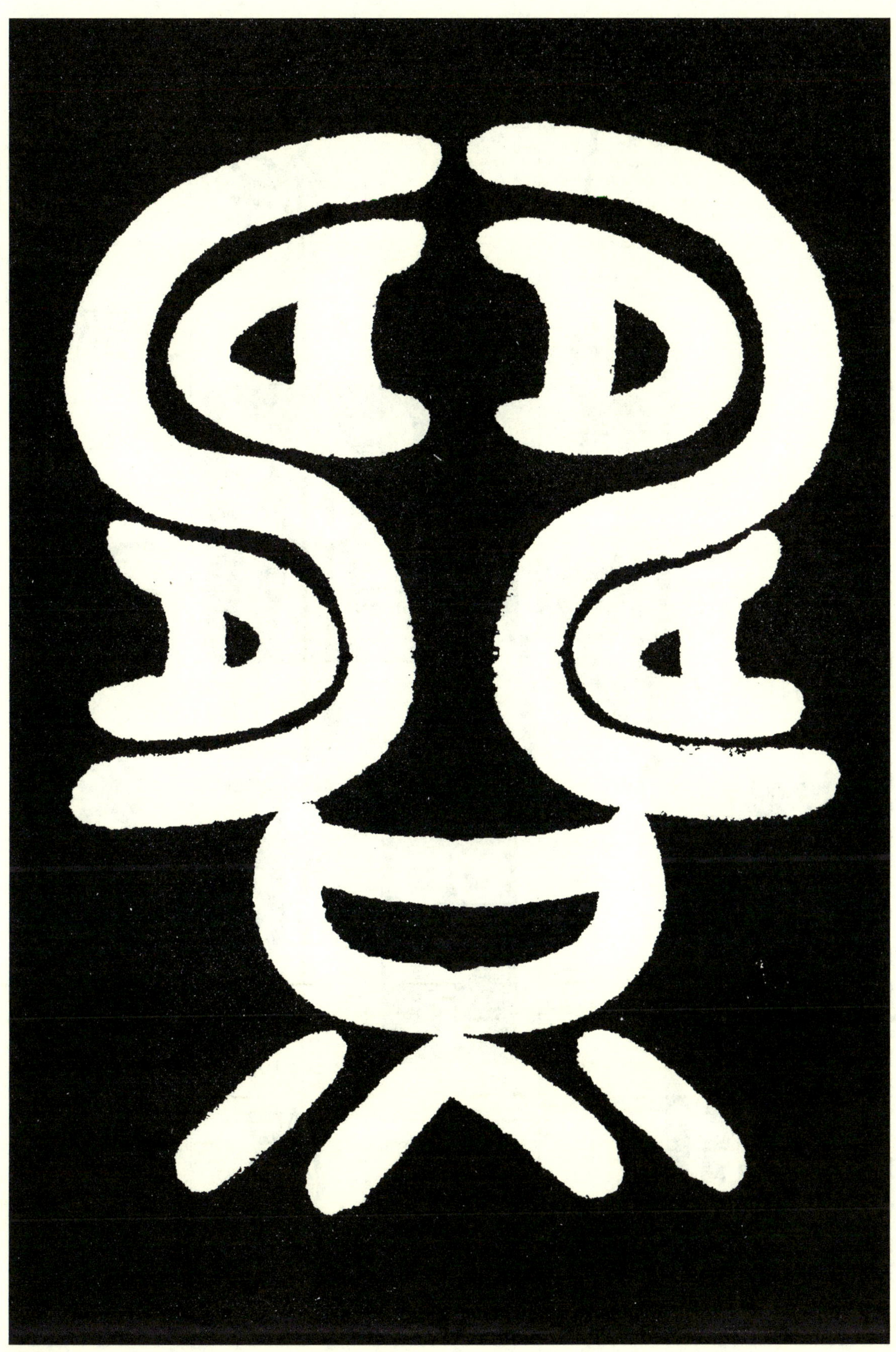

斗部

斗

dòu

㊟篆 金文

㊟篆 吴大澂

斜

xié

㊟篆 吴让之

斝

jiǎ

㊟篆 赵时棡

斟

zhēn

㊟篆 吴大澂

斠

jiào

㊟篆 吴让之

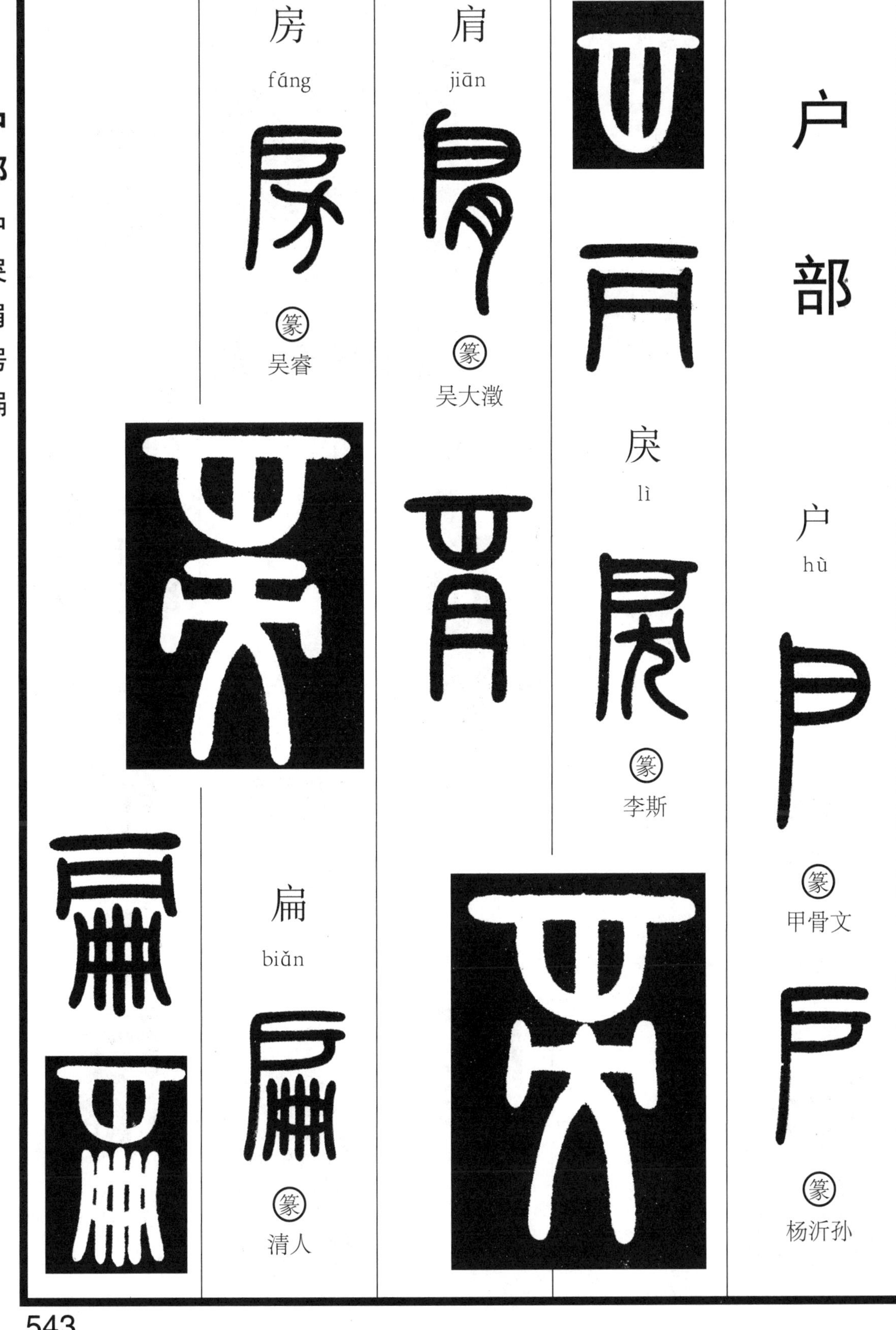
户部
户
hù
篆
甲骨文
篆
杨沂孙
戾
lì
篆
李斯
肩
jiān
篆
吴大澂
房
fáng
篆
吴睿
扁
biǎn
篆
清人

扇

shàn

篆

王禔

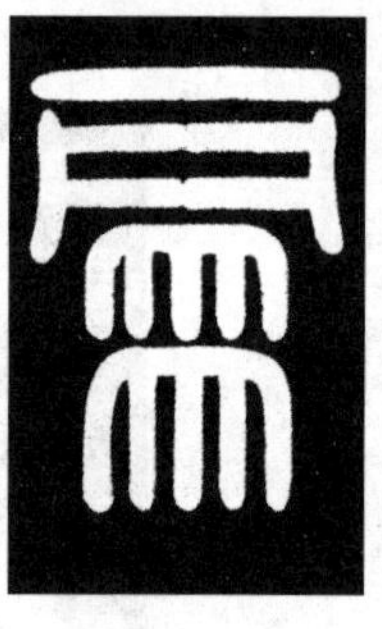

雇

gù

篆

方去疾

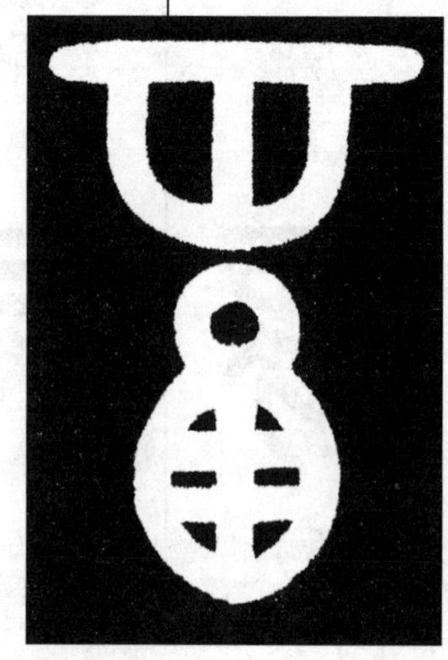

扉

fēi

篆

邓石如

扈

hù

篆

黄葆戉

礻部

祁

qí

黄葆戉

礽

réng

齐白石

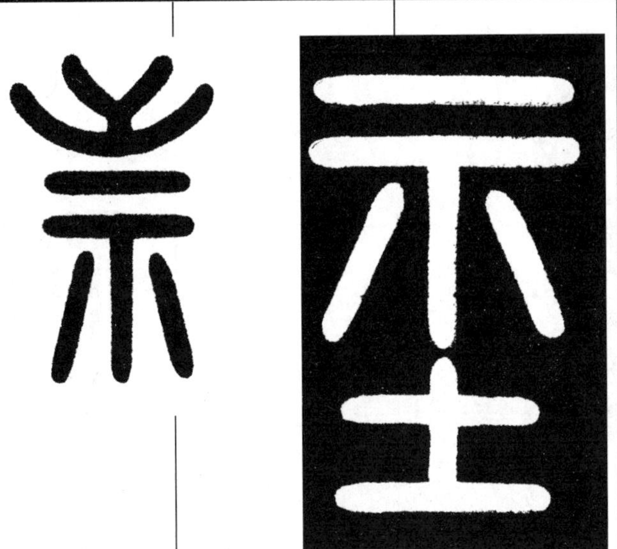

社

shè

篆

王禔

祀

sì

篆

吴大澂

祉

zhǐ

篆

邓石如

祈

qí

篆

吴大澂

祇

qí

何绍基

祜

hù

赵孟頫

祐

yòu

篆

吴大澂

祔

fù

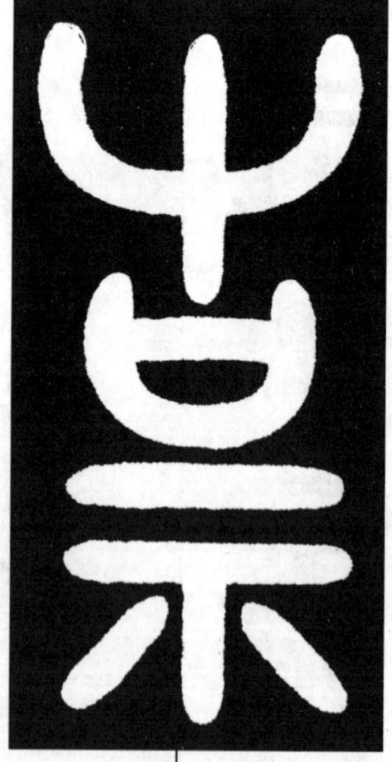

篆

李阳冰

祕

(秘)

mì

李阳冰

祖

zǔ

篆

杨沂孙

神

shén

篆

邓石如

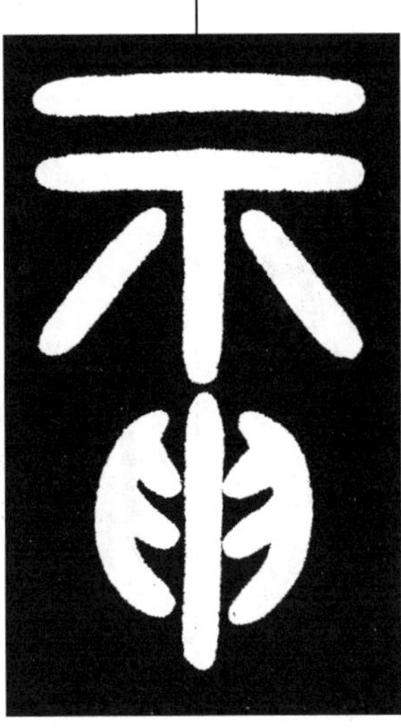

祝

zhù

篆

吴昌硕

祚

zuò

篆

林时九

祇

zhī

篆

赵孟頫

祠

cí

篆

吴大澂

祥

xiáng

篆 田潜

視

(视)

shì

篆 吴大澂

祺

qí

篆 吴大澂

禍

(祸)

huò

篆 莫友芝

禄

lù

篆 黄士陵

赵孟頫

福

fú

篆 赵孟頫

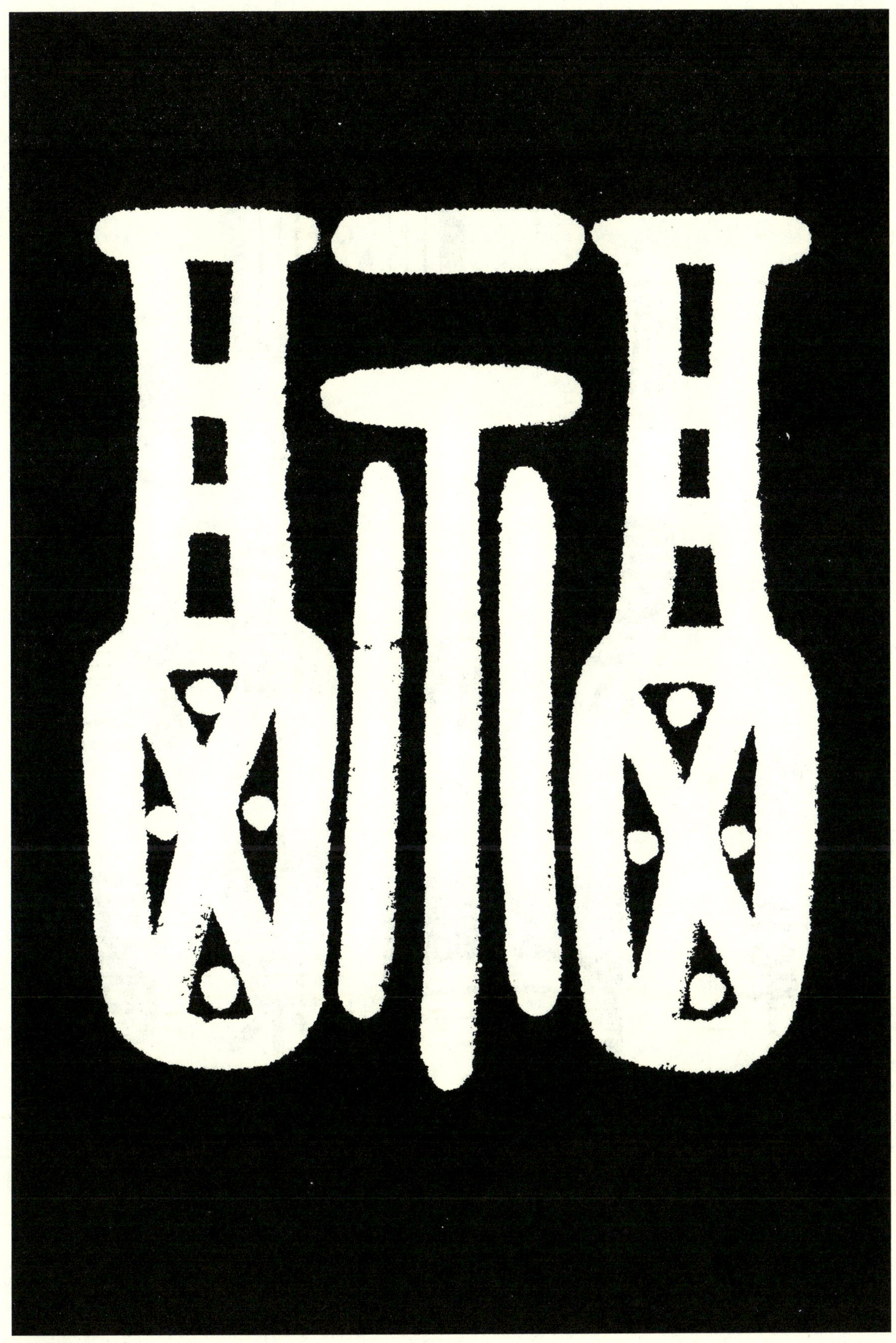

禋

yīn

篆

汪仁寿

禎

(祯)

zhēn

篆

方去疾

禔

zhī

篆

王禔

禕

(祎)

yī

篆

徐三庚

禪
(禅)
chán

篆
李阳冰

禧
xǐ

篆
吴让之

禮
(礼)
lǐ

篆
黄士陵

禰
(祢)
mí

篆
杨沂孙

禱
(祷)
dǎo

篆
李阳冰

心部

心
xīn
篆 邓石如
金文
赵孟頫
吴大澂
诅楚文

忍
rěn
篆 方去疾

忽
hū
篆 孙星衍

怨
yuàn
篆 吴大澂

怒

nù

篆

吴大澂

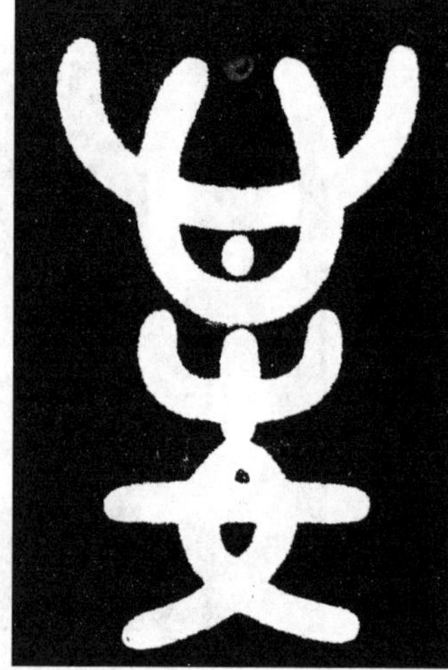

恐

kǒng

篆

杨沂孙

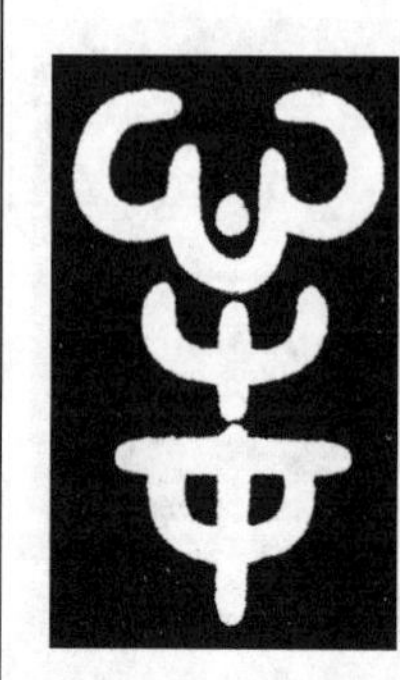

黄士陵

恩

ēn

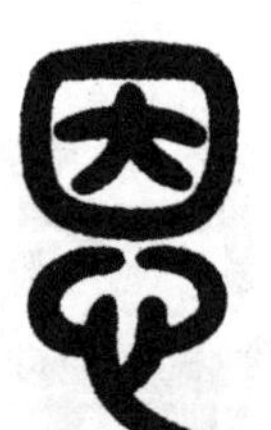

篆

吴让之

恁

nèn

篆

金文

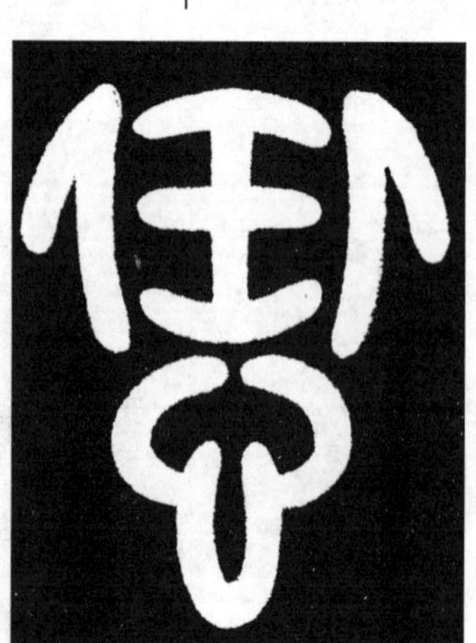

恣

zì

篆

王禔

恕

shù

篆 方去疾

惚

hū

篆 方去疾

悠

yōu

篆 吴让之

患

huàn

篆 吴昌硕

恖

（匆）

cōng

篆 仰嘉祥

惠

huì

篆 黄葆戉

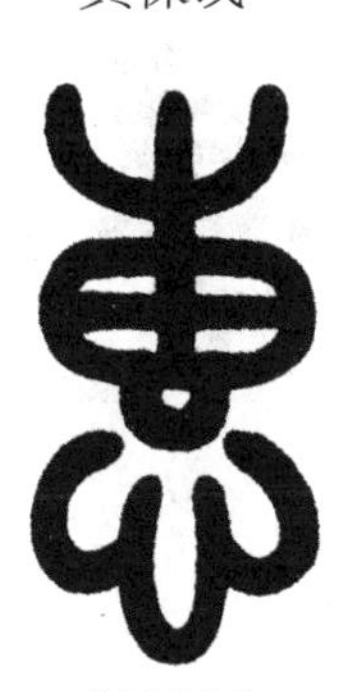

赵孟頫

惑

huò

篆 田潜

惄

nì

篆 说文解字

惢
suǒ

篆
杨沂孙

想
xiǎng

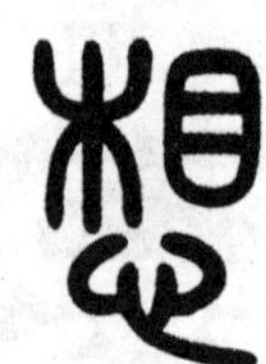
篆
邓石如

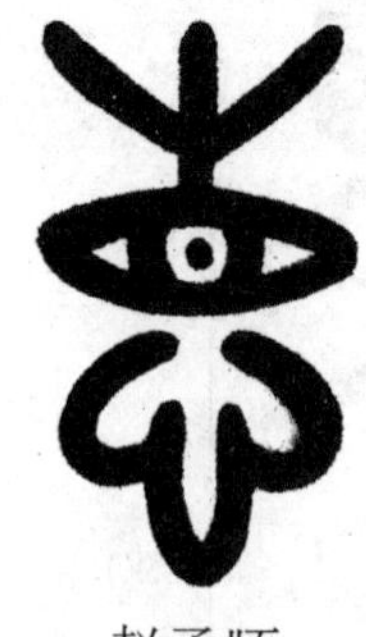
赵孟頫

感
gǎn

篆
吴大澂

愚
yú

篆
李阳冰

愆
qiān

篆
王澍

慈
cí

田潜

赵孟頫

愁
chóu

篆
瞿令问

態
(态)
tài

篆
吴大澂

慧
huì

篆
吴大澂

慝
tè

篆
徐三庚

慙
(慚 惭)
cǎn

篆
吴让之

憑
(凭)
píng

篆
孙星衍

慰
wèi

篆
王禔

懋
mào

篆
杨沂孙

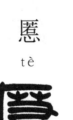

召尊

懸

(悬)

xuán

篆

碧落碑

蘂

ruǐ

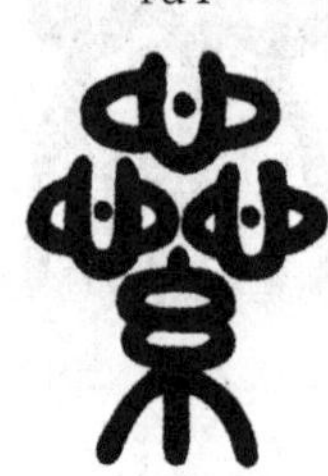

仰嘉祥

聿(⺻)部

聿

yù

篆

梦英

書

(书)

shū

篆

张惠言

晝

(昼)

zhòu

篆

吴大澂

畫

(画)

huà

篆

李阳冰

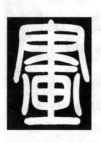

严坤

肅

(肃)

sù

篆

赵孟頫

肄

yì

篆

古鉨

盡

(尽)

jìn

篆

王褆

肇

zhào

篆

邓石如

尺部

尺

chǐ

篆

梦英

篆

中山王器

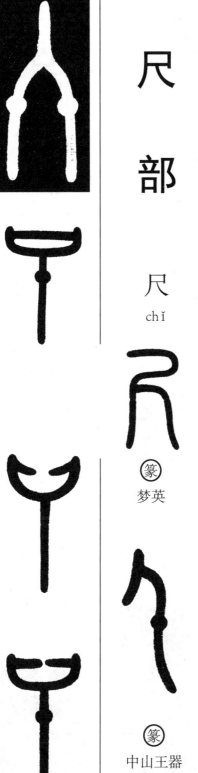

爿部

壯
（壮）
zhuàng 
篆
秦简

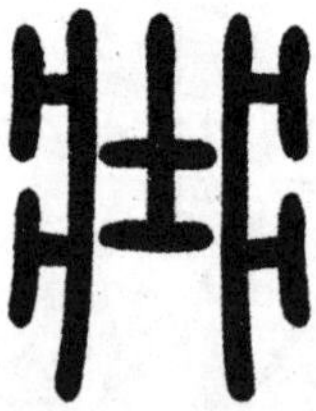

妝
（妆）
zhuāng 
篆
方去疾

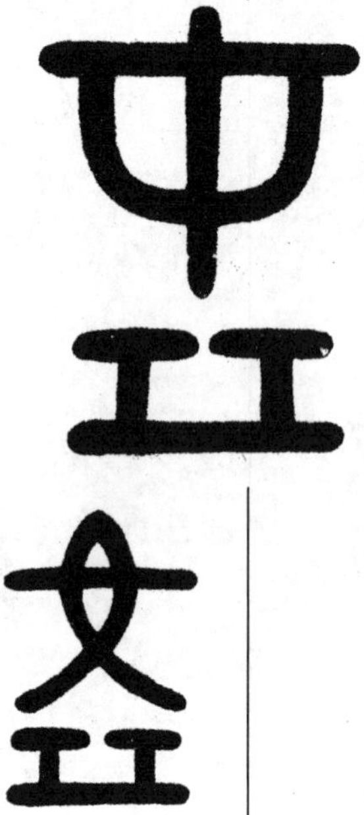

狀
（状）
zhuàng 
篆
方去疾

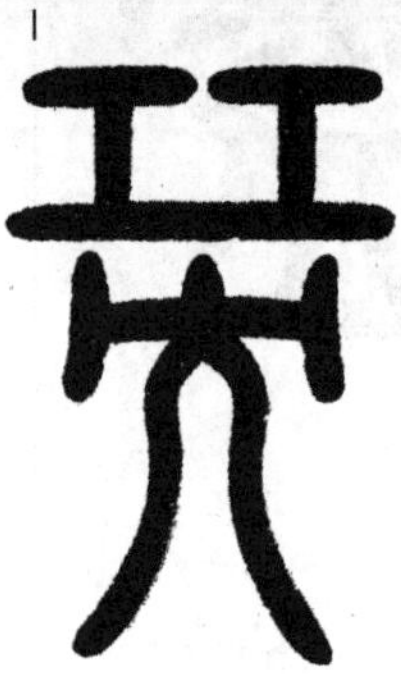

牂
zāng 
篆
说文解字

將
（将）
jiàng 
篆
诅楚文

臧
zāng

(篆) 吴睿

廧
(墙)
qiáng

(篆) 李阳冰

水部

水
shuǐ

(篆) 杨沂孙

秦简

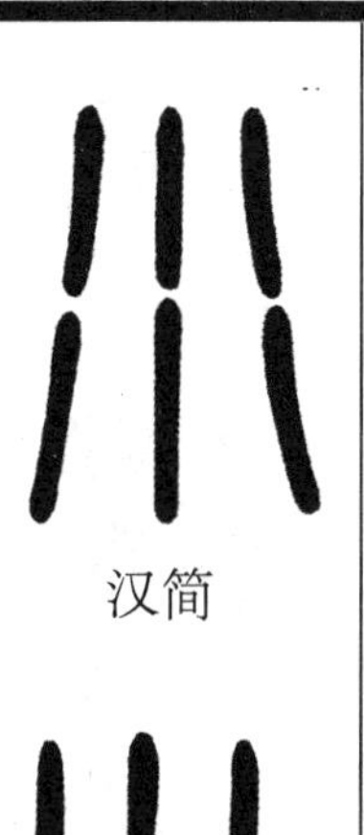

汉简

汉印

楚简

淼
miǎo

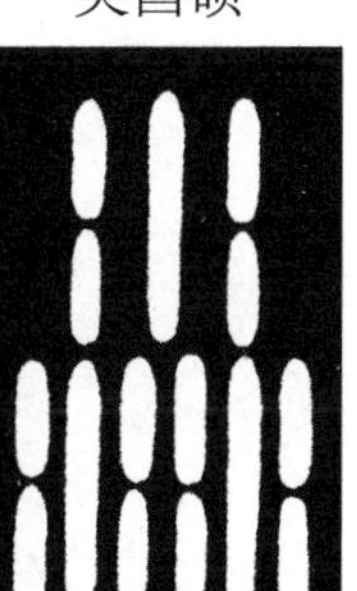

(篆) 吴昌硕

漿
(浆)
jiāng

篆 吴让之

夫部

奉
fèng

篆 邓石如

赵孟頫

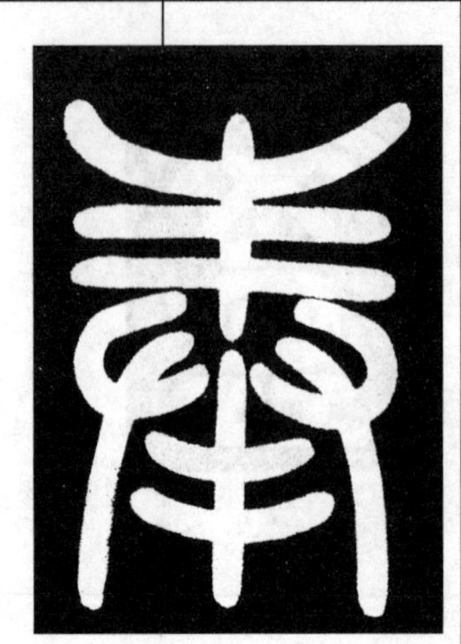

吴让之

奏
zòu

仰嘉祥

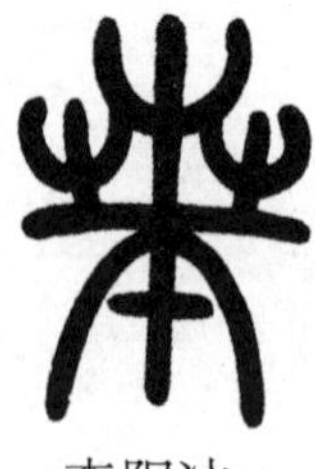

李阳冰

春
chūn

篆 徐三庚

达受

秦
qín

篆 李斯

秦

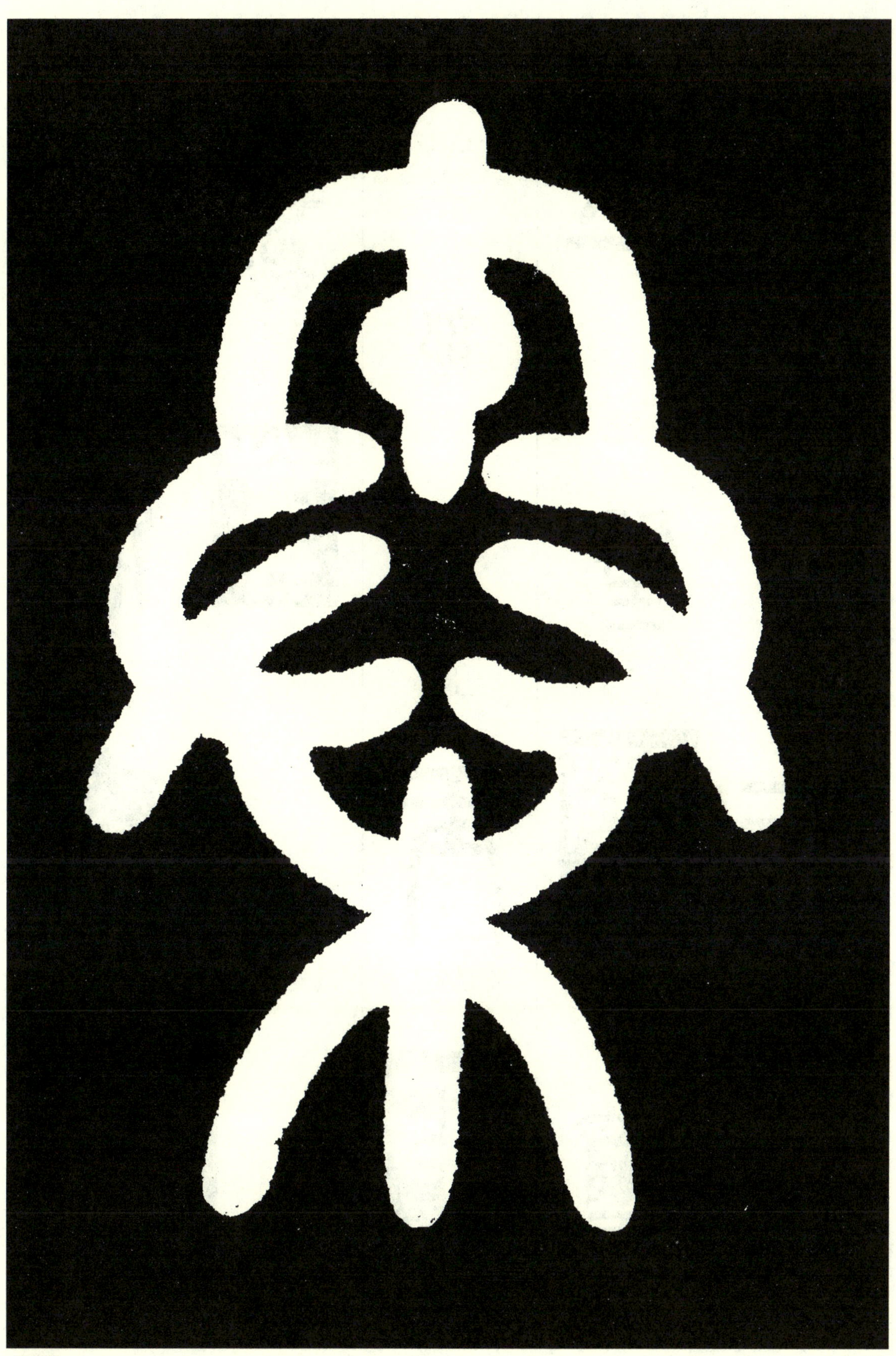

泰
tài

㊣篆 李斯

吴大澂

蠢
chǔn

㊣篆 邓石如

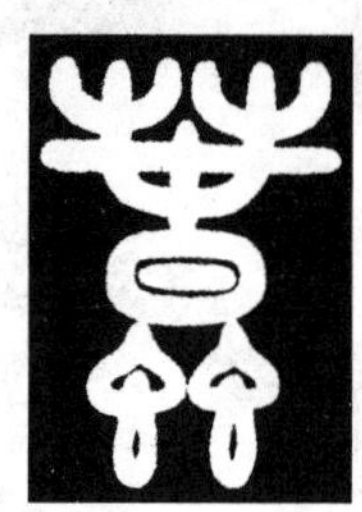

玉部

玉
yù

孙星衍

吴让之

严坤

璧
bì

㊣篆 赵孟頫

璽
(玺)
xǐ

陶文

示部

示
shì

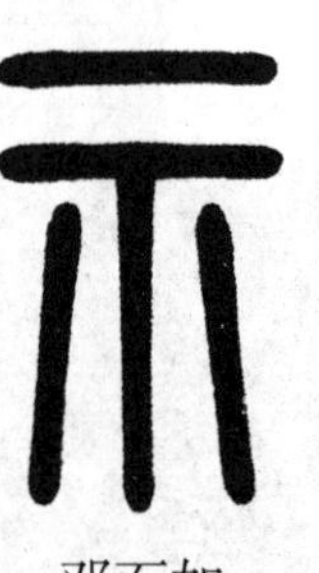

邓石如

王澍

崇

suì

篆

秦简

祭

jì

篆

邓石如

禁

jìn

李阳冰

禦

(御)

yù

篆

王澍

吴昌硕

去部

去

qù

邓石如

赵孟頫

黄士陵

劫

jié

篆

说文解字

盍

hé

吴大澂

甘部 甘邯某

石部 石研砌砂

甘部

甘

gān

金文

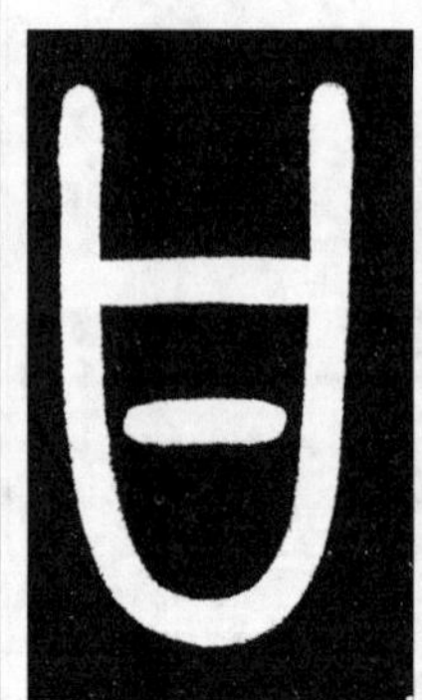

李阳冰

邯

hán

篆 盟书

某

mǒu

吴昌硕

石部

石

shí

篆 金文

研

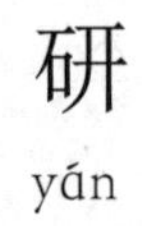

yán

篆 吴大澂

砌

qì

篆 吴昌硕

砂

shā

篆 飞鸿堂

斲
(斫)
zhuó

篆
田潜

砥
dǐ

篆
永理

破
pò

篆
吴昌硕

碑
bēi

篆
李邕

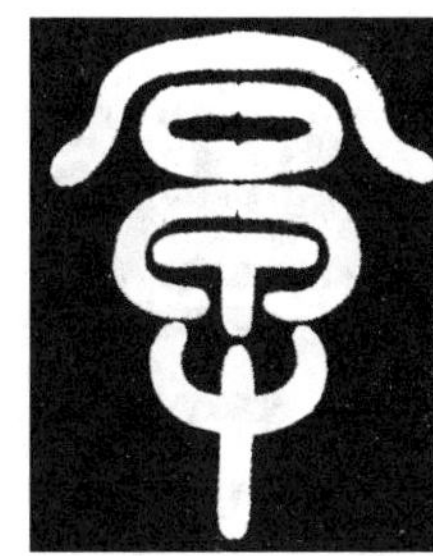

盌
(碗)
wǎn

篆
仰嘉祥

碗
wǎn

篆
金文

碌

lù

篆 清人

碧

bì

篆 吴大澂

碎

suì

篆 林皋

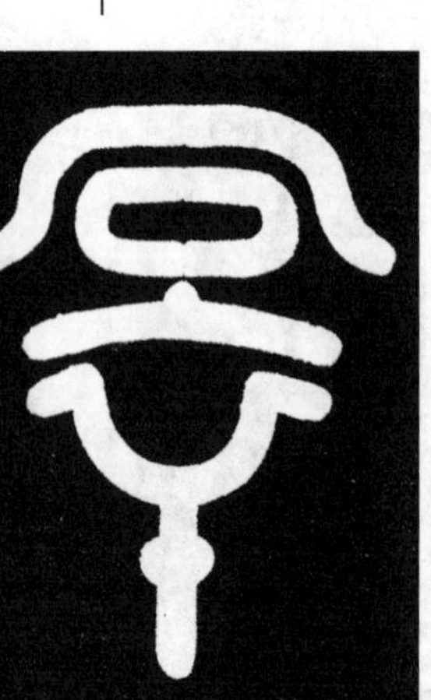

碩

（硕）

shuò

篆 王禔

硯

（砚）

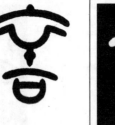

yàn

篆 吴让之

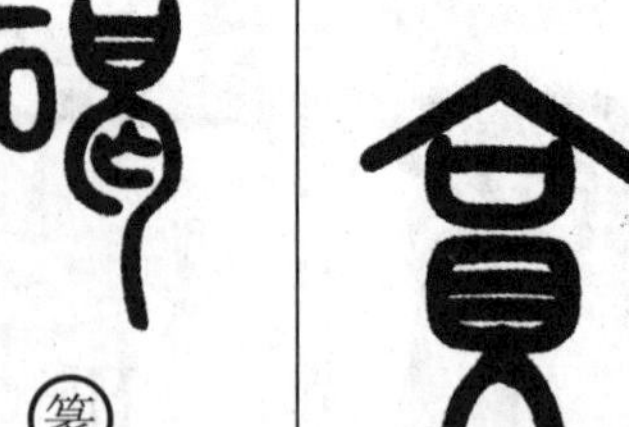

篆 吴大澂

碣

jié

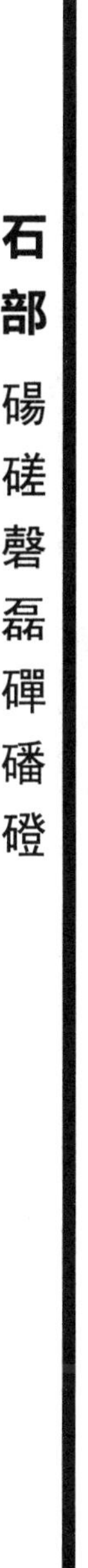

碭

(砀)

dàng

吴大澂

磋

cuō

篆

邓石如

磬

qìng

篆

王禔

磊

lěi

篆

方去疾

磾

dī

杨沂孙

磻

bō

篆

王禔

磴

dèng

篆

瞿令问

磳

zēng

篆

瞿令问

礙

(碍)

ài

篆

黄士陵

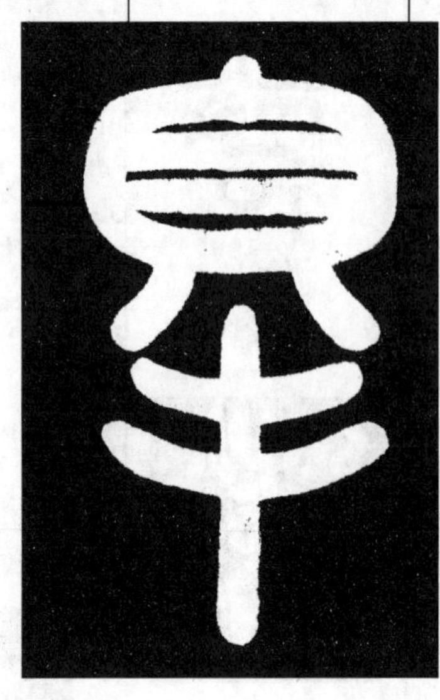

篆

邓石如

礫

(砾)

lì

篆

说文解字

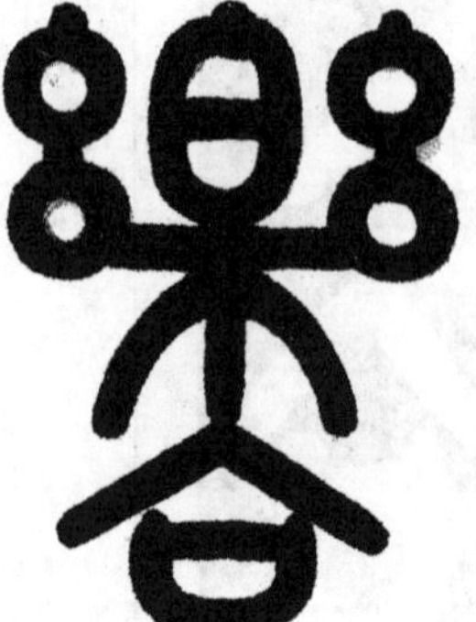

礪

(砺)

lì

篆

吴昌硕

戊部

戊

wù

篆

吴大澂

戌

xū

篆

邓石如

戍

shù

篆

三体石经

成

chéng

篆

钱玷

咸

xián

篆

天发神谶碑

威

wēi

篆

李阳冰

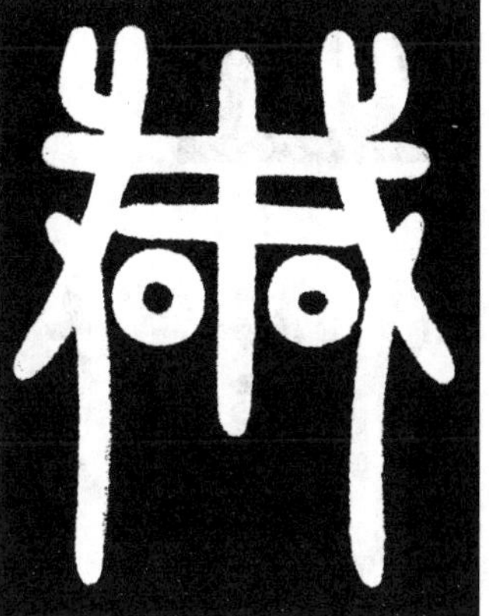

烕
miè

㊣篆
吴大澂

戚
qī

㊣篆
王禔

业部

業
(业)
yè

吴让之

叢
(丛)
cóng

篆

尚部

堂
táng

邓石如

常
cháng

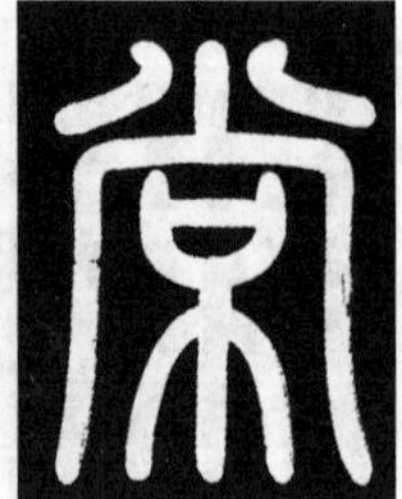

李斯

棠

táng

赵孟頫

掌

zhǎng

㊣篆

吴大澂

當

（当）

dāng

赵孟頫

嘗

（尝）

cháng

邓石如

赵孟頫

裳

shang

篆

赵孟頫

賞

（赏）

shǎng

王禔

黨

（党）

dǎng

杨沂孙

目部

目

mù

李阳冰

吴大澂

邓石如

吴大澂

眄

miǎn

篆

碧落碑

盱

xū

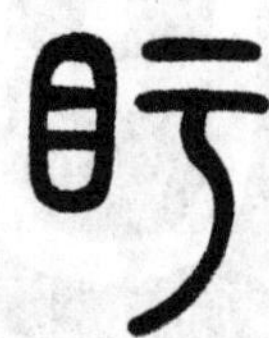

篆

清人

眡

shì

篆

开母石阙

眇

miǎo

篆

吴大澂

看

kàn

篆

严坤

盼

pàn

篆

王褆

眈

dān

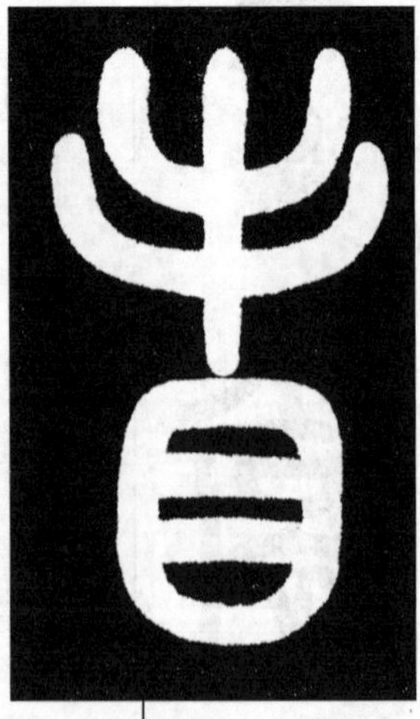

篆

说文解字

篆

千文残卷

眉

méi

篆

杨沂孙

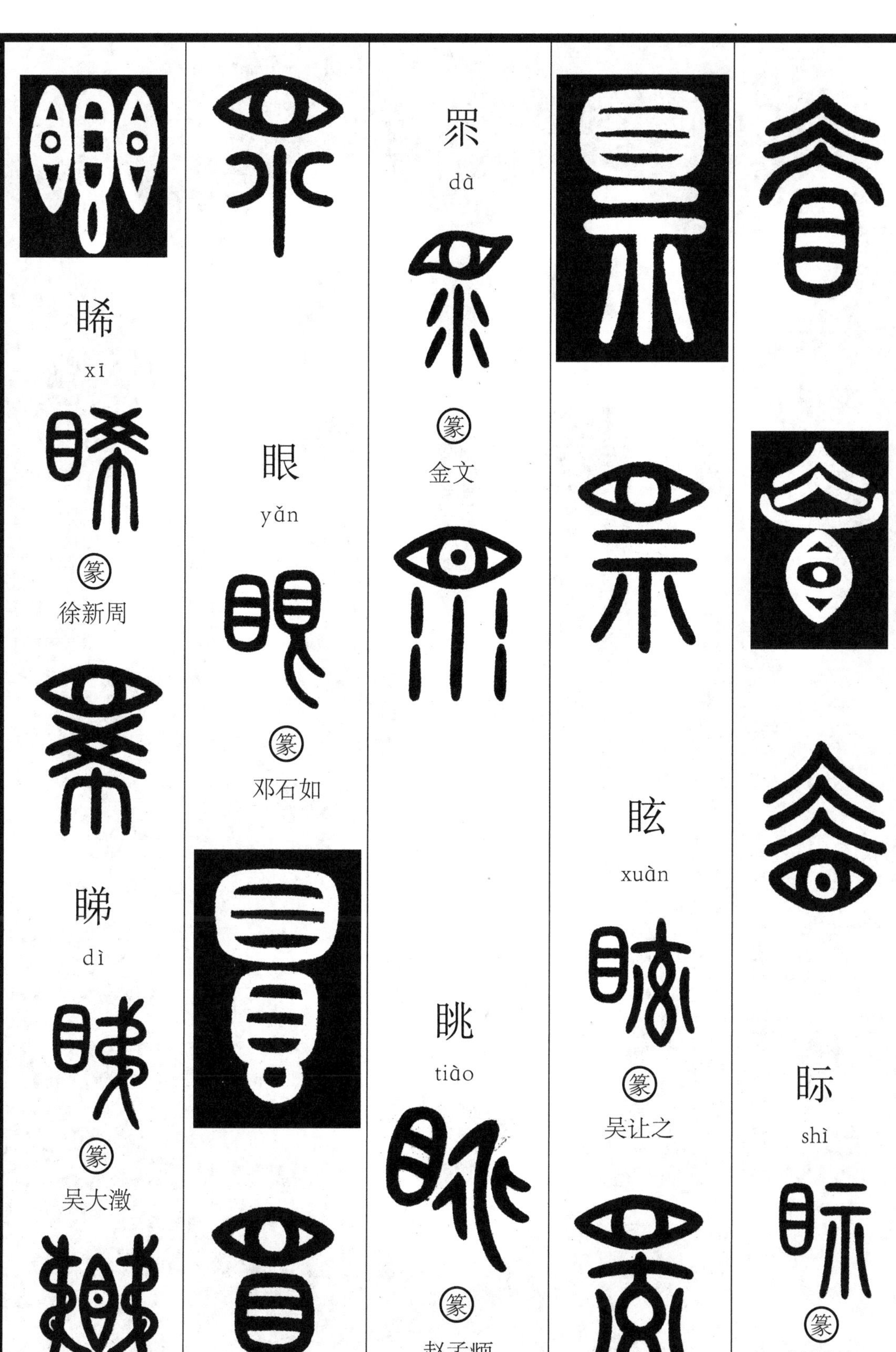
睎
xī
篆
徐新周
睇
dì
篆
吴大澂
眼
yǎn
篆
邓石如
罖
dà
篆
金文
眺
tiào
篆
赵孟頫
眩
xuàn
篆
吴让之
眎
shì
篆
杨沂孙

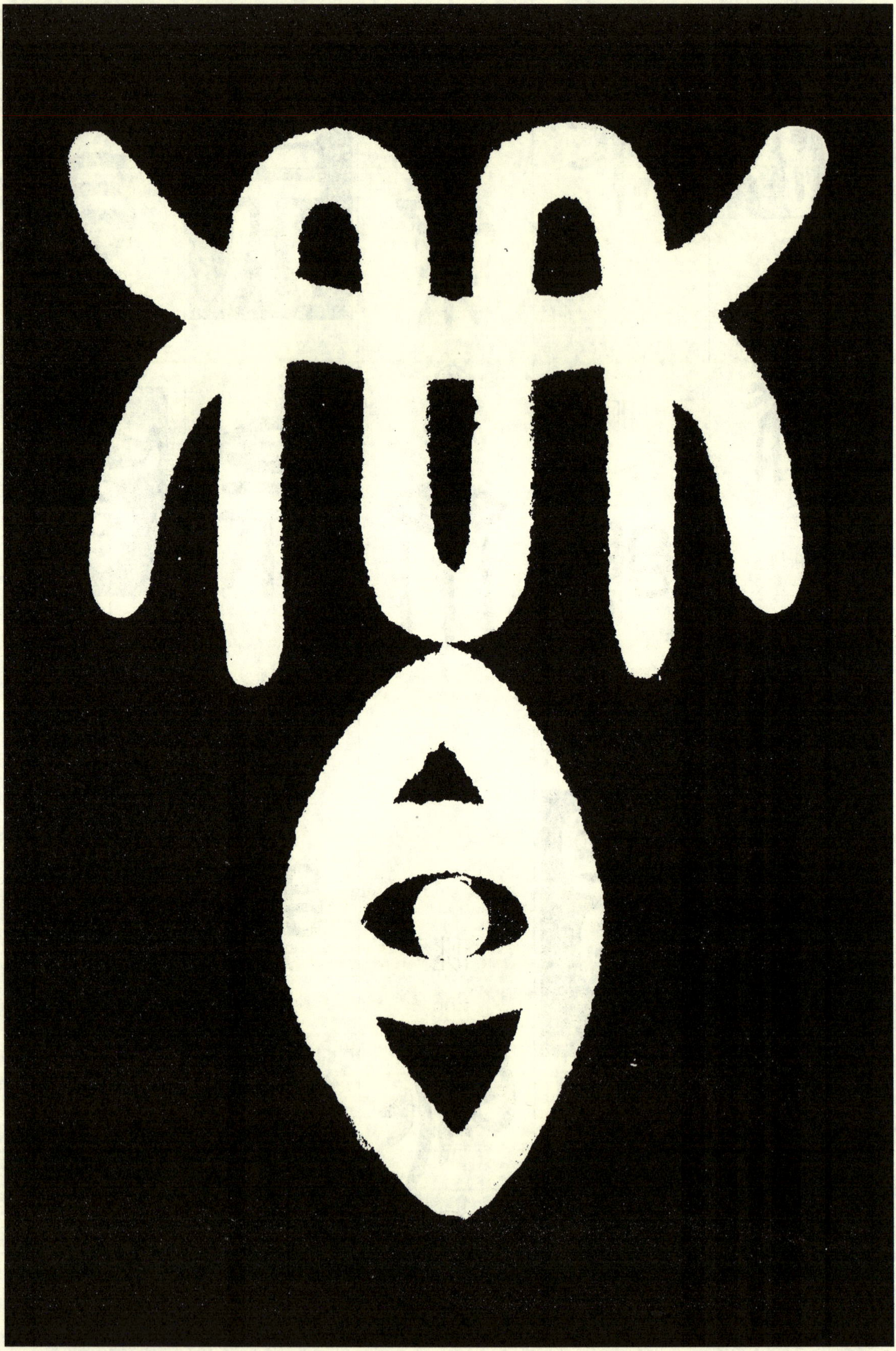

目部
睇

睹

dǔ

篆

说文解字

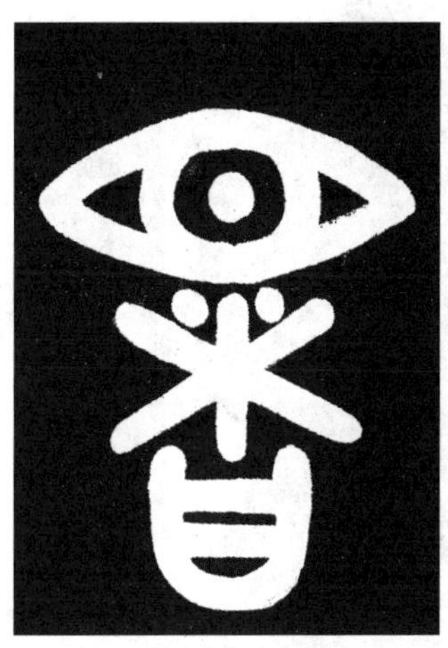

吴大澂

睦

mù

篆

赵孟頫

督

dū

篆

吴大澂

睪

yì

吴让之

睗

yǎng

篆

说文解字

睡

shuì

篆

说文解字

睟

suì

篆

碧落碑

睽

kuí

篆

说文解字

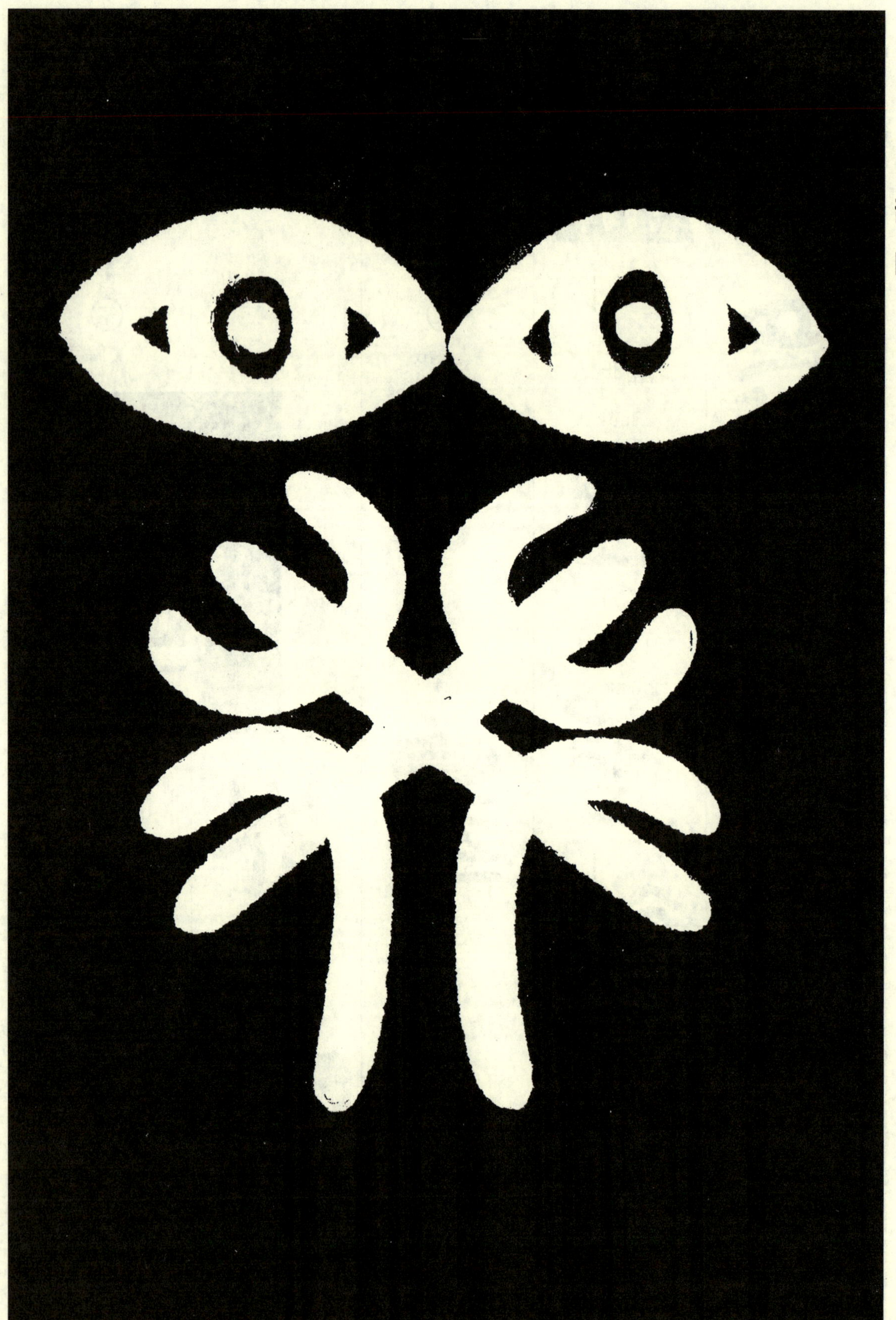

睽

金文

瞀

mào

篆 汉简

眭

suī

篆 说文解字

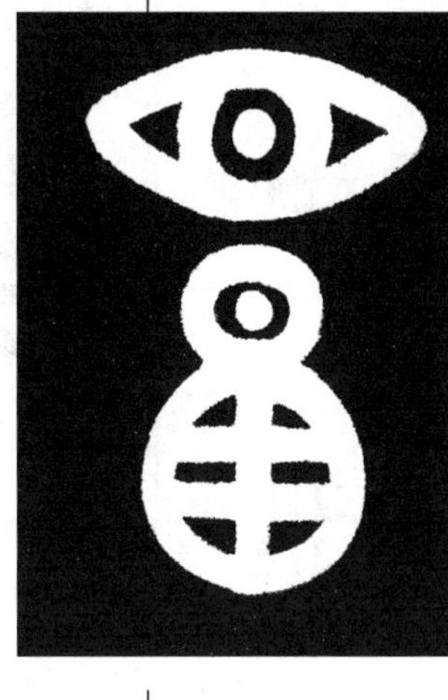

瞑

míng

篆 仰嘉祥

瞎

xiā

篆 吴昌硕

瞋

chēn

篆 方去疾

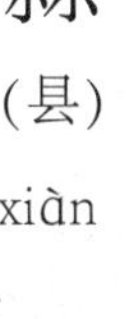

縣

(县)

xiàn

篆 吴让之

瞥

piē

篆

方去疾

瞭

liào

篆

碧落碑

千文残卷

瞻

zhān

篆

碧落碑

申部

申

shēn

吴大澂

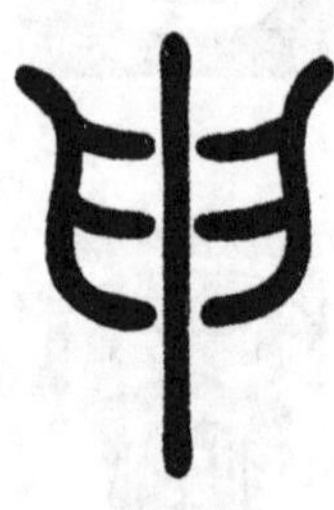

黄葆戉

邓石如

暢

（畅）

chàng

篆

碧落碑

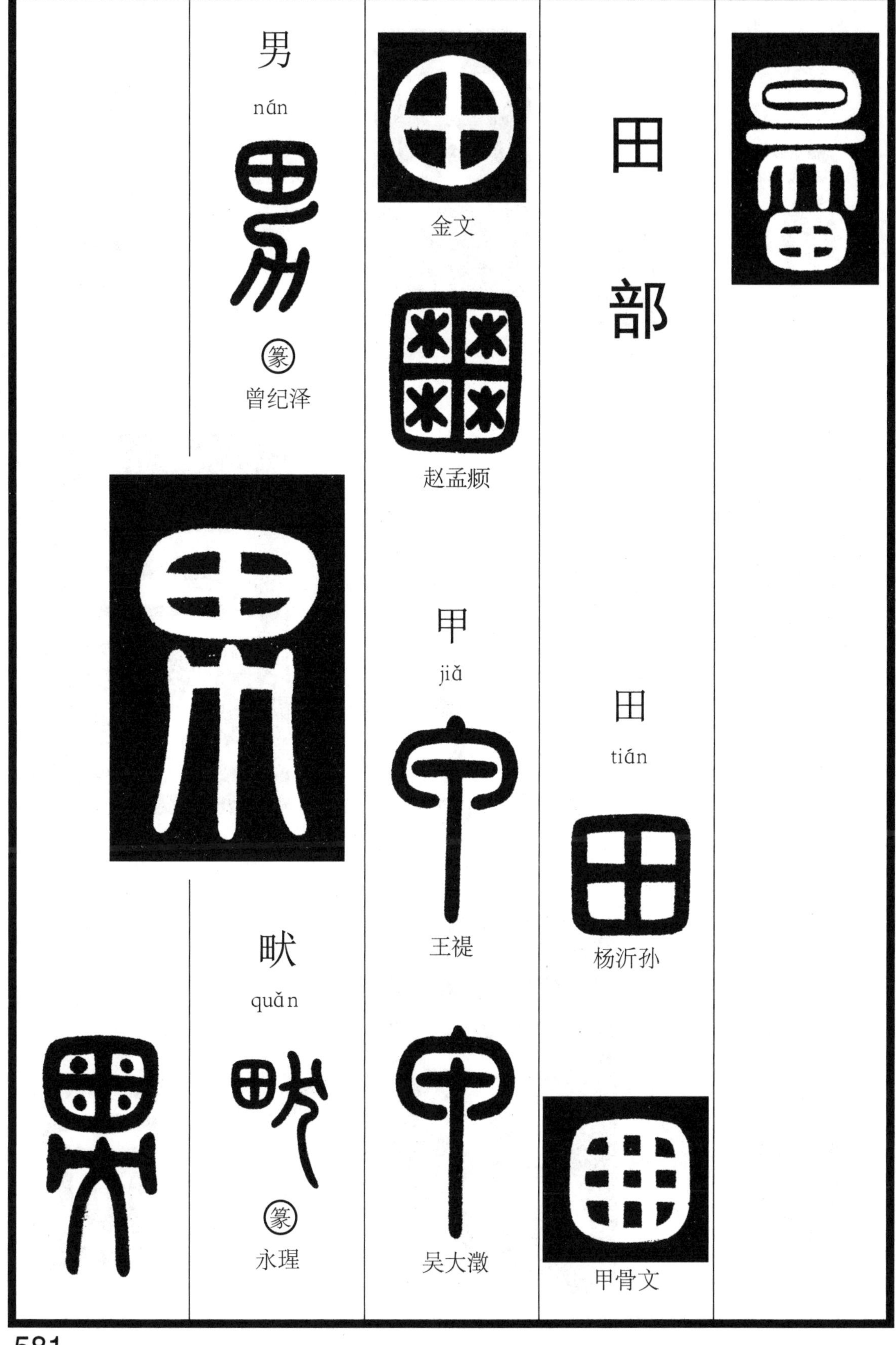

田部

田

tián

杨沂孙

甲骨文

金文

赵孟頫

甲

jiǎ

王禔

吴大澂

男

nán

(篆) 曾纪泽

甽

quǎn

(篆) 永瑆

畏

wèi

篆

汉简

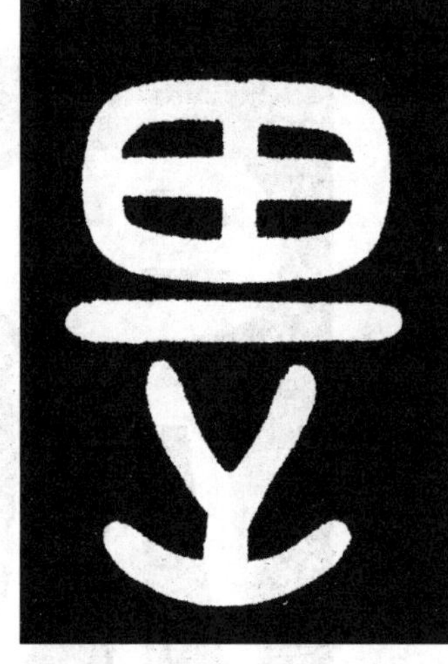

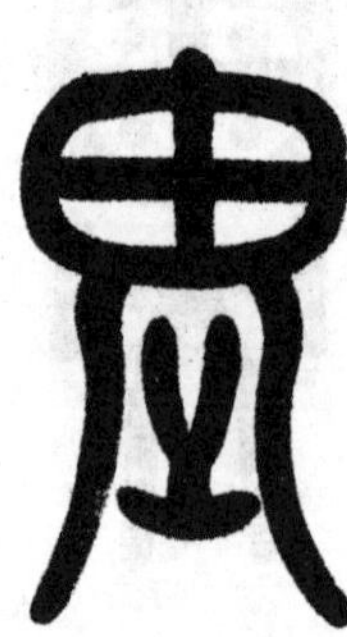

畋

tián

篆

三体石经

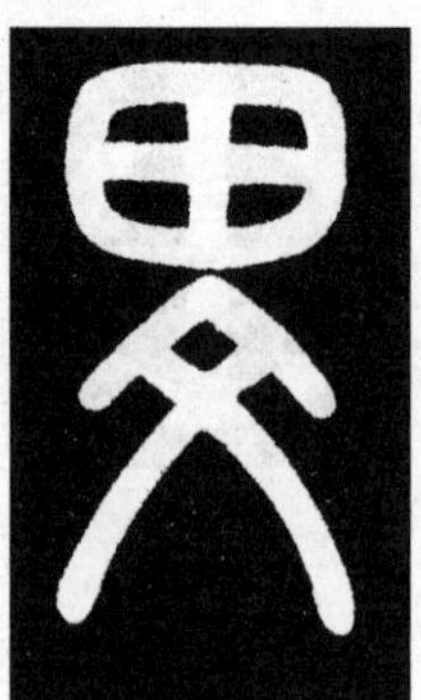

胃

wèi

篆

金文

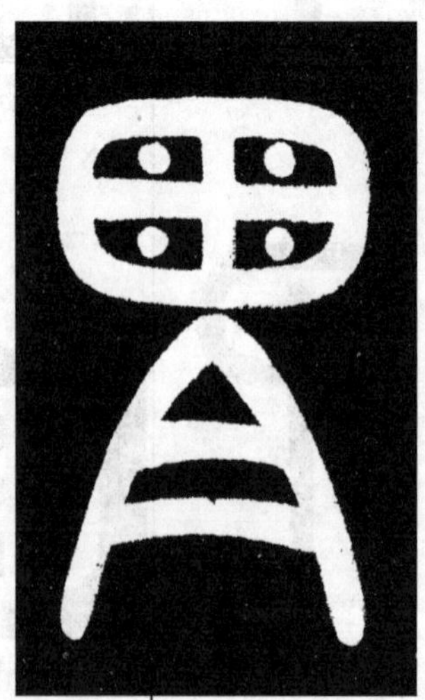

禺

yú

篆

方去疾

界

jiè

篆

汉印

思

sī

篆

胡澍

吴大澂

赵孟頫

吴大澂

吴大澂

畢
(毕)
bì

篆

杨沂孙

金文

泉文

留
liú

邓石如

秦简

畔
pàn

篆

曾纪泽

異
(异)
yì

孙星衍

吴大澂

略
lüè

篆

永瑆

累

lèi

莫友芝

田潜

畯

jùn

篆

赵时棡

畸

jī

篆

方去疾

暘

(畅)

chàng

篆

吴昌硕

疃

tuǎn

篆

说文解字

壘

(垒)

lěi

洪亮吉

金文

罍

léi

徐三庚

疊

(叠)

dié

篆

吴大澂

刘文华

疇

(畴)

chóu

篆

吴昌硕

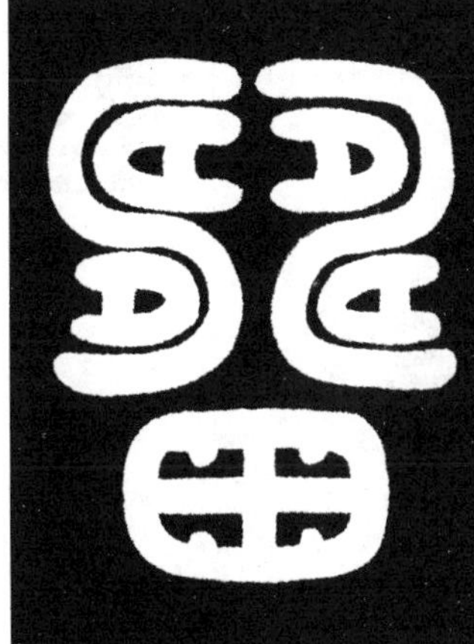

畐

fú

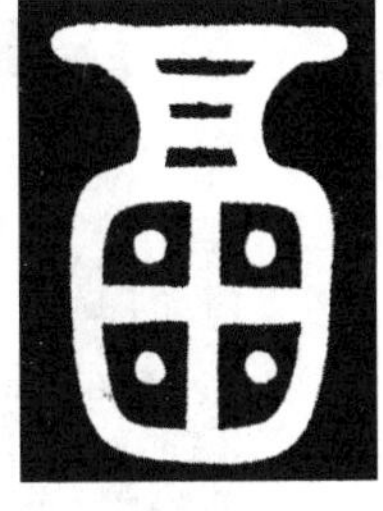

士父钟

由部

由

yóu

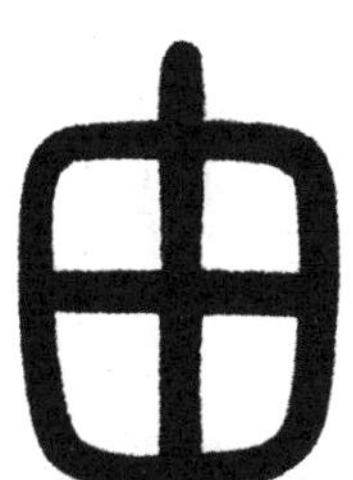

邓石如

甹

pīng

篆

吴让之

冑

zhòu

仰嘉祥

罒部

罟

gǔ

王禔

買

(买)

mǎi

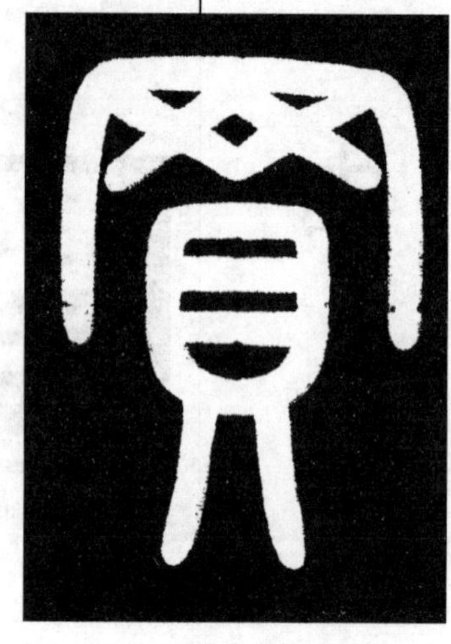

吴大澂

陶文

署

shǔ

篆

李阳冰

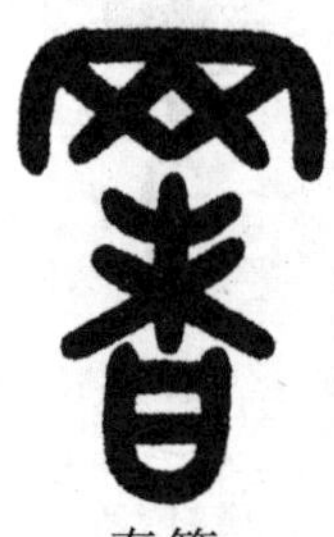

秦简

置

zhì

篆

何绍基

罪

(辠)

zuì

李斯

王禔

蜀

shǔ

篆

吴昌硕

罰

(罚)

fá

篆

金文

罷

(罢)

bà

篆

赵之谦

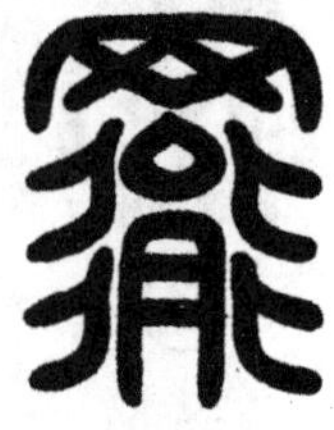

羆

(罴)

pí

篆

吴大澂

羅
(罗)
luó

篆
李阳冰

羈
(羁)
jī

篆
王禔

皿部

皿
mǐn

吴大澂

甲骨文

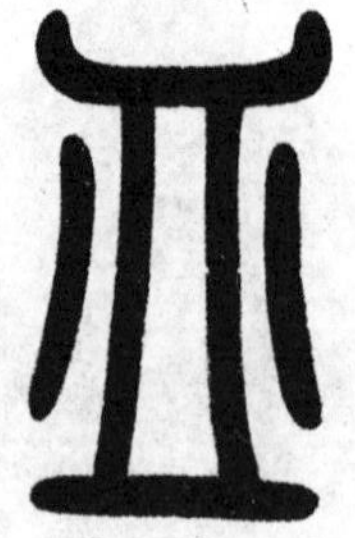

仰嘉祥

盂
yú

篆
吴昌硕

盈
yíng

篆
赵孟頫

盄

diào

篆

说文解字

盎

àng

篆

清人

益

yì

邓石如

吴睿

盛

shèng

黄士陵

盗

dào

邓石如

盟

méng

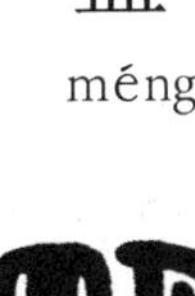

吴大澂

黄士陵

盞
(盏)
zhǎn

篆
王子申盏盂

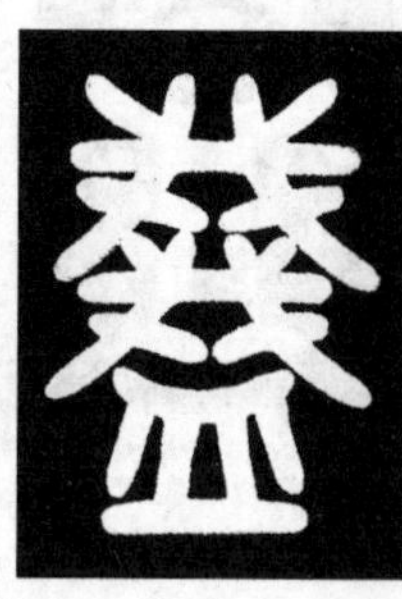

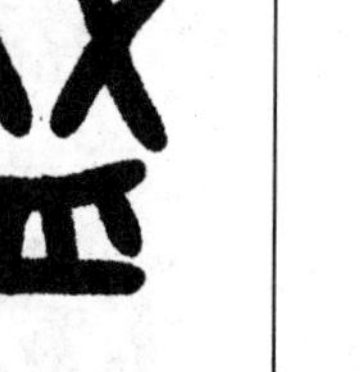

監
(监)
jiān

篆
李阳冰

盤
(盘)
pán

篆
赵孟頫

盥
guàn

篆
邓石如

盪
(荡)
dàng

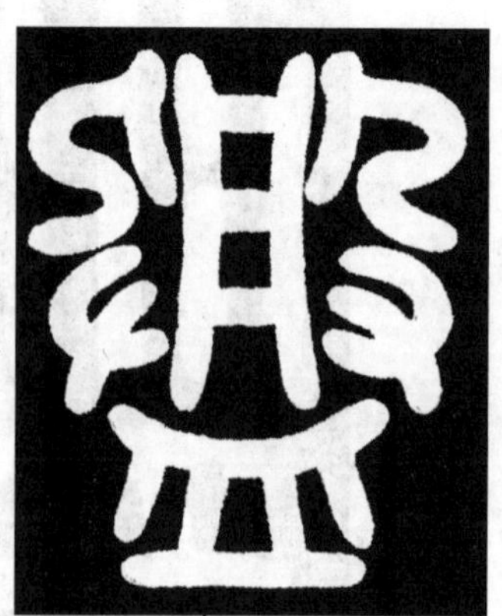

篆
唐英

盨
xǔ

篆
说文解字

鹽

(盐)

yán

㊫ 吴大澂

盩

zhōu

㊫ 王禔

生部

生

shēng

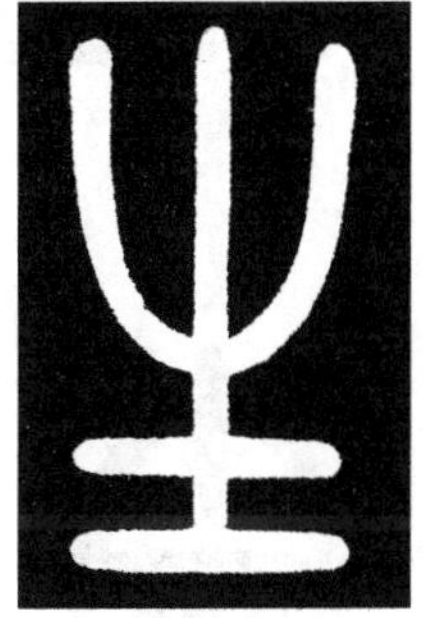

黄士陵

胡唐

眚

shěng

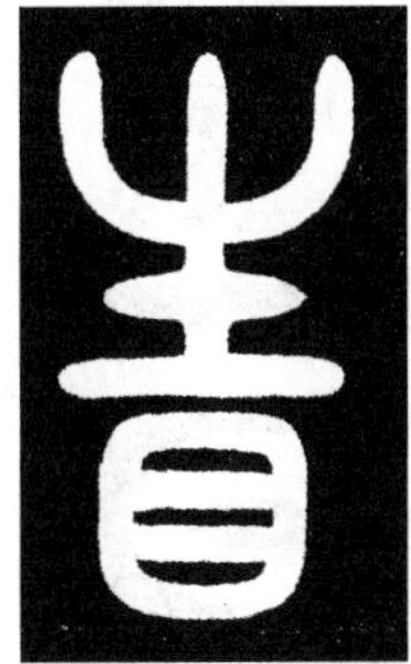

说文解字

矢部

矢

shǐ

吴大澂

王禔

弞

(矧)

shěn

㊫ 邓石如

矩

jǔ

㊫ 莫友芝

知

zhī

(篆)
吴让之

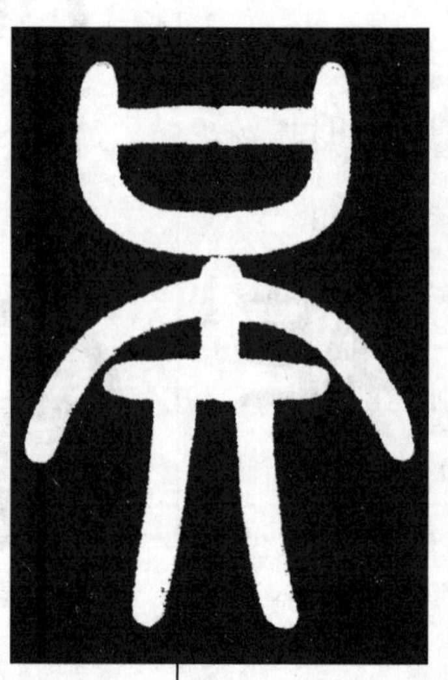

短

duǎn

(篆)
吴让之

雉

zhì

(篆)
吴大澂

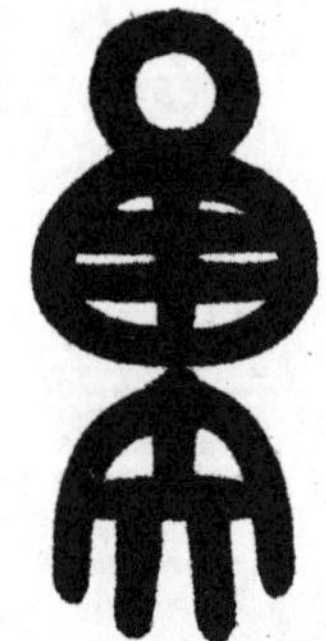

矯

(矫)

jiǎo

(篆)
赵孟頫

矰

zēng

(篆)
说文解字

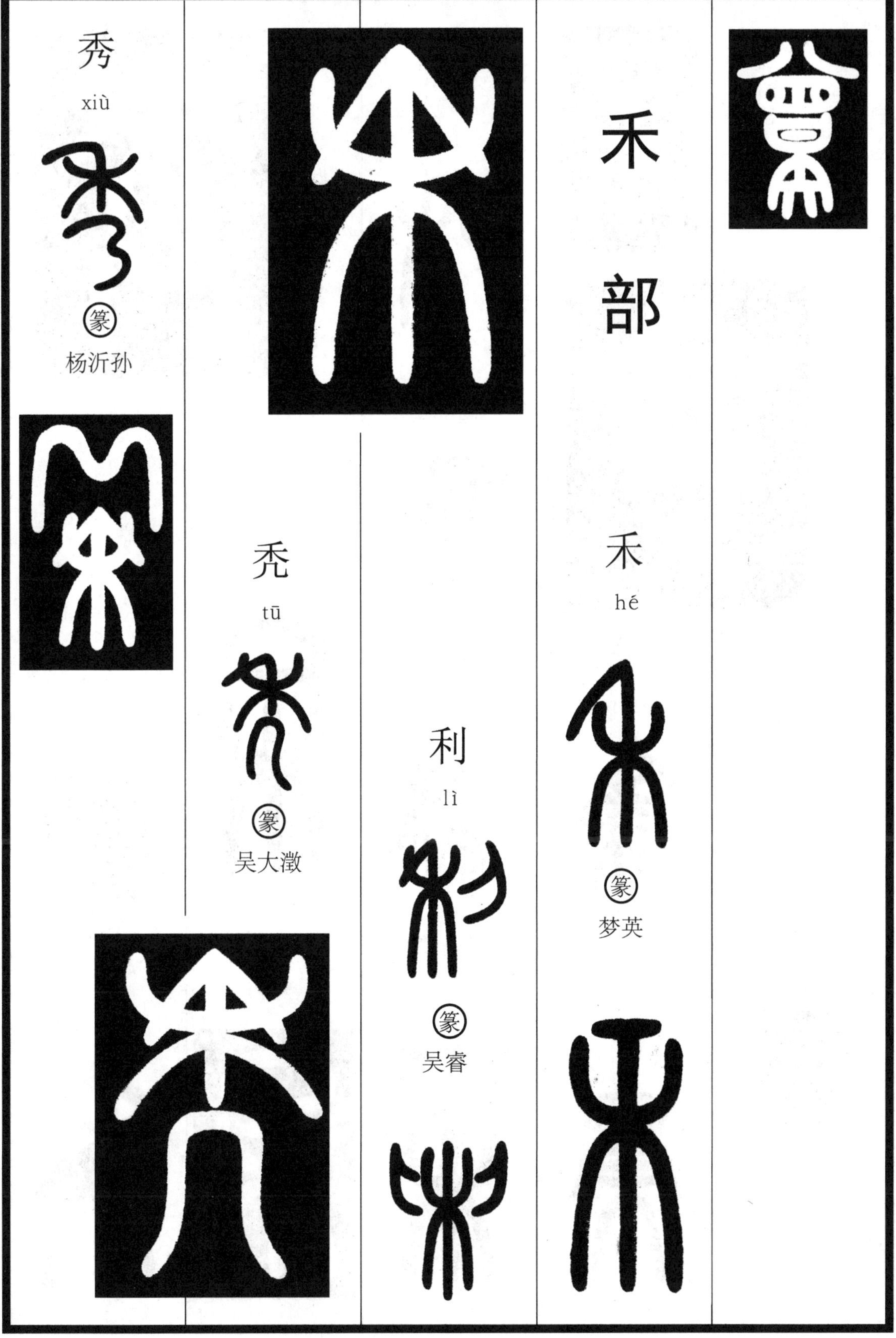
禾部
禾
hé
篆
梦英
利
lì
篆
吴睿
秃
tū
篆
吴大澂
秀
xiù
篆
杨沂孙

私

sī

篆

赵时枫

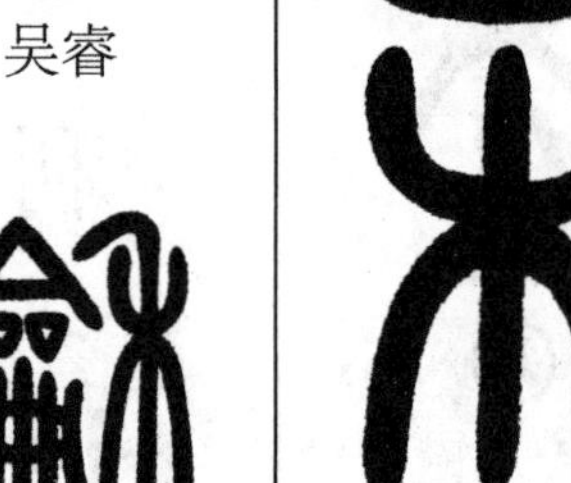

和

(龢)

hé

篆

吴让之

篆

吴睿

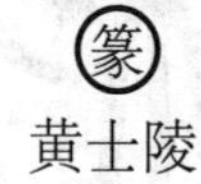

篆

黄士陵

秉

bǐng

篆

吴睿

委

wěi

篆

杨沂孙

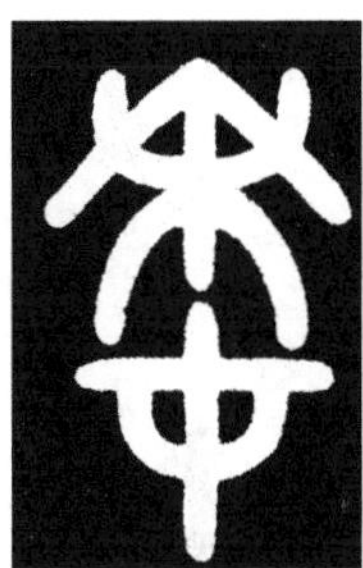

季

jì

篆

杨沂孙

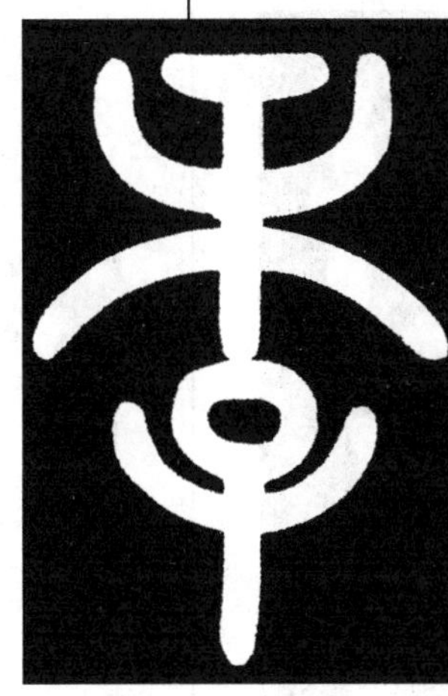

秋

(龝)

qiū

篆

三体石经

秬

jù

篆

吴大澂

科

kē

篆

杨沂孙

篆

邓散木

乘

chéng

邓石如

达受

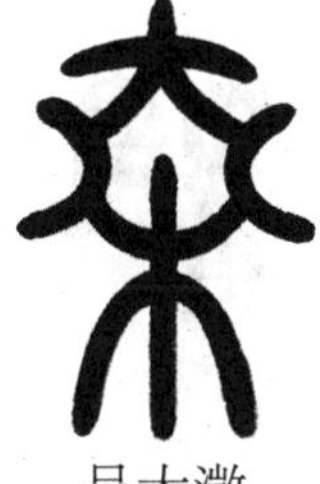

吴大澂

秧

yāng

(篆)

吴大澂

租

zū

(篆)

方去疾

秩

zhì

(篆)

吴昌硕

秘

mì

(篆)

杨沂孙

盉

hé

(篆)

金文

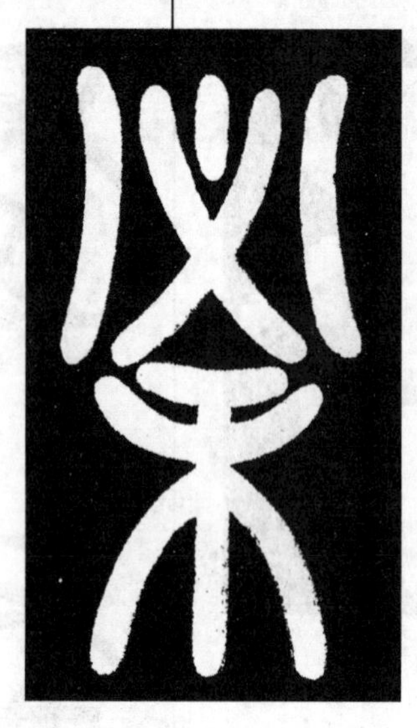

移

yí

(篆)

邓廷桢

稽

jī

篆

王禔

程

chéng

篆

邓石如

稍

shāo

篆

王禔

稀

xī

篆

杨沂孙

税

shuì

篆

李阳冰

稂

lǎng

篆

黄士陵

稑

lù

篆

赵时㭎

篆

汉印

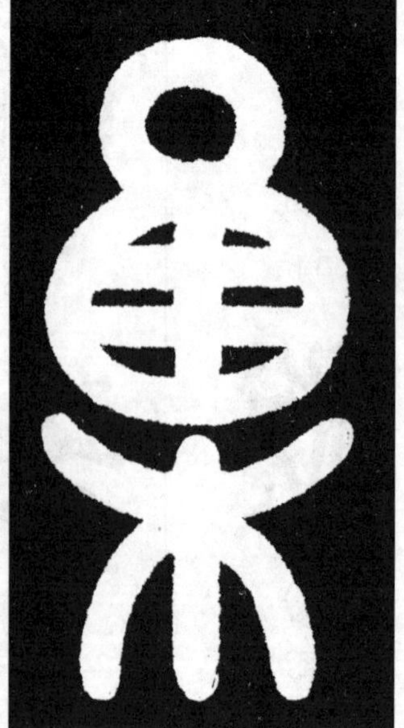

穉

(稚)

zhì

稠

chóu

篆

邓石如

稱

(称)

chèn

篆

吴大澂

稗

bài

秦简

種

(种)

zhǒng

篆

吴大澂

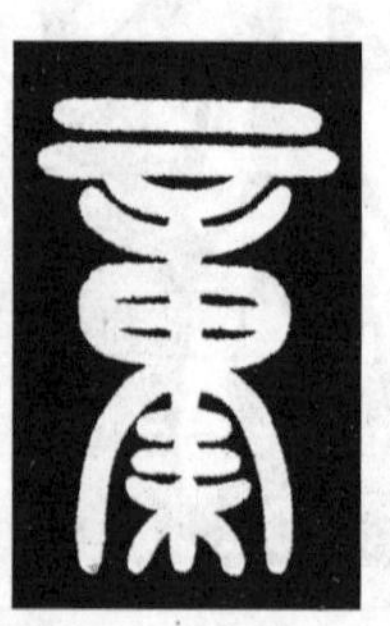

稽

jī

篆 邓石如

稷

jì

篆 王禔

稻

dào

篆 何绍基

黎

lí

篆 黄葆戉

稼

jià

篆 赵时枫

稿

gǎo

篆 吴睿

積

(积)

jī

篆 吴睿

穆

mù

篆

吴大澂

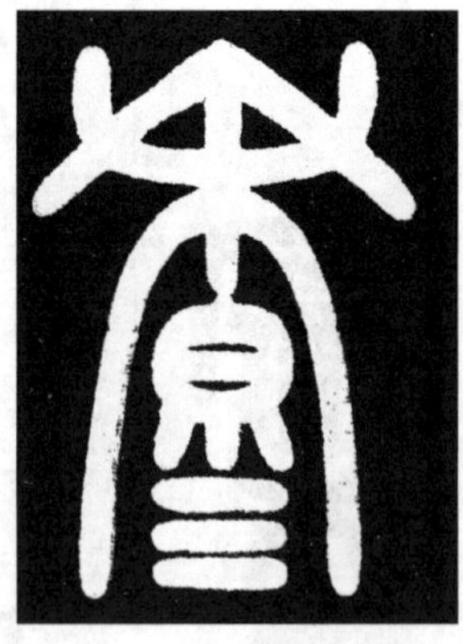

穗

suì

篆

徐三庚

穜

tóng

篆

吴大澂

穫

(获)

huò

篆

邓石如

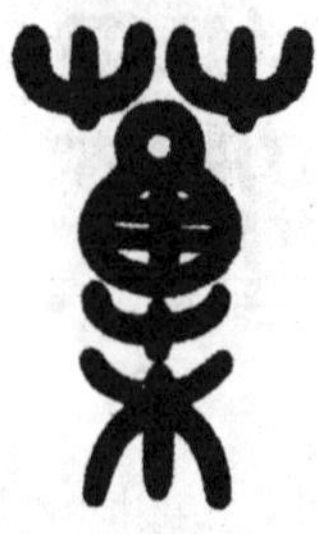

穡

(穑)

sè

篆

李阳冰

赵孟頫

穢

(秽)

huì

篆

汉印

穰

rǎng

篆

汉印

穠

(侬)

nóng

篆

汉印

白部

白

bái

篆

吴让之

杨沂孙

邓石如

百

bǎi

邓石如

永理

赵孟頫

皃
(貌)
mào

篆
黄士陵

帛
bó

篆
杨沂孙

的
de

篆
王禔

皇
huáng

三体石经

金文

金文

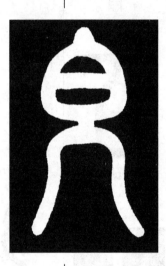

容庚

泉
quán

邓石如

杨沂孙

皋
gāo

杨沂孙

皓
hào

篆
程大年

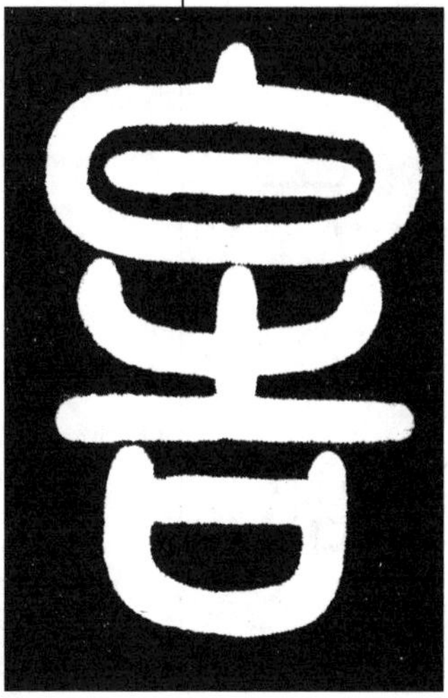

皕

bì

梦英

皖

wǎn

篆

邓石如

魄

pò

篆

王禔

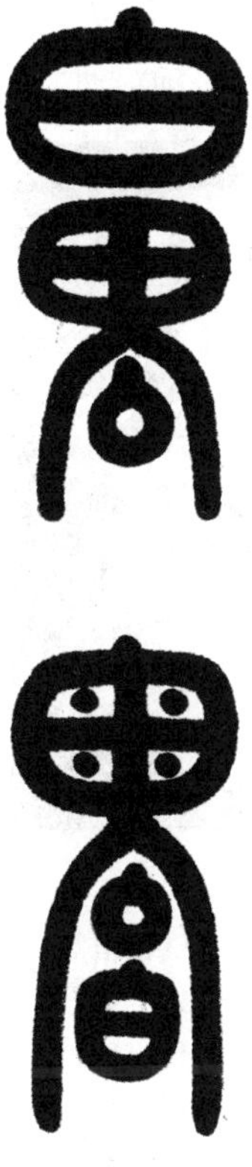

皪

lì

篆

邓散木

皤

pó

篆

徐三庚

皦

jiǎo

篆

吴大澂

灥

(泉)

quán

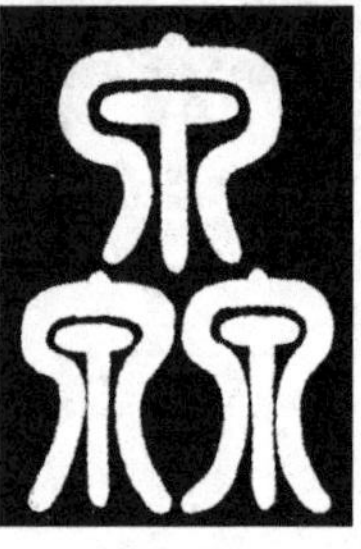

杨沂孙

瓜部

瓜

guā

篆

吴大澂

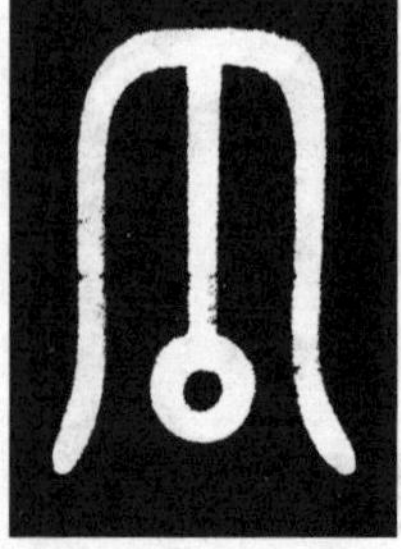

瓠

hù

篆

杨沂孙

瓢

piáo

篆

吴大澂

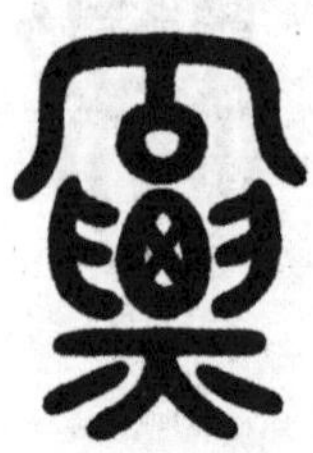

疒部

疕

bǐ

篆

金文

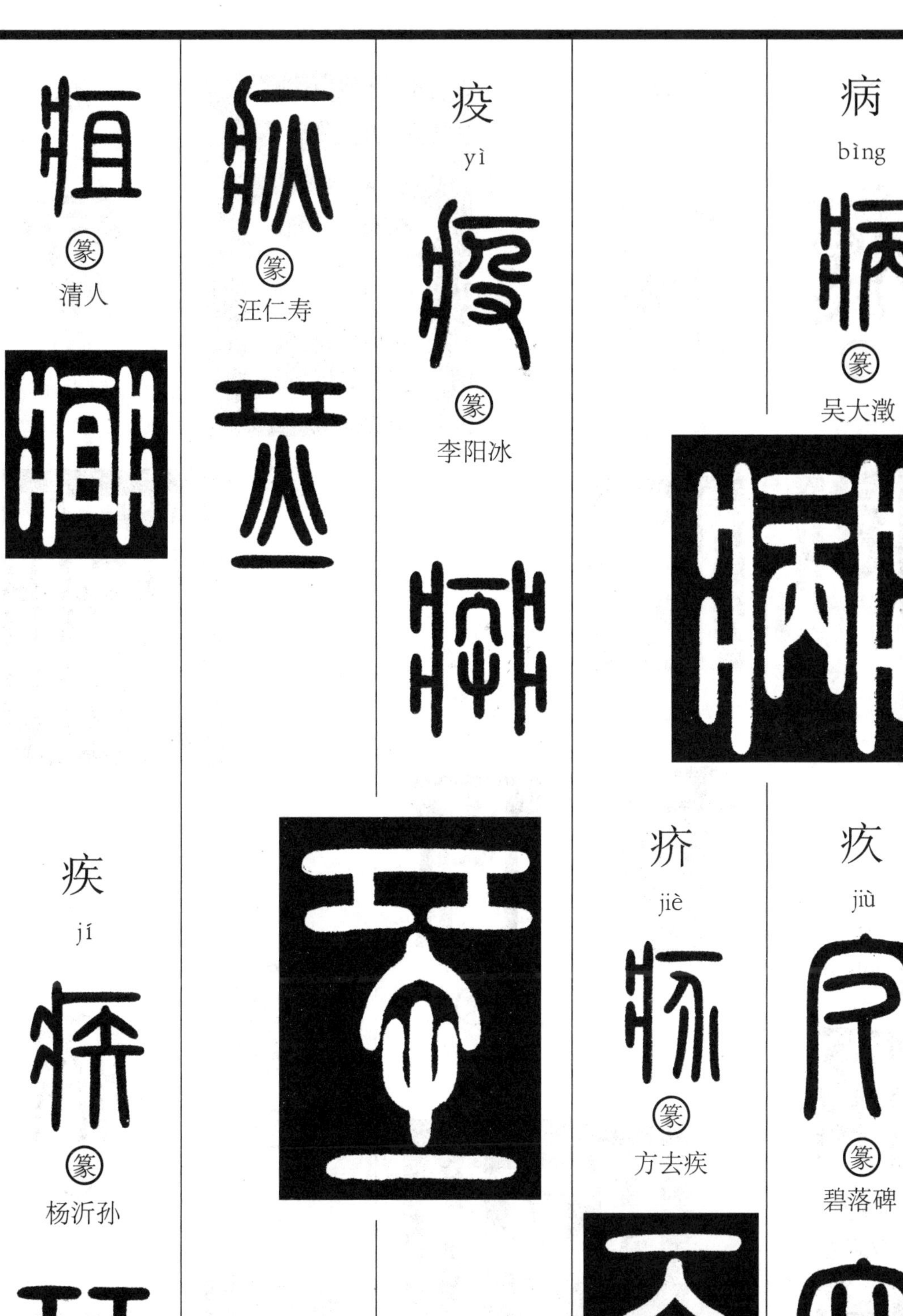

病

bìng

篆 吴大澂

疚

jiù

篆 碧落碑

疥

jiè

篆 方去疾

疫

yì

篆 李阳冰

疢

chèn

篆 汪仁寿

疽

jū

篆 清人

疾

jí

篆 杨沂孙

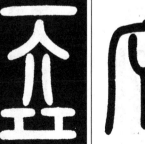

痂

jiā

篆 方去疾

疲

pí

篆 赵孟頫

痔

zhì

篆 清人

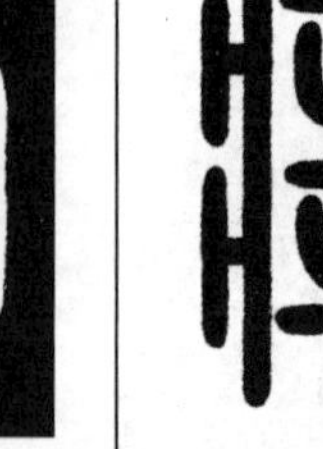

疵

cī

篆 汪仁寿

痍

yí

篆 说文解字

痕

hén

篆 方去疾

痡

pū

篆 说文解字

痛

tòng

篆

方去疾

痹

bì

篆

清人

瘦

shòu

篆

吴大澂

瘻

(瘘)

lòu

篆

汉简

瘢

bān

篆

清人

癃

lóng

篆

邓石如

瘳

chōu

篆

说文解字

癈

fèi

篆

吴让之

癘

(疠)

lì

篆

清人

癉

(瘅)

dān

篆

清人

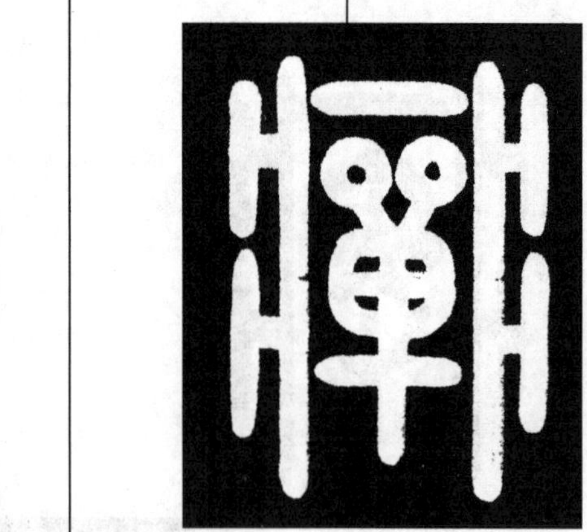

癖

pǐ

篆

吴昌硕

癡

(痴)

chī

篆

秦简

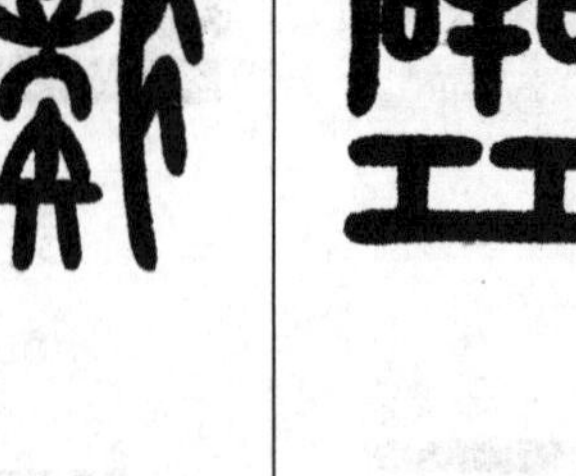

癭

(瘿)

yǐng

篆

说文解字

癯

qú

篆

吴昌硕

癰（痈）
yōng

篆
说文解字

立部

立
lì

金文

量銘秦权

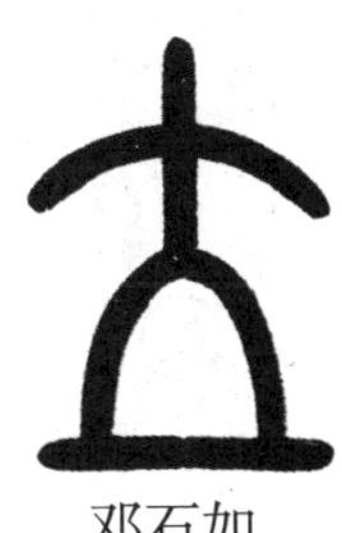

邓石如

妾
qiè

篆
吴让之

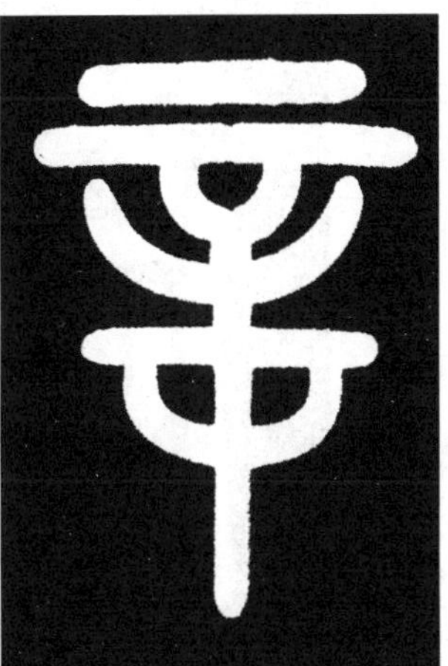

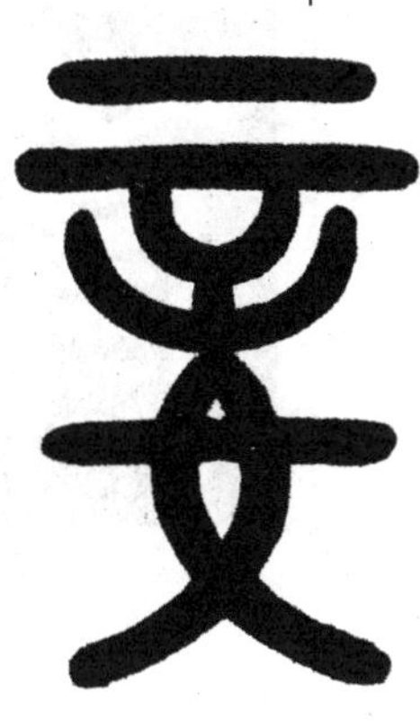

彦
yàn

篆
吴大澂

産
(产)
chǎn

篆 李阳冰

翊
yì

篆 吴昌硕

童
tóng

黄葆戉

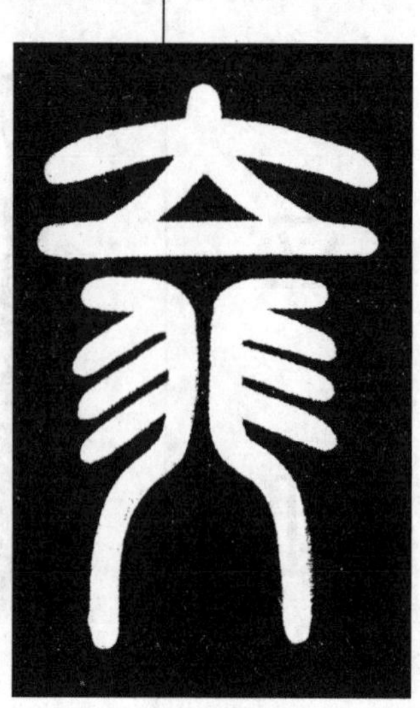

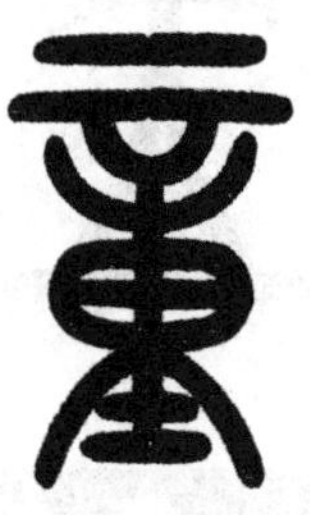

竦
sǒng

篆 吴让之

竣
jùn

篆 吴大澂

靖
jìng

篆 吴让之

竭
jié

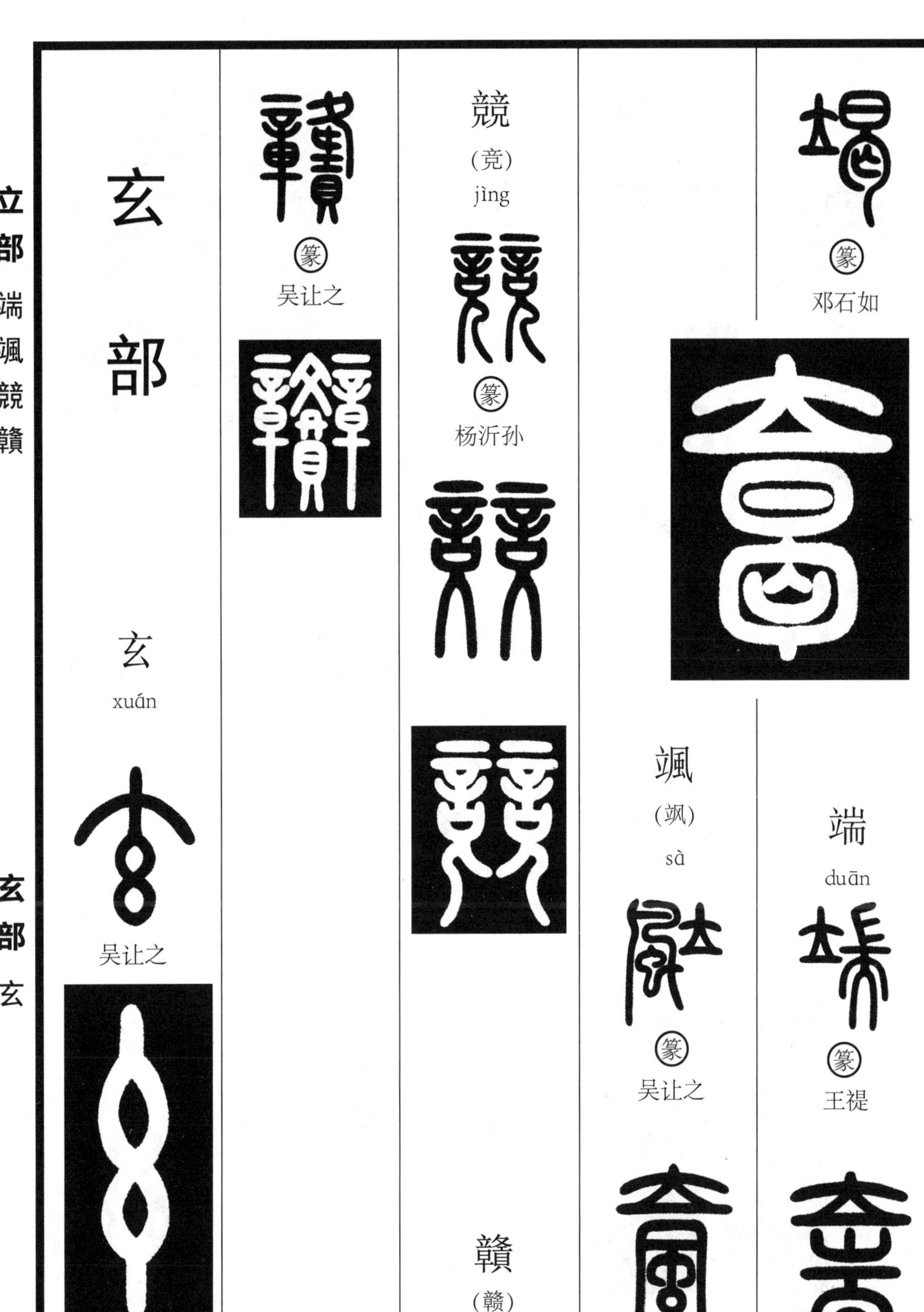

篆 邓石如

端

duān

篆 王禔

颯

(飒)

sà

篆 吴让之

競

(竞)

jìng

篆 杨沂孙

贛

(赣)

gàn

篆 吴让之

玄部

玄

xuán

吴让之

赵孟頫

吴大澂

王禔

玅

miào

篆 李阳冰

畜

xù

吴大澂

穴部

穴

xué

吴让之

究

jiū

篆 杨沂孙

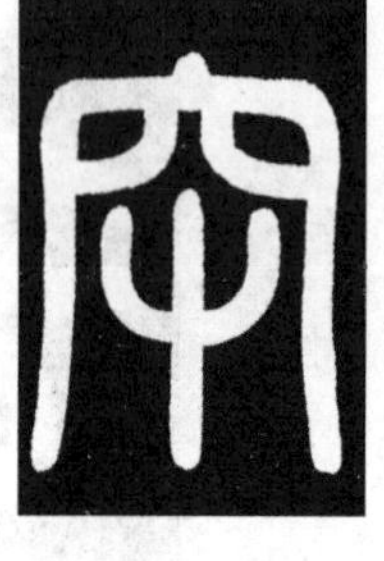

空

kōng

邓石如

钱玷

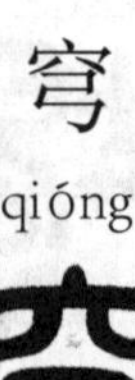

穹

qióng

篆 赵时棡

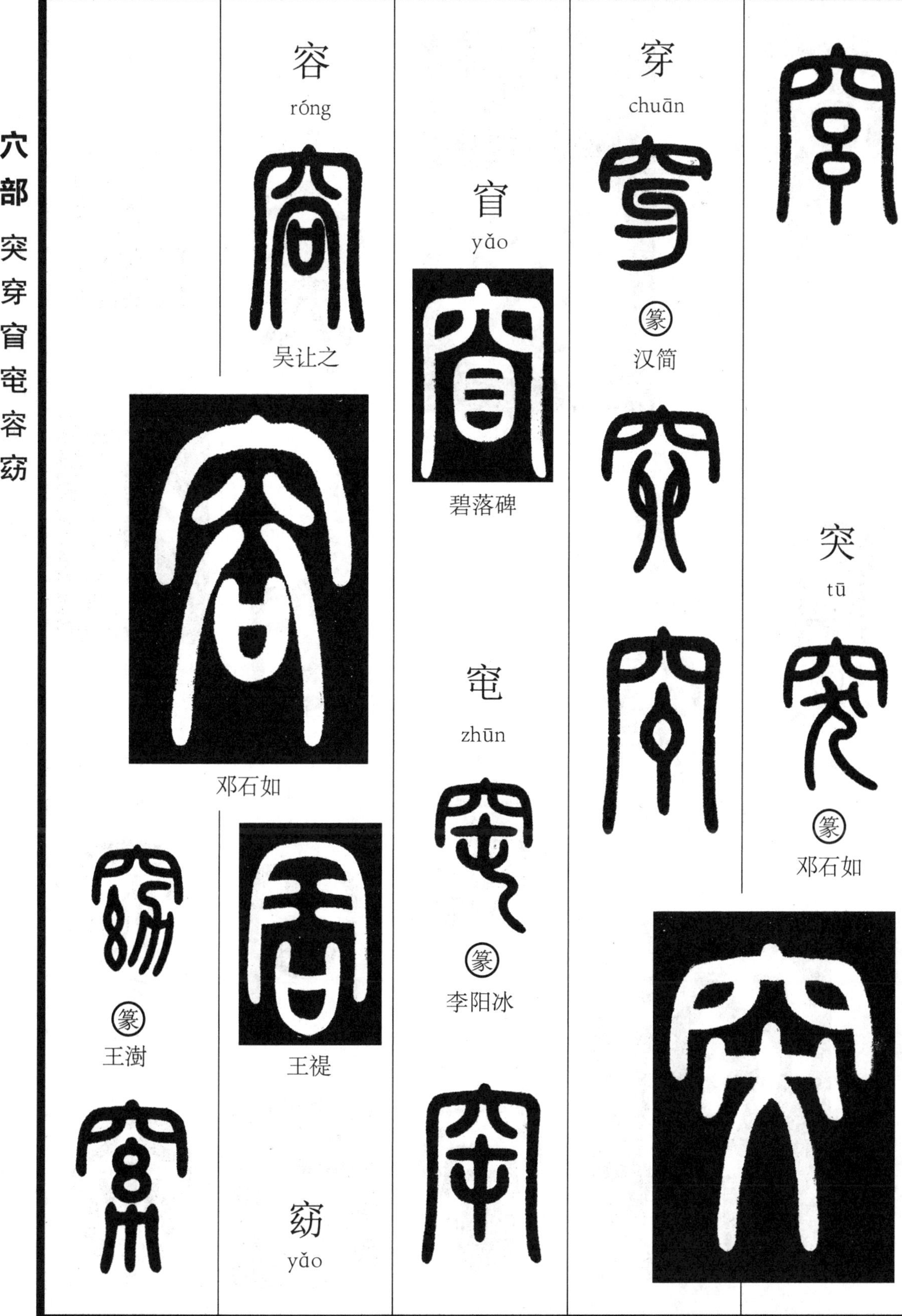
突
tū
篆
邓石如
穿
chuān
篆
汉简
窅
yǎo
碧落碑
窀
zhūn
篆
李阳冰
容
róng
吴让之
邓石如
王禔
窈
yǎo
篆
王澍

室

zhì

篆

赵时枫

泉文

窕

tiǎo

篆

王澍

窑

（窯）

yáo

仰嘉祥

窗

chuāng

邓石如

窟

kū

篆

莫友芝

窮

（穷）

qióng

篆

汪仁寿

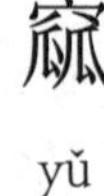

窳

yǔ

篆

吴昌硕

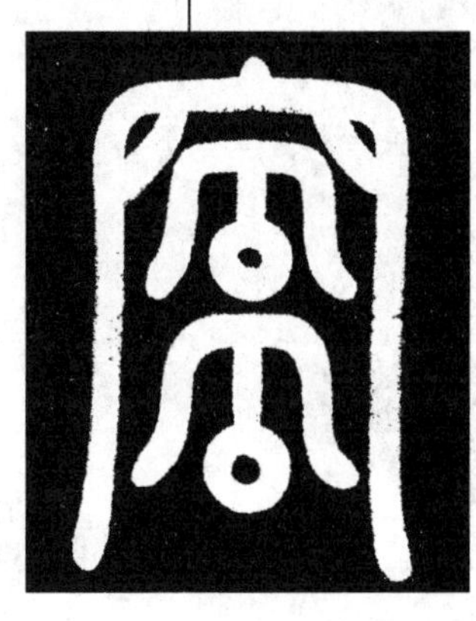

窺

(窥)

kuī

篆

吴大澂

竄

(窜)

cuàn

篆

赵之谦

竅

(窍)

qiào

篆

邓石如

竇

(窦)

dòu

汪仁寿

竈

(灶)

zào

篆

汪仁寿

竊

(窃)

qiè

篆

赵之谦

衤部

初

chū

篆

吴睿

衫

shān

篆

吴让之

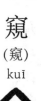

袂

mèi

篆

吴大澂

衿

jīn

篆

吴昌硕

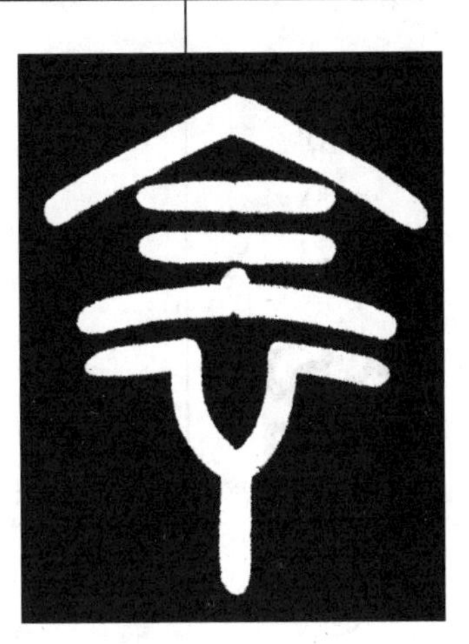

衽

rèn

篆

邓石如

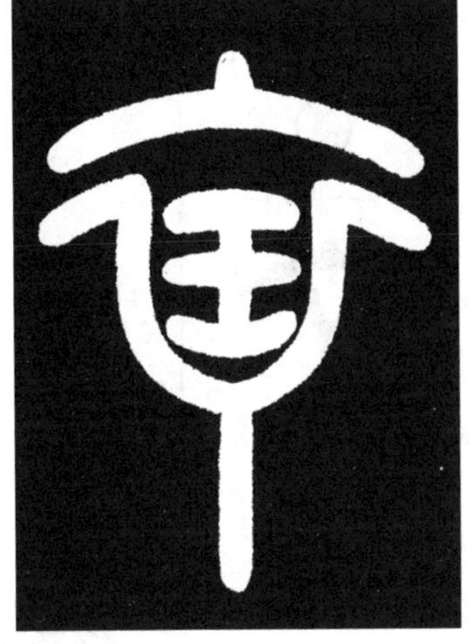

袖

xiù

篆

说文解字

袗

zhěn

篆

诅楚文

袍

páo

篆

说文解字

被

bèi

篆

杨沂孙

補

(补)

bǔ

篆

吴大澂

裒

póu

篆

杨沂孙

裕

yù

篆

邓石如

衤部 裕 金文

衤部 褚 裨 祼 裯 褐 複 襌

褚

chǔ

(篆)

汉简

裨

bì

(篆)

吴让之

祼

luǒ

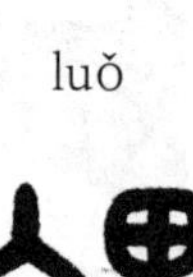

(篆)

说文解字

裯

chóu

(篆)

学山堂

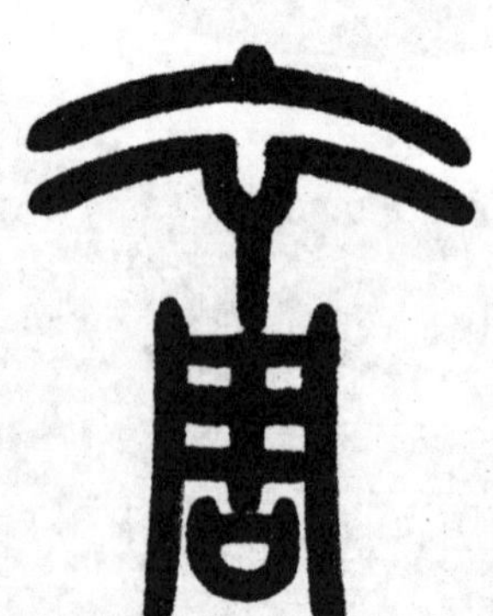

褐

hè

(篆)

赵时枫

複

(复)

fù

(篆)

清人

襌

dān

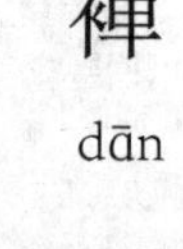

(篆)

吴大澂

襍

(杂)

zá

㊣篆 泰不华

襁

qiǎng

㊣篆 吴大澂

襟

jīn

㊣篆 尹元凯

襪

(袜)

wà

㊣篆 吴大澂

襦

rú

㊣篆 说文解字

民部

民

mín

㊣篆 中山王器

金文

疋部

疋
(匹)
pǐ

篆 吴大澂

胥
xū

篆 吴大澂

楚
chǔ

篆 吴让之

皮部

皮
pí

篆 吴大澂

頗
(颇)
pō

篆 杨沂孙

癶部

癸
guǐ

吴大澂

癶部 癸

三体石经

登
dēng

钱玷

發
(发)
fā

篆
赵孟頫

矛部

矛
máo

篆
秦简

篆
吴大澂

矜
jīn

篆
吴大澂

柔
róu

篆
杨沂孙

務

(务)

wù

篆

赵孟頫

耒部

耒

lěi

篆

吴让之

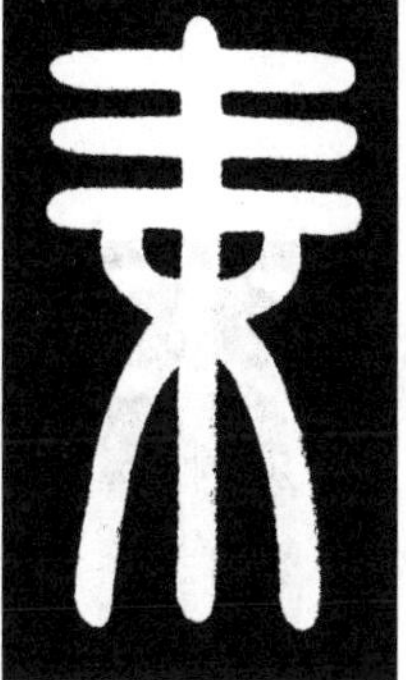

耕

gēng

篆

杨沂孙

耘

yún

篆

徐三庚

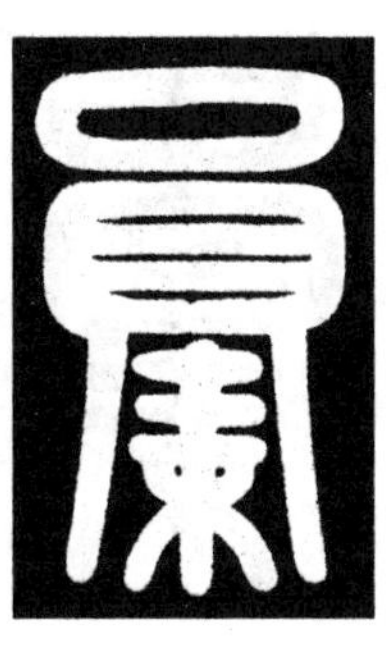

耤

jí

篆

吴昌硕

耦

ǒu

篆

吴大澂

耨

nòu

篆 吴昌硕

耳部

耳

ěr

篆 古人

篆 曾纪泽

取

qǔ

篆 邓石如

耻

(恥)

chǐ

篆 黄士陵

耿

gěng

篆 黄葆戉

耽

dān

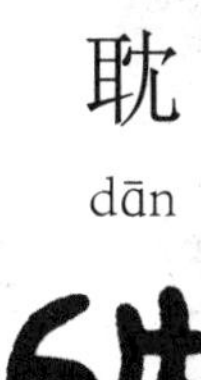

篆

李阳冰

聃

dān

篆

汉印

聆

líng

篆

赵孟頫

聊

liáo

篆

陈潮

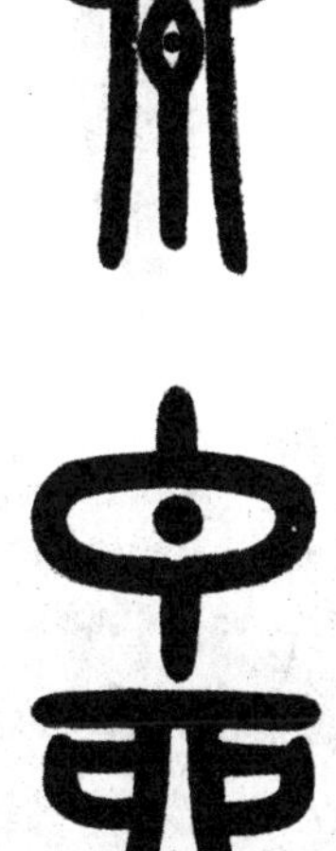

聘

pìn

篆

三体石经

聚

jù

篆

吴睿

聲

(声)

shēng

篆

李阳冰

聰

(聪)

cōng

篆

吴大澂

聳

(耸)

sǒng

篆

莫友芝

聯

(联)

lián

篆

方去疾

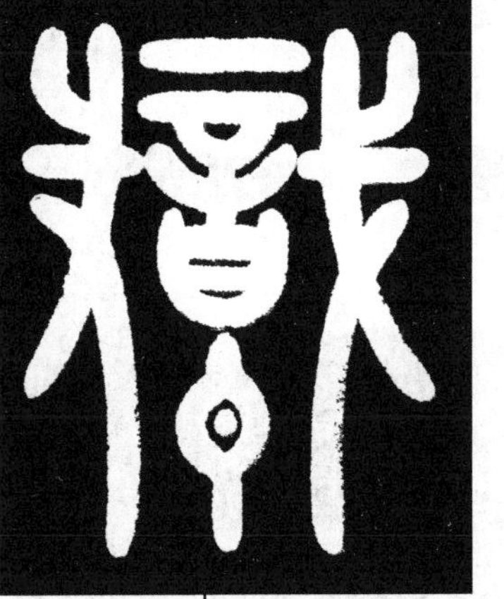

職

(职)

zhí

篆

邓石如

聶

(聂)

niè

篆

汉简

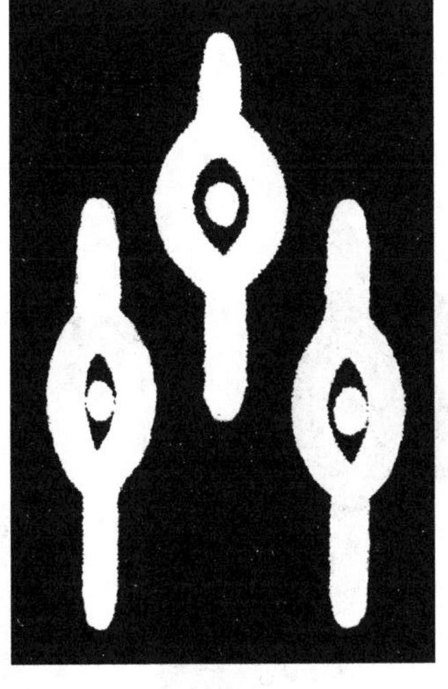

聽

(听)

tīng

篆

泰不华

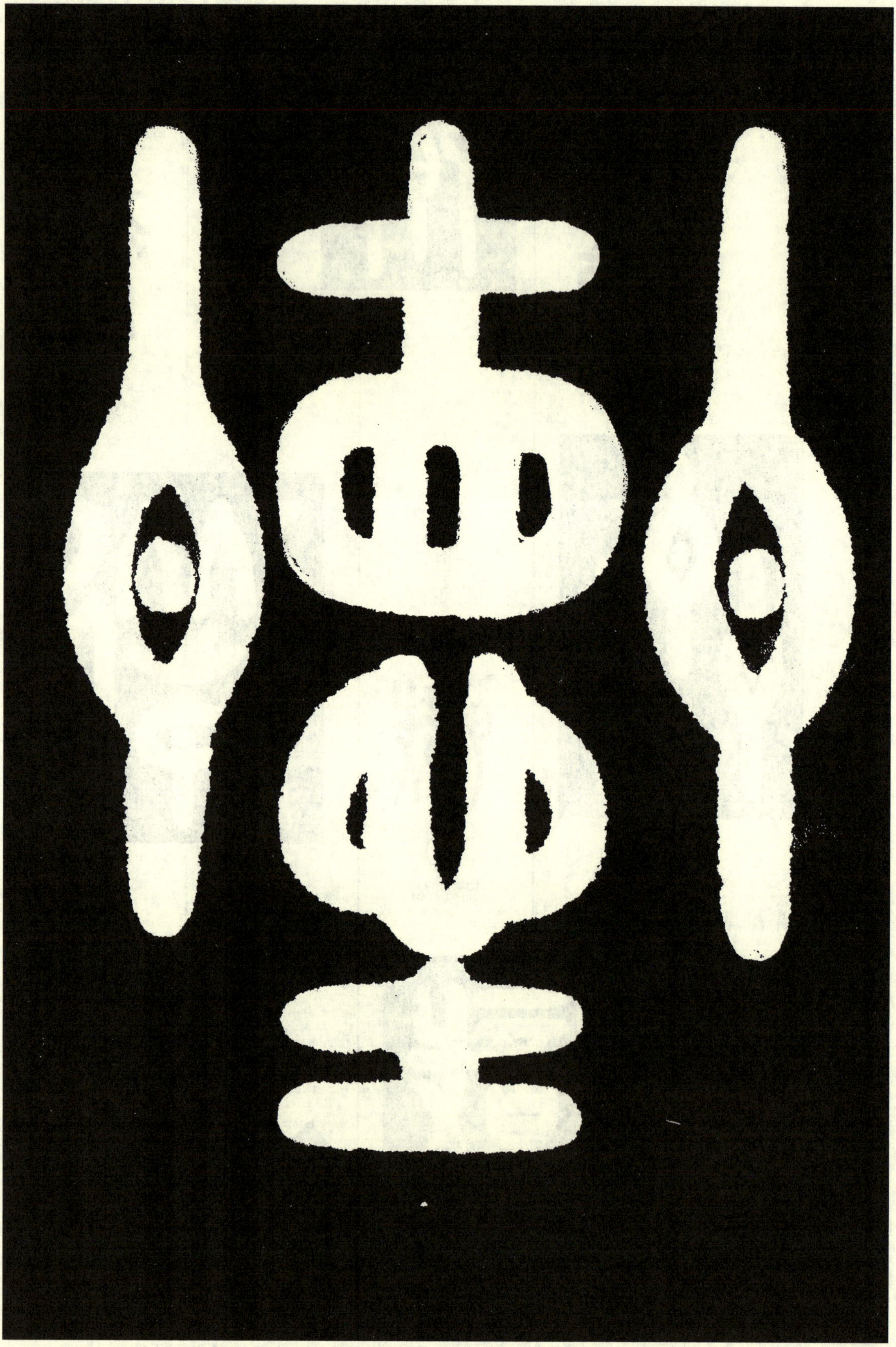

耳部
聽

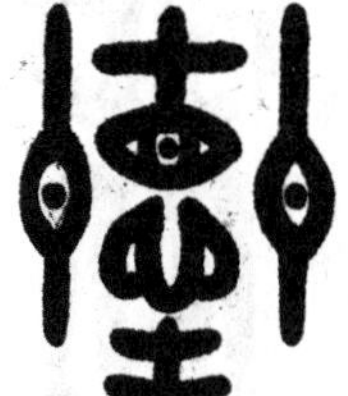

戈部

哉

zāi

篆 金文

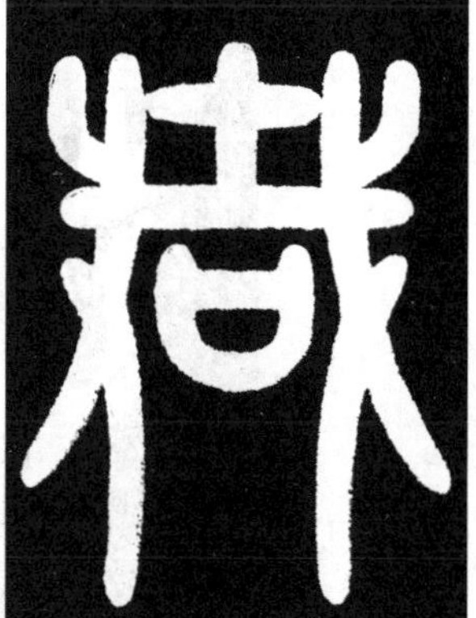

栽

zāi

篆 秦简

裁

cái

篆 吴大澂

載

(载)

zǎi

篆 秦简

截

jiē

篆 吴让之

戴

dài

篆 黄葆戉

臣部

臣

chén

篆 吴让之

臤

qiān

篆 吴大澂

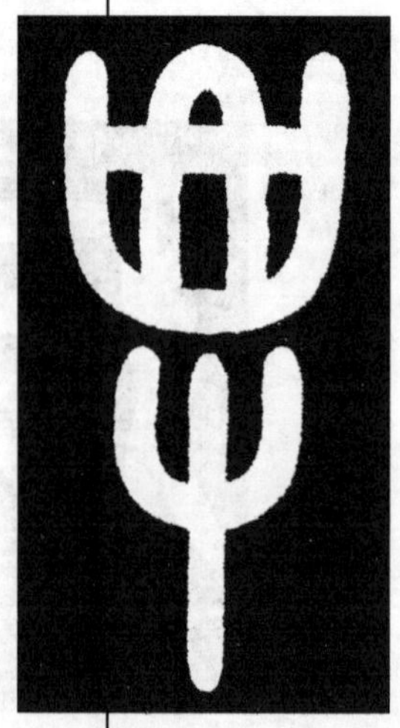

卧

wò

篆 吴大澂

臨

(临)

lín

篆 钱坫

西部

西

xī

篆

金文

篆

孙星衍

要

yào

吴大澂

段玉裁

栗

lì

篆

吴大澂

篆

三体石经

票

piào

仰嘉祥

覃

tǎn

篆

古人

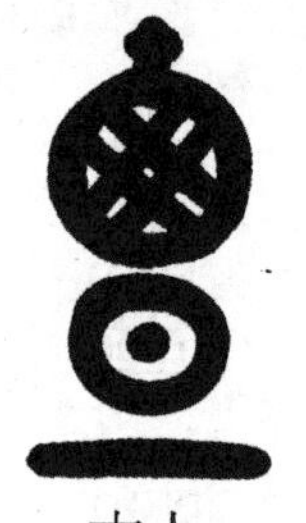

古人

粟

sù

篆

莫友芝

賈

(贾)

jiǎ

仰嘉祥

覆

fù

篆

赵孟頫

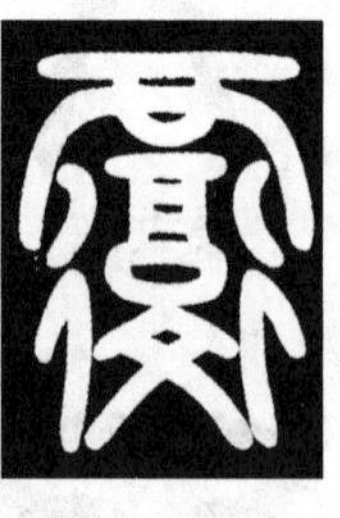

束部

束

cì

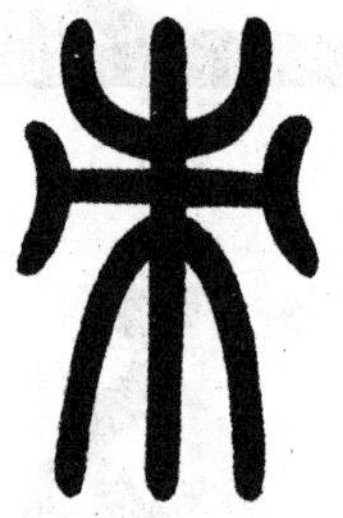

杨沂孙

刺

cì

篆

吴大澂

枣

(棗)

zǎo

赵叔孺

棘

jí

邓石如

而部

而

ér

李斯

黄士陵

耐

nài

篆 邓石如

至部

至

zhì

赵时㭎

吴昌硕

到

dào

篆 吴大澂

致

zhì

篆 吴大澂

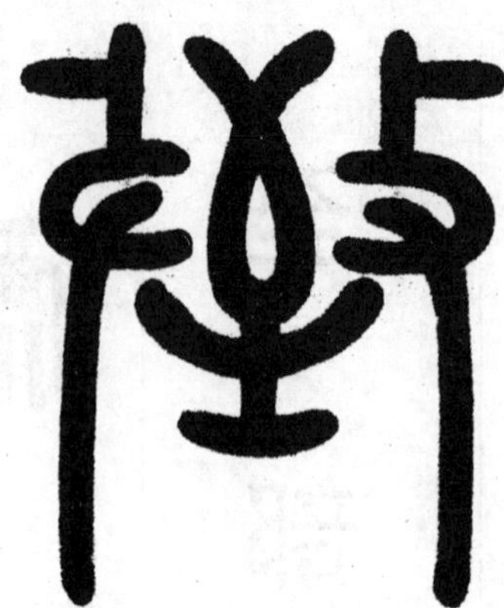

郅

zhì

杨沂孙

臻

zhēn

(篆)

方去疾

虍部

虐

nüè

篆

邓石如

虔

qián

篆

邓石如

虚

xū

汉简

虖

hū

篆

汉简

虘

cuó

清人

處

(处)

chù

篆

汉简

虞
yú

篆 秦简

虜
(虏)
lǔ

篆 秦简

膚
(肤)
fū

篆 吴昌硕

慮
(虑)
lǜ

篆 秦简

鬳
yàn

甲骨文

盧
(卢)
lú

马王堆帛书

虧
(亏)
kuī

篆 王禔

光部

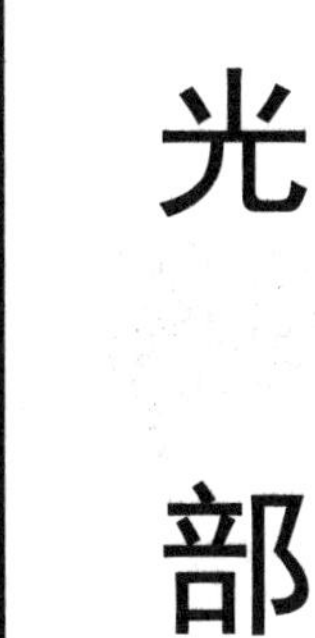

光
guāng

篆 邓石如

輝

(辉)

huī

李阳冰

耀

yào

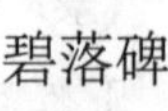

碧落碑

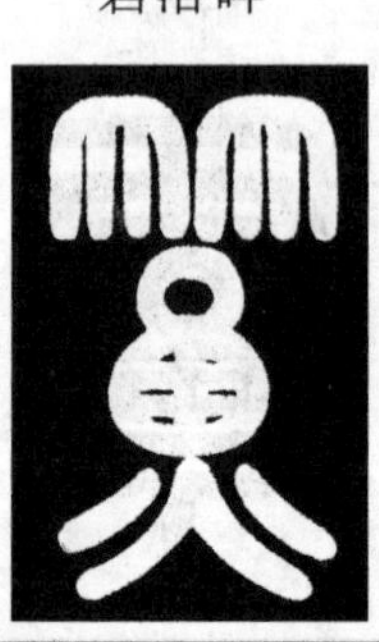

虫部

虫

chóng

仰嘉祥

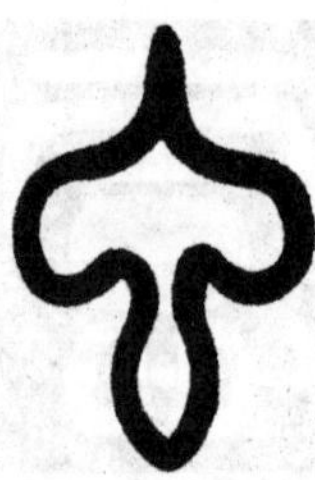

虬

qiú

篆

吴昌硕

虹

hóng

篆

吴让之

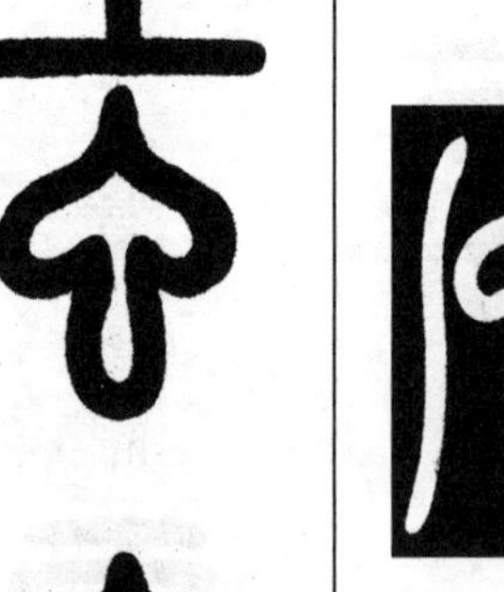

虻

méng

篆 汉简

蚤

zǎo

篆 吴友芝

蚑

qí

篆 汉简

蚊

(蟁)

wén

篆 方去疾

蚨

fú

篆 胡唐

蚓

yǐn

篆 吴昌硕

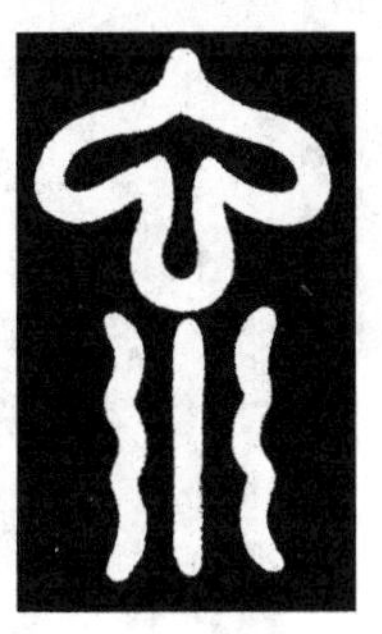

蛇

shé

篆 方去疾

蛩

qióng

篆 吴让之

蛛

zhū

篆 汪仁寿

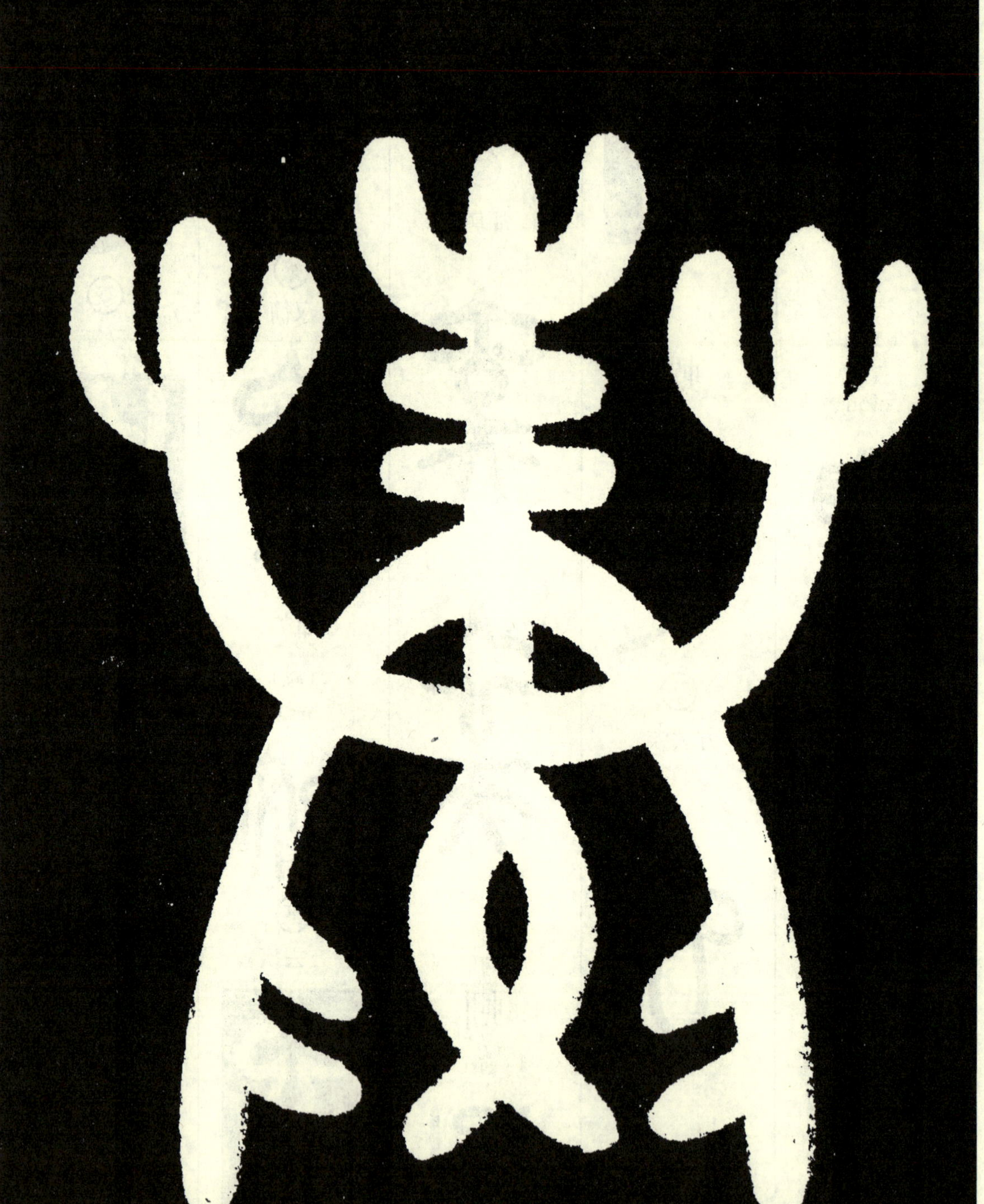

蛛

金文

虫部 蛤蛟蛾蜕蜂蜮蜗蜩

蛤

gé

(篆)

何绍基

吴大澂

蛟

jiāo

(篆)

徐新周

蛾

é

(篆)

方去疾

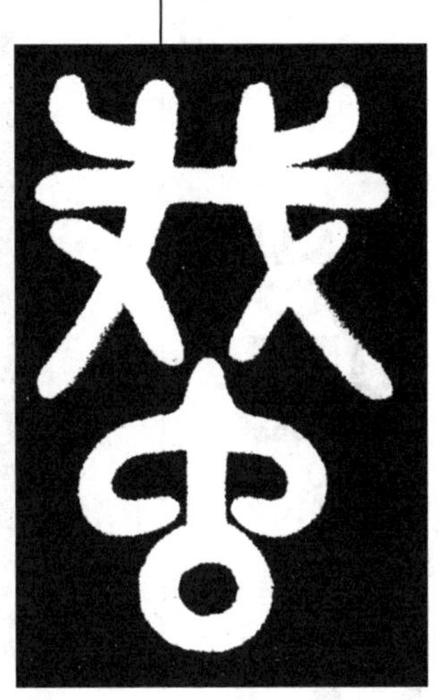

蜕

tuì

(篆)

吴大澂

蜂

fēng

(篆)

汉简

蜮

yù

(篆)

吴大澂

蜗

wō

(篆)

吴昌硕

蜩

tiáo

(篆)

赵时棡

蝶
(蜨)
dié

篆
胡澍

蝴
hú

篆
赵之谦

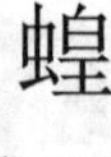

蝗
huáng

禅国山碑

蝯
yuán

篆
仰嘉祥

蝦
(虾)
xiā

篆
说文解字

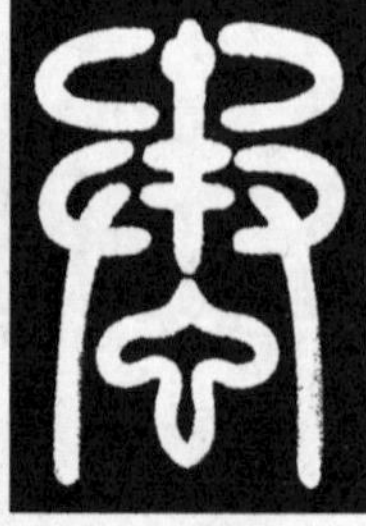

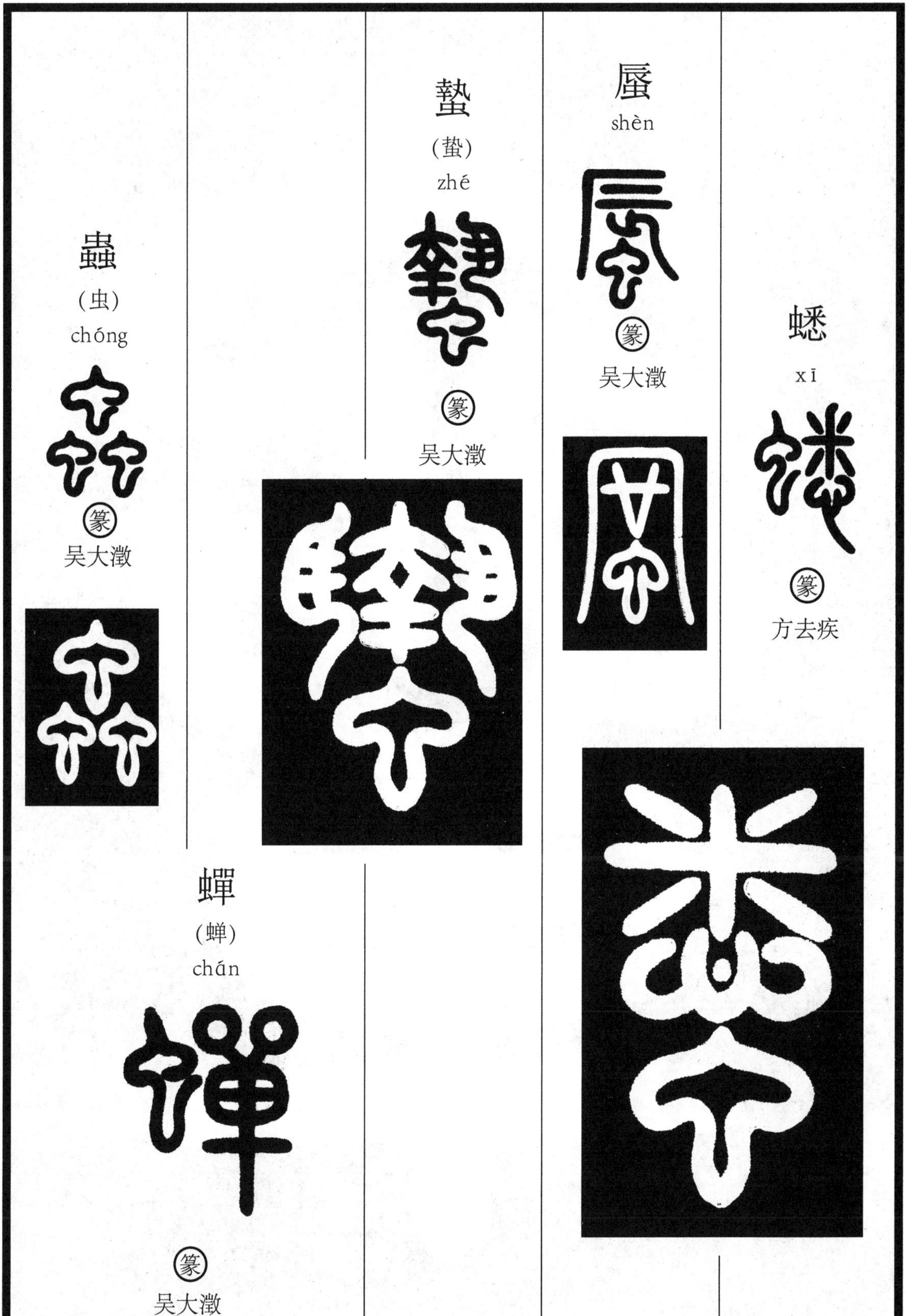

蟋

xī

篆

方去疾

蜃

shèn

篆

吴大澂

蟄

(蛰)

zhé

篆

吴大澂

蟲

(虫)

chóng

篆

吴大澂

蟬

(蝉)

chán

篆

吴大澂

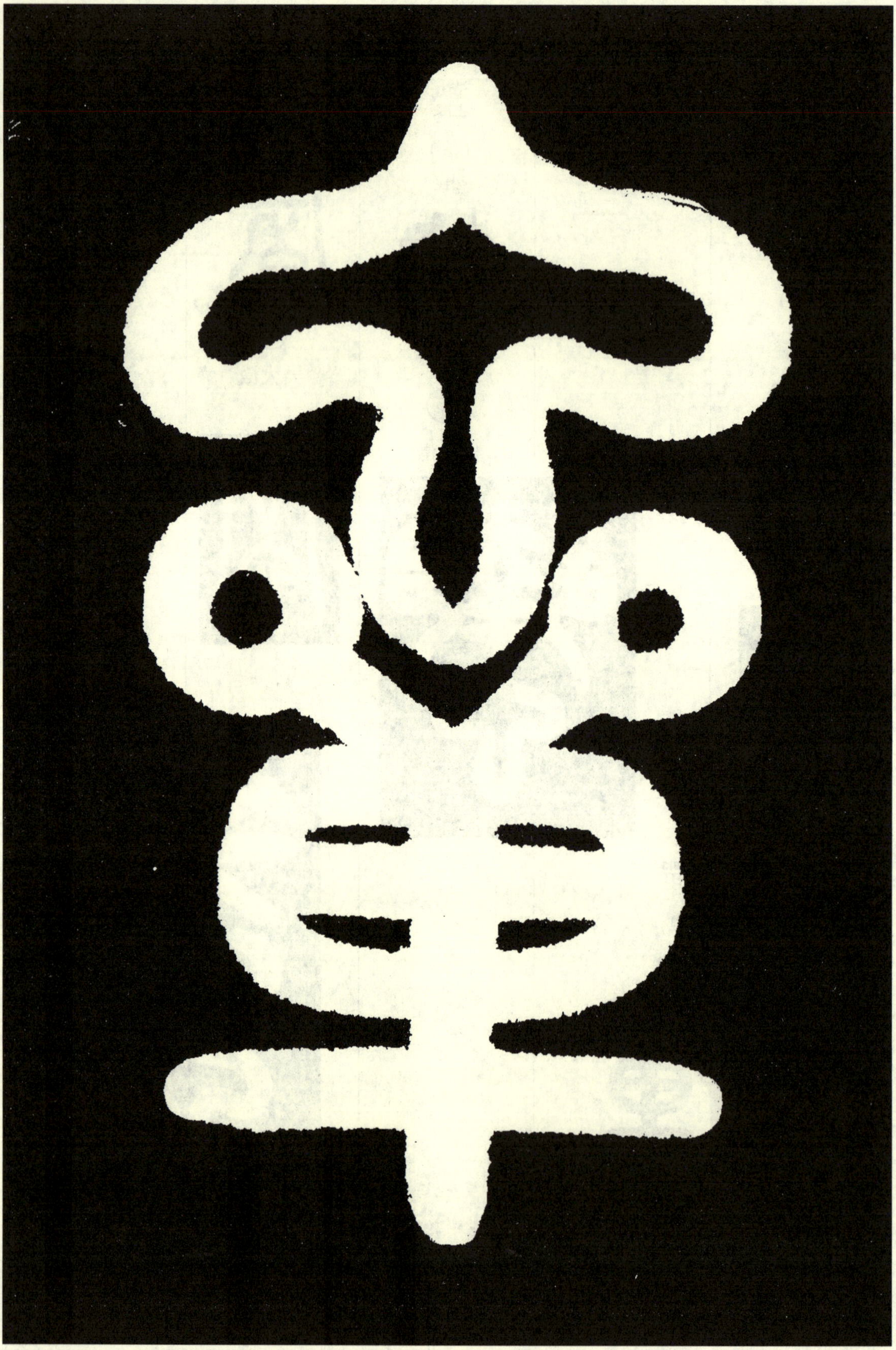

蟜
jiǎo

篆
汉印

蠖
huò

篆
罗福颐

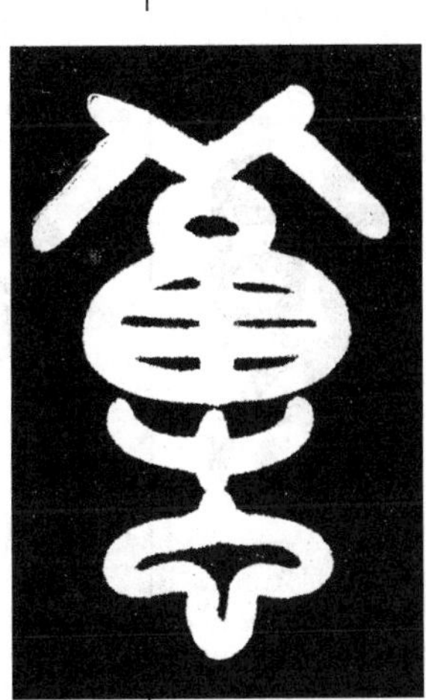

蟠
pán

篆
方去疾

蠅
(蝇)
yíng

篆
杨沂孙

蠙
pín

篆
永理

蠟
(蜡)
là

篆
学山堂

蠱
(蛊)
gǔ

篆
汉简

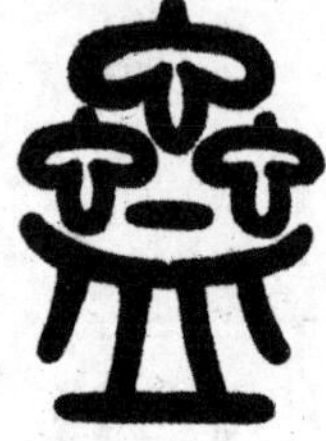

肉部

肉

ròu

篆

吴大澂

缶部

缶

fǒu

杨沂孙

缺

quē

篆

莫友之

罌

(罂)

yīng

吴昌硕

罐

guàn

篆

清人

舌部

舌

shé

梦英

杨沂如

甜

tiān

㊂篆

仰嘉祥

竹（⺮）部

竹

zhú

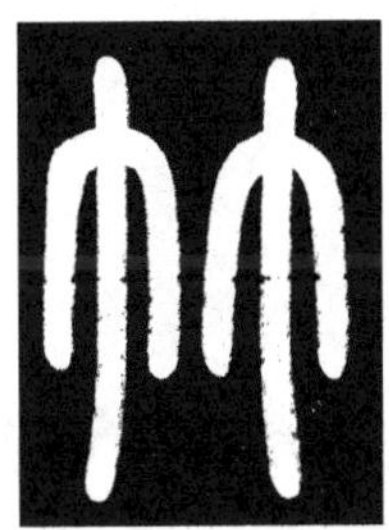

吴昌硕

赵之谦

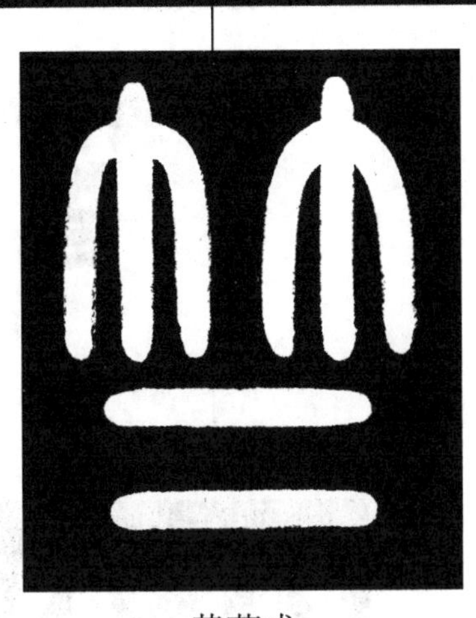

黄葆戉

竺

zhú

盟书

竿

gān

祁文藻

竽

yú

㊂篆

汉简

笈

jí

篆 文彭

笄

jī

汉简

笑

xiào

篆 李阳冰

笋

（筍）

sǔn

篆 说文解字

笛

dí

林皋

笙

shēng

王澍

符

fú

篆 黄葆戉

笱

gǒu

篆 汉简

笮

zé

篆 赵之谦

笠

lì

吴大澂

笵

(范)

fàn

(篆)

吴昌硕

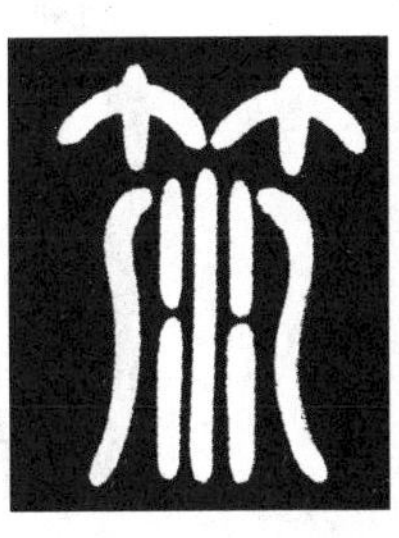

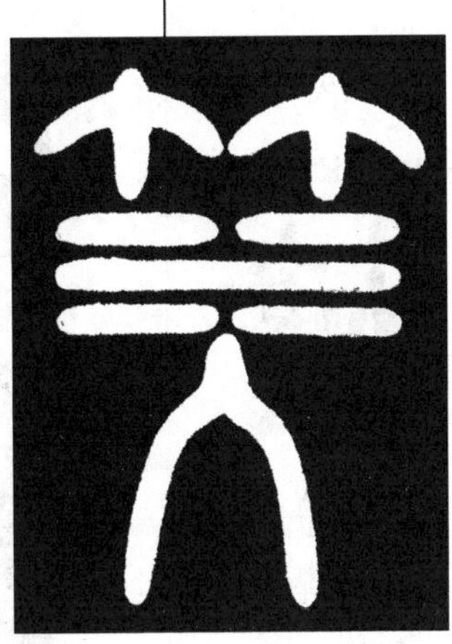

第

dì

(篆)

杨沂孙

筐

kuāng

(篆)

赵时㭎

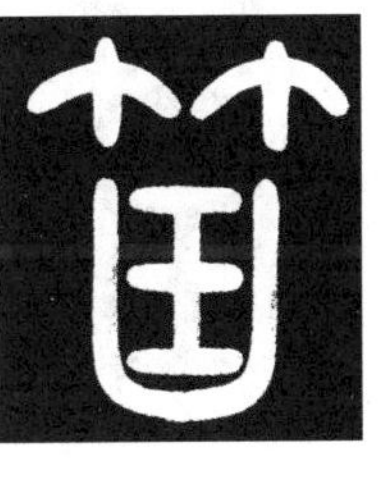

等

děng

(篆)

赵孟頫

策

cè

王禔

筴

(策)

cè

马王堆帛书

筥

jǔ

吴大澂

筵

yán

(篆)

李阳冰

答

dá

钱君匋

筋

jīn

(篆)

杨沂孙

笱

(笋)

sǔn

篆

赵孟頫

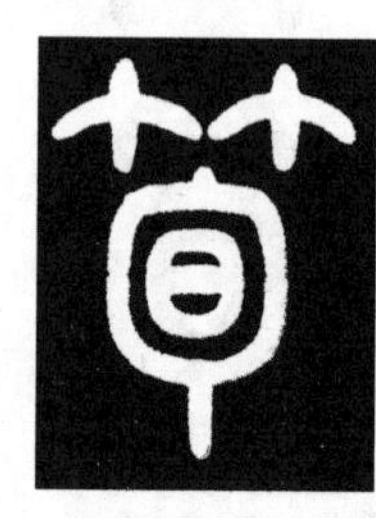

筆

(笔)

bǐ

篆

吴让之

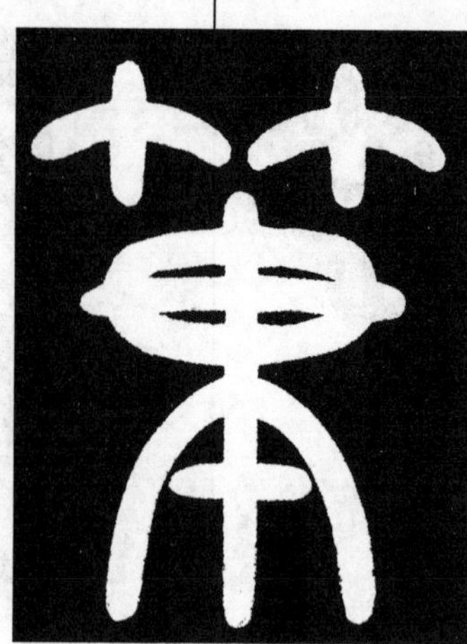

箏

zhēng

篆

严坤

筠

jūn

篆

江标

筮

shì

李阳冰

筱

xiǎo

篆

永瑆

節

(节)

jié

篆

莫友芝

箸

zhù

秦简

箕

jī

杨沂孙

金文

箬

ruò

篆 王禔

箋

(笺)

jiān

篆 王禔

算

suàn

吴大澂

箙

fú

篆 说文解字

箘

jùn

说文解字

永瑆

管

guǎn

篆 吴大澂

箱

xiāng

篆 李阳冰

範

(范)

fàn

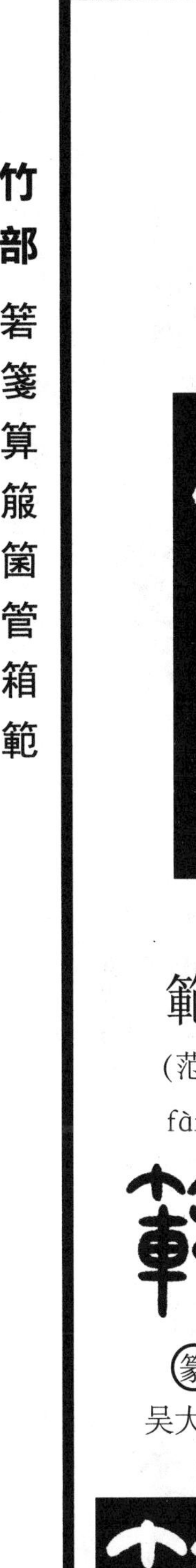

篆 吴大澂

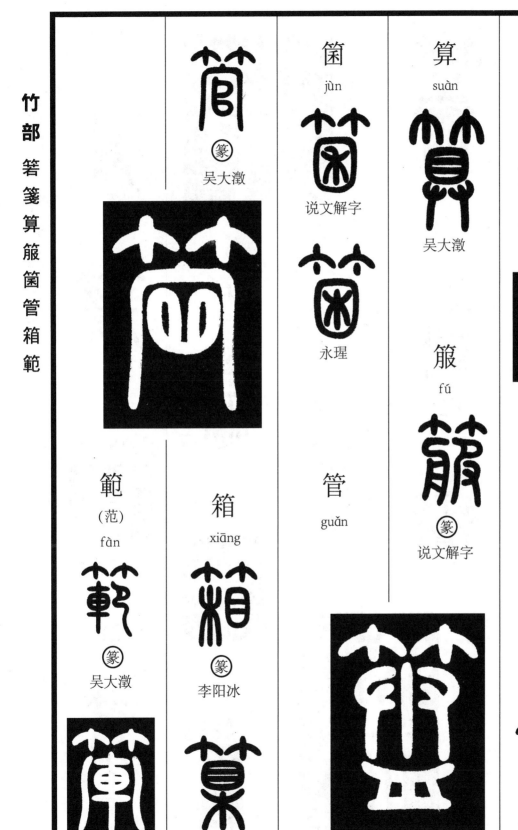

箴
zhēn

篆
仰嘉祥

篁
huáng

邓石如

箭
jiàn

篆
吴让之

篇
piān

篆
吴大澂

篆
zhuàn

篆
邓石如

築
(筑)
zhù

篆
瞿令问

篚
fěi

篆
永瑆

篤
(笃)
dǔ

篆
莫友芝

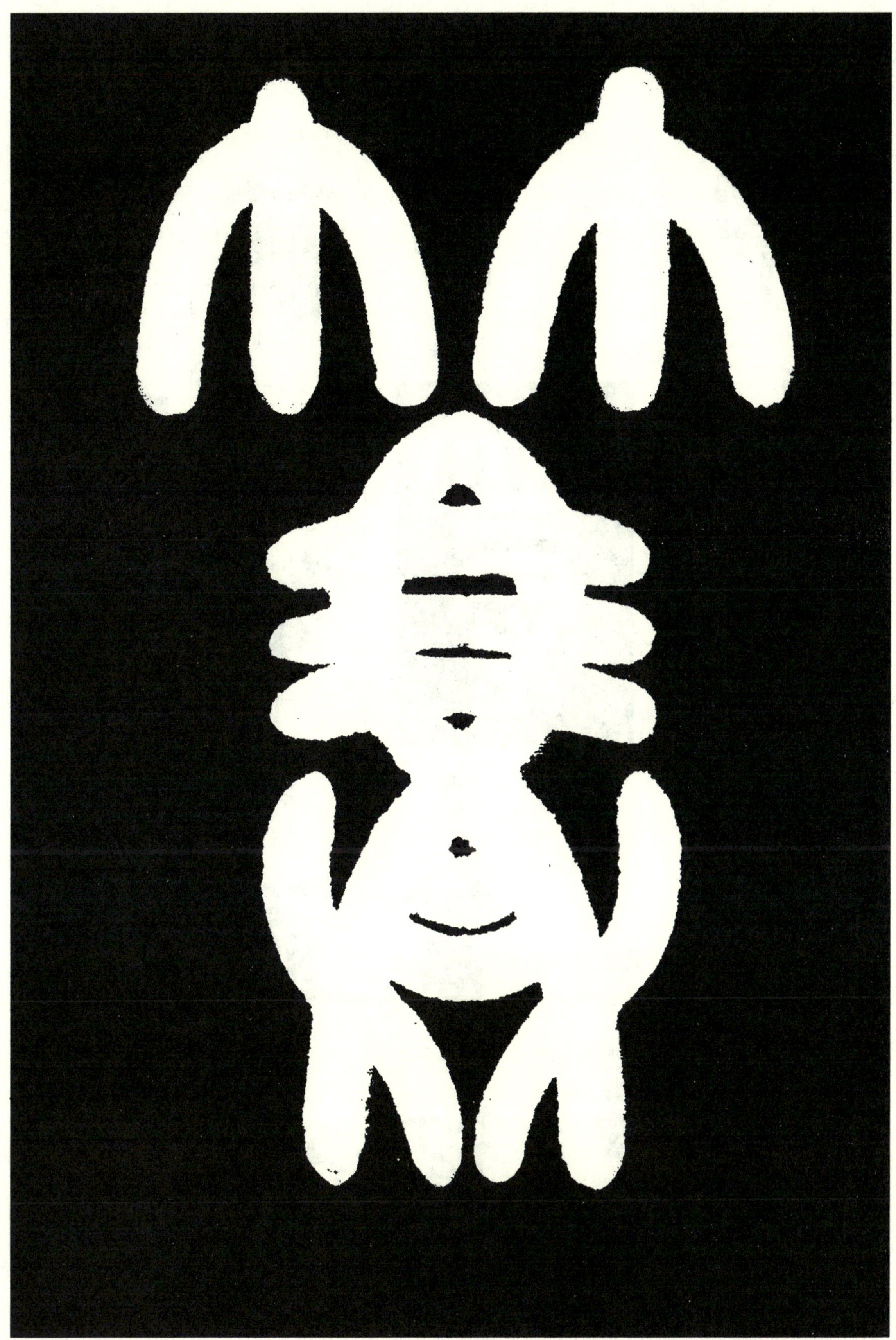

篪

chí

篆

李文田

簇

cù

篆

王禔

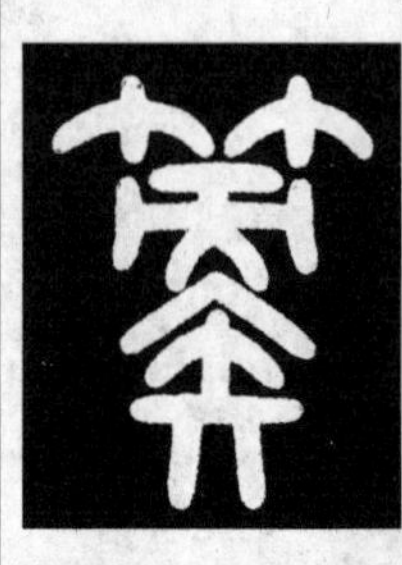

篡

cuàn

徐三庚

簧

huáng

王禔

簋

guǐ

篆

王澍

簃

yí

篆

方去疾

簠

fǔ

篆

汪仁寿

簟

diàn

篆

邓石如

簡

(简)

jiǎn

篆

王禔

籀

zhòu

篆

杨沂孙

簾

(帘)

lián

篆

方去疾

簿

bù

篆

李阳冰

簬

lù

篆

永瑆

簫

(箫)

xiāo

篆

吴让之

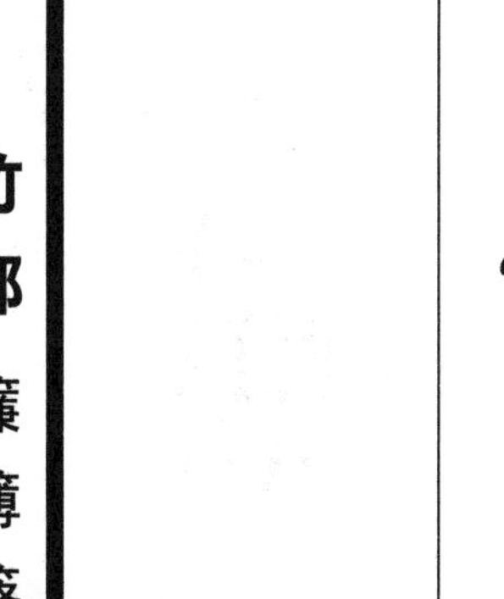

籌

(筹)

chóu

篆

吴昌硕

籃
(篮)
lǎn

篆
赵孟頫

纂
zuǎn

杨沂孙

籍
jí

篆
杨沂孙

籟
(籁)
lài

篆
说文解字

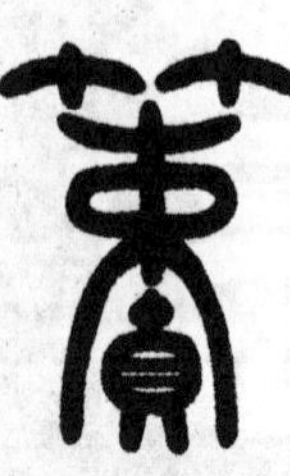

籧
qú

篆
清人

籠
(笼)
lóng

篆
吴昌硕

籥
yuè

秦简

籩
(笾)
biān

篆
王禔

籬
(篱)
lí

篆
俞樾

籲
(吁)
yù

篆
吴大澂

臼部

臼
jiù

吴大澂

杨沂孙

臾
yú

篆
吴大澂

兒
(儿)
ér

篆
吴昌硕

篆
徐三庚

田潜

昇
yú

杨沂孙

臿
chā

仰嘉祥

舂

chōng

汪仁寿

舄

xì

篆

仰嘉祥

舅

jiù

篆

杨沂孙

自部

自

zì

赵孟頫

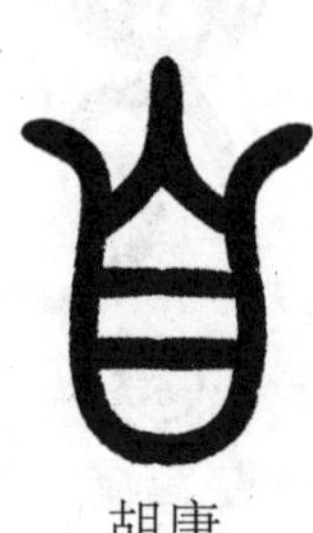

胡唐

臭

chòu

篆

方去疾

臬

niè

清人

息

xī

篆

李斯

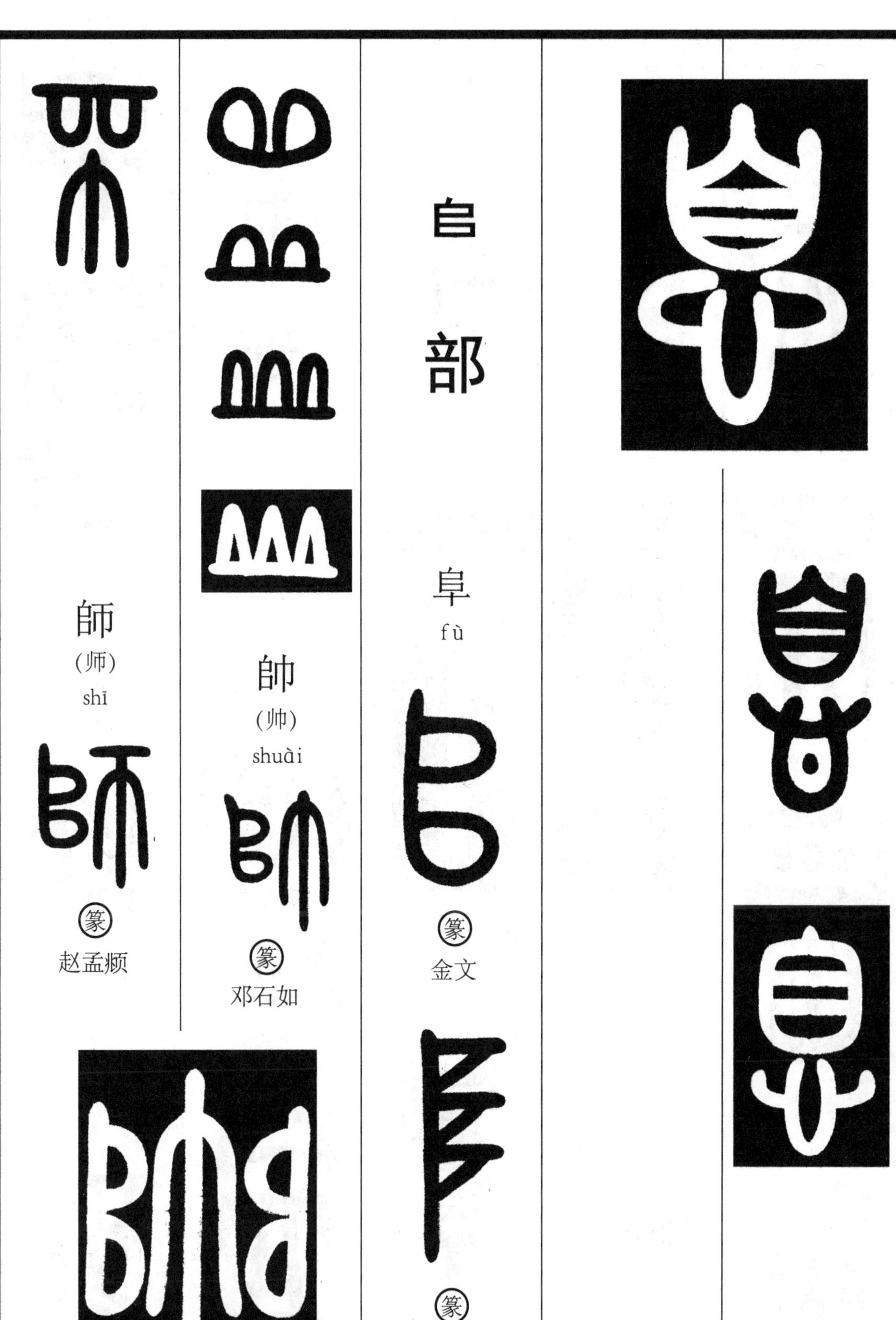

阜部

阜
fù
篆 金文
篆 赵孟頫

帥
(帅)
shuài
篆 邓石如

師
(师)
shī
篆 赵孟頫

歸

(归)

guī

篆

李阳冰

血部

血

xuè

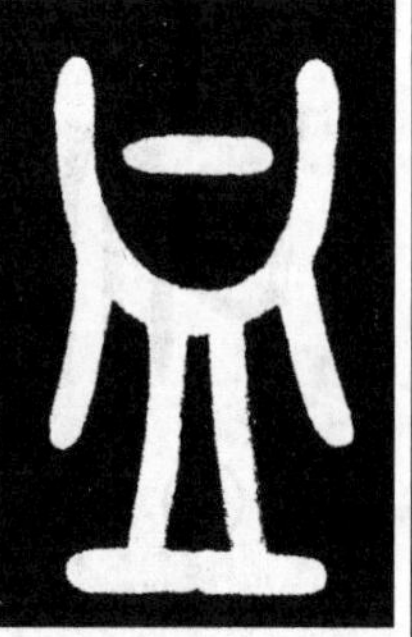

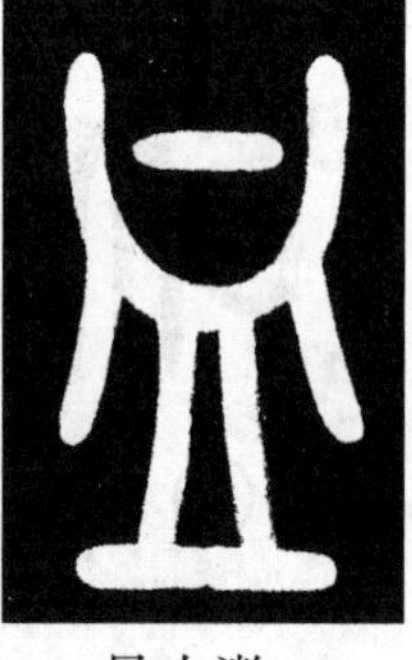

吴大澂

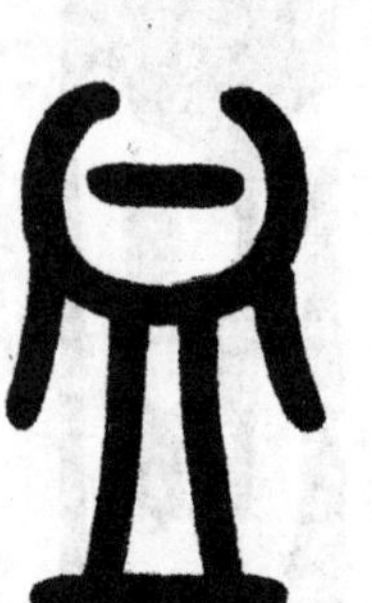

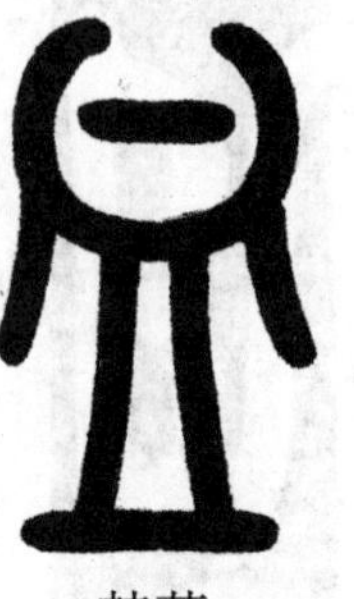

梦英

卹

xù

篆

杨法

衆

(众)

zhòng

篆

金文

陶文

舟部

舟
zhōu

篆
金文

金文

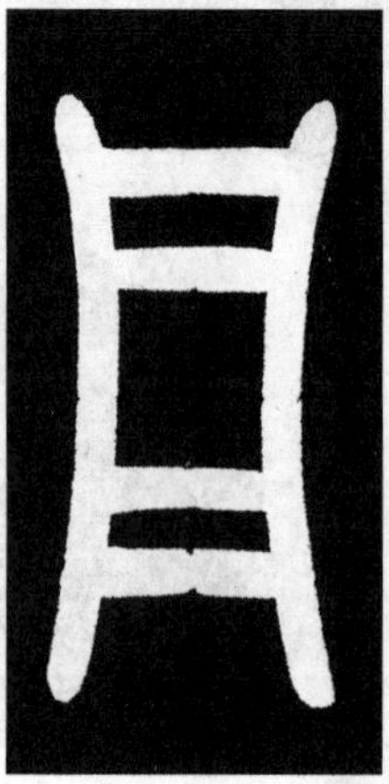

般
bān

篆
吴昌硕

舫
fǎng

篆
徐三庚

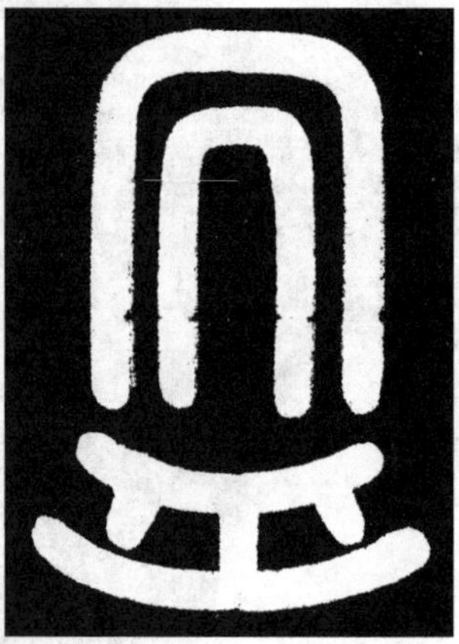

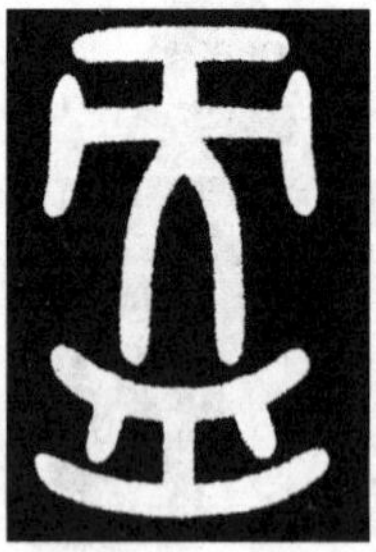

航
háng

篆
黄易

舲

líng

篆

齐白石

舷

xián

篆

方去疾

船

chuán

篆

容庚

舵

duò

篆

说文解字

艁

zào

篆

金文

艅

yú

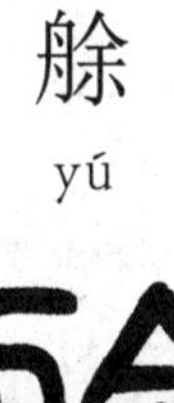

篆

说文解字

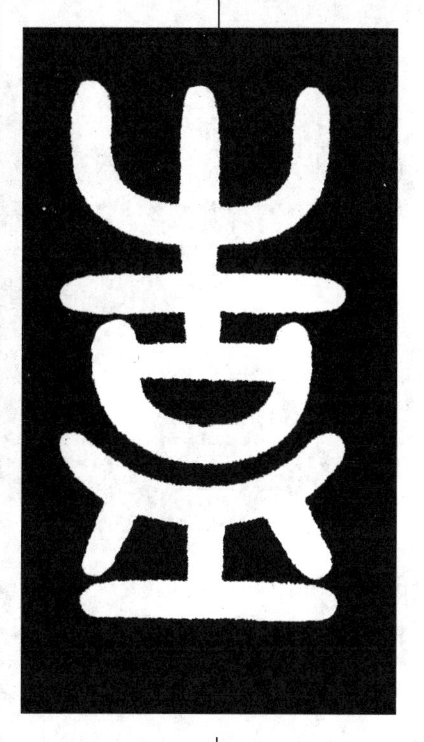

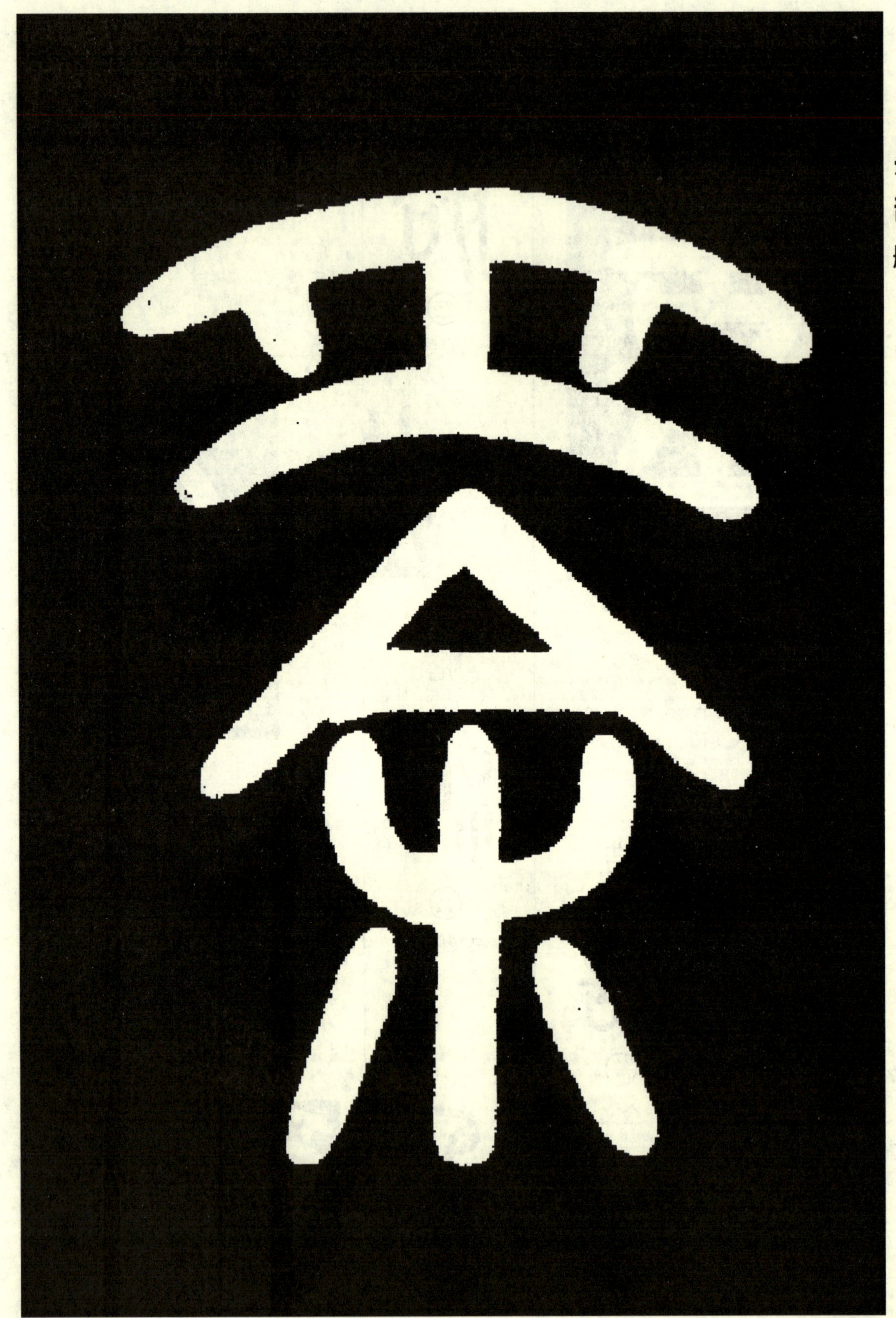

色部

色

sè

篆 严可均

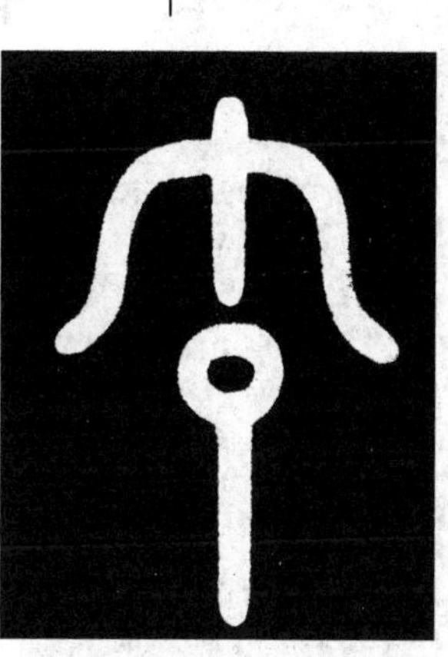

艷

(艳)

yàn

篆 徐三庚

衣部

衣

yī

篆 邓石如

裂

liè

篆 吴让之

裘

qiú

篆 杨沂孙

裔

yì

杨沂孙

裝
（装）
zhuāng

篆
汉简

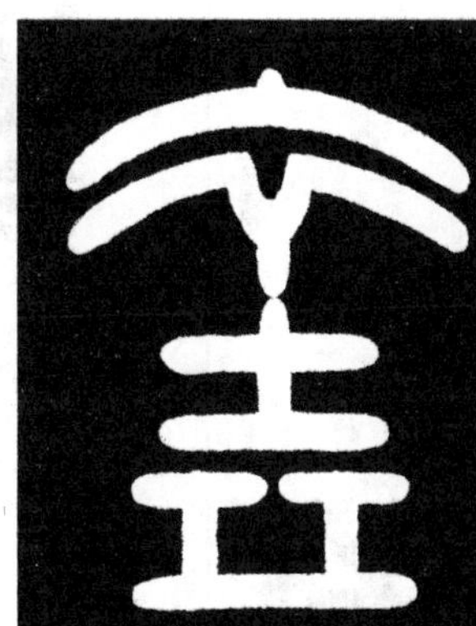

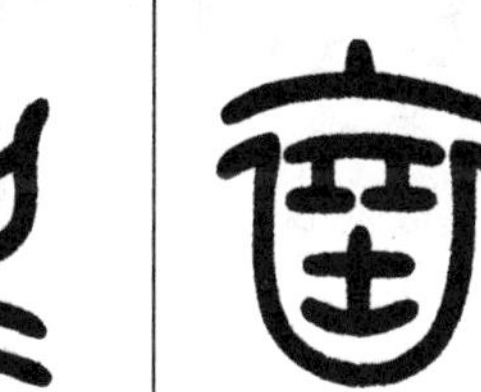

製
（制）
zhì

篆
杨沂孙

褢
huái

王禔

羊（⺶）部

羊
yáng

杨沂孙

赵孟頫

羌
qiāng

篆
吴睿

差
chà
㊣篆
仰嘉祥

美
měi
吴大澂

尹元凯

姜
jiāng
㊣篆
黄葆戉

羔
gāo
赵孟頫

羞
xiū
㊣篆
吴大澂

㊣篆
仰嘉祥

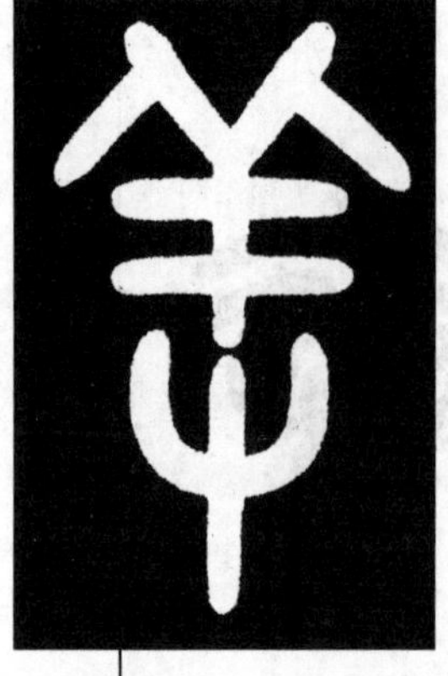

恙
yàng
吴大澂

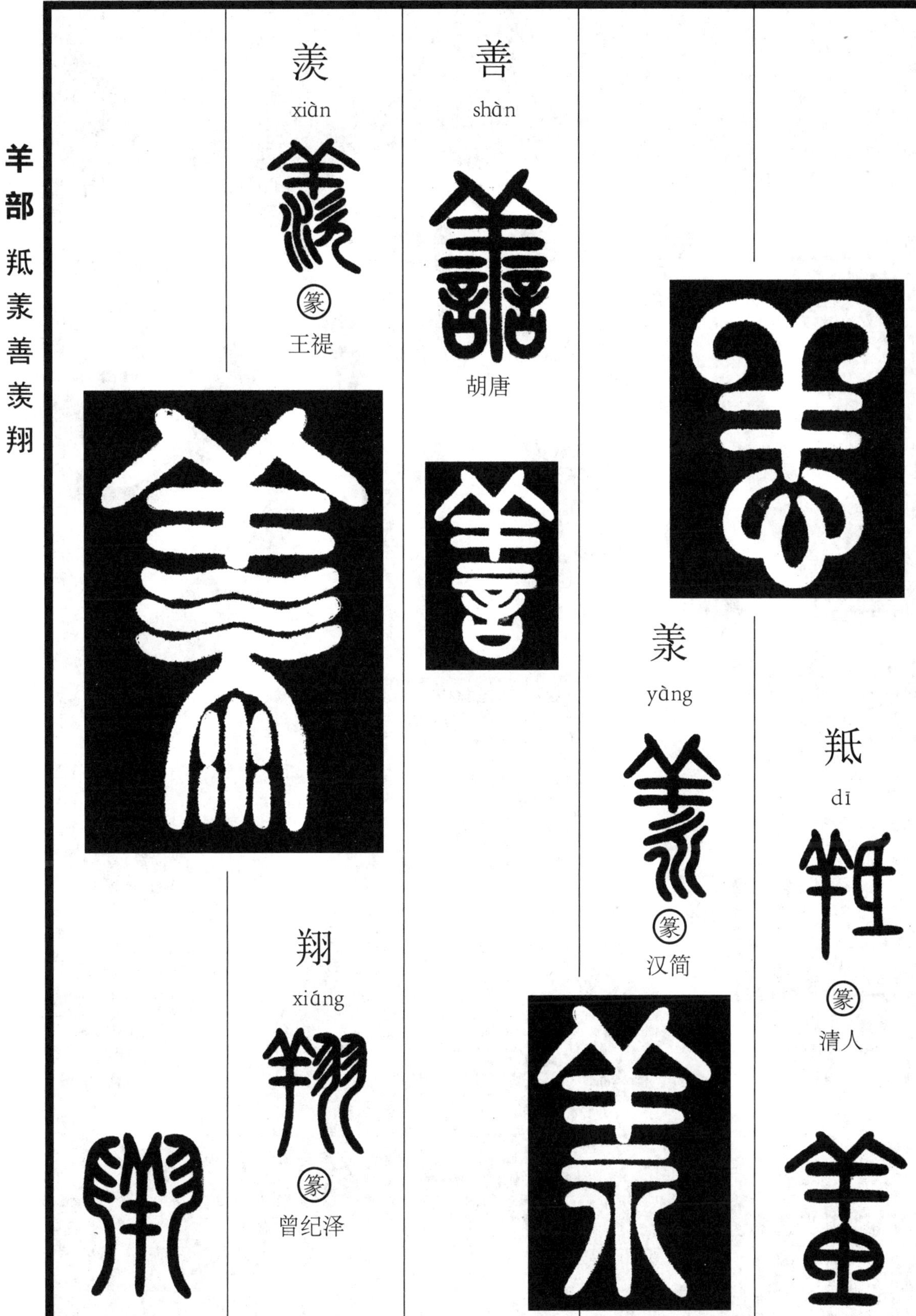
羝
dī
篆
清人
羕
yàng
篆
汉简
善
shàn
胡唐
羡
xiàn
篆
王禔
翔
xiáng
篆
曾纪泽

羊部 翔

義
(义)
yì

篆
黄士陵

群
(羣)
qún

篆
李阳冰

吴大澂

羲
xī

篆
赵孟頫

关部

券
juàn

篆
仰嘉祥

卷
juǎn

篆
邓石如

拳
quán

篆
方去疾

豢
juàn

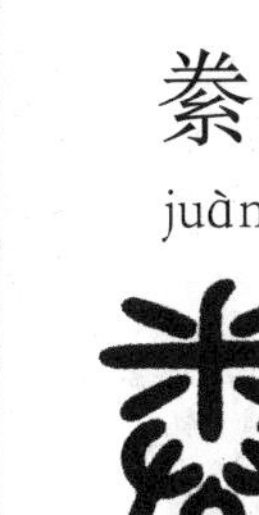
篆
陶文

眷
juàn

篆
邓石如

豢

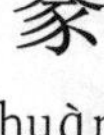

huàn

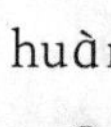

篆

方去疾

米部

米

mǐ

篆

永瑆

粉

fěn

篆

清人

料

liào

篆

秦简

粗

cū

篆

左运奎

粲

càn

篆

吴让之

粱

liáng

篆

王禔

精

jīng

篆

邓石如

粹

cuì

篆

杨沂孙

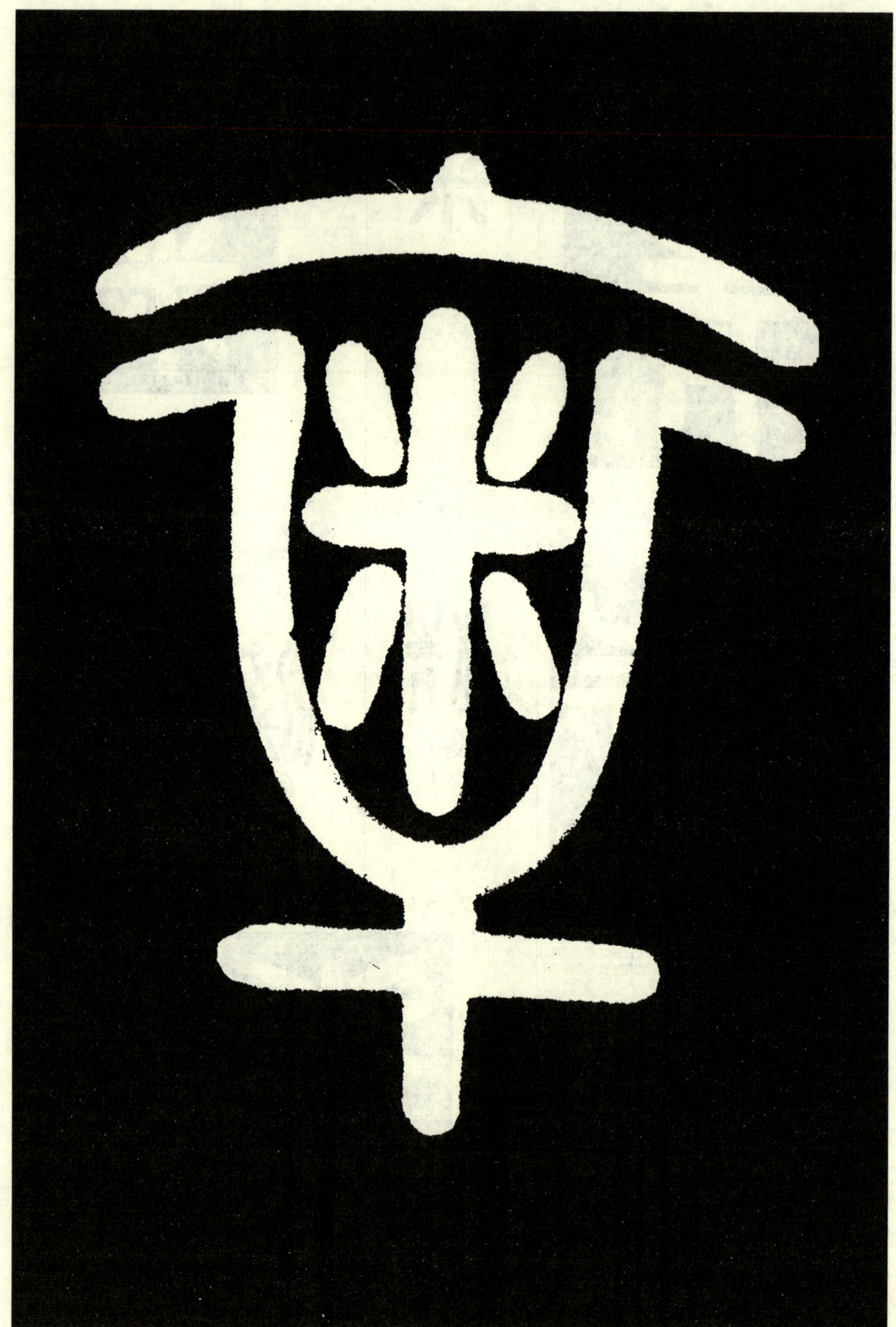

粼

lín

吴大澂

糉

(粽)

zòng

吴昌硕

糟

zāo

李阳冰

粪

fèn

仰嘉祥

糠

kāng

吴睿

糧

(粮)

liáng

篆

吴大澂

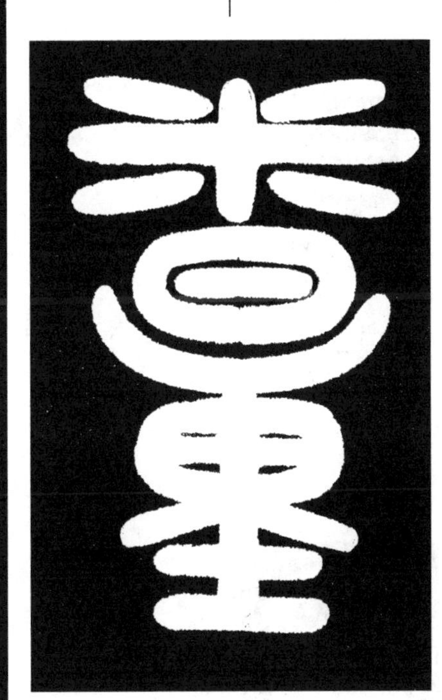

耰

yōu

篆 吴大澂

艮部

艮

gèn

篆 吴大澂

良

liáng

篆 吴睿

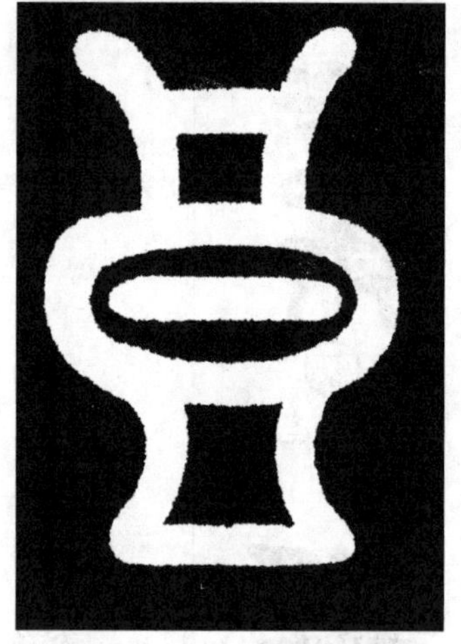

艱

(艰)

jiān

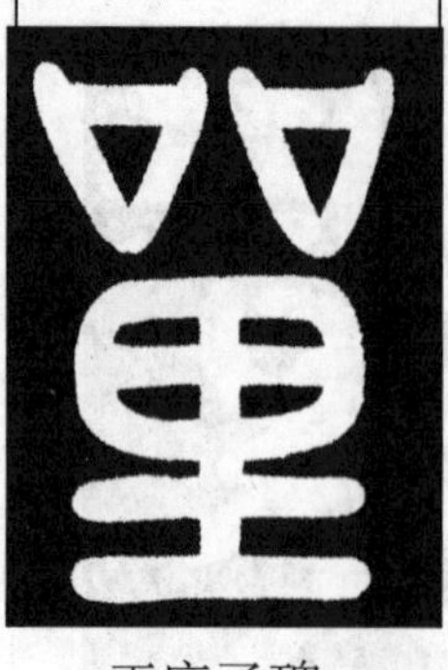

王庶子碑

篆 杨沂孙

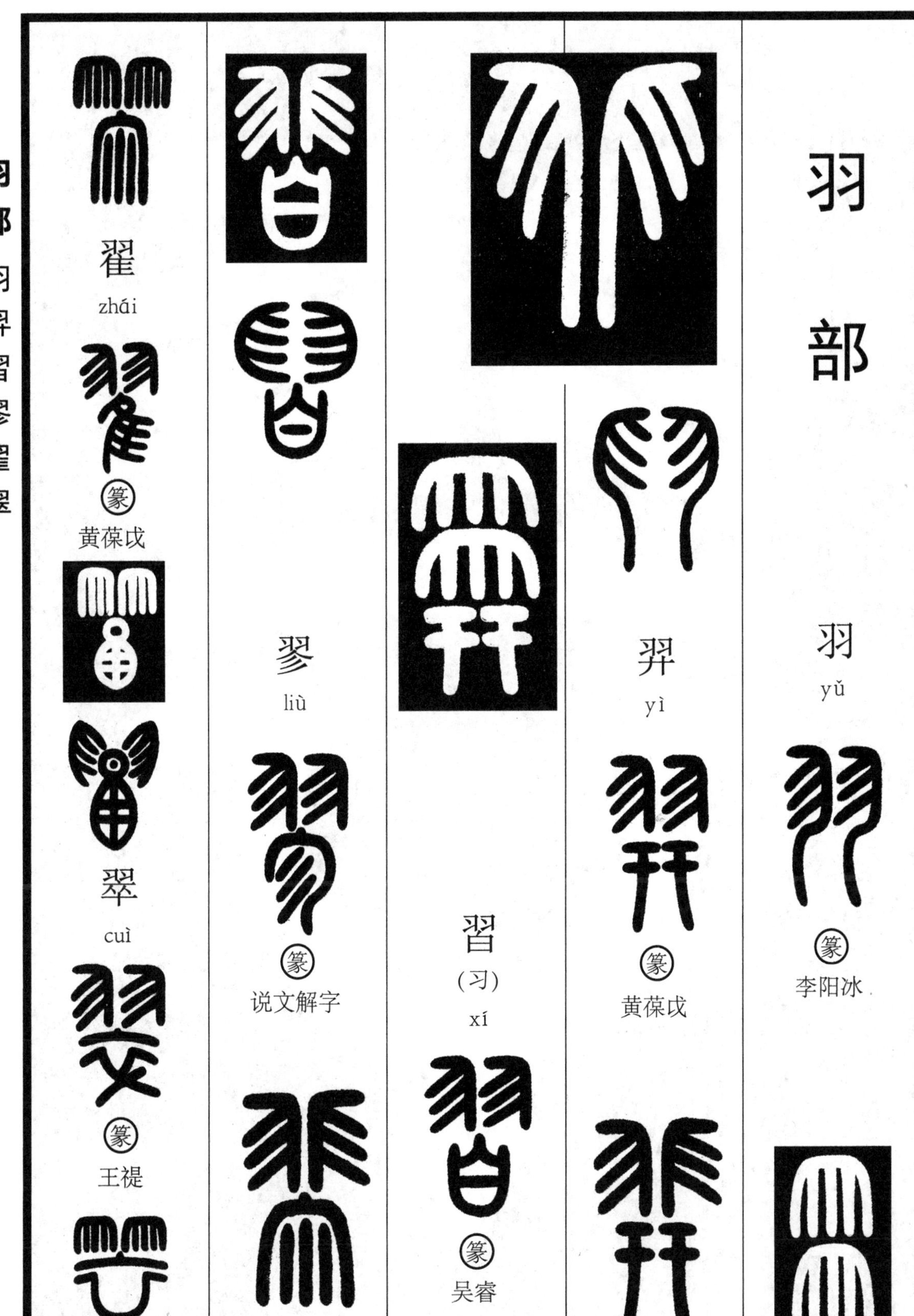
羽部
羽
yǔ
篆
李阳冰
羿
yì
篆
黄葆戉
習
(习)
xí
篆
吴睿
翏
liù
篆
说文解字
翟
zhái
篆
黄葆戉
翠
cuì
篆
王禔

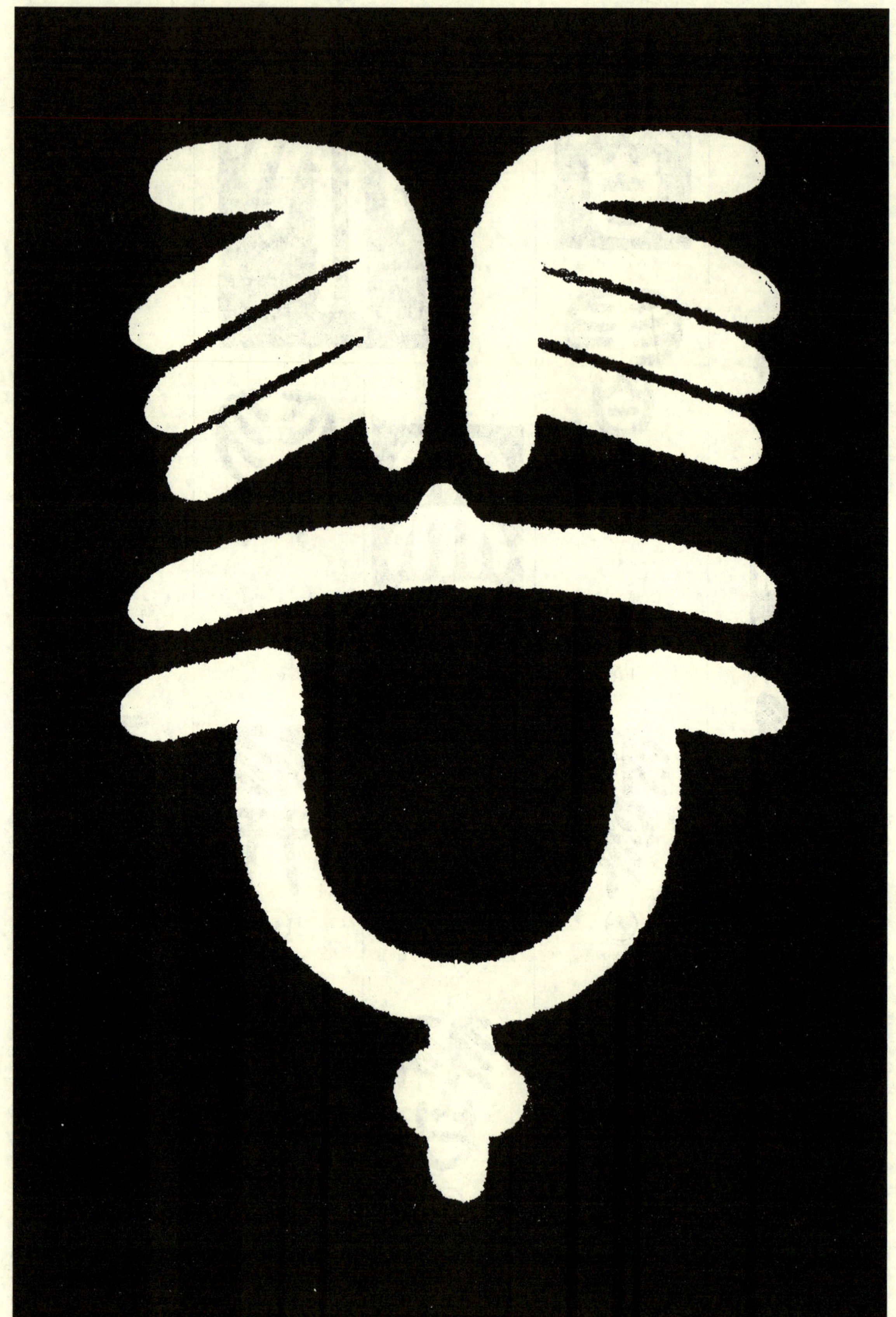

翚
(翬)
huī

篆
林皋

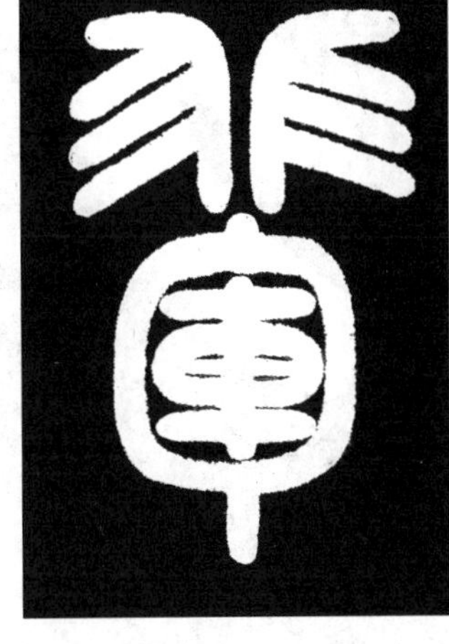

翩
piān

篆
徐三庚

翳
yì

赵孟頫

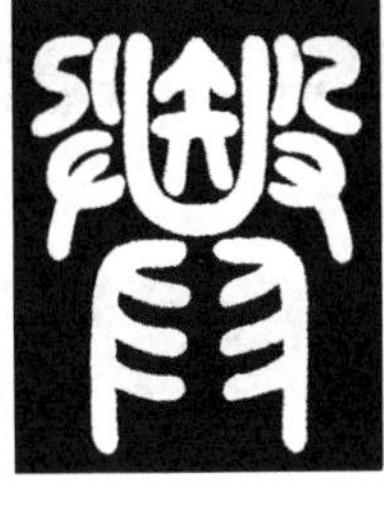

翼
yì

篆
吴让之

翦
(剪)
jiǎn

篆
说文解字

翘
(翹)
qiào

篆
说文解字

羽部
翿

翱

áo

翻

fān

篆 方去疾

糸部

糸

mì

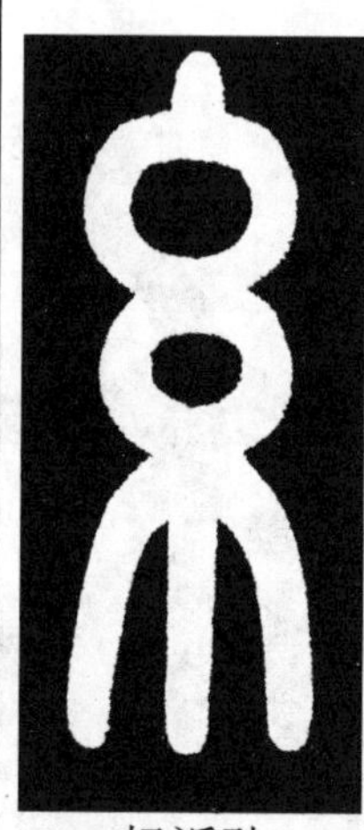

杨沂孙

系

xì

篆 吴大澂

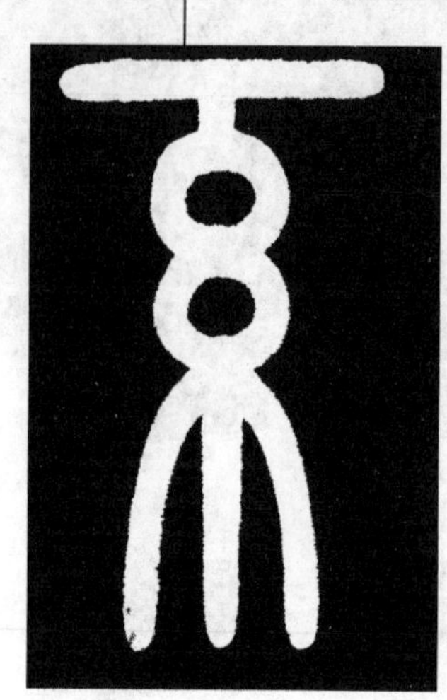

糾

(纠)

jiū

篆 仰嘉祥

紅

(红)

hóng

篆 吴大澂

紂

(纣)

zhòu

篆 吴大澂

纨
(纨)
wán

篆
李阳冰

約
(约)
yuē

篆
杨沂孙

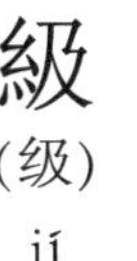

級
(级)
jí

篆
陈鸿寿

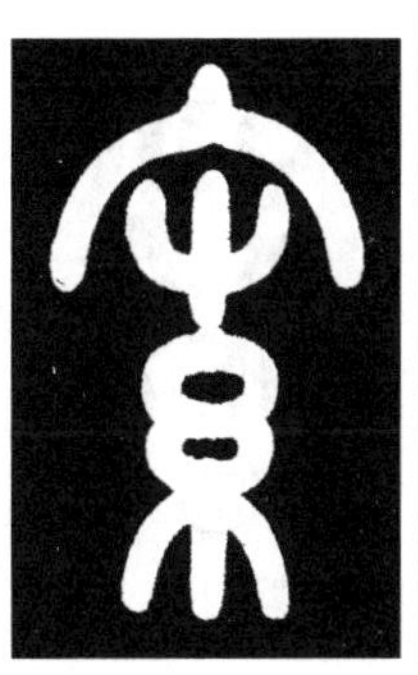

紀
(纪)
jì

篆
陶文

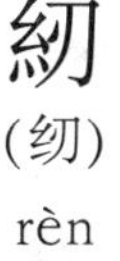

紉
(纫)
rèn

篆
吴睿

純
(纯)
chún

㊥篆 邓石如

紗
(纱)
shā

㊥篆 吴让之

納
(纳)
nà

㊥篆 吴大澂

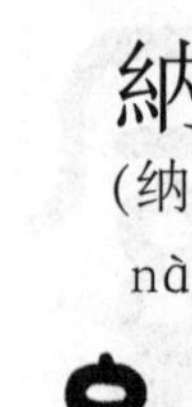

紛
(纷)
fēn

㊥篆 李阳冰

紝
(纴)
rèn

㊥篆 汪仁寿

紘
(纮)
hóng

㊥篆 碧落碑

紙
(纸)
zhǐ

㊥篆 王禔

紡
(纺)
fǎng

篆
赵孟頫

紐
(纽)
niǔ

篆
汉印

紺
(绀)
gàn

篆
吴大澂

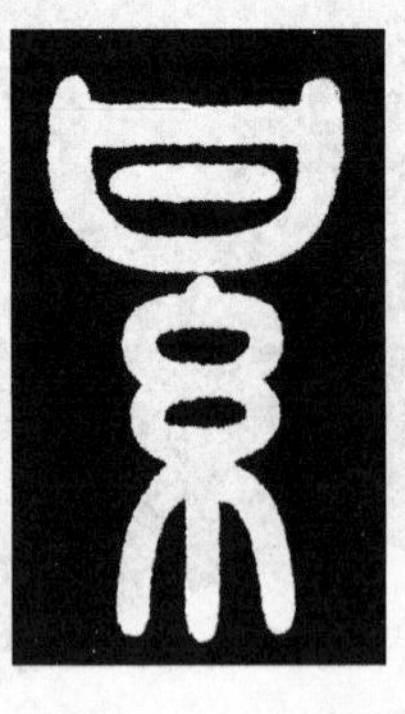

紲
(绁)
xiè

篆
吴大澂

組
(组)
zǔ

篆
赵孟頫

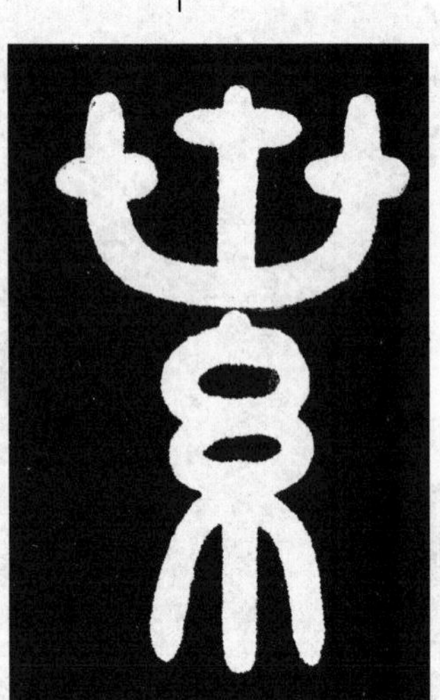

紳
(绅)
shēn
篆
吴让之

細
(细)
xì
篆
吴让之

終
(终)
zhōng
篆
邓石如

王禔

絆
(绊)
bàn
篆
吴大澂

紵
(纻)
zhù
篆
清人

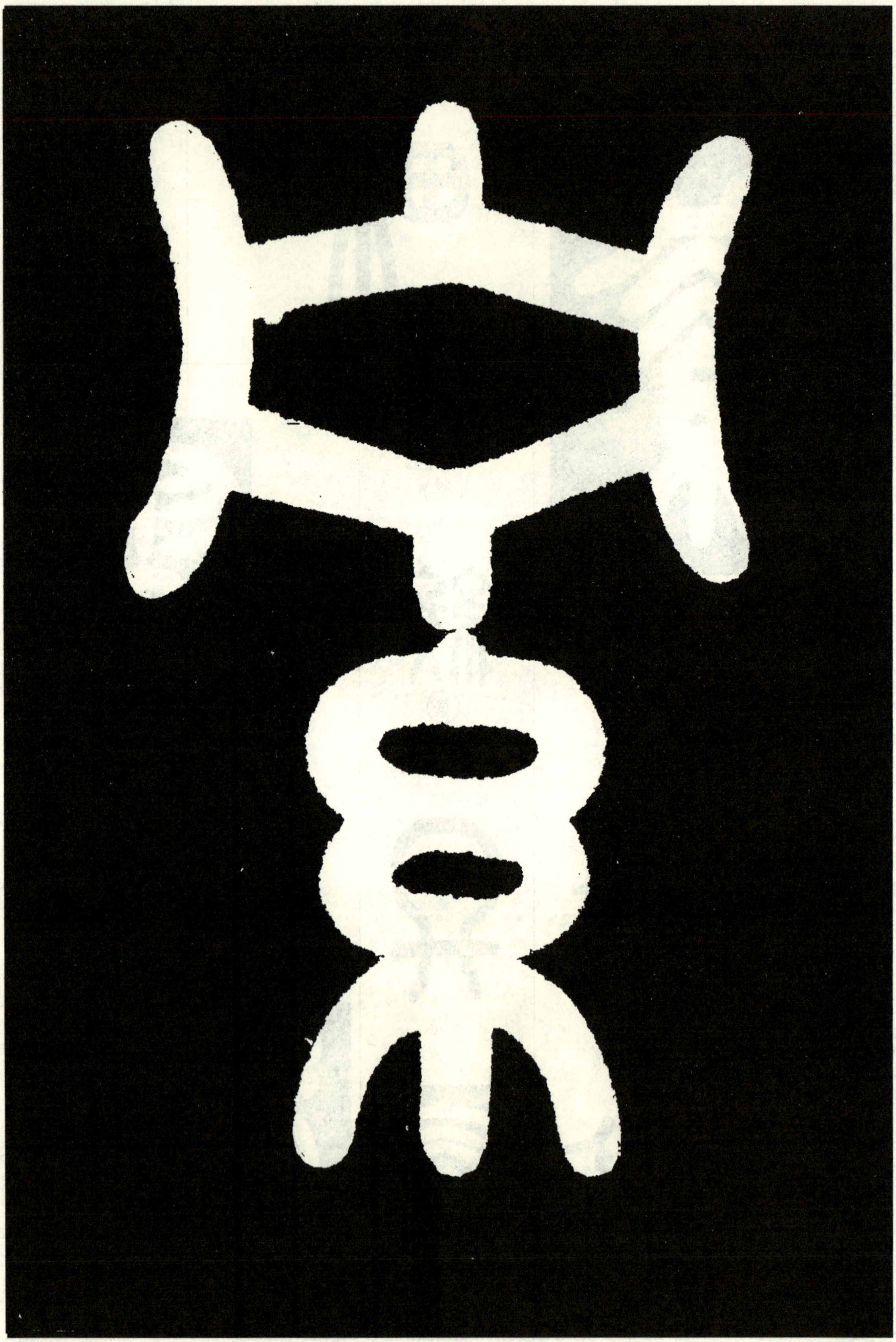

糸
部
紵

紹

(绍)

shào

篆

杨沂孙

絜

(洁)

xié

篆

吴大澂

結

(结)

jié

篆

邓石如

紫

zǐ

篆

王褆

絑

zhū

篆

赵时㭎

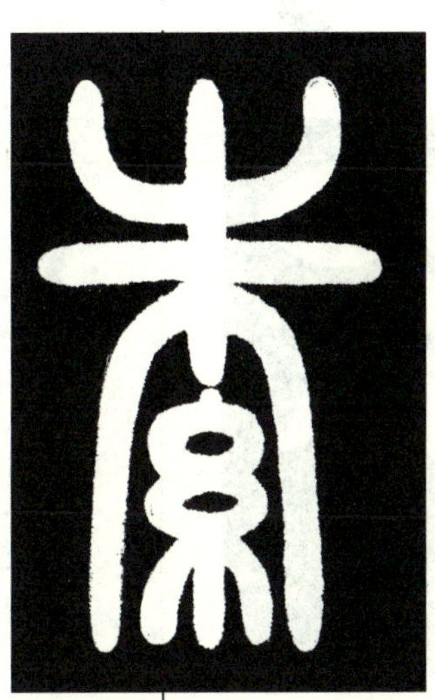

給

(给)

gěi

邓石如

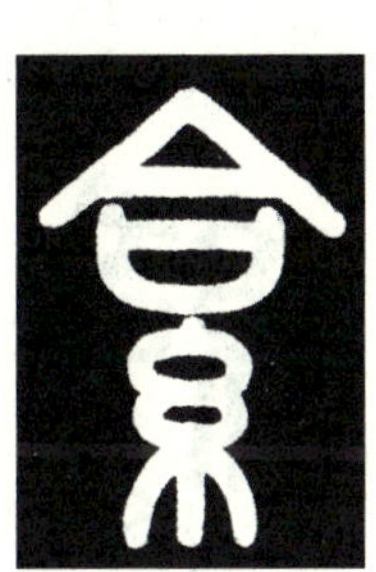

絢

(绚)

xuàn

篆

汪仁寿

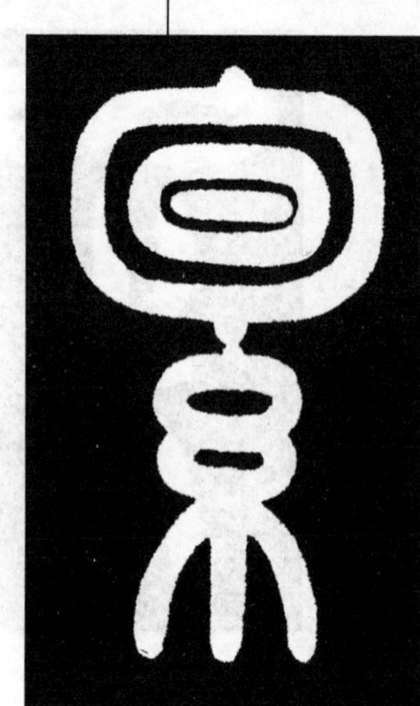

絳
(绛)
jiàng

篆

赵孟頫

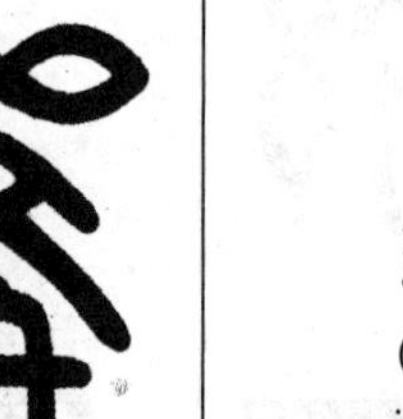

絡
(络)
luò

篆

方去疾

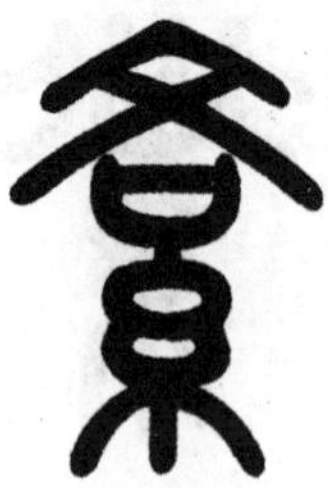

絕
(绝)
jué

篆

何绍基

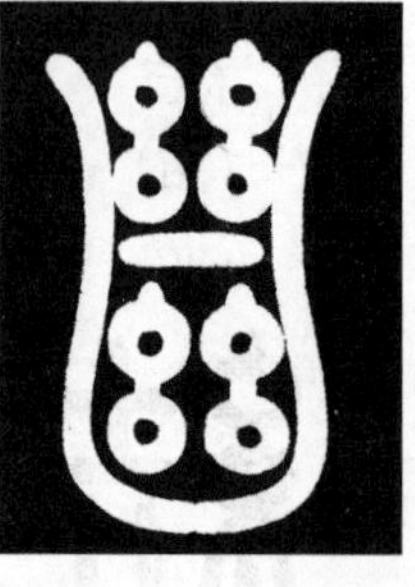

絞
(绞)
jiǎo

篆

吴大澂

統
(统)
tǒng

篆

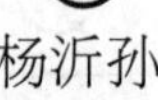

杨沂孙

絮
xù

篆

方去疾

絲

(丝)

sī

赵之谦

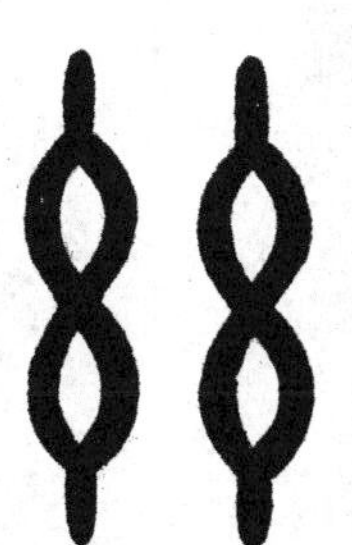

甲骨文

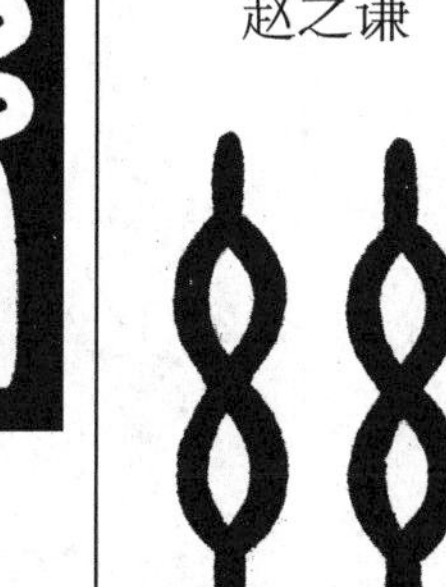

永瑆

絺

chī

篆

永瑆

經

(经)

jīng

篆

邓石如

綃

(绡)

xiāo

篆

方去疾

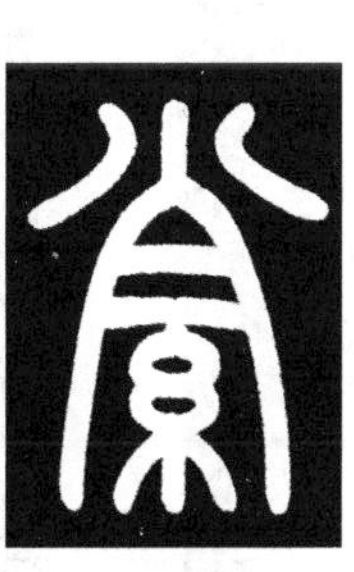

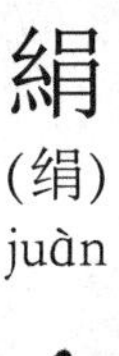

絹

(绢)

juàn

篆

方去疾

繡

(绣 綉)

xiù

篆

邓石如

綏
(绥)
suí

篆
永理

綈
(绨)
tí

篆
说文解字

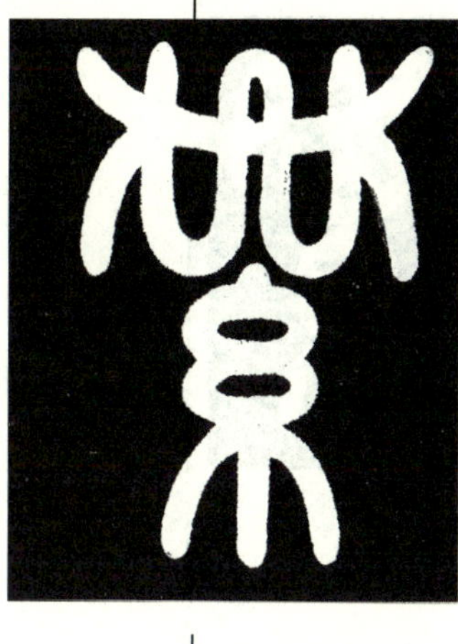

緒
(绪)
xù

篆
吴大澂

緊
(紧)
jǐn

吴昌硕
篆

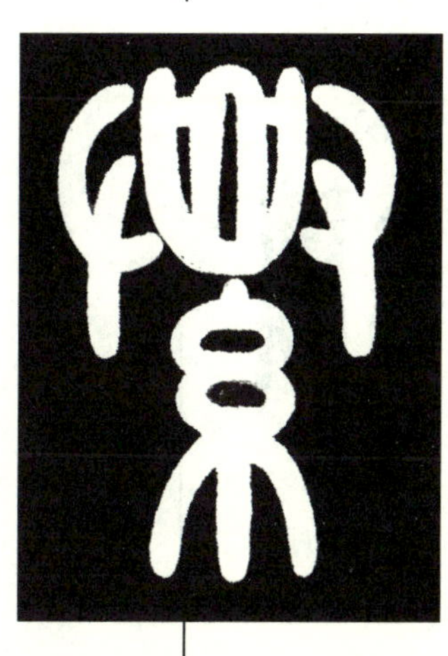

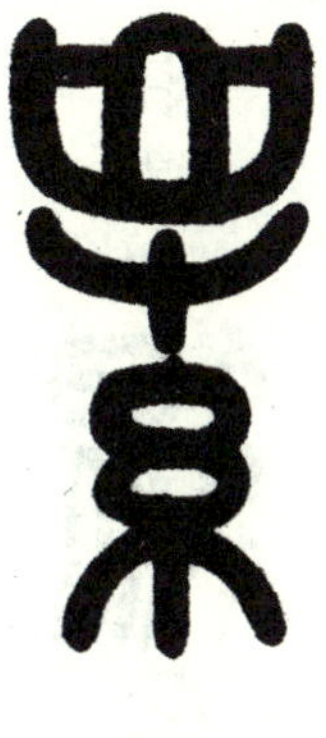

綺
(绮)
qǐ

篆
李椿林

綫
(线)
xiàn

篆
方去疾

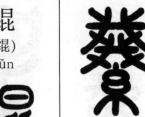

綽
(绰)
chuò

篆

吴大澂

緄
(绲)
gǔn

篆

吴昌硕

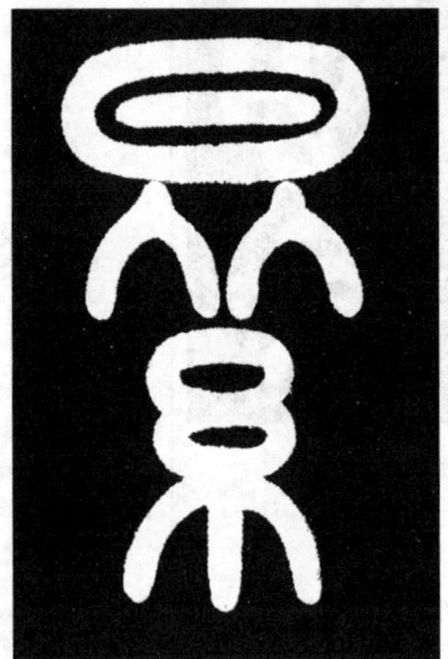

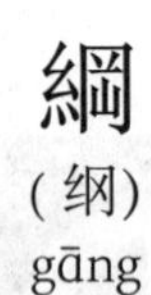

綱
(纲)
gāng

篆

汪仁寿

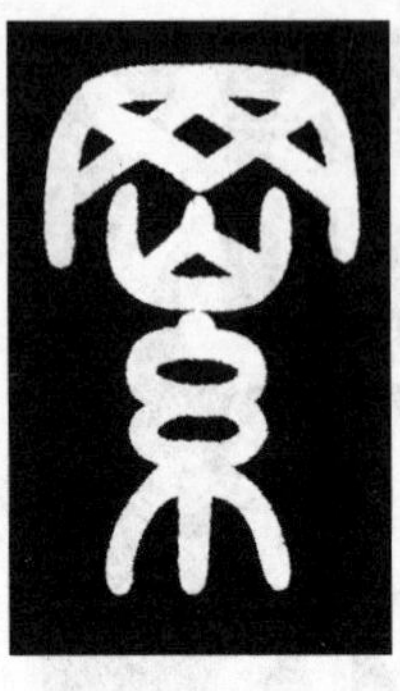

網
(网)
wǎng

篆

邓石如

梦英

維
(维)
wéi

篆

邓石如

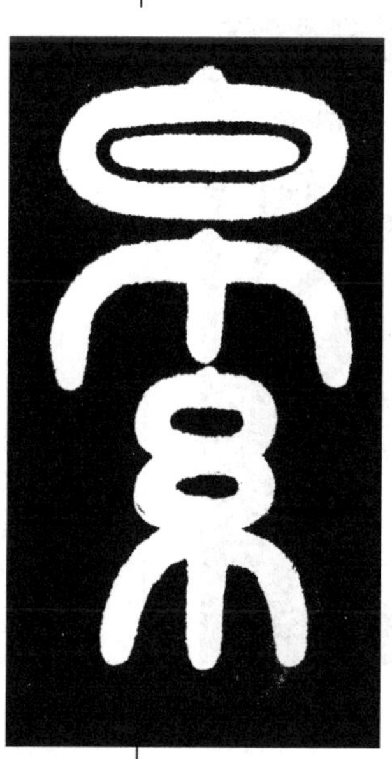

綿

（绵）

mián

篆

吴让之

綸

（纶）

lún

篆

吴让之

綵

（彩）

cǎi

篆

赵孟頫

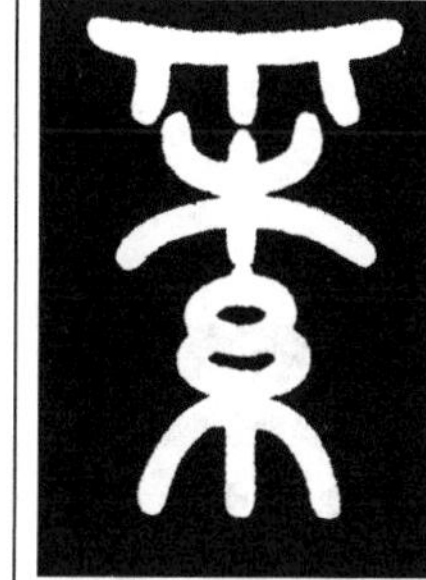

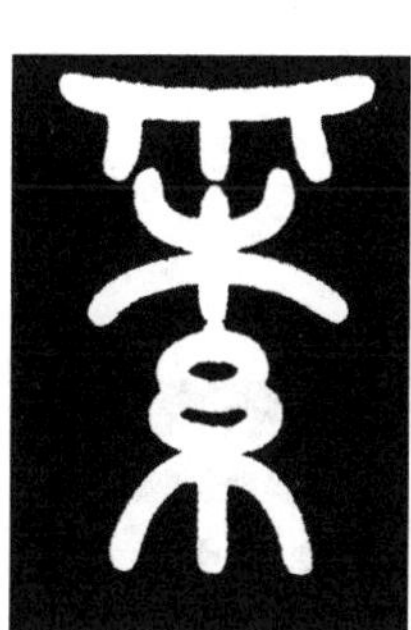

綬

（绶）

shòu

篆

汪仁寿

綢
(绸)
chóu

篆
方去疾

綜
(综)
zōng

篆
王禔

綰
(绾)
wǎn

篆
陶文

綠
(绿)
lù

篆
吴大澂

綴
(缀)
zhuì

篆
吴让之

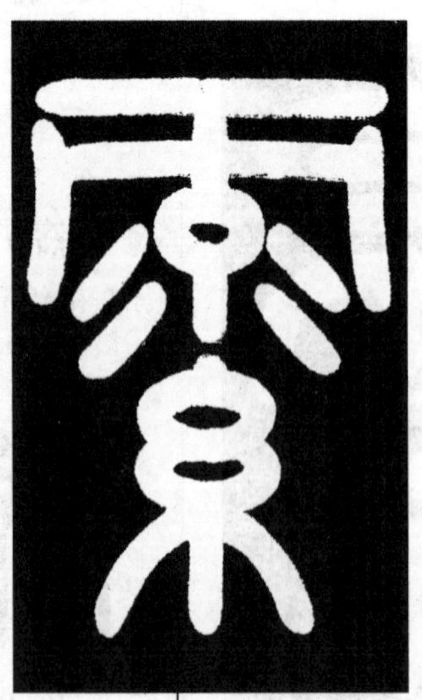

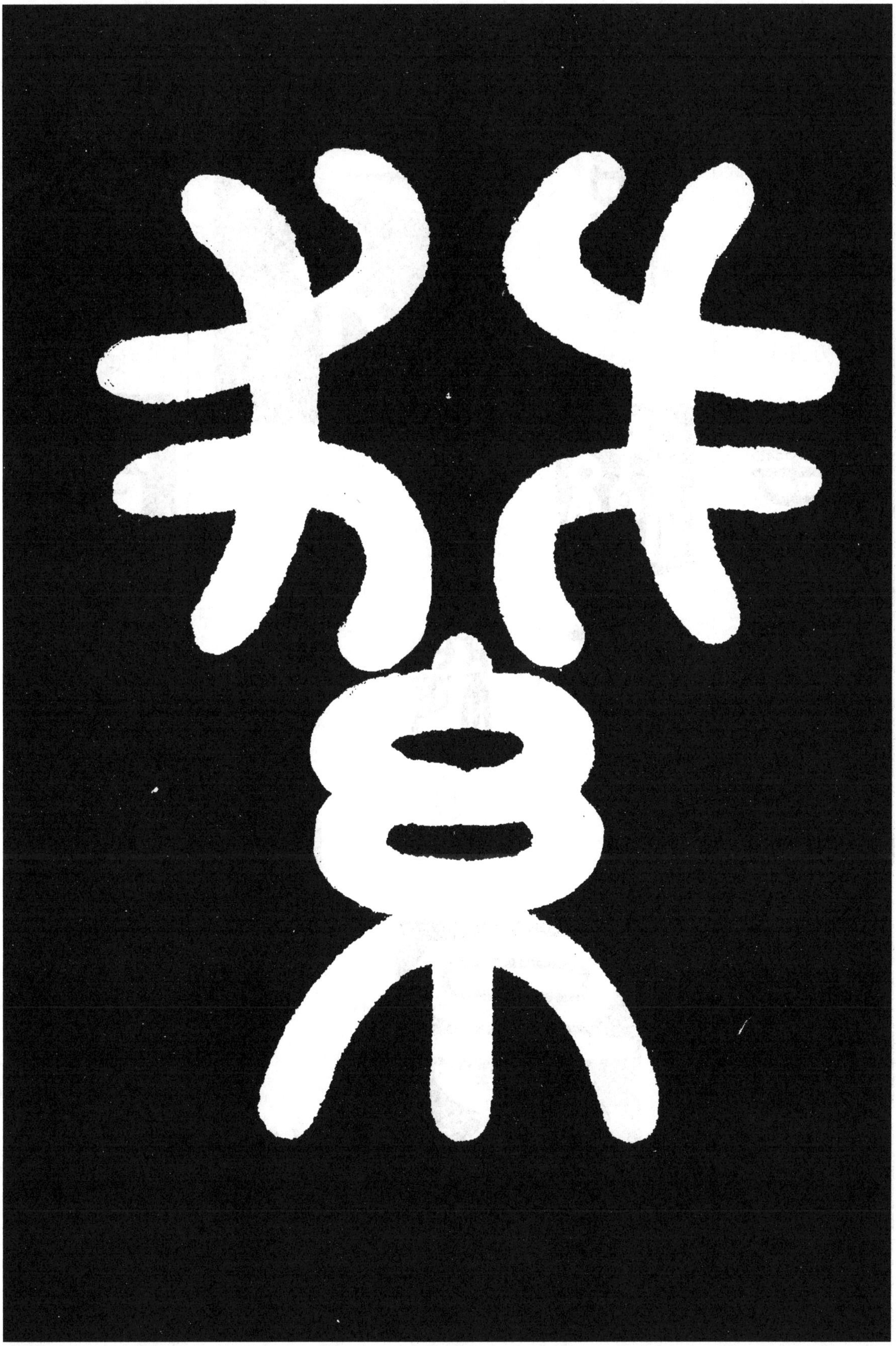

緇
(缁)
zī

篆 吴大澂

練
(练)
liàn

篆 方去疾

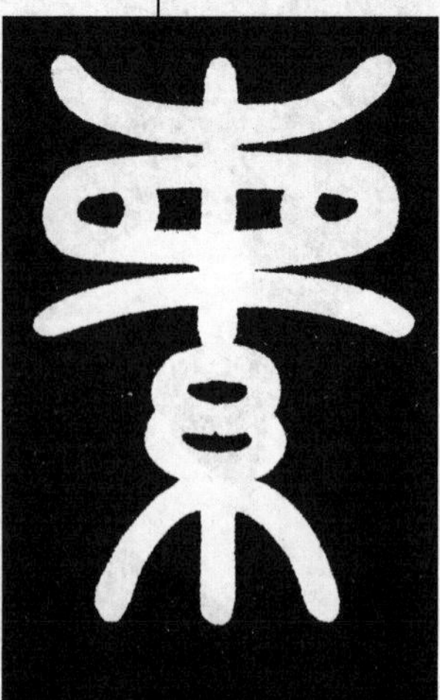

緘
(缄)
jiān

篆 吴大澂

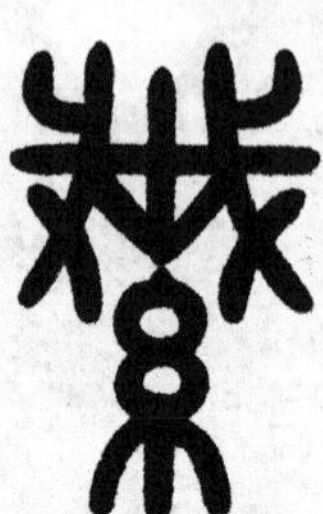

緹
(缇)
tí

篆 说文解字

緝
(缉)
jī

篆 方去疾

緩
(缓)
huǎn

篆 方去疾

締
(缔)
dì

篆 吴大澂

編
（编）
biān

篆
吴大澂

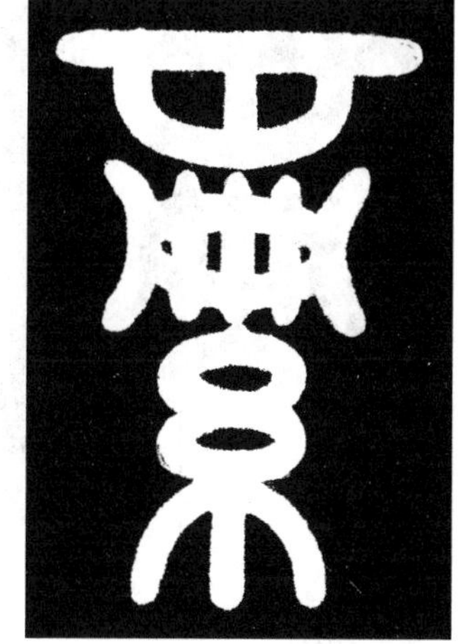

緬
（缅）
miǎn

篆
米芾

緯
（纬）
wěi

篆
吴让之

緡
（缗）
mín

篆
杨沂孙

緟
chóng

篆
赵宧光

緣
（缘）
yuán

篆
吴大澂

縉
(缙)
jìn

篆
杨沂孙

縛
(缚)
fù

篆
秦简

縞
(缟)
gǎo

篆
永瑆

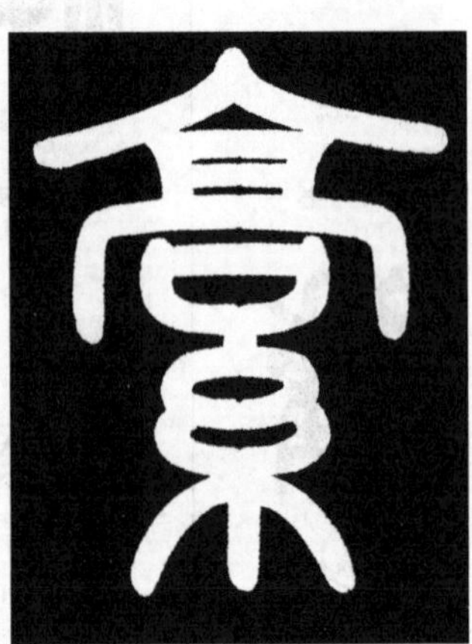

績
(绩)
jì

篆
赵孟頫

縹
(缥)
piāo

篆
吴让之

縷
(缕)
lǚ

篆
方去疾

縵

(缦)

màn

篆 方去疾

繁

fán

篆 钱坫

總

(总)

zǒng

篆 徐秉义

篆 邓石如

縱

(纵)

zòng

篆 邓石如

縮

(缩)

suō

篆 说文解字

繆
(缪)
miù

篆
吴大澂

繞
(绕)
rào

篆
方去疾

繚
(缭)
liáo

篆
吴大澂

織
(织)
zhī

篆
方去疾

繕
(缮)
shàn

篆
方去疾

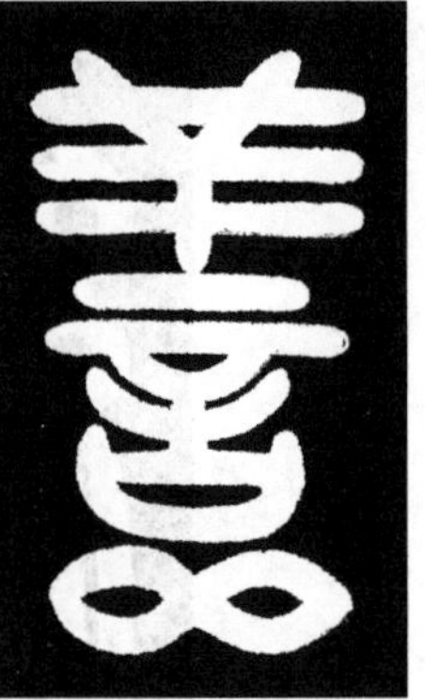

繒
(缯)
zēng

篆
汉简

繫
(系)
jì

篆
吴大澂

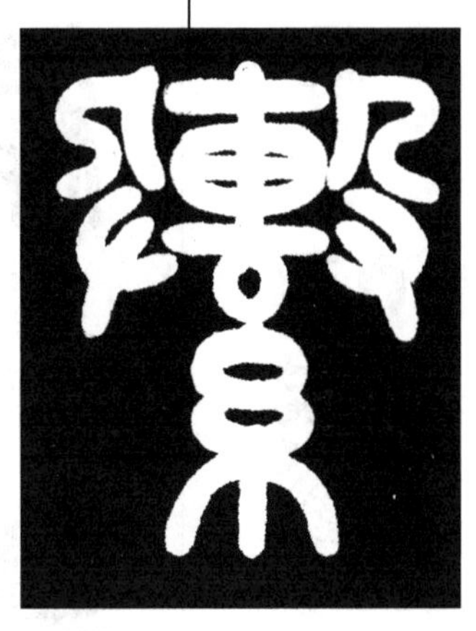

繮
(缰)
jiāng

篆
古玺

繩
(绳)
shéng

篆
吴大澂

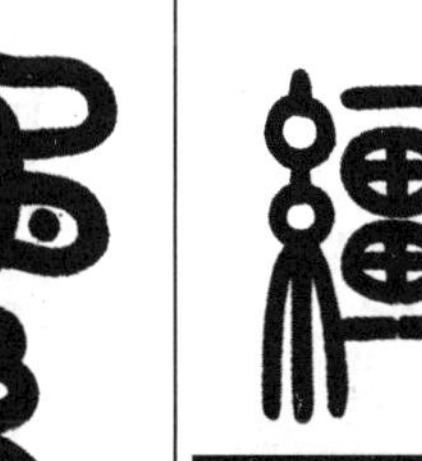

繹
(绎)
yì

篆
赵之谦

繯
(缳)
huán

篆
清人

繪
(绘)
huì

篆
吴大澂

繴
bì

篆
说文解字

纊
(纩)
kuàng

篆
永瑆

繼

（继）

jì

篆

邓石如

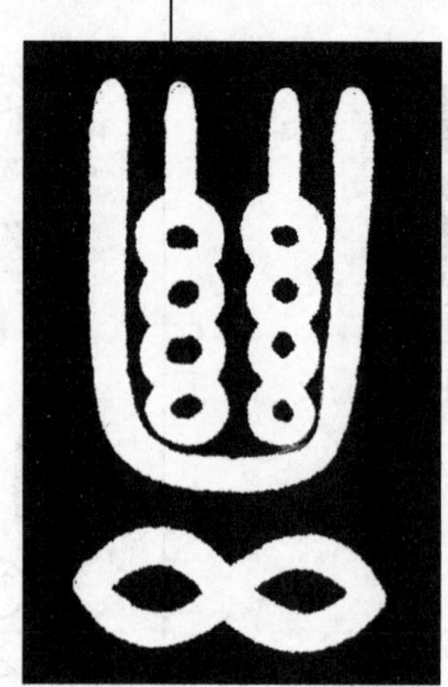

續

（续）

xù

篆

李阳冰

纓

（缨）

yīng

篆

赵孟頫

纖

（纤）

xiān

篆

永瑆

纔

（才）

cǎi

篆

孙星衍

纘

（缵）

zuǎn

篆

赵时㭎

辰部

辰

chén

篆

秦简

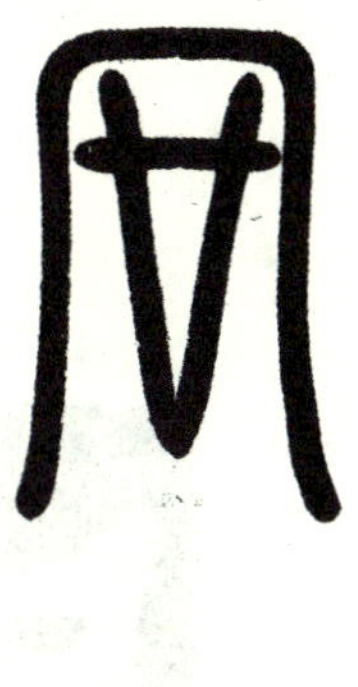

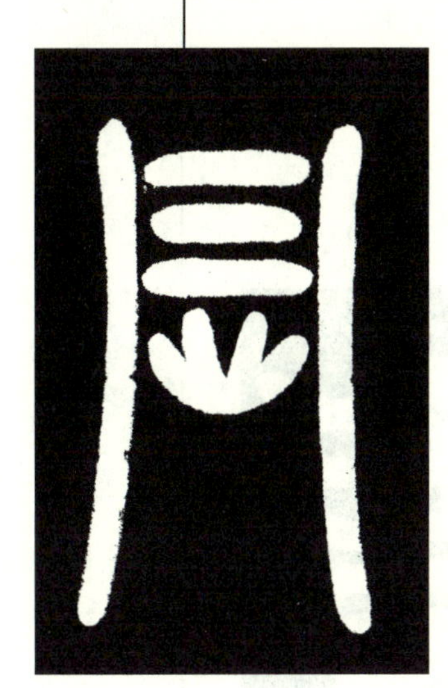

辱

rǔ

篆

方去疾

唇

（脣）

chún

篆

说文解字

農

（农）

nóng

篆

黄葆戉

走部

走

zǒu

篆

黄士陵

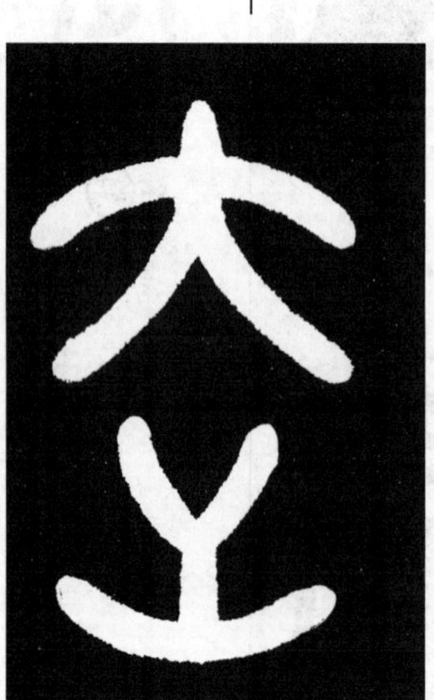

起

qǐ

篆

邓石如

赴

fù

㊧篆 吴让之

越

yuè

篆 吴大澂

超

chāo

篆 田潜

趙

(赵)

zhào

篆 李阳冰

趍
(趋)
qū

㊫
吴昌硕

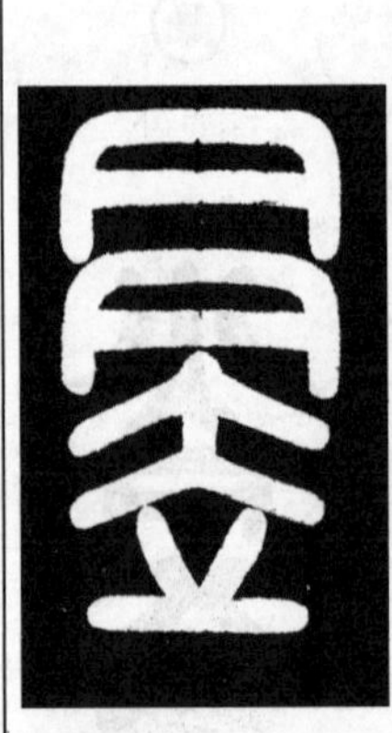

趣
qù

㊫
方去疾

趞
(踖)
jí

㊫
说文解字

趛
yǐn

㊫
师趛鼎

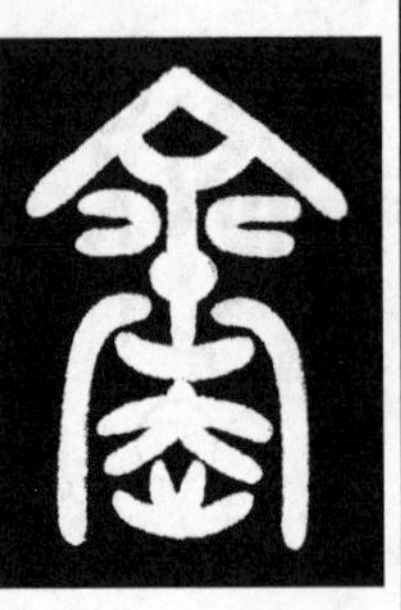

趠
chuō

㊫
金文

趡
cuǐ

㊫
说文解字

趨
qū

㊫
杨沂孙

趨

趩

chì

篆

吴昌硕

趫

qiáo

篆

说文解字

赤部

赤

chì

篆

吴让之

邓石如

郝

hǎo

黄葆戉

赫

hè

吴大澂

安国

赦

shè

篆

吴大澂

赮

xiá

吴昌硕

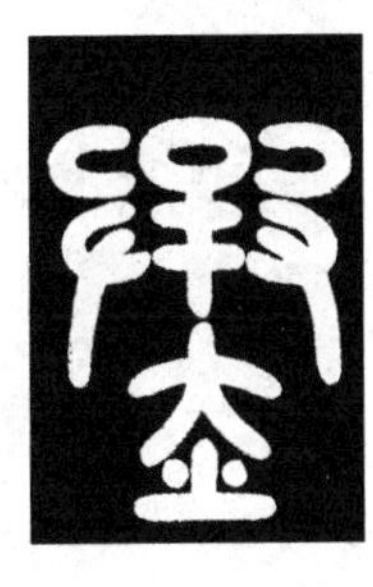

車部

車

(车)

chē

金文

陶文

車部 車

甲骨文

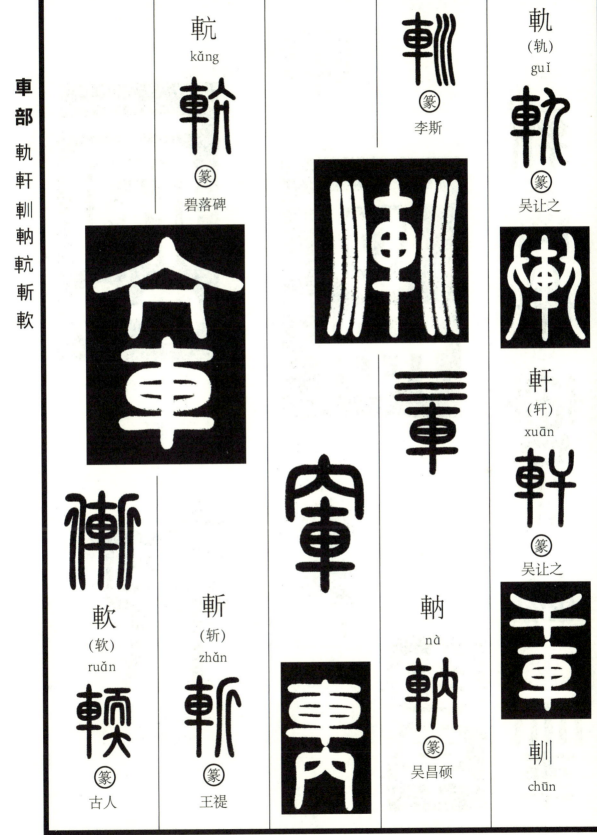

軌
(轨)
guǐ

篆
吴让之

軒
(轩)
xuān

篆
吴让之

軘
chūn

篆
李斯

軜
nà

篆
吴昌硕

軡
kǎng

篆
碧落碑

斬
(斩)
zhǎn

篆
王禔

軟
(软)
ruǎn

篆
古人

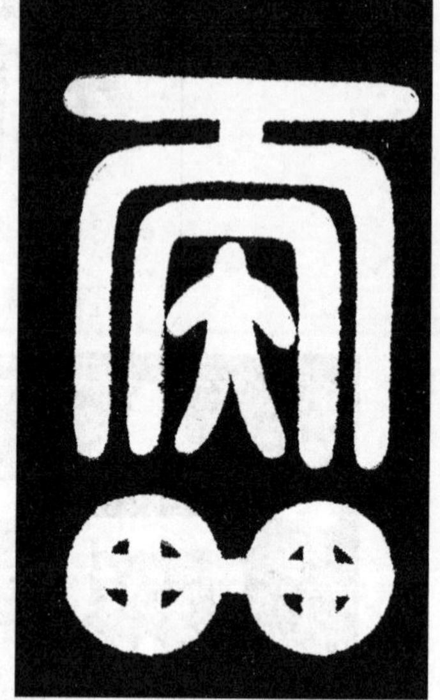

軻
(轲)
kē

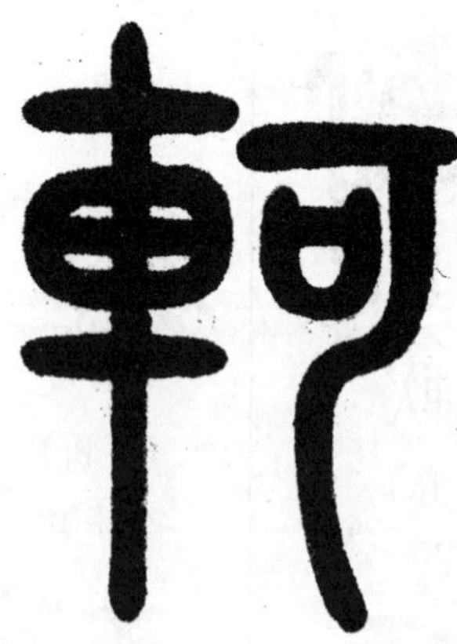

篆
李阳冰

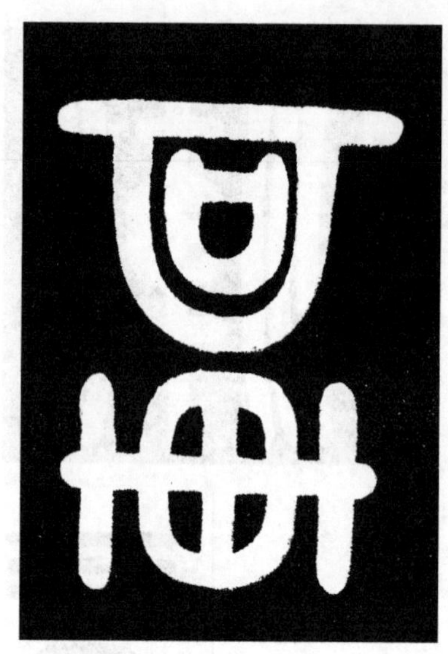

軸
(轴)
zhóu

篆
方去疾

軹
(轵)
zhǐ

篆
说文解字

篆

軫
(轸)
zhěn

篆
王禔

軨
líng

篆
汉简

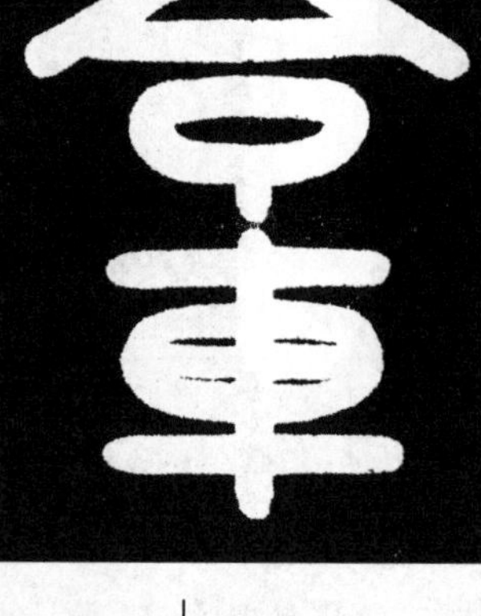

軾
(轼)
shì

篆
方去疾

較
(较)
jiào

篆
吴大澂

輅
(辂)
lù

篆
吴大澂

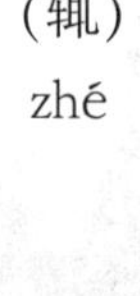

輒
(辄)
zhé

篆
章友直

輔

(辅)

fǔ

篆

吴大澂

輕

(轻)

qīng

篆

邓石如

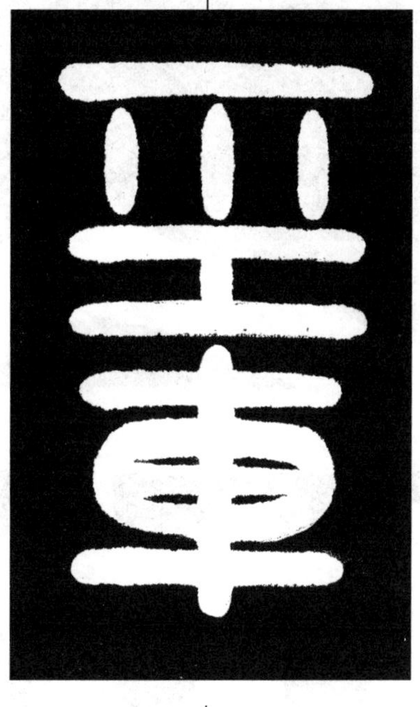

輦

(辇)

niǎn

吴睿

輗

ní

篆

吴大澂

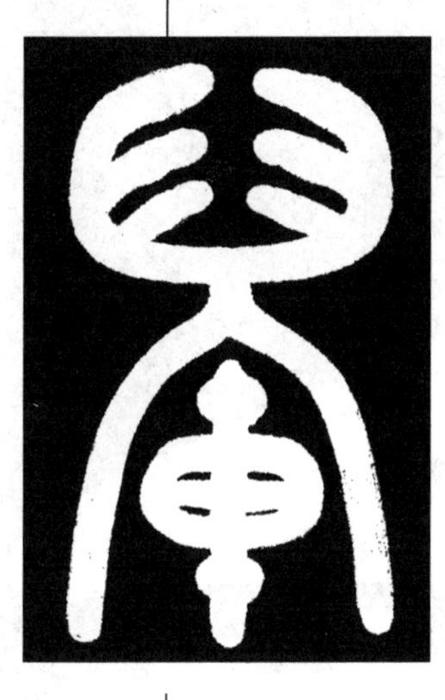

輪

(轮)

lún

篆

杨沂孙

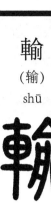

輯

(辑)

jí

篆

林时九

輸

(输)

shū

篆

汉简

輟

(辍)

chuò

篆

吴大澂

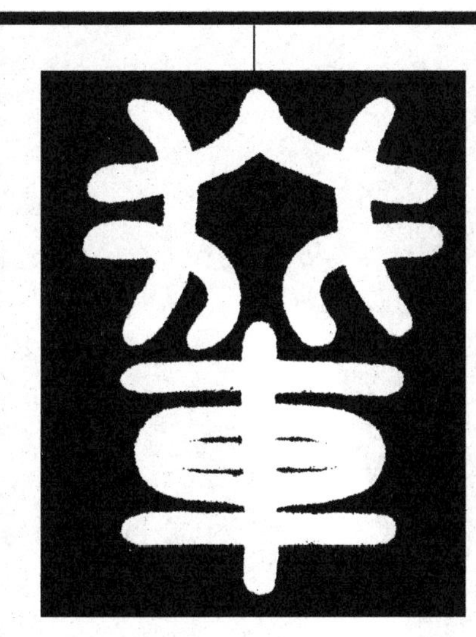

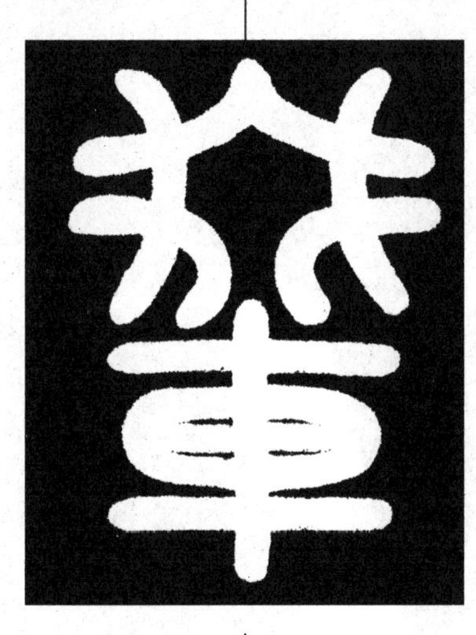

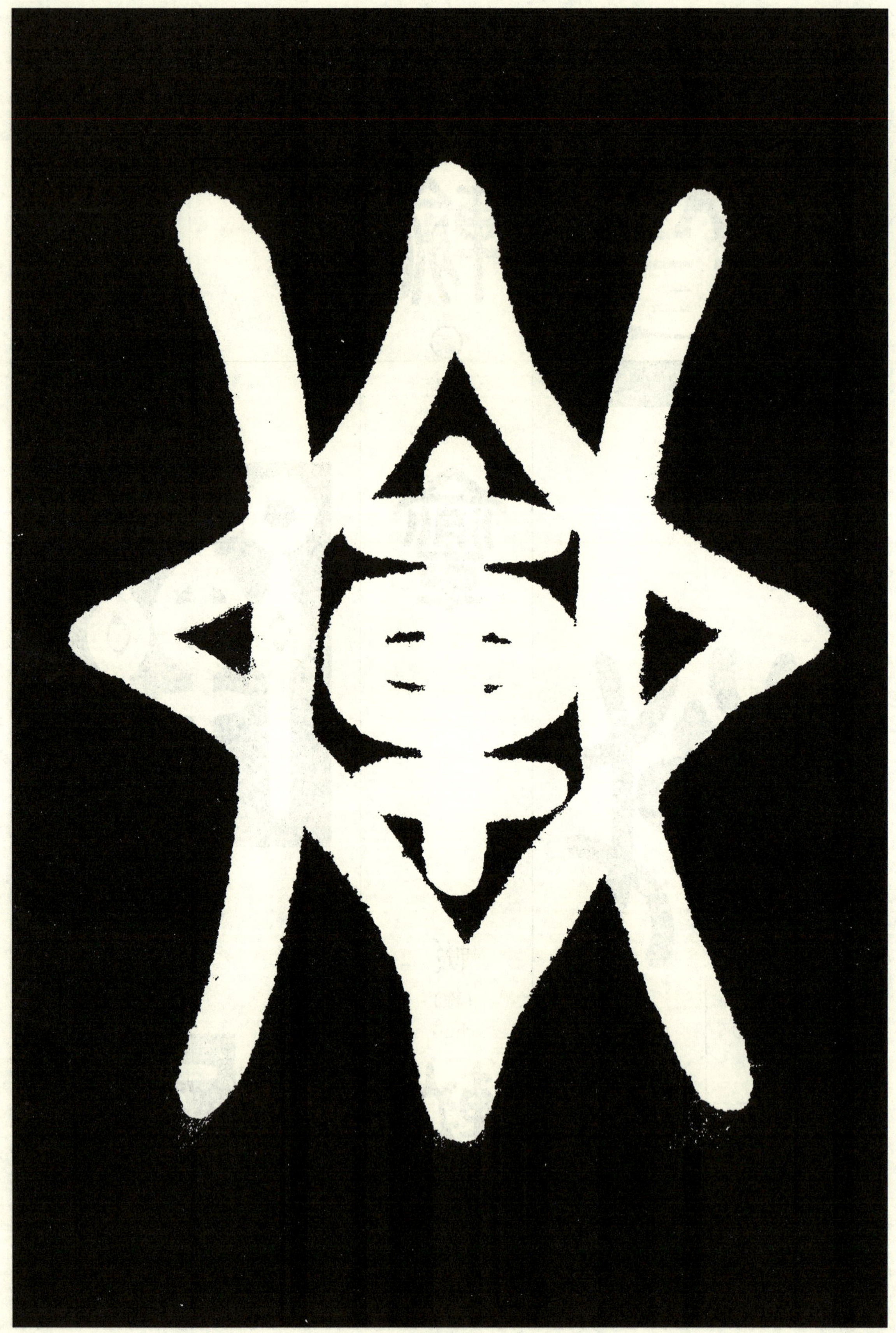

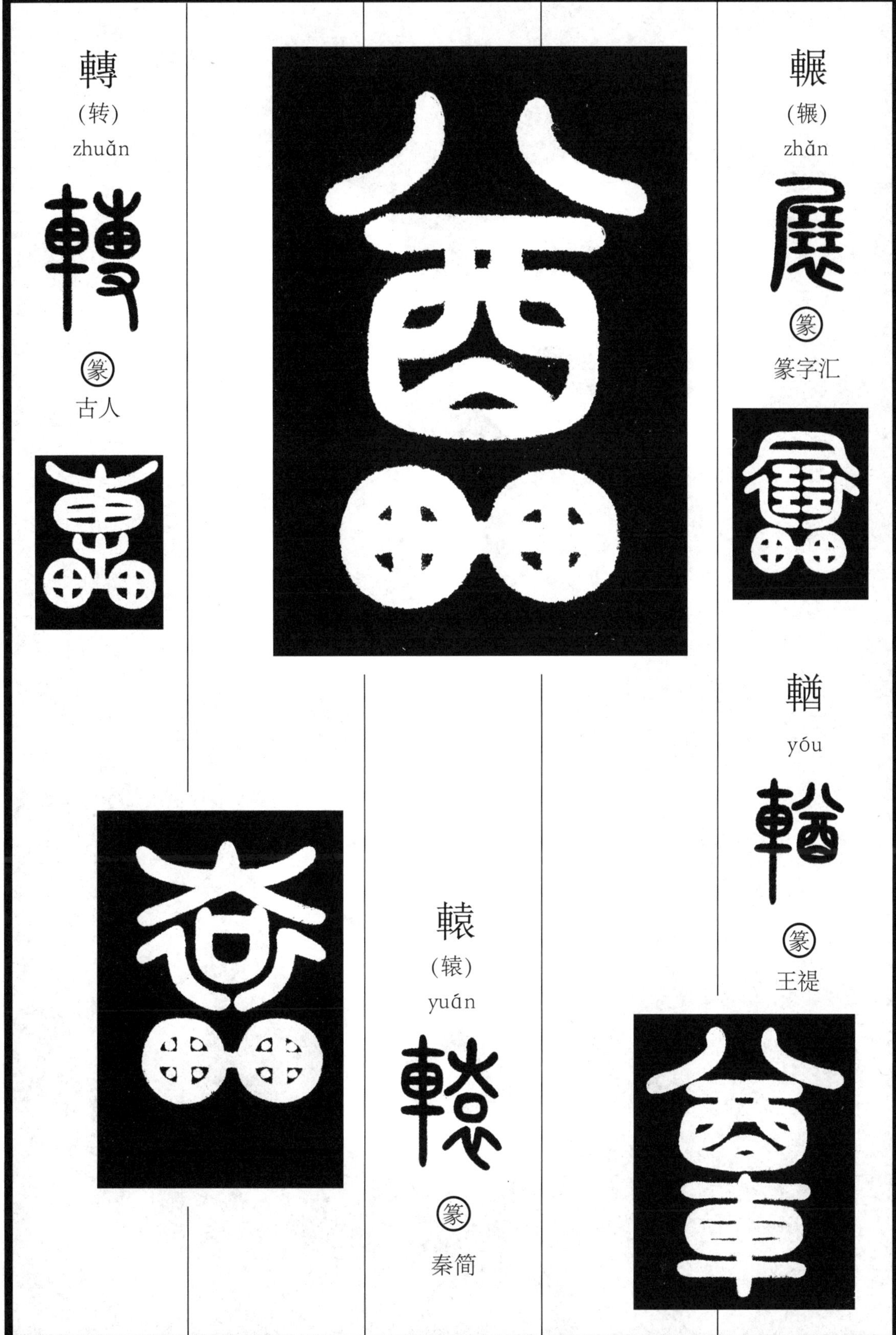

輾
(辗)
zhǎn
篆
篆字汇

輶
yóu
篆
王禔

轅
(辕)
yuán
篆
秦简

轉
(转)
zhuǎn
篆
古人

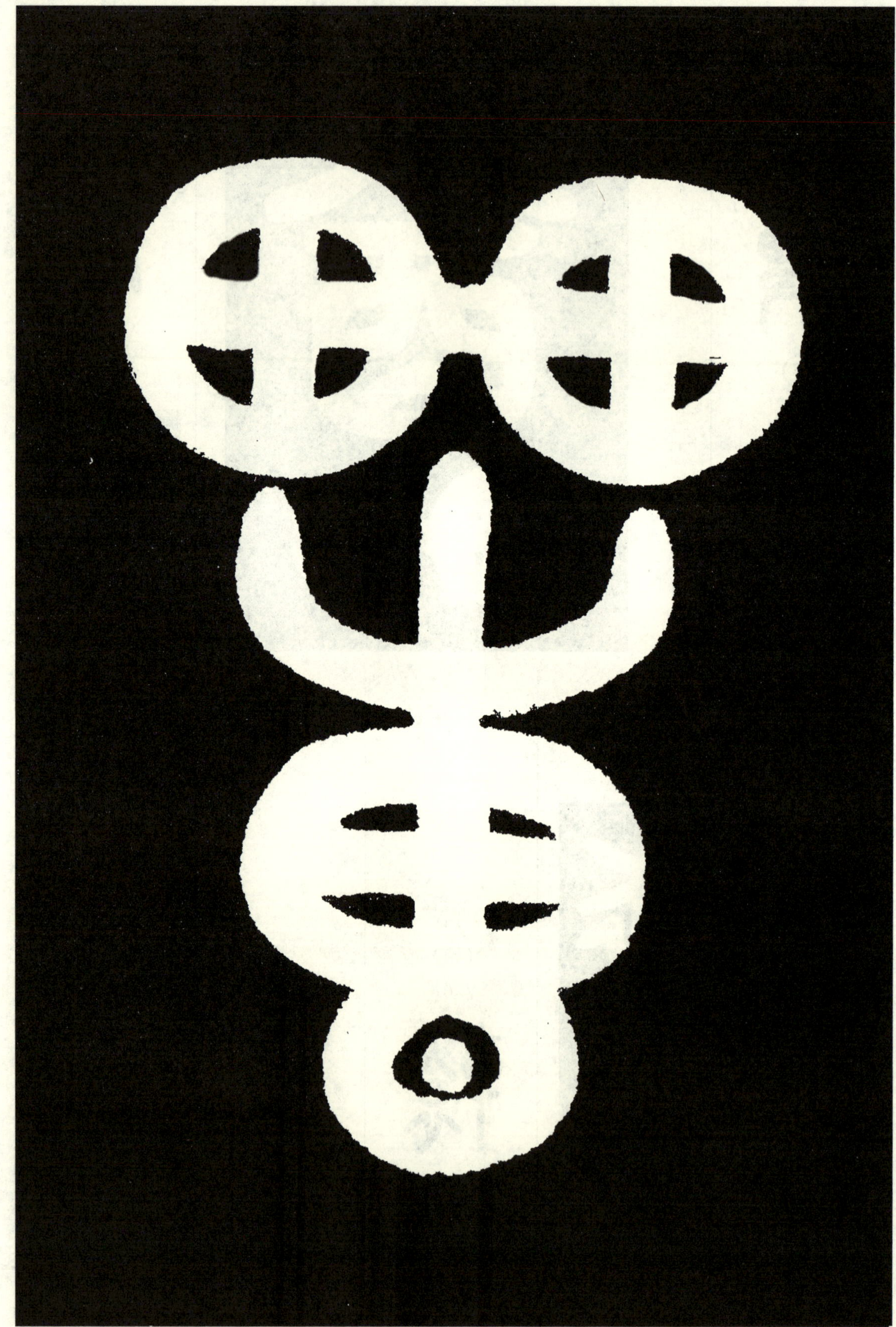

轍
(辙)
zhé

篆
黄士陵

輀
ér

篆
李阳冰

轡
(辔)
pèi

吴大澂

束部

束
shù

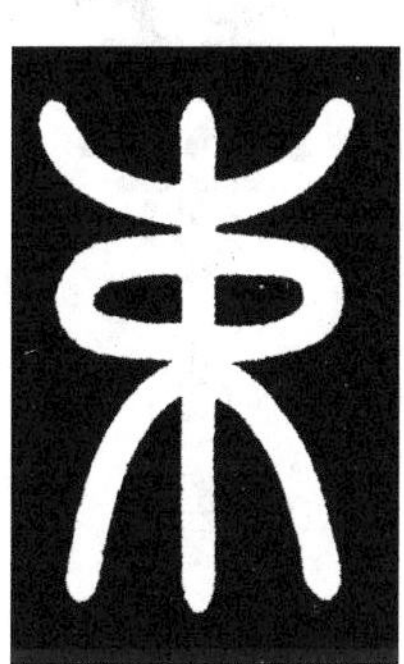

吴大澂

剌
lá

篆
金文

敕
chì

篆
李阳冰

欶

shuò

篆

王禔

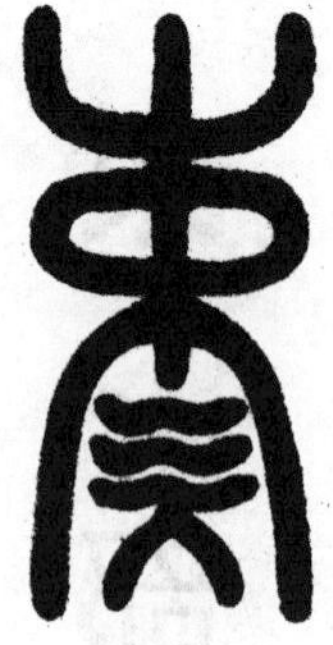

整

zhěng

篆

方去疾

賴

(赖)

lài

篆

李阳冰

豆部

豆

dòu

杨沂孙

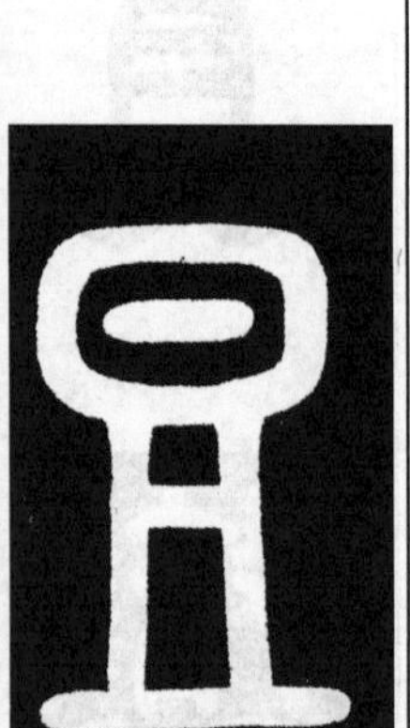

吴大澂

豎
(竖)
shù

篆
方去疾

豊
lǐ

梦英

頭
(头)
tóu

篆
杨沂孙

豐
(丰)
fēng

吴大澂

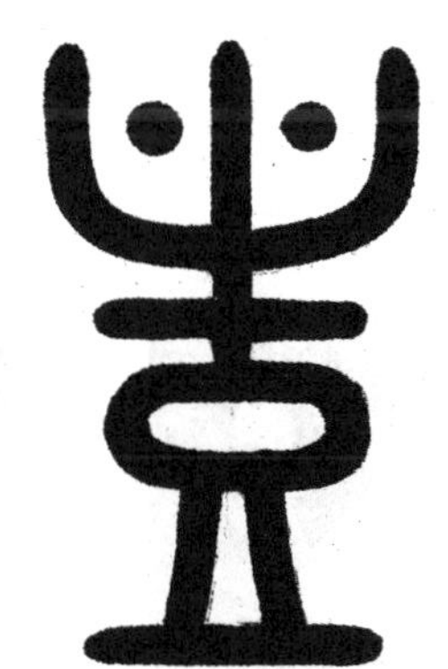

田潜

酉部

酉
yǒu

杨沂孙

金文

酉部 酌配酗酖酤酣

仲夏敦

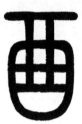

酌
zhuó
篆
邓石如

配
pèi

篆
王澍

酗
xù

篆
三体石经

酖
dān

篆
飞鸿堂

酤
gū

篆
王禔

酣
hān

篆
吴让之

酢
cù
篆
金文
酩
mǐng
篆
黄士陵
酬
chóu
篆
说文解字
酷
kù
篆
方去疾

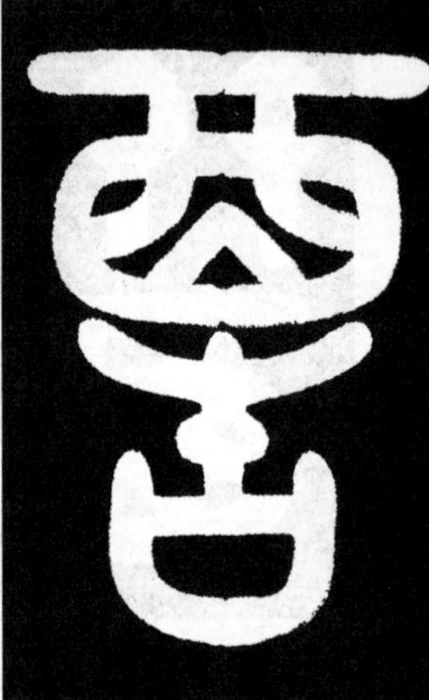

酹

lèi

邓散木

酸

suān

王禔

醋

cù

仰嘉祥

醉

zuì

篆

吴大澂

醒
xǐng
篆
方去疾

酉部 醒 醜 醧 醫 醬 醪

醜
(丑)
chǒu
篆
邓石如

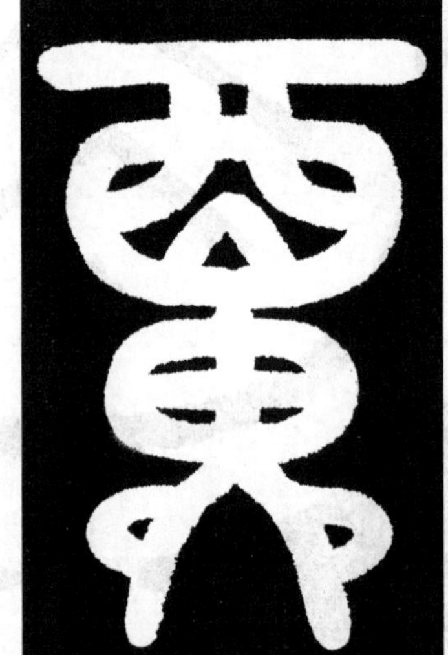

醧
yù
篆
徐真木

醫
(医)
yī
篆
吴大澂

醬
(酱)
jiàng
篆
邓石如

醪
láo

吴昌硕

醯
xī

篆
吴大澂

醵
jù

吴大澂

lǐ

赵之谦

醺
xūn

邓石如

釀
(酿)
niàng

吴大澂

釃
(酾)
shī

篆
杨沂孙

豕部

豕
shǐ

篆 吴大澂

豬
(猪)
zhū

篆 永瑆

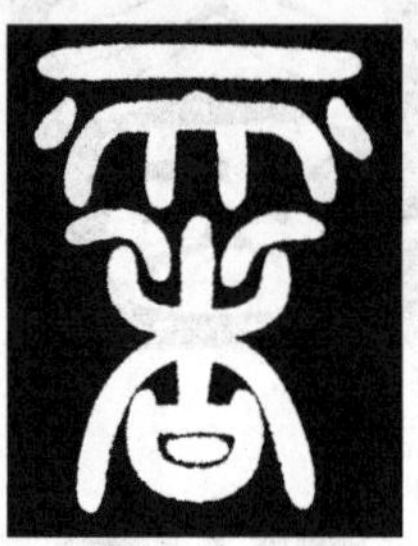

豨
xī

篆 说文解字

豭
jiā

篆 李斯

長部

長
(长)
cháng

篆 杨沂孙

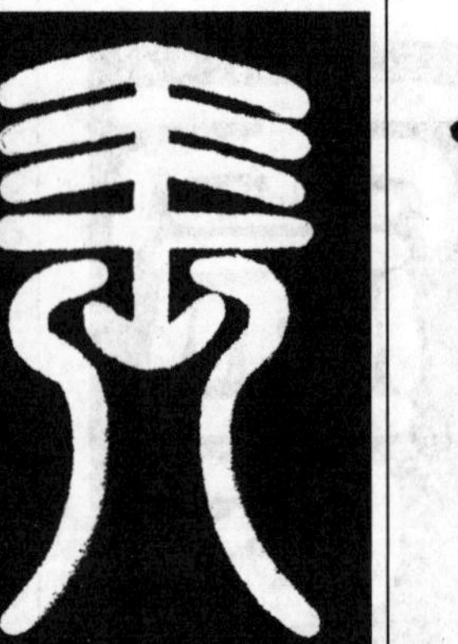

肆
sì

篆 吴让之

貝部

貝
(贝)
bèi

吴昌硕

金文

則
(则)
zé

篆 吴大澂

財
(财)
cái

篆 吴昌硕

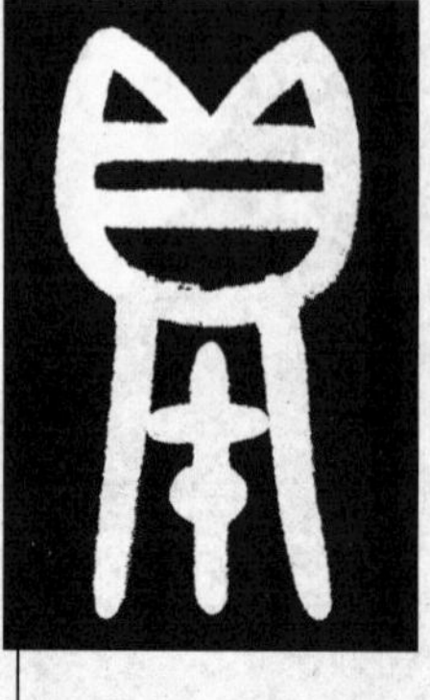

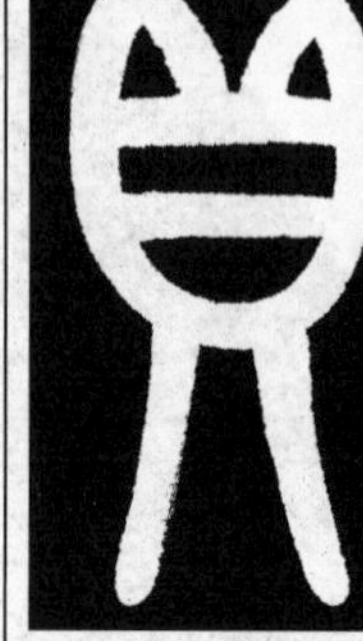

貽
yì

㊫ 李阳冰

敗
(败)
bài

㊫ 方去疾

貨
(货)
huò

㊫ 杨沂孙

販
(贩)
fàn

㊫ 清人

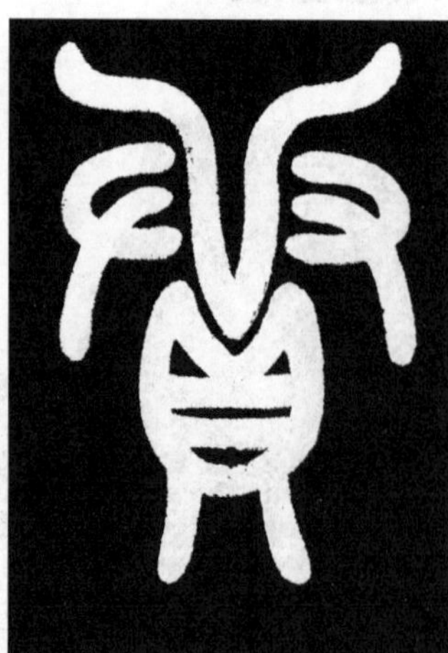

貫
(贯)
guàn

杨沂孙

貺
(贶)
kuàng

㊫ 说文解字

貿
(贸)
mào

吴大澂

貯

(贮)

zhù

篆 金文

費

(费)

fèi

篆 黄葆戉

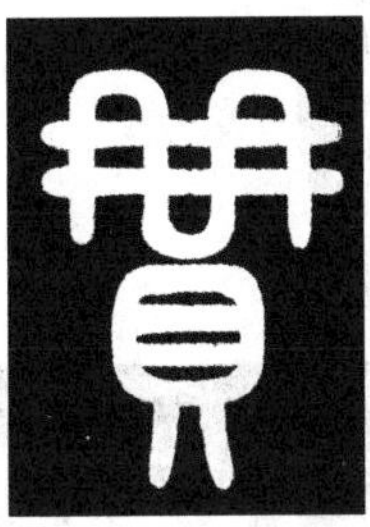

貸

(贷)

dài

篆 吴大澂

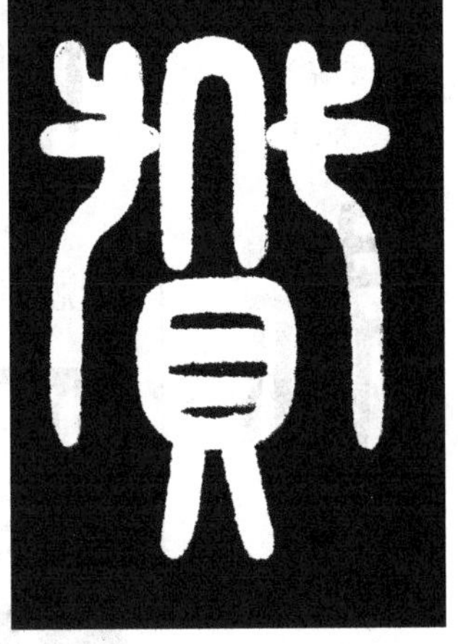

賀

(贺)

hè

篆 王澍

貽

(贻)

yí

篆 赵孟頫

賊

(贼)

zéi

篆 李阳冰

貲
(赀)
zī

篆
王禔

賃
(赁)
lìn

篆
说文解字

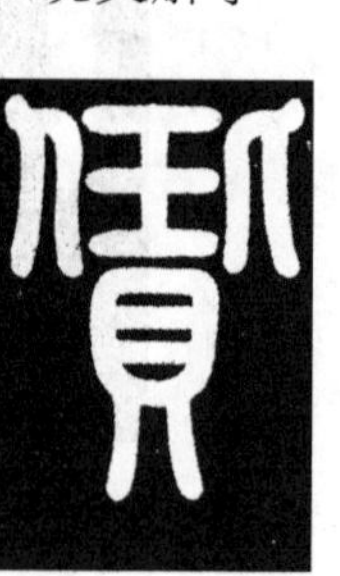

資
(资)
zī

篆
赵孟頫

賒
(赊)
shē

篆
吴昌硕

賭
(赌)
dǔ

篆
孙星衍

賦
(赋)
fù

篆
吴让之

賢
(贤)
xiǎn

篆
黄士陵

賤
(贱)
jiàn

篆
邓石如

賜
(赐)
cì

篆
赵孟頫

質
(质)
zhì

篆
吴让之

贅
(赘)
zhuì

篆
吴昌硕

購
(购)
gòu

篆
吴大澂

贊
(赞)
zàn

篆
莫友芝

贈
(赠)
zèng

孙星衍

贍
(赡)
shàn

篆
吴大澂

贖
(赎)
shú

篆
汉印

臟
(赃)
zāng

篆
汉简

見部

見
(见)
jiàn

赵孟頫

篆
吴大澂

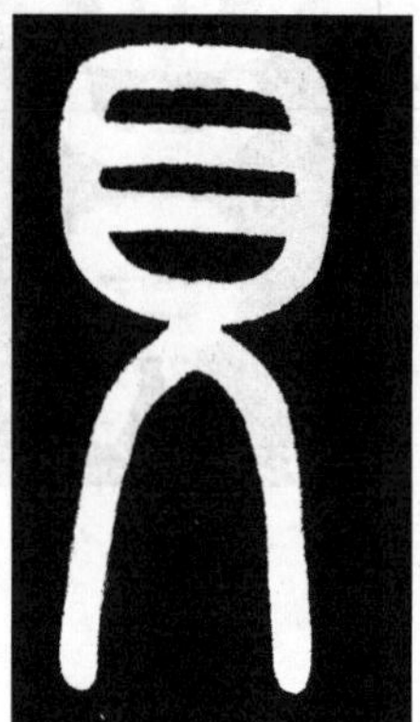

規
(规)
guī

徐三庚

覩
(睹)
dǔ

篆
王禔

親
(亲)
qīn

篆
王禔

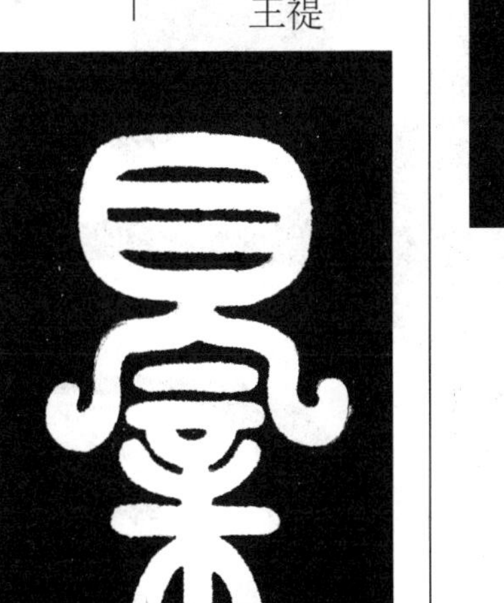

覯
(觏)
gòu

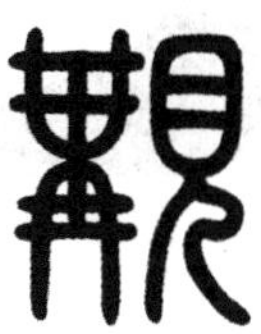

篆
孙星衍

覲
(觐)
jìn

篆
碧落碑

覰
(觑)
qù

篆
说文解字

覺
(觉)
jué

篆
杨沂孙

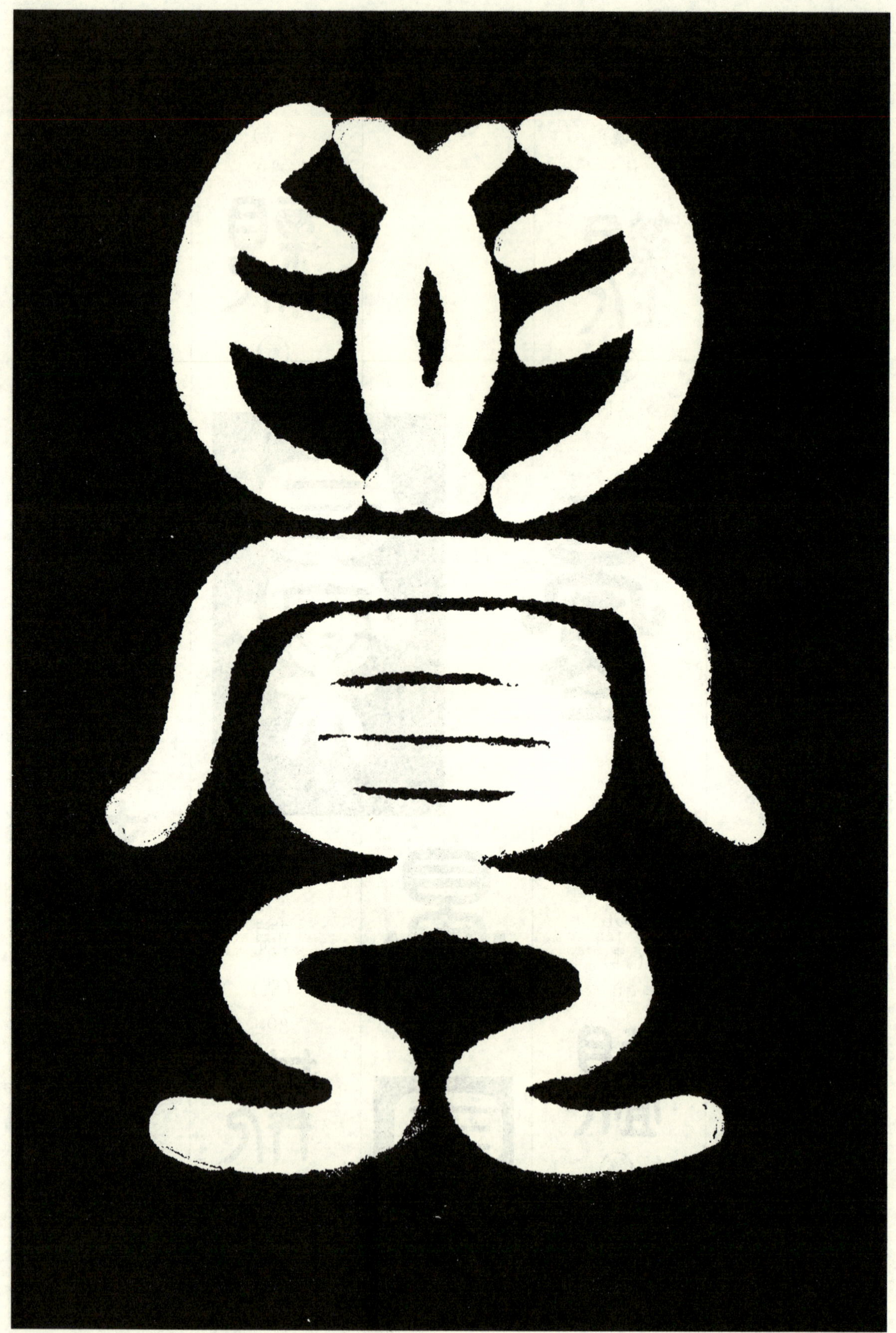

覽

(览)

lǎn

篆

高行笃

覿

(觌)

dí

篆

碧落碑

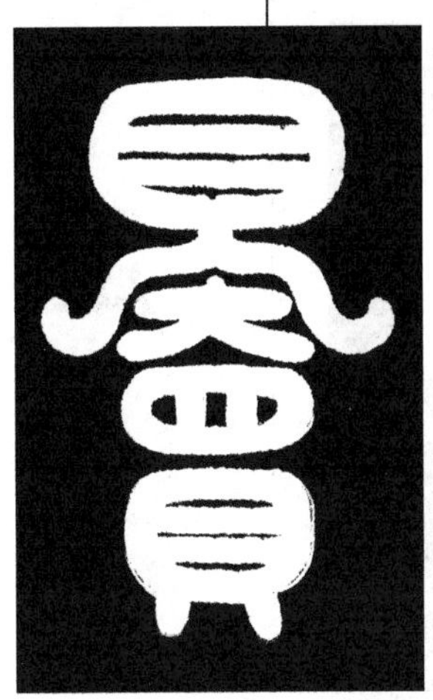

觀

(观)

guān

篆

王禔

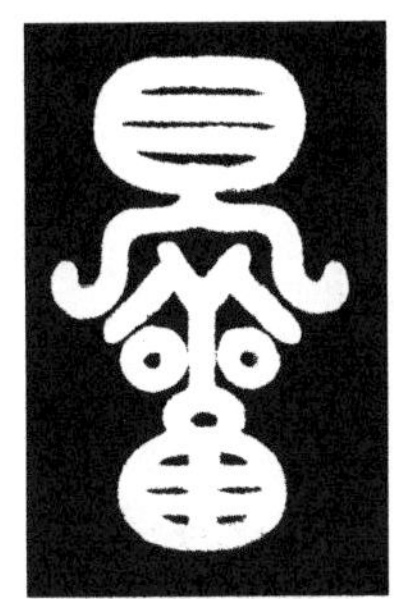

里部

里

lǐ

篆

莫友芝

吴大澂

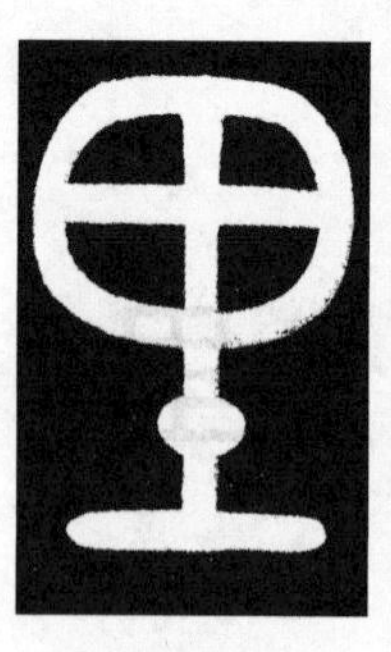

野
(壄)
yě

篆
杨沂孙

篆
王禔

吴大澂

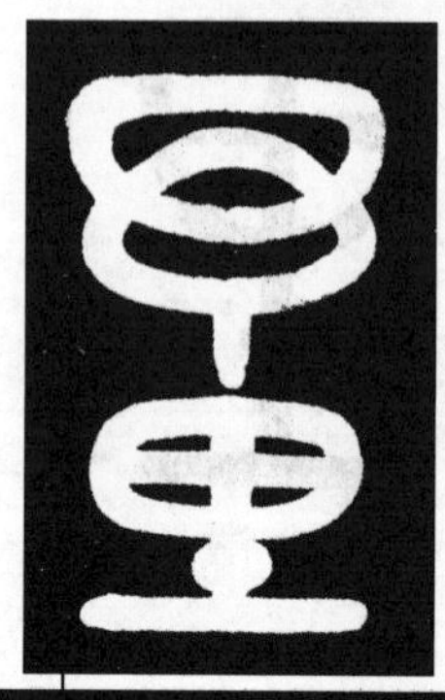

足部

足
zú

篆
金文

趺
fū

篆
吴昌硕

距
jù

篆
永理

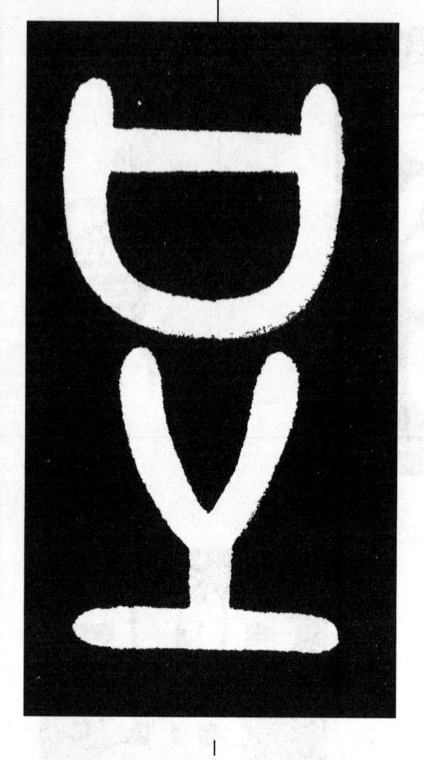

跋

bá

㊧篆

吴大澂

跬

kuǐ

篆

吴昌硕

趾

zhǐ

篆

徐三庚

跏

jiā

篆

吴昌硕

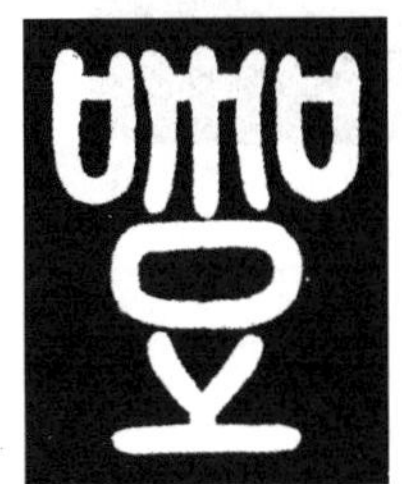

跗

fū

篆

汉印

跛

bǒ

篆

说文解字

跨

kuà

篆

邓石如

跪

guì

篆

邓石如

路

lù

篆 黄葆戉

跳

tiào

篆 汉简

踈

（疏）

shū

篆 杨法

踖

jí

说文解字

踦

qī

篆 说文解字

踧

cù

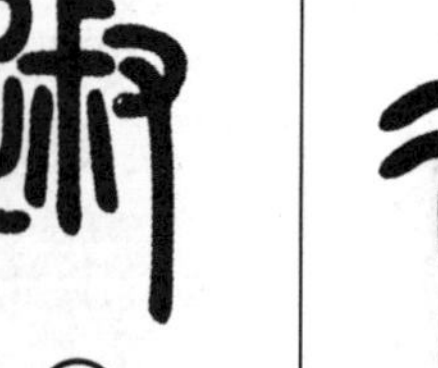

篆 说文解字

足部 踐踝踞蹤踏踵蹏

踐
(践)
jiàn

篆
王禔

踝
huái

篆
汉简

踞
jù

篆
邓石如

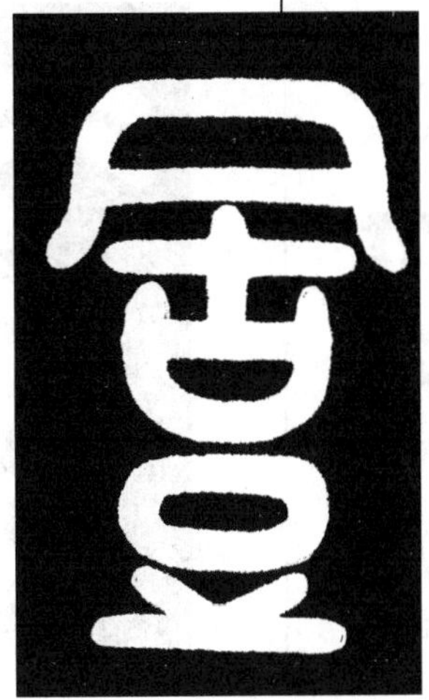

蹤
(踪)
zōng

篆
碧落碑

踏
tà

篆
吴昌硕

踵
zhǒng

篆
清人

蹏
(蹄)
tí

篆
杨守敬

踴
(踊)
yǒng

篆
仰嘉祥

蹉
cuō

篆
黄士陵

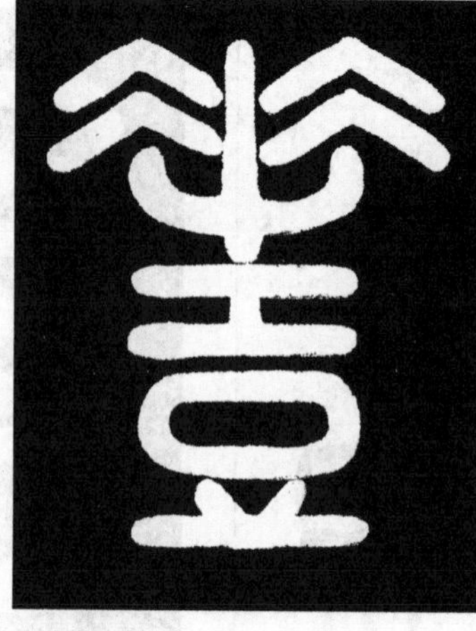

蹎
diān

篆
吴大澂

蹋
tà

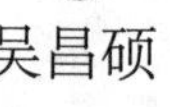

篆
吴昌硕

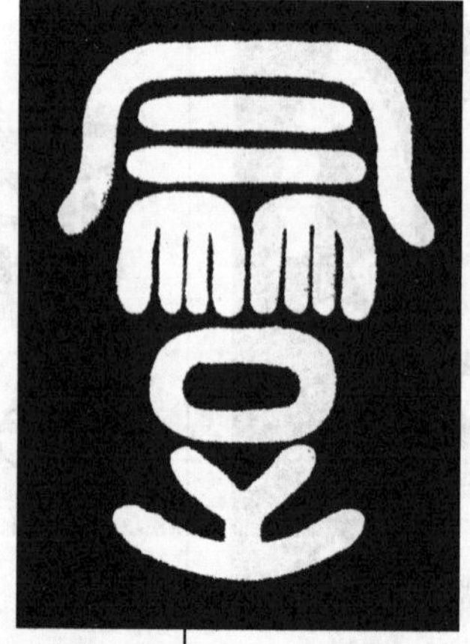

蹈
dǎo

篆
吴大澂

蹴
cù

篆
吴大澂

躍
(跃)
yuè

篆
方去疾

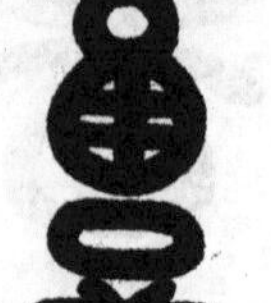

蹟
(迹)
jì

篆
吴大澂

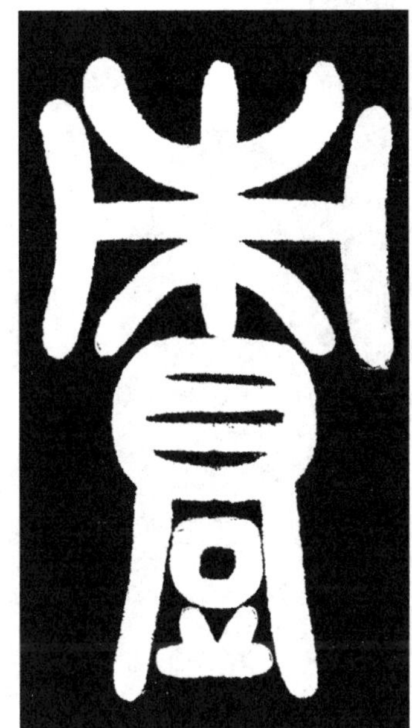

蹙
cù

篆
林时九

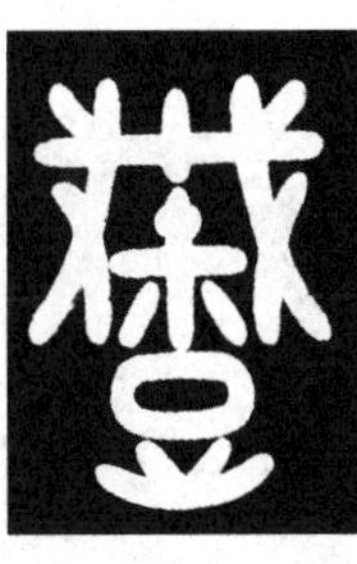

蹰
chú

篆
瞿令问

蹲
dūn

篆
王禔

躁
zào

篆
邓石如

躋
(跻)
jī

篆
赵时枫

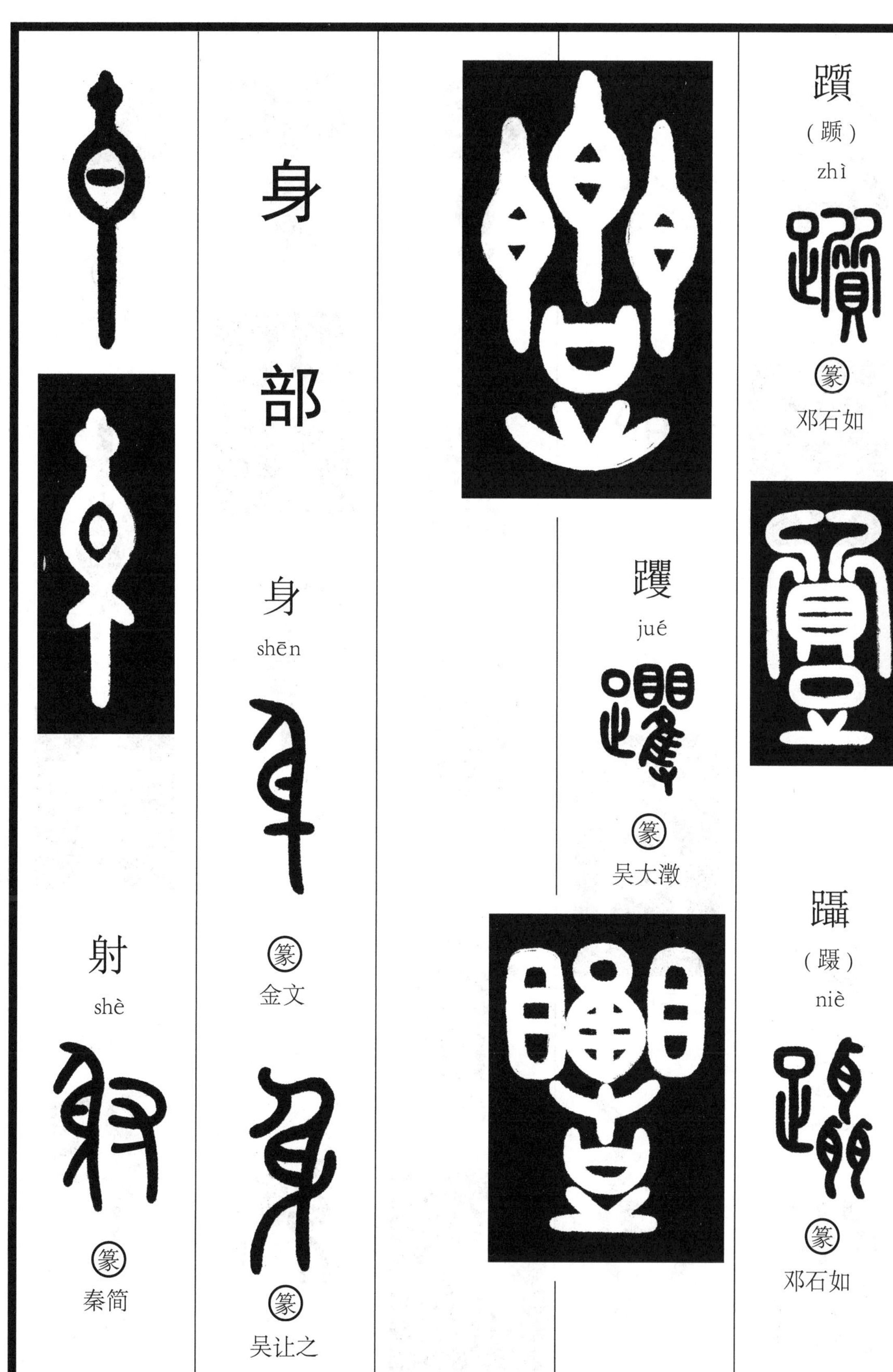

躓
（踬）
zhì
篆
邓石如

躡
（蹑）
niè
篆
邓石如

躩
jué
篆
吴大澂

身部

身
shēn
篆
金文

篆
吴让之

射
shè
篆
秦简

篆

黄士陵

躬
gōng

篆

吴大澂

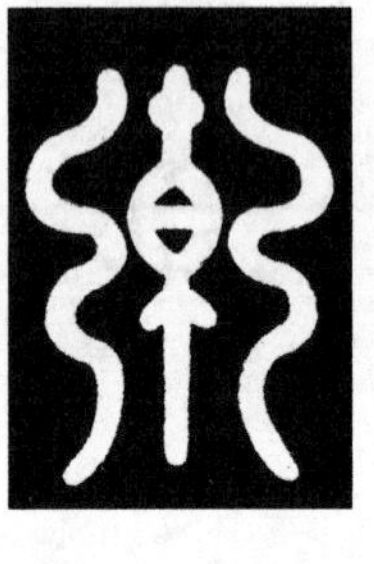

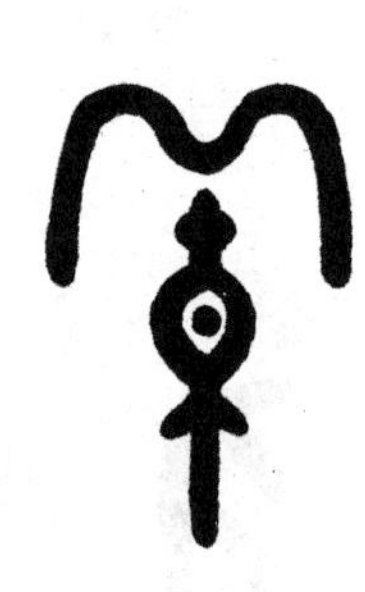

軀
(躯)
qū

篆

钱君匋

躺
tǎng

篆

说文解字

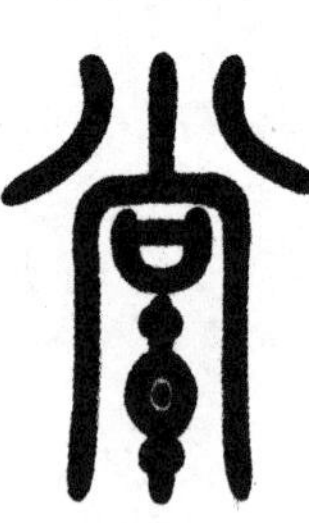

躲
duǒ

篆

古人

谷

部

谷
gǔ

吴让之

李阳冰

吴大澂

卻
(却)
què

篆

吴大澂

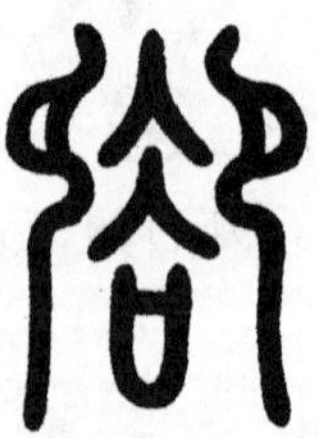

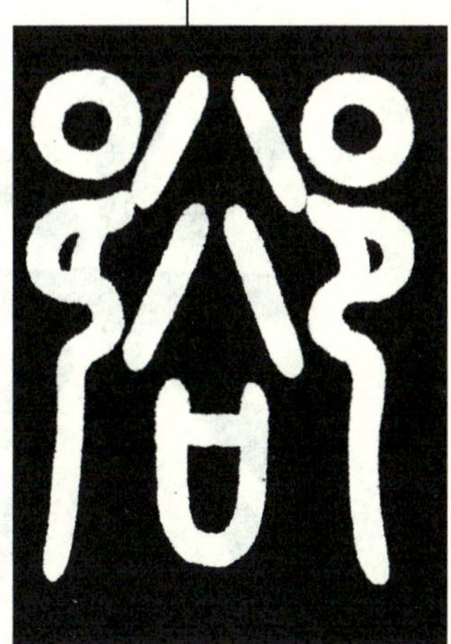

欲

yù

篆

诅楚文

篆

孙星衍

谿

（溪）

xī

篆

邓石如

豁

huō

篆

丁佺

鵒

（鹆）

yù

篆

说文解字

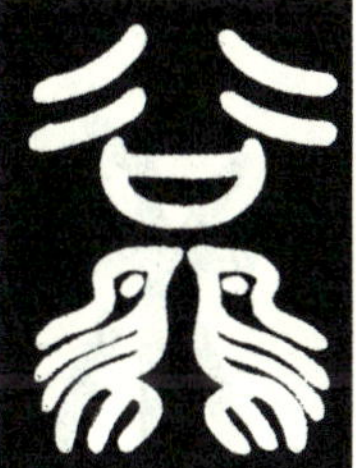

采部

采

（辨）

biàn

篆

吴大澂

番

fān

篆

陶文

悉

xī

篆

王禔

釋

（释）

shì

篆

李阳冰

豸部

豸

zhì

篆

杨沂孙

豻

àn

篆

清人

豺

chái

篆

吴大澂

豹

bào

篆

秦简

篆

方去疾

貈

hé

篆

吴大澂

貉

hé

篆

赵时枫

貍

lí

篆

赵时枫

貘

mò

篆

说文解字

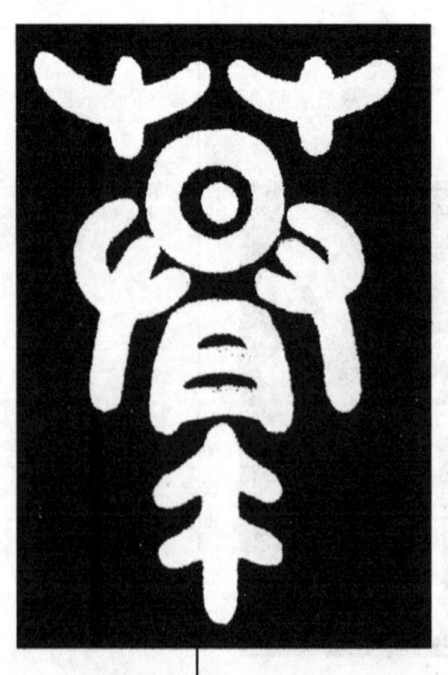

貌

mào

篆

吴让之

貙

chū

篆

王禔

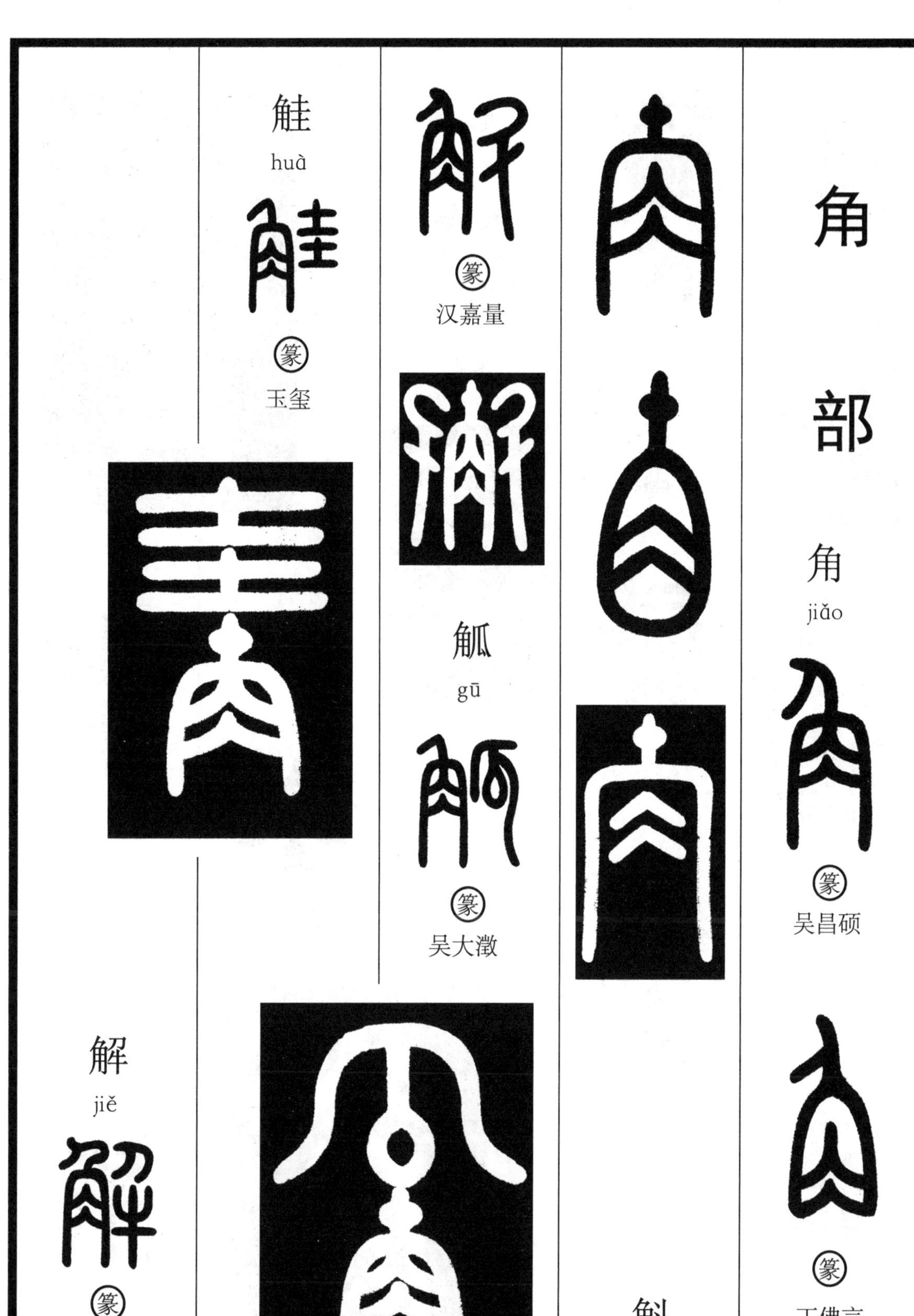
角部
角
jiǎo
篆
吴昌硕
篆
丁佛言
斛
hú
篆
汉嘉量
觚
gū
篆
吴大澂
觟
huà
篆
玉玺
解
jiě
篆
杨沂孙

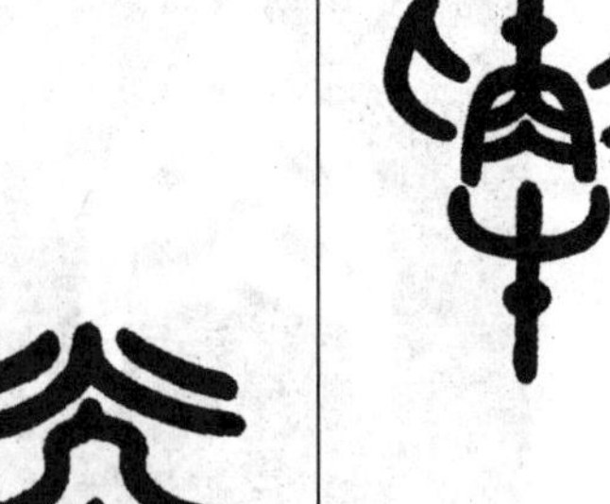

觥

gōng

篆

吴大澂

觭

jī

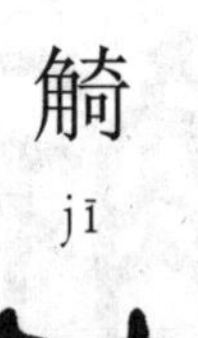

篆

说文解字

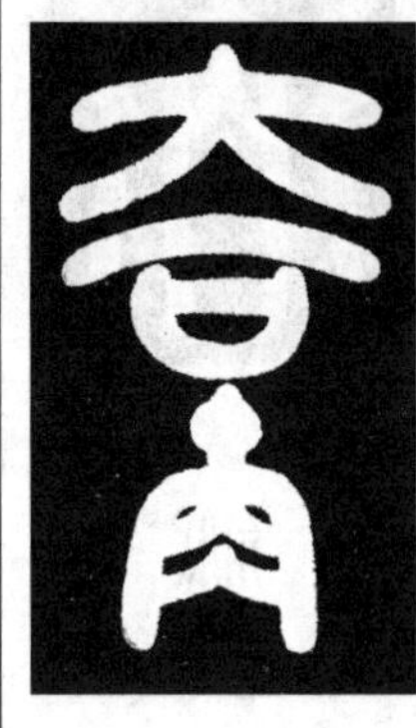

觱

bì

篆

秦简

觴

(觞)

shāng

篆

钱玷

觶

(觯)

zhì

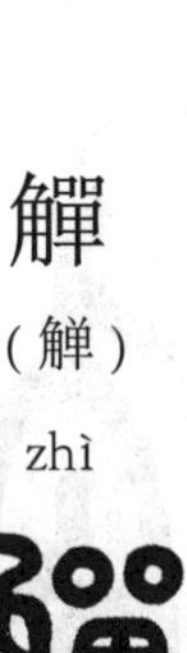

篆

吴大澂

觸

(触)

chù

篆 吴昌硕

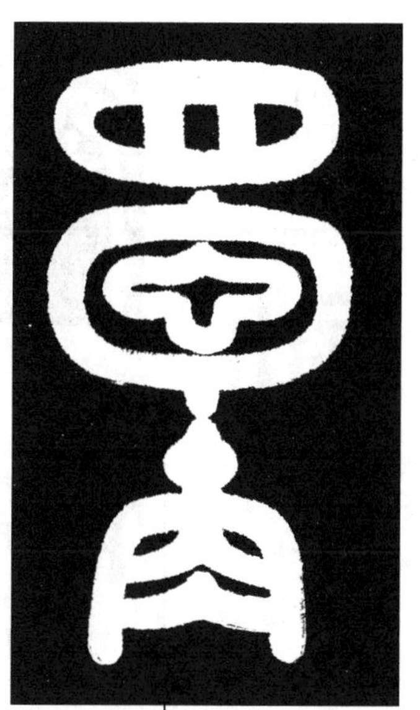

觼

jué

篆 吴昌硕

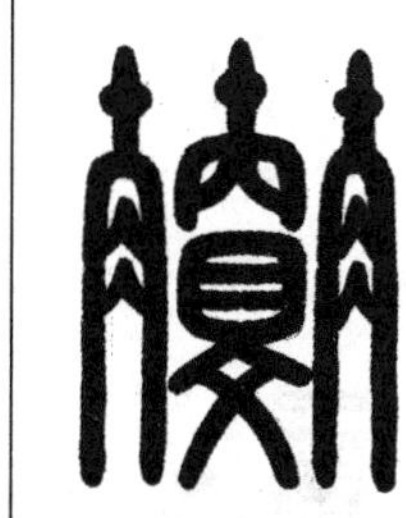

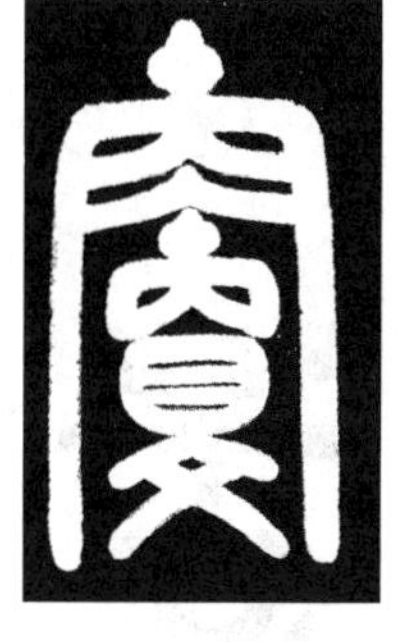

卵部

卵

luǎn

吴大澂

梦英

言部

言

yán

篆 杨沂孙

冯建吴

計

(计)

jì

篆 莫友芝

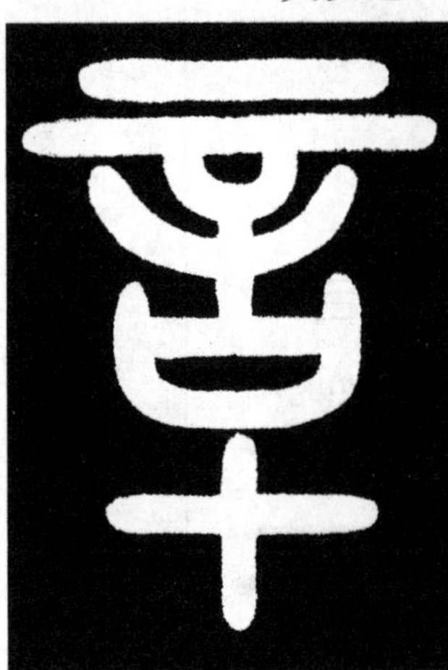

篆 左运奎

訂

(订)

dìng

訐

(讦)

jié

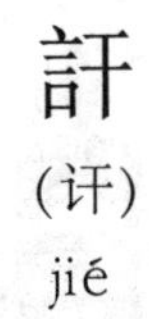

篆 吴大澂

訏

xū

篆 杨沂孙

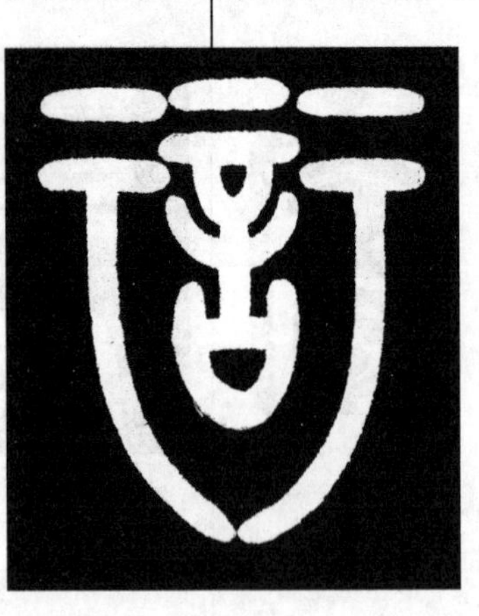

討

(讨)

tǎo

篆 李斯

訕

(讪)

shàn

篆 吴大澂

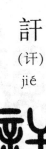

記
(记)
jì
篆
邓石如

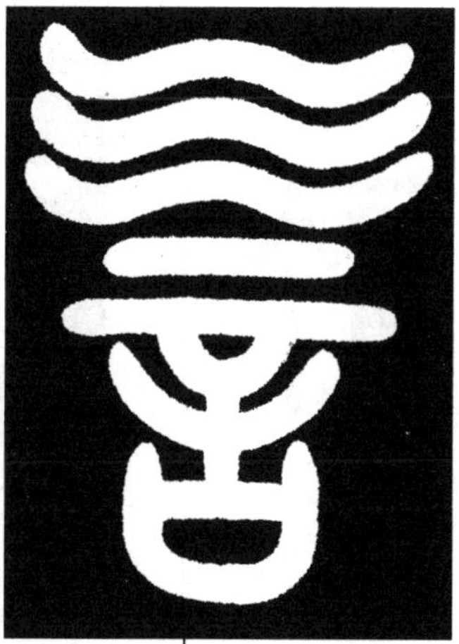

訓
(训)
xùn
篆
赵孟頫

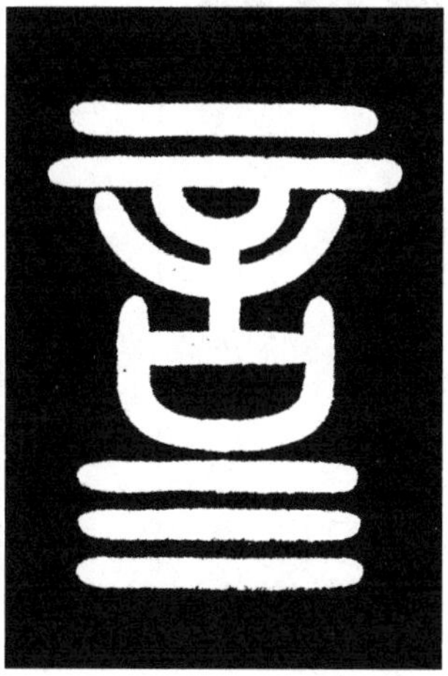

訖
(讫)
qì
篆
王禔

訊
(讯)
xùn
篆
李阳冰

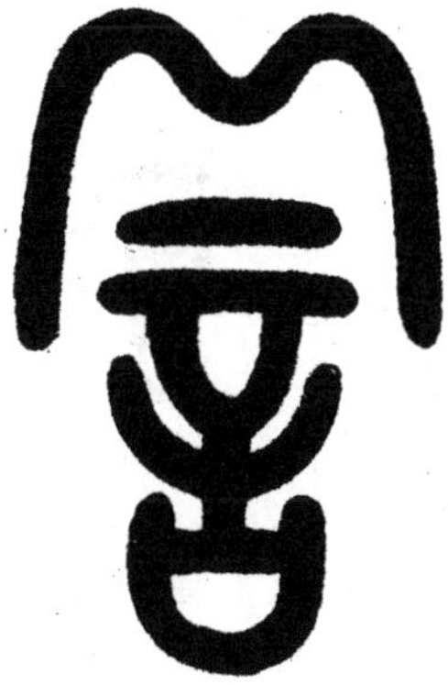

詎

(讵)

jù

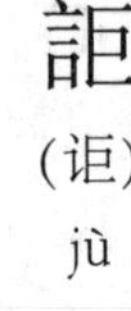

篆

吴让之

訒

(讱)

rèn

篆

吴大澂

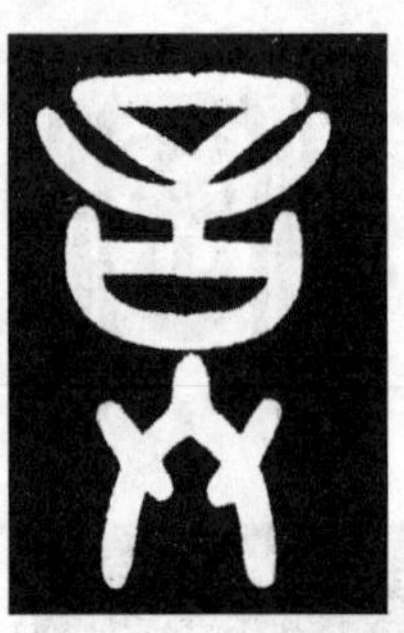

託

(讬)

tuō

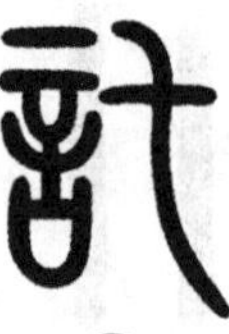

篆

杨沂孙

訝

(讶)

yà

篆

孙星衍

訥

(讷)

nè

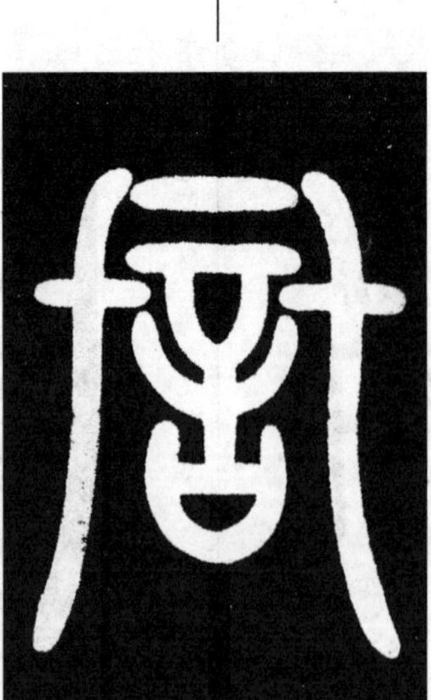

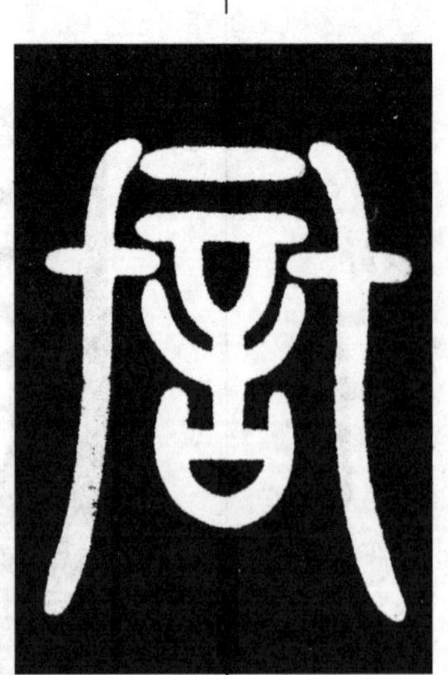

篆

吴昌硕

許

(许)

xǔ

篆

杨沂孙

訛

(讹)

é

吴让之

訟

(讼)

sòng

左运奎

設

(设)

shè

邓传密

訪

(访)

fǎng

胡澍

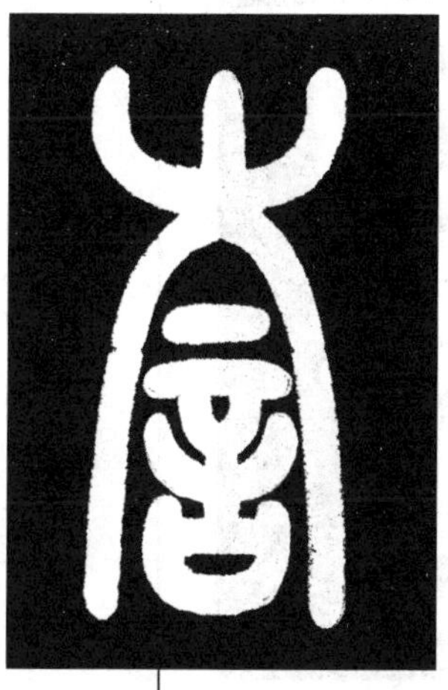

訢

(欣)

xīn

吴大澂

訣
(诀)
jué

篆
赵之谦

詁
(诂)
gǔ

篆
杨沂孙

訶
(诃)
hē

篆
汪仁寿

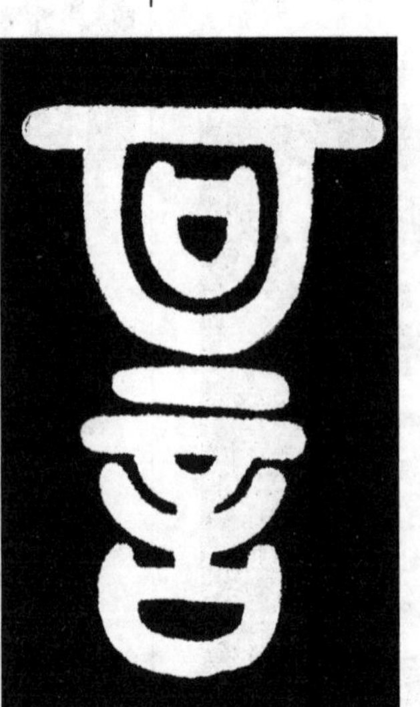

評
(评)
píng

篆
方去疾

詛
(诅)
zǔ

篆
吴大澂

詘
(诎)
qū

篆
杨沂孙

詐
(诈)
zhà

篆
李斯

訴
(诉)
sù

篆
吴大澂

診
(诊)
zhěn

篆
林时九

詆
(诋)
dǐ

篆
说文解字

詞
(词)
cí

篆
杨沂孙

詔
(诏)
zhào

篆
吴大澂

詖
(诐)
bì
篆
杨沂孙

詒
(诒)
yí
篆
王禔

試
(试)
shì
篆
吴让之

誄
(诔)
lěi
篆
吴大澂

詩
(诗)
shī
篆
莫友芝

誇
(夸)
kuā
篆
说文解字

詼
(诙)
huī

篆
徐三庚

誠
(诚)
chéng

篆
王褆

詰
(诘)
jié

篆
杨沂孙

訾
zǐ

篆
杨沂孙

誅
(诛)
zhū

篆
赵孟頫

篆
徐三庚

詵
(诜)
shēn

話

（话）

huà

篆

杨沂孙

詮

（诠）

quán

篆

左运奎

詭

（诡）

guǐ

篆

杨沂孙

詣

（诣）

yì

篆

徐三庚

詢

（询）

xún

篆

说文解字

誕

（诞）

dàn

篆

三体石经

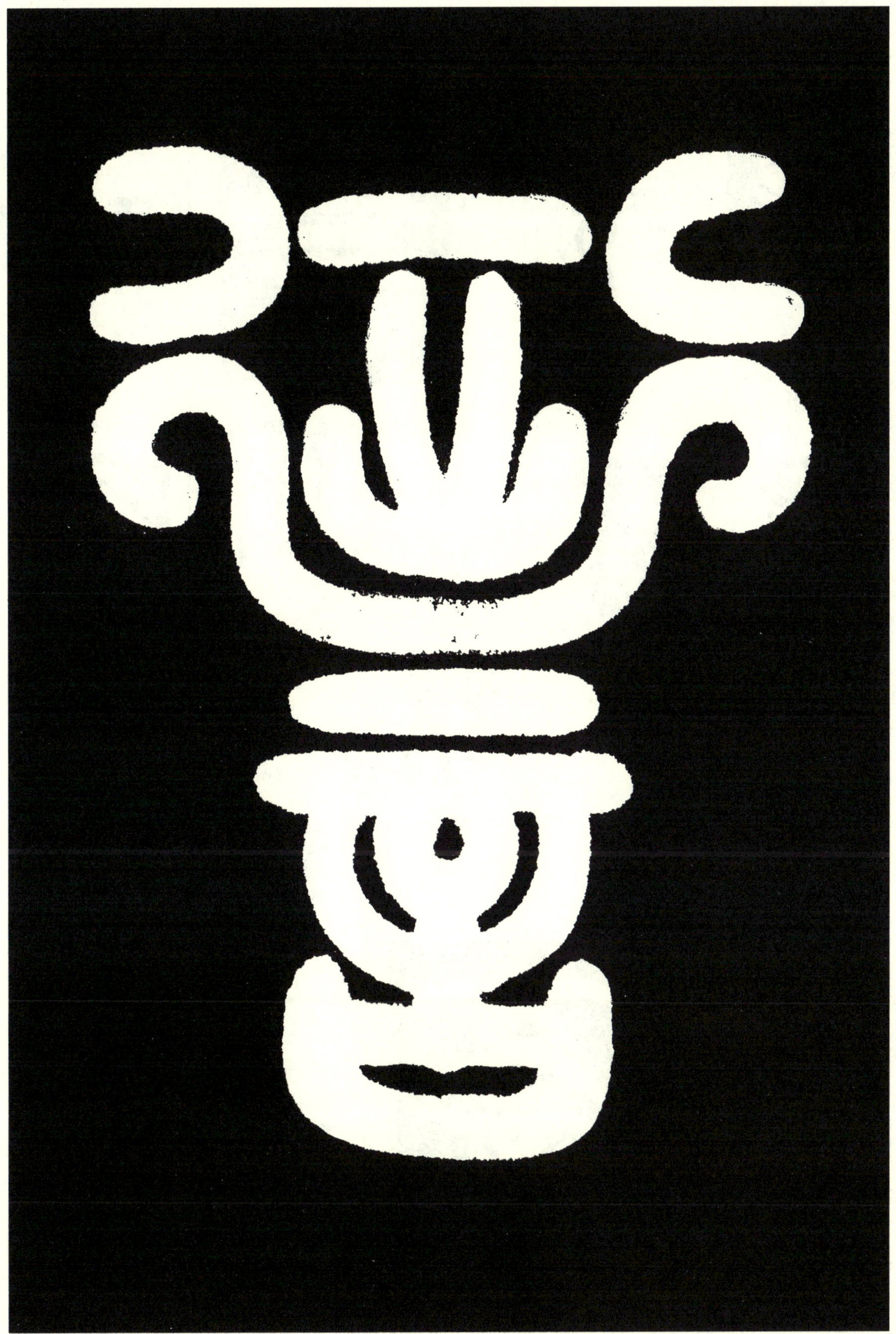

路
luò

篆 说文解字

誃
yí

篆 吴昌硕

諍
(诤)
zhèng

篆 说文解字

詨
xiào

篆 古玺

該
(该)
gāi

篆 方去疾

詳
(祥)
xiáng

篆 吴大澂

詶
(酬)
chóu

篆
吴大澂

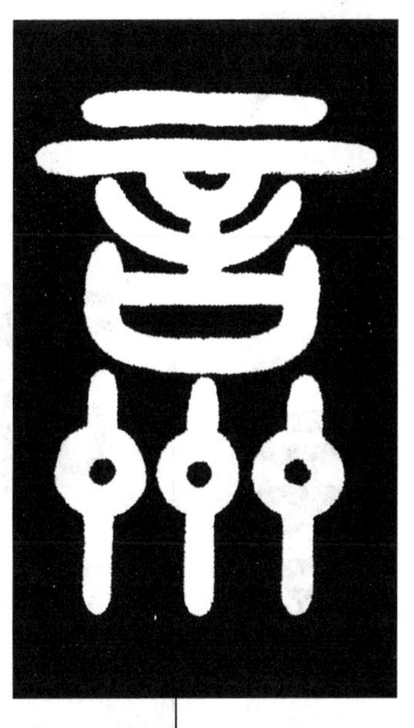

(诩)
xǔ

篆
方去疾

誡
(诫)
jiè

篆
李阳冰

諫
cù

篆
杨沂孙

誌
(志)
zhì

篆
唐·墓志铭

誣

(诬)

wū

篆

吴大澂

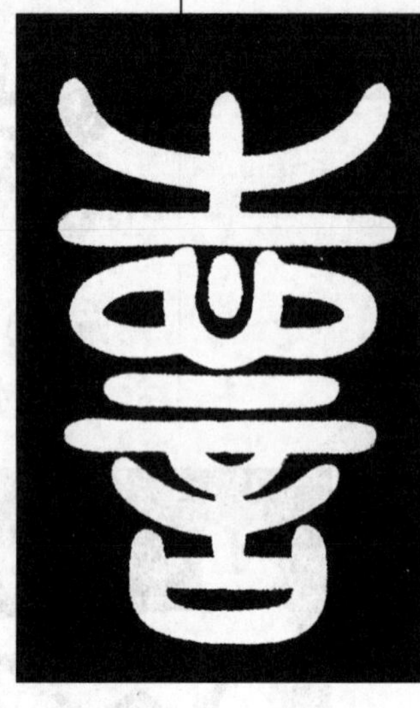

誧

bū

篆

说文解字

語

(语)

yǔ

篆

邓石如

誓

shì

篆

王禔

誚

(诮)

qiào

篆

李阳冰

誤

(误)

wù

篆

左运奎

誥

(诰)

gào

篆

陈鸿寿

誘

(诱)

yòu

篆

邓石如

誨

(诲)

huì

篆

杨沂如

説

(说)

shuō

篆

邓石如

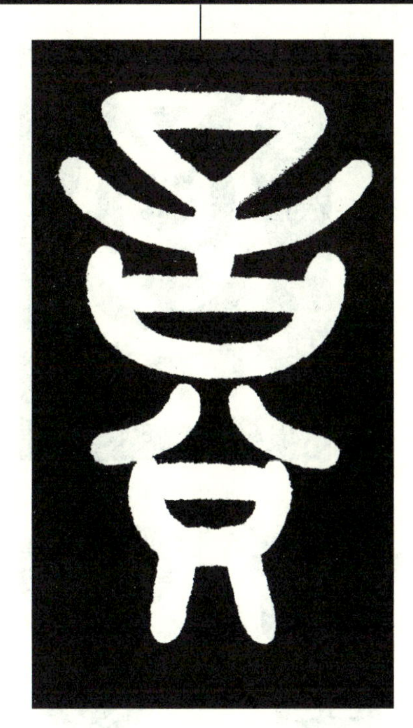

誋

jì

篆

周公望钟

認

(认)

rèn

篆

方去疾

誦
(诵)
sòng

㊟篆
李斯

請
(请)
qǐng

杨沂孙

諏
(诹)
zōu

㊟篆
徐三庚

諸
(诸)
zhū

㊟篆
吴大澂

諆

qī

篆 吴大澂

課

(课)

kè

篆 吴大澂

誹

(诽)

fěi

篆 吴大澂

諉

(诿)

wěi

篆 清人

諛

(谀)

yú

篆 黄士陵

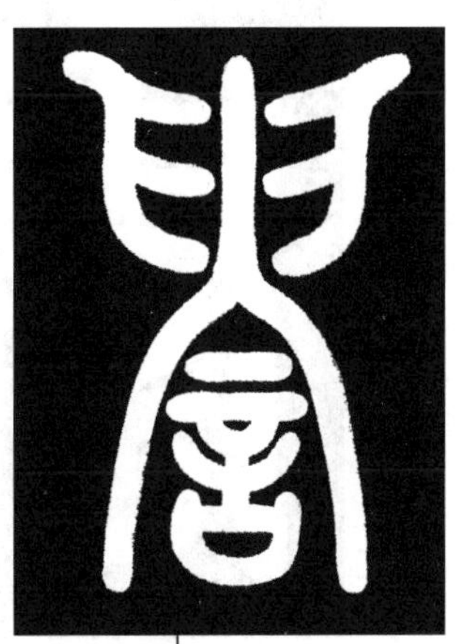

諾

(诺)

nuò

篆 方去疾

誰
(谁)
shuí

篆
何绍基

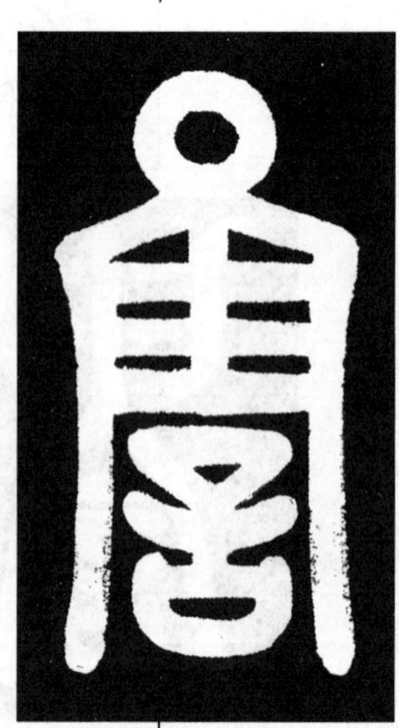

論
(论)
lùn

篆
赵孟頫

調
(调)
diào

篆
何绍基

諒
(谅)
liàng

篆
汉印

諄
(谆)
zhūn

篆
方去疾

誶
(谇)
suì

篆
吴大澂

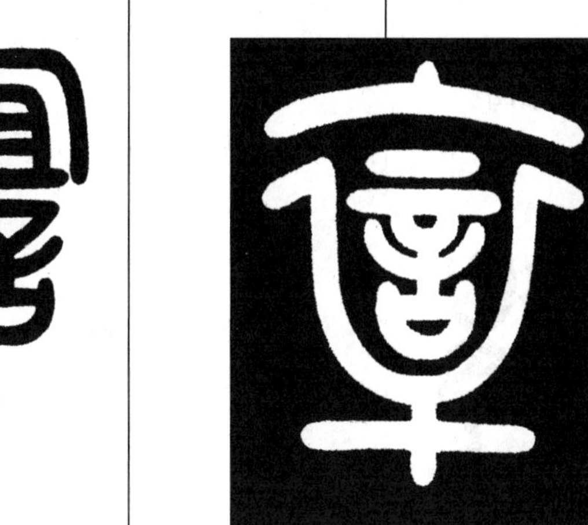

談

(谈)

tán

篆

李阳冰

誼

(谊)

yì

篆

汉印

謀

(谋)

móu

篆

李斯

諶

(谌)

chén

篆

方去疾

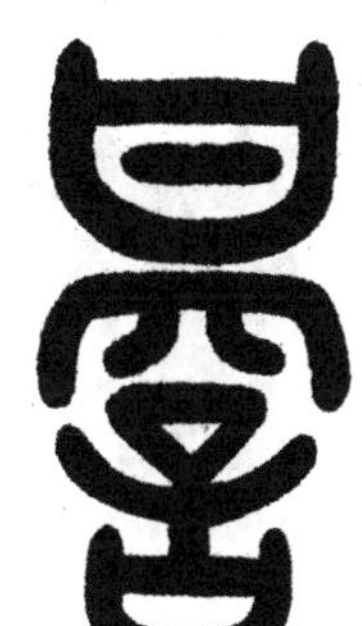

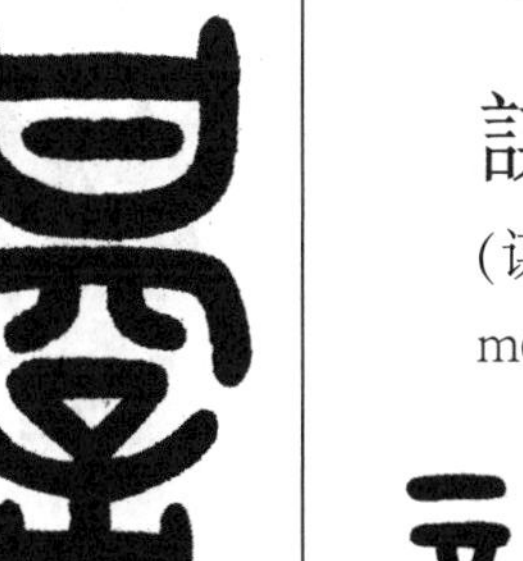

諜

(谍)

dié

篆

说文解字

諫

(谏)

jiàn

篆

杨沂孙

諧
(谐)
xié

篆
左运奎

諴
xián

篆
吴昌硕

謂
(谓)
wèi

篆
吴大澂

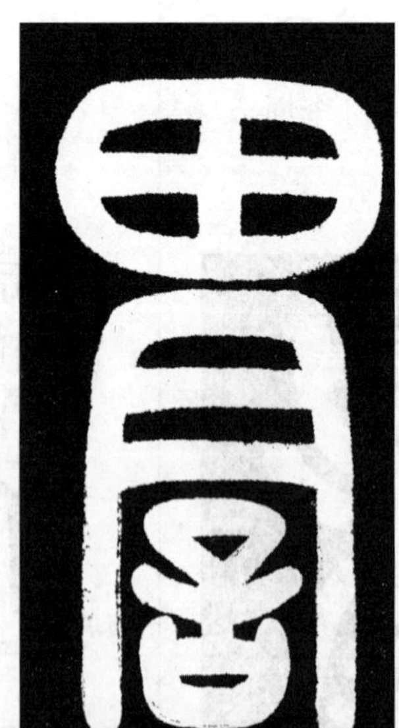

謁
(谒)
yè

篆
赵之谦

諰
xǐ

篆
吴大澂

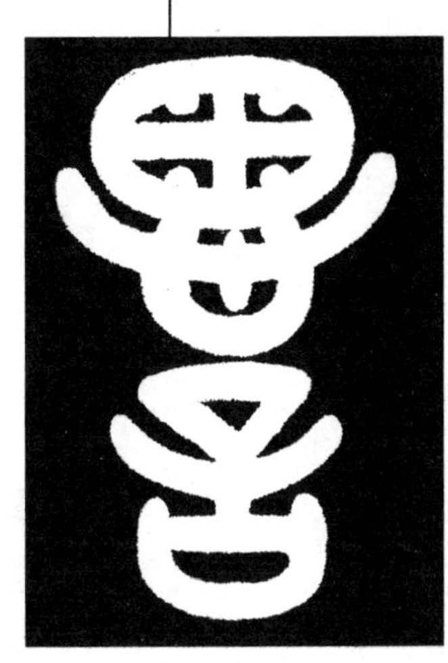

諭
(谕)
yù

篆 杨沂孙

諼
(谖)
xuān

篆 王禔

諷
(讽)
fěng

篆 杨沂孙

諺
(谚)
yàn

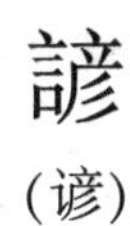

篆 吴大澂

諦
(谛)
dì

篆 吴昌硕

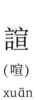

諠
(喧)
xuān

篆 杨沂孙

論

(论)

piǎn

篆

吴大澂

諮

(谘)

zī

篆

徐三庚

諱

(讳)

huì

篆

吴大澂

謨

(谟)

mó

篆

吴让之

謖

(谡)

sù

篆

程大年

講
(讲)
jiǎng
篆
邓石如

謝
(谢)
xiè
篆
吴大澂

謠
(谣)
yáo
篆
方去疾

謗
(谤)
bàng
篆
吴大澂

謙
(谦)
qiān
篆
王禔

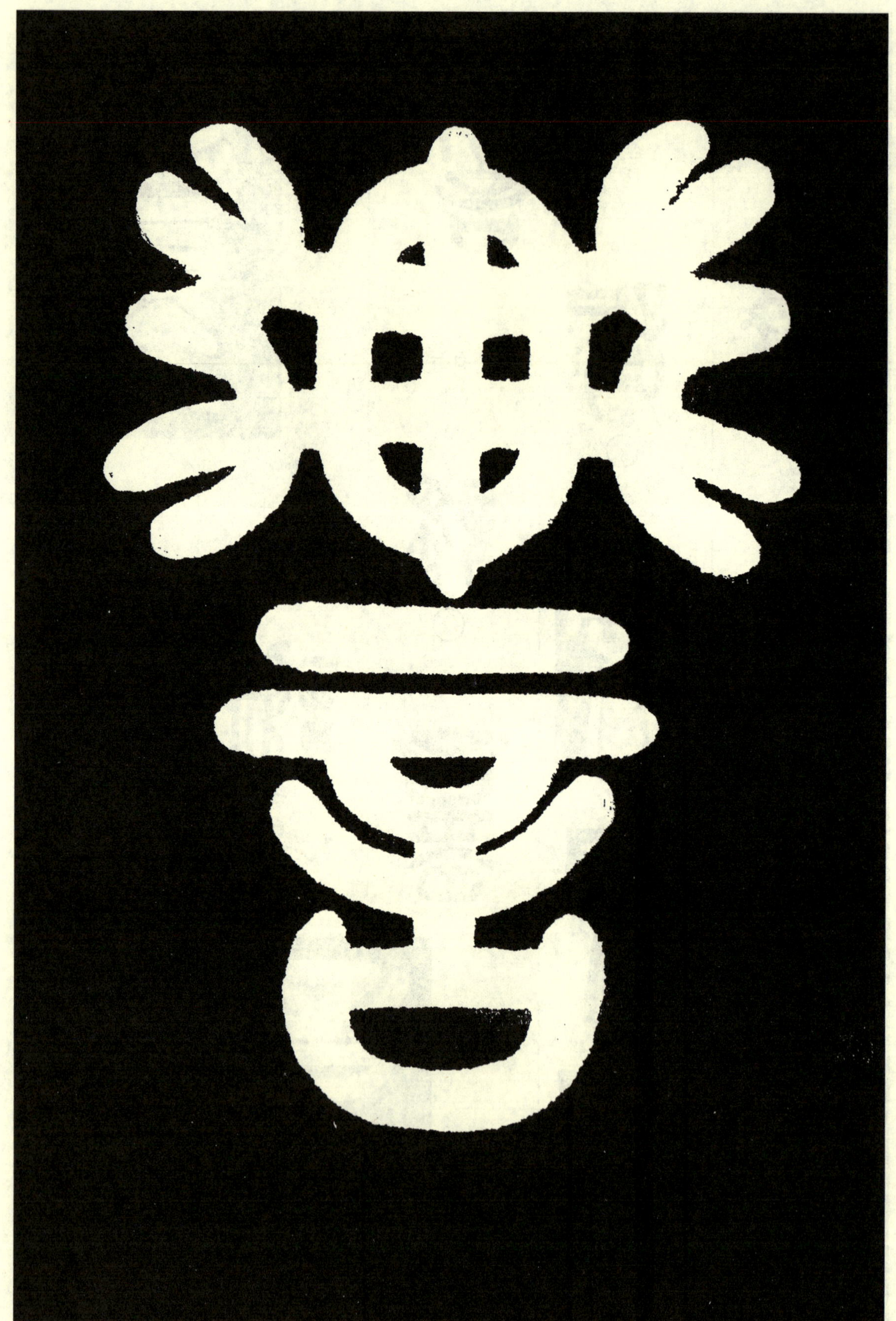

謹

(谨)

jǐn

篆 李阳冰

謾

(谩)

màn

篆 钱桢

謦

qǐng

篆 杨沂孙

謫

(谪)

zhé

篆 吴昌硕

謬

(谬)

miù

篆 吴昌硕

譊

náo

篆 汉印

譚

(谭)

tán

篆 吴昌硕

譖

(谮)

zèn

说文解字

識

(识)

shí

篆

吴让之

譜

(谱)

pǔ

篆

吴昌硕

譄

zēng

徐三庚

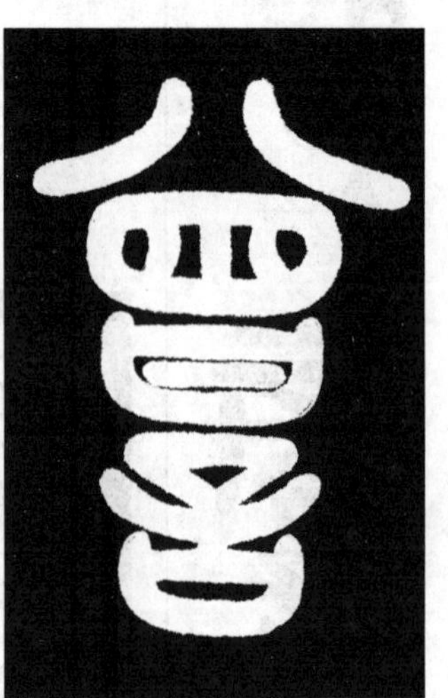

譌

(讹)

é

篆

杨沂孙

言部 譔證譎譏護譽警

譔

(撰)

zhuàn

(篆) 杨沂孙

證

(证)

zhèng

(篆) 吴昌硕

譎

(谲)

jué

(篆) 吴大澂

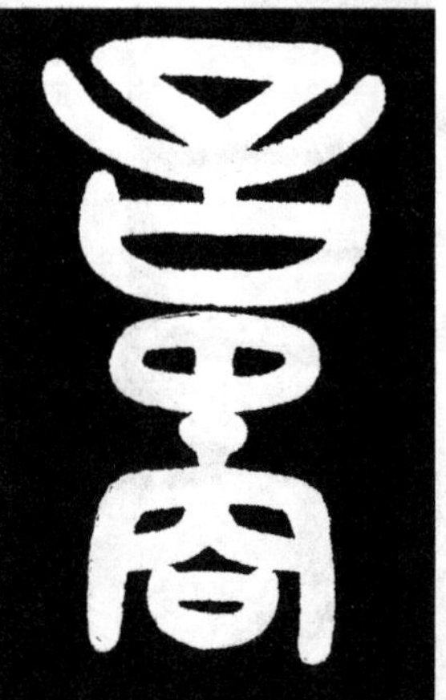

譏

(讥)

jī

(篆) 王禔

護

(护)

hù

(篆) 吴昌硕

譽

(誉)

yù

(篆) 赵孟頫

警

jǐng

(篆) 方去疾

譴
(谴)
qiǎn

篆
清人

譯
(译)
yì

篆
邓石如

譫
(谵)
zhān

篆
方去疾

議
(议)
yì

篆
吴让之

譬
pì

篆
吴大澂

讀
(读)
dú

篆
释德源

讇
chǎn

篆
吴大澂

讙
huān

篆
说文解字

讖
(谶)
chèn

篆
吴让之

讓
(让)
ràng

吴大澂

讚
(赞)
zàn

篆
赵孟頫

讕
(谰)
lán

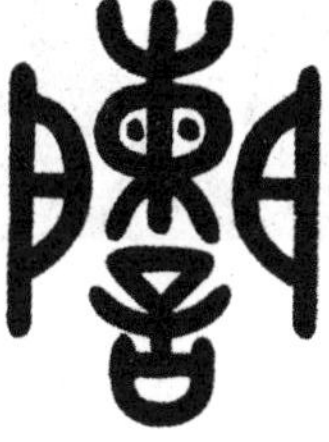

金文

吴大澂

讜
(谠)
dǎng

篆
吴让之

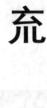

㐬部

疏
(疎)
shū

篆 李阳冰

篆 赵孟頫

毓
yù

篆 吴睿

辛部

辛
xīn

莫友芝

吴大澂

辜
gū

李阳冰

辠
(罪)
zuì

篆 吴睿

辟
bì

篆 吴大澂

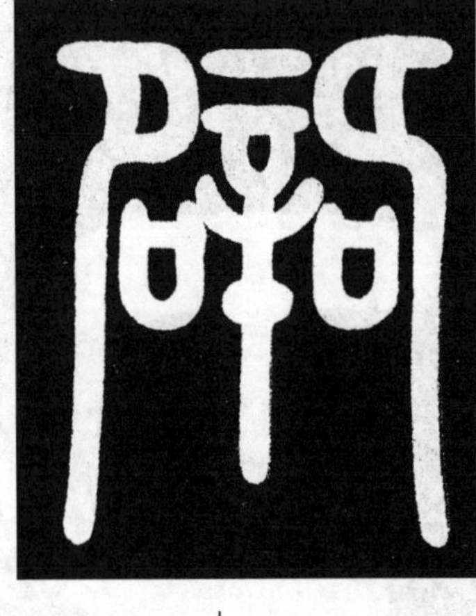

辨
biàn

篆
赵孟頫

辦
(办)
bàn

篆
吴昌硕

辭
(辞)
cí

篆
吴让之

辯
(辩)
biàn

篆
田潜

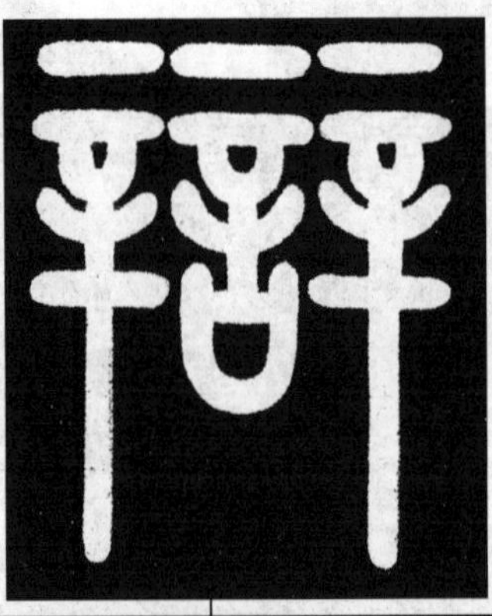

青部

青
qīng

焦循

吴让之

赵孟頫

静
jìng

篆 吴让之

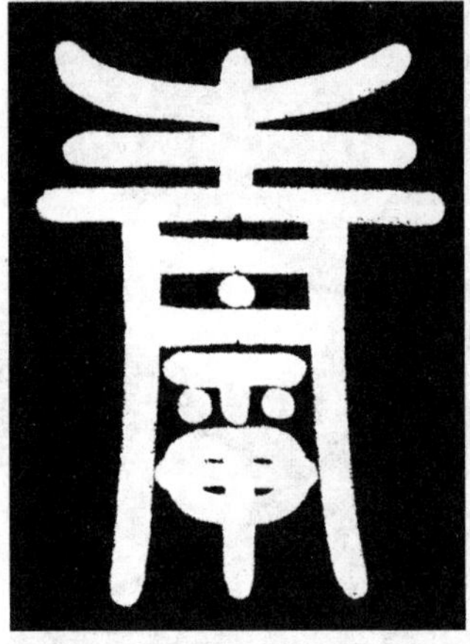

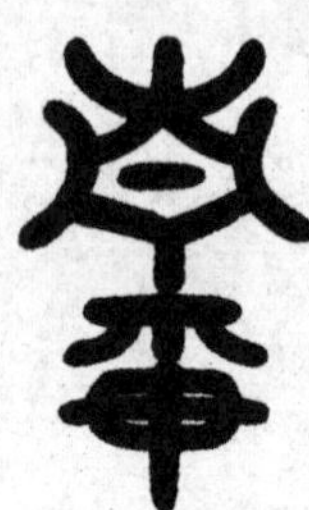

靚
(靓)
jìng

篆 方去疾

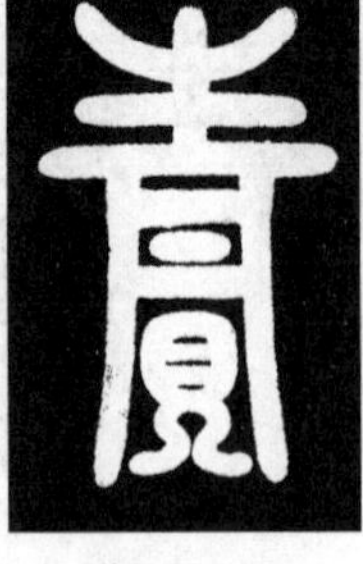

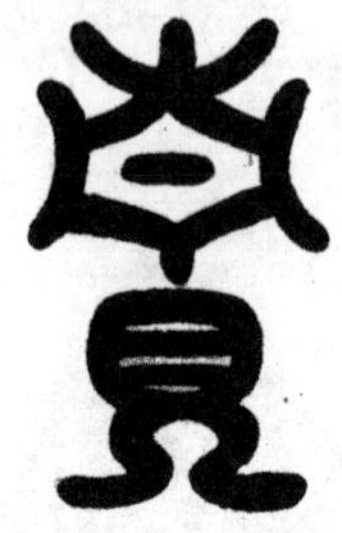

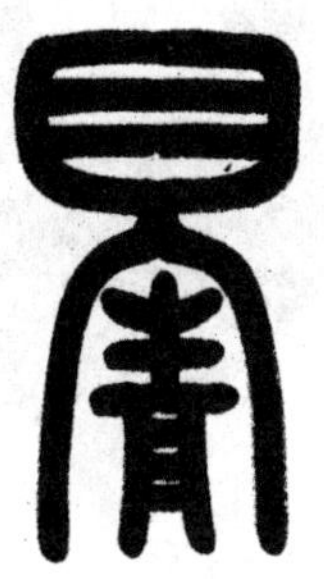

亞部

亞
(亚)
yà

金文

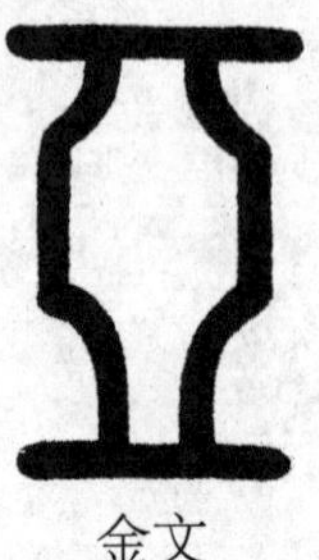

金文

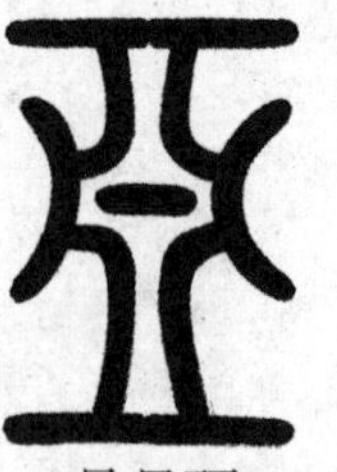

吴昌硕

杨沂孙

赵孟頫

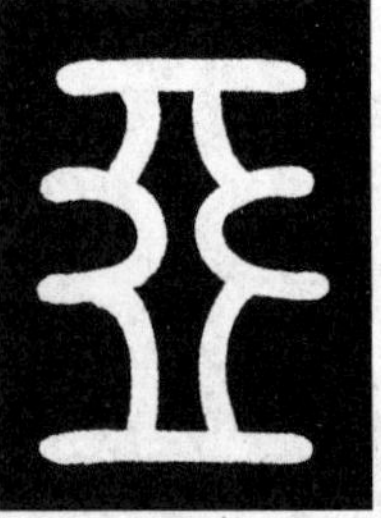

仰嘉祥

惡
(恶)
è

篆 邓石如

黄士陵

𠦝部

乾

(干)

gān

篆 杨沂孙

戟

jǐ

篆 说文解字

朝

cháo

篆 汉简

幹

(干)

gàn

篆

说文解字

斡

wò

篆

吴睿

翰

hàn

篆

说文解字

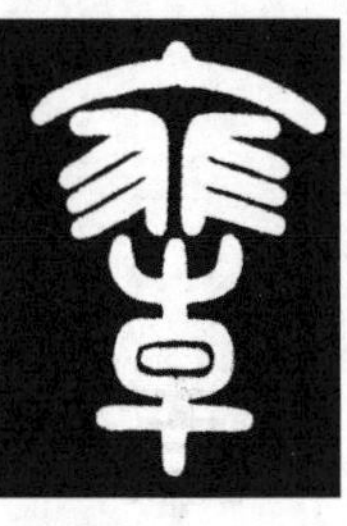

韓

(韩)

hán

篆

吴睿

雨部

雨
yǔ

王尔度

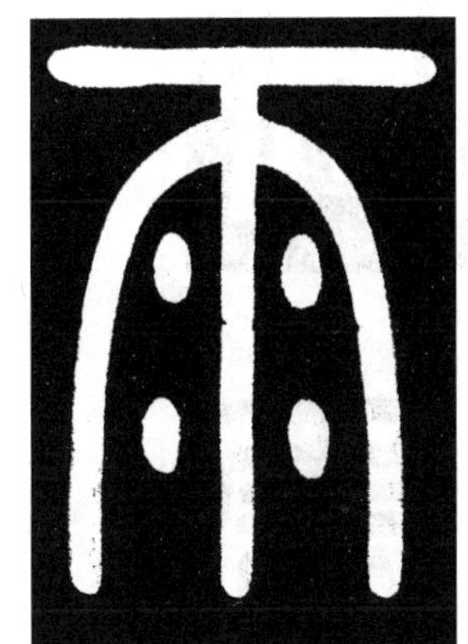
容庚

田潜

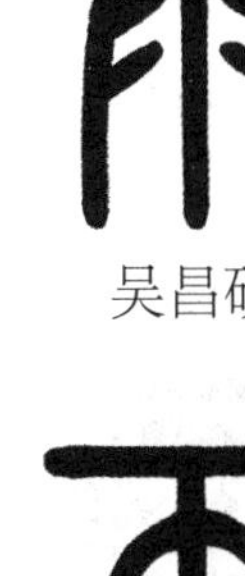
吴昌硕

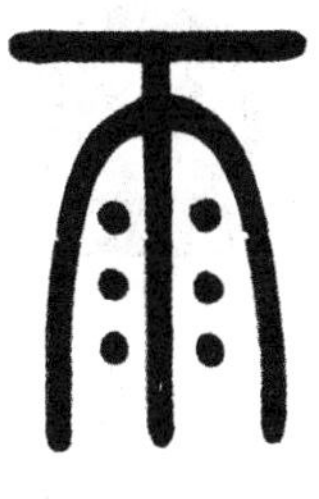
吴昌硕

雩
yú

篆
仰嘉祥

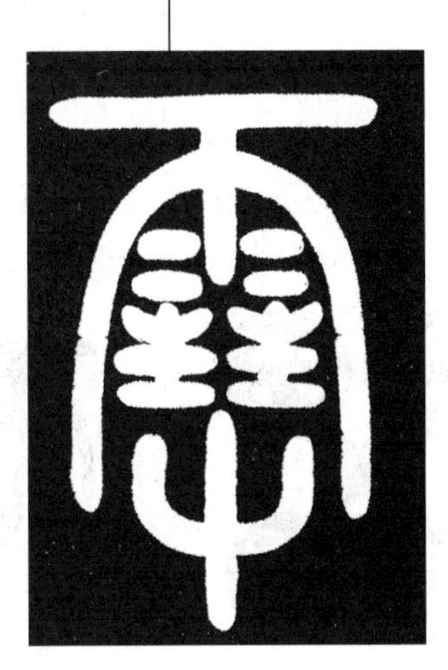

雪
xuě

篆
焦循

雲
(云)
yún

篆
邓石如

邓石如

吴让之

何绍基

電
(电)
diàn

篆 说文解字

徐三庚

雯
wén

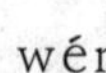

葛潜

雷
(靁)
léi

金文

徐三庚

黄葆戊

零
líng

篆 杨沂孙

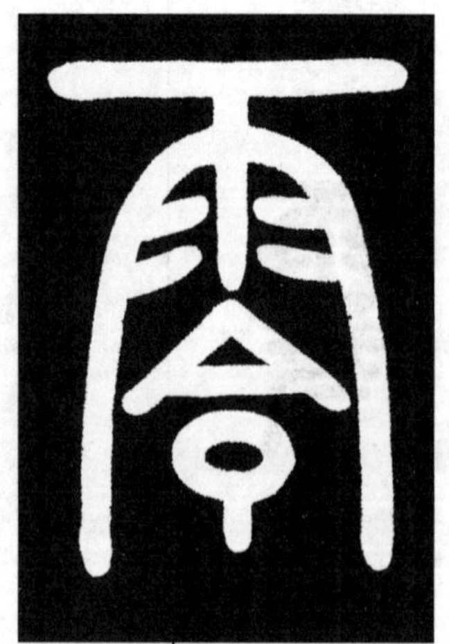

需
xū

清人

霆
tíng

篆 莫友芝

震
zhèn

篆 吴大澂

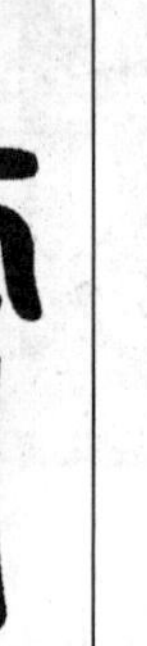

霄

xiāo

㊟篆 吴大澂

吴睿

赵孟頫

霅

zhà

吴昌硕

黔

(阴)

yīn

㊟篆 曾纪泽

霖

lín

吴大澂

霓

ní

㊟篆 吴让之

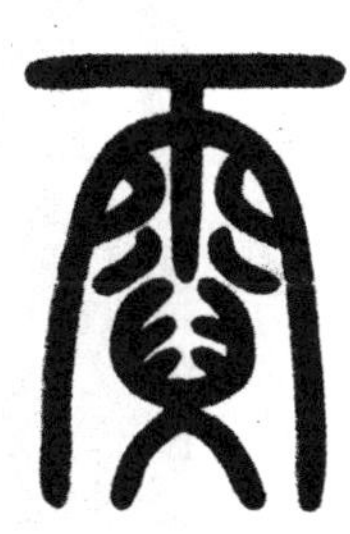

霍

huò

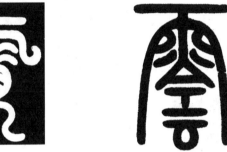

㊟篆 黄士陵

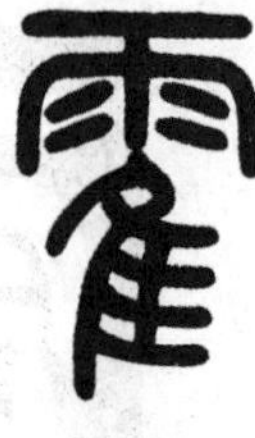

汉印

霑

(沾)

zhān

篆

仰嘉祥

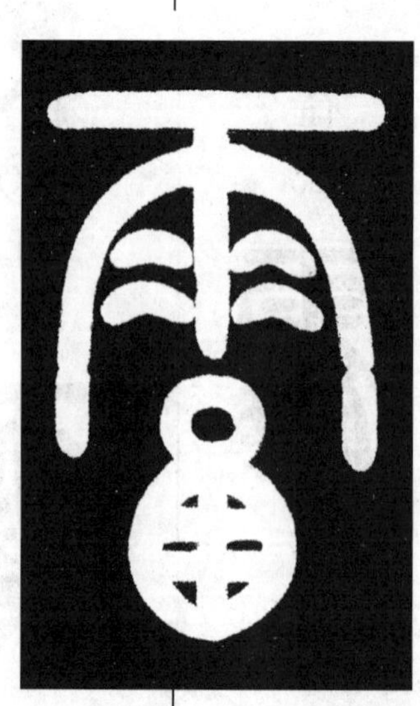

霜

shuāng

篆

李阳冰

霝

(零)

líng

金文

金文

吴大澂

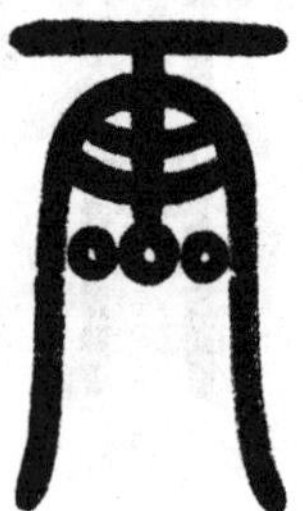

霞

xiá

篆 吴让之

霩

kuò

篆 吴昌硕

霧

（雾）

wù

篆 左运奎

霰

xiàn

篆 邓石如

霸

bà

篆 胡澍

露

lòu

篆 王褆

霽

（霁）

jì

傅申

说文解字

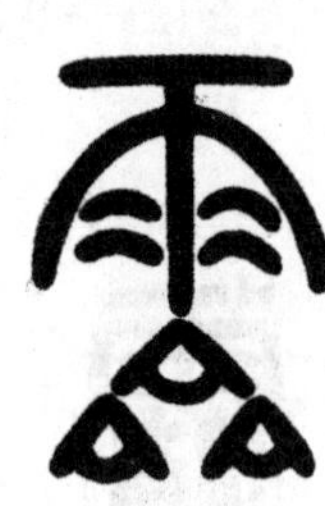

靃

huò

㊣篆

徐三庚

霾

mái

豦伯霾敦

曾伯簠

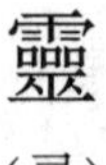

(灵)

líng

邓石如

吴睿

吴大澂

靄

(霭)

ǎi

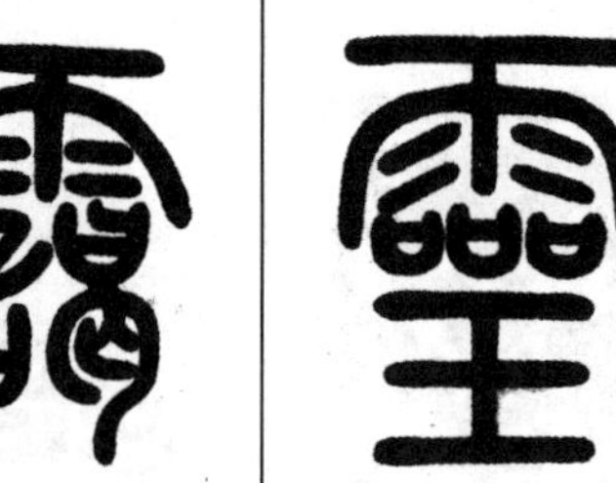

清人

虎部

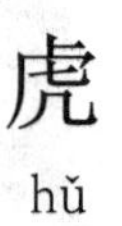

hǔ

篆

马王堆帛书

篆

胡唐

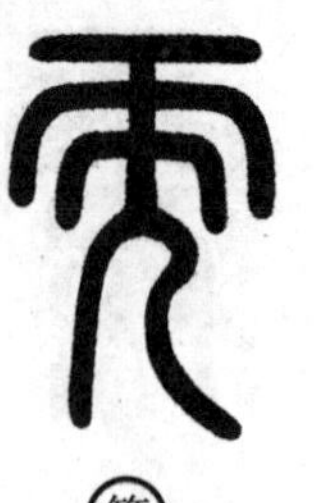

篆

汉简

汉印

彪

biāo

㊣篆

吴让之

號

(号)

hào

㊣篆

秦简

虩

xì

㊣篆

金文

非部

非

fēi

金文

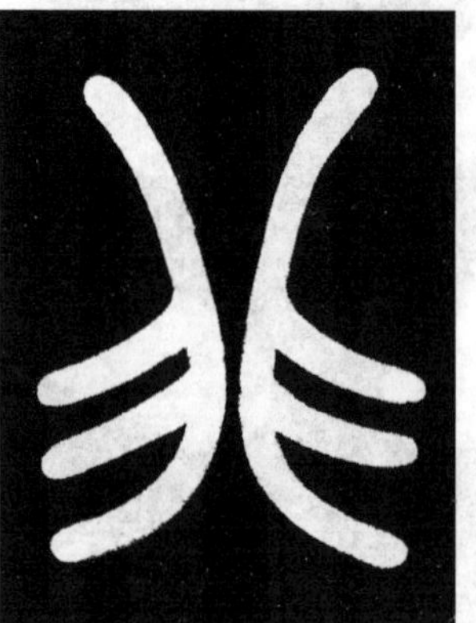

三体石经

吴大澂

赵孟頫

斐

fěi

吴大澂

悲

bēi

㊣篆

赵时㭎

吴大澂

蜚

fēi

㊊ 汉简

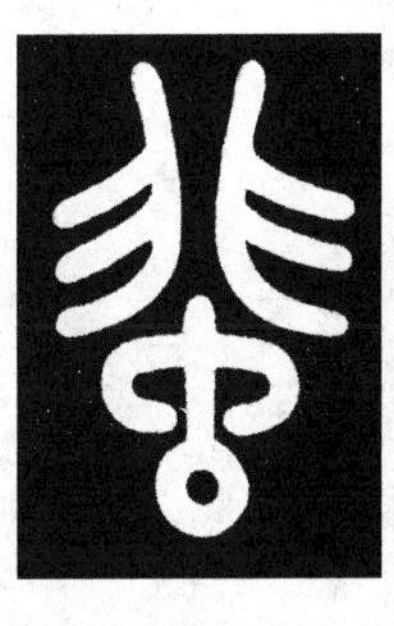

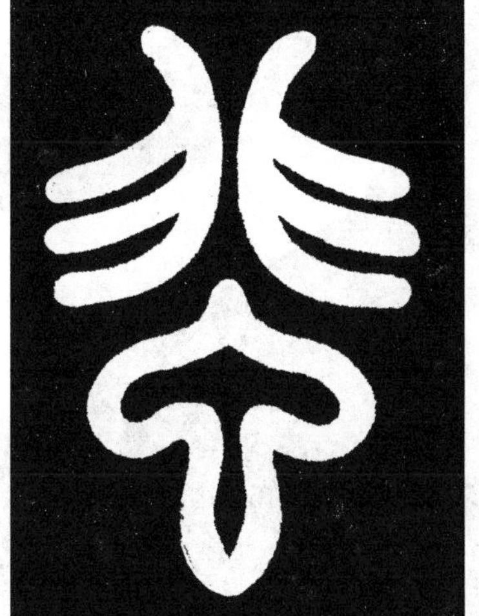

翡

fěi

吴昌硕

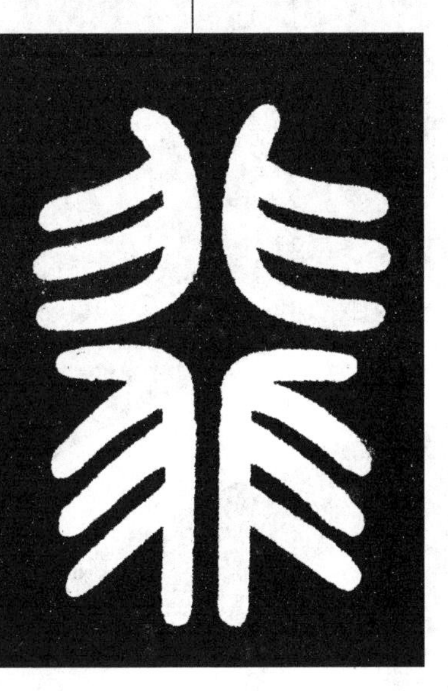

輩

(辈)

bèi

杨沂孙

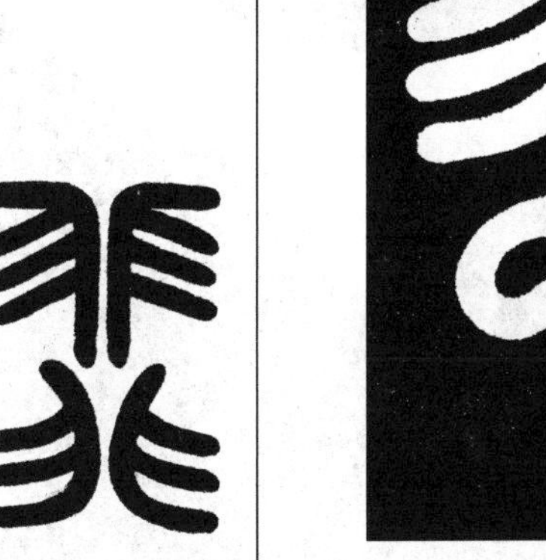

裴

（裵）

péi

㊊

李阳冰

非部
裴

隹部

隹

zhuī

篆

吴睿

篆

赵之琛

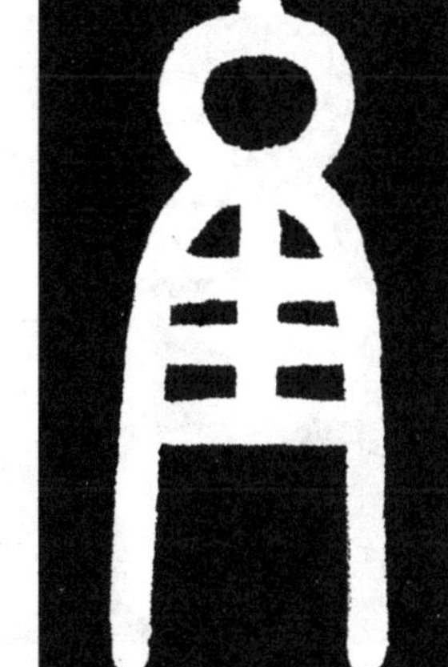

隽

(雋)

juàn

篆

仰嘉祥

隺

(鹤)

hè

篆

文彭

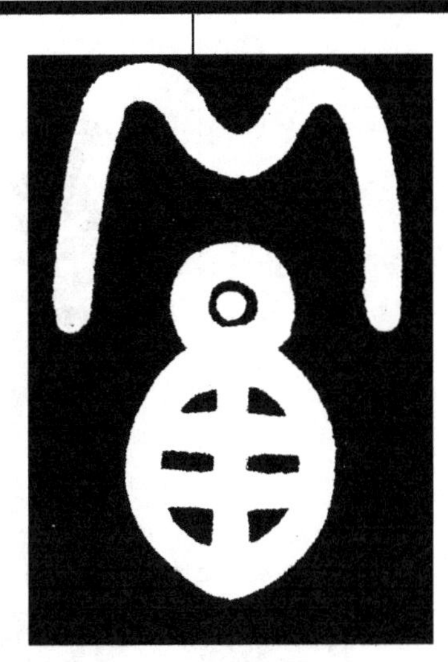

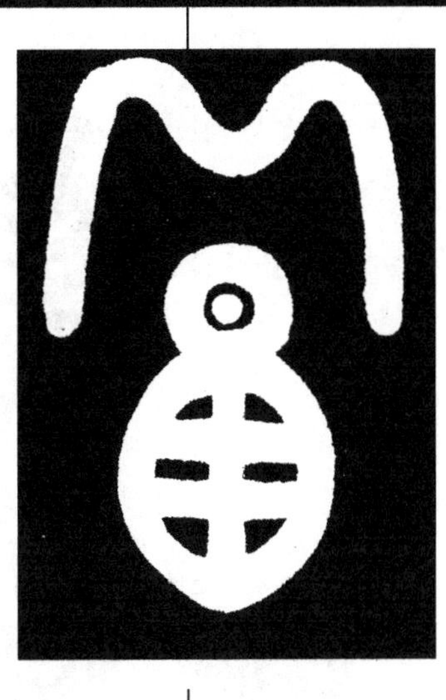

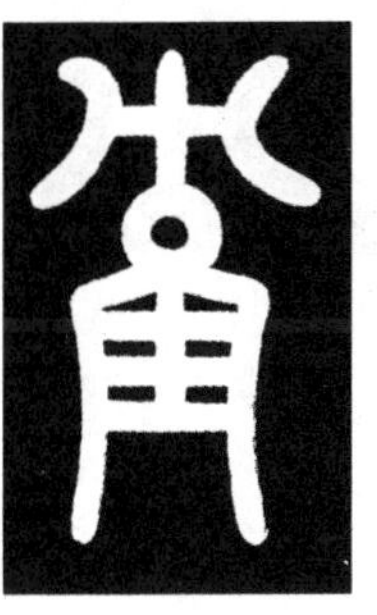

隻

(只)

zhī

仰嘉祥

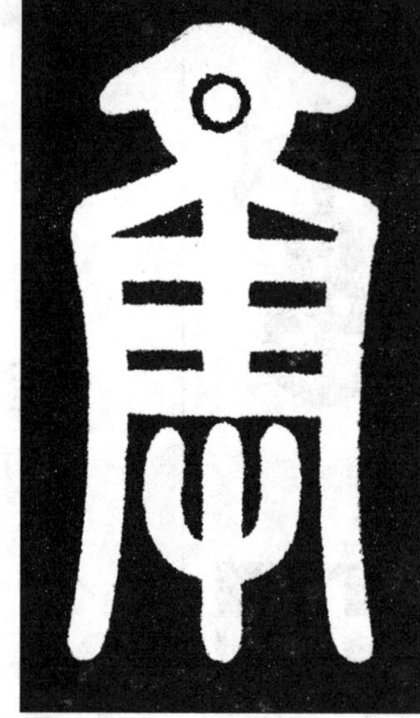

集

jí

篆

赵孟頫

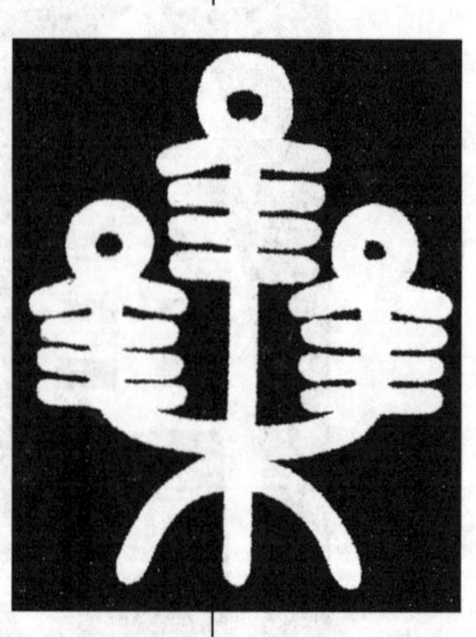

雄

xiōng

孙星衍

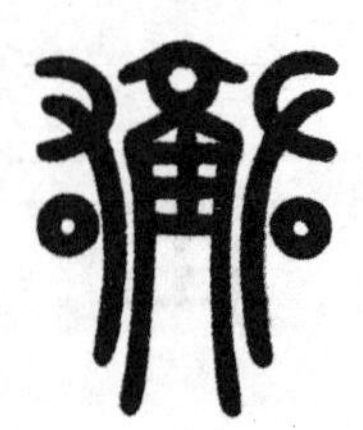

焦

jiāo

㊣篆

黄葆戉

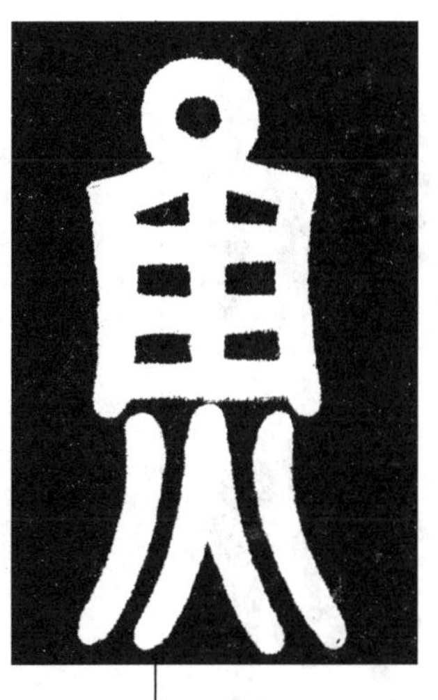

雖

（虽）

suī

㊣篆

王澍

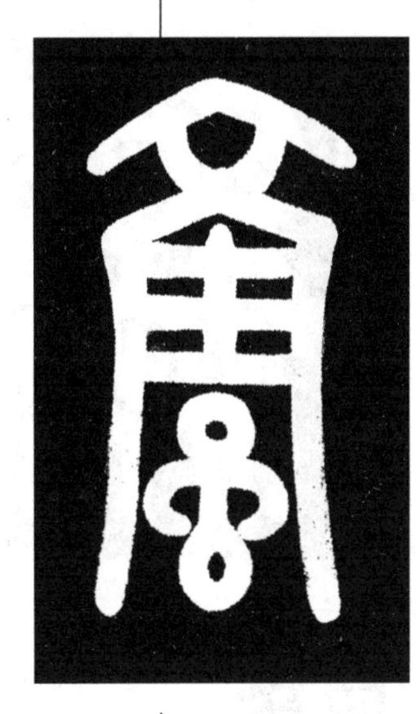

雒

luò

㊣篆

莫友芝

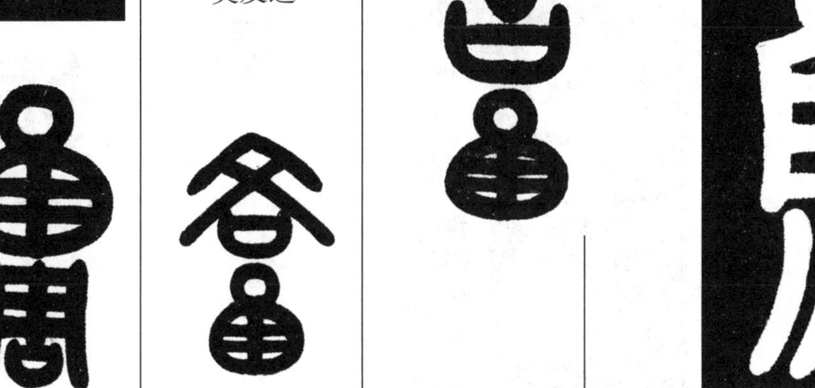

雕

diāo

㊣篆

方去疾

瞿

jù

篆

萧蜕

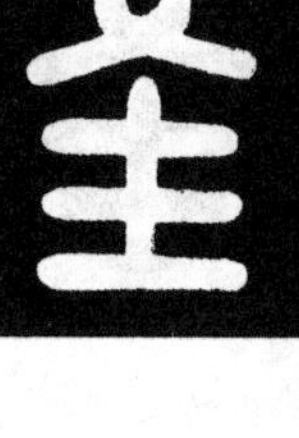

雛

（雏）

chú

篆

吴让之

雜

（杂）

zá

篆

吴让之

離

（离）

lí

李阳冰

難

（难）

nán

篆

赵孟頫

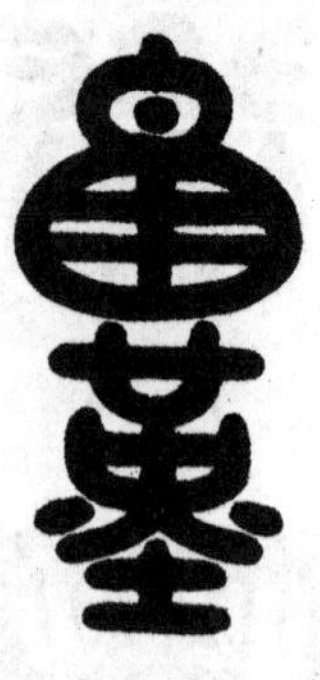

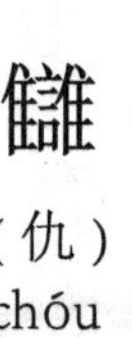

讎

（仇）

chóu

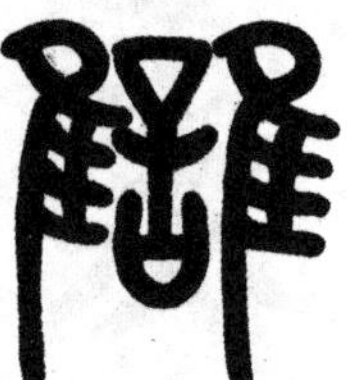

篆

秦简

金文

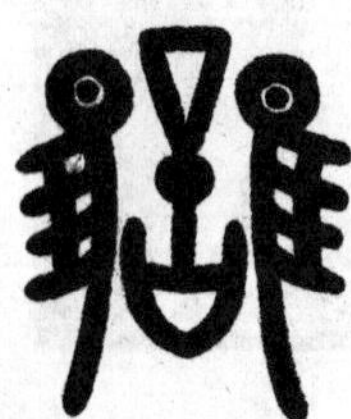

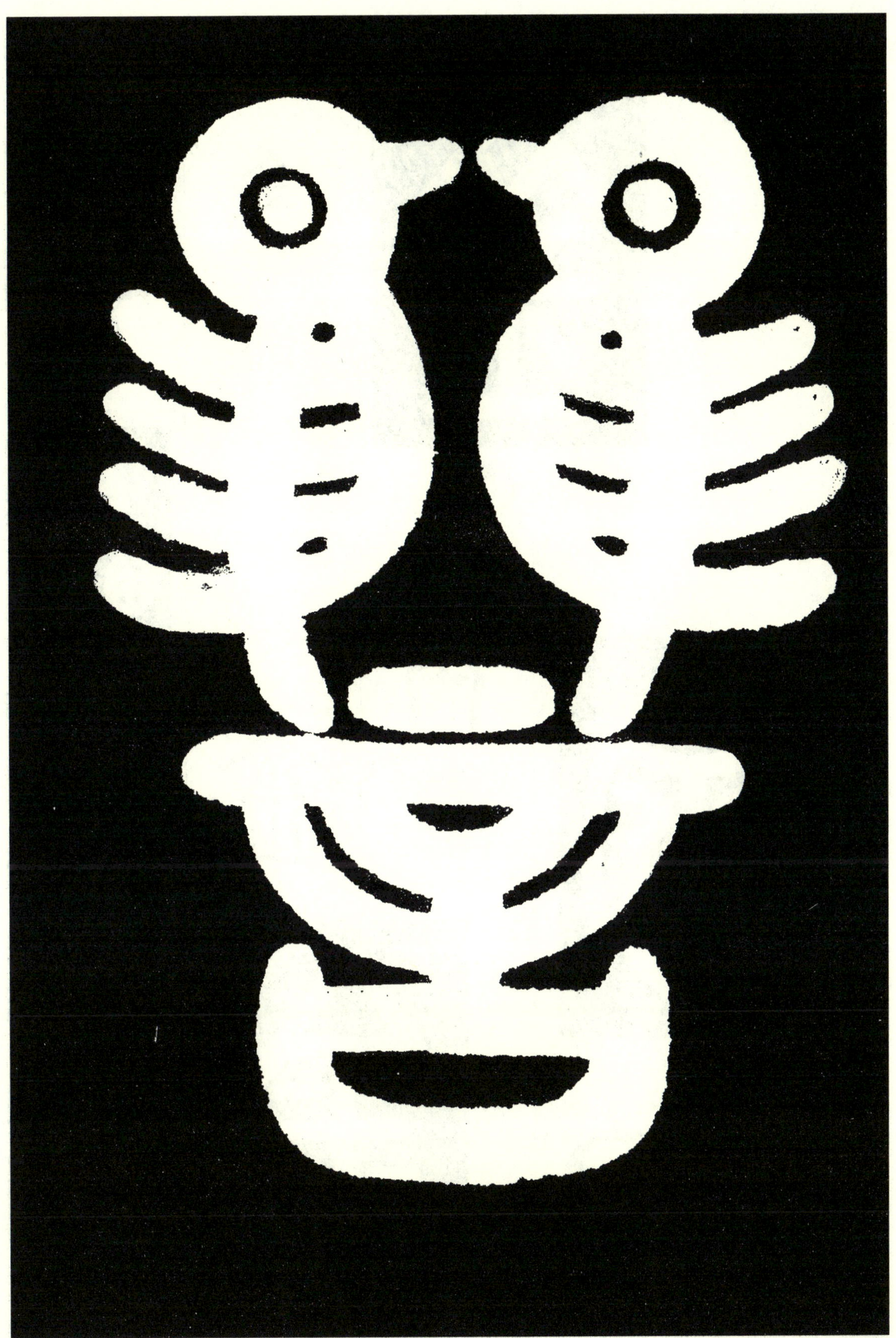

雥

zá

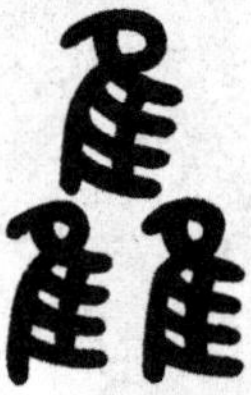

篆

梦英

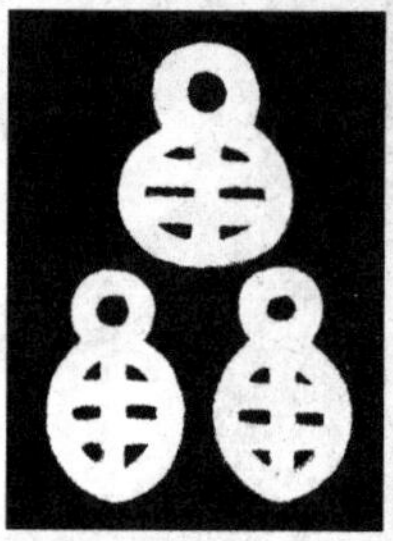

金部

金

jīn

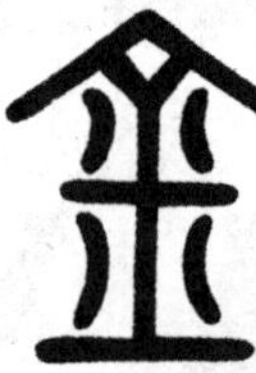

金文

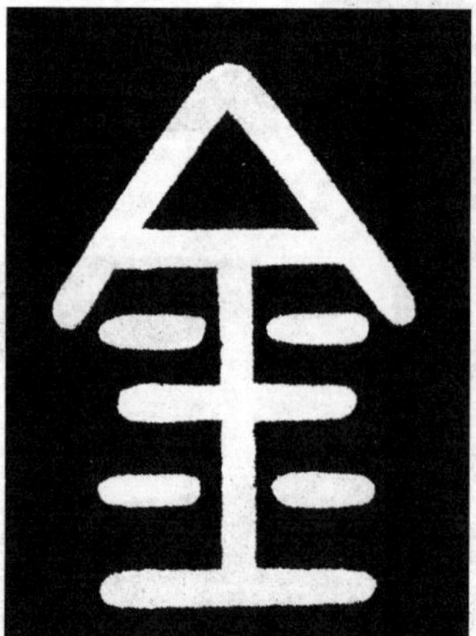

金文

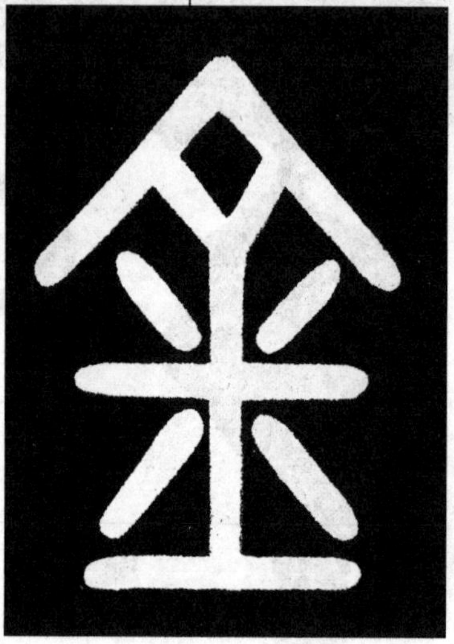

姚正镛

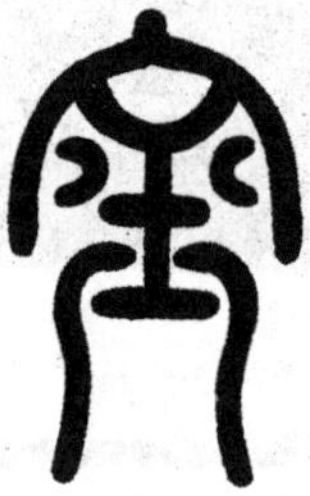

沙神之

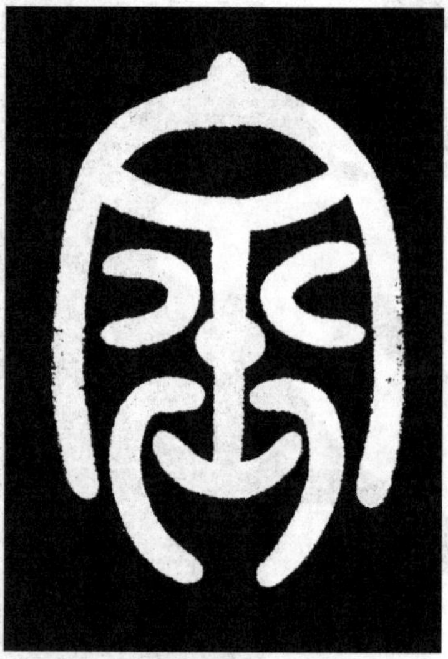

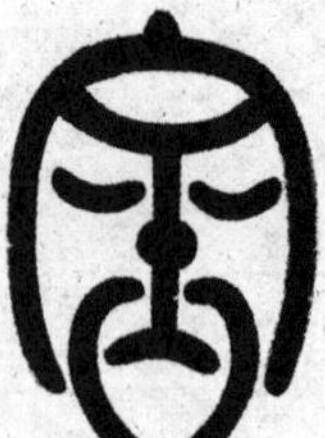

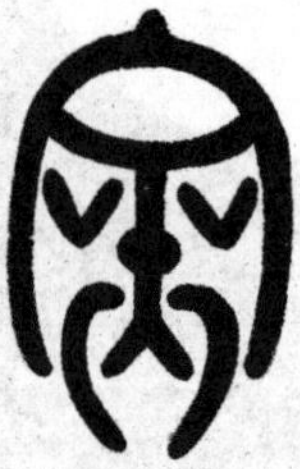

釘
(钉)
dīng

篆
方去疾

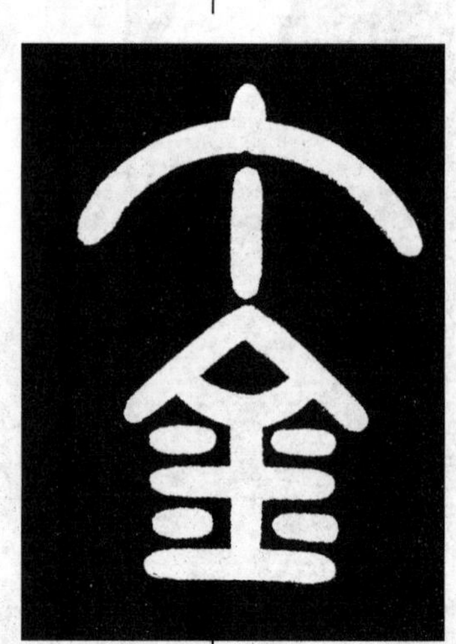

釗
(钊)
zhāo

篆
汉金文

釣
(钓)
diào

篆
吴昌硕

釵
(钗)
chāi

汉印

鈃
(钘)
xíng

篆
说文篆韵谱

鈍

(钝)

dùn

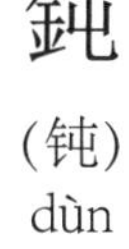

篆

徐三庚

鉛

(铅)

qiān

篆

永理

鈚

pī

篆

汉简

鉅

(巨)

jù

篆

吴昌硕

鈔

(钞)

chāo

篆

仰嘉祥

釿

jīn

篆

金文

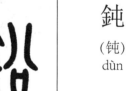

鈞

(钧)

jūn

篆

李阳冰

鉤

(钩)

gōu

篆

吴大澂

鈁

(钫)

fāng

篆

说文解字

欽

(钦)

qīn

篆

邓石如

鈕
(钮)
niǔ

篆 黄葆戉

鉦
(钲)
zhēng

篆 说文解字

鉗
(钳)
qián

篆 方去疾

鉞
(钺)
yuè

篆 林时九

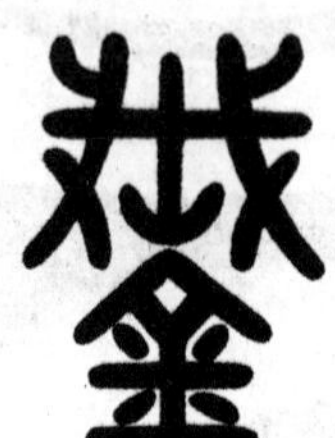

鋤
(锄)
chú

篆 吴大澂

鈿
(钿)
diàn

篆 方去疾

鈴

(铃)

líng

(篆)

林时九

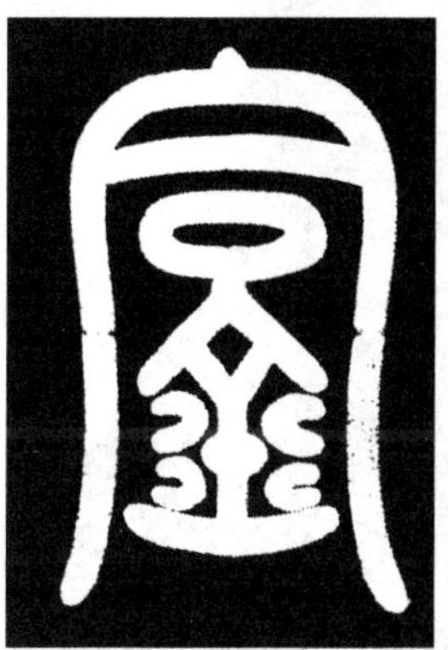

鉩

(玺)

xǐ

(篆)

古鉩

鉉

(铉)

xuàn

(篆)

杨沂孙

鉛

(铅)

qiān

(篆)

说文解字

鉊

zhāo

(篆)

吴大澂

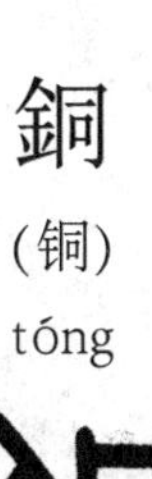

銅

(铜)

tóng

(篆)

汉金文

鉈

(铊)

tā

(篆)

说文解字

金部
鉈

銍

(铚)

zhì

(篆)

永理

銖

(铢)

zhū

(篆)

泉文

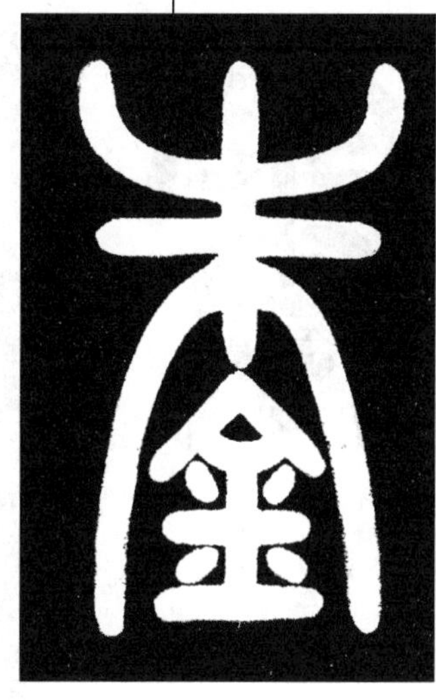

銑

(铣)

xǐ

(篆)

古人

銛

(铦)

xiān

(篆)

说文解字

銓

(铨)

quán

(篆)

黄士陵

銘

(铭)

míng

(篆)

赵孟頫

錚

(铮)

zhēng

㊫

方去疾

銀

(银)

yín

㊫

永瑆

鋆

yún

㊫

吴让之

鋪

(铺)

pū

㊫

方去疾

銷

(销)

xiāo

㊫

邓石如

鋗

juān

说文解字

鋚

tiǎo

篆

王禔

銼

(锉)

cuò

篆

说文解字

鋒

(锋)

fēng

篆

汉印

鋭

(锐)

ruì

篆

吴隐

鋈

wù

篆

吴昌硕

錯

(错)

cuò

篆

吴之谦

錢

(钱)

qián

(篆) 杨沂孙

錫

(锡)

xī

(篆) 永珵

錡

(锜)

qí

(篆) 汉简

錕

(锟)

kūn

(篆) 齐白石

錘

(锤)

chuí

(篆) 清人

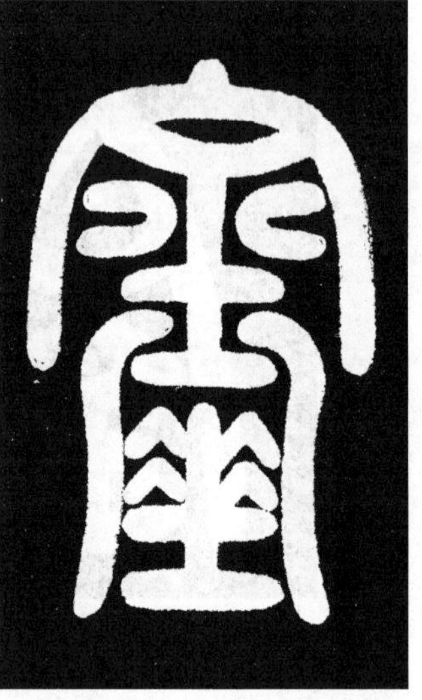

錐

(锥)

zhuī

(篆) 方去疾

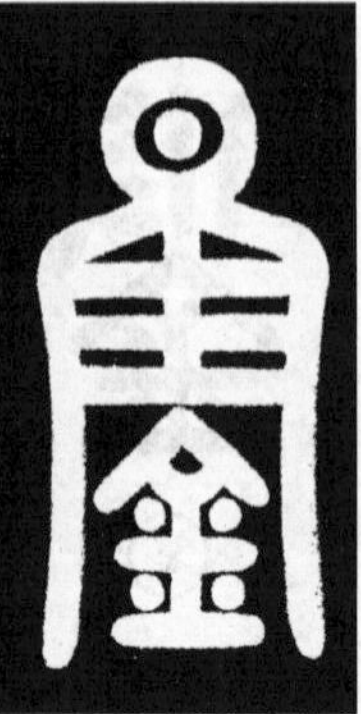

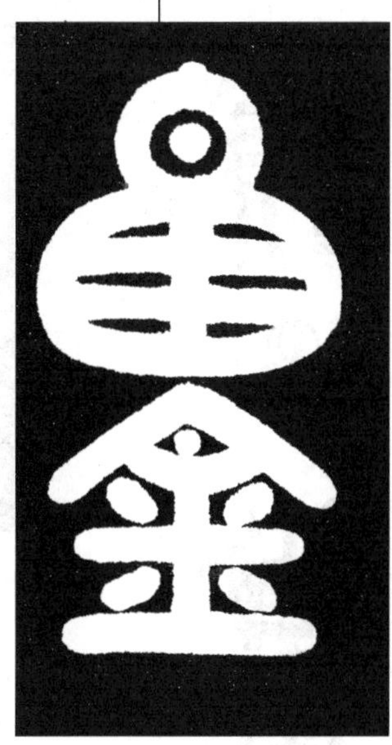

錦

（锦）

jǐn

篆

方去疾

錞

chún

篆

陈侯因资敦

録

（录）

lù

篆

吴大澂

鋸

（锯）

jù

篆

方去疾

鍊

（炼）

liàn

篆

吴大澂

鍼

（针）

zhēn

篆

吴昌硕

鍇

(锴)

kǎi

篆

杨沂孙

鍒

róu

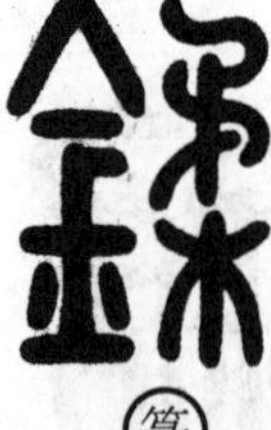

篆

说文解字

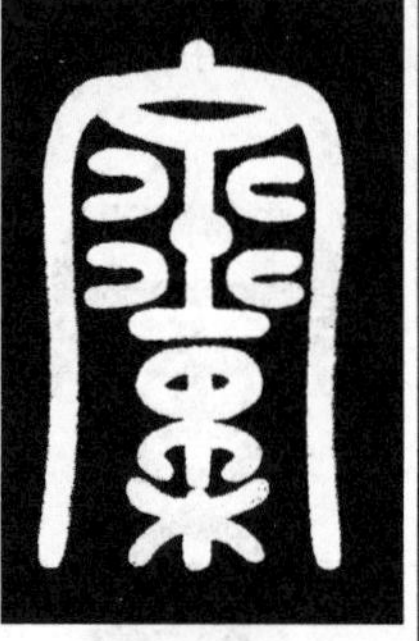

鍪

móu

篆

金文

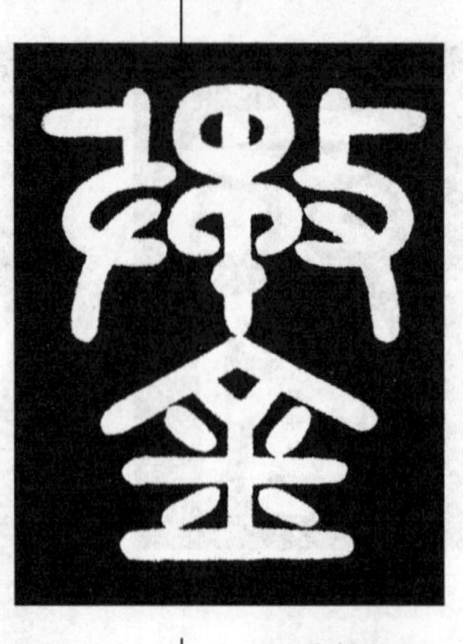

鎮

(镇)

zhèn

篆

徐三庚

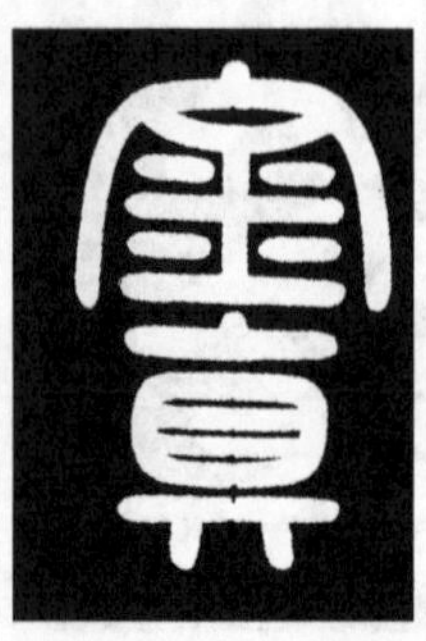

(镈)

bó

金文

鎖

(锁)

suǒ

杨沂孙

鐘

(钟)

zhōng

赵孟頫

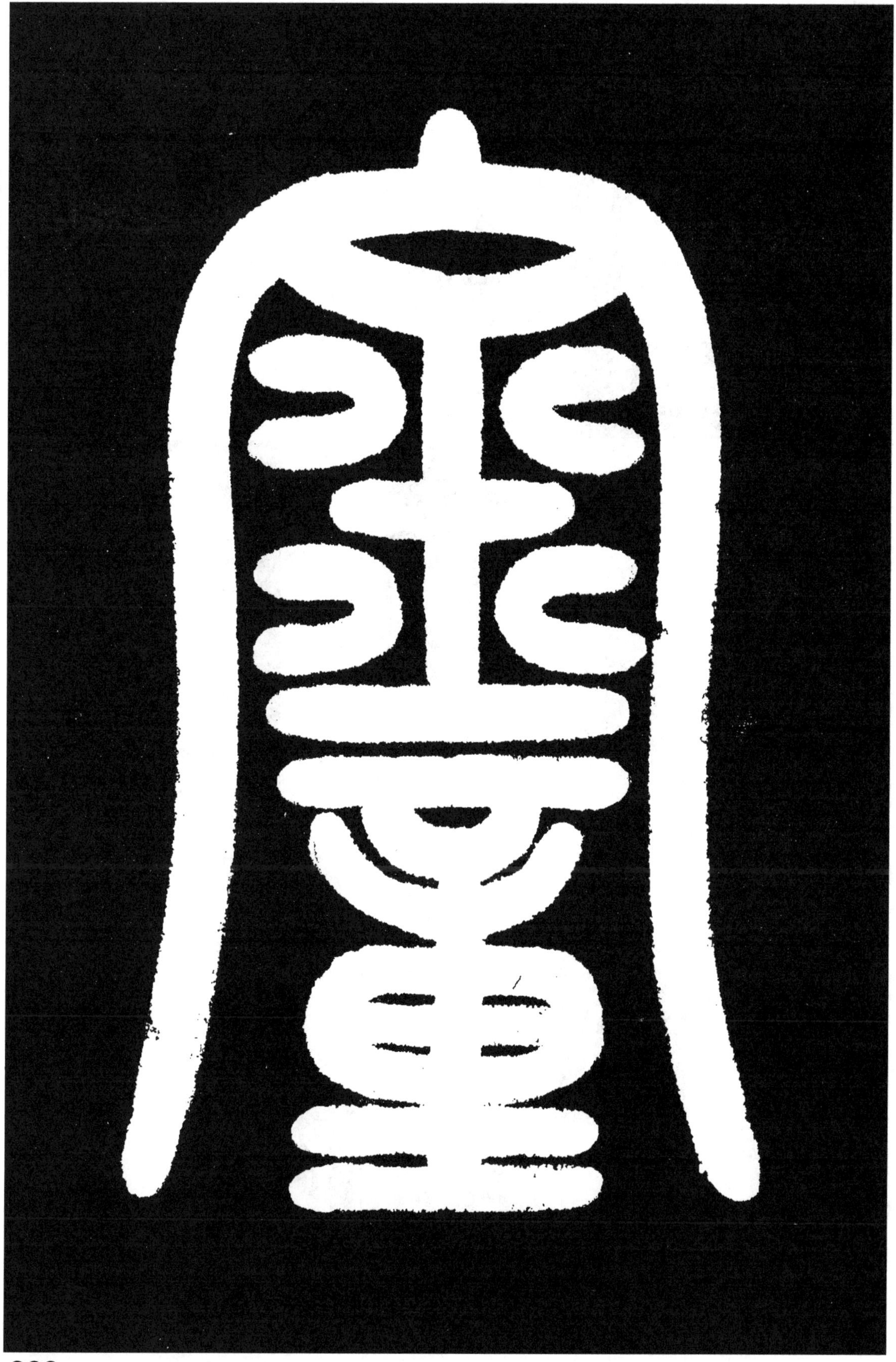

鐫

（镌）

juān

篆

吴昌硕

鎦

（镏）

liú

篆

吴咨

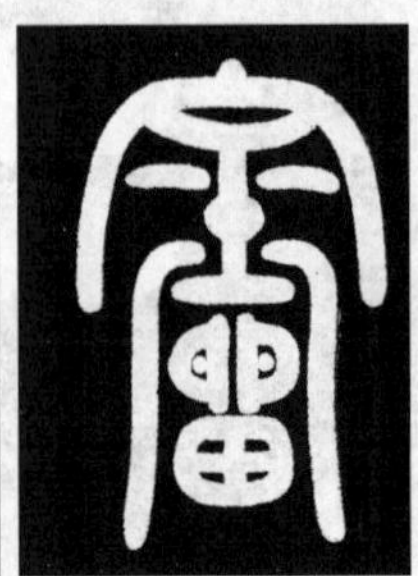

鎬

（镐）

gǎo

篆

吴大澂

鎔

（熔）

róng

篆

吴让之

鏤

（镂）

lòu

篆

吴昌硕

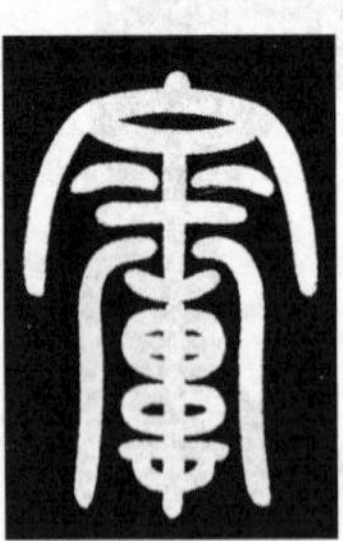

鏗

（铿）

kēng

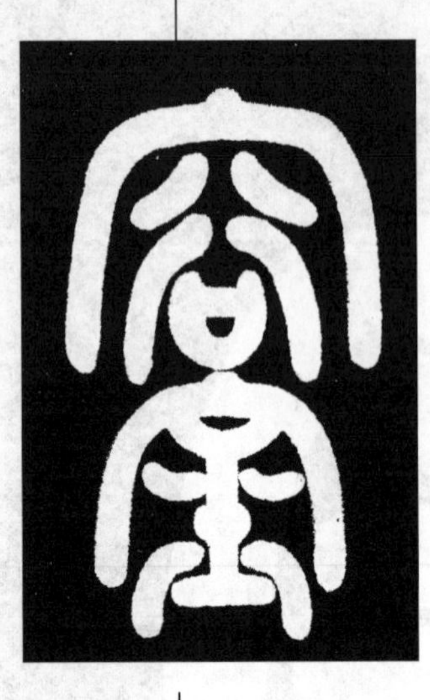

篆

杨沂孙

鏞

（镛）

yōng

篆

吴昌硕

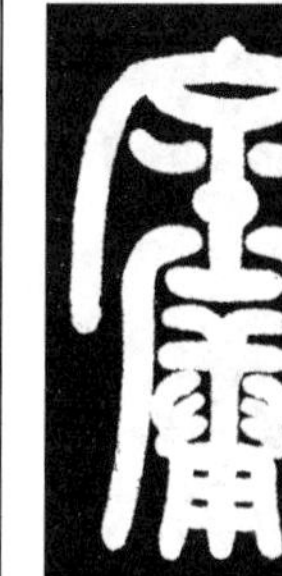

鏡

(镜)

jìng

篆 吴让之

鏘

(锵)

qiāng

篆 篆辨

鏐

(镠)

liú

篆 说文解字

鐔

(镡)

chān

篆 汉印

鐃

(铙)

náo

篆 赵之谦

鍾

zhōng

篆 邓石如

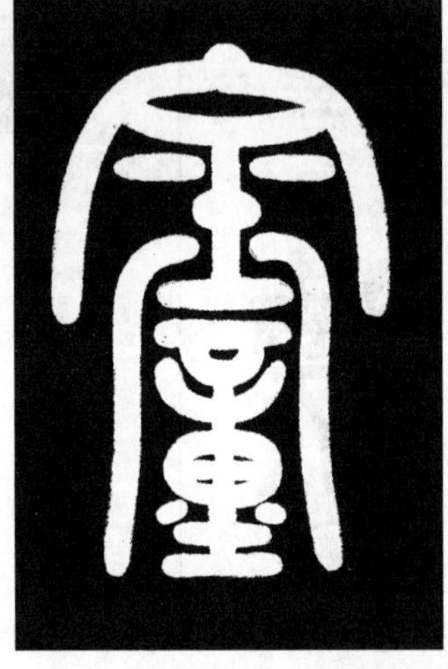

鐈

qiāo

篆 说文解字

鐙

(镫)

dèng

篆 杨沂孙

鐵

(铁)

tiě

篆 封泥

鐸

(铎)

duó

篆 吴大澂

鑒

(鉴)

jiàn

篆 汉金文

鑄

(铸)

zhù

篆 余义钟

金文

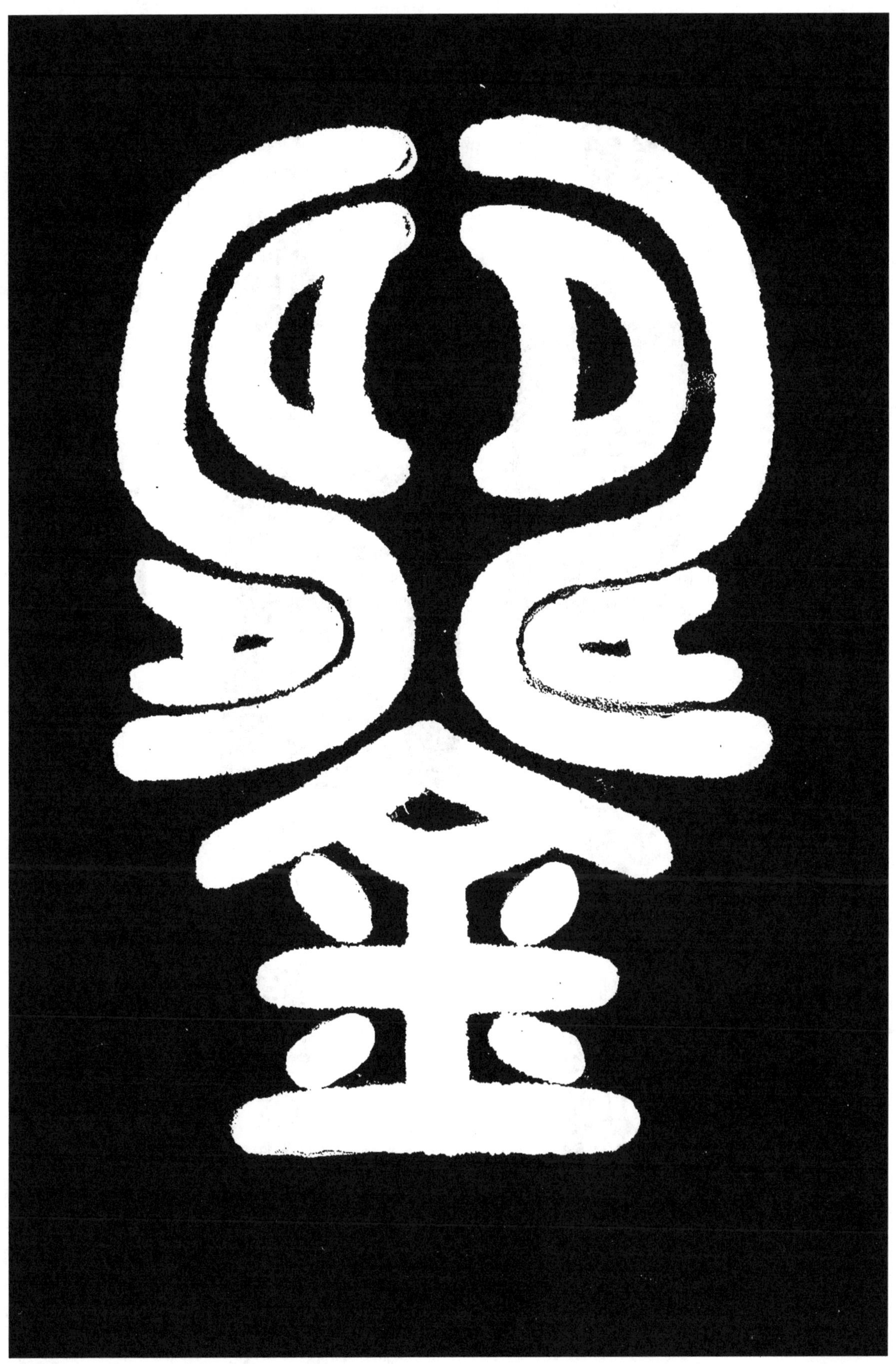

鑠
(铄)
shuò

篆
吴让之

鑪
(炉)
lú

篆
李阳冰

鑰
(钥)
yuè

篆
杨沂孙

鑲
(镶)
xiāng

篆
方去疾

鑽
(钻)
zuàn

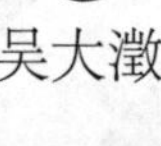
吴大澂

鑿
(凿)
záo

篆
赵时棡

鑴
xī

杨沂孙

鑾
(銮)
luán

石鼓文

鑾 吴让之

食（食）部

食

shí

(篆)

赵孟頫

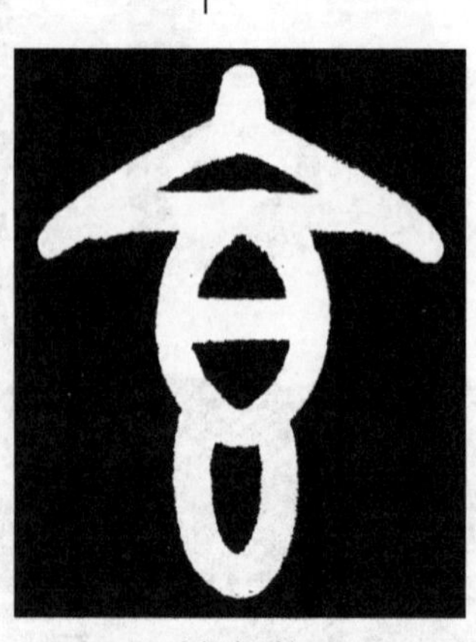

吴大澂

陆维钊

叶玉森

飪

（饪）

rèn

(篆)

汪仁寿

飫

（饫）

yù

(篆)

赵孟頫

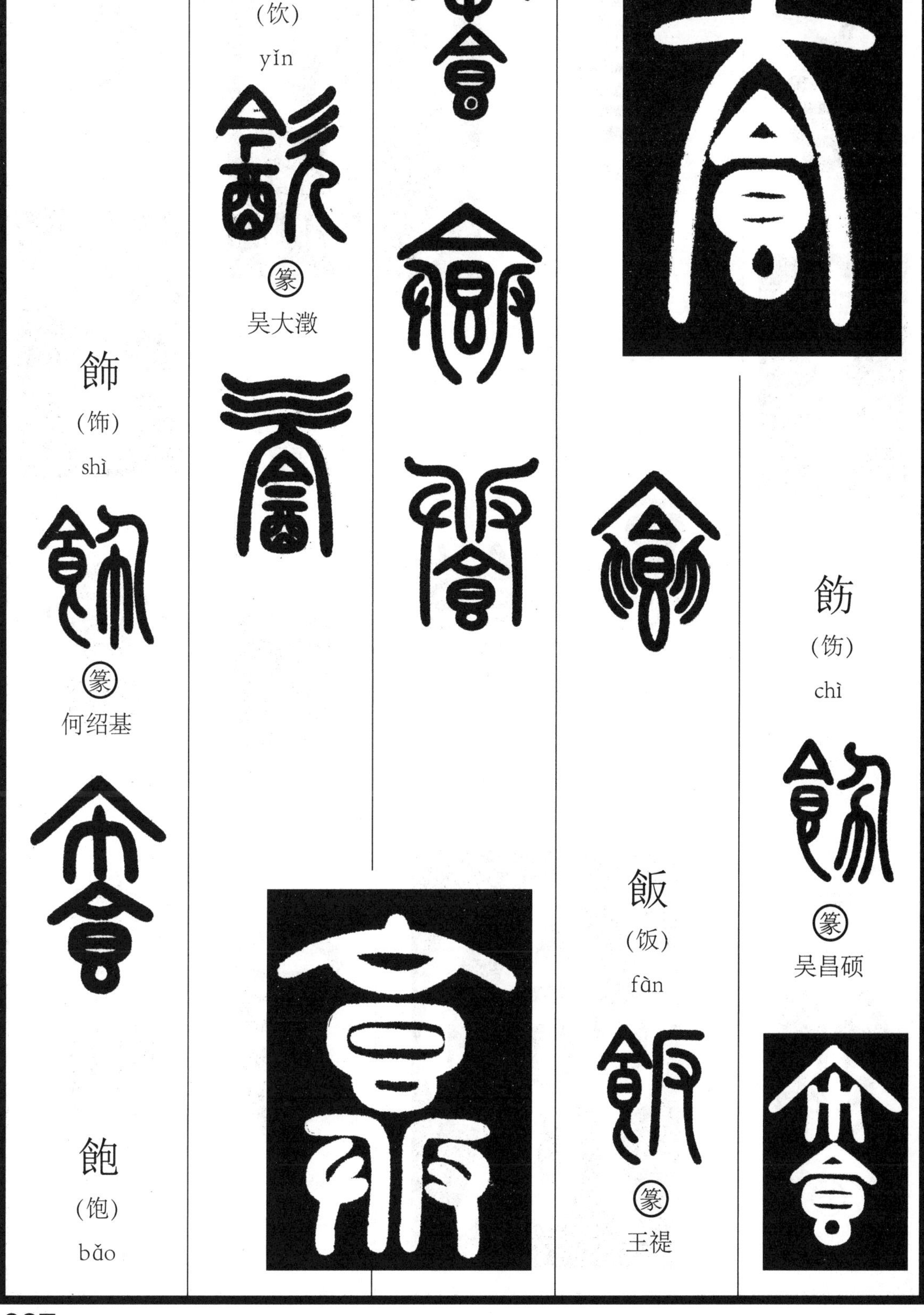

飭
(饬)
chì
篆
吴昌硕

飯
(饭)
fàn
篆
王禔

飲
(饮)
yǐn
篆
吴大澂

飾
(饰)
shì
篆
何绍基

飽
(饱)
bǎo

篆 莫友芝

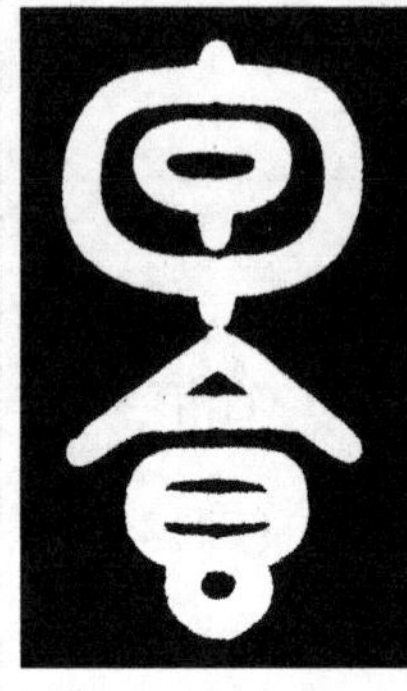

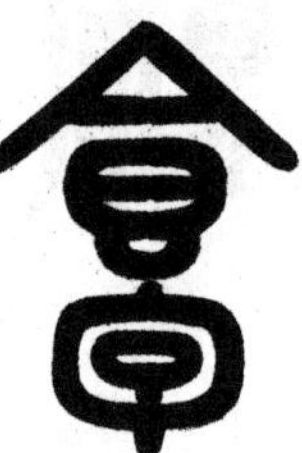

飼

(饲)

sì

篆 金文

飴

(饴)

yí

篆 开母石阙

餌

(饵)

ěr

篆 说文解字

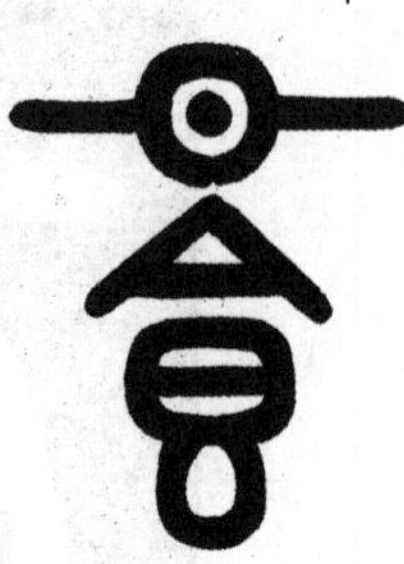

蝕

(蚀)

shí

篆 汉简

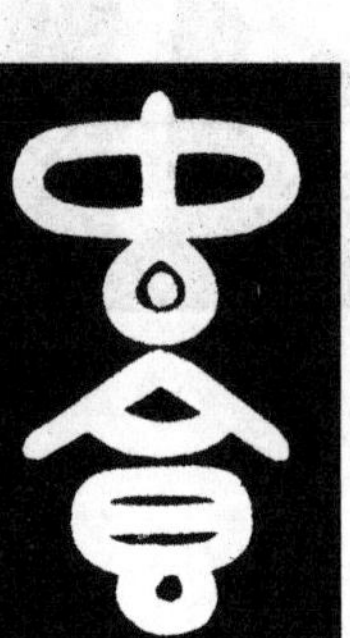

餔

bū

篆 说文解字

篆 吴大澂

饌
(馔)
zhuàn

篆 吴大澂

饍
shàn

篆 汉简

饑
(饥)
jī

篆 王褆

餐
cān

篆 赵孟頫

篆 吴让之

饗
(飨)
xiǎng

篆 赵时棡

宰簋

風部

風
(风)
fēng

篆
邓石如

篆
赵之谦

颭
(飐)
zhǎn

篆
说文解字

颺
(扬)
yáng

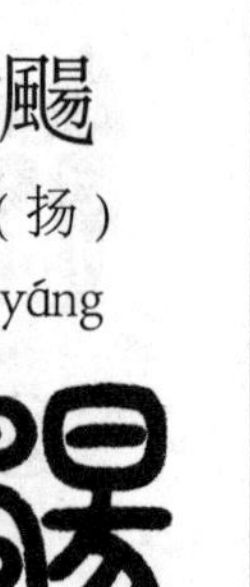

篆
说文解字

颻
(飖)
yáo

篆 田潛

篆 赵孟頫

飆
(飙)
biāo

篆 吴让之

飂
liù

飄
(飘)
piāo

篆 李阳冰

音部

音
yīn

陶文

李阳冰

章
zhāng

篆 吴大澂

赵孟頫

邓石如

竟
jìng

篆

赵孟頫

歆

xīn

篆

说文解字

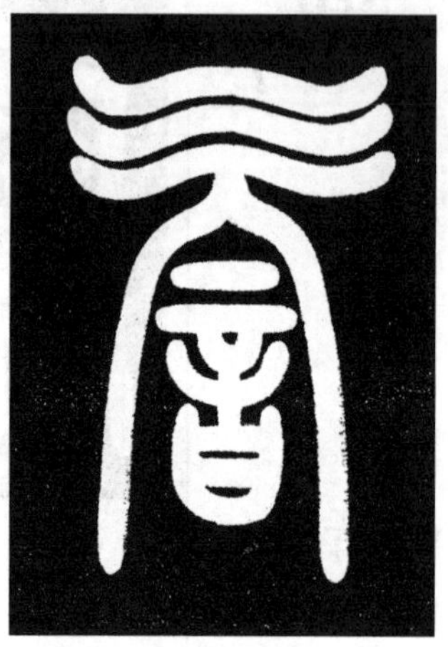

韵

yùn

篆

杨沂孙

意

yì

篆

吴让之

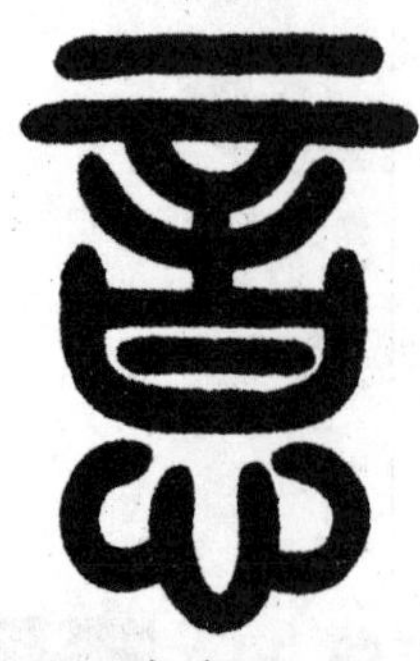

李东阳

韻

yùn

篆

王褆

邓石如

韶

sháo

篆

黄葆戉

響
(响)
xiǎng

邓石如

鄉
(向)
xiàng

篆
碧落碑

金文

金文

門部

門
(门)
mén

吴让之

吴大澂

吴大澂

永瑆

吴大澂

閈
(闬)
hàn

金文

閉
(闭)
bì

篆
吴大澂

田潜

問
(问)
wèn

何绍基

吴大澂

門部
問

閏

(闰)

rùn

李阳冰

開

(开)

kāi

邓石如

吴大澂

閑

(闲)

xián

篆

赵孟頫

間

jiàn

篆

吴大澂

閔

(闵)

mǐn

李阳冰

閎

(闳)

hóng

篆

吴大澂

悶

(闷)

mèn

篆

莫友芝

田潜

閟

bì

㊣篆

杨沂孙

閘

（闸）

zhá

马王堆帛书

閨

（闺）

guī

方去疾

聞

（闻）

wén

㊣篆

吴睿

閩

（闽）

mǐn

㊣篆

赵孟頫

閭

（闾）

lǘ

吴大澂

碧落碑

閤

gé

杨沂孙

閣

(阁)

gé

篆

吴让之

钱镠

閫

(阃)

kǔn

篆

碧落碑

誾

(訚)

yín

吴大澂

吴大澂

閡

(阂)

hé

篆

吴让之

閱

(阅)

yuè

篆

吴大澂

田潜

閬

(阆)

làng

篆

秦简

閾

(阈)

yù

篆

吴大澂

閹

(阉)

yān

说文解字

篆

汉简

閼

(阏)

è

篆

说文解字

閻

(阎)

yán

说文解字

篆

章友直

闌

(阑)

lǎn

篆

吴大澂

褚德彝

吴昌硕

闇

(暗)

àn

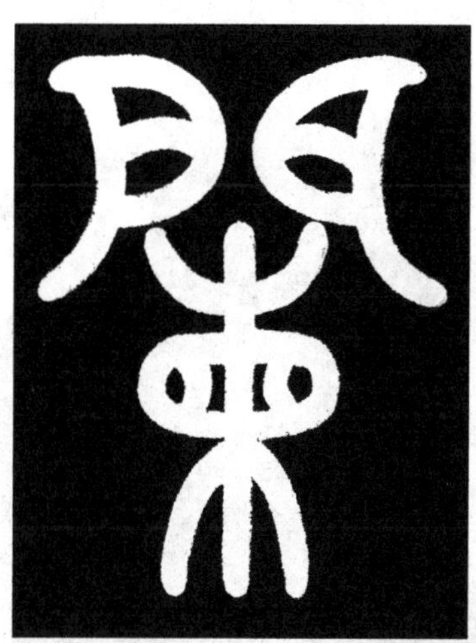

丁佛言

吴昌硕

闈

(闱)

wéi

篆

邓石如

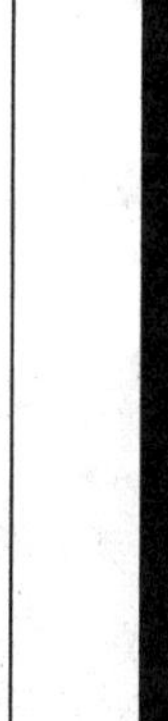

篆

吴让之

闔

(阖)

hé

田潜

闊

(阔)

kuò

篆

杨沂孙

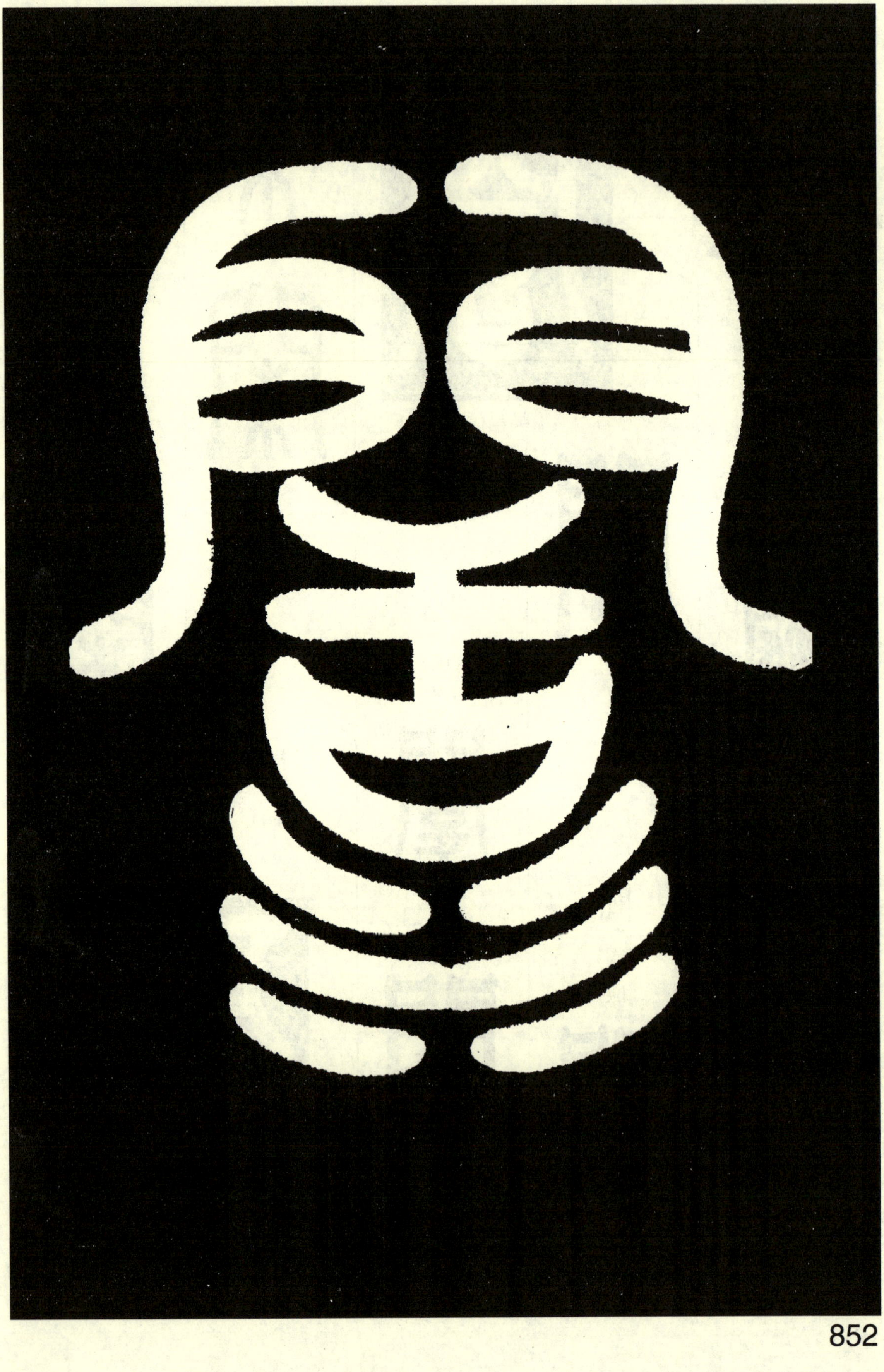

闐

(阗)

tián

(篆)

徐三庚

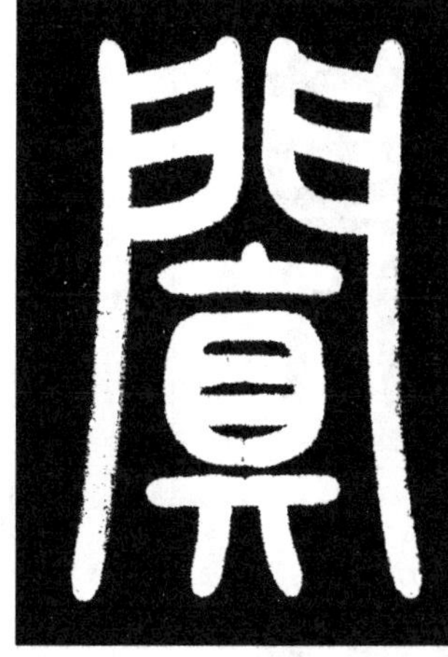

闓

(闿)

kǎi

(篆)

徐三庚

闕

(阙)

què

(篆)

黄葆戉

關

(关)

guān

徐三庚

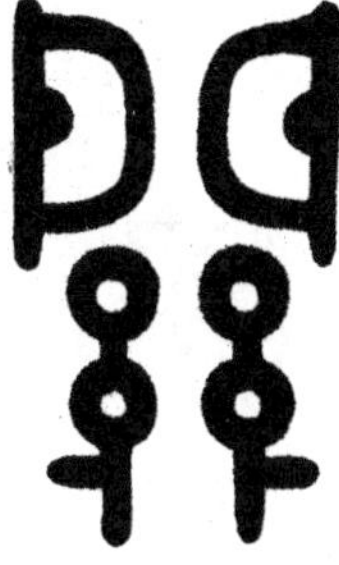

吴大澂

闥

(闼)

tà

(篆)

邓石如

闖

(闯)

chuǎng

(篆)

方去疾

闡

(阐)

chǎn

邓石如

闢

(辟)

pì

篆 吴大澂

陶文

隶部

隶

lì

篆 梦英

隸

(隶)

lì

篆 赵孟頫

革部

革

gé

永理

杨沂孙

勒

lè

篆 吴让之

靳

jìn

篆 黄葆戉

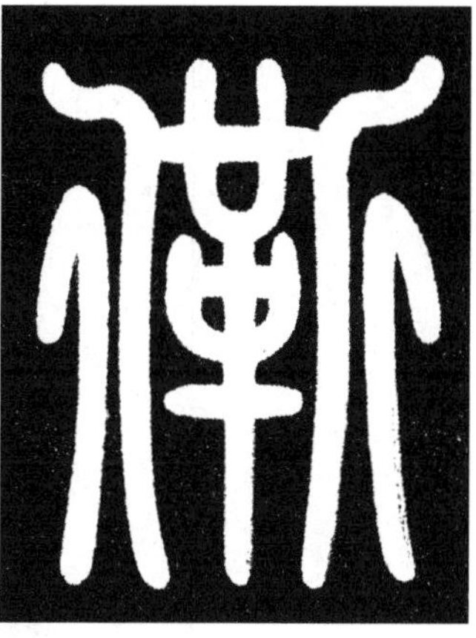

靷

yǐn

篆 吴昌硕

鞅

yāng

篆 汪仁寿

汉印

鞀

tāo

篆 说文解字

鞄

páo

篆 说文解字

鞵

(鞋)

xié

篆 说文解字

鞏

(巩)

gǒng

篆 汪仁寿

鞞

bǐng

篆 说文解字

鞠

jū

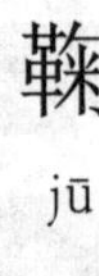

篆 李阳冰

鞭

biān

篆 莫友芝

鞫

jū

篆 秦简

頁部

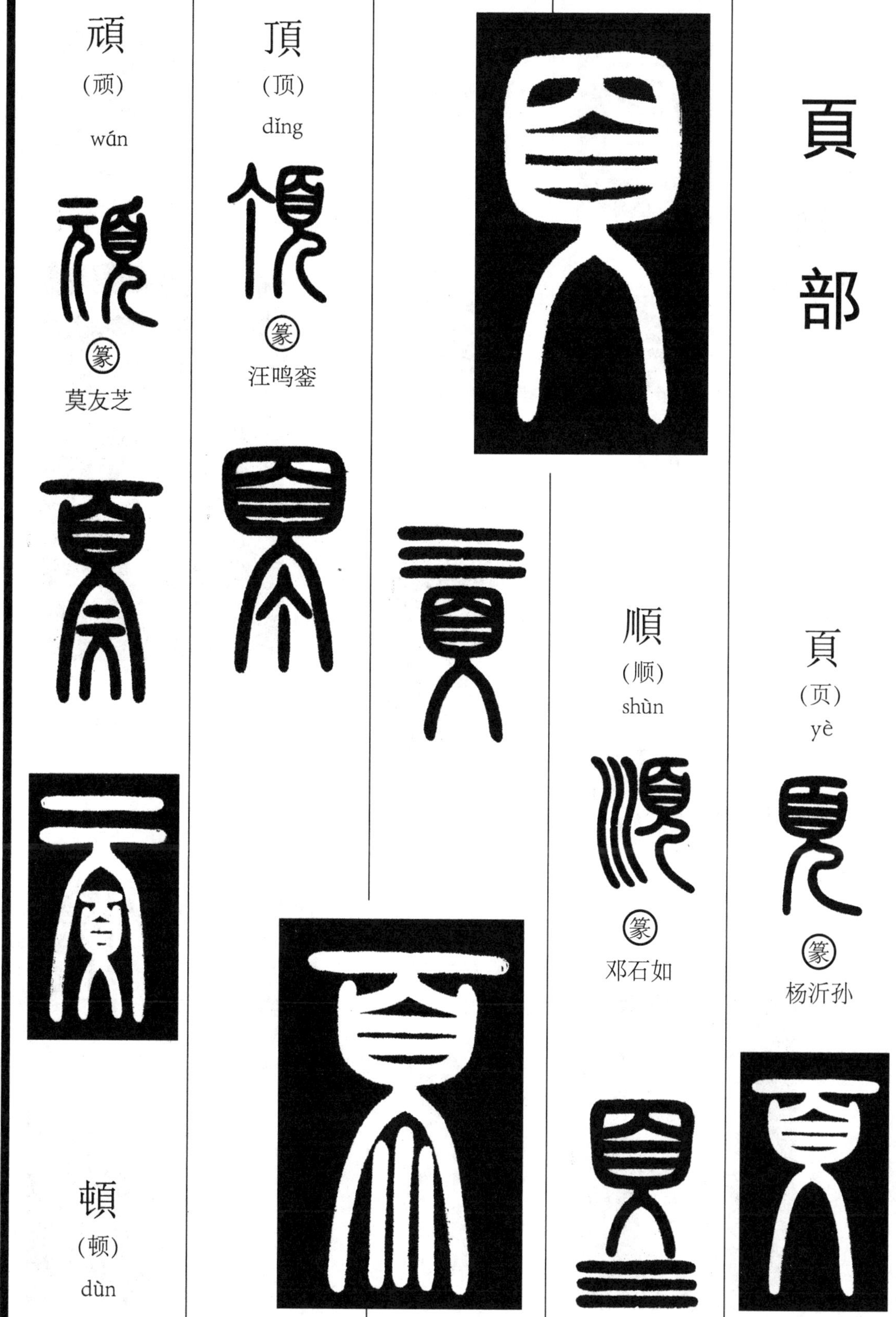

頁
(页)
yè
篆
杨沂孙
順
(顺)
shùn
篆
邓石如
頂
(顶)
dǐng
篆
汪鸣銮
頑
(顽)
wán
篆
莫友芝
頓
(顿)
dùn

赵之谦

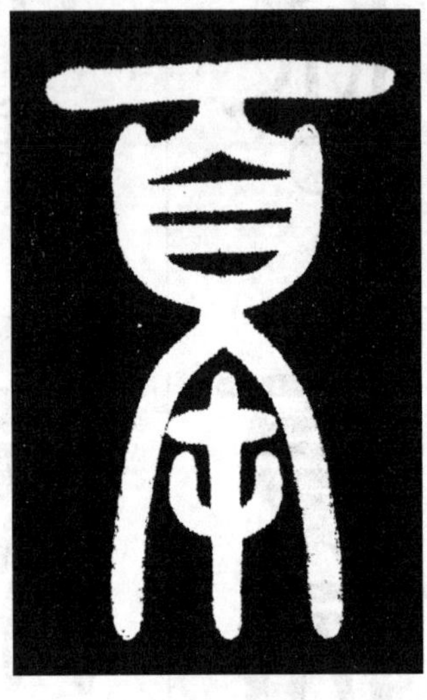

頒

(颁)

bān

吴大澂

頌

(颂)

sòng

李斯

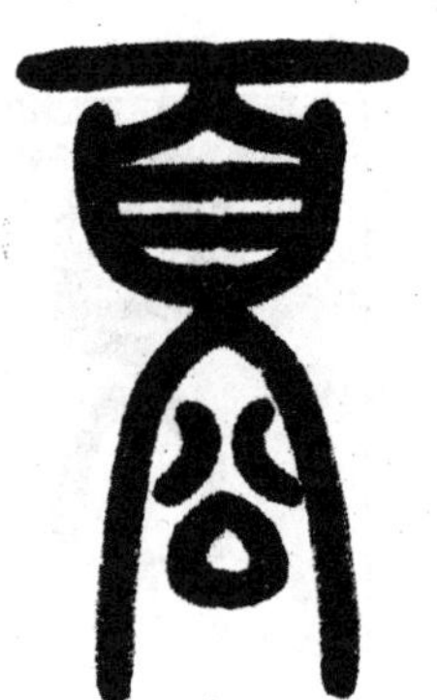

領

(领)

lǐng

篆

吴昌硕

頡

(颉)

jié

篆

杨守敬

頫

(俯)

fǔ

王禔

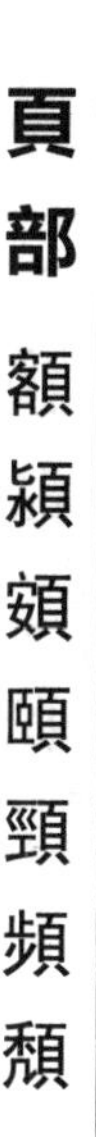

額
(额)
é 
篆
仰嘉祥

穎
(颍)
yǐng 
篆
方去疾

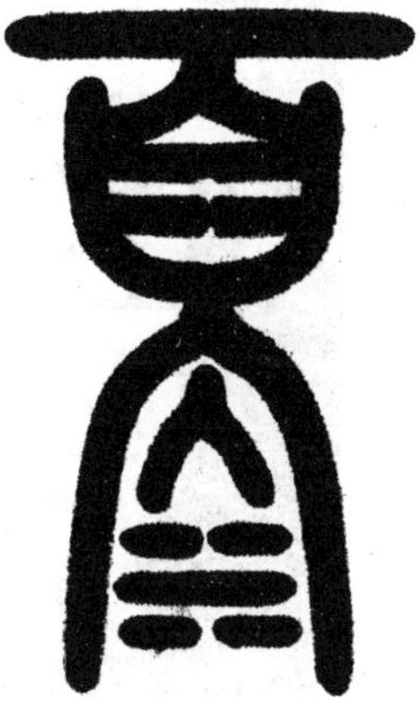

頞
è 
篆
吴大澂

頤
(颐)
yí 
篆
徐三庚

頸
(颈)
jǐng 
篆
方去疾

頻
(频)
pín 
篆
吴大澂

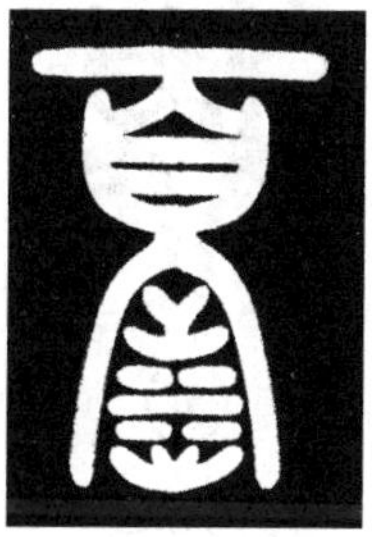

頹
(颓)
tuí 
篆
邓石如

穎
(颖)
yǐng

篆
吴让之

頵
jūn

篆
三体石经

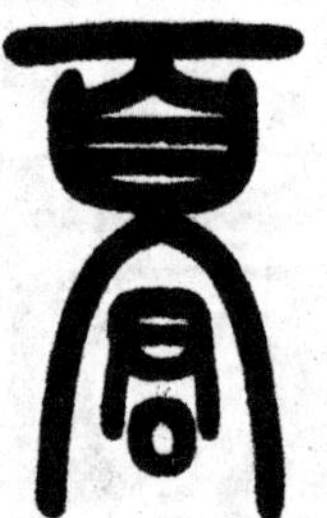

顇
cuì

篆
王禔

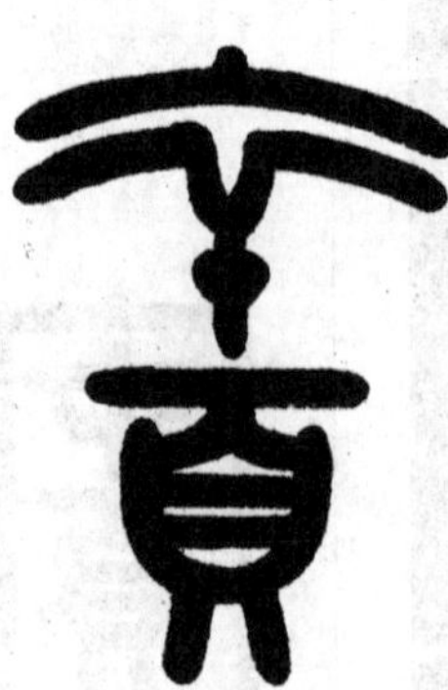

顆
(颗)
kē

篆
方去疾

顓
(颛)
zhuān

篆
说文解字

顏
(颜)
yán

篆
黄葆戉

顛
(颠)
diān

篆
邓石如

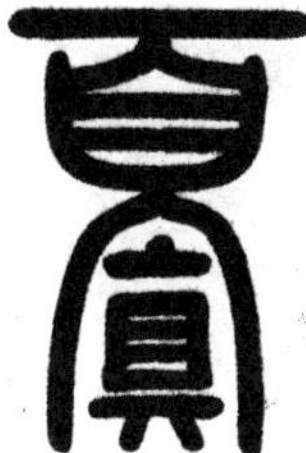

願
(愿)
yuàn

篆
王禔

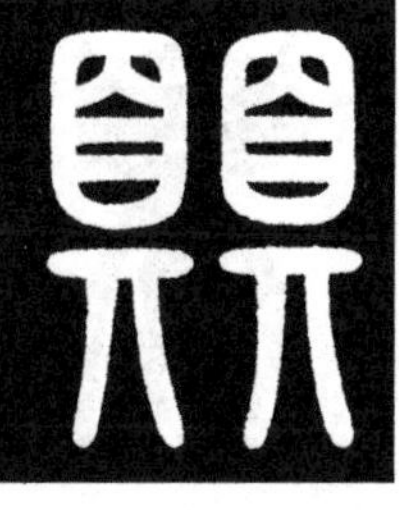

類
(类)
lèi

篆
邓石如

顙
(颡)
sǎng

篆
王禔

顥
(颢)
hào

篆
吴昌硕

顧
(顾)
gù

篆
李阳冰

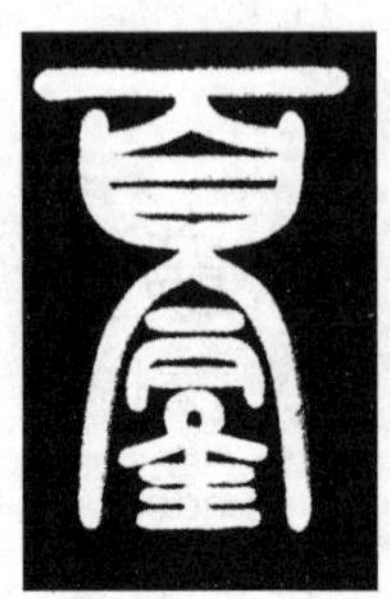

顫
(颤)
chàn

篆
说文解字

顯
(显)
xiǎn

篆
吴大澂

面部

面
miàn

篆
秦简

甲骨文

赵孟頫

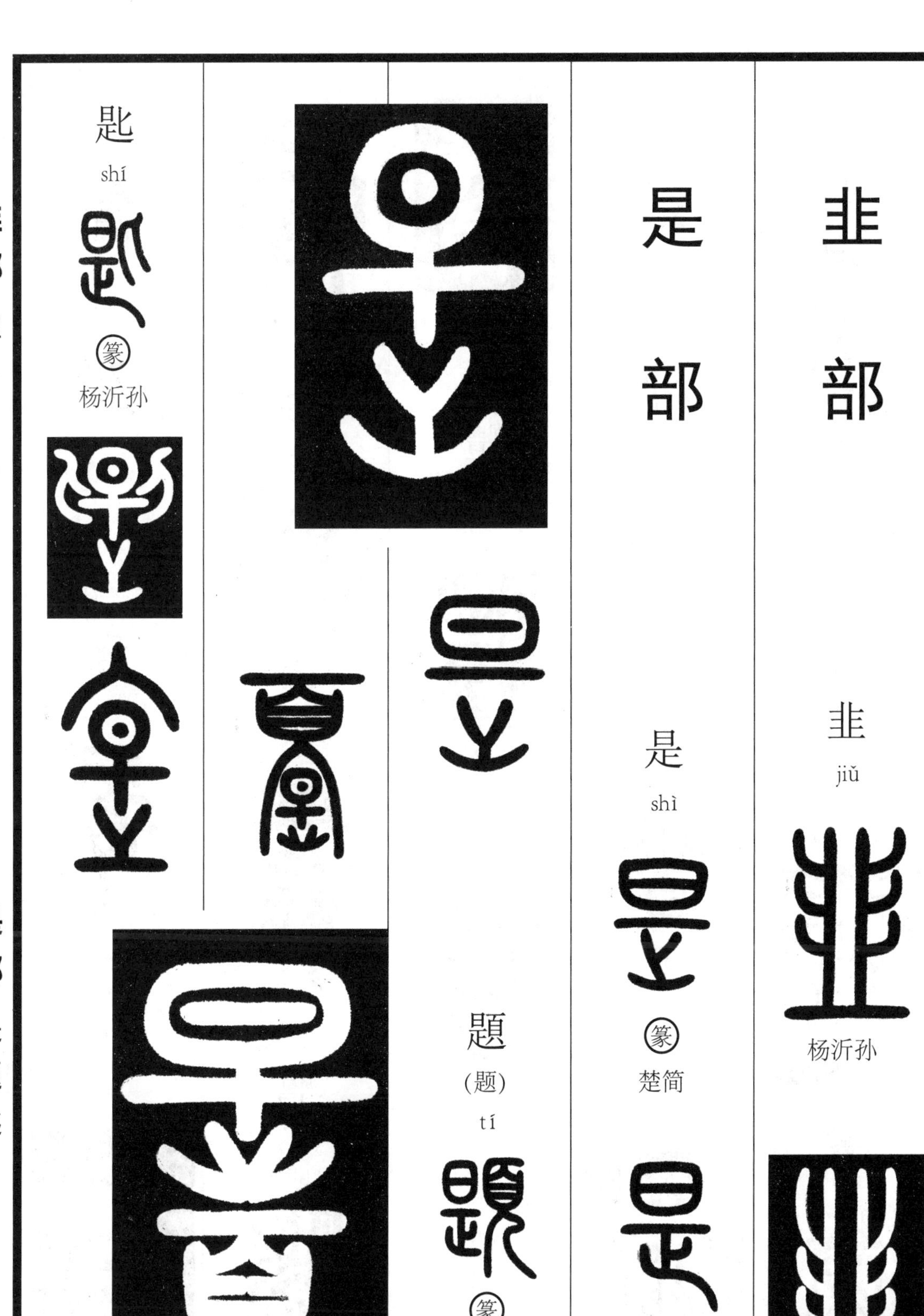

韭部
是部
韭
jiǔ
杨沂孙
赵时㭎
是
shì
篆
楚简
篆
王澍
题
(題)
tí
篆
莫友芝
匙
shí
篆
杨沂孙

骨部

骨

gǔ

篆 杨沂孙

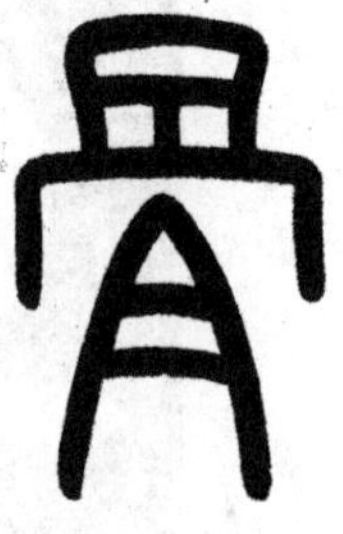

骸

hǎi

篆 吴让之

鹘

(鹘)

gǔ

篆 邓石如

體

(体)

tǐ

篆 吴让之

香部

香

xiāng

篆 孙星衍

馥

fù

篆 邓石如

馨

xīn

篆 邓石如

馨

鬼部

鬼

guǐ

(篆) 赵之谦

魂

hún

(篆) 碧落碑

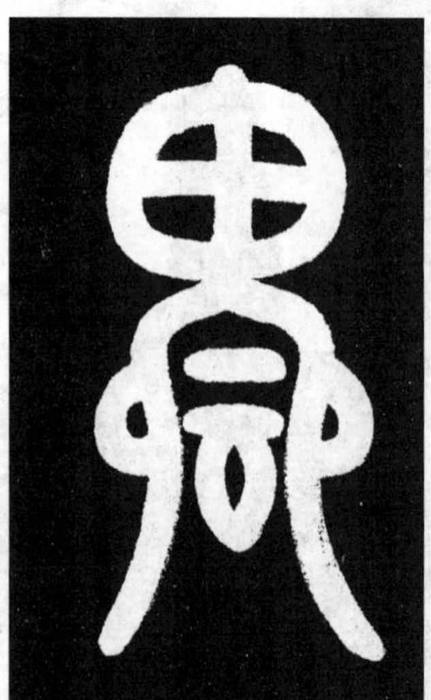

魁

kuí

(篆) 莫友芝

魃

bá

(篆) 吴大澂

魏

wèi

(篆) 赵孟頫

首部

首

shǒu

篆 李阳冰

杨沂孙

韋部

韋

(韦)

wéi

篆 吴大澂

韔

chàng

篆 吴昌硕

韞

(韫)

yùn

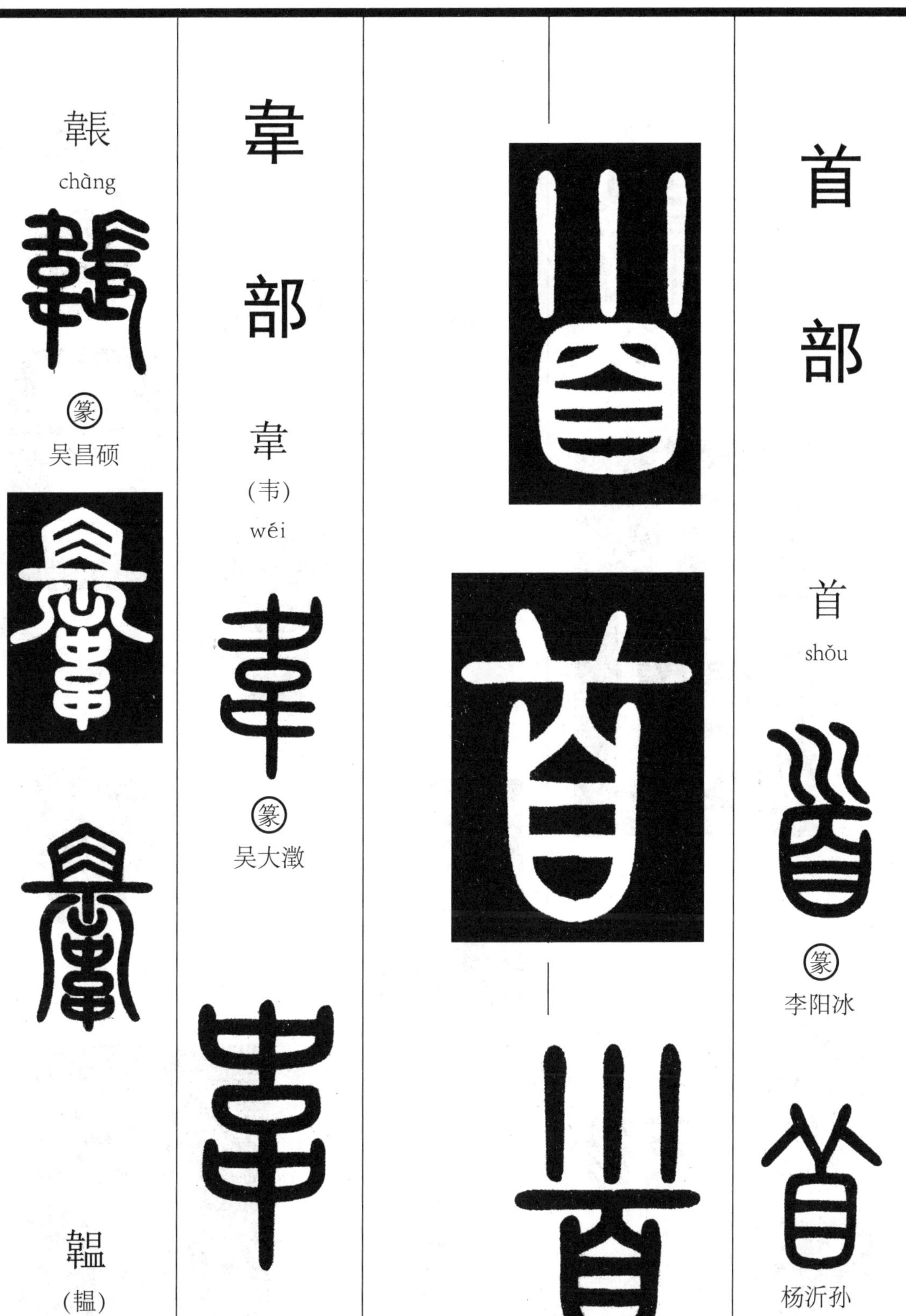

篆 碧落碑

韡

wěi

篆 杨沂孙

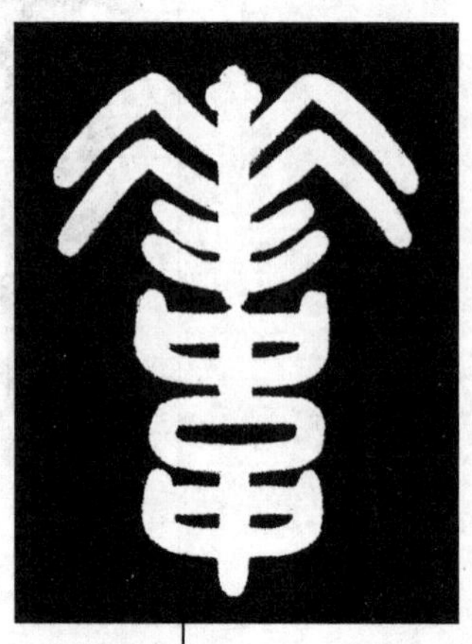

韜

(韬)

tāo

篆 方去疾

鬲部

鬲

gé

杨沂孙

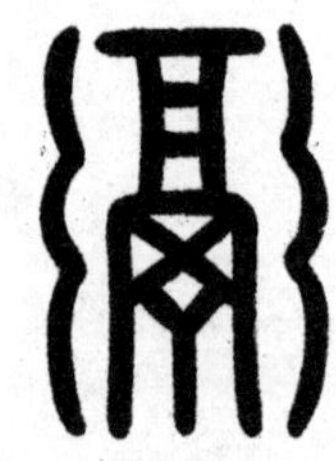

杨沂孙

融

róng

篆 黄葆戉

翮

hé

篆 说文解字

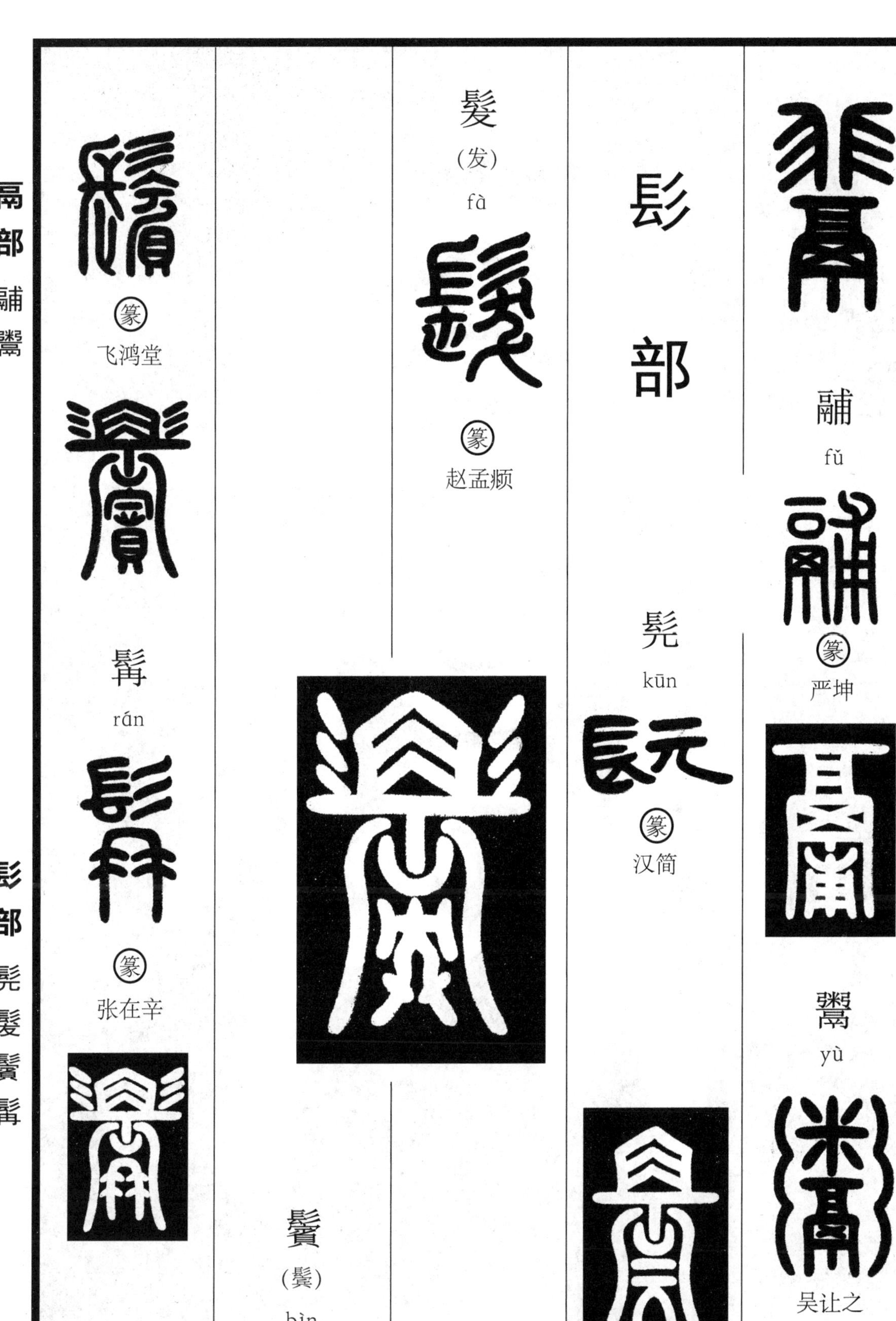

鬴

fǔ

篆 严坤

鬻

yù

吴让之

髟部

髡

kūn

篆 汉简

髮（发）

fà

篆 赵孟頫

鬢（鬓）

bìn

篆 飞鸿堂

髯

rán

篆 张在辛

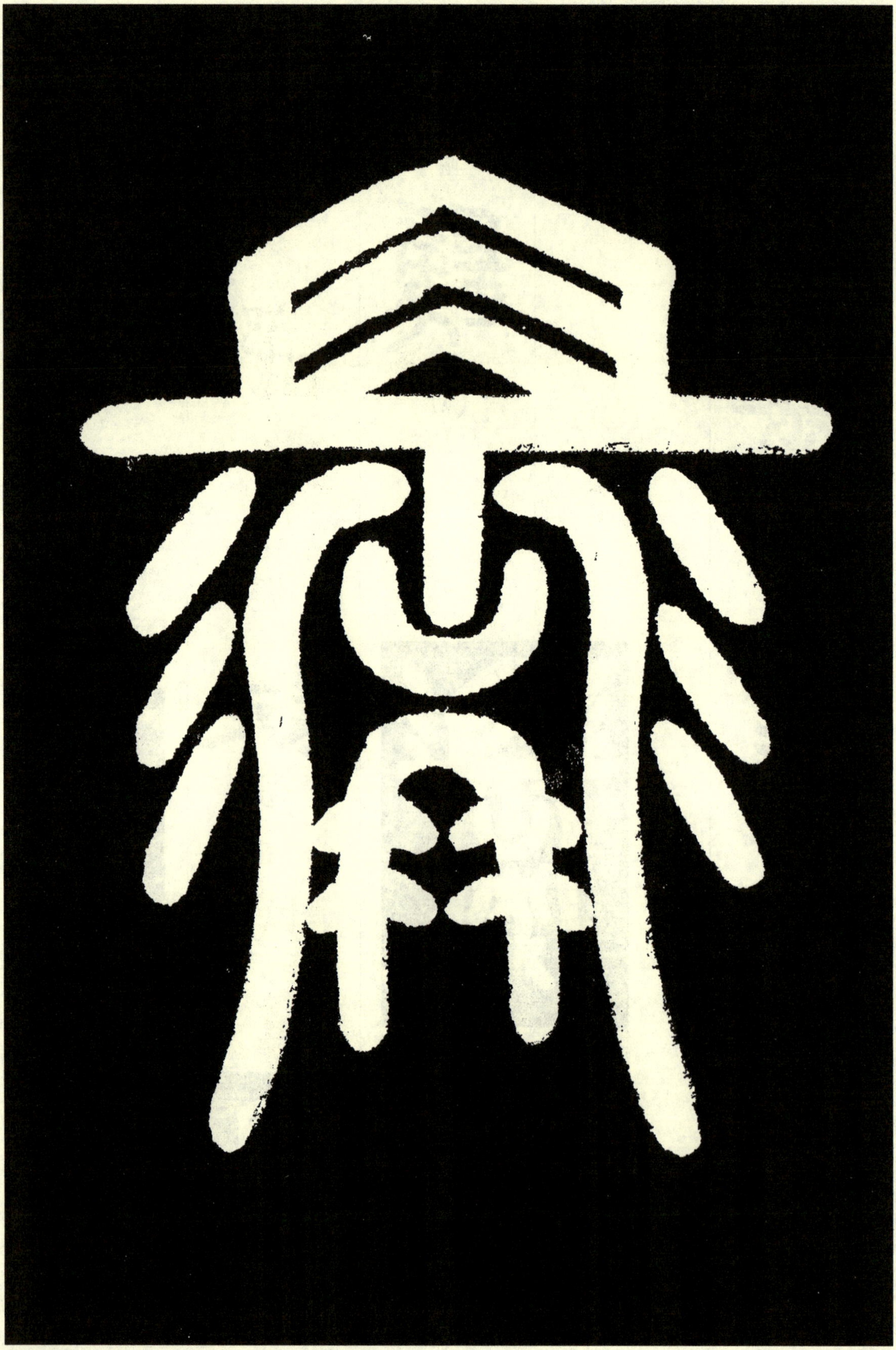

髟部

髯

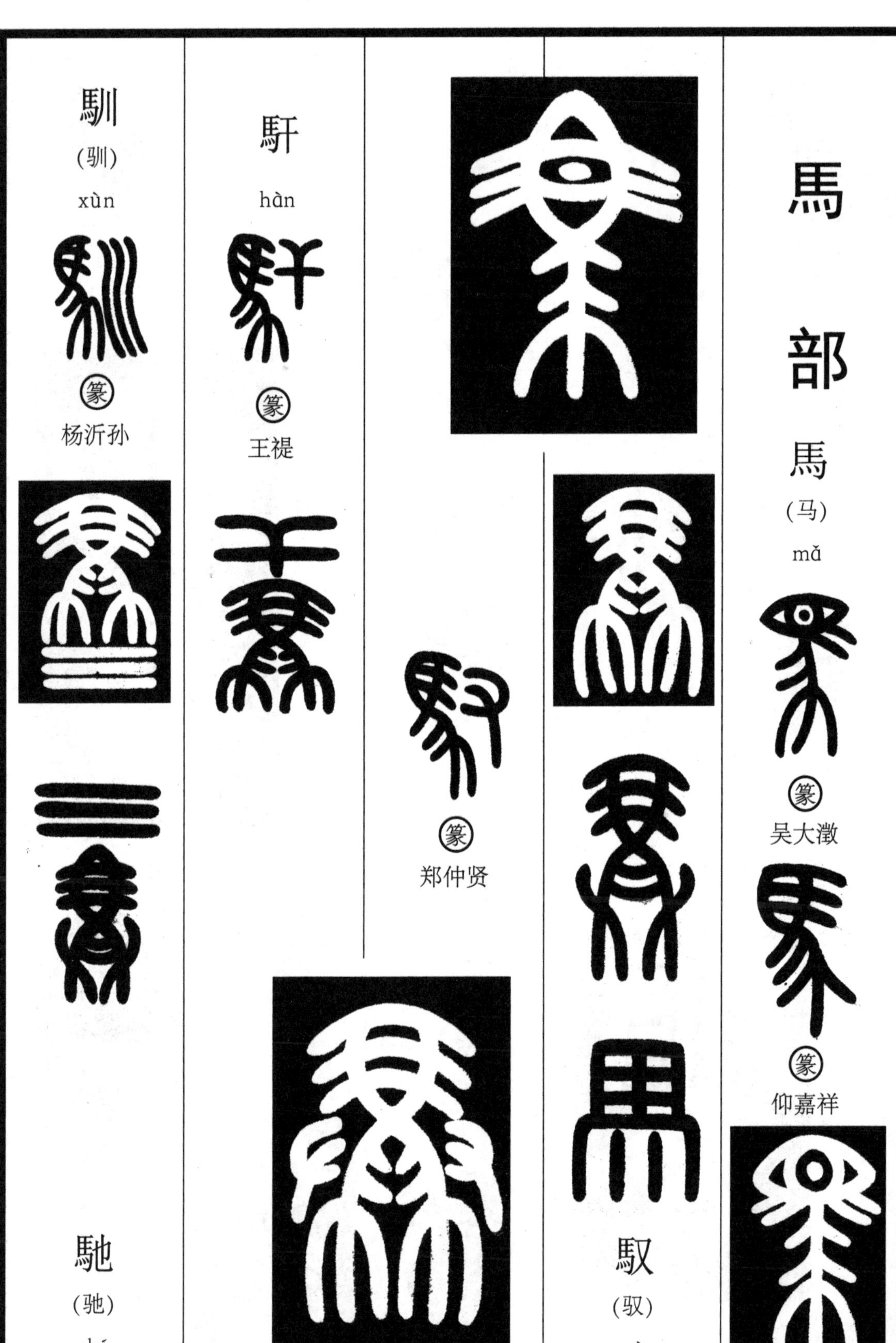
馬部
馬
(马)
mǎ
篆
吴大澂
篆
仰嘉祥
篆
郑仲贤
馭
(驭)
yù
馯
hàn
篆
王禔
馴
(驯)
xùn
篆
杨沂孙
馳
(驰)
chí

篆 吴大澂

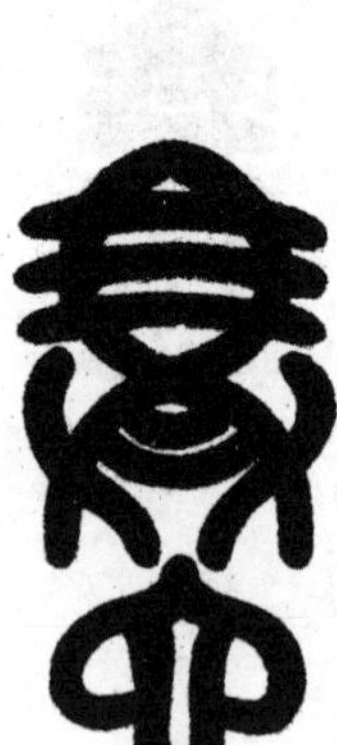

駃

jué

篆 说文解字

駔

(驵)

zǎng

篆 汉简

駟

(驷)

sì

篆 吴昌硕

駙

(驸)

fù

篆 清人

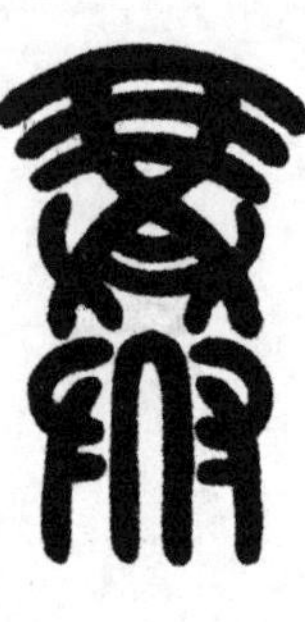

駒

(驹)

jū

篆 吴大澂

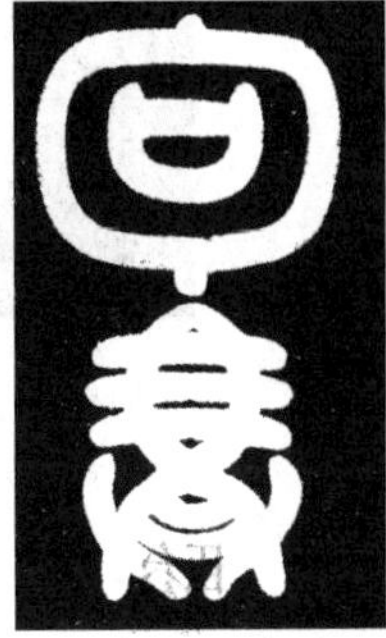

駐
(驻)
zhù

篆
吴昌硕

駝
(驼)
tuó

篆
吴大澂

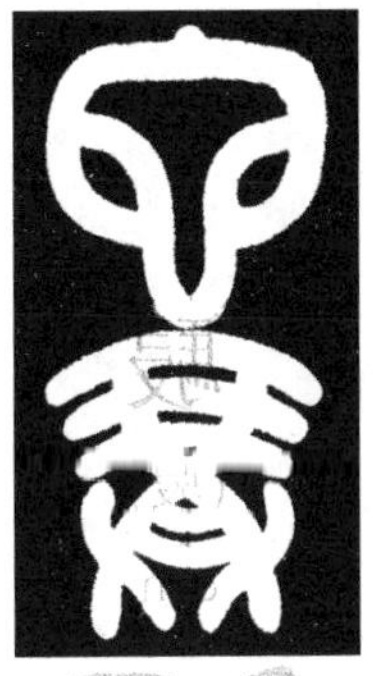

駕
(驾)
jià

篆
吴昌硕

駘
(骀)
tái

篆
汪仁寿

駱
(骆)
luò

篆
黄葆戉

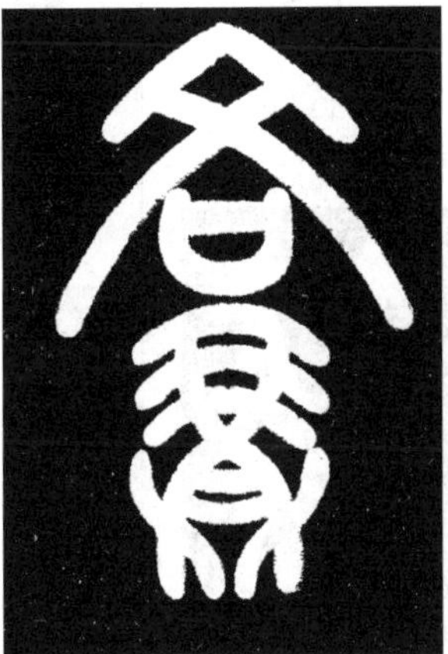

駭

(骇)

hài

篆 王褆

騈

(骈)

pián

篆 邓石如

騁

(骋)

chěng

篆 王玉如

騂

(骍)

xīng

篆 汉简

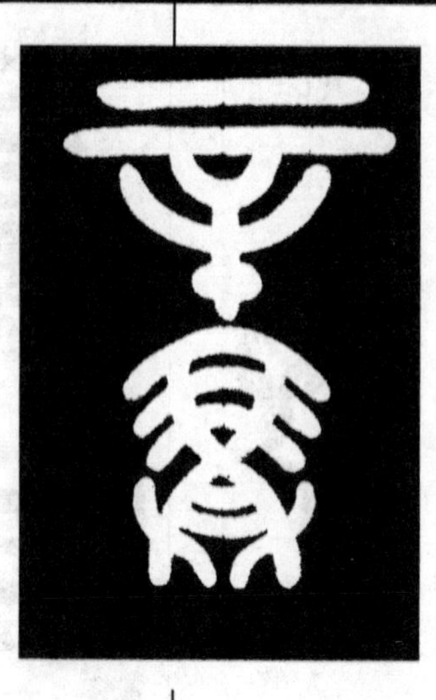

駸

(骎)

qīn

篆 王褆

駿

(骏)

jùn

篆 吴大澂

騝

qián

篆 吴昌硕

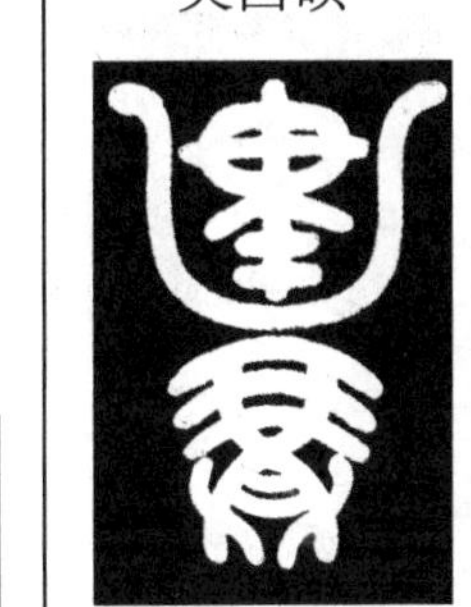

騏
(骐)
qí

篆
吴昌硕

騎
(骑)
qí

篆
王禔

騧
guā

篆
吴昌硕

騅
(骓)
zhuī

篆
说文解字

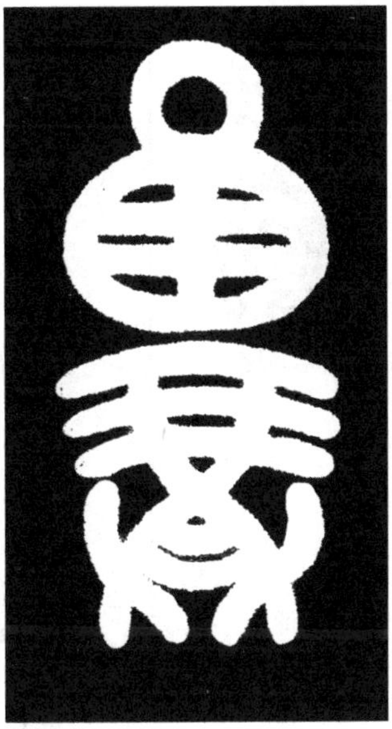

騠
tí

篆
说文解字

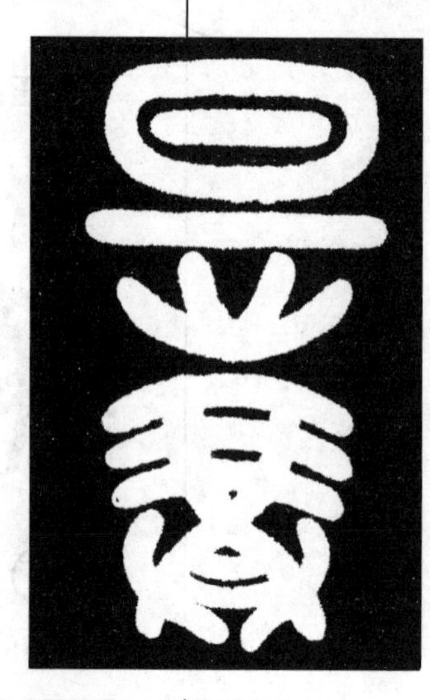

騩

guī

篆

清人

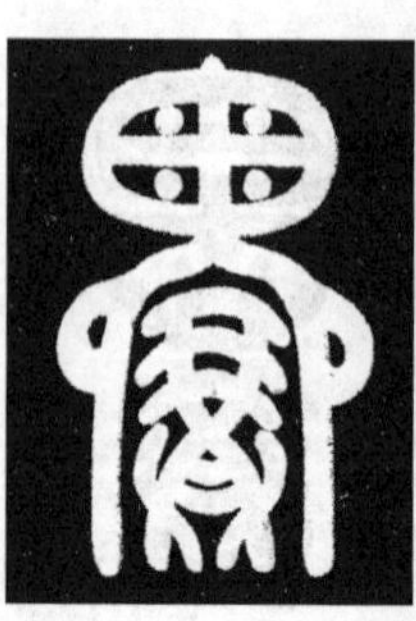

騷

(骚)

sāo

篆

说文解字

騖

(骛)

wù

篆

汉简

驁

(骜)

ào

篆

王禔

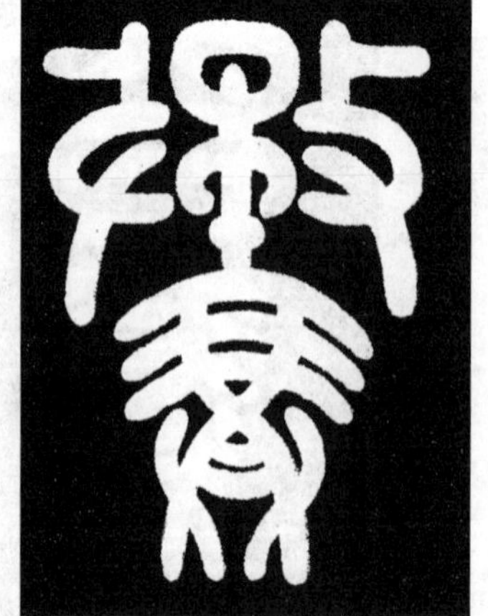

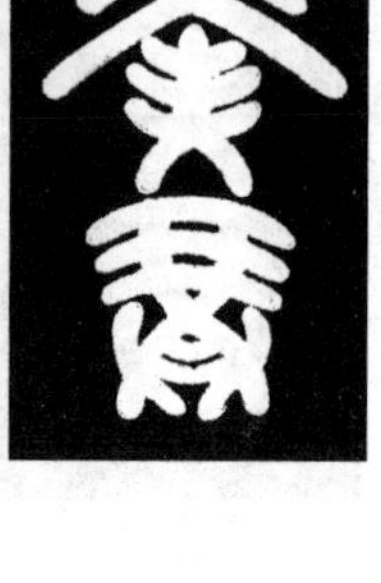

驊

(骅)

huá

篆

汉印

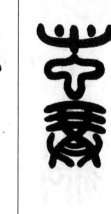

馬部 騶 騮 驅 驃 騾

騶

(驺)

zōu

㊣篆

说文解字

驅

(驱)

qū

㊣篆

邓石如

㊣篆

汪仁寿

騮

(骝)

liú

㊣篆

吴昌硕

驃

(骠)

biāo

騾

(骡)

luó

㊣篆

赵孟頫

驘

(騾)

luó

篆

赵孟頫

驂

(骖)

cān

篆

汪仁寿

驕

(骄)

jiāo

篆

方去疾

驛

(驿)

yì

篆

清人

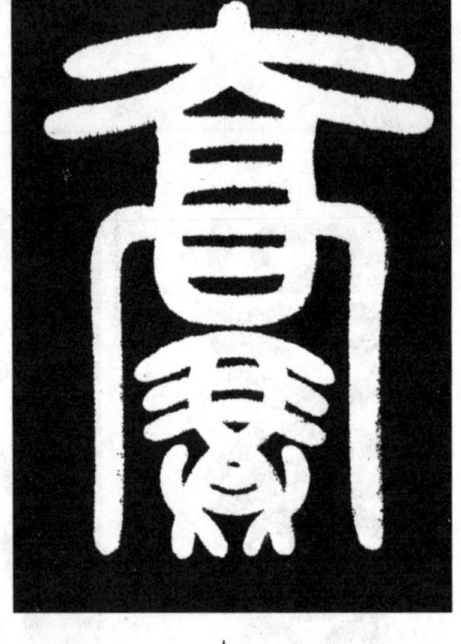

驗

(验)

yàn

篆

李斯

驚

(惊)

jīng

篆

赵孟頫

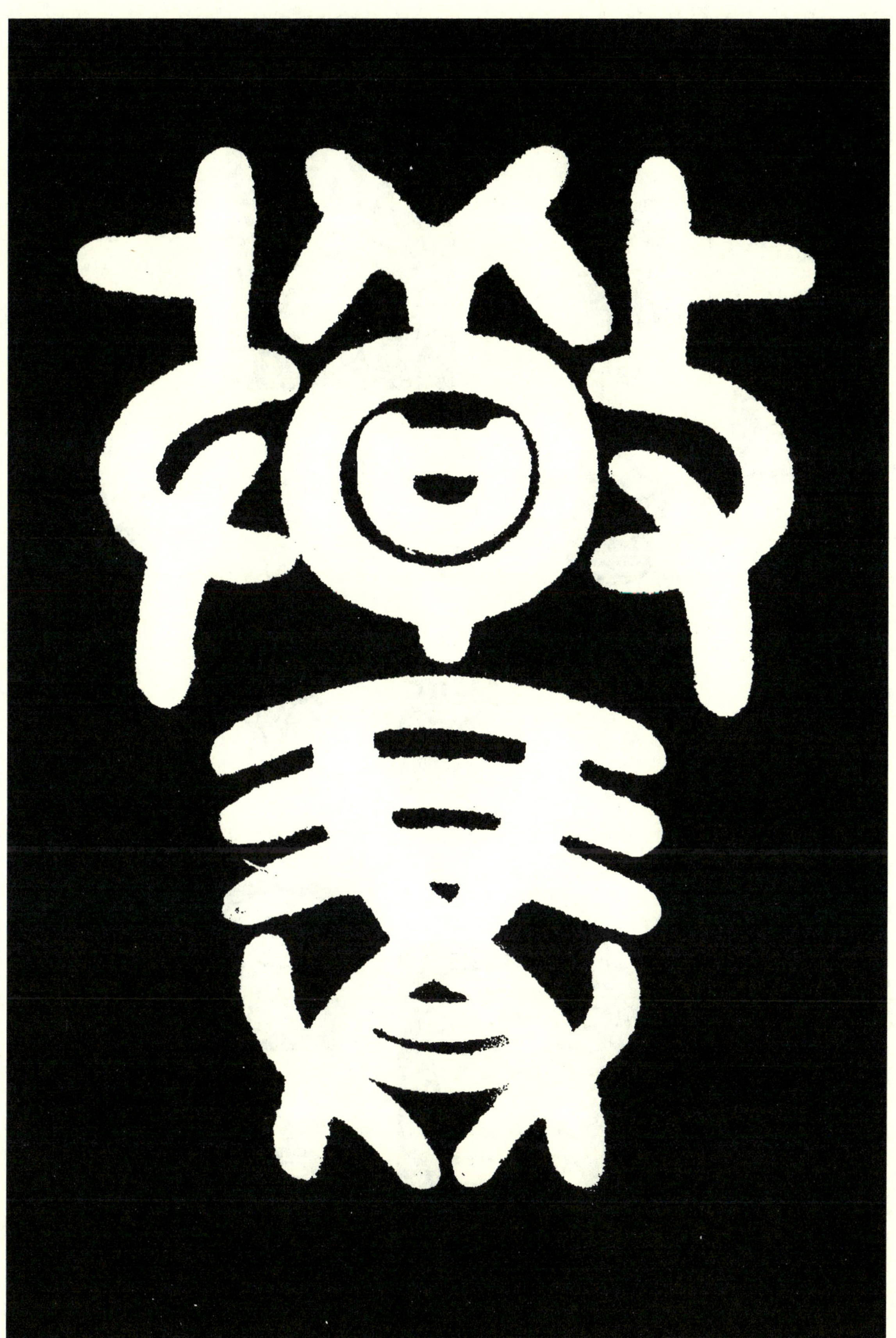

驟
(骤)
zhòu

篆
黄士陵

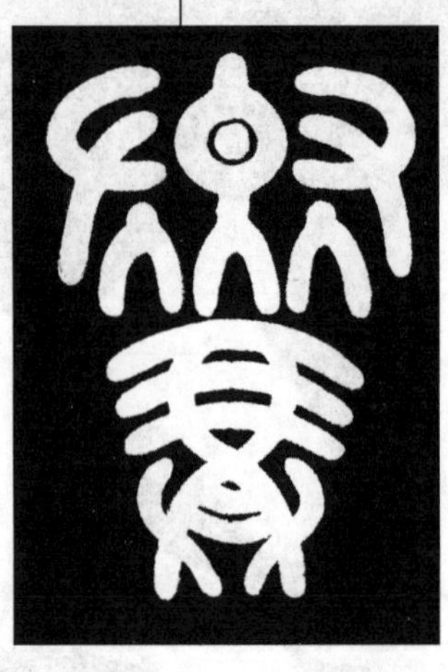

驥
(骥)
jì

篆
吴大澂

驢
(驴)
lǘ

篆
王禔

驩
(欢)
huān

篆
王禔

驤
(骧)
xiāng

篆
吴睿

驪
(骊)
lí

篆
王禔

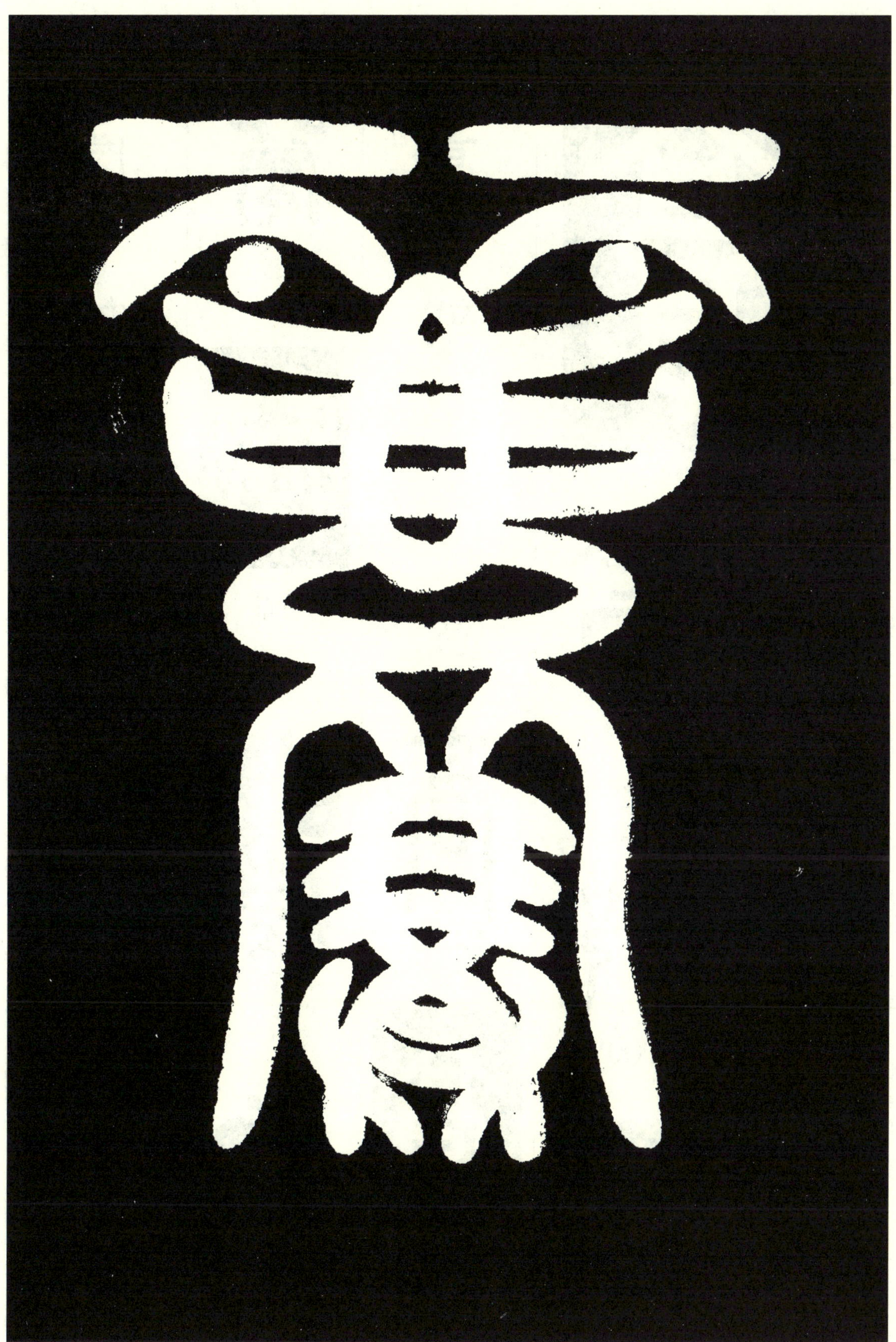

鬥部

鬥
(斗)
dòu

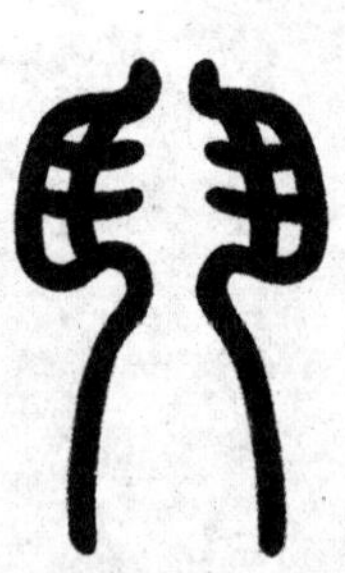

杨沂孙

鬩
xì

篆
杨沂孙

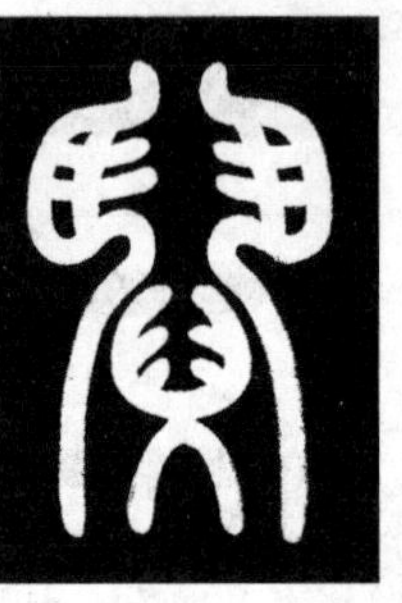

鬧
(闹)
nào

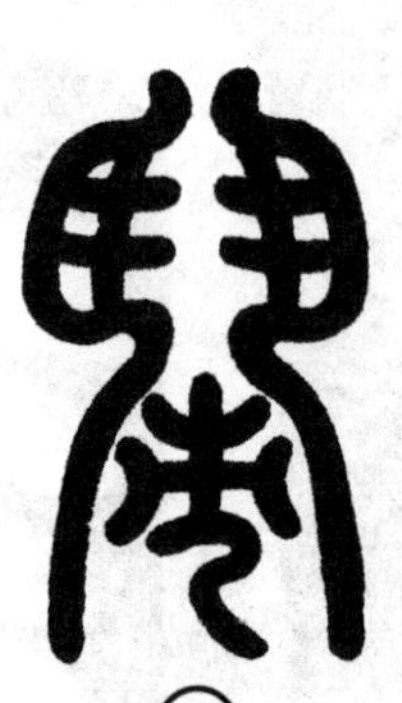

篆
仰嘉祥

高部

高
gāo

吴让之

吴大澂

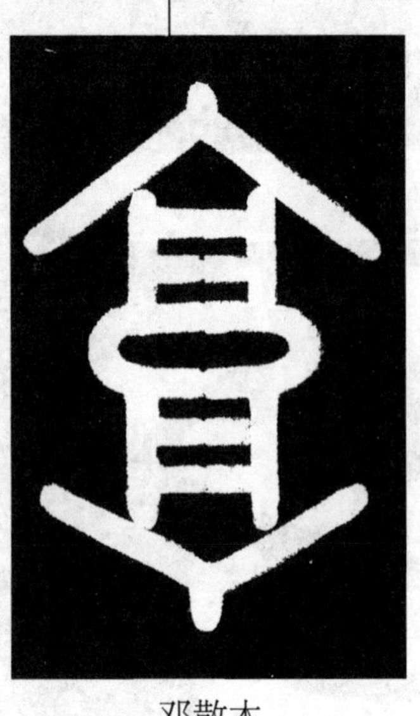

邓散木

王禔

郜
hào

篆
吴大澂

膏
gāo

篆
汉简

歊

xiāo

篆

吴让之

𤇾部

勞

(劳)

láo

篆

邓石如

瑩

(莹)

yíng

李阳冰

榮

(荣)

róng

李阳冰

犖

(荦)

luò

说文解字

熒

(荧)

yíng

汉简

滎

(荥)

yíng

篆

说文解字

瑩

(莹)

yíng

吴让之

(营)

yíng

吴大澂

赵孟頫

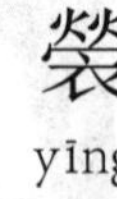

yīng

篆

金文

縈

(萦)

yíng

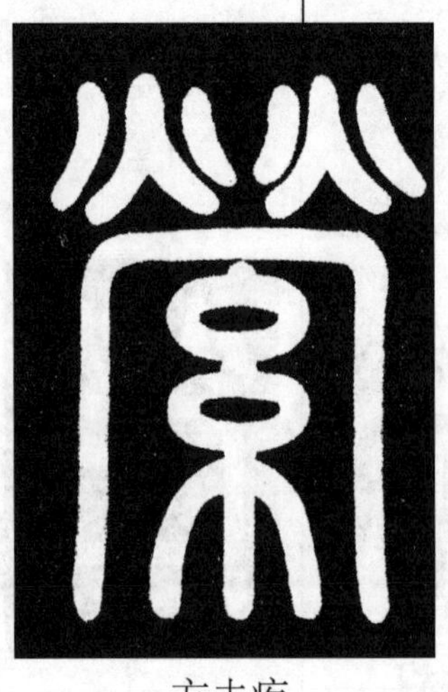

方去疾

(莺)

yīng

篆

吴让之

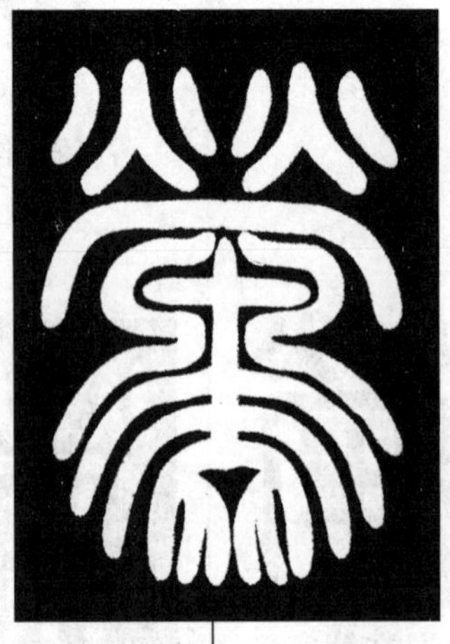

𠩺部

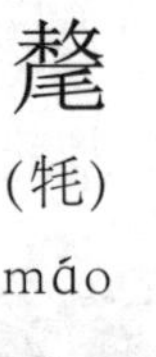

(牦)

máo

徐三庚

斄

lí

篆

汉金文

釐

(厘)

lí

篆

罗振玉

黄部

黄

huáng

篆

徐三庚

麥部

麥

(麦)

mài

篆

吴大澂

鹵部

鹵

lǔ

篆

金文

篆

吴大澂

鹹

(咸)

xián

篆

王禔

鳥部

鳥

(鸟)

niǎo

篆

永瑆

篆

赵孟頫

鳧

(凫)

fú

篆

汪仁寿

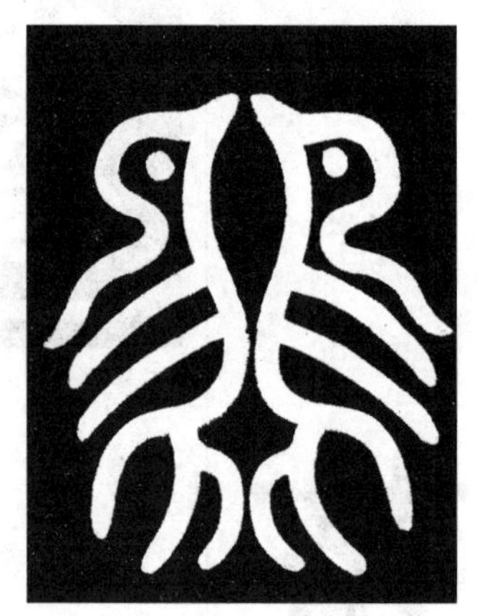

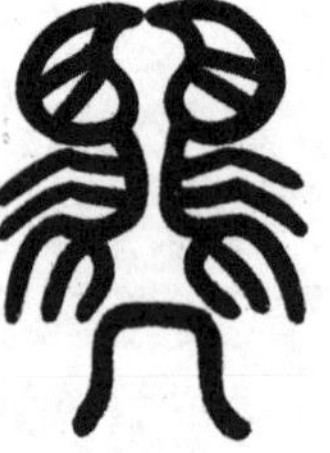

鳩

(鸠)

jiū

篆

王禔

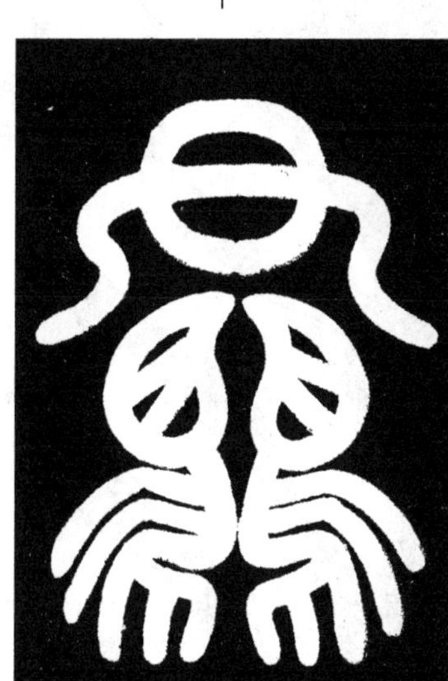

鴂

jué

篆

王禔

鴣

(鸪)

gū

篆

徐三庚

鵙

jū

篆

王澍

鴆

(鸩)

zhèn

篆

说文解字

鴨

(鸭)

yā

篆

方去疾

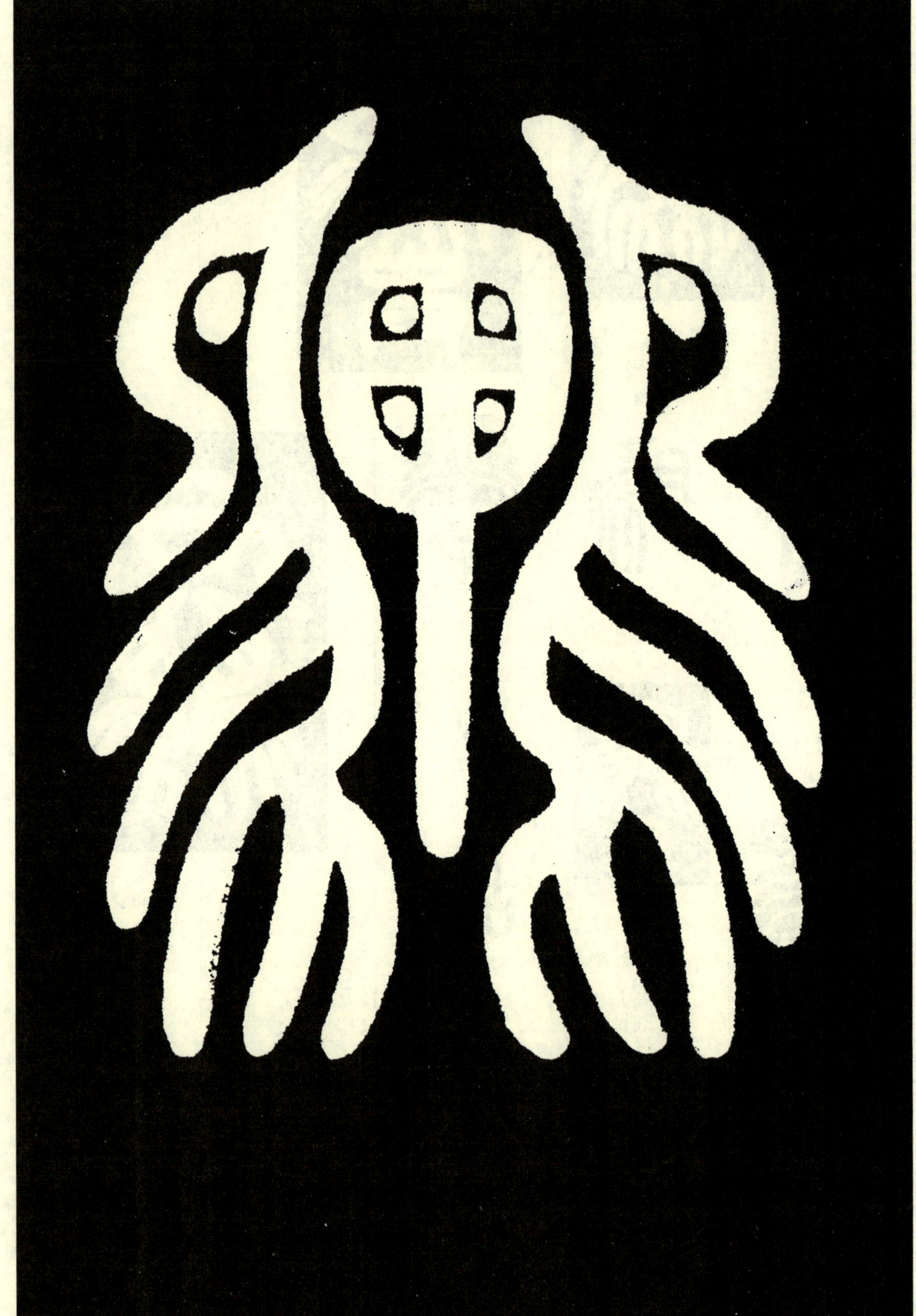

鴦
(鸯)
yāng

篆
许容

鴝
(鸲)
qú

篆
说文解字

鴛
(鸳)
yuān

方去疾

方去疾

鵑
(鹃)
juān

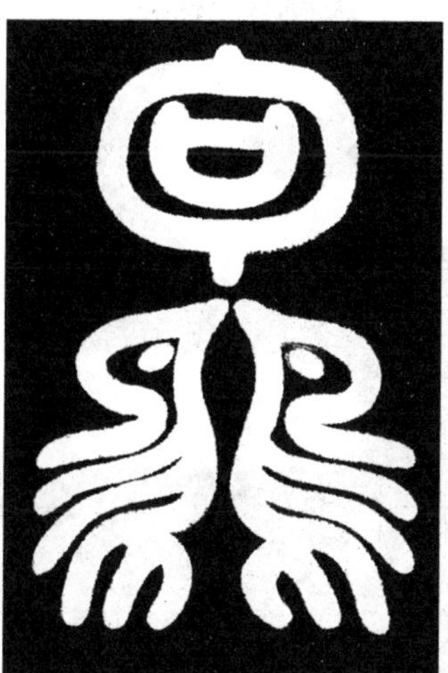

鵠
(鹄)
gǔ

说文解字

鴟
(鸱)
chī

齐白石

鵝

(鹅)

é

篆 黄士陵

鵾

(鹍)

kūn

篆 李阳冰

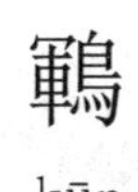

鶤

kūn

篆 王禔

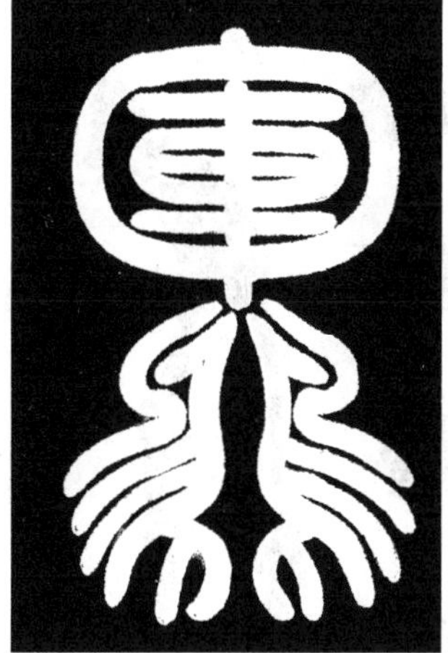

鶉

(鹑)

chún

篆 方去疾

鶘

(鹕)

hú

篆 汉金文

鷀

(鹚)

cí

篆 胡澍

鷄

(鸡 雞)

jī

篆 赵时㭎

鳥部
鷄

鴽

rú

篆 吴大澂

鶇

yí

篆 王禔

鴿

（鸽）

gē

篆 方去疾

鶵

（雏）

chú

篆 吴让之

鷙

（挚）

zhì

篆 曾纪泽

鷗

（鸥）

ōu

篆 吴让之

鶴

（鹤）

hè

篆 吴让之

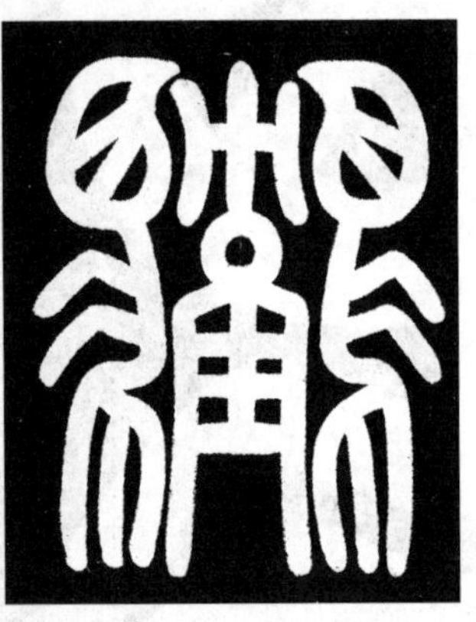

鷓
(鹧)
zhè

篆
沙神芝

鷦
(鹪)
jiāo

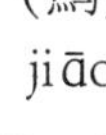

篆
苏宜

鷻
tuān

篆
王褆

鷺
(鹭)
lù

篆
吴让之

魚

部

魚
(鱼)
yú

篆
赵时棡

吴大澂

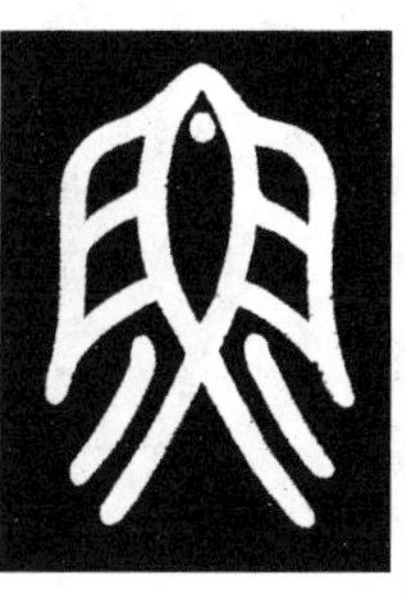

魯
(鲁)
lǔ

篆
吴大澂

魴
(鲂)
fǎng

篆
邓石如

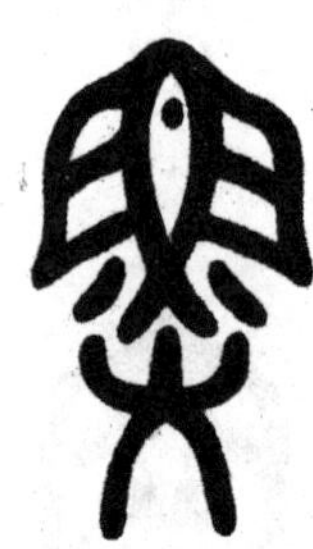

魷
shěn

篆
汉简

穌
(稣)
sū

篆
汪仁寿

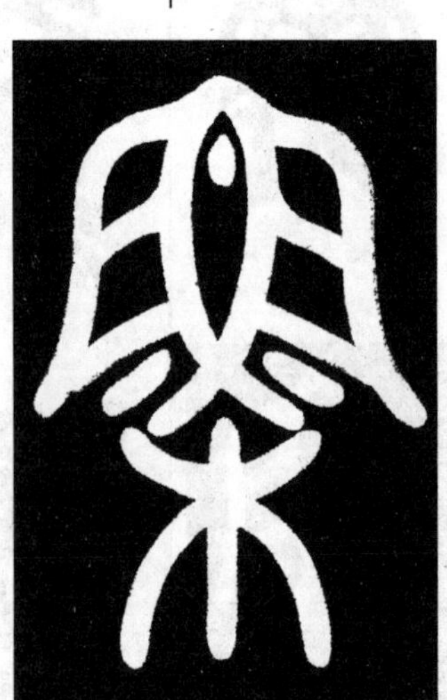

鮒
(鲋)
fù

篆
说文解字

鮊
(鲌)
bó

篆
邓散木

鮑
(鲍)
bào

篆
黄葆戉

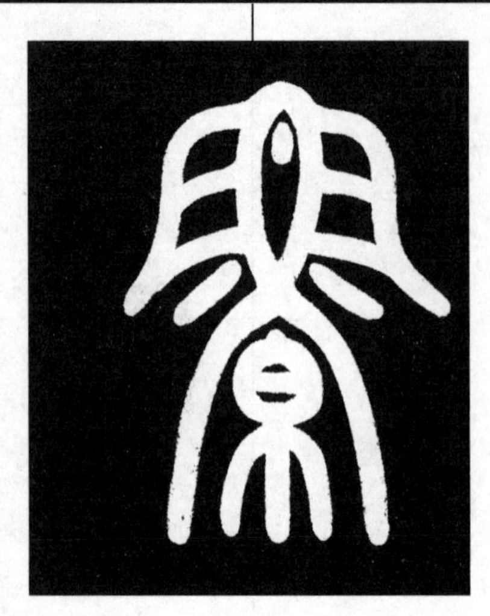

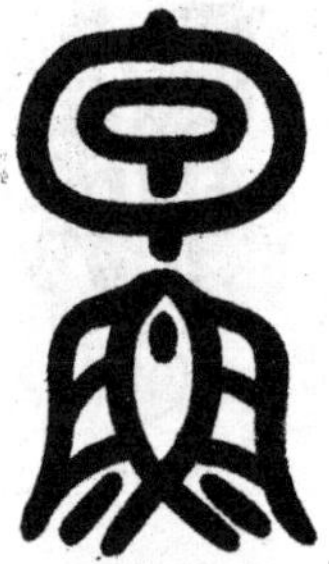

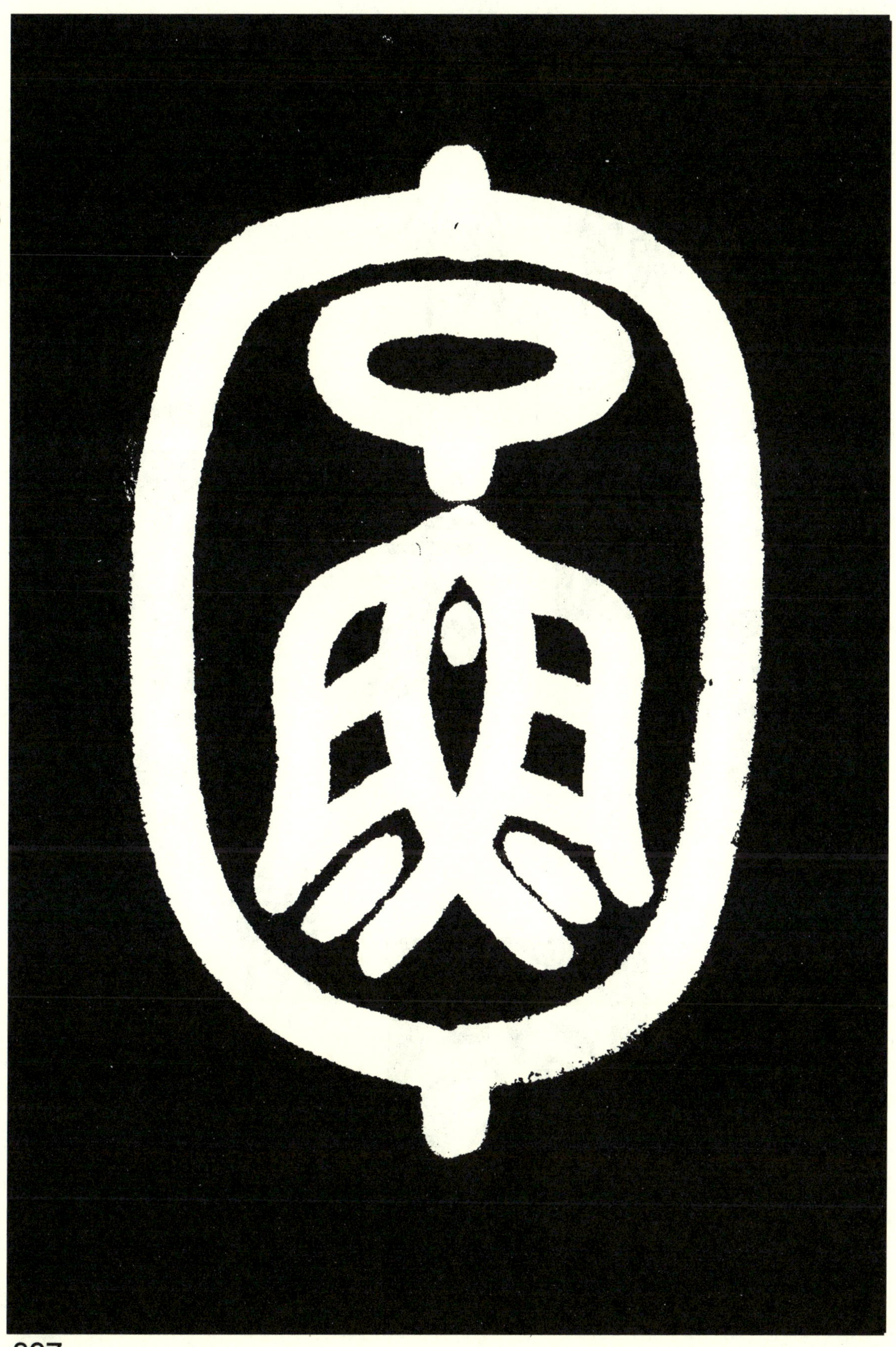

鮀

tuó

篆 吴大澂

鮪

(鲔)

wěi

篆 吴大澂

鮮

(鲜)

xiān

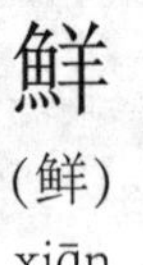

篆 吴大澂

鯁

(鲠)

gěng

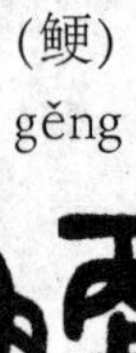

篆 甘旸

鯊

(鲨)

shā

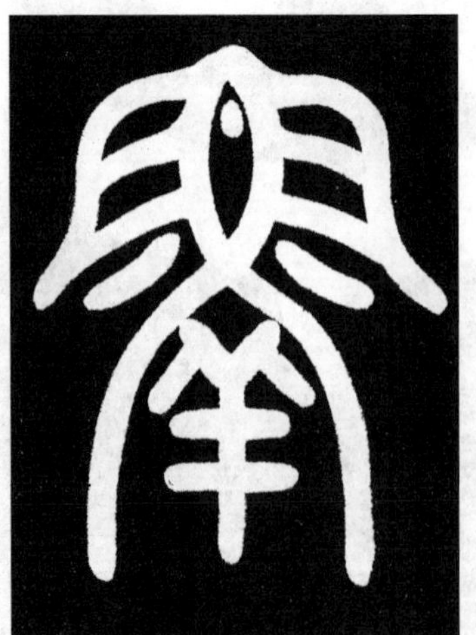

篆 吴昌硕

鯉

(鲤)

lǐ

篆 吴大澂

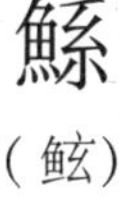

鯀

(鮌)

gǔn

篆

金文

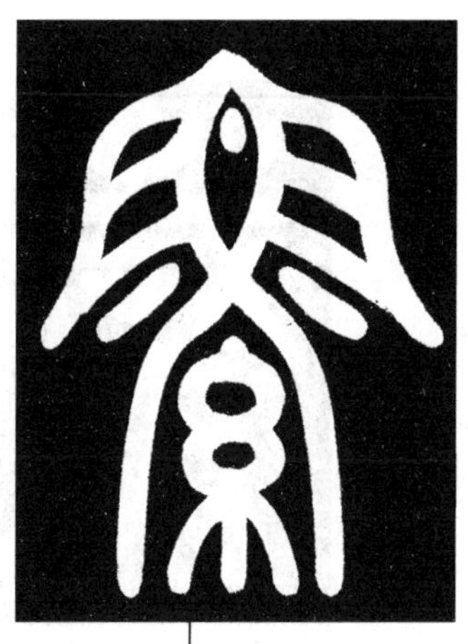

鯢

(鯢)

ní

篆

汪仁寿

鯨

(鯨)

jīng

篆

吴让之

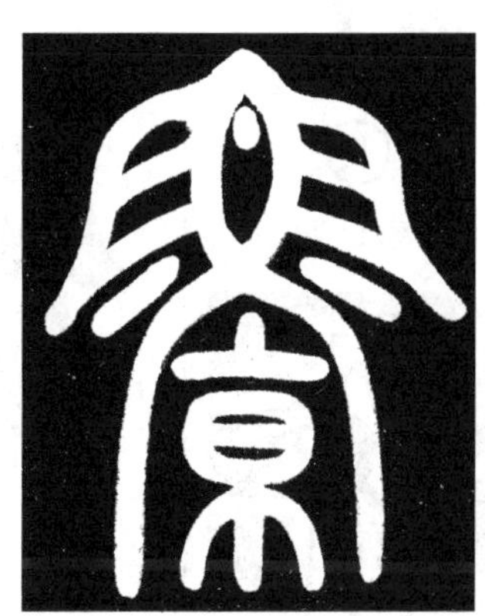

鰋

(鰋)

yǎn

篆

王禔

鰥

(鰥)

guān

篆

金文

篆

邓石如

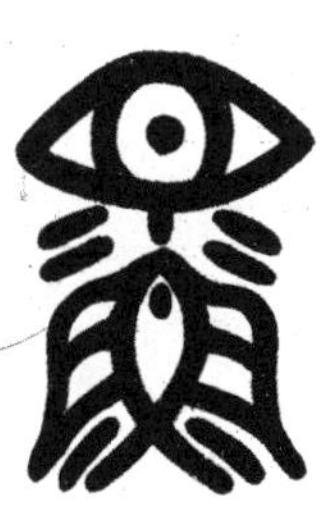

鰟
(鳑)
pǎng

说文解字

鱔
(鳝)
shàn

篆
吴大澂

鱗
(鳞)
lín

邓石如

xù

吴昌硕

鱖
guì

汉简

鱻
(鲜)
xiān

邓石如

麻部

麻

má

篆

赵时棡

摩

mó

篆

赵孟頫

麾

huī

篆

邓石如

磨

mó

篆

赵孟頫

糜

mí

篆

吴大澂

縻

mí

篆

王禔

靡

mí

篆

吴昌硕

鹿部

鹿

lù

篆

杨沂孙

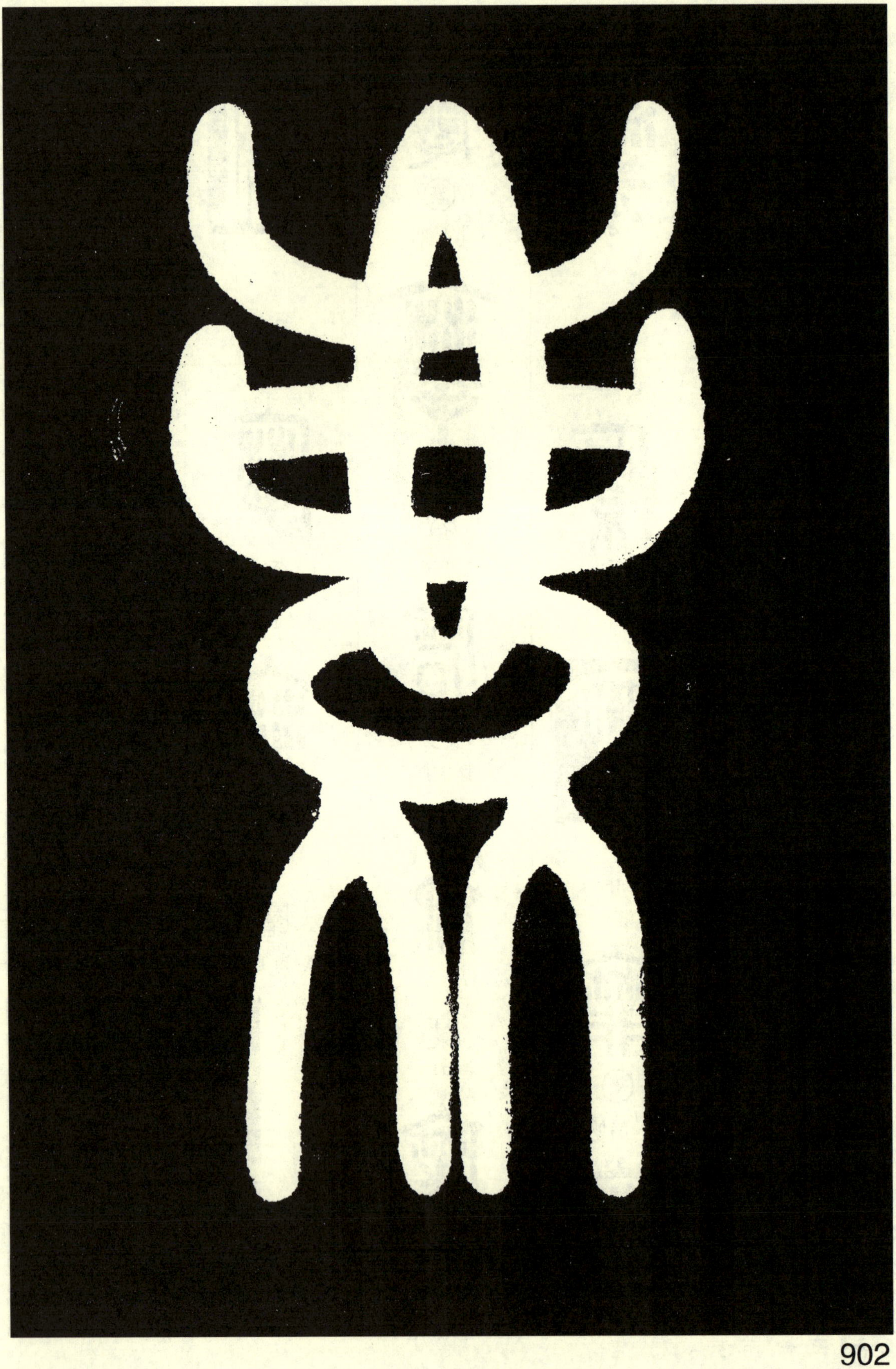

鹿部
鹿

鹿

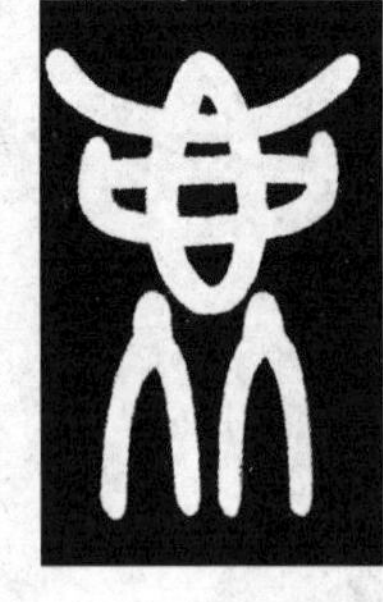

麀

yōu

(篆)

邓散木

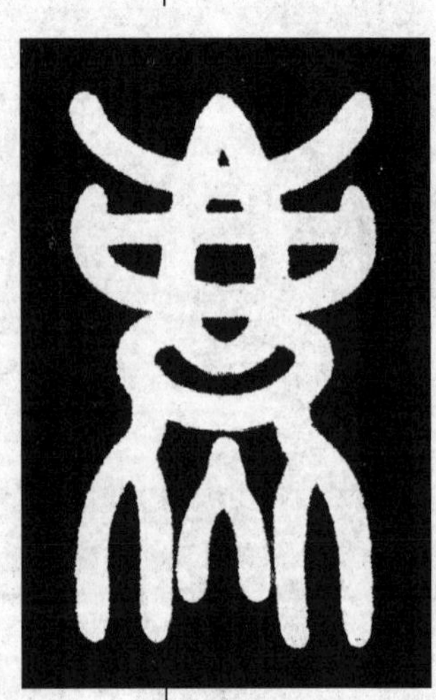

塵

(尘)

chén

(篆)

吴大澂

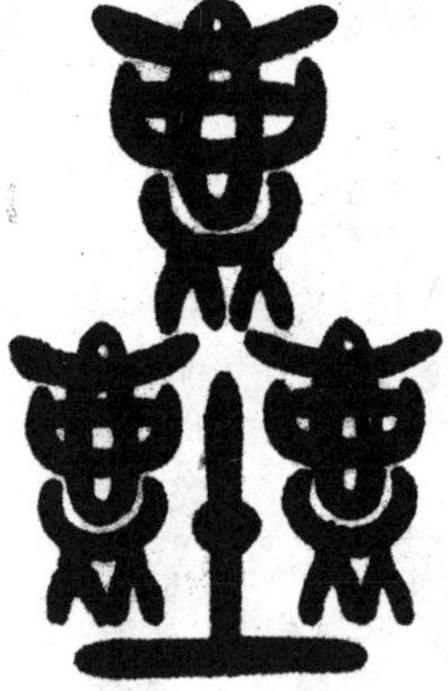

麇

jūn

(篆)

汪仁寿

麋

mí

(篆)

吴昌硕

麒

qí

(篆)

曾纪泽

麓

lù

(篆)

吴大澂

李邕

麗
(丽)
lì

篆 李阳冰

吴睿

麏
mí

篆 秦简

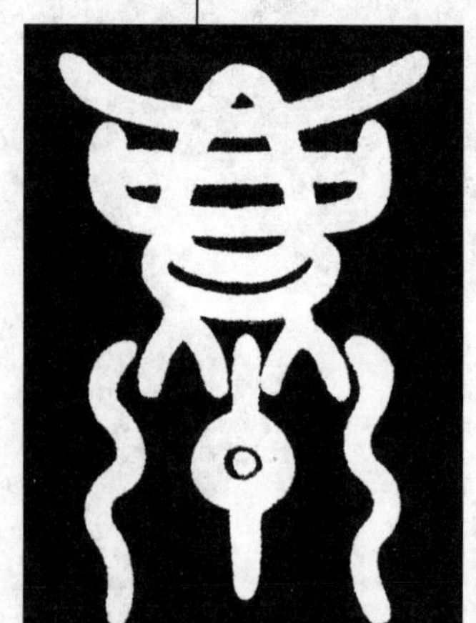

麟
lín

篆 吴昌硕

麑
ní

篆 说文解字

麤
(粗)
cū

篆 吴大澂

黹部

黹
zhǐ

杨沂孙

黻
fú

篆 吴大澂

鼎部

鼎

dǐng

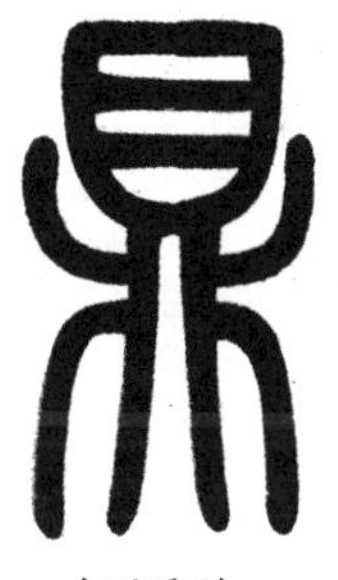

杨沂孙

吴昌硕

吴大澂

鼏

mì

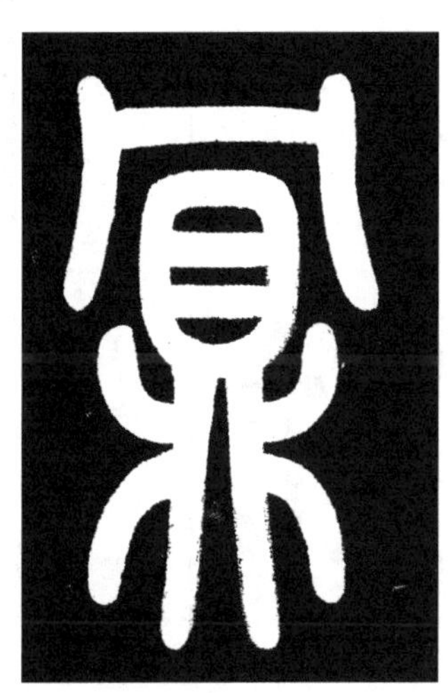

罗振玉

黑部

黑

hēi

杨沂孙

吴大澂

墨

mò

吴让之

吴昌硕

默

mò

(篆)

赵孟頫

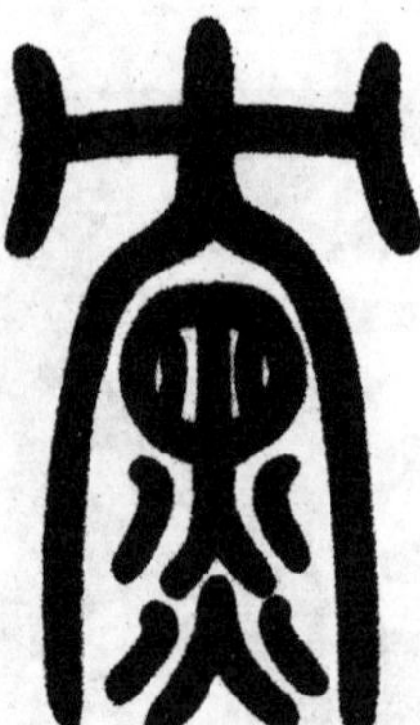

黔

qián

(篆)

吴让之

點

(点)

diǎn

(篆)

吴让之

黜

chù

(篆)

赵孟頫

黠

xiá

吴让之

黟

yī

说文解字

黧

lí

篆

黄士陵

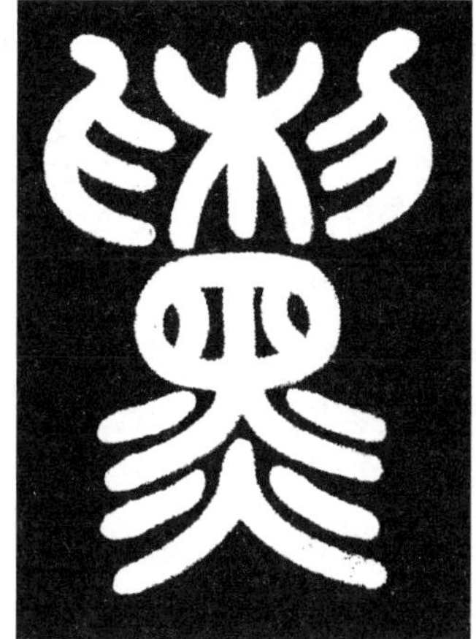

黥

qíng

篆

方去疾

黮

dàn

篆

说文解字

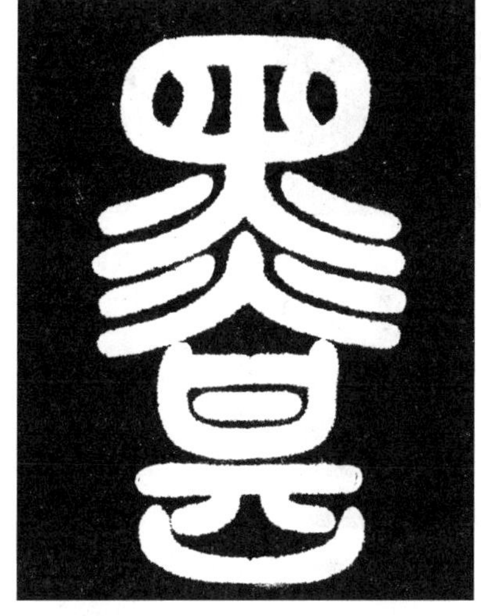

黯

àn

篆

说文解字

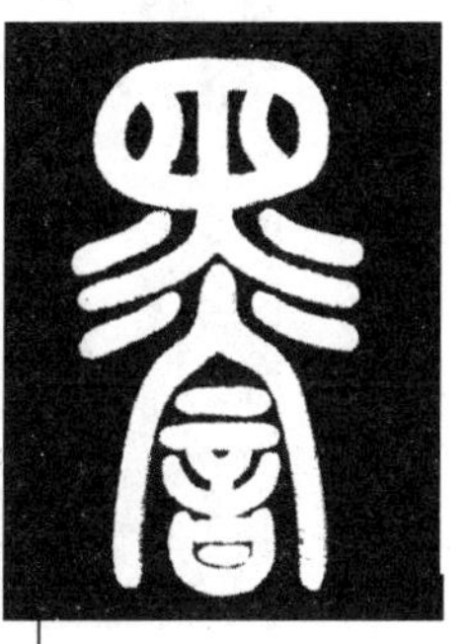

黍部

黍

shǔ

篆

仰嘉祥

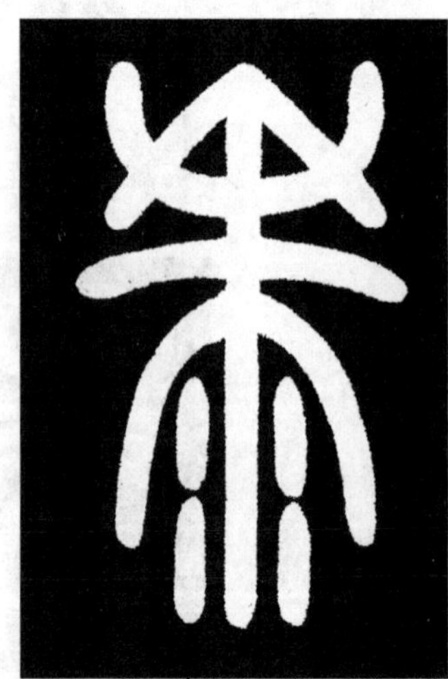

鼓部

鼓

gǔ

篆

安国

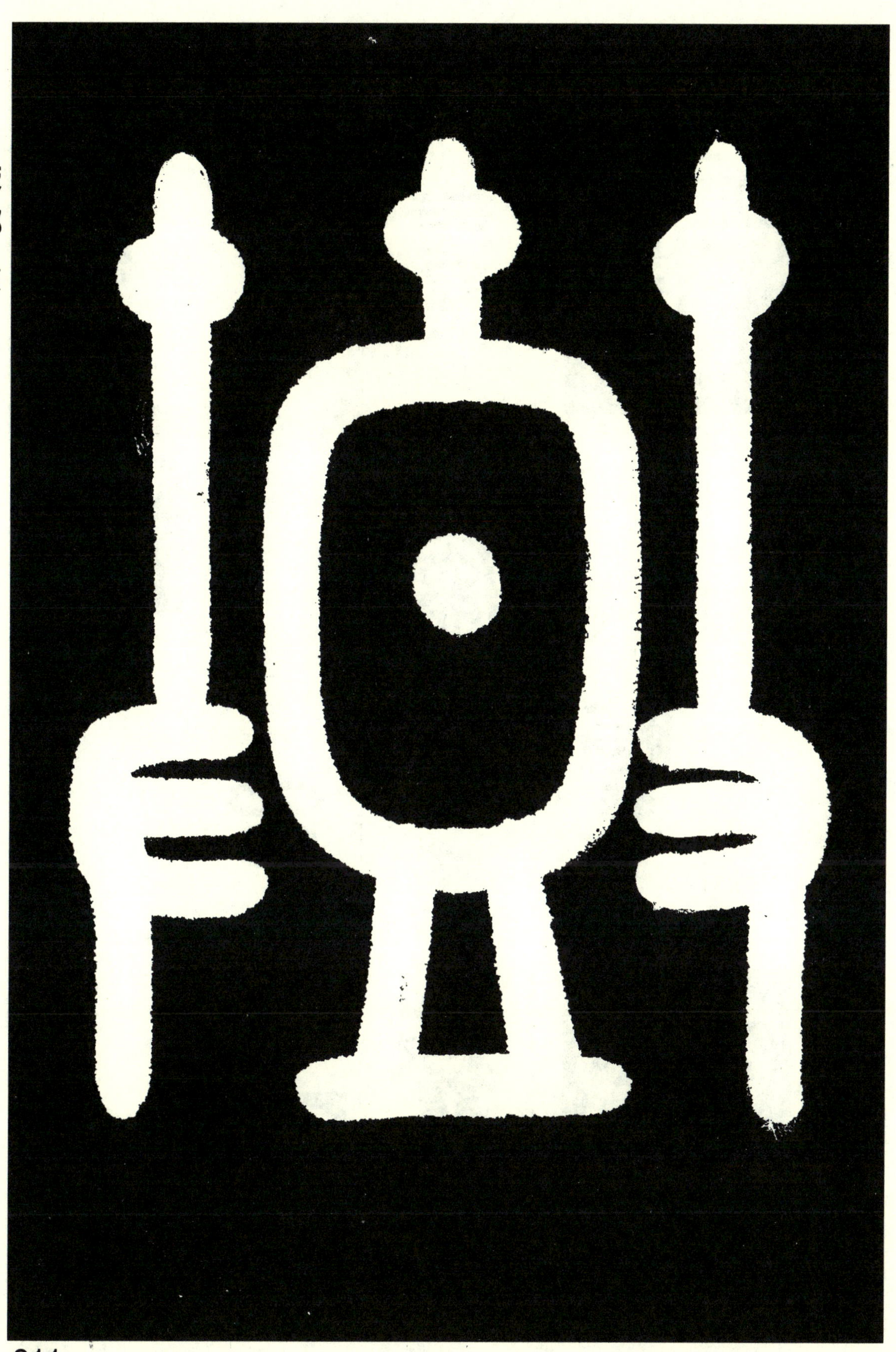

瞽

gǔ

㉙ 说文解字

黽部

黽

（黾）

mǐn

㉙ 吴大澂

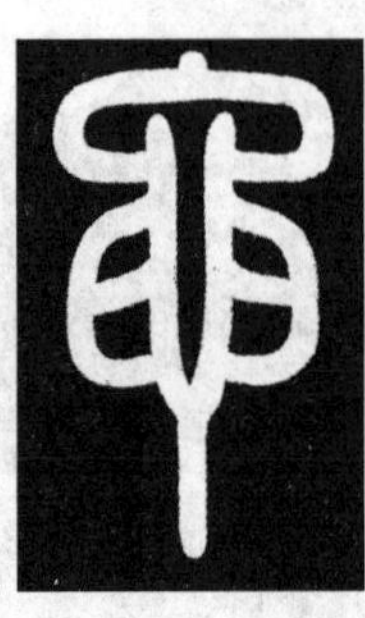

黿

（鼋）

yuán

㉙ 杨沂孙

鼇

（鳌）

áo

㉙ 仰嘉祥

鼈

（鳖）

biē

㉙ 仰嘉祥

鼉

tuó

篆

杨沂孙

鼠部

鼠

shǔ

篆

吴大澂

鼢

fēn

篆

说文解字

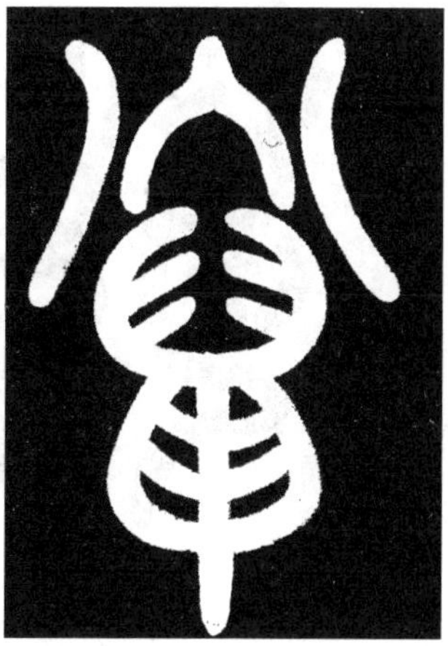

鼬

yòu

篆

吴大澂

鼩

qú

篆

清人

鼶

sī

(篆)

吴大澂

鼷

xī

(篆)

清人

鼻部

鼻

bí

(篆)

吴大澂

劓

yì

(篆)

金文

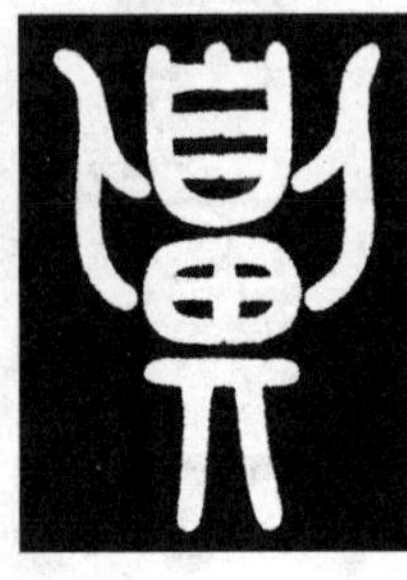

齅

xiù

(篆)

方去疾

齊部

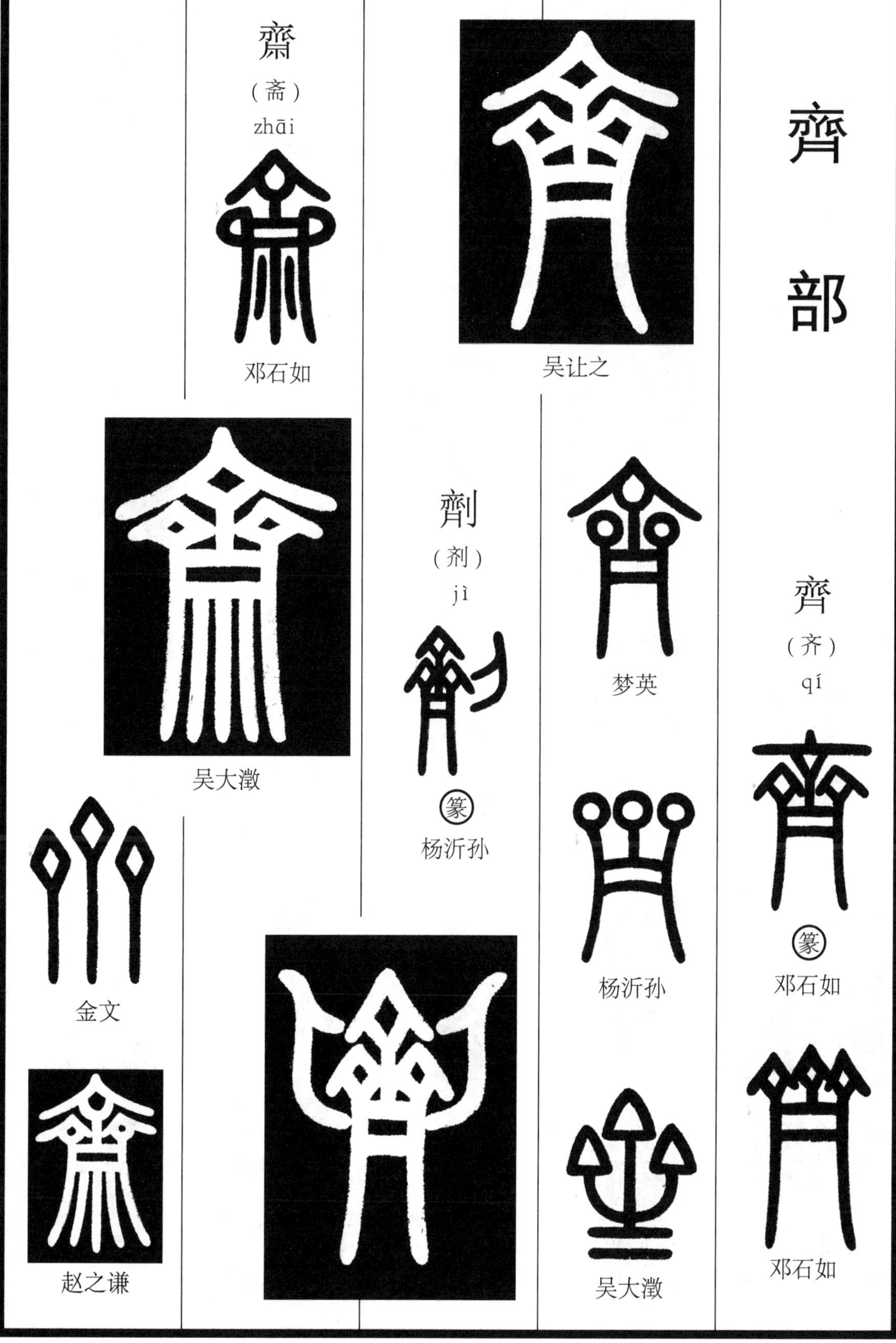

齊
（齐）
qí

篆
邓石如

邓石如

梦英

杨沂孙

吴大澂

吴让之

劑
（剂）
jì

篆
杨沂孙

齋
（斋）
zhāi

邓石如

吴大澂

金文

赵之谦

吴昌硕

齍

zī

金文

齎

(赍)

jī

秦简

齒部

齒

(齿)

chǐ

篆

吴大澂

齕

(龁)

hé

篆

说文解字

齡

(龄)

líng

篆

汪仁寿

齩

(咬)

yǎo

篆

祁文藻

齮

yǐ

篆

说文解字

龍部

龍

(龙)

lóng

篆

邓石如

917

礱
（砻）
lóng

篆
瞿令问

聾
（聋）
lóng

篆
邓传密

龔
（龚）
gōng

篆
黄葆戉

蠪
lóng

篆
说文解字

襲
（袭）
xí

吴昌硕

龠部

龠
yuè

杨沂孙

龡
(吹)
chuī

篆
王禔

龜部

龜
(龟)
guī

篆
杨沂孙

吴大澂

䜌部

䜌
luán

罗振玉

欒
(栾)
luán

黄葆戉

鸞
(鸾)
luán

篆
邓石如

變

（变）

biàn

邓石如

戀

（恋）

liàn

篆

邓石如

孌

（孪）

luán

篆

说文解字

蠻

（蛮）

mán

篆

禅国山碑

鑾

（銮）

luán

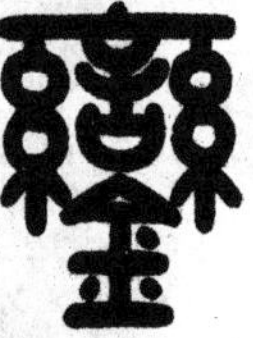

篆

石鼓文

吴让之

汉字对称艺典拼音查字表

层 376	侪 48	产 610	肠 515	焯 532	尘 904	chéng
層 376	柴 431	阐 853	嘗 573	超 709	臣 632	
嶒 222	豺 757	滻 322	膓 516	钞 817	忱 255	丞 11
	儕 48	闡 853	償 50		沉 278	成 571
chā		韂 790		cháo	辰 707	呈 194
	chài		chǎng		陈 85	承 11
叉 109		chàn		巢 400	宸 347	枨 442
臿 659	虿 157		厂 14	朝 797	莀 139	诚 769
插 180	蠆 157	颤 862	场 120	嘲 205	陳 85	城 117
		顫 862	昶 484	潮 324	晨 485	乘 595
chá	chán		場 120		谌 779	棖 442
		chāng	敞 500	chē	塵 904	程 597
查 428	孱 376				諶 779	塍 516
茬 134	禅 551	昌 481	chàng	车 713		誠 769
茶 135	蝉 645	菖 142		車 713	chèn	澄 325
槎 447	廛 248		畅 580			澄 326
察 350	潺 326	cháng	暢 584	chè	疢 605	
	禪 551		倡 42		称 598	chěng
chà	鐔 831	长 734	唱 199	彻 231	稱 598	
	镡 831	肠 515	畅 580	徹 231	谶 791	逞 359
差 670	蟬 645	肠 516	暢 584	澈 325	讖 791	骋 874
	巉 223	苌 141	韔 867			騁 874
chāi		長 734		chēn	chēng	
	chǎn	尝 573	chāo			chī
钗 816		偿 50		琛 407	柽 506	
釵 816	产 610	常 572	抄 167	瞋 579	俦 43	吃 200
	浐 322	萇 141	钞 817	chén

歹	466	瘅	608	弹	381	蕩	152	盗	589	磴	569	氐	521
		鄲	99	惮	269	盪	590	道	363	鐙	832	诋	767
dài		儋	48	澹	304			稻	599	鐙	832	邸	94
		瘅	608	淡	329	**dāo**		纛	125			底	245
贷	190	禅	620	澹	329			纛	540	**dī**		抵	170
代	28			黮	909	刀	101					柢	429
岱	215	**dǎn**				叨	255	**dé**		低	33	牴	494
带	212			**dāng**						羝	671	砥	567
待	225	胆	517			**dǎo**		得	227	堤	120	诋	767
怠	108	掸	183	当	573			德	229	滴	322		
殆	467	亶	74	當	573	导	189			磾	569	**dì**	
贷	739	�	183			岛	217	**de**					
逮	362	膽	517	**dǎng**		倒	40			**dí**		地	114
貸	739	撣	183			島	217	的	602			弟	53
戴	632			党	573	捣	186			狄	234	玓	401
		dàn		谠	791	祷	551	**dēng**		迪	355	帝	72
dān				郸	97	導	189			敌	502	娣	388
		旦	480	黨	573	擣	186	灯	535	涤	315	递	366
丹	3	但	32	讜	791	蹈	750	登	624	荻	139	第	651
单	201	诞	771			禱	551	燈	535	笛	650	谛	781
眈	574	啖	200	**dàng**						觌	745	棣	445
耽	627	啗	200			**dào**		**děng**		滌	315	睇	575
郸	99	弹	381	宕	344					嫡	392	缔	700
聃	627	惮	269	砀	569	到	635	等	651	敵	502	遞	366
酖	728	淡	304	荡	590	悼	263			覿	745	遆	367
單	201	诞	771	荡	152	焘	125	**dèng**					
				碭	569	燾	540	邓	100	**dǐ**			
								鄧	100

篚 656

fù

父 508
付 28
妇 389
负 102
複 620
附 82
阜 661
驸 872
复 620
复 228
袝 546
負 102
赴 709
副 24
婦 389
傅 44
富 349
復 228
萯 145
赋 740
缚 702
腹 515
鲋 896
賦 740
駙 872
縛 702
鮒 896
覆 634
馥 864

G

gāi

该 772
陔 82
荄 136
該 772

gǎi

改 498

gài

丐 3
匃 64
盖 146
溉 312
概 448
蓋 146

gān

乾 797
干 797
甘 566
肝 509
竿 649
漧 322

gǎn

敢 501
感 556

gàn

绀 688
淦 302
紺 688
幹 798
干 798
赣 611
贛 611
干 111

gāng

冈 26
刚 23
纲 696
岡 26
剛 23
綱 696

gàng

杠 420

gāo

皋 602
羔 670
高 882
膏 882

gǎo

缟 702
槁 451
稿 599
镐 830
縞 702
藁 156
鎬 830

gào

告 194
诰 775
郜 96
誥 775

gē

戈 468
哥 6
鸽 894
鴿 894
割 24
歌 522

gé

閤 849
茖 135
阁 849
革 854
格 432
鬲 868
葛 144
蛤 643
隔 90
閣 849

gè

个 57
各 242
箇 57

gěi

给 691
給 691

gēn

根 434

gèn

亙 5
亘 5
艮 678

gēng

更 6
庚 245
浭 291
耕 625
赓 249
賡 249

gěng

耿 626
梗 435
鲠 898
鯁 898

gōng

工 112
弓 377
公 52
功 112
攻 112
供 35
肱 509
宫 345
恭 419
躬 754
龚 918

觥 760	苟 133	**gǔ**	故 499	**guān**	灌 338
夐 918	枸 429		顾 862		罐 648
	耇 418	榖 526	雇 544	关 853	
gǒng	笱 650	穀 526	顧 862	观 745	**guāng**
		鹘 864		官 344	
巩 855	**gòu**	鶻 864	**guā**	冠 78	光 639
汞 112		古 12		棺 444	
拱 172	构 450	汩 277	瓜 604	鳏 899	**guǎng**
珙 403	购 741	诂 766	騧 875	關 853	
鞏 855	垢 117	谷 754	歄 522	鰥 899	广 247
	遘 365	股 510		觀 745	廣 247
gòng	構 450	骨 864	**guǎ**		
	覯 743	罟 586			**guī**
共 418	觏 743	蛊 647	寡 350	**guǎn**	
贡 113	購 741	詁 766			归 662
貢 113		鹄 889	**guà**	馆 839	圭 113
	gū	鼓 910		管 653	妫 390
gōu		榖 525	卦 21	館 839	龟 920
	姑 385	瞽 912	挂 171		龜 920
勾 64	孤 398	鵠 889	掛 175	**guàn**	规 742
沟 312	沽 280	蠱 647			闺 848
鈎 818	鸪 887		**guāi**	贯 738	規 742
钩 818	鴣 887	**gù**		掼 183	瑰 414
溝 312	觚 759		乖 9	貫 738	閨 848
	辜 792	固 209		摜 183	媯 390
gǒu	酤 728		**guài**	盥 590	巂 223
				雚 156	歸 662
狗 237			夬 162		
			怪 257		**gǔn**

騩 876	
瓌 414	
guǐ	
宄 343	
轨 715	
诡 770	
癸 622	
軌 715	
鬼 866	
詭 770	
簋 656	
guì	
刿 24	
柜 423	
炅 482	
贵 491	
桂 430	
貴 491	
跪 747	
劌 24	
鳜 900

弘 378	**hū**	虎 804	驊 876	**huān**	缓 700	潢 288
红 684		唬 199			緩 700	璜 410
宏 343	乎 8		**huà**	欢 880		篁 654
纮 686	呼 196	**hù**	化 28	欢 271	**huàn**	蝗 644
闳 847	忽 553		划 24	欢 522	奂 102	簧 656
泓 285	智 482	互 4	画 558	懽 271	宦 345	
洪 286	惚 555	户 543	话 770	歡 522	唤 198	**huī**
紅 684	虖 638	护 788	畫 558	讙 790	换 174	
虹 640	嘑 203	沪 323	觟 759	驩 880	浣 302	灰 18
紘 686		怙 256	話 770		涣 297	诙 769
鸿 329	**hú**	祜 546	劃 24	**huán**	患 555	恢 259
閎 847		扈 544		还 368	焕 531	挥 180
鴻 329	弧 378	瓠 604	**huái**	环 413	豢 674	晖 488
	狐 235	滬 323	怀 271	郇 95		揮 180
hóu	胡 510	護 788	徊 226	洹 286	**huāng**	翚 681
	壶 122		淮 302	桓 430		辉 640
侯 38	斛 759	**huā**	槐 447	寰 352	荒 136	辉 534
猴 239	壷 122		踝 749	缳 705		暉 488
	湖 306	花 130	褱 669	還 368	**huáng**	楎 448
hòu	瑚 409		懷 271	環 413	皇 602	煇 448
	鹕 891	**huá**		嬛 393	隍 89	煇 534
后 51	蝴 644	华 137	**huài**	繯 705	黄 885	詼 769
后 226	鶘 891	骅 876	坏 127		惶 266	撝 180
厚 14		華 137	壞 127	**huǎn**	遑 362	翬 681
後 226	**hǔ**	滑 310			煌 532	輝 640
候 40		猾 239

紀	685	系	704	賈	634	緘	700	见	742	薦	153	匠	19
計	762	驥	880	賈	634	煎	540	件	31	諫	779	降	82
继	706	繼	706	斝	542	蒹	148	見	742	檻	457	洚	287
記	763	霽	803			監	590	建	111	鑒	832	绛	692
寂	348	驤	880	**jià**		箋	653	剑	24			將	560
寄	348					緘	700	荐	153	**jiāng**		將	560
绩	702	**jiā**		驾	873	艱	678	贱	741			絳	692
績	702			假	43			健	42	江	274	酱	732
祭	565	加	104	嫁	391	**jiǎn**		涧	326	姜	670	滰	322
蓟	153	夾	162	稼	599			渐	320	姜	153	醬	732
迹	357	夾	162	駕	873	俭	46	谏	779	浆	562		
際	90	佳	35			柬	428	楗	444	漿	562	**jiāo**	
暨	489	迦	356	**jiān**		茧	157	腱	515	缰	705		
記	775	珈	403			减	308	践	749	薑	153	交	70
霽	803	家	345	奸	387	剪	681	閒	847	疆	381	郊	95
稷	599	痂	606	尖	395	检	456	鉴	832	繮	705	娇	392
冀	56	跏	747	坚	118	减	308	僭	45			浇	324
劑	915	嘉	123	肩	543	简	656	檻	457	**jiǎng**		茭	136
蓟	153	猳	734	艰	678	儉	46	渐	320			骄	878
嚌	207			姦	387	翦	681	劍	24	讲	783	胶	516
濟	333	**jiá**		兼	54	檢	456	澗	326	奖	164	椒	442
蹟	751			監	590	塞	352	箭	654	蒋	150	焦	811
迹	751	戛	469	堅	118	簡	656	賤	741	獎	164	蛟	643
繫	704			箋	653	繭	157	踐	749	講	783	嬌	392
		jiǎ		菅	143							澆	324
		甲	581	湔	312	**jiàn**		**jiàng**

靓 796	灸 530	鹃 887	巨 817	锯 827	绢 693	鸠 887
靖 610	韭 863	鞠 856	讵 764	屦 376	隽 809	爵 506
境 123	酒 291	鞫 856	拒 479	瞿 812	眷 673	谲 788
静 796		匊 66	苣 130	醵 733	鄄 98	嚼 207
靓 796	**jiù**		具 54	懼 271	縓 673	觉 743
镜 831	旧 155	**jú**	岠 479		儁 809	艦 761
瀞 336	臼 659	局 372	秬 595	**juān**	絹 693	攫 187
鏡 831	咎 196	桔 431	俱 41	娟 388	獧 237	躩 753
競 611	疚 605	菊 142	倨 42	捐 174		
	厩 15	橘 456	剧 24	涓 295	**jué**	**jūn**
jiǒng	廄 15		惧 271	鹃 889	决 276	军 78
迥 355	救 500	**jǔ**	据 185	鋗 824	诀 766	君 195
	就 74	咀 196	詎 764	镌 830	抉 168	均 115
jiū	舅 660	沮 280	距 746	鐫 830	决 276	军 78
纠 684	舊 155	举 9	鉅 817	鵑 889	珏 402	钧 818
究 612		矩 591	锯 827	蠲 56	绝 692	鈞 818
鸠 886	**jū**	莒 134	愳 271		觉 743	筠 652
糾 684	居 372	筥 651	聚 627	**juǎn**	崛 221	麇 904
鳩 886	拘 170	椇 446	劇 24	卷 673	掘 178	頵 860
樛 453	狙 235	舉 9	勮 106		诀 766	
	苴 132		屦 376	**juàn**	厥 15	**jùn**
jiǔ	驹 872	**jù**	踞 749	券 673	絶 692	俊 39
九 7	疽 605	句 64	據 185	倦 41	谲 788	郡 96
久 7	驹 872	巨 19	遽 368	狷 237	駃 872	峻 219

kōng	堀 120	唅 206
浚 298	锴 828	䡇 715	殼 525		窟 614	狯 240
浚 331	嘅 202		咳 197	空 612		脍 517
骏 874		**kàng**			**kǔ**	塊 120
峻 584	**kān**	亢 70	**kě**	**kǒng**		郐 100
竣 610	勘 106	伉 31	可 4	孔 397	楛 440	噲 206
箘 653	刊 111	抗 168	岢 214	恐 554	苦 131	膾 249
濬 331	龕 61	犹 234	渴 309			獪 240
骏 874	堪 119			**kòng**	**kù**	膾 517
	戡 469	**kǎo**	**kè**	控 178	库 247	
K	龕 61	攷 498	克 12		庫 247	**kuān**
		考 418	刻 23	**kōu**	酷 729	
kāi	**kǎn**	考 498	剋 12	抠 182		宽 349
开 847	坎 115		客 345	摳 182	**kuā**	寬 349
開 847	侃 36	**kē**	恪 260		夸 768	
		苛 131	课 777	**kǒu**	夸 162	**kuǎn**
kǎi	**kàn**	柯 427	愙 349	口 192	誇 768	款 521
凯 69	看 574	珂 402	課 777			
恺 267		科 595		**kòu**	**kuà**	**kuāng**
闓 853	**kāng**	轲 716	**kěn**	寇 348	跨 747	匡 19
闿 853	康 247	軻 716	肯 479			筐 651
凯 69	慷 268	榼 450		**kū**	**kuài**	
慨 267	糠 677	颗 860	**kēng**	枯 427	块 120	**kuáng**
愷 267		顆 860	铿 830	哭 464	快 255	狂 234
楷 446	**kǎng**		鏗 830		郐 100	**kuàng**
锴 828		**ké**

庞 15	裴 807	彭 233	匹 622	**piāo**	嫔 393	萍 143
庞 250	襃 807	棚 444	匹 19	飘 843	蠙 647	評 766
旁 73		蓬 147	庀 244	飘 843	顜 207	憑 557
鳑 900	**pèi**	鹏 517	癖 608	剽 24	顰 14	
厐 15		鵬 517		漂 320	顰 14	**pō**
厐 250	沛 276		**pì**	缥 702		
鰟 900	佩 36	**pī**		縹 702	**pǐn**	坡 116
	珮 403		僻 48			泼 327
pāo	配 728	丕 463	甓 476	**piáo**	品 197	颇 622
	轡 207	邳 94	闢 853			頗 622
抛 168	轡 725	披 171	辟 853	瓢 604	**pìn**	潑 327
	轡 207	铍 817	譬 790			
páo	轡 725			**piào**	牝 492	**pó**
		pí	**piān**		聘 627	
庖 245	**pēn**			票 633		婆 389
袍 618		皮 622	片 497		**pīng**	鄱 100
匏 164	喷 205	枇 423	偏 43	**piē**		皤 603
鞄 855	噴 205	疲 606	篇 654		乒 585	
		郫 97		瞥 580		**pǒ**
pào	**pén**	椑 442	**pián**		**píng**	
		脾 514		**pín**		叵 19
炮 531	盆 54	罴 586	骈 874		平 5	
泡 282		羆 586	駢 874	蘋 158	评 766	**pò**
	péng			贫 55	凭 557	
péi		**pǐ**	**piǎn**	貧 55	坪 115	迫 356
	朋 509			嫔 393	苹 132	洦 284
陪 88	倗 38	疋 622	谝 782	频 859	屏 373	破 567
培 119	珊 119		諞 782	頻 859	枰 427	魄 603

27

孺 399	汭 276	洒 338	桒 13	啬 13	山 213	赡 742
鴐 894	芮 130	灑 338	桑 110	嗇 13	删 22	饍 841
襦 621	锐 825	**sà**	**sǎng**	瑟 407	杉 422	鳝 900
rǔ	瑞 409			穑 601	芟 131	鱔 900
	鋭 825	卅 3	颡 861	穡 601	姍 386	**shāng**
汝 275	**rùn**	飒 611	顙 861	**sēn**	衫 615	
乳 11		萨 154	**sàng**		珊 402	伤 45
辱 707	闰 847	颯 611		森 438	膻 517	伤 268
rù	润 325	薩 154	丧 13	**sēng**	**shǎn**	殇 468
	閏 847	**sāi**	喪 13			商 73
入 57	潤 325		**sāo**	僧 46	陕 84	觞 760
蓐 146	**ruó**	塞 349		**shā**	陝 84	傷 45
ruǎn		**sài**	搔 181		**shàn**	傷 268
	挼 176		骚 876	杀 524		殇 468
阮 81	**ruò**	赛 352	騷 876	沙 276	讪 762	觴 760
软 715		賽 352	**sǎo**	纱 686	剡 23	**shǎng**
軟 715	若 131	**sān**		砂 566	扇 544	
ruí	弱 379		扫 178	殺 524	訕 762	赏 573
	鄀 97	三 1	掃 178	紗 686	善 671	賞 573
蕤 151	箬 653	弎 1	嫂 390	莎 139	缮 704	**shàng**
ruǐ	**S**	**sǎn**	埽 119	鲨 898	擅 185	
	sǎ		**sè**	鯊 898	膳 517	上 21
蕊 558		散 501		**shān**	赡 742	尚 395
ruì	洒 286	**sāng**	色 667		繕 704	**shang**

31

裳 573	奢 163	申 580	臀 514	晟 485		士 113
	赊 740	伸 33	慎 267	盛 589	shí	氏 519
shāo	賒 740	身 753	蜃 645	剩 517		世 4
		绅 689		胜 514	十 12	仕 28
梢 437	**shé**	诜 769	**shēng**	勝 514	石 566	市 70
烧 534		深 305		聖 407	时 485	示 564
稍 597	舌 649	紳 689	升 8	膡 517	识 786	式 189
燒 534	佘 59	詵 769	生 591		实 351	事 6
	蛇 641		声 627	**shī**	拾 172	侍 35
sháo		**shén**	昇 481		蚀 838	势 106
	shě		牲 494	尸 371	食 836	视 548
勺 63		神 547	笙 650	尸 372	時 485	试 768
芍 129	舍 59	什 27	聲 627	失 8	寔 351	饰 837
苕 133	舍 176			师 661	湜 309	室 345
韶 844	捨 176	**shěn**	**shéng**	诗 768	實 351	恃 257
				邦 95	蝕 838	是 863
shǎo	**shè**	沈 278	绳 705	屍 372	識 786	适 367
		审 351	繩 705	施 528		际 575
少 394	设 765	矧 591		師 661	**shǐ**	眠 574
	社 545	矧 591	**shěng**	湿 331		轼 718
shào	射 753	审 351		著 146	史 192	逝 359
	涉 294	魫 896	省 395	詩 768	矢 591	视 548
劭 105	設 765		眚 591	醯 733	豕 734	释 756
邵 94	赦 713	**shèn**	渻 308	濕 331	使 35	势 106
绍 691	摄 187			釃 733	始 386	
紹 691	攝 187	肾 514	**shèng**		**shì**	
邵 80		甚 6				
shē	**shēn**		圣 407

嗜	202	兽	206	输	721	束	725	**shuāng**		**shuō**		**sì**	
筮	652	兽	464	疎	748	述	355	双	110	说	775	巳	377
試	768	授	177	樞	452	树	453	霜	802	說	775	四	209
軾	718	綬	697	蔬	152	竖	727	雙	110			寺	113
飾	837	壽	123	輸	721	恕	555			**shuò**		伺	35
誓	774	瘦	607			庶	246	**shuǎng**		朔	512	似	31
適	367	綬	697	**shú**		術	227	爽	163	铄	834	兕	68
奭	164	獸	464			数	502			欶	726	姒	385
噬	206			孰	244	墅	123	**shuí**		硕	568	祀	545
滋	328	**shū**		赎	742	漱	320	谁	778	碩	568	泗	281
釋	756			塾	122	數	502	誰	778	鑠	834	饲	838
		书	558	熟	540	澍	324					驷	872
shōu		殳	524	贖	742	竪	727	**shuǐ**		**sī**		俟	39
		抒	168			樹	453	水	561	丝	693	柏	427
收	498	叔	109	**shǔ**						司	11	涘	298
		枢	452			**shuā**		**shuì**		私	594	嗣	202
shǒu		姝	394	暑	487			税	597	思	582	肆	736
		書	558	黍	910	刷	23	睡	577	斯	504	飼	838
手	495	殊	467	署	586					丝	693	駟	872
守	342	淑	301	鼠	913	**shuāi**		**shùn**		鷥	914		
首	867	菽	141	蜀	586	衰	72	顺	857			**sōng**	
		疎	792	曙	489			舜	506	**sǐ**			
shòu		疏	748			**shuài**		順	857			松	425
		疏	792	**shù**		帅	661			死	466	崧	219
寿	123	舒	61	术	227	帥	661						
受	505			戍	571								
狩	237

郯 98
覃 634
谭 785
潭 324
談 779
曇 489
檀 457
譚 785

tǎn

坦 115

tàn

叹 205
叹 522
炭 216
探 178
嘆 205
歎 522

tāng

汤 309
湯 309

táng

唐 246
堂 572
棠 573
塘 122
樘 452

tǎng

帑 211
淌 275
躺 754

tāo

弢 378
涛 331
滔 315
韬 868
濤 331
韜 868

táo

匋 65
洮 289
逃 357
桃 432
陶 86
梼 457
鞀 855
檮 457

tǎo

讨 762
討 762

tè

忒 189
特 494
慝 557

téng

腾 519
滕 516
藤 157
騰 519

tī

梯 435

tí

绨 695
啼 201
媞 390
提 179
缇 700
嗁 201
綈 695
緹 700
蹄 749
蹏 749
题 863
題 863
騠 875

tǐ

体 864
體 864

tì

悌 263
涕 297
逖 361
惕 264

tiān

天 416

tián

田 581
恬 259
畋 582
甜 649
填 122
阗 853
闐 853

tiǎn

忝 417
殄 467

tiāo

庣 245
挑 172

tiáo

条 40
條 40
蜩 643
迢 356
苕 128
鋚 825

tiǎo

窕 614

tiào

眺 575
跳 748

tiě

铁 832
鐵 832
帖 211

tīng

厅 252
汀 273
听 629
聽 629
廳 252

tíng

廷 111
亭 71
庭 245
莛 134
霆 800

tǐng

挺 172
梃 432
珽 403

tōng

通 359

tóng

同 25
彤 232
桐 431
铜 821
童 610
僮 46
銅 821
潼 325
橦 456
穜 600

药 157	枼 427	禕 550	遗 368	义 63	谊 779	藝 156
耀 640	頁 857	嫛 392	詍 772	义 673	貤 738	繹 705
耀 536	晔 489	漪 322	鹓 894	亿 48	执 244	譯 790
	掖 177	噫 206	颐 859	弋 189	殹 525	議 790
yé	谒 780	醫 732	飴 838	艺 156	異 583	饐 840
	葉 143	黟 909	疑 67	议 790	翊 610	懿 128
爷 508	楪 445		儀 48	亦 70	逸 361	驛 878
	業 572	**yí**	遺 368	异 583	意 844	
yě	曅 489		頤 859	佚 33	溢 316	**yīn**
	鄴 100	仪 48	簃 656	役 224	義 673	
也 10	謁 780	匜 19	彝 371	抑 168	肆 559	因 209
冶 77		夷 162		译 790	裔 667	阴 801
野 125	**yī**	杝 422	**yǐ**	邑 195	詣 770	阴 86
野 746		沂 277		峄 222	廙 248	姻 387
壄 125	一 1	诒 768	乙 11	易 482	億 48	茵 134
壄 746	一 120	宜 344	已 377	绎 705	毅 526	荫 148
	弌 1	怡 257	以 57	诣 770	誼 779	音 843
yè	伊 31	饴 838	迤 356	驿 878	劓 914	殷 524
	衣 667	荑 134	迆 356	罩 577	嶧 222	陰 86
业 572	医 732	宧 345	矣 108	奕 163	薏 154	愔 266
叶 143	依 37	痍 606	倚 39	疫 605	斁 503	禋 550
叶 192	袆 550	移 596	椅 440	羿 679	翳 681	蔭 148
叶 427	猗 239	詒 768	齮 916	挹 174	翼 681	黔 801
曳 480	壹 120	貽 739		益 589	臆 517	
页 857	揖 179		**yì**			**yín**
邺 100						
夜 71

吟 194	胤 9	盈 588	影 233	雝 400	优 50	遊 363
吟 200	**yīng**	荥 883	颍 859	鏞 830	忧 243	楢 447
唫 200		萦 883	瘿 608	廱 250	攸 32	猷 464
寅 348	英 132	荧 883	颖 860	饔 75	呦 196	輶 723
淫 304	莺 884	莹 883	瘿 608	癰 609	幽 216	
银 824	婴 393	营 884			悠 555	**yǒu**
夤 242	嘤 207	萦 884	**yìng**	**yóng**	麀 904	
阎 849	撄 187	塋 883			憂 243	友 18
闇 849	缨 706	楹 447	映 483	喁 201	優 50	有 18
銀 824	罂 648	熒 883	暎 483		耰 678	卣 21
	褮 884	蝇 647	應 250	**yǒng**	逌 358	酉 727
yǐn	婴 393	莹 883	应 250			莠 138
	膺 249	嬴 253		永 9	**yóu**	牖 497
尹 10	鹰 250	营 884	**yōng**	甬 107		
引 378	嘤 207	萦 884		咏 196	尤 165	**yòu**
饮 837	撄 187	瀛 338	拥 185	泳 284	由 585	
蚓 641	罂 648	蝇 647	痈 609	勇 107	犹 239	又 109
隐 91	鹭 884	赢 253	邕 400	涌 298	邮 97	右 18
隐 91	缨 706		庸 247	恿 107	油 280	幼 399
靷 855	鹰 250	**yǐng**	雍 74	詠 196	斿 528	佑 32
飲 837			雍 400	踊 750	柚 428	侑 35
趢 710	**yíng**	郢 96	墉 123	蹦 750	邮 97	囿 209
		颍 859	慵 268		游 311	宥 345
yìn	迎 355	颖 860	擁 185	**yòng**	游 363	祐 546
	茔 883		灉 335		猶 239	诱 775
印 79			鏞 830	用 25		誘 775
				yōu		

43

鼬 913	渔 320	与 55	聿 558	馭 871	鸢 190	圆 210
yū	萸 142	伛 44	芋 128	鹆 755	冤 78	源 314
	隃 89	宇 342	饫 836	愈 61	悁 262	猿 240
扜 167	隅 89	屿 222	育 71	煜 534	鸳 889	辕 723
迂 354	雩 799	羽 679	郁 95	誉 788	渊 310	缘 701
yú	魚 895	雨 799	郁 461	毓 792	淵 310	蝯 644
	愉 266	禹 9	昱 484	毓 71	鸢 190	嫒 240
渝 311	揄 180	语 774	狱 240	獄 240	鴛 889	圜 211
于 1	渮 309	峿 216	浴 295	蜮 643		轅 723
于 527	畬 60	圉 210	域 118	奧 152	**yuán**	
予 107	腴 514	庾 246	悆 60	遹 368		**yuǎn**
余 839	逾 363	敔 500	欲 755	諭 781	元 165	
余 59	愚 556	傴 44	减 300	閾 850	员 198	远 365
玙 524	榆 447	與 55	淯 304	債 48	园 211	遠 365
於 527	瑜 409	語 774	谕 781	禦 565	沅 275	
盂 588	馀 665	窳 614	阈 850	醧 732	垣 116	**yuàn**
臾 659	虞 639	嶼 222	喻 201	鴧 755	爰 506	
鱼 895	漁 320		寓 349	譽 788	原 15	苑 133
俞 60	與 56	**yù**	御 565	鬻 869	員 198	怨 553
禺 582	諛 777		御 228	鬱 461	圆 210	院 84
竽 649	餘 839	玉 401	棫 440	籲 659	袁 117	媛 390
舁 659	歟 524	玉 564	裕 618	豫 107	援 180	掾 181
娱 388	輿 56	驭 871	遇 362		缘 701	瑗 409
谀 777	**yǔ**	吁 659	馀 836	**yuān**	鼋 912	愿 861
		吁 193			園 211	願 861
						yuē

振 173
朕 512
镇 828
震 800
鴆 887
鎮 828

zhēng

争 505
征 225
征 231
爭 505
烝 539
钲 820
铮 824
筝 652
蒸 148
鉦 820
徵 231
錚 824

zhěng

拯 173
整 726

zhèng

正 477
证 788
诤 772
郑 100
政 499
鄭 100
諍 772
證 788

zhī

之 9
支 461
卮 51
汁 273
芝 129
枝 422
知 592
织 704
祗 547
脂 512
隻 809
只 809
禔 550
織 704

zhí

执 244
侄 387
直 12
姪 387
值 39
埴 119
執 244
职 629
植 440
殖 467
職 629

zhǐ

止 476
只 192
旨 67
阯 81
址 114
沚 276
纸 686
芷 130
祉 545
恉 259
指 172
枳 428
轵 716
紙 686
趾 747
軹 716
黹 906

zhì

至 635
志 773
志 115
豸 757
疐 14
制 669
制 22
帜 213
治 285
质 741
郅 636
峙 215
栉 456
陟 84
挚 495
桎 430
秩 596
致 635
掷 186
痔 606
窒 614
铚 823
鸷 894
彘 371
智 487
滞 319
廌 247
滍 319
稚 598
置 586
雉 592
滯 319
製 669
誌 773
銍 823
幟 213
摯 495
觯 760
質 741
踬 753
擲 186
擿 186
櫛 456
穉 598
觶 760
躓 753
鷙 894

zhōng

中 491
忠 491
终 689
盅 491
钟 828
衷 72
終 689
锺 831
螽 243
鐘 828

zhǒng

肿 514
种 598
冢 78
腫 514
種 598
踵 749

zhòng

仲 30
众 662
重 9
衆 662

zhōu

州 10
舟 664
周 26
洲 289
粥 381
盩 591

zhóu

轴 716
軸 716

嗞 202		陬 84	诅 766		座 247
滋 311	**zōng**	菆 140	阻 81	**zūn**	
赀 740	宗 344	鄹 99	组 688	尊 188	
资 740	综 698	諏 776	俎 60	遵 368	
緇 700	棕 444	驺 877	祖 547		
諮 782	椶 444		組 688	**zŭn**	
蠤 916	綜 698	**zŏu**	詛 766	撙 184	
	踪 749				
zĭ	蹤 749	走 708	**zŭn**	**zuó**	
子 397		**zòu**	缵 706	昨 484	
姊 384	**zŏng**		纂 658	捽 177	
姉 384	总 703	奏 562	纘 706		
杫 170	總 703	媰 391		**zuŏ**	
梓 437			**zuàn**	左 18	
紫 691	**zòng**	**zū**	钻 834	佐 32	
滓 319	纵 703	租 596	鑽 834		
訾 769	粽 677	萓 143		**zuò**	
	糉 677			作 33	
zì	縱 703	**zú**	**zuì**	坐 114	
字 343		足 746	最 487	阼 81	
自 660	**zōu**	卒 71	罪 792	作 256	
恣 554	邹 99	崒 220	辠 586	柞 428	
渍 319	驺 877	族 529	皋 792	祚 547	
漬 319	诹 776	**zŭ**	皋 586	胙 511	
			醉 730		

49